TRATADO DE HISTÓRIA DAS RELIGIÕES

João Pessoa - PB,
01 de maio de 2008.

TRATADO DE HISTÓRIA DAS RELIGIÕES

Mircea Eliade

Tradução
FERNANDO TOMAZ
NATÁLIA NUNES

Martins Fontes
São Paulo 2002

2ª edição
junho de 1998
2ª tiragem
janeiro de 2002

Tradução
FERNANDO TOMAZ
NATÁLIA NUNES

Adaptação da tradução e preparação do original
Maurício Balthazar Leal
Revisão gráfica
Rosali Petrof
Teresa Cecília de Oliveira Ramos
Produção gráfica
Geraldo Alves

Dados Internacionais de Catalogação na Publicação (CIP)
(Câmara Brasileira do Livro, SP, Brasil)

Eliade, Mircea, 1907-1986.
Tratado de história das religiões / Mircea Eliade ; [tradução Fernando Tomaz e Natália Nunes]. – 2ª ed. – São Paulo : Martins Fontes, 1998. – (Ensino Superior)

Adaptação da tradução e preparação do original Maurício Balthazar Leal.
ISBN 85-336-0885-3

1. Religião 2. Religião – História 3. Religiões I. Título. II. Série.

98-2229 CDD-200.9

Índices para catálogo sistemático:
1. Religião : História 200.9

Sumário

À memória de Nina

Prefácio de Georges Dumézil

Não se pode dizer que as ciências envelhecem depressa no nosso século, pois têm o privilégio de não correrem para a própria morte. No entanto, como mudam rapidamente de aspecto! A ciência das religiões é como a dos números ou a dos astros.

Há uns cinqüenta anos, talvez menos, julgávamo-nos muito próximos de explicar todas as coisas ao reduzirmos os fenômenos religiosos a um elemento comum, dissolvendo-os numa noção também comum à qual se dava um nome "pescado" nos mares do Sul: desde as mais selvagens às mais racionais, as religiões são apenas concretizações variadas do famoso mana, *essa força mística esparsa, sem contornos próprios mas pronta a encerrar-se em todos os contornos, indefinível mas caracterizada por essa impotência em que deixa as nossas palavras; essa força presente em todos os lugares dos quais se pode falar de religião; e palavras preciosas como* sacer *e* numen, hagnos *e* thambos, tao *e até a "Graça" do cristianismo, são variantes suas ou seus derivados. Uma geração de pesquisadores dedicou-se a estabelecer essa uniformidade. E talvez tivessem razão. Porém, mais tarde, veio a perceber-se que não alcançaram grandes resultados: haviam dado um nome bárbaro a algo que sempre fez com que viajantes e exploradores reconhecessem, sem errar, sob o seu caráter específico, os atos religiosos que encontravam. E o que nos aparece hoje como surpreendente, o que reclama estudo, já não é essa força difusa e confusa da qual se encontra uma noção por todo o lado, mas que só é a mesma pela razão de que acerca dela nada se pode dizer, mas as* estruturas, *os* mecanismos, *os* equilíbrios *constitutivos de toda religião e definidos, discursiva ou simbolicamente, em toda teologia, toda mitologia, toda liturgia. Chegou-*

se — ou voltou-se — à idéia de que uma religião é um sistema, diferenciado de toda a poeira dos seus elementos, um pensamento articulado, uma explicação do mundo. Em resumo, é sob o signo do logos *e não sob o do* mana *que se situa hoje a pesquisa.*

Há uns cinqüenta anos, talvez menos, qualquer antropologista inglês ou sociólogo francês levantava, solidariamente, dois ambiciosos problemas: o da origem dos fatos religiosos e o da genealogia das formas religiosas. Memoráveis batalhas se travaram à volta do Deus Santo e dos totens. *Algumas escolas citam os australianos como os últimos testemunhos das formas elementares da vida religiosa, outras opõem-lhes os pigmeus: se os primeiros são, em parte, povos paleolíticos, os segundos não serão ainda mais arcaicos, pois mal se afastam de uma condição embrionária? Discutiu-se sobre a gênese da idéia de deus: será independente da idéia de alma ou teria saído dela? O culto dos mortos precederia o das forças da natureza? Perguntas graves e... vãs. Tais polêmicas, freqüentemente calorosas, inspiraram livros admiráveis e, o que ainda é melhor, provocaram observações e compilações. Mas não foram exaustivas nem de pleno êxito. Hoje, a pesquisa afasta-se delas. A ciência das religiões deixa para os filósofos a questão das origens, tal como fez, um pouco antes, a ciência da linguagem, como fizeram todas as outras ciências. Renuncia também a prescrever* a posteriori, *se assim se pode dizer, para as formas religiosas do passado uma evolução-tipo, uma marcha forçosa. Quer nos coloquemos no século XX ou seis mil anos antes, nunca chegamos muito longe na vida de qualquer porção da humanidade; apenas conseguimos encontrar-nos diante dos resultados de uma maturação e de acidentes que ocuparam dezenas de séculos; e dizemos então que o polinésio e o indo-europeu, o semita e o chinês chegaram às suas noções religiosas, às configurações dos seus deuses, por vias muito diversas, ainda que se notem semelhanças nos pontos de chegada.*

Em suma, a tendência atual é a de "voltar a sentir", como dizia Henri Hubert, de registrar na sua originalidade e com a sua complexidade os sistemas religiosos que foram ou são praticados em todo o mundo. Mas como se exprime essa tendência? Que gênero de estudos a alimenta?

I. Antes de mais, descrições cada vez mais exaustivas. Etnógrafos e historiadores, conforme os casos, vão acumulando observações e documentos de toda espécie e tentam compreender aquilo que estabelece uma unidade e o caráter orgânico desse in-

ventário, relativamente a cada domínio e a cada período. Na verdade, esse esforço tem se realizado, melhor ou pior, mas, no mais das vezes, bastante bem, em todas as épocas.

II. Em segundo lugar, se as questões de origem e de genealogia foram completamente abandonadas, voltaram no entanto a surgir, de modo mais modesto e são, a propósito de cada uma das descrições, geográfica e historicamente circunscritas, que acabam de ser mencionadas. Em matéria de religião, como em matéria de linguagem, todo estado *só se explica, ou não se explica, por uma* evolução, *a partir de um estado* anterior, *com ou sem intervenção de influências* exteriores. *Daí, vários domínios de pesquisa e vários tipos de métodos igualmente necessários:*

1.º Para as sociedades que, há mais ou há menos tempo, possuem uma literatura, ou pelo menos documentos escritos, o estudo da história religiosa não é mais do que um caso particular da história da civilização, ou da história em sentido estrito, e, tanto na crítica como na construção, não emprega outros processos. As "grandes religiões", como o budismo, o cristianismo, o maniqueísmo, o islamismo, representam este caso ao máximo, pois a sua literatura remonta pouco mais ou menos aos princípios da evolução. Aliás, todas as religiões um pouco antigas dependem dos mesmos métodos em menor grau, a partir de certo ponto do seu desenvolvimento, e com a condição de que se tenha obtido êxito na interpretação das primeiras formas verificadas.

2.º Mas esta condição é difícil de cumprir, e encontra-se a mesma dificuldade em relação às religiões só muito tardia e recentemente consideradas: por razões diversas, tanto o leitor de Strehlow como o leitor dos Vedas sofre de igual deficiência de visão retrospectiva, pois ambos se encontram perante uma estrutura religiosa completa, e até diante de uma literatura religiosa, mas desprovida de qualquer meio de explicação histórica, isto é, de explicação pelo anterior. Ora, trata-se do caso mais geral, que é o de todas as religiões exóticas descritas pelos exploradores desde o século XVI até o século XX; e de todas as religiões pagãs da Europa, incluindo a de Roma e a da Grécia; o caso das religiões dos antigos povos semíticos e da China. Neste domínio e sobre este ponto, a tarefa da ciência das religiões é múltipla:

a) Em primeiro lugar, é necessária uma limpeza, pois as estrebarias de Áugias estão atulhadas. As gerações anteriores nos deixaram explicações que, de maneira geral, devem ser rejeitadas, quer sejam absurdas, quer razoáveis. A tendência geral de todo historiador especializado, no momento em que, remontando o curso dos séculos, chega até a penumbra, depois até as trevas, é a de imaginar uma curta pré-história, que prolonga, com o menor esforço possível, os primeiros documentos até um hipotético começo absoluto, ex nihilo. *Os latinistas explicam a formação da religião romana a partir de vagos* numina *(centros de* mana*!), dos quais somente alguns, que se beneficiam de circunstâncias históricas, se teriam concretizado em deuses pessoais. Muitos indianistas ainda têm dificuldade em se afastar das miragens de Max Müller e julgam ouvir os chantres védicos exprimir as reações naturais do homem primitivo perante o grande fenômeno da natureza; e os outros não estão muito longe de verem nos hinos puras fantasias da imaginação e de estilo — outra forma de criação* ex nihilo. *Tudo isso é artificial; temos de reconhecer e revelar esse artifício.*

b) A seguir, uma tarefa positiva, que equivale a prolongar objetivamente a história, por processos comparativos, a ganhar alguns séculos sobre a pré-história. Comparando o totemismo dos arunta com formas análogas, e no entanto diferentes, praticadas pelos outros indígenas da Austrália, foi possível definir um sentido provável de evolução a partir de um estado antigo (não primitivo, certamente), de um estado comum: quer por comunidade de origem, quer por interações seculares, os australianos formam de fato um "círculo cultural", e é possível, mutatis mutandis, *aplicar às suas religiões, às suas civilizações, os processos comparativos que permitem ao lingüista, quando este dispõe de um grupo de línguas geneticamente aparentadas ou aproximadas por um intenso jogo de contributos, induzir dados certos e precisos acerca do seu passado. A Polinésia, diversas zonas da África Negra e da América permitem amplamente o emprego desse método.*

Da mesma maneira, ao compararmos as formas de religião mais remotamente verificadas entre diversos povos que não se sabiam nem se conheciam como aparentados, desde o começo da sua história, mas dos quais sabemos hoje, precisamente pela consideração da sua língua, que derivam por dispersão de um mesmo povo pré-histórico, podemos fazer induções prováveis acerca da religião desse povo pré-histórico e, por conseqüência, acerca das evoluções variadas que, a partir desse ponto fixo, reconstituído mas não arbitrário, conduziram os povos dele derivados até seus respectivos limiares históricos, até os primeiros equilíbrios conhecidos das suas religiões. É assim que, para os povos semíticos, e hoje para os povos indo-europeus, se reconquistaram um ou dois milênios sobre os tempore incognita. *Proveito escasso, se o confrontarmos às ambições de um Taylor ou até de um Durkheim, mas proveito mais seguro e o qual, se entrevê, será significativo para construir, enfim, uma história natural do espírito humano.*

3.º Um terceiro gênero de pesquisas interfere com as precedentes. Assim como ao lado de uma lingüística descritiva, de uma lingüística histórica (com a sua variedade, a lingüística comparativa de cada família), há lugar para uma lingüística geral, assim também é necessário comparar, sem se voltar aos erros de outrora — já não genealogicamente mas tipologicamente —, nas estruturas e nas evoluções mais diversas, aquilo que se afigura comparável, as funções rituais ou conceituais que se encontram por todo o lado; as representações que se impõem ao homem, seja ele qual for; aquelas que, quando coexistem, agem e reagem geralmente uma sobre a outra.

É necessário estudar, para se determinar constantes e variáveis, o mecanismo do pensamento mítico, as relações de mito e das outras partes da religião; as comunicações do mito, do conto, da história, da filosofia, da arte, do sonho. É necessário colocarmo-nos em todos os "observatórios de síntese" que se apresentam — e são em número infinito — e, do alto de cada um deles, constituir um repertório que, muitas vezes, não irá incidir num problema preciso e ainda menos numa solução, em geral provisória, e será incompleto como todos os dicionários, mas que facilitará, esclarecerá, inspirará os pesquisadores comprometidos nos estudos históricos, analíticos ou comparativos já definidos. Tais empreendimentos proporcionaram já o conteúdo de uma importante literatura, pois se continuam de há muito em segundo plano, enquanto teorias mais ruidosas ocupam sucessivamente as atenções. Assim, temos as coleções de dados "agrários" de W. Manhardt e de J. G. Frazer, as monografias — cito ao acaso — sobre o santuário, o altar, o sacrifício, a soleira da porta, a dança, sobre o pacto de sangue, o culto da árvore, dos altos cumes ou das águas, sobre o mau-olhado, as cosmogonias, os mais variados animais, na medida em que constituem elementos de representações míticas, sobre a mística dos números, sobre as práticas sexuais e centenas de outras, redigidas por autores que não se prendiam a nenhuma escola. É certo resultar daí um enorme amontoado de escórias, talvez mais considerável do que o fun-

do, realmente valioso: essas investigações tentam constantemente autores mal preparados, ou demasiado apressados, ou pouco conscienciosos, e é aí que o charlatanismo, qualquer que seja o seu rótulo, "sociológico" ou outro, se instala, dogmatiza e por vezes pontifica com a maior facilidade. Não importa: cabe ao professor de "história das religiões", como se diz propriamente, separar o trigo do joio e prevenir os estudantes.

Tais são os três domínios, ou os três pontos de vista, que dividem a história das religiões. Podemos conservar a esperança de que se unam um dia, ainda distante, em uma síntese harmoniosa, formando o quadro cômodo de um saber incontestado. Nem sequer os nossos bisnetos virão a ver esses tempos felizes. Por muito tempo ainda cada um trabalhará numa das três seções, isolado, tanto os historiadores especialistas como os comparatistas dos dois gêneros (genealogistas, tipologistas), ignorando-se mutuamente muitas vezes, guerreando-se por vezes e ultrapassando os direitos uns dos outros. Mas, não é assim que se desenvolve qualquer ciência e não se conformando a um "plano" pretensamente secular?

Mais uma razão, portanto, para fazer de tempos em tempos um balanço da situação. É para isso que, em primeiro lugar, servirá o tratado publicado por Mircea Eliade. O autor, professor de história das religiões na Universidade de Bucareste, cedo sentiu a necessidade de um "curso de iniciação" nessas matérias em que cada um se julga mestre, e que são difíceis. Ao cabo de sete anos, a duração do curso, nasceu este livro. Entusiasta, empreendedor, munido de imensa leitura e de uma formação precisa de indianista, Mircea Eliade fez já muito pelo nosso estudo: penso no seu Yoga, *nos três belos volumes da revista romena de história das religiões,* Zálmoxis, *e, mais recentemente ainda, na magistral revisão dos problemas do xamanismo, que entregou à nossa* Revue de l'histoire des religions.

Ao ver os títulos dos capítulos, ao ver colocados em primeiro plano as águas, o céu, o sol, talvez haja os que se lembrem de Max Müller; e esta recordação ser-lhes-á proveitosa: ao descerem dos títulos para o texto, hão de ver como, depois de uma reação excessiva contra os excessos de naturalismo, a ciência das religiões reconhece hoje a importância dessas representações, que são a matéria-prima mais geral do pensamento mítico; mas ver-se-á também que a interpretação é muito diferente: estas hierofanias cósmicas, como diz Mircea Eliade, não são mais do que a aparência exterior de um discurso profundo; esta morfologia do sagrado traduz simbolicamente uma dialética do sagrado, de que a natureza não é mais do que o suporte. É afinal uma "filosofia, antes de todas as filosofias" a que nos surge assim que observamos as mais humildes religiões, resultante de um esforço de explicação e de unificação, de um esforço para a teoria em todo o sentido da palavra: o presente livro far-nos-á sentir toda a sua coerência e toda a sua nobreza, e também a sua uniformidade (que abrange a Europa) — uma uniformidade que, certamente, não devemos exagerar, mas que reduz felizmente a vertigem de que sofrem por vezes os principiantes perdidos no labirinto dos fatos.

Bem entendido, Mircea Eliade sabe melhor do que ninguém que toda a síntese desse gênero comporta e requer uma tomada de atitude, vários postulados que a sua eficácia justifica, mas que são pessoais, portanto provisórios, pelo menos perfectíveis. Aliás, esse aspecto não é o menos atrativo do livro: acerca da estrutura e funcionamento do pensamento mítico, acerca das noções, tão gratas ao autor, de arquétipo *e de* repetição, *encontrar-se-ão idéias claras e esclarecedoras, às quais desejamos não uma longa vida (o que não importa), mas uma rápida e rica fecundidade.*

Finalmente, este livro presta-nos hoje, em Paris, na França, um serviço especial, pois temos de confessar que, se os historiadores do cristianismo, do budismo e, de uma maneira geral, das diversas religiões são entre nós numerosos, pouquíssimos distintos pesquisadores (refiro-me aos autênticos) se dedicam aos estudos comparativos e gerais, quer porque exigem uma preparação mais difícil, quer porque os amadores, alguns muito oficiais, os desacreditaram. Nem por isso esses estudos são menos necessários e promissores. A Sorbonne todos os anos atribui um "certificado de história das religiões", com várias especializações, mas, por divertido paradoxo, não possui ensino desta matéria. Esse certificado reduz-se praticamente a provas de filologia, que deseja e torna bem restritas; quanto ao mais, em relação à "ciência das religiões" propriamente dita, tal certificado é muito pobre e não tenho a certeza de que J. G. Frazer, que, além do seu inglês, do francês e do alemão, apenas dispunha do grego e do latim, tivesse sido aprovado na sua especialidade de "religião dos povos não civilizados". O que teria sido lamentável.

Georges Dumézil

Prefácio do autor

A ciência moderna reabilitou um princípio que certas confusões do século XIX comprometeram gravemente: *é a escala que cria o fenômeno*. Henri Poincaré perguntava a si próprio, com ironia: "Um naturalista que só tivesse estudado um elefante ao microscópio acreditaria conhecer completamente este animal?" O microscópio revela a estrutura e o mecanismo das células, estrutura e mecanismo idênticos em todos os organismos pluricelulares. E não há dúvida de que o elefante é um animal pluricelular. Mas não será mais do que isso? À escala microscópica podemos conceber uma resposta hesitante. À escala visual humana, que tem pelo menos o mérito de nos apresentar o elefante como fenômeno zoológico, não há hesitação possível. Da mesma maneira, um fenômeno religioso somente se revelará como tal com a condição de ser apreendido dentro da sua própria modalidade, isto é, de ser estudado à escala religiosa. Querer delimitar este fenômeno pela fisiologia, pela psicologia, pela sociologia e pela ciência econômica, pela lingüística e pela arte, etc... é traí-lo, é deixar escapar precisamente aquilo que nele existe de único e de irredutível, ou seja, o seu caráter sagrado. É verdade não existirem fenômenos religiosos "puros", assim como não há fenômeno única e exclusivamente religioso. Sendo a religião uma coisa humana, é também, de fato, uma coisa social, lingüística e econômica — pois não podemos conceber o homem para além da linguagem e da vida coletiva. Mas seria vão querer explicar a religião por uma dessas funções fundamentais que definem o homem, em última análise. Seria vão pretender explicar *Madame Bovary* por uma série de fatos sociais, econômicos, políticos — que seriam indubitavelmente reais, mas sem conseqüências para a obra literária em si.

Para não sairmos do nosso âmbito: não pensamos contestar que o fenômeno religioso possa ser em última instância encarado de ângulos diferentes; mas importa antes considerá-lo em si mesmo, naquilo que contém de irredutível e de original. A tarefa não é fácil. Pois, se não se trata de definir o fenômeno religioso, trata-se pelo menos de o circunscrever e situar no conjunto dos outros objetos do espírito. E, como nota Roger Caillois na abertura do seu notável livro sobre *L'homme et le sacré:* ''No fundo, acerca do *sagrado*[1] em geral, a única coisa que se pode afirmar validamente está contida na própria definição do termo: é aquilo que se opõe ao que é *profano*[2]. A partir do momento em que nos dediquemos a precisar a natureza, a modalidade desta oposição, esbarramos com os maiores obstáculos. Nenhuma fórmula, ainda que elementar, é aplicável à complexidade labiríntica dos fatos.'' Ora, nas nossas pesquisas, em primeiro lugar são os fatos que nos interessam, essa complexidade labiríntica de fatos que se recusam a qualquer fórmula e a qualquer definição. Um tabu, um ritual, um símbolo, um demônio, um deus, etc. — ... eis alguns dos fatos de religião. Mas seria uma simplificação abusiva a de apresentar o processo por esta forma linear. Na realidade, encontramo-nos na presença de uma massa polimorfa e, por vezes, até caótica de gestos, de crenças e de teorias constitutivas daquilo a que poderemos chamar o fenômeno religioso.

O objeto da presente obra é constituído por um duplo problema: 1) *o que é* a religião? 2) em que medida podemos falar de *história* das religiões? Céticos que somos sobre a utilidade de uma definição preliminar do fenômeno religioso, contentamo-nos em discutir as hierofanias, na acepção mais larga do termo (qualquer coisa que torna manifesto tudo quanto é sagrado). Por conseqüência, só poderemos abordar o problema da *história* das formas religiosas depois de examinarmos um número considerável destas últimas. Uma exposição do fenômeno religioso que vá do ''simples ao composto'' não nos parece de forma nenhuma indicada se atentarmos aos objetivos estabelecidos para esta pesquisa — referimo-nos a uma exposição que comece pelas hierofanias mais elementares (o *mana*, o insólito, etc...), para passarmos em seguida ao totemismo, ao feiticismo, ao culto da natureza ou dos espíritos, depois aos deuses e aos demônios, e chegarmos finalmente à noção monoteísta de Deus. Tal exposição seria arbitrária; implica uma evolução do fenômeno religioso, do ''simples ao composto'', que não passa de hipótese indemonstrável:

em nenhuma parte se encontra uma religião simples, reduzida às hierofanias elementares; por outro lado, essa exposição iria precisamente contra a finalidade proposta, que é a de mostrar o que *são* os fatos de religião e o que eles revelam.

A via que seguimos, se não é a mais simples, é pelo menos a mais segura. Começamos a nossa pesquisa pela exposição de algumas hierofanias cósmicas, o Céu, as Águas, a Terra, as Pedras. Se escolhemos estas classes de hierofanias, não foi porque as considerássemos como as mais antigas (o problema histórico não se coloca por enquanto), mas porque a sua descrição explica, por um lado, a dialética do sagrado e, pelo outro, as estruturas segundo as quais o sagrado se constitui. Por exemplo, o exame das hierofanias aquáticas ou celestes prover-nos-á de um material documental apto a levar-nos à compreensão: 1º., do sentido exato da manifestação do sagrado nestes níveis cósmicos (o Céu e as águas); 2º., da medida em que as hierofanias uranianas ou aquáticas constituem estruturas autônomas, isto é, revelam uma série de modalidades complementares e integráveis do sagrado. Passaremos em seguida às hierofanias biológicas (os ritmos lunares, o Sol, a vegetação e a agricultura, a sexualidade, etc...), depois às hierofanias tópicas (lugares consagrados, templos, etc...), e finalmente aos mitos e aos símbolos.

Depois de revermos uma quantidade apreciável desses documentos, estaremos em condições de tentar estudar, numa obra futura, os outros problemas da história das religiões: as "formas divinas", as relações entre o homem e o sagrado, a manipulação do sagrado (os ritos, etc...), a magia e a religião, as idéias sobre a alma e a morte, as pessoas consagradas (o sacerdote, o feiticeiro, o rei, o iniciado, etc...), as relações existentes entre o mito, o símbolo e o ideograma, a possibilidade de fundar uma história das religiões, etc.

Isto não significa que iremos expor separadamente cada assunto, como se se tratasse de artigos de dicionário, evitando, por exemplo, tocar no mito ou no símbolo no capítulo das hierofanias aquáticas ou lunares; também não queremos prometer que a discussão das figuras divinas será exclusivamente reservada ao capítulo "Deuses", etc... Pelo contrário, o leitor ficará talvez surpreendido por encontrar no capítulo das hierofanias uranianas um número considerável de documentos relativos aos deuses celestes e atmosféricos, ou de apurar aí alusões, e até comentários, respeitantes aos símbolos, aos ritos, aos mitos e aos ideogramas.

Foi o próprio assunto que nos impôs esta osmose, obrigando-nos a interferências permanentes entre as matérias dos diversos capítulos. Era impossível falar da sacralidade celeste conservando em silêncio as figuras divinas que refletem esta sacralidade ou dela participam, ou ainda certos mitos uranianos, assim como os ritos aparentados ao sagrado celeste, os símbolos e os ideogramas que o hipostasiam. Cada documento revela-nos, à sua maneira, uma modalidade da sacralidade celeste e da sua história. Mas, ainda que cada problema seja discutido no capítulo que lhe respeita, não hesitaremos em nos referirmos ao sentido exato do mito, do rito ou da "figura divina" no capítulo reservado ao Céu. Da mesma maneira, nas páginas reservadas ao estudo das hierofanias telúricas, vegetais e agrárias, o interesse incidirá sobre as manifestações do sagrado nestes níveis biocósmicos, enquanto a análise da estrutura dos deuses da vegetação ou da agricultura será transferida para o capítulo consagrado às "formas divinas". O que de modo nenhum nos impedirá de aludir aos deuses, aos ritos e aos mitos ou aos símbolos da vegetação e da agricultura na indagação preliminar. O objeto destes primeiros capítulos é o de destacar o mais possível a estrutura das hierofanias cósmicas, isto é, mostrar o que nos revela o sagrado manifestado através do Céu, das águas ou da vegetação, etc...

Se fizermos o balanço das vantagens e das desvantagens que apresenta este método, veremos que as primeiras sobrelevam sensivelmente as segundas, e isto por várias razões: 1º) fica-se dispensado de definir *a priori* o fenômeno religioso; mas, ao percorrer os diversos capítulos deste trabalho, o leitor poderá refletir sobre a morfologia do sagrado; 2º) a análise de cada grupo de hierofanias (o Céu, as águas, a vegetação, etc...), ao destacar, de maneira natural, as modalidades do sagrado e ao dar a compreender como é que se integram num sistema coerente, preparará ao mesmo tempo o terreno para as discussões finais sobre a essência da religião; 3º) o exame simultâneo das formas religiosas "inferiores" e "superiores" porá em evidência os seus elementos comuns e assim evitaremos certos erros imputáveis a uma óptica "evolucionista" ou "ocidentalista"; 4º) não ficarão excessivamente divididos os conjuntos religiosos, pois cada classe de hierofanias (aquáticas, celestes, vegetais, etc...) constitui um todo, tanto do ponto de vista morfológico (pois se trata de deuses, mitos, símbolos, etc...) como do ponto de vista histórico (a pesquisa estender-se-á freqüentemente a um grande número de círculos culturais diferentes no tempo e no espaço); 5º) cada capítulo porá em evidência uma modalidade do sagrado, uma série de relações entre o homem e o sagrado e, nessas relações, uma série de "momentos históricos".

É neste sentido, e somente neste sentido, que o nosso livro pode admitir o título de "Tratado de história das religiões", quer dizer, na medida em que introduz o leitor na complexidade labiríntica dos fatos religiosos, o familiariza com as suas estruturas fundamentais e com a diversidade dos círculos culturais de que elas dependem. Procuramos dotar cada capítulo de uma arquitetura especial, por vezes até de um "estilo" próprio, a fim de conjurar a monotonia que ameaça qualquer exposição didática. A distribuição em parágrafos teve sobretudo por objetivo simplificar as remissões. O alcance deste livro só pode ser apreendido à custa de uma leitura integral, pois não se trata, de maneira nenhuma, de um manual apenas para consulta. As nossas bibliografias foram delineadas de modo a encorajar pesquisas preliminares; nunca são exaustivas; pode até acontecer que sejam insuficientes. No entanto, esforçamo-nos por mencionar os representantes do maior número possível de concepções e de métodos.

Uma boa parte das análises morfológicas e das conclusões metodológicas do presente volume constituíram o objeto dos nossos cursos de história das religiões na Universidade de Bucareste e das nossas lições na Escola de Altos Estudos de Paris (*Recherches sur la morphologie du sacré*, 1946; *Recherches sur la structure des mythes*, 1948). Somente uma pequena fração do texto foi escrita diretamente em francês. O restante foi traduzido do romeno pela senhora Carciu e por J. Gouillard, A. Juilland, M. Sora e J. Soucasse, aos quais exprimo aqui a minha gratidão. A tradução foi completamente revista e corrigida pelo meu sábio amigo e colega Georges Dumézil, que teve a gentileza de lhe acrescentar um prefácio. Quero deixar-lhe aqui o meu profundo reconhecimento pelo interesse que dedicou a esta obra.

Mircea Eliade
Oxford, 1940
Paris, 1948

I

Aproximações: estrutura e morfologia do sagrado

1. "Sagrado" e "profano" — Todas as definições do fenômeno religioso apresentadas até hoje mostram uma característica comum: à sua maneira, cada uma delas opõe o *sagrado* e a vida religiosa ao *profano* e à vida secular. É quando se trata de delimitar a esfera da noção de "sagrado" que as dificuldades começam. Dificuldades de ordem teórica, mas também de ordem prática. Pois antes de se tentar uma definição do fenômeno religioso convém saber de que lado será necessário procurar os *fatos* religiosos, e principalmente, dentre esses fatos, os que se deixam observar em "estado puro", isto é, os que são "simples" e estão mais próximos da sua origem. Infelizmente, em parte nenhuma esses fatos são acessíveis; nem nas sociedades cuja história podemos seguir, nem entre os "primitivos", os menos civilizados. Encontrar-nos-emos quase sempre na presença de fenômenos religiosos complexos, que pressupõem uma longa evolução histórica.

Por outro lado, a reunião da documentação apresenta também importantes dificuldades práticas. Por duas razões: 1ª) ainda que nos contentássemos em estudar uma só religião, a vida de um homem mal chegaria para levar tal investigação a cabo; 2ª) se nos propusermos o estudo comparativo das religiões, até várias existências seriam insuficientes para se alcançar o objetivo proposto. Ora, o que nos interessa é justamente este estudo comparativo, o único capaz de nos revelar, por um lado, a morfologia inconstante do sagrado e, por outro, o seu devir histórico. Para nos aproximarmos desse estudo, fomos, pois, obrigados a escolher certas religiões entre aquelas que a história registrou ou que a etnologia nos revelou, e também alguns dos seus aspectos e das suas fases.

Ainda que sumária, esta escolha é sempre uma operação delicada. De fato, se quisermos delimitar e definir o *sagrado*, ser-nos-á necessário dispor de uma quantidade conveniente de "sacralidades", isto é, de fatos sagrados. Esta heterogeneidade dos "fatos sagrados" começa por ser perturbante e acaba, pouco a pouco, por se tornar paralisante, pois se trata de ritos, de mitos, de formas divinas, de objetos sagrados e venerados, de símbolos, de cosmologias, de teologúmenos, de homens consagrados, de animais, de plantas, de lugares sagrados. E cada categoria possui a sua própria morfologia, de riqueza luxuriante e frondosa. Encontramo-nos assim na presença de um material documental imenso e heteróclito, pois um mito cosmogônico melanésio ou um sacrifício bramânico não têm menos direito de serem levados em consideração do que os textos místicos de uma Santa Teresa ou de um Nichiren, do que um totem australiano, um rito primitivo de iniciação, o simbolismo do templo Barabudur, o traje cerimonial e a dança de um xamã siberiano, as pedras sagradas que se encontram por quase toda a parte, as cerimônias agrárias, os mitos e os ritos das grandes deusas, a instauração de um rei nas sociedades arcaicas ou as superstições em relação às pedras preciosas. Cada documento pode ser considerado como uma hierofania, na medida em que exprime à sua maneira uma modalidade do sagrado e um momento da sua história, isto é, uma experiência do sagrado entre as inumeráveis variedades existentes. Aí, qualquer documento é para nós precioso, em virtude da dupla revelação que realiza: 1º) revela uma *modalidade do sagrado*, enquanto hierofania; 2º) enquanto momento histórico, revela uma *situação do homem* em relação ao sagrado. Aqui está, por exemplo, um texto védico que se dirige ao morto: "Rasteja para a terra, tua mãe! E possa ela salvar-te do nada!"[1] Este texto revela-nos a estrutura da sacralidade telúrica; a Terra é considerada como uma Mãe, Tellus Mater, mas revela-nos ao mesmo tempo certo momento da história das religiões indianas; o momento em que esta Tellus Mater era valorizada — pelo menos por determinado grupo de indivíduos — como protetora contra o nada, valorização que virá a tornar-se caduca pela reforma dos Upanishads e pela pregação de Buda.

Para voltarmos ao ponto de partida: cada categoria de documentos (mitos, ritos, deuses, superstições, etc.) é para nós igualmente preciosa quando pretendemos compreender o fenômeno religioso. Esta intelecção realizou-se constantemente no quadro da *história*. Só pelo simples fato de nos encontrarmos em presença de hierofanias nos achamos em presença de documentos históricos. É sempre numa certa situação histórica que o sagrado se manifesta. Até as experiências místicas mais pessoais e mais transcendentes sofrem a influência do momento histórico. Os profetas judeus são os dispensadores dos acontecimentos históricos que justificaram e serviram de suporte à sua mensagem; são também os agentes da história israelita, que lhes permitiu formular certas experiências. Como fenômeno histórico — e não como experiência pessoal — o niilismo e o ontologismo de certos místicos mahâyanicos não eram possíveis sem a especulação dos Upanishads, sem a evolução da língua sânscrita. O que de maneira nenhuma significa que qualquer hierofania, assim como qualquer experiência religiosa, seja um momento único, sem repetição possível, na economia do espírito. As grandes experiências não se assemelham somente pelo seu conteúdo, mas freqüentemente também pela sua expressão. Rudolf Otto destacou semelhanças surpreendentes entre o léxico e as fórmulas de mestre Eckardt e os de Çankara.

O fato de uma hierofania ser sempre histórica (isto é, de se produzir sempre em situações determinadas) não destrói necessariamente a sua ecumenicidade. Algumas hierofanias têm um destino local; há outras que têm, ou adquirem, valores universais. Os indianos, por exemplo, veneram certa árvore chamada Açvattha; simplesmente, para eles a manifestação do sagrado nesta espécie vegetal é transparente, pois só para eles a Açvattha é uma hierofania e não apenas uma *árvore*. Por conseqüência, esta hierofania não somente é *histórica* (aliás, como toda a hierofania), mas também *local*. No entanto, os indianos também conhecem o símbolo de uma árvore cósmica (Axis Mundi), e esta hierofania mítico-simbólica é universal, pois as árvores cósmicas encontram-se por toda a parte nas antigas civilizações. Queremos acentuar que a Açvattha é venerada na medida em que incorpora a sacralidade do universo em contínua regeneração; ou seja, é venerada porque incorpora, participa ou simboliza o universo representado pelas árvores cósmicas das diferentes mitologias (cf. § 99). Mas ainda que a Açvattha se justifique pelo mesmo simbolismo que aparece também na árvore cósmica, a hierofania que transubstancia uma espécie vegetal numa árvore sagrada só é transparente aos olhos dos membros da sociedade indiana.

Para citar ainda um exemplo — desta vez o de uma hierofania ultrapassada pela própria história do povo em que se realizou —, os semitas adoraram em certo momento da sua história o par divino do deus da tempestade e da fecundidade, Baal, e da deusa da fertilidade (sobretudo da fertilidade agrária), Belit. Os profetas judeus consideravam estes cultos como sacrilégios. Do seu ponto de vista — isto é, do ponto de vista dos semitas, que, por intermédio da reforma mosaica, tinham chegado a uma concepção mais elevada, mais pura e mais completa da divindade — esta crítica era plenamente justificada. No entanto, o culto paleossemítico de Baal e de Belit nem por isso deixava de ser também uma hierofania; revelava — até a exacerbação e ao monstruoso — a sacralidade da vida orgânica, as forças elementares do sangue, da sexualidade e da fecundidade. Tal revelação conservou o seu valor, se não durante milênios, pelo menos durante numerosos séculos. Esta hierofania continuou a ser valorizada até o momento em que foi substituída por uma outra que — realizada na experiência religiosa de uma elite — se afirmava mais perfeita e mais consoladora. A "forma divina" de Javé levava a melhor sobre a "forma divina" de Baal; revelava a sacralidade de uma maneira mais integral, santificava a vida sem desencadear as forças elementares concentradas no culto de Baal, revelava uma economia espiritual em que a vida do homem e o seu destino se atribuíam novos valores, assim como facilitava uma experiência religiosa mais rica, uma comunhão divina simultaneamente mais "pura" e mais completa. Até que, finalmente, esta hierofania javeísta triunfou; e, na medida em que representava uma modalidade universal do sagrado, era por sua própria natureza acessível às outras culturas; através do cristianismo tornou-se um valor religioso mundial. De onde se conclui que certas hierofanias (ritos, cultos, formas divinas, símbolos, etc.) são ou tornam-se assim multivalentes ou universalistas; outras permanecem locais e "históricas": inacessíveis às outras culturas, caíram em desuso durante a própria história da sociedade em que se tinham produzido.

2. Dificuldades metodológicas — Mas voltemos à grande dificuldade material já apontada, ou seja, a extrema heterogeneidade dos documentos religiosos. O domínio quase ilimitado em que se recolheram milhões de documentos veio agravar essa heterogeneidade. Por um lado (é aliás o caso de todos os documentos históricos), aqueles de que dispomos foram conservados mais ou menos ao acaso (não se trata apenas de textos mas também de monumentos, de inscrições, de tradições orais, de costumes). Por outro lado, estes documentos conservados ao acaso provêm de meios muito diferentes. Se, para reconstituir a história arcaica da religião grega, por exemplo, temos de nos contentar com os textos pouco numerosos que nos restam com algumas inscrições, alguns monumentos mutilados e alguns objetos votivos, para reconstituir as religiões germânicas ou eslavas somos forçados a chamar em nosso auxílio os documentos folclóricos, aceitando os riscos inevitáveis que comportam o seu manuseio e a sua interpretação. Uma inscrição rúnica, um mito registrado vários séculos depois de vigente, algumas gravuras simbólicas, alguns monumentos proto-históricos, uma quantidade de ritos e de lendas populares do último século — haverá alguma coisa mais heteróclita do que o material documental de que dispõe o historiador das religiões germânicas ou eslavas? Embora aceitável no estudo de uma só religião, tal heterogeneidade torna-se grave quando se trata de nos aproximarmos do estudo comparativo das religiões e de pretendermos atingir o conhecimento de um grande número das modalidades do sagrado.

Essa é exatamente a situação do crítico que tivesse por obrigação escrever a história da literatura francesa sem mais documentação que os fragmentos de Racine, uma tradução espanhola de La Bruyère, alguns textos citados por um crítico estrangeiro, as recordações literárias de alguns viajantes e diplomatas, o catálogo de uma livraria de província, os resumos e os temas de um colegial e mais algumas indicações do mesmo gênero. Eis, em suma, a documentação de que dispõe o historiador das religiões: alguns fragmentos de uma vasta literatura sacerdotal oral (criação exclusiva de certa classe social), algumas referências encontradas nas notas dos viajantes, os materiais recolhidos pelos missionários estrangeiros, as reflexões extraídas da literatura profana, alguns monumentos, algumas inscrições e as recordações conservadas nas tradições populares. Também as ciências históricas estão constrangidas a uma documentação deste gênero, fragmentária e contingente. Mas a empresa do historiador das religiões é muito mais ousada do que a do historiador que se propõe reconstituir um acontecimento ou uma série de acontecimentos à custa dos escassos documentos conservados, pois não só tem de traçar a história de determinada hierofania (rito, mito, deus ou culto), como, em primeiro lugar, tem de compreender e tornar compreensível a *modalidade do sagrado* revelada através dessa hierofania. Ora, a heterogeneidade e o caráter fortuito dos documentos de que dispomos agravam a dificuldade que o historiador experimenta sempre para interpretar corretamente o sentido de uma hierofania. Imaginemos a situação de um budista que para compreender o cristianismo dispusesse de apenas alguns fragmentos dos Evangelhos, de um breviário católico, de um material iconográfico heteróclito (ícones bizantinos, estátuas dos santos da época barroca, vestimentas de um padre ortodoxo), mas que, em troca, tivesse a possibilidade de estudar a vida religiosa de uma aldeia européia. Sem dúvida o observador budista havia de estabelecer uma nítida distinção entre a vida religiosa dos camponeses e as concepções teológicas, morais e místicas do sacerdote da aldeia. Mas, embora procedesse razoavelmente ao estabelecer esta distinção, cairia em erro se considerasse o cristianismo a partir das tradições conservadas pelo indivíduo único que é o sacerdote e só considerasse como "verdadeira" a experiência representada pela comunidade da aldeia. Em resumo, as modalidades do sagrado revelado pelo cristianismo são mais rigorosamente conservadas na tradição representada pelo padre (ainda que fortemente colorida pela história e pela teologia) do que as crenças da aldeia. Ora, o que interessa ao observador não é o conhecimento de certo momento da história do cristianismo, em certo setor da cristandade, mas a própria religião cristã. O fato de um único indivíduo, em toda a aldeia, conhecer o ritual, o dogma e a mística cristã, enquanto o resto da comunidade os ignora e pratica um culto elementar imbuído de superstições (isto é, de restos das hierofanias decaídas), não assume, pelo menos aqui, importância nenhuma. O importante é apercebermo-nos de que este indivíduo conserva de maneira mais completa, se não a experiência original do cristianismo, pelo menos os seus elementos fundamentais e as suas valorizações místicas, teológicas e rituais.

Esse erro de método é muito freqüente em etnologia. P. Radin julga-se autorizado a rejeitar as conclusões das pesquisas do missionário Gusinde porque os seus inquéritos incidiram num só indivíduo. Esta atitude só se justificaria no caso em que o objetivo da pesquisa fosse estritamente sociológico: a vida religiosa de uma comunidade fueguina num dado momento histórico; mas quando se trata de apreender as capacidades de experiencialização da sacralidade pelos fueguinos a situação é completamente diferente. Ora, um dos problemas mais importantes da história das religiões é justamente essa capacidade de conhecer as diferentes modalidades do sagrado dos primitivos. De fato, se fosse possível demonstrar (aliás isso foi realizado nas últimas décadas) que a vida religiosa dos povos mais primitivos é verdadeiramente complexa, que não pode ser reduzida ao "animismo", ao "totemismo", nem ao culto dos antepassados, mas que conhece também os seres supremos providos de todos os prestígios do deus criador e todo-poderoso, a hipótese evolucionista, que priva os primitivos do acesso às "hierofanias superiores", ficaria assim imediatamente invalidada.

3. Variedade das hierofanias — As comparações a que recorremos para demonstrar como é precário o material documental de que dispõe o historiador das religiões são imaginárias, e somente assim devem ser consideradas. A nossa preocupação principal é a de justificar o método a que vai obedecer a obra presente. Em que medida estamos nós autorizados — dada a heterogeneidade e a precariedade do material documental — a falar das "modalidades do sagrado"? O que nos assegura a existência real dessas modalidades é o fato de uma hierofania ser diferentemente vivida e interpretada pelas "elites" religiosas em relação ao resto da comunidade. Para o povo que no princípio do outono vem até o templo de Kâlighat, em Calcutá, Durga é uma deusa terrível, à qual é preciso sacrificar bodes; mas para uns tantos skahtas iniciados Durga é a epifania da vida cósmica em contínua e violenta palingenesia. É muito provável que entre os adoradores do linga de Shiva grande número não veja nele mais que o arquétipo do órgão gerador; mas há outros que o consideram como um animal, um "ícone" da criação e da destruição rítmicas do universo, que se manifesta nas formas e se reintegra periodicamente na unidade primordial, pré-formal, a fim de se regenerar. Qual é a verdadeira hierofania de Durga e Shiva: a que os "iniciados" decifram ou a que é apreendida pela massa dos "crentes"? Tentaremos mostrar, nas páginas seguintes, que ambas são válidas, que o sentido estabelecido entre as massas, tal como a interpretação dos iniciados, representa uma modalidade real, autêntica, do sagrado manifestado por Durga ou Shiva. E poderemos mostrar que as duas hierofanias são correntes, isto é, que as modalidades do sagrado reveladas através delas não são de maneira nenhuma contraditórias, mas integráveis e complementares. Ficamos assim autorizados a conceder uma "validade" igual a um documento que registra uma experiência popular e a um documento que reflete a experiência de uma elite. As duas categorias de documentos são indispensáveis — e não apenas para descrever a *história* de uma hierofania, mas, em primeiro lugar, porque ajudam a constituir as modalidades do sagrado revelado através desta hierofania.

Estas observações — amplamente ilustradas nos estudos deste livro — devem ser aplicadas à heterogeneidade das hierofanias acima referidas. Pois — como acabamos de dizer — estes documentos não só são heterogêneos em relação à sua origem (uns dimanam dos sacerdotes ou dos iniciados, outros das massas; uns apenas oferecem alusões, fragmentos ou vagas referências, outros textos originais, etc.), mas também quanto à sua própria estrutura. Por exemplo, as hierofanias vegetais (isto é, o sagrado revelado através da vegetação) encontram-se tanto nos símbolos (a árvore cósmica) ou nos mitos metafísicos (a árvore da vida) como nos ritos "populares" (o "cortejo da árvore de maio", as fogueiras*, os ritos agrários), nas crenças ligadas à idéia de uma origem vegetal da humanidade, nas relações místicas existentes entre certas árvores e certos indivíduos ou sociedades humanas, nas superstições relativas à fecundação pelos frutos ou pelas flores**, nos contos em que o herói, covardemente assassinado, se transforma numa planta, nos mitos e nos ritos das divindades da vegetação e da agricultura, etc. Estes documentos diferem não só pela sua história (comparar, por exemplo, o símbolo da árvore cósmica entre os indianos e entre os altaicos com as crenças de algumas populações primitivas, a respeito da descendência do gênero humano a partir de uma espécie vegetal) mas também pela própria estrutura. Quais são os documentos que nos vão servir de modelo para compreendermos as hierofanias vegetais? Os símbolos, os ritos, os mitos ou as "formas divinas"?

O método mais seguro é evidentemente o que considera e utiliza todos estes documentos heterogêneos, sem excluir nenhum tipo importante, e atenta simultaneamente para a questão dos *con-*

* Por exemplo, as "fogueiras de São João". (N.T.)

** E, em suma, ao seu poder regenerador, como sejam as virtudes dos "pós de maio". (N.T.)

teúdos revelados por todas as hierofanias. Obteremos assim um conjunto coerente de notas comuns que — como veremos mais tarde, aliás — permitem organizar um *sistema* coerente das modalidades da sacralidade vegetal. Poderemos assim notar que cada hierofania *pressupõe* tal sistema; que um costume popular, de certo modo relacionado com o "cortejo cerimonial da árvore de maio", implica a sacralidade vegetal formulada pelo ideograma da árvore cósmica; que algumas hierofanias são pouco "abertas", são antes quase "crípticas", no sentido de só revelarem parcialmente e de maneira mais ou menos cifrada a sacralidade incorporada ou simbolizada pela vegetação, enquanto outras hierofanias, verdadeiramente "fânicas", deixam transparecer as modalidades do sagrado no seu conjunto. Poderemos assim considerar como hierofania críptica, insuficientemente "aberta", ou "local", o costume de desfilar cerimoniosamente* um ramo verde no começo da primavera**; e como hierofania "transparente" o símbolo da árvore cósmica. Mas tanto uma como outra revelam a mesma modalidade do sagrado incorporado na vegetação: a regeneração rítmica, a vida inesgotável que está concentrada na vegetação, a *realidade* manifestada numa criação periódica, etc. (§ 124) O que devemos desde já sublinhar é que todas as hierofanias conduzem a um sistema de afirmações coerentes, a uma "teoria" da sacralidade vegetal, teoria implicada tanto nas hierofanias insuficientemente "abertas" como nas outras.

As conseqüências teóricas dessas observações serão discutidas no final desta obra, quando tivermos examinado uma quantidade suficiente de fatos. Por agora contentar-nos-emos em mostrar que nem a heterogeneidade histórica dos documentos (uns emanados das "elites" religiosas, outros das massas incultas, outros ainda o produto de uma civilização refinada, outros finalmente criação das sociedades primitivas, etc.), nem a sua heterogeneidade estrutural (mitos, ritos, formas divinas, superstições, etc.) constituem obstáculo para a compreensão de uma hierofania. Apesar das dificuldades de ordem prática, só esta mesma heterogeneidade é capaz de nos revelar todas as modalidades do sagrado, visto que um símbolo ou um mito tornam evidentemente transparentes as modalidades que um rito não pode manifestar,

---

* Isto é, *numa cerimônia*, por exemplo, *em procissão*. (N.T.)

** O "domingo de Ramos" pode ser considerado como modalidade deste rito. (N.T.)

mas tão-só implicar. A diferença entre o nível de um símbolo, por exemplo, e o de um rito é de tal natureza que jamais o rito poderá revelar tudo o que o símbolo revela. Mas, repitamo-lo, a hierofania ativa num rito agrário pressupõe a presença de todo o sistema, isto é, o conjunto das modalidades da sacralidade vegetal que revelam, de maneira mais ou menos global, as outras hierofanias agrárias.

Essas observações preliminares compreender-se-ão no momento em que o problema for retomado num ponto de vista diferente. O fato de a feiticeira queimar uma boneca de cera, provida de uma madeixa de cabelos da sua "vítima", sem se aperceber, de maneira satisfatória, da *teoria* pressuposta por um ato mágico como esse não tem a mínima importância para a compreensão da magia simpática. O que importa para compreender essa magia é saber que tal ato só foi possível a partir do momento em que certos indivíduos se convenceram (por via experimental) ou afirmaram (por via teórica) que as unhas, os cabelos ou os objetos usados por um ser humano conservam relações íntimas com este após a sua separação. Tal crença pressupõe a existência de um "espaço-rede" que liga entre si os objetos mais afastados, efetuando tal ligação à custa de uma simpatia dirigida por leis específicas (a coexistência orgânica, a analogia formal ou simbólica, as simetrias funcionais). O feiticeiro (o que atua como mago) só pode acreditar na eficácia da sua ação na medida em que tal "espaço-rede" existe. Conheça ele ou não este "espaço-rede", tenha ou não conhecimento da "simpatia" que liga os cabelos ao indivíduo, é coisa sem importância. É muito provável que muitas das feiticeiras atuais não possuam uma representação do mundo de acordo com as práticas mágicas que exercem. Mas, consideradas em si mesmas, essas práticas podem revelar-nos o mundo de onde vêm, ainda que os seus executantes não lhes tenham acesso por via teórica. O universo mental dos mundos arcaicos não chegou até nós dialeticamente nas crenças explícitas dos indivíduos, mas conservou-se nos mitos, nos símbolos e costumes que, apesar de todo gênero de degradação, deixam ver ainda claramente o seu sentido original. Em certo sentido, representam "fósseis vivos" e por vezes basta um só "fóssil" para que possamos reconstituir o conjunto orgânico de que ele é o vestígio.

4. Multiplicidade das hierofanias — Os exemplos que acabam de ser citados serão retomados e reforçados na presente obra.

Até agora serviram-nos de primeira aproximação, não para delimitar a noção do sagrado, mas para nos familiarizar com os documentos de que dispomos. Chamamos *hierofanias* a esses documentos porque cada um deles revela uma modalidade do sagrado. As modalidades desta revelação, assim como o valor ontológico que se lhes atribui são duas questões que só poderão ser discutidas no fim da nossa pesquisa. Por ora consideremos cada documento — rito, mito, cosmogonia ou deus — como constituindo uma hierofania; ou, por outras palavras, tentemos considerá-los como uma manifestação do sagrado no universo mental daqueles que o receberam.

Certamente tal exercício nem sempre é fácil. Para o ocidental, habituado a relacionar espontaneamente as noções de sagrado, de religião, e até de magia, com certas formas históricas da vida religiosa judaico-cristã, as hierofanias estranhas surgem-lhe, em grande parte, como aberrantes. Ainda que esteja predisposto a considerar com simpatia certos aspectos das religiões exóticas — e em primeiro lugar os das religiões orientais — só dificilmente poderá compreender a sacralidade das pedras, por exemplo, ou a erótica mística. E supondo ainda que tais hierofanias excêntricas possam encontrar algumas justificações (considerando-as, por exemplo, como "fetichismos") é quase certo que um homem moderno permanecerá refratário em relação a outras, que hesitará em conceder-lhes o valor de hierofania, isto é, de modalidade do sagrado. Walter Otto notava, no seu *Die Götter Griechelands*, como é difícil para os modernos apreender a sacralidade das "formas perfeitas", uma das categorias do divino de uso corrente entre os antigos helenos. Esta dificuldade agravar-se-á quando chegar a hora de considerar um símbolo como uma manifestação do sagrado, ou de sentir que as estações, os ritmos ou a plenitude das formas (*quaisquer que sejam*) são outras tantas modalidades da sacralidade. Tentaremos mostrar nas páginas seguintes como elas eram consideradas assim pelos homens das culturas arcaicas. E na medida em que nos desembaraçarmos dos preconceitos didáticos, em que nos esquecermos de que essas atitudes foram por vezes tachadas de panteísmo, de feitiçaria, de infantilismo, etc., é que conseguiremos compreender o sentido passado ou atual do sagrado nas culturas arcaicas, e simultaneamente aumentarão as nossas probabilidades de compreendermos igualmente os modos e a história da sacralidade.

Precisamos nos habituar a aceitar a existência das hierofanias onde quer que seja, em qualquer setor da vida fisiológica, econômica, espiritual ou social. Em suma, nós não sabemos se existe *alguma coisa* — objeto, gesto, função fisiológica, ser ou jogo, etc. — que nunca tivesse sido transfigurada, em qualquer parte, no decurso da história da humanidade, em hierofania. Questão muito diferente é a de procurar as razões que fizeram com que essa *alguma coisa* se tornasse uma hierofania ou deixasse de o ser em dado momento. Mas é certo que tudo quanto o homem manejou, sentiu, encontrou ou amou pode tornar-se uma hierofania. Sabemos, por exemplo, que no seu conjunto os gestos, as danças, as brincadeiras das crianças, os brinquedos têm uma origem religiosa: foram, no tempo, gestos ou objetos cultuais. Sabemos, do mesmo modo, que os instrumentos de música, a arquitetura, os meios de transporte (animais, carros, barcos, etc.) começaram por ser objetos ou atividades sagradas. Podemos pensar que não existe nenhum animal ou planta importante que não tenha participado da sacralidade no decurso da história. Sabemos da mesma maneira que todos os ofícios, artes, indústrias, técnicas têm origem sagrada ou se revestiram, no curso dos tempos, de valores cultuais. Esta lista poderia continuar com os gestos cotidianos (o levantar-se depois da noite dormida, o caminhar, o correr), pelos diferentes trabalhos (caça, pesca, agricultura), por todos os atos fisiológicos (alimentação, vida sexual), provavelmente também pelas palavras essenciais da língua, e assim por diante. Evidentemente, não devemos imaginar que *toda* a espécie humana tenha passado por *todas* essas fases, que *cada* agrupamento humano tenha conhecido sucessivamente *todas* essas hierofanias. Essa hipótese evolucionista, talvez aceitável algumas gerações atrás, está hoje completamente excluída. Mas, em qualquer lugar que fosse, num dado momento histórico, cada grupo humano transubstanciou, pela parte que lhe tocava, certo número de objetos, de animais, de plantas, de gestos em hierofanias, e é muito provável que, no fim de contas, nada tenha escapado a esta transfiguração, prosseguida durante dezenas de milênios da vida religiosa.

5. Dialética das hierofanias — Relembramos no princípio deste capítulo que todas as definições do fenômeno religioso dadas até o presente colocavam em oposição o *sagrado* e o *profano*. O que acabou de se dizer acima, isto é, que em qualquer momento toda e qualquer coisa pode tornar-se uma hierofania, não contradirá esta definição-tipo do fenômeno religioso? Se *qualquer coisa* pode incorporar a sacralidade, em que medida permanece válida a dicotomia sagrado-profano? Esta contradição é só aparente, porque, se é verdade que *qualquer coisa* pode tornar-se uma hierofania, e que, provavelmente, não existe nenhum objeto, ou ser, ou planta que em certo momento da história e em certo lugar do espaço não tenha assumido o prestígio da sacralidade, nem por isso deixa de continuar a ser verdade que não se conhece nenhuma religião ou raça que tenha acumulado, ao longo da sua história, todas estas hierofanias. Por outras palavras, ao lado dos objetos ou dos seres profanos sempre existiram, no quadro de qualquer religião, objetos ou seres sagrados. (Não é possível dizer o mesmo dos atos fisiológicos, dos ofícios, das técnicas, dos gestos, etc., mas voltaremos a esta distinção.) Temos de ir mais longe: ainda que certa classe de objetos possa receber o valor de uma hierofania, há sempre objetos, nesta classe, que não são investidos desse privilégio.

Por exemplo, quando se fala no "culto das pedras", isso não quer dizer que todas as pedras sejam consideradas como sagradas. Encontraremos sempre *certas* pedras veneradas em virtude da sua forma, do seu tamanho ou das suas implicações rituais. Veremos, aliás, que não se trata de um culto das pedras, que essas pedras sagradas somente são veneradas na medida em que *não são apenas* simples pedras, mas hierofanias, isto é, *algo que ultrapassa* a sua condição normal de "objetos". A dialética da hierofania pressupõe uma *escolha* mais ou menos manifesta, em que incorpora (isto é, revela) *algo para além* de si mesmo. Por ora não interessa muito que este "algo para além" se deva muito simplesmente à sua forma singular, à sua eficiência ou à sua "força" — ou que se deduza a partir da "participação" do objeto em qualquer simbolismo, que seja atribuído por um rito de consagração ou adquirido pela inserção, voluntária ou involuntária, do objeto numa região saturada de sacralidade (uma zona sagrada, um tempo sagrado, um "acidente" qualquer — a queda de um raio, um crime, um sacrilégio, etc.). O que acabamos de pôr em evidência é que uma hierofania pressupõe uma *escolha*, uma nítida separação do objeto hierofânico relativamente ao mundo restante que o rodeia. Este *mundo restante* existe sempre, até quando se trata de uma região imensa que se torna hierofânica: por exemplo, o Céu, ou o conjunto do "ambiente" familiar, ou a "pátria". Em qualquer caso, a separação do objeto hierofânico faz-se pelo menos *perante ele mesmo*, pois só se torna uma hierofania no momento em que deixou de ser um simples objeto profano, em que adquiriu uma nova dimensão: a da sacralidade.

Essa dialética é completamente clara no plano elementar das hierofanias fulgurantes, tão comuns na literatura etnológica. Tudo o que é insólito, singular, novo, perfeito ou monstruoso torna-se receptáculo para as forças mágico-religiosas e, segundo as circunstâncias, um objeto de veneração ou de temor, em virtude do sentimento ambivalente que o sagrado provoca constantemente. "Quando um cão tem sempre êxito na caça", escreve A. C. Kruyt, "é porque existe aí *measa* (mau-olhado ou agouro). Demasiado êxito na caça é coisa que inquieta o Toradja. A força mágica, graças à qual o animal é capaz de apanhar a caça, acabará necessariamente por se tornar fatal para o seu dono: ou este morrerá em breve, ou a colheita de arroz falhará, ou, o que é o mais freqüente, uma epizootia se declarará nos búfalos ou nos porcos. Esta crença é geral em todo o centro das Celebes."[2] Seja em que domínio for, a perfeição assusta, e é neste valor sagrado ou mágico da perfeição que será necessário procurar a explicação do receio que até a mais civilizada das sociedades manifesta perante o santo ou o gênio. A perfeição não pertence a este mundo. *É* uma coisa diferente deste mundo, embora *venha até* ele.

Este mesmo receio ou esta mesma reserva timorata existe a respeito de tudo quanto é do *estrangeiro*, ou estranho, ou novo — pois tais presenças surpreendentes são os sinais de uma *força* que, se bem que venerável, pode ser perigosa. Nas Celebes, "quando o fruto de uma bananeira nasce, não no topo do caule, mas no meio, trata-se de *measa*... Diz-se geralmente que isso terá como conseqüência a morte do dono de tal árvore... Quando uma aboboreira dá dois frutos numa só haste (caso idêntico ao de um nascimento de gêmeos), trata-se de *measa*, o que causará a morte de um membro da família daquele que possui o campo onde essa planta cresce. E torna-se necessário arrancar a planta que dá tais frutos azarentos, que ninguém poderá comer"[3]. Como diz Edwin W. Smith, "as coisas estranhas, insólitas, os espetáculos inusitados, as práticas inabituais, os alimentos desconhecidos, os novos processos de fazer as coisas, tudo isso é encarado como manifestação das forças ocultas"[4]. Em Tanxa, nas Novas Hébridas, todos os desastres eram imputados aos missionários brancos que acabavam de chegar[5]. A lista desses exemplos pode crescer facilmente[6].

6. O tabu e a ambivalência do sagrado — Veremos mais tarde em que medida tais fatos podem ser considerados como hierofanias. De toda a maneira são cratofanias, manifestações da força e, por conseqüência, são temidas e veneradas. A ambivalência do sagrado não é exclusivamente de ordem psicológica (na medida em que atrai ou causa repulsa) mas também de ordem axiológica: o sagrado é ao mesmo tempo "sagrado" e "maculado". Ao comentar as palavras de Virgílio, *auri sacra fames*, Servius[7] faz notar, muito justamente, que *sacer* pode significar ao mesmo tempo "maldito" e "santo". Eustathius[8] observa a mesma dupla significação de *bagios*, que pode exprimir ao mesmo tempo a noção de "puro" e de "poluído"[9]. E essa mesma ambivalência do sagrado aparece no mundo paleossemítico[10] e egípcio[11].

Todas as valorizações negativas das "impurezas" (o contato com os mortos, os criminosos, etc.) se devem a esta ambivalência das hierofanias e das cratofanias. Tudo quanto é "impuro" e por conseqüência "consagrado" distingue-se, na esfera do ontológico, de tudo quanto pertence à esfera profana. Por isso, tanto os objetos como os seres impuros estão praticamente proibidos à experiência profana, assim como as cratofanias e as hierofanias. E não é sem risco que todo aquele que pertença à esfera profana, isto é, não preparado ritualmente, se aproxima de um objeto impuro ou consagrado. Aquilo a que se dá o nome de *tabu* — segundo uma palavra polinésia adotada pelos etnógrafos — é precisamente essa condição dos objetos, das ações ou das pessoas "isoladas" e "interditas" em virtude do perigo que comporta o seu contato. De uma maneira geral é ou transformase em *tabu* todo objeto, ação ou pessoa que, em virtude do seu próprio modo de ser, ou por uma ruptura de nível ontológico, se torna portadora ou adquire uma força de natureza mais ou menos incerta. A morfologia do *tabu* e dos objetos, pessoas ou ações tabúticas é muito rica. Basta folhearmos o tomo III do *Rameau d'or* de Frazer, *Tabou et les périls de l'âme*[12], ou o vasto repertório de Webster[13], para nos convencermos disso. Vamos contentar-nos com alguns exemplos recolhidos na monografia de Van Gennep[14]. O termo correspondente a *tabu*, em malgache, *é fady, faly*, palavra que designa o que é "sagrado, proibido, interdito, incestuoso, de mau augúrio[15], ou seja, em última análise, o que é *perigoso*[16]. Assim, foram *fady* "os primeiros cavalos importados para a ilha, os coelhos trazidos por um missionário, os gêneros novos, incluindo os remédios europeus" (o sal, o iodeto de potássio, o rum, a pimenta, etc.)[17]. Encontramos portanto aqui as cratofanias do insólito e do novo, de que já falamos mais acima. A sua modalidade é fulgurante, pois de maneira geral todos estes *tabus* não duram muito tempo; a partir do momento em que são conhecidos, manipulados, integrados no cosmos autóctone, perdem a sua capacidade de destruir o equilíbrio das forças. Outro termo malgache é *loza*, que os dicionários definem nos termos seguintes: "tudo o que está fora ou é contra a lei natural, um prodígio, uma calamidade pública, uma desgraça extraordinária, um pecado contra a lei natural, um incesto"[18].

Evidentemente os fenômenos das doenças e da morte se agrupam também nas categorias do insólito e do terrível. Entre os malgaches, como por toda a parte, aliás, várias "interdições" separam nitidamente os doentes e os mortos do resto da comunidade. É proibido tocar num morto, olhá-lo, pronunciar o seu nome. Outra série de *tabus* refere-se à mulher, à sexualidade, ao nascimento ou a determinadas situações (é proibido ao soldado comer galo morto em combate, ou qualquer outro animal morto por uma azagaia; não se deve matar um animal macho numa casa cujo dono anda envolvido em querelas ou na guerra, etc.[19]). Em todos esses casos se trata de uma interdição provisória que se explica por uma concentração fulgurante de forças em determinados centros (a mulher, a morte, a doença) ou pela situação perigosa em que se encontram algumas pessoas (o soldado, o caçador, o pescador). Mas existem *tabus* permanentes: o do rei ou o do santo, o do nome ou o do ferro, o de certas regiões cósmicas (a montanha de *Ambondromo*, de que ninguém ousa aproximar-se[20], os lagos, os rios, ilhas inteiras)[21]. Nestes casos, as interdições são devidas à maneira de ser específica das pessoas e dos objetos tabúticos. Devido à sua própria situação real, o rei é um reservatório pleno de forças e, conseqüentemente, só é possível uma aproximação da sua pessoa tomando certas precauções; o rei não deve ser tocado nem olhado diretamente, assim como também não se lhe deve dirigir a palavra. Em certas regiões o soberano não deve tocar a terra, pois poderia assim torná-la estéril devido às forças em si acumuladas; portanto, torna-se necessário que seja transportado, ou então deverá caminhar sobre um tapete. As precauções tomadas com os santos, com os sacerdotes ou com os curandeiros explicam-se pelos mesmos receios. Quanto à "tabuticação" de certos metais (o ferro, por exemplo) ou de certas regiões (as ilhas, os montes), são múltiplas as causas determinantes: a novidade do metal, ou o fato de ser utilizado por grupos secretos (fundidores, feiticeiros), a majestade ou o mistério de certas montanhas, o fato de não serem integráveis ou não estarem integradas no cosmos indígena.

No entanto, o mecanismo do *tabu* é sempre o mesmo: algumas coisas, pessoas ou regiões participam de um sistema ontológico muito diferente e, por conseqüência, o seu contato produz uma ruptura de nível antológico que poderia ser fatal. O temor perante tal ruptura — necessariamente imposta pelas diferenças de sistema ontológico existente entre a situação profana e a situação hierofânica ou cratofânica — verifica-se até nas relações do homem com os alimentos consagrados ou com os alimentos que se supõe conterem certas forças mágico-religiosas. "Alguns alimentos a tal ponto são santos que mais vale nunca os comer, ou comê-los apenas em pequenas quantidades."[22] É por isso que, em Marrocos, os visitantes dos santuários ou os participantes de uma festa comem pouquíssimo dos frutos ou dos pratos que se lhes oferecem. Fazem-se tentativas para aumentar a "força" (*baraka*) do trigo enquanto ele permanece na eira; mas, concentrada em grande quantidade, esta força pode tornar-se nociva[23]. Pela mesma razão o mel rico em *baraka* é perigoso[24].

Esta ambivalência do sagrado — que ao mesmo tempo atrai e causa repulsa — será discutida mais profundamente no segundo volume desta obra. Aquilo que desde já podemos notar é a tendência contraditória manifestada pelo homem perante o sagrado (considerando este termo na acepção mais geral). Por um lado, o sagrado procura assegurar e aumentar a sua própria realidade por um contato tão frutuoso quanto possível com as hierofanias e as cratofanias; por outro, arrisca-se a perder definitivamente esta "realidade" pela sua integração num plano ontológico superior à sua condição profana; embora a deseje ultrapassar, não pode entretanto abandoná-la completamente. A ambivalência da atitude do homem perante o sagrado não só se verifica nos casos das hierofanias e das cratofanias negativas (medo dos mortos, dos espíritos, de tudo quanto é "impuro"), mas também nas formas religiosas mais evoluídas. Até uma teofania, como a que nos é revelada pelas místicas cristãs, inspira à grande maioria dos indivíduos não somente atração mas também repulsa (qualquer que seja o nome dado a esta repulsa: ódio, desdém, temor, ignorância voluntária, sarcasmo, etc.).

Vimos acima que as manifestações do insólito e do extraordinário provocam geralmente o medo e o afastamento. Alguns exemplos de *tabus* e de ações, de seres ou objetos tabúticos revelaram-nos através de que mecanismos as cratofanias do insólito, do funesto, do misterioso, etc. estão separadas do circuito das experiências normais. Esta separação tem por vezes efeitos positivos; não se limita a *isolar*, também *valoriza*. Por isso, a fealdade e a disformidade, embora singularizem aqueles que a manifestam, ao mesmo tempo também os consagram. "Assim, entre os indianos ojibway, muitos são chamados feiticeiros, sem que eles próprios se considerem peritos na arte da feitiçaria, mas simplesmente porque são feios ou disformes. Entre estes indianos, todos os que são olhados como feiticeiros têm geralmente aparência exterior miserável e aspecto repugnante. Reade afirma que no Congo todos os anões e todos os albinos se tornam sacerdotes. Não podemos pôr em dúvida que o respeito geralmente inspirado por este gênero de homens tenha a sua origem na idéia de que são dotados de um poder misterioso."[25]

O fato de os xamãs, os feiticeiros e os curandeiros serem preferentemente recrutados entre os neuropatas, ou entre os que apresentam equilíbrio nervoso instável, é devido ao mesmo prestígio do insólito e do extraordinário. Esses estigmas denotam uma *escolha*; aqueles que os possuem não têm outro caminho senão o de se submeterem à divindade ou aos espíritos que assim os distinguiram, tornando-se sacerdotes, xamãs ou feiticeiros. Evidentemente essa escolha nem sempre se efetua por intermédio desse gênero de marcas exteriores naturais (fealdade, enfermidade, nervosismo excessivo); a vocação religiosa aparece freqüentemente por ocasião dos exercícios rituais a que, de boa ou má vontade, se submete o candidato, ou de uma seleção efetuada pelo feiticeiro[26]. Mas trata-se sempre de uma *escolha*.

7. O *mana* — O insólito e o extraordinário são epifanias perturbadoras: indicam a presença de *algo* diferente do natural; a presença, ou pelo menos o apelo, ou em sentido predestinado, desse *algo*. Um animal hábil, assim como um objeto novo ou um fato monstruoso singularizam-se de maneira tão nítida como um indivíduo extremamente feio, muito nervoso ou isolado do resto da comunidade por qualquer estigma (natural ou adquirido em conseqüência de uma cerimônia realizada com o fim de designar o "eleito"). Os exemplos nos ajudarão a compreender o conceito melanésio de *mana*, de onde certos autores julgaram poder derivar todos os fenômenos religiosos. Para os melanésios, *mana* é a força misteriosa e ativa que possuem alguns indivíduos e geralmente as almas dos mortos e todos os espíritos[27]. O ato grandioso da criação cósmica só foi possível pelo *mana* da divindade; também o chefe do clã dispõe da sua dose de *mana*, e se os ingleses submeteram os maoris foi porque o seu *mana* era mais forte, assim como o ofício do missionário cristão possui *mana* superior ao dos ritos autóctones. Apesar de tudo, também as latrinas possuem o *mana*, graças ao caráter de "receptáculo de força" que abrigam não só os corpos humanos como as suas excreções[28].

Mas os objetos e os homens têm *mana* porque o receberam de determinados seres superiores, ou seja, *porque* participam misticamente do sagrado e *na medida em que* dele participam. "Se se verifica que uma pedra encerra uma força excepcional é porque qualquer espírito a ela se associou. Um osso de um morto possui *mana* porque a alma do morto aí se encontra; determinado indivíduo pode manter uma relação tão estreita com um espírito (*spirit*) ou com a alma de um morto (*ghost*), que fica possuidor de *mana* em si mesmo e pode utilizá-lo à sua vontade."[29] É uma força diferente das forças físicas, do ponto de vista qualitativo, e por isso se exerce de maneira arbitrária. Um bom guerreiro deve esta qualidade não às suas próprias forças ou recursos, mas à força que o *mana* de um guerreiro morto lhe concede; este *mana* encontra-se no pequeno amuleto de pedra que lhe pende do pescoço, em algumas folhas presas ao seu cinto ou na fórmula que pronuncia. O fato de os porcos de certo homem se multiplicarem e o seu jardim prosperar deve-se a determinadas pedras providas do *mana* especial dos porcos e das árvores que o seu proprietário possui. Um barco só é rápido se possuir *mana*, assim como uma rede que apanha peixe ou uma flecha que fere mortalmente[30]. Tudo o que *é* por excelência possui *mana*; ou seja, tudo o que parece ao homem eficaz, dinâmico, criador, perfeito.

Como reação contra as teorias de Tylor e da sua escola, que consideram que a primeira fase da religião só pode ter sido o animismo, o antropólogo inglês R. R. Marrett julgou poder reconhecer nesta crença em uma força impessoal uma fase pré-animista da religião. Evitaremos precisar desde já em que medida se pode falar de uma "primeira fase" da religião, assim como não vamos indagar se a identificação de tal fase primordial equivale a descobrir as "origens" da religião. Mencionamos alguns exemplos do *mana* apenas para esclarecer a dialética das cratofanias e das hierofanias no plano mais elementar. (Convém precisar que "o mais elementar" de modo nenhum significa "o mais primitivo" do ponto de vista psicológico, nem "o mais antigo" no sentido cronológico: o nível elementar representa uma modalidade simples, transparente, da hierofania.) Os exemplos citados forneceram-nos uma boa ilustração do fato de uma cratofania ou uma hierofania *singularizar* um objeto relativamente a outros, e o mesmo acontece com o insólito, com o extraordinário e com o que é novo. Reparemos no entanto que: 1º, a noção de *mana*, se bem que a encontremos também nas religiões exteriores ao círculo melanésio, não é uma noção universal e, por conseqüência, é-nos difícil considerá-la como representativa da primeira fase de qualquer religião; 2º, é inexato considerar o *mana* como uma força impessoal.

Com efeito, além dos melanésios[31], há outros povos que conhecem uma força desse gênero, capaz de tornar as coisas poderosas, reais no pleno sentido da palavra. Os sioux chamam *wakan* a esta força, a qual circula no cosmos mas só se manifesta nos fenômenos extraordinários (como o sol, a lua, o trovão, o vento, etc.), assim como nas personalidades fortes (o feiticeiro, o missionário cristão, os seres míticos e lendários, etc.). Os iroqueses empregam o termo *orenda* para designar a mesma noção: uma tempestade encerra *orenda*, a *orenda* de uma ave difícil de abater é muito sutil, um homem furioso é presa da sua *orenda*, etc. *Oki* entre os hurões, *zemi* entre as populações das Antilhas, *megbe* entre os pigmeus africanos (bambotos) são termos que exprimem a mesma noção de *mana*. Mas, repitamo-lo, não é qualquer pessoa ou qualquer coisa que possui *oki*, *zemi*, *megbe*, *orenda*, etc., mas somente as divindades, os heróis, as almas dos mortos ou os homens e objetos que mantêm certa relação com o sagrado, ou seja, os feiticeiros, os feitiços, os ídolos, etc. Para citar apenas um dos últimos etnógrafos que descreveram estes fenômenos mágico-religiosos e, o que é mais importante, numa população arcaica, onde a existência de *mana* era muito controvertida, P. Schebesta escreve: "O *megbe* está espalhado por toda parte, mas o seu poder não se manifesta sempre com a mesma intensidade, nem sob o mesmo aspecto. Alguns animais são ricamente providos desse *megbe*; quanto aos homens, uns possuem mais, outros menos. Os homens hábeis distinguem-se precisamente pela abundância de *megbe* que acumularam. Os feiticeiros também são ricos em *megbe*. Esta força parece estar ligada à alma-sombra e destinada a desaparecer juntamente com ela na morte, quer porque emigre para outro indivíduo, quer porque se metamorfoseie no totem.''[32]

Se bem que alguns estudiosos tenham acrescentado alguns outros termos a esta lista (*ngai* dos masatos, *andriamanitha* dos malgaxes, *petara* dos dayaks, etc.) e se haja tentado interpretar no mesmo sentido o indiano *brahman*, o iraniano *xvarenah*, o romano *imperium*, o nórdico *hamingja* — a noção de *mana* não é universal. O *mana* não aparece em todas as religiões, e mesmo naquelas em que aparece não é nem a única, nem a mais antiga forma religiosa. ''O *mana*... não é de maneira nenhuma universal, e, por conseqüência, servir-se dele como base para construir uma teoria geral da religião primitiva é não só errôneo como falacioso.''[33] Mais ainda: entre as diferentes fórmulas (*mana*, *wakan*, *orenda*, etc.) existem, se não diferenças acentuadas, pelo menos matizes freqüentemente desprezados nos primeiros estudos. Assim, o americanista P. Radin, ao analisar as conclusões que W. Jones, Miss Fletcher e Hewitt tiraram das suas pesquisas sobre o *wakanda* e o *manitu* dos sioux e dos algonquinos, nota que estes termos significam ''sagrado'', ''estranho'', ''importante'', ''maravilhoso'', ''extraordinário'', ''forte'', mas sem englobar a menor idéia de ''força inerente''[34].

Ora, Marrett — e, aliás, outros o fizeram também — julgou que o *mana* representava uma ''força impessoal'', apesar de Codrigton ter já chamado a atenção para o fato de ''essa força, se bem que impessoal em si mesma, estar sempre ligada a uma pessoa que a dirige... Nenhum homem possui esta força por si mesmo: tudo quanto faz, fá-lo à custa de seres pessoais, espíritos da natureza ou dos antepassados''[35]. Pesquisas recentes (Hocart, Hogbin, Capell) vieram precisar estas distinções estabelecidas por Codrigton. ''Como poderia essa força ser impessoal se está sempre ligada a seres pessoais?'', perguntava ironicamente Hocart. Por exemplo, em Guadaecanal e em Malaita são exclusivamente os espíritos e as almas dos mortos que possuem o *mana*, se bem que possam utilizar esta força em proveito do homem. ''Um homem pode trabalhar duramente, mas se não obtiver por isso a aprovação dos espíritos, cujo poder se exerce em seu proveito, nunca se tornará rico.''[36] ''Todo e qualquer esforço se realiza com o intento de assegurar as boas graças dos espíritos, de maneira que o *mana* esteja sempre disponível. Os sacrifícios são o método mais vulgar para ganhar a sua aprovação, mas considera-se que algumas outras cerimônias lhes são igualmente agradáveis."[37]

Radin notava por sua vez que os indianos não estabeleciam oposição entre *pessoal* e *impessoal*, *corporal* e *não corporal*. "O que parece chamar a sua atenção, em primeiro lugar, é a questão da existência real; e tudo quanto pode ser apreendido pelos sentidos, tudo quanto pode ser pensado, vivido ou sonhado, existe."[38] Portanto, o problema deve pôr-se em termos ontológicos: o que *existe*, o que é *real* e o que *não existe* — e não em termos de *pessoal-impessoal*, *corporal-incorporal*, conceitos que, na consciência dos "primitivos", não têm a precisão que adquiriram nas culturas históricas. O que é provido de *mana* existe no plano ontológico e, portanto, é eficaz, fecundo, fértil. Por isso não se pode afirmar a "impessoalidade" do *mana*, essa noção não tem qualquer sentido no horizonte mental arcaico. Aliás, em parte nenhuma se encontra o *mana* hipostasiado, separado dos objetos, dos acontecimentos cósmicos, dos seres ou dos homens. Mais ainda: através de uma análise cerrada apercebemo-nos de que um objeto, um fenômeno cósmico, um ser qualquer, etc., possuem *mana* graças à intervenção de um espírito ou à confusão com a epifania de um ser divino qualquer.

De onde se conclui que de modo nenhum se justifica a teoria que considera o *mana* como força mágica impessoal. Imaginar, nesta base, uma fase pré-religiosa (dominada unicamente pela magia) é implicitamente errôneo. Essa teoria é, aliás, infirmada pelo fato de que todos os povos (e sobretudo os povos mais primitivos) não conhecem o *mana*, e ainda pelo fato de que a magia — se bem que se encontre um pouco por todo o lado — aparece sempre acompanhada pela religião. Mais ainda: a magia não domina em toda a parte a vida espiritual das sociedades primitivas; pelo contrário, é nas sociedades mais evoluídas que ela se desenvolve de maneira predominante. (Exemplos: a prática da magia é muito fraca entre os kurnai da Austrália e entre os fueguinos; em certas sociedades de esquimós e koriaks, pratica-se menos do que entre os seus vizinhos ainus e samoiedos, que lhes são superiores no ponto de vista cultural, etc.)

8. Estrutura das hierofanias — Relembremos qual era o nosso desígnio quando citávamos as hierofanias fulgurantes, as cratofanias, o *mana*, etc. Não se tratava de discuti-las (o que implicaria como já adquiridas as noções do sagrado, da polaridade religião-magia, etc.), mas simplesmente de ilustrar as modalidades mais elementares do sagrado com vista a uma primeira aproximação. Essas hierofanias e cratofanias sempre nos revelaram uma *escolha*; o que é *escolhido* é implicitamente *forte*, eficaz, temido ou fértil, ainda que a escolha se faça pela singularização do insólito, do novo, do extraordinário; o que foi *escolhido* e revelado como tal, por intermédio de uma hierofania ou de uma cratofania, torna-se freqüentemente perigoso, proibido ou poluído. Encontramos freqüentemente a noção de *força* ou de *eficiência* junto a essas hierofanias; denominamo-las cratofanias precisamente porque nos falta demonstrar o seu caráter sagrado. No entanto, vimos como era imprudente generalizar apressadamente; que, por exemplo, é inexato considerar o *mana* como uma força impessoal, visto ser acessível à experiência religiosa ou à observação profana unicamente por uma personificação ou incorporação; que seria mais sensato pôr o problema nos seus termos ontológicos e dizer que *aquilo que existe de uma maneira completa* possui sempre *mana*; enfim, que a distinção "pessoal-impessoal" não tem sentido preciso no universo mental arcaico e que é mais prudente renunciar a tal distinção.

Mas devemos notar que as hierofanias e as cratofanias elementares acima mencionadas estão longe de esgotar a experiência e a teoria religiosa dos primitivos. Não conhecemos religião reduzida a tais hierofanias e cratofanias elementares. As categorias do sagrado, assim como a sua morfologia, excedem constantemente as epifanias do *mana* e do insólito, da mesma maneira que extravasam do culto dos antepassados, da crença nos espíritos, dos cultos naturalistas, etc. Por outras palavras, uma religião, ainda que se trate da religião mais "primitiva" (por exemplo, a religião de uma tribo australiana, dos judamaneses, dos pigmeus, etc.), não se deixa reduzir a um nível elementar de hierofanias (o *mana*, o totemismo, o animismo). Ao lado de tais experiências e teorias religiosas monovalentes, encontramos constantemente os vestígios mais ou menos ricos de outras experiências ou teorias religiosas; por exemplo, os vestígios do culto de um ser supremo. O fato de esses vestígios apresentarem pouca importância para a vida religiosa cotidiana da tribo não interessa aqui. Teremos oportunidade de verificar[39] que, entre os primitivos, a crença num ser supremo, criador e todo-poderoso, que permanece nos Céus e se manifesta por epifanias uranianas, aparece um pouco por toda a parte; no entanto, este ser supremo não desempenha quase nenhum papel no culto, onde é substituído por outras forças religiosas (o totemismo, o culto dos antepassados, as mitologias solares e lunares, as epifanias da fertilidade). O desaparecimento de tais seres supremos da atualidade religiosa representa evidentemente um problema de *história*, e deve-se a certas forças que podem ser parcialmente identificadas. Mas, ainda que aí surjam com menos importância, os seres supremos pertencem ao patrimônio religioso dos "primitivos" e, por conseqüência, não podem ser desprezados quando estudamos a experiência global do sagrado entre a humanidade arcaica. As hierofanias elementares e as cratofanias fulgurantes incluem-se no conjunto dessa experiência religiosa arcaica, dominando-a por vezes, mas sem nunca a esgotar.

Por outro lado, essas hierofanias e cratofanias elementares nem sempre são "fechadas", monovalentes. Podem aumentar, se não o seu conteúdo religioso, pelo menos a sua função formal. Seja uma pedra cultual, que em certo momento histórico manifesta determinada modalidade do sagrado: essa pedra *mostra* que o sagrado é qualquer coisa de *diferente* do meio cósmico circundante, que, à semelhança do rochedo, o sagrado está de maneira absoluta, invulnerável e estática subtraído ao devir. Esta ontofania (valorizada no plano religioso) da pedra cultual pode modificar a sua "forma" ao sabor da corrente da história; a mesma pedra será venerada mais tarde, não por aquilo que revela *imediatamente* (não já como uma hierofania elementar), mas porque está integrada num espaço sagrado (de um templo, de um altar), ou porque é considerada como a epifania de um deus, etc.[40] Continua a ser *algo de diferente* do meio circundante, continua a ser *sagrada* em virtude da hierofania primordial que a *escolheu*, embora o valor que lhe foi atribuído mude segundo a teoria religiosa em que esta hierofania vem se integrar.

Encontramos um número considerável de tais revalorizações das hierofanias primordiais, pois a história das religiões é, em grande parte, a história das desvalorizações e das revalorizações do processo de manifestação do sagrado. Em relação a isso, a idolatria e a iconoclastia são atitudes naturais do espírito perante o fenômeno da hierofania; as duas posições são igualmente justificáveis. Pois para aquele que está na posse de uma nova revelação (o mosaísmo no mundo semítico, o cristianismo no mundo greco-romano, por exemplo) as antigas hierofanias não somente perdem o seu sentido original, o de serem manifestação de uma modalidade do sagrado, mas também são consideradas como obstáculos à perfeição da experiência religiosa. Os iconoclastas de qualquer tipo e de qualquer religião ficam justificados tanto pela sua própria experiência religiosa como pelo momento histórico em que se realiza a experiência. Sendo contemporâneos de uma revelação mais "completa", mais conforme às suas faculdades espirituais e culturais, *não podem acreditar*, não podem valorizar, no plano religioso, as hierofanias que foram aceitas em fases religiosas já passadas.

Por outro lado, a atitude oposta, que por razões de exposição denominamos de *idolatria*, justifica-se plenamente, tanto pela experiência religiosa como pela história. Esta atitude, que consiste — *grosso modo* — em conservar e em revalorizar permanentemente as antigas hierofanias, é validada pela própria dialética do sagrado, porque o sagrado se manifesta sempre através de alguma coisa; o fato de esta *alguma coisa* (que denominamos "hierofania") ser um objeto do mundo imediato ou um objeto da imensidão cósmica, uma figura divina ou um símbolo, uma lei moral ou até uma idéia, não tem importância. O ato dialético permanece o mesmo: a manifestação do sagrado através de alguma coisa diferente de si mesma; aparece nos objetos, nos mitos ou nos símbolos, mas nunca integralmente, e de maneira imediata, na sua totalidade. Por conseqüência, considerados de um ponto de vista absoluto, uma pedra sagrada, um avatar de Vishnu, uma estátua de Júpiter ou uma epifania javeísta são igualmente válidos (ou ilusórios) pela simples razão de que, em todos os casos, ao manifestar-se, o sagrado limitou-se, incorporou-se. O ato paradoxal da incorporação, que torna possíveis todas as espécies de hierofanias, desde as mais elementares até a suprema encarnação do Logos em Jesus Cristo, encontra-se por toda a parte na história das religiões; mas voltaremos a este problema. No entanto, a atitude a que chamamos idólatra funde-se (consciente ou inconscientemente, pouco importa) nesta visão de conjunto das hierofanias consideradas na sua totalidade. E salva as antigas hierofanias ao valorizá-las num plano religioso diferente, ao conceder-lhes funções diferentes. Citaremos apenas dois exemplos, extraídos de domínios e momentos históricos diferentes.

9. Revalorização das hierofanias — Vimos (§ 5) que tudo quanto é extraordinário, grandioso, novo, pode tornar-se uma hierofania, pode ser considerado como uma manifestação do sagrado na perspectiva espiritual dos primitivos. Os condos do Tanganica conhecem um ser supremo, Kyala ou Lesa, que, tal como todos os seres supremos africanos, é provido dos prestígios de um deus celeste, criador, todo-poderoso e justiceiro. Mas Lesa não se manifesta unicamente por epifanias uranianas: "Tudo o que é grande no seu gênero, como um grande boi, até um grande bode, uma árvore enorme, enfim, qualquer outro objeto de dimensões imponentes, toma o nome de Kyala, o que significa eleger Deus domicílio temporário nessas coisas. Quando uma tempestade flagela e põe em fúria as águas do lago, dizem que é Deus caminhando na superfície das águas; quando o rugido da catarata é mais formidável do que de costume, é a voz de Deus que se deixa ouvir. Um tremor de terra é causado pelos seus passos possantes, e o raio é Lesa, Deus que desce à Terra na sua cólera... às vezes Deus entra também no corpo de um leão ou de uma serpente, e circula entre os homens, sob esta forma, para observar as suas ações."[41] Do mesmo modo, entre os shilluks, o nome do Ser Supremo, que é Juok, aplica-se a tudo quanto é estranho, a tudo quanto um shilluk não pode compreender[42].

Nestes exemplos trata-se de uma valorização das hierofanias elementares e das cratofanias fulgurantes por integração na epifania do ser supremo; o insólito, o extraordinário, o novo são valorizados no plano religioso como modalidades de Lesa ou de Juok. Por ora não tentaremos uma análise estratigráfica deste fenômeno, destinada a precisar a sua "história", a mostrar se a crença em um ser supremo precedeu as hierofanias do extraordinário ou *vice-versa*, ou se as duas experiências religiosas se realizaram mutuamente. O que nos interessa é o ato religioso da integração das hierofanias elementares na epifania do ser supremo, variante da idolatria, ou seja, desta perspectiva generosa que considera os ídolos, os feitiços e as características físicas como uma série de incorporações paradoxais da divindade. O exemplo é tanto mais elucidativo quando se trata de populações africanas que — como é fácil supor — não sofreram de maneira decisiva o trabalho de sistematização dos teólogos e dos místicos. Poderíamos dizer que se trata de um caso espontâneo da integração das hierofanias elementares no conceito complexo do ser supremo (personalidade, criador, todo-poderoso).

O segundo exemplo porá em evidência o espaço de justificação da atitude idólatra por uma hermenêutica requintada. A escola mística indiana *Vexenava* chama *arcâ*, "homenagem", a todo o objeto material que o povo venere há muitos séculos (a planta *tulasî*, as pedras *sâlagramâ* ou os ídolos de Vishnu), e, por conseqüência, considera-os como epifanias do grande Deus. No entanto, os místicos e os teólogos interpretam esta epifania paradoxal como um momento da dialética do sagrado, que, ainda que eterno, absoluto e livre, se manifesta num fragmento material, precário, condicionado, etc. Esta incorporação de Vishnu numa *sâlagramâ* ou num ídolo tem um fim soteriológico na doutrina vexenava (no seu grande amor pelos homens, a divindade *mostra-se* adotando a sua modalidade de ser degradada). No entanto, também tem um sentido teológico: a incorporação da divindade revela a sua liberdade de tomar qualquer forma, assim como a condição paradoxal do sagrado, que pode coincidir com o *profano* sem anular a sua própria modalidade de ser. Este paradoxo é admiravelmente sublinhado por Lokâcharyâ: "Ainda que onisciente, Vishnu mostra-se nas *arcâs* como se fosse desprovido de conhecimento; embora seja espírito, mostra-se como se fosse material; ainda que se trate do verdadeiro Deus, mostra-se como se estivesse à disposição dos homens; ainda que todo-poderoso, mostra-se como se fosse fraco; embora exista sem preocupações, mostra-se como se tivesse necessidade de receber cuidados; ainda que inacessível (aos nossos sentidos), mostra-se como tangível."

Dir-se-á, sem dúvida, que se trata aqui da interpretação de um fato religioso arcaico e popular, por um místico-teólogo; em si mesmo, esse fato está bem longe de revelar tudo quanto o místico e o teólogo vêem nele. E não poderemos dizer se é justificável esta objeção, aparentemente tão sensata. É verdade que os ídolos de Vishnu procedem cronologicamente a teologia e a mística elevada de um Lokâcharyâ; também é verdade que um devoto de uma aldeia indiana adora uma *arcâ* simplesmente por considerar que ela incorpora em si Vishnu. Mas a questão consiste em saber se esta valorização religiosa do ídolo — considerado como participante, de uma maneira ou de outra, na essência de Vishnu — *não nos diz* o mesmo que a interpretação de Lokâcharyâ, pelo simples fato de ser a valorização religiosa de um objeto material. Em suma, o teólogo não faz mais do que traduzir em fórmulas mais explícitas o que está já implicado no paradoxo do ídolo (e, aliás, de qualquer hierofania): o *sagrado* manifesta-se num objeto *profano*.

Em resumo, o que revelam todas as hierofanias, até as mais elementares, é esta paradoxal coincidência do sagrado e do profano, do ser e do não-ser, do absoluto e do relativo, do eterno e do devir. Um místico e um teólogo como Lokâcharyâ mais não faz do que explicar para os seus contemporâneos o paradoxo da hierofania. Esta explicitação tem evidentemente o sentido de uma revalorização, isto é, de uma reintegração da hierofania em um novo sistema religioso. Pois, a bem dizer, a diferença entre o *arcâ* e a hermenêutica de Lokâcharyâ resume-se a uma diferença de *fórmula*, de expressão, sendo o paradoxo da consciência do sagrado e do profano expresso de maneira concreta no caso do ídolo e de maneira analiticamente descritiva no caso da hermenêutica verbal. Esta coincidência sagrado-profano realiza de fato uma ruptura de nível ontológico. Está implicada em qualquer hierofania, porque toda a hierofania *mostra*, manifesta a coexistência das duas essências opostas: sagrado e profano, espírito e matéria, eterno e não eterno. O fato de a dialética da hierofania, da manifestação do sagrado nos objetos materiais, continuar a ser objeto de uma teologia tão elaborada como a da Idade Média prova que essa dialética continua a ser o problema capital de qualquer religião. Poderíamos até dizer que todas as hierofanias não são mais do que prefigurações do milagre da encarnação, que cada hierofania não é mais do que uma tentativa falhada da revelação do mistério da coincidência homem-Deus. Ockam, por exemplo, não hesita em escrever: "Est articules fidei quod Deus assumpsit naturam humanam. Non includit contradictionem, Deus assumere naturam assinam. Pari ratione potest assumere lapidem aut lignum." Por conseqüência, a morfologia das hierofanias primitivas não aparece como absurda na perspectiva da teologia cristã: a liberdade de que Deus goza permite-lhe tomar qualquer forma, até mesmo a da pedra ou a da madeira. Evitamos por ora o termo "Deus" e traduzimos: o sagrado manifesta-se sob qualquer forma, até sob a mais aberrante. Em resumo, o que é paradoxal, o que é ininteligível, não é o fato da manifestação do sagrado nas pedras ou nas árvores, mas o próprio fato de ele se *manifestar* e, por conseqüência, de se *limitar* e se tornar *relativo*[43].

10. Complexidade do fenômeno religioso "primitivo" — Julgamos que os exemplos citados até aqui nos ajudaram a estabelecer alguns princípios diretores: 1º, o *sagrado* é qualitativamente diferente do *profano*, embora se possa manifestar de qualquer modo e em qualquer lugar no mundo profano, e tem a capacidade de transformar todo objeto cósmico em paradoxo por intermédio da hierofania (no sentido de que o objeto deixa de ser ele próprio, como objeto cósmico, permanecendo aparentemente inalterado); 2º, esta dialética do sagrado é válida para todas as religiões e não apenas para as pretensas "formas primitivas". Esta dialética verifica-se tanto no culto das pedras e das árvores como na concepção sábia dos avatares indianos ou no mistério capital da encarnação; 3º, em nenhuma parte se encontram *unicamente* hierofanias elementares (as cratofanias do insólito, do extraordinário, do novo: o *mana*, etc.), mas também vestígios de formas religiosas consideradas, na perspectiva das concepções evolucionistas, como superiores (seres supremos, leis morais, mitologias); 4º, encontramos por toda a parte, e até além desses vestígios de formas religiosas superiores, um *sistema* onde se vêm ordenar as hierofanias elementares. O "sistema" não é esgotado por estas últimas, é constituído por todas as experiências religiosas da tribo (o *mana*, as cratofanias do insólito, o totemismo, o culto dos antepassados), mas compreende também um corpo de tradições teóricas impossíveis de reduzir às hierofanias elementares: por exemplo, os mitos respeitantes à origem do mundo e da espécie humana, a justificação mítica da condição humana atual, a valorização teórica dos ritos, as concepções morais, etc. Convém insistirmos sobre este último ponto.

Basta percorrermos quaisquer monografias etnográficas (a de Spencer e Gillen ou de Strehlow sobre os australianos, a de Schebesta ou de Trilles sobre os pigmeus africanos, a de Gusinde sobre os fueguinos) para notarmos: 1º, que a vida religiosa dos primitivos ultrapassa os domínios que normalmente estamos dispostos a atribuir à experiência e à teoria religiosas; 2º, que esta vida religiosa é por toda a parte complexa, e a sua apresentação simples e linear, freqüente nos trabalhos de síntese ou de vulgarização, é devida a uma seleção, mais ou menos arbitrária, efetuada pelos autores. É verdade que certas formas *dominam* o conjunto religioso (por exemplo, o totemismo na Austrália, o *mana* na Melanésia, o culto dos antepassados na África, etc.), mas nunca o esgotam. Encontramos, por outro lado, uma quantidade de símbolos, acontecimentos cósmicos, biológicos ou sociais, ideogramas e idéias, valorizados no plano religioso, se bem que as suas relações com a experiência religiosa nem sempre sejam claras para nós, homens modernos. Compreendemos, por exemplo, que os ritmos lunares, as estações, a iniciação sexual ou social, ou o simbolismo espacial, possam adquirir valores religiosos para a humanidade arcaica, isto é, tornar-se hierofanias; mas é muito mais difícil compreender em que medida os gestos fisiológicos, tais como a nutrição e o ato sexual, ou os ideogramas como o "ano", podem reivindicar o mesmo título. Trata-se, em suma, de uma dupla dificuldade: 1º, aceitar a sacralidade da vida fisiológica total; 2º, tomar por hierofanias certas construções teóricas (ideogramas, mitogramas, leis cósmicas ou morais, etc.).

De fato, uma das principais diferenças que separa o homem das culturas arcaicas do homem moderno reside precisamente na incapacidade em que este último se encontra de viver a vida orgânica (em primeiro lugar a sexualidade e a nutrição) como um sacramento. A psicanálise e o materialismo histórico julgaram encontrar a confirmação mais segura das suas teses na importância do papel que gozam a sexualidade e a nutrição entre os povos que se encontram na fase "etnográfica". No entanto, a psicanálise e o materialismo histórico desprezaram o valor, diríamos até a função *completamente diferente*, em relação ao sentido moderno, que têm o erotismo e a nutrição entre estes povos. Para o moderno não passam de atos fisiológicos, ao passo que para o homem das culturas arcaicas são sacramentos, cerimônias por cujo intermédio se comunica com a *força* que representa a própria vida. Veremos mais tarde que a *força* e a vida não são mais do que epifanias da *realidade última*; entre o primitivo, esses atos elementares tornam-se um rito por cujo intermédio o homem é ajudado a aproximar-se da realidade, a inserir-se no ôntico, libertando-se de automatismos (desprovidos de conteúdo e de sentido) do dever, do "profano", do nada.

Teremos ocasião de ver que, consistindo sempre o rito na repetição de um gesto arquetípico realizado *in illo tempore* (no princípio da "história") pelos antepassados ou pelos deuses, se tenta "ontificar", por intermédio da hierofania, os atos mais vulgares e mais insignificantes. Pela repetição, o rito *coincide* com o seu "arquétipo", e o tempo profano é abolido. Assistimos, por assim dizer, *ao próprio ato* realizado *in illo tempore*, num momento auroral cosmogônico. Por conseqüência, ao transformar todos os atos fisiológicos em cerimônias, o homem arcaico esforça-se por "passar além", por se projetar além do tempo (do devir), na eternidade. Não é oportuno insistir aqui na função desempenhada pelo rito, mas é necessário repararmos, desde já, na tendência normal do primitivo para transformar os atos fisiológicos em ritual, atribuindo-lhes assim um valor espiritual. Quando se alimenta ou se entrega às práticas sexuais, o primitivo insere-se num plano que, de qualquer modo, não é o da nutrição nem o da sexualidade. Isto pode-se verificar nas experiências iniciais (os primeiros frutos, o primeiro ato sexual), em toda a atividade erótica e alimentar. Podemos dizer que se trata, nessas circunstâncias, de uma experiência religiosa indistinta, estruturalmente diferente das experiências distintas representadas pelas hierofanias do insólito, do extraordinário, do *mana*, etc. Mas o papel dessa experiência na vida do homem arcaico nem por isso é menor, ainda que devido à sua própria natureza possa escapar aos observadores. Isto explica a nossa afirmação anterior: a vida religiosa dos povos primitivos ultrapassa as categorias do *mana*, das hierofanias e das cratofanias fulgurantes. Toda uma experiência religiosa, indistinta do ponto de vista estrutural, se deve a esta tentativa feita pelo homem para se inserir no real, no sagrado, através dos atos fisiológicos fundamentais que transforma em cerimônias.

Por outro lado, a vida religiosa de qualquer grupo humano na fase etnográfica encerra sempre certo número de elementos teóricos (símbolos, ideogramas, mitos cosmogônicos e genealógicos, etc.). Teremos ocasião de ver que tais "variedades" são consideradas como hierofanias pelo homem das culturas arcaicas. Não só porque revelam as modalidades do sagrado, mas também porque à custa dessas "verdades" o homem se defende do insignificante, do nada; numa palavra, escapa à esfera do profano. Tem-se falado muitas vezes da fraqueza dos primitivos em matéria de teoria. Ainda que assim fosse (e a opinião de grande número de observadores é diferente), freqüentemente se tem esquecido que o funcionamento do pensamento arcaico não utiliza exclusivamente os conceitos ou os elementos conceituais, mas também, e em primeiro lugar, símbolos. Mais tarde teremos oportunidade de ver que o "manuseio" dos símbolos se efetua segundo uma *lógica* simbólica. E aí se segue que a aparente pobreza conceitual das culturas primitivas implica não uma incapacidade para produzir teoria, mas uma dependência de um estilo de pensar nitidamente diferente do estilo moderno, fundado sobre os esforços da especulação helênica. Ora, até nos grupos menos evoluídos do ponto de vista etnográfico é possível identificarmos um conjunto de verdades integradas de uma maneira coerente num sistema, numa teoria (por exemplo, entre os australianos, os pigmeus, os fueguinos), etc.* Este conjunto de verdades não só constitui uma "Welt-anschauung", mas também uma ontologia pragmática (diríamos até uma soteriologia), no sentido de que tenta salvaguardar-se integrando-se no real à custa dessas "verdades".

Para darmos apenas um exemplo, veremos que a maioria dos atos realizados pelo homem das culturas arcaicas não é mais, no seu pensamento, do que a repetição de um gesto primordial realizado no princípio do tempo por um ser divino ou por uma figura mítica. O ato só encerra certo sentido na medida em que repete um modelo transcendente, um arquétipo. Por isso a finalidade dessa repetição é a de assegurar a *normalidade* do ato, de a legalizar concedendo-lhe um estatuto ontológico; pois, se esse ato se torna *real*, é unicamente *porque repete* um arquétipo. Ora, todas as ações realizadas pelo primitivo pressupõem um modelo transcendente; por isso esses atos só são eficazes na medida em que são reais, exemplares. A ação é ao mesmo tempo uma cerimônia (na medida em que integra o homem numa zona sagrada) e uma inserção no real. Todas estas observações implicam nuanças que se destacarão de maneira mais nítida no momento em que pudermos comentar os exemplos fornecidos pelos capítulos seguintes. No entanto, tais implicações devem desde já ser enunciadas, a fim de esclarecer este aspecto teórico da vida religiosa "primitiva" geralmente mais desprezado.

* Concepção, mundividência. (N.T.)

II

O Céu: deuses uranianos, ritos e símbolos celestes

11. O sagrado celeste — A prece mais popular de todo o mundo dirige-se ao "Pai Nosso que está no Céu". Pode ser que a prece mais antiga fosse dirigida a um mesmo Pai celeste — o que explicaria o testemunho de um africano da tribo dos ewe: "Além, onde fica o Céu, Deus está também." A escola etnográfica de Viena, e em primeiro lugar o padre W. Schmidt, autor da mais volumosa monografia dedicada à origem da idéia de divindade, procura até demonstrar a existência de um monoteísmo primordial, fundamentando-se essencialmente na presença dos deuses celestes entre as sociedades humanas mais primitivas. Deixemos provisoriamente em suspenso este problema de um monoteísmo original. O que está completamente fora de dúvida é a quase universalidade das crenças num ser divino celestial, criador do universo e assegurador da fecundidade da Terra (graças às chuvas que derrama). Esses seres são dotados de uma presciência e de uma sabedoria infinitas; as leis morais e freqüentemente rituais do clã foram por eles instauradas durante a sua breve permanência na terra; velam pela observância das leis e todo aquele que se lhes opõe é fulminado.

Antes de revermos algumas figuras divinas de estrutura uraniana, procuremos compreender a significação religiosa do Céu em si mesmo. Sem precisarmos sequer atentar na efabulação mítica, o Céu revela diretamente a sua *transcendência*, a sua *força* e a sua *sacralidade*. A simples contemplação da abóbada celeste provoca na consciência primitiva uma experiência religiosa.

Uma afirmação como esta não implica necessariamente um "naturismo" uraniano. Para a mentalidade arcaica, a natureza nunca é exclusivamente "natural". A expressão "simples contemplação da abóbada celeste" toma um sentido diferente se a relacionamos com um homem primitivo de tal modo sensível aos milagres cotidianos que nos é hoje difícil de imaginar, pois que essa contemplação equivale a uma revelação. O Céu revela-se tal como é na realidade: infinito, transcendente. A abóbada celeste é, por excelência, "uma coisa muito diferente" do pouco que representa o homem e o seu espaço vital. Diríamos que o simbolismo da sua transcendência se deduz da simples tomada de consciência da sua altura infinita. O ser "altíssimo" é algo que se torna necessariamente um atributo da divindade. As regiões superiores, inacessíveis ao homem, as zonas siderais, adquirem os prestígios divinos do transcendente, da realidade absoluta, da perenidade. Tais regiões são a morada dos deuses; é aí que chegam alguns privilegiados pelos ritos de ascensão celeste; até aí se elevam, segundo as concepções de certas religiões, as almas dos mortos.

O "alto" é uma dimensão inacessível ao homem como tal; pertence por direito às forças e aos seres sobre-humanos; o que se eleva subindo cerimoniosamente os degraus de um santuário ou a escada ritual que conduz ao Céu deixa então de ser um homem; as almas dos defuntos privilegiados abandonaram a condição humana na sua ascensão celeste.

Tudo isto é deduzido da simples contemplação do Céu; mas seria erro grave considerar essa dedução como uma operação lógica, racional. A categoria transcendental da "altura", do supraterrestre, do infinito, revela-se ao homem integral, tanto à sua inteligência como à sua alma. O simbolismo é um dado imediato da consciência total, ou seja, do homem que se descobre como tal, do homem que toma consciência da sua posição no universo; estas descobertas primordiais estão ligadas de maneira tão orgânica ao seu drama que o mesmo simbolismo determina tanto a atividade do seu subconsciente como as mais nobres expressões da sua vida espiritual. Insistamos, pois, nestas distinções, isto é, que se o simbolismo e os valores religiosos do Céu não são deduzidos de maneira lógica, a partir da observação calma, objetiva, da abóbada celeste, nem por isso são o produto exclusivo da efabulação mítica e das experiências irracionais religiosas. Repitamos: ainda antes de toda a valorização religiosa do Céu, já este último revela a sua transcendência. Só pela sua existência o Céu "simboliza" a transcendência, a força, a imutabilidade. *Existe* porque é *elevado, infinito, imutável, poderoso*.

Pois o simples fato de ser "elevado", de se encontrar "no alto", equivale a ser "poderoso" (no sentido religioso da palavra) e de ser, como tal, saturado de sacralidade — é a própria etimologia de certos deuses que o testemunha. Para os iroqueses, tudo o que possui *orenda* chama-se *oki*, mas o sentido da palavra *oki* parece ser o de "aquele que está nas alturas"; encontramos até um ser supremo com o nome de Oke[1]. As populações sioux ("plain indians" da América Setentrional) exprimem a força mágica-religiosa (*mana, orenda*, etc.) pelo termo *wakan*, muito próximo, foneticamente, de *wakán, wankan*, que significa "no alto, por cima", na língua dacota; o sol, a lua, o relâmpago, o vento possuem *wakan*, e esta força, ainda que de maneira imperfeita, foi personificada em Wakan, traduzido por "Senhor" pelos missionários, mas que é mais exatamente um ser supremo celeste, manifesto sobretudo no relâmpago[2].

A divindade suprema dos maoris chama-se Iho; *iho* tem o sentido de "elevado, no alto"[3]. Os negros akposo conhecem um deus supremo, Uwoluwu, "o que está no alto, as regiões superiores"[4]. E seria possível multiplicarmos os exemplos[5]. Veremos em breve que "o altíssimo", "o brilhante", "o céu" são noções que existiram mais ou menos manifestamente nos termos arcaicos por meio dos quais os povos civilizados exprimiam a idéia de divindade. A transcendência divina revela-se diretamente na inacessibilidade, na infinitude, na eternidade e na força criadora do Céu (a chuva). O modo de ser celeste é uma hierofania inesgotável. Por conseguinte, tudo quanto se passa nos espaços siderais e nas regiões superiores da atmosfera — a revolução rítmica dos astros, o correr das nuvens, as tempestades, o raio, os meteoros, o arco-íris — são momentos desta mesma hierofania.

Quando se personifica esta hierofania, quando as divindades do Céu se revelaram e tomaram o lugar da sacralidade celeste como tal, é coisa difícil de precisar. O certo é as divindades celestes terem sido desde o início divindades supremas; que as suas hierofanias, diferentemente dramatizadas pela experiência mítica, permaneceram com o passar dos tempos hierofanias uranianas; e aquilo a que poderíamos chamar a história das divindades celestes é em grande parte a história das instituições de "força", de "criação", de "leis" e de "soberania". Passaremos rapidamente uma vista de olhos por alguns grupos de divindades celestes, o que nos ajudará a compreender melhor tanto a essência dessas divindades como o destino da sua "história".

12. Deuses australianos do Céu — Baiame, a divindade suprema das tribos do sudeste da Austrália (kamilaroi, wiradjuri, euahlayi), aí recebe as almas dos inocentes. Está sentado num trono de cristal; o Sol e a Lua são seus "filhos", os seus mensageiros na Terra (na realidade são os seus olhos, como entre os fueguinos halakwulups, os semang e os samoiedos)[6]. O trovão é a sua voz; faz cair a chuva, reverdece e fertiliza toda a terra; neste sentido é também "criador". Pois Baiame é "self created" e tudo criou *ex nihilo*. Tal como os outros deuses uranianos, Baiame vê e ouve tudo[7]. Outras tribos, situadas na costa leste (muring, etc.), conhecem um ser divino semelhante: Daramulun. Este nome esotérico (como, aliás, Baiame) só é comunicado aos iniciados; as mulheres e as crianças só o conhecem como "pai" (*papang*) e "senhor" (*biambam*). Da mesma forma, as grosseiras imagens de argila do deus só são exibidas durante as cerimônias de iniciação; em seguida são destruídas e dispersas cuidadosamente. Outrora, Daramulun permaneceu certo tempo na Terra e inaugurou os ritos de iniciação; depois subiu de novo ao Céu, e aí ressoa a sua voz — o trovão — e daí envia a chuva. A iniciação consiste, entre outros atos, na revelação solene do "rombo"*, pedaço de madeira de 15 cm de comprimento e 3 cm de largura que possui numa extremidade um orifício pelo qual passa um cordel; pela sua rotação, o rombo produz um som análogo ao trovão e ao mugido do touro (de onde, também, o seu nome inglês: *bull-roarer*)**. Só os iniciados conhecem a identidade do rombo e de Daramulun. Estes gemidos misteriosos, que ouvem durante a noite, provêm da selva e enchem os iniciados de um terror sagrado, pois adivinham neles a aproximação da divindade[8].

O ser supremo das tribos kulin chama-se Bundjil; habita o mais alto Céu, acima do "Céu sombrio" (é até este "Céu sombrio", parecido com uma montanha, que podem elevar-se os curandeiros; aí os acolhe outra figura divina, Gargomitch, que intercede a seu favor junto de Bundjil)[9]; cf. a montanha em cujo cimo se encontra um ser subordinado a Baiame, que lhe leva as preces dos homens e regressa com as suas respostas[10]. Foi Bundjil que criou a terra, as árvores, os animais e o próprio homem (e fê-lo com a argila, insuflando-lhe a alma pelo nariz, pela boca e pelo umbigo). Mas Bundjil, depois de investir seu filho Bimbeal do poder sobre a Terra, e a sua filha Karakarook do poder

* Ou losango. (N.T.)
** *Bull-roarer*: berro do touro. (N.T.)

no Céu, retirou-se do mundo, mantendo-se então sobre as nuvens, como um "senhor", e com uma grande espada nas mãos[11]. Os caracteres uranianos encontram-se também nos outros deuses supremos australianos. Quase todos manifestam a sua vontade pelo trovão, pelo raio (por exemplo, Pulyallana), ou pelo vento (Baiame), pela aurora boreal (Mungangaua), pelo arco-íris (Bundjil, Nurrundere). Vimos que a morada sideral de Baiame é atravessada pela Via-Láctea; as estrelas são as fogueiras do acampamento de Altjira e de Tukura (deuses supremos das tribos aranda e loritja)[12].

De uma maneira geral podemos dizer que estes seres divinos australianos conservam, sob uma forma mais ou menos integral, os seus laços diretos, concretos, com o Céu, com a vida sideral e meteórica[13]. Sabe-se, a respeito de cada um deles, que fizeram o universo e criaram o homem (isto é, o antepassado mítico); durante a sua curta permanência na Terra revelaram os mistérios (quase sempre redutíveis a comunicação da geneologia mítica da tribo e a certas epifanias do trovão, cf. com o rombo) e instituíram as leis civis e morais. São bons (são chamados "Pai Nosso"), recompensam os virtuosos e defendem a moralidade. Desempenham o papel principal nas cerimônias de iniciação[14] e recebem diretamente as preces enviadas (como entre os yuin e os kuri do Sul). Mas em parte nenhuma a crença em semelhantes seres celestes domina a vida religiosa. A característica da religiosidade australiana não é a crença num ser celeste, criador supremo, mas o totemismo. Encontramos a mesma situação noutras regiões; as divindades celestes supremas são incessantemente empurradas para a periferia da vida religiosa até o ponto de caírem no esquecimento; são outras forças sagradas, mais próximas do homem, mais acessíveis à sua experiência cotidiana, mais úteis, que desempenham o papel preponderante.

13. Deuses celestes entre os andamaneses, os africanos, etc. — Assim, por exemplo, Risley e Geden encontram entre as populações aborígenes da Índia sinas de uma crença quase esquecida numa divindade suprema; "antes vaga recordação que força ativa"[15], um "ser supremo passivo, ao qual nenhum culto é dirigido"[16]. Mas, por muito apagados que sejam os indícios dessa divindade celeste suprema, conservam sempre um laço com a vida uraniana ou meteórica. No arquipélago andamanês, entre uma das populações mais primitivas da Ásia, Puluga é o ser supremo; é concebido de maneira antropomórfica[17] mas habita no Céu e a sua voz é o trovão, o vento a sua respiração; as borrascas são o sinal da sua cólera, pois castiga com o raio aqueles que infringem os seus mandamentos. Puluga sabe tudo mas só conhece os pensamentos dos homens durante o dia[18]. Criou para si uma esposa e teve filhos. Perto da sua residência uraniana encontram-se o Sol (feminino) e a Lua (masculino), com os seus filhos, as estrelas. Se Puluga dorme, vem a seca. Se chove, isso significa que Deus desceu à Terra e procura o seu alimento[19]. Puluga criou o mundo e também o primeiro homem, chamado Tomo. A humanidade multiplicou-se, teve de se dispersar e, depois da morte de Tomo, passou a esquecer-se progressivamente do seu criador. Um dia desencadeou-se a cólera de Puluga, e o dilúvio, que engoliu a Terra inteira, pôs fim à humanidade: apenas quatro pessoas se salvaram. Puluga teve piedade delas, mas os homens continuaram a mostrar-se recalcitrantes. Após lhes ter recordado os seus mandamentos mais uma vez, o deus retirou-se — e depois disso os homens nunca mais o viram. O mito do afastamento corresponde à completa ausência do culto. Um dos últimos exploradores, Paul Schebesta, escreveu a propósito: "Os andamaneses não conhecem nenhum culto de Deus, nenhuma prece, nenhum sacrifício, nenhuma solicitação, nenhuma ação de graças. Só o temor de Puluga os leva a obedecer aos seus mandamentos, alguns dos quais são rigorosos, como o de evitar comer certos frutos durante a estação das chuvas. Com um pouco de boa vontade poderemos explicar certos costumes como uma espécie de culto[20]. Entre eles está o do "silêncio sagrado" dos caçadores que regressaram à aldeia depois de uma caçada feliz.

Entre os caçadores nômades selknam, da Terra do Fogo, o deus chama-se Temaukel, mas devido à crença sagrada este nome nunca é pronunciado. Geralmente chamam-lhe *so'ohn-haskan*, isto é, "habitante do Céu", e *so'onk kas pémer*, "o que está no Céu". É eterno, onisciente, todo-poderoso, criador — mas a criação foi completada pelos antepassados míticos, estes também criados pelo deus supremo antes de se ter retirado para além das estrelas. Pois no presente este deus afastou-se dos homens e tornou-se indiferente às coisas do mundo. Dele não existem imagens, nem tem sacerdotes. É o autor das leis morais, é juiz e, por último, o senhor de todos os destinos. Só lhe são dirigidas preces em caso de doenças: "Oh, tu, que estás no alto, não me tires o meu filho, ele ainda é tão pequenino!" E fazem-lhe oferendas especialmente durante as tempestades[21].

Por toda a África se encontraram indícios de um grande deus celeste quase desaparecido ou em vias de desaparecer do culto (ver a bibliografia). O seu lugar foi ocupado por outras forças religiosas, sobretudo pelo culto dos antepassados. "A tendência geral do espírito dos negros", escreve A. B. Ellis, "foi escolher o firmamento como deus principal da natureza, em vez do Sol, da Lua e da Terra."[22] Por seu lado, Mary Kingsley crê "que o firmamento é sempre o grande deus indiferente e descuidado, o Nyan Kupon dos tschwis, o Anzambe, o Nzam, etc., das raças banto. O africano pensa que este deus teria um grande poder caso desejasse exercê-lo"[23].

Voltaremos em breve a falar da indiferença deste grande deus. Por agora atentemos apenas à sua estrutura celeste. Os tschis, por exemplo, empregam a palavra Nyankupon — o nome do seu deus supremo — para designar o Céu, a chuva; dizem *Nyankupon bom* (bate), "troveja", *Nyankupon aba* (chegou), "chove"[24]. Os bailas, tribos bantos do vale do Kafue, crêem num ser supremo todo-poderoso, criador, que habita no Céu, e a quem chama Leza. Mas na linguagem popular a palavra *leza* exprime também os fenômenos meteorológicos: diz-se Leza cai (chove), Leza está furioso (troveja), etc.[25] Os suks chamam ao seu ser supremo Torôrut, isto é, o Céu, mas também Ilat, a Chuva[26]. Entre os negros propriamente ditos, Njame (Nyame) designa também o firmamento (da raiz *nyam*, "brilhar"; cf. *div*, § 20).

Para a maioria das populações ewe, Mawu é o nome do Ser Supremo (nome derivado de *wu*, "estender", "cobrir"); aliás, Mawu é utilizado como termo para designar o firmamento e a chuva. O azul do firmamento é o véu com que Mawu cobre o rosto; as nuvens são suas vestes e seu adorno; o azul e o branco, suas cores favoritas (seu sacerdote não pode usar outras cores). A luz é o óleo com o qual Mawu unge o corpo desmesurado. Ele envia a chuva e é onisciente. Mas, ainda que lhe sejam oferecidos sacrifícios regulares, encontra-se em vias de desaparecer do culto[27]. Entre os masai nilóticos, Ngai é uma figura divina muito elevada, o que não impede de conservar os caracteres uranianos; é invisível, habita o Céu, seus filhos são as estrelas. Seus olhos também são estrelas; as estrelas cadentes são seus olhos que se aproximam da Terra para ver melhor. Segundo Hollis, Engai (Ngai) significa literalmente "a chuva"[28].

Os índios Pawni reconhecem Tirawa atius, "Tirawa pai de todas as coisas", criador de tudo o que existe e dispensador da vida. Criou as estrelas para guiar os passos dos homens; os relâmpagos são o seu olhar e o vento, a sua respiração. O seu culto conserva ainda um colorido simbolismo uraniano muito preciso. Reside, além das nuvens, naquele Céu que nunca se transforma. Tirawa tornou-se uma nobre figura religiosa e mítica. "Os brancos falam de um Pai celeste, ao passo que nós falamos de Tirawa atius, o pai das alturas, mas não imaginamos Tirawa como uma pessoa. Imaginamo-lo em todas as coisas... Ninguém conhece o seu aspecto."[29]

14. "Deus otiosus" — A pobreza atual — ou seja, sobretudo, a ausência de um calendário sagrado dos ritos periódicos — é uma característica da maioria dos deuses celestes[30]. Os semang da península de Malaca conhecem também um Ser Supremo, Kari, Karei ou Ta Pedn, de estatura superior à de um homem e invisível. Quando falam dele, os semang não dizem precisamente que ele é imortal; no entanto afirmam que sempre existiu. Criou todas as coisas exceto a Terra e o homem, que são obra de Plê, outra divindade que lhe está subordinada[31]. O esclarecimento acerca do fato de não ter sido Kari o criador da Terra e do homem é significativo: revela-nos uma fórmula comum da transcendência e da passividade da divindade suprema, muito afastada do homem para satisfazer suas inumeráveis necessidades religiosas, econômicas e vitais. Tal como os outros deuses supremos uranianos, Kari habita o Céu e demonstra a sua cólera provocando relâmpagos; aliás, seu próprio nome significa "raio" ("tempestade"). É onisciente, pois vê tudo quanto se passa na Terra. Por isso é "em primeiro lugar o legislador, que rege a vida social dos homens da floresta e vela ciosamente pela observação dos seus mandamentos"[32]. Mas não é objeto de um culto propriamente dito; somente o invocam com oferendas expiatórias de sangue quando se desencadeia uma tempestade[33].

O mesmo se passa na maioria das populações africanas: o grande deus celeste, o ser supremo, criador todo-poderoso, desempenha apenas um papel insignificante na vida religiosa da tribo.

Está muito longe ou é demasiado bondoso para ter necessidade de um culto propriamente dito, e só é invocado em casos extremos. Assim, por exemplo, os iorubás da Costa dos Escravos acreditam num deus do céu chamado Olórun (literalmente

"Proprietário do céu"), que, depois de ter começado a criação do mundo, confiou o cuidado de a acabar e a governar a um deus inferior, Obatala. Olórun afasta-se definitivamente dos assuntos terrestres e humanos, e não existem nem templos, nem estátuas, nem sacerdotes deste deus supremo. No entanto, é invocado como um último recurso em tempo de calamidade[34].

Entre os fangs do Congo (Brazz.), Nzame ou Nsambe — criador e senhor do Céu e da Terra — desempenhava outrora papel muito importante na vida religiosa da tribo (o que se adivinha através dos mitos e das lendas), mas ulteriormente foi afastado para último plano[35]; Nzambi dos Bantos é igualmente um grande deus celeste que se retirou do culto. Os indígenas consideram-no como todo-poderoso, bom e justo; mas por isso mesmo não o adoram e não o representam sob qualquer forma material, como aos outros deuses e espíritos[36]. Entre os basongos, o criador celeste Efile Mokulu não possui culto e somente é invocado quando alguém faz um juramento[37]. Os hereros, população banto do sudoeste da África, chamam Ndyambi ao seu deus supremo, o qual, retirado no Céu, abandonou a humanidade às divindades inferiores. Por isso não é adorado. "Por que havíamos de lhe oferecer sacrifícios?", explica um indígena: "Nada temos a temer dele, pois, ao contrário dos nossos mortos (*Ovakuru*), não nos faz nenhum mal." No entanto, quando se produz algo de inesperadamente feliz os Hereros dirigem-lhe preces nessa ocasião[38]. Os alundas, outra tribo banto, crêem que o seu Nzambi está muito distante e é inacessível aos homens; a vida religiosa é confiscada pelo medo e pelo culto dos espíritos; até relativamente à chuva se dirigem aos *akishi*, isto é, aos antepassados[39].

O mesmo se verifica entre os angonis, que conhecem um ser supremo mas adoram os antepassados; entre os tumbukas, para os quais o criador é demasiado longínquo e demasiado grande "para se interessar pelos assuntos vulgares dos homens"[40]; entre os wembas, que conhecem a existência de Leza, mas são exclusivamente solicitados pelos antepassados; entre os wahéhés, que imaginam o ser supremo Ngurubi como criador e todo-poderoso, mas sabem também que são os espíritos dos mortos (*masoka*) que exercem uma verdadeira vigilância sobre as coisas do mundo e é a eles que oferecem um culto regular, etc. Os wachaggas, importante tribo banto do Kilimandjaro, adoram Ruwa, o criador, o deus bom, guardião das leis morais. Surge com papel ativo nos mitos e nas lendas, mas é medíocre aquele que tem na religião. É demasiado bom e acomodado para que os homens tenham necessidade de temê-lo. E só quando as preces e os sacrifícios oferecidos aos espíritos ficam sem resposta se sacrifica a Ruwa, sobretudo no caso de uma seca ou de doença grave[41].

A mesma situação se verifica entre os negros de língua tshi da África Ocidental, com Njankupon, que está longe de ser adorado; não possui culto, nem sacerdotes especiais, e só lhe prestam homenagem em raras ocasiões, no caso de grande fome ou de epidemia, ou depois de uma violenta tempestade; os homens perguntam-lhe então em que o ofenderam[42]. Dzingbe ("O Pai universal") encontra-se à cabeça do panteão politeísta da população ewe. Diferentemente da maioria dos outros seres celestes supremos, Dzingbe tem um sacerdote particular, chamado *Dzise*, "sacerdote do Céu", que o invoca durante o tempo da seca: "Oh, Céu, a quem devemos a nossa gratidão, grande vai a seca; faz com que chova, a terra se refresque e prosperem os campos!"[43] O distanciamento e o desinteresse do ser supremo celeste estão admiravelmente expressos num ditado dos gyriamas da África Oriental, que descreve assim o seu deus: "Mulugu (Deus) está lá no alto, os manes aqui embaixo" (literalmente, *na terra*)[44].

Os bantos dizem: "Deus, depois de ter criado o homem, nunca mais quis saber dele para nada." E os negrilhos repetem: "Deus afastou-se de nós!"[45] As populações fang das campinas da África Equatorial resumem a sua filosofia religiosa neste cântico:

> Nzame (Deus) está nas alturas, o homem aqui embaixo.
> Deus é Deus, o homem é o homem.
> Cada um no seu isolamento, cada um na sua casa.

Nzame não recebe culto e os fang só se dirigem a ele para lhe pedir chuva[46]. É também por causa da chuva que os hotentotes invocam Tsuni-Goam: "Oh, Tsuni-Goam, o Pai dos Pais, tu, que és nosso pai, faz com que Nanub (isto é, a nuvem) deixe tombar a chuva em torrentes!" Sendo onisciente, Deus conhece todos os pecados, e como tal é invocado assim: "Oh, Tsuni-Goam, só tu sabes que eu não sou culpado!"[47]

As preces que se dirigem a estes deuses em caso de necessidade resumem admiravelmente a sua estrutura uraniana. Os pigmeus da África Equatorial acreditam que deus (Kmvum) lhes mostra o seu desejo de entrar em relação com eles por meio do arco-íris. Por isso, logo que este aparece, pegam nos seus arcos, apontam para ele e começam a salmodiar: "Vencendo na luta, derrubaste o travão que rugia, que rugia com tanta força e tão irritado. Estaria irritado contra nós?" A litania termina por uma prece, dirigida ao arco-íris, pedindo-lhe que intervenha junto do ser supremo celeste, a fim de que este não permaneça irritado contra eles, não mais brame nem cause morte[48]. Os homens só se lembram do Céu e da divindade suprema quando um perigo, oriundo das regiões uranianas, os ameaça diretamente; além dessas circunstâncias, a sua religiosidade é solicitada pelas necessidades cotidianas, e as suas práticas ou a sua devoção orientam-se para as forças que controlam estas mesmas necessidades. É evidente que tudo isso em nada diminui a autonomia, a grandeza e a primazia dos seres celestes supremos; além disso, temos aqui o testemunho de que o homem primitivo, tal como o civilizado, os esquece facilmente, na medida em que não tem necessidade deles; que as cruezas da existência o constrangem a olhar mais para a Terra do que para o Céu, e que só redescobre a importância do Céu quando, aqui, a morte o ameaça.

15. Novas "formas" divinas substituídas aos deuses uranianos — Na realidade, em caso algum da religiosidade primitiva os seres celestes supremos desempenham um papel de destaque. A forma religiosa dominante entre os australianos é o totemismo. Na Polinésia, ainda que exista a crença numa divindade celeste suprema ou num par divino originário (ver adiante), a vida religiosa caracteriza-se por um rico polidemonismo ou politeísmo. Nas ilhas Yap, das Carolinas Ocidentais, existe uma crença bastante nítida em Yelafaz — ser supremo criador, bom, etc. — mas a população venera os espíritos (*taliukan*). Os indígenas das ilhas Wetar, na Indonésia, ainda que pratiquem a feitiçaria, conhecem, no entanto, um ser supremo, "o Velho", que habita o Sol ou o Céu. Na Indonésia, em geral, a divindade suprema do Céu fundiu-se com o Sol ou foi substituída pela divindade deste; por exemplo, I-lai, das Celebes, foi assimilado ao deus solar, no qual os indígenas vêem, aliás, um continuador da obra de criação começada por I-lai; o mesmo acontece em Timor e em inúmeras outras ilhas[49].

Na Melanésia, o que domina a vida religiosa é a crença no *mana*, embora aí existam também o animismo e os vestígios de uma crença no deus celeste. A estrutura da religiosidade de Fiji é o animismo, apesar de existirem ainda sobrevivências de uma divindade celeste suprema, Ndengei, representada sob a forma paradoxal de uma serpente que vive escondida numa caverna ou, então, que somente tem cabeça de serpente, sendo de pedra o resto do corpo; quando tal divindade se agita, a terra treme, embora seja também a criadora do mundo, onisciente e punidora do mal[50]. As populações africanas, como vimos, embora conservem mais ou menos intacta a crença num ser supremo celeste, conhecem todavia outras dominantes religiosas diferentes do monoteísmo ou da monolatria. Na região dos indianos Déné dominam o culto dos espíritos e o xamanismo, mas existe também um ser supremo de natureza celeste, Yuttoere (que significa: "aquele que se mantém nas alturas").

Noutras regiões, ao ser supremo uraniano sobrepõe-se uma divindade lunar; é, por exemplo, o caso dos indígenas das ilhas Banks[51], assim como as Novas-Hébridas[52]. Em raríssimas circunstâncias — e, sem dúvida, por influência do matriarcado — a divindade celeste suprema é feminina; assim acontece com Hintubuhet, da Nova-Irlanda, que conserva todos os atributos da divindade suprema uraniana (passividade, etc.), mas que é do gênero feminino; ou as formas femininas e animais de Puluga, conhecidas sob os nomes de Biliku e Oluga[53]; ou as divindades supremas femininas entre os hopi, navajos, etc. Outras vezes uma grande deusa feminina substituiu-se ao ser supremo celeste primitivo, como sucedeu entre os todas, os kavis do Assam, etc. No sul da Índia, a divindade uraniana suprema desempenha ínfimo papel, pois a vida religiosa está completamente absorvida pelo culto das divindades locais femininas, as grâma devâta.

O motivo do par primitivo Céu (macho)-Terra (mulher) é muito freqüente. Assim, na ilha indonésia de Keisar, o princípio masculino, Makarom manuwe, que habita o Céu e temporariamente o Sol, e o princípio feminino Makarom mawakhu, presente na Terra, constituem o objeto central do culto[54]. O par primitivo e o mito cosmogônico que lhe correspondem são característicos da Polinésia e da Micronésia, e a este respeito a versão mais conhecida é a maori, de Rangi e Papa. Indícios da crença num par divino primitivo encontram-se também na África; entre os bantos meridionais, especialmente entre as populações bawili e fjort, a divindade suprema celeste, Nzambi, passa para segundo plano, deixando em seu lugar, e sob um mesmo nome, uma divindade da Terra, cujos segredos de culto são comunicados apenas às mulheres[55]. O motivo mítico do par Céu-Terra encontra-se na Califórnia Meridional (irmão e irmã; da sua união nascem todas as coisas), entre os indianos pima e, no Novo México, entre indianos da Planície (Plains Indians), entre os sioux e os pawni, nas Antilhas[56].

16. Fusão e substituição — Por tudo quanto acabamos de dizer se vê que a divindade celeste suprema cedeu por toda a parte o lugar a outras formas religiosas. A morfologia desta substituição é variada; mas, em parte, o sentido de cada substituição é o mesmo: a passagem da transcendência e da passividade dos seres celestes às formas religiosas dinâmicas, eficientes, facilmente acessíveis. Poder-se-ia dizer que assistimos a uma "progressiva queda" do sagrado "no concreto"; a vida do homem e o meio cósmico que o rodeia imediatamente cada vez mais se impregnam de sacralidade. As crenças no *mana*, na *orenda* e no *wakan*, etc., o animismo, o totemismo, a devoção para com os espíritos dos mortos e as divindades locais, etc., situam o homem numa posição religiosa diferente da que ele tinha perante o ser supremo celeste. Existe mudança na própria estrutura da experiência religiosa. É de maneira diferente, por exemplo, que se revela um Daramulun ou Tirawa, assim como os totens, as grâma devâta, os espíritos dos mortos, etc. A substituição assinala sempre a vitória das forças dinâmicas, dramáticas, ricas de valências míticas, sobre o ser celeste supremo, nobre mas passivo e longínquo.

É assim que Rangi, entre os maoris da Nova Zelândia, se bem que esteja presente nos mitos, não constitui objeto de um culto; o seu lugar foi ocupado por Tangaroa, o deus supremo (solar?) do panteão maori. Na Melanésia encontra-se correntemente o mito dos dois irmãos, um empreendedor e o outro estúpido (as duas fases da Lua), criados pelo ser celeste supremo, a quem, com o tempo, substituíram. Em geral, o ser supremo dá lugar a um demiurgo, por si próprio criado, e que em seu nome e segundo as suas diretrizes organiza o mundo — ou a uma divindade solar. Assim, entre certas populações banto o demiurgo Unkulunkulu é o criador da raça humana, porém subordinado ao ser celeste supremo Utikxo, ainda que posteriormente acabasse por empurrar este para o esquecimento. Entre os indianos tlingit (costa noroeste do Pacífico) a figura divina central é o corvo, herói e demiurgo primordial, que faz o mundo (ou, com mais precisão, o organiza, difundindo a civilização e a cultura), que cria e libera o Sol, etc.[57] Mas, por vezes, o corvo realiza tudo isso por ordem de um ser divino superior (de quem é filho, por exemplo). Entre os tupi (Guarani), Tamosci (-Tamoi) é o antepassado mítico, o demiurgo solarizado que substitui o ser celeste.

Na América do Norte, o ser supremo celeste tende em geral a fundir-se com a personificação mítica do trovão e do vento, representado como uma grande ave (o corvo, etc.); com um só bater das suas asas faz surgir o vento, e a sua língua é o relâmpago[58]. Desde as origens o trovão foi, e continuou a ser, o atributo essencial das divindades uranianas. E, por vezes, o trovão singulariza-se e adquire autonomia particular. É assim, por exemplo, que os índios sioux pensam que os astros e os fenômenos meteorológicos — o Sol, a Lua, o raio (e sobretudo este) — estão saturados de Wakan. Os kansa dizem que jamais viram o seu deus Wakan, mas que muitas vezes têm ouvido a sua voz no trovão. Entre os dacotas, Wakantanka é, de fato, "uma palavra para designar o trovão" (Dorsey). Sob o nome de Wakanda, os omaha honram o trovão com um culto próprio; sobretudo no começo da primavera os homens montam fogueiras em sua honra, sobre as colinas, e levam-lhe oferendas de tabaco[59]. Entre os algonquinos, fazem-se promessas a Chebbeniathan, "o homem das alturas", sempre que uma tempestade se aproxima ou a trovoada parece iminente.

Vimos (§ 12) que nos rituais de iniciação australianos a epifania do trovão se anuncia pelo zunido daquilo a que se chama "o rombo". O mesmo objeto e o mesmo cerimonial também se conservaram nos ritos de iniciação órfica. O raio é a arma do deus do Céu em todas as mitologias e um local por ele atingido com um raio torna-se sagrado[60], os homens por ele fulminados ficam consagrados. A árvore mais freqüentemente atingida pelo raio (o carvalho) é investida dos prestígios da divindade suprema (isto para citar apenas o carvalho de Zeus em Dodone, o de Júpiter Capitolino em Roma, o carvalho de Donar perto de Geismar, o carvalho sagrado de Romowe na Prússia, o carvalho de Perun entre os eslavos). Grande número de crenças relacionadas com a santidade do trovão se encontram espalhadas por toda a terra. Acreditava-se que as chamadas "pedras de raio" — as quais, na sua maior parte, são apenas silícios pré-históricos — eram a própria ponta da flecha do relâmpago, e como tais veneradas e piedosamente conservadas (§ 78). Tudo o que vem das regiões superiores participa da sacralidade uraniana; os meteoritos, abundantemente impregnados do sagrado sideral, eram por isso mesmo também adorados[61].

17. Antiguidade dos seres supremos uranianos — Não podemos afirmar com segurança que a devoção para com os seres celestes tenha sido a única e a primeira crença do homem primitivo e que todas as outras formas religiosas hajam aparecido ulteriormente e representem fenômenos de degradação. Se a crença num ser celeste supremo se encontra comumente nas sociedades primitivas mais arcaicas (pigmeus, australianos, fueguinos), não se encontra, porém, em cada uma destas sociedades (falta, por exemplo, entre os tasmanianos, os weddas, os kubu). Do mesmo modo, também não nos parece que essa crença exclua necessariamente qualquer outra forma religiosa. O homem pode ter, certamente, desde os tempos mais remotos, a revelação da transcendência e da onipotência do sagrado através da experiência das suas relações com o meio uraniano. O Céu, em si mesmo e anteriormente a toda a efabulação mítica ou elaboração conceitual, apresentou-se como domínio divino por excelência. Mas em simultaneidade com esta hierofania uraniana pode ter havido inúmeras outras.

Uma coisa se pode afirmar com certeza: é que, de maneira geral, a hierofania celeste e a crença nos seres supremos celestes deu lugar a outras concepções religiosas. Para não nos afastarmos do campo das generalidades, é certo que semelhantes crenças nos seres celestes supremos representavam outrora o próprio centro da vida religiosa e não um simples setor periférico, como se apresentam hoje entre os primitivos. A pobreza atual do culto destas divindades uranianas significa pura e simplesmente que o conjunto cultual foi confiscado por outras formas religiosas; o que em caso nenhum significa que semelhantes divindades uranianas sejam criações abstratas do homem primitivo (''ou apenas dos seus sacerdotes'') e que este não teve ou não pode ter relações religiosas com ele. Aliás, como já vimos, a pobreza do culto significa antes a ausência de um calendário religioso; ocasionalmente, esporadicamente, cada um dos seres celestes supremos recebe as honras das preces, dos sacrifícios, etc. Por vezes trata-se até de um culto no autêntico sentido da palavra; disso são testemunho, por exemplo, as grandes festas rituais da América do Norte em honra destes seres supremos (Tirawa, Chebbeniathan, Awonawilona). Na África, os exemplos são até muito numerosos: as danças noturnas em honra de Cagn, entre os bosquímanos, ou o culto regular de Uwoluwu (sacerdotes, lugar do culto, sacrifícios) entre os akposos; os sacrifícios humanos periódicos dos ibibios em honra de Abassi Abumo, o Trovejador, e ainda os santuários que Abassi possui no pátio de cada casa entre os habitantes de Calabar, vizinhos dos ibibios; as preces e os sacrifícios em honra de Leza, etc. Os kondes adoram o seu deus supremo, Mbamba, com danças, canções e preces: "Mbamba, faz com que os nossos filhos cresçam! E que o nosso gado se multiplique! Que o nosso milho e as nossas batatas se desenvolvam! Afasta as epidemias!"[62] Os wachaggas dirigem as suas preces e sacrifícios a Ruwa: "Oh, Fundador, oh, Homem do Céu, aceita esta cabeça de gado. Rogamos-te que desvies e afastes de nós a doença que se aproxima da Terra." As pessoas piedosas dirigem preces a Ruwa, de manhã à noite, sem as acompanharem de sacrifícios[63]. Sacrificam-se bodes a Mulugu, e os akikuyus oferecem numerosos sacrifícios a Engai, as primícias das colheitas e dos carneiros[64].

A análise das diversas camadas da religião australiana mostra bem que a crença na divindade celeste ocupa o centro da religiosidade mais arcaica. Outrora, Mungangaua vivia entre os homens, na Terra; mais depois retirou-se para o Céu, e ficou longe deles. Na Austrália é possível identificar por toda a parte o mito do afastamento progressivo dos seres divinos. De qualquer modo seria difícil derivar a crença nestes seres celestes de uma outra crença anterior. Tem-se dito, por exemplo, que deriva do culto dos mortos, mas no sudeste da Austrália (isto é, numa das mais antigas camadas etnográficas) inexiste o culto dos mortos[65]. É precisamente nos lugares onde as cerimônias de iniciação têm mais vigor (isto é, no sudeste da Austrália) que encontramos a divindade celeste associada à celebração dos ritos secretos. Pelo contrário, nos lugares onde o esoterismo está em vias de desaparecimento (como sucede com a maioria das tribos australianas do centro — arunta e loritja), a divindade celeste (Altjira, Tukura) apresenta-se desprovida de valor religioso e sobrevive sobretudo na esfera do mito; o que significa que a crença na divindade celeste era outrora incontestavelmente mais completa e mais intensa. Graças à iniciação toma-se conhecimento da verdadeira teofania, da descendência mítica do clã, do *corpus* das leis morais e sociais, numa palavra, da situação do homem no cosmos. A iniciação é também um ato de conhecimento e não apenas um ritual de regeneração. O conhecimento, a compreensão global do mundo, o deciframento da unidade cósmica, a revelação das causas últimas que mantêm a existência — tornam-se possíveis graças à contemplação do Céu, à hierofania celeste e às divindades uranianas supremas.

No entanto, cairíamos em grande erro se víssemos nesses atos e reflexões simples preocupações racionais (como faz, por exemplo, W. Schmidt). Pois, pelo contrário, constituem atos de homem integral que, evidentemente, conhece também a obsessão da causalidade, mas, antes de mais, conhece o problema da existência, isto é, nele se encontra diretamente inserido. Todas essas revelações de natureza metafísica (origem da raça humana, história sagrada da divindade e dos antepassados, metamorfoses, sentido dos símbolos, nomes secretos, etc.), feitas no quadro das cerimônias de iniciação, não têm exclusivamente em vista a satisfação da sede de conhecer do neófito, mas em primeiro lugar propõem-se o fortalecimento da sua existência total, a promoção da continuidade da vida e da abundância, a garantia de um destino melhor após a morte, etc.

Portanto, em resumo: é especialmente significativa a presença, no quadro das cerimônias de iniciação, de divindades uranianas nas camadas mais arcaicas da religião australiana. Essa iniciação, repitamos, assegura a regeneração do iniciado ao revelar-lhe os segredos da natureza metafísica; satisfaz ao mesmo tempo a vida, a força e o conhecimento. Demonstra o laço estreito existente entre a teofania (visto no ritual iniciático se revelar a verdadeira natureza e o verdadeiro nome da divindade), a soteriologia (pois, por muito elementar que tenha sido, a cerimônia de iniciação assegura a salvação do neófito) e a metafísica (as revelações que se fazem acerca do princípio e da origem do universo, da origem da raça humana, etc.). Mas no centro da cerimônia encontra-se a divindade uraniana, a mesma divindade que outrora fez o universo, que criou o homem e desceu à Terra para instaurar a cultura e os ritos de iniciação.

Esta prerrogativa de as divindades uranianas serem, na origem, não somente criadoras e onipotentes, mas também clarividentes, "sages" por excelência, explica a sua transformação, em certas religiões, em figuras divinas abstratas, em conceitos personificados que servem para explicar o universo ou exprimem a sua realidade absoluta. Iho, o deus celeste da Nova Zelândia e do Taiti, revelado somente aos iniciados nas doutrinas sacerdotais estéticas, é mais um conceito filosófico do que uma divindade propriamente dita[66]. Outros deuses iranianos — o Nzambi das populações banto, por exemplo, Sussistinako entre os americanos sia — são assexuados; trata-se de um fenômeno de abstração que denota a transformação da divindade num princípio metafísico. De fato, o Awonawilona dos zuni é representado como desprovido de qualquer nota pessoal, podendo ser considerado tanto feminino como masculino (Lang chamava-lhe "He-She")[67].

Estes deuses celestes supremos puderam ser transformados em conceitos filosóficos devido ao fato de a própria hierofania uraniana ter podido transformar-se numa revelação metafísica, ou seja, porque o próprio caráter da contemplação do Céu permitia, ao lado da revelação da precariedade do homem e da transcendência divina, a revelação da *sacralidade do conhecimento*, da "força" espiritual. Em nenhum outro lugar, senão na presença do céu diurno ou da abóbada estrelada, seria possível descobrir, em maior plenitude, a origem divina e o valor sagrado do conhecimento, a onipotência de Aquele que *vê* e *compreende*, de Aquele que "sabe", pois em todo lado se encontra, tudo vê e, de fato, tudo faz e tudo dirige. Certamente, para a mentalidade moderna, tais divindades, de contorno mítico impreciso — Io, Brama, etc. —, parecem abstratas, e estamos inclinados a aproximá-las mais de um conceito filosófico que de uma divindade propriamente dita. Entretanto, não nos esqueçamos de que, para o homem primitivo, para o homem que as forjou, o *saber*, o *conhecimento* eram — e permaneceram — epifanias do "poder", "força sagrada". Aquele que vê e sabe, *pode* tudo e *é* tudo. Por vezes, tal ser supremo de origem iraniana transforma-se no fundamento do universo, no autor e no dirigente dos ritmos cósmicos, e tende para uma coincidência quer com o princípio ou substância metafísica do universo, quer com a lei, com o que é eterno e universal nos fenômenos passageiros, isto é, com o devir. Aquela lei que os próprios deuses não podem abolir.

18. Deuses do Céu entre as populações árticas e centro-asiáticas — Assim que passamos das religiões dos povos primitivos para as religiões chamadas politeístas, a principal diferença que encontramos vem a ser a sua própria "história", pois é evidente que a "história" modificou também as teofanias primitivas; nenhum dos deuses celestes das populações primitivas é "puro" ou representa uma forma auroral. As suas "formas" modificaram-se quer sob as influências exteriores, quer pura e simplesmente pelo fato de terem vivido numa tradição humana. Mas nas chamadas religiões politeístas a história agiu com intensidade muito diferente. As concepções religiosas, tal como a vida espiritual e mental integral desses povos criadores de "história", sofreram influências, simbioses, conversões e eclipses. As "formas" divinas, exatamente como as outras formas produzidas por estas civilizações, mostram na sua estrutura inumeráveis componentes. Felizmente, a vida religiosa, tal como as criações a que deu origem, estão dominadas por aquilo a que poderíamos chamar "a tendência para o arquétipo". Por múltiplos e diversos que sejam os componentes que entram numa criação religiosa (isto é, numa forma divina, num rito, mito, culto), a sua expressão tende a regressar continuamente ao arquétipo. Mais para diante, no decurso do nosso exame sumário de algumas divindades celestes das regiões politeístas, poderemos dispensar-nos de conhecer a "história" de cada uma delas para compreender a sua estrutura e o seu destino; pois cada uma delas, apesar da "história" que a precede, tende a reencontrar "a forma" original, a voltar ao arquétipo. Todavia, isso não significa que as figuras dessas divindades celestes sejam simples ou que nós possamos levar muito longe o seu processo de simplificação.

Se os comparamos com as figuras de que nos ocupamos nos parágrafos precedentes, vemos que o primeiro elemento novo apresentado por esses deuses é a sua *soberania*. A teofania não se reduz apenas às realidades uranianas e meteorológicas, o seu *poder* não se manifesta somente pela criação cósmica, pois se transformaram em "senhores", em soberanos universais. Por conseqüência, nas chamadas religiões politeístas, nem sempre se pode falar do deus do Céu sem atender a este novo elemento que é a soberania; embora derive das prerrogativas celestes, constitui em si mesmo uma nova valorização religiosa do "poder" e tende a modificar sensivelmente o perfil da divindade.

Comecemos a nossa rápida exposição com as divindades celestes supremas adoradas pelas populações árticas e pelos povos nômades do norte e do centro da Ásia. Os samoiedos adoram Num, divindade que habita o Céu (ou o 7º céu) e cujo nome significa "Céu"[68]. Mas seria inexato identificá-la com o céu material, tal como faz notar W. Schmidt[69]: os samoiedos consideram Num como sendo igualmente o mar e a terra, isto é, o Universo inteiro. Entre os koryaks, a divindade suprema chama-se "Aquele das alturas", "O Senhor das alturas", "o Vigilante", "Aquele que existe", "Força", "o Mundo". Os ainos conhecem-no como "o Chefe divino do Céu", o "Deus celeste", "o Criador divino dos mundos", "o Protetor", etc.; mas também como Kamui, isto é, "Céu"[70]. A divindade suprema dos koryaks habita a "aldeia do Céu". Os esquimós centrais crêem que a sua divindade suprema habita o Céu: chamam-lhe "ser celeste"[71]. Certamente estes nomes e estas atribuições não esgotam a personalidade do deus supremo das populações árticas, que se revela, acima de tudo, como um deus todo-poderoso, muitas vezes único e senhor do universo. Mas a estrutura celeste das suas teofanias é manifesta e arcaica; e, tal como as divindades celestes dos primitivos, este deus supremo partilha com os deuses inferiores e com os espíritos a vida religiosa das populações árticas. Por vezes só se lhe dirigem quando falharam as preces dirigidas aos espíritos. No entanto, nos sacrifícios oferecem-lhe a cabeça e as unhas do animal sacrificado, enquanto aos espíritos e às divindades ctônico-infernais apenas oferecem o sangue quente[72].

O nome mongol da divindade suprema é Tengri, que significa "céu"[73]. Entre os Tcheremissos, o Deus celeste supremo chamase Jumê, originalmente "Céu"[74]. O nome mais freqüente entre os ostiaks e os voguls é Num-Tûrem, "Tûrem, o Alto" ou "Tûrem que habita as alturas"[75]. Mais ao sul, entre os ostiaks irtysch, o nome da divindade celeste é derivado de *sänke*, cujo sentido originário é "luminoso, brilhante, luz"[76]; por ex., Numsänke ("Sänke das Alturas"), Jem-sänke ("Sänke, o bom"), etc.[77]

Outros títulos e epítetos do deus do céu completam a definição da sua natureza e das suas funções. Os beltires dirigem as suas preces ao "Khan misericordioso" (Kaira-Kán) e ao "chefe" (*cajan*)[78]. Os tártaros de Minussinsk chamam "Criador da Terra" (*cärcajany*)[79] ao deus supremo, os yakutes chamam-lhe "o sábio Mestre Criador" (*urün ajy tojon*) ou "o Mestre muito alto" (*artojon*), os tártaros do Altai, "o Grande" (*ülgän, ülgen*) ou "o muito Grande" (*bai ülgän*), e, nas suas invocações, também "luz branca" (*akajas*; cf. o ostiak *sänke*) e "*Khan* muito luminoso" (*ajas kan*)[80]. Os ostiaks e os voguls acrescentam ao nome de *tûrem* os qualificativos "grande", "luminoso", "dourado'', ''branco'', ''muito alto'', ''Senhor Mestre meu Pai'', ''boa luz dourada das Alturas'', etc...[81] Nas preces e nos textos literários ao deus do Céu chamam-lhe freqüentemente ''Pai''[82].

A simples enumeração destes nomes e títulos põe em evidência o caráter celeste, soberano e criador da divindade suprema uralo-altaica, divindade que reside no Céu[83], no sétimo céu, no nono ou no décimo sexto[84]. O seu trono encontra-se no ponto mais elevado do céu ou no cume da montanha cósmica (§ 143). Os tártaros abakan falam igualmente da ''Abóbada'' do Céu celeste, os buriatas da ''casa cintilante de ouro e de prata'' e os altaicos de um ''Palácio'' (*örgö*) com uma ''Porta de ouro'', assim como de um ''Trono de ouro''[85]. Esse deus tem filhos e filhas[86], está rodeado de servidores e de mensageiros que o xamã encontra na sua ascensão extática para o Céu. (Um destes, Jajyk, mora na Terra e desempenha o papel de intermediário entre Ülgän e os homens; o outro, *Suila*, observa a conduta dos homens e dela informa o Senhor.)[87] Mas não encontramos entre os uralo-altaicos o mito da hierogamia, se bem que os buriatas chamem ''Pai'' ao Céu e ''Mãe'' à Terra nas suas invocações[88].

O deus celeste supremo é o criador da Terra e do homem. Ele é o ''artífice de todas as coisas'', o ''Pai''. Criou as coisas visíveis e invisíveis e é ele também que faz frutificar a terra[89]. Entre os voguls, Num-târem não é apenas o criador mas também o civilizador da humanidade, o que ensina os homens a pescar, etc.[90] A idéia de criação está estreitamente ligada à de norma cósmica. O Céu é o arquétipo da ordem universal. O deus celeste é o abonador tanto da perenidade e da inteligibilidade dos ritmos cósmicos como do equilíbrio das sociedades humanas. É o ''Khan'', o ''Chefe'', o ''Dono'', isto é, o soberano universal. Assim, as suas ordens devem ser respeitadas (nos títulos de deus, a noção de ''comando'', de ''ordenador'', é evidente)[91]. Os mongóis acreditam que o Céu vê tudo, e quando fazem uma jura proclamam: ''Que o Céu o saiba!'' ou ''Que o Céu o veja!''[92]. Nos sinais do Céu (cometas, secas, etc.) lêem as revelações e as ordens divinas. Criador, observador e sabedor de tudo, guardião das leis, o deus celeste é cosmocrata; embora não reine diretamente, assim que aparecem os organismos políticos governa por intermédio dos seus representantes terrestres, os khans.

Na carta que Mangu-Khan enviava por Ruysbroeck ao rei da França, encontra-se a mais clara profissão de fé da raça mongólica: ''Esta é a lei do Deus eterno: no Céu apenas existe um só Deus eterno e sobre a Terra haverá somente um Senhor, Genghis-Khan, Filho de Deus!'' E o selo de Genghis-Khan traz a seguinte inscrição: ''Um Deus no Céu e o Khan na Terra. O selo do Senhor da Terra.'' Esta concepção do monarca universal, filho ou representante do soberano celeste na Terra, encontra-se também entre os chineses (assim como em certas populações polinésias). Nos antigos textos chineses o deus do Céu tinha dois nomes: T'ien (''céu'' e ''deus do céu'') e Chang-Ti (''Senhor Alteza'', ''Soberano das Alturas''). O Céu é o regulador da ordem cósmica, o soberano supremo que habita o topo das nove regiões celestes. ''Providência dinástica, o Céu é uma potência clarividente e justiceira. É a divindade que preside às juras. Jura-se pela luz do dia e pela da aurora; toma-se por testemunha a abóbada azulada, o céu azul, o céu que brilha e brilha no alto!''[93]

O Imperador é ''Filho do Céu'', T'ien tseu, e representante do deus celeste na Terra. Ao mongol *dzajagan* correspondia o chinês t'ien-ming, ''a ordem do céu''. O Soberano não só garantia a boa organização da sociedade mas também a fertilidade da terra, a sucessão normal dos ritmos cósmicos. Quando se produz uma catástrofe sísmica ou qualquer outra calamidade, o soberano chinês confessa os seus pecados e entrega-se a práticas de purificação. No *Chi King*, é este o lamento do rei durante uma seca terrível: ''De que crime nos acusam agora, para que o Céu haja desencadeado a morte e os tormentos?... Como foi possível cair sobre mim (apenas) toda esta devastação e ruína do país?!'' Pois o imperador é o ''homem único'', o representante da ordem cósmica e o guardião das leis.

O conjunto Céu-criador-soberano universal, garantia da ordem cósmica e da continuidade da vida sobre a Terra, completa-se pela nota específica das divindades celestes: a passividade. Nos grandes organismos políticos (China, impérios mongóis) a eficiência do deus celeste é reforçada pelo mito da soberania e pela própria presença do império. Mas quando a ''história'' não intervém, a divindade suprema dos uralo-altaicos tende a transformar-se, na consciência dos seus adoradores, em passividade e afastamento. Para certas populações siberianas e centro-asiáticas, o deus do Céu está tão afastado que não se interessa pelas ações dos humanos. Assim, Buga (''Céu'', ''Mundo''), dos tunguses, sabe tudo mas não se imiscui nos assuntos dos homens, e nem sequer castiga os maus. Urün ajyotojon ou Aibyt aga (Aga ''Pai'') dos yakutes habita o sétimo céu, num trono de mármore branco, governa tudo, mas faz somente o bem (isto é, não castiga). Os tunguses da religião de Turuchansk acreditam que o deus do Céu lhes envia tanto a boa sorte como o azar, embora declarem não compreender qual o critério que o leva a proceder assim[94].

Mas de maneira geral podemos dizer que o deus celeste supremo das populações uralo-altaicas conserva melhor do que os outros os seus caracteres primordiais. Não conhece a hierogamia e não se transforma em deus da tempestade e do trovão. (Os uralo-altaicos representam o trovão sob a forma de uma ave, como nas mitologias da América do Norte, mas não lhe oferecem sacrifícios[95].) Veneram-no, dirigem-lhe preces para obter os alimentos[96] e goza de um culto propriamente dito, se bem que não representado por imagens[97], e sacrificam-lhe sobretudo cães e renas brancas[98]. Mas não se pode dizer que a vida religiosa esteja integralmente dominada pela crença na divindade celeste; há uma série completa de ritos, de crenças e de superstições que a ignoram completamente.

19. Mesopotâmia — O termo sumério designativo da divindade, *dingir*[99], tinha por significação primitiva uma epifania celeste: "claro, brilhante" (*dingir* era traduzido em acadiano por *ellu*, "claro, brilhante"). O ideograma que exprimia a palavra "divindade" (pronunciado *dingir*) era o mesmo que exprimia a palavra designativa de "céu" (neste último caso pronunciada *ana*, *anu*). Originalmente, este signo gráfico era um hieróglifo que representava uma estrela. Dentro da pronúncia de *an* (*a*), *an* (*u*), o hieróglifo significa a transcendência espacial propriamente dita: "elevado, ser elevado".

O signo *an* serve igualmente para exprimir "o céu chuvoso" e, por extensão, a chuva. A intuição da divindade como tal (*dingir*) fundava-se assim nas hierofanias celestes ("elevado", "claro", "brilhante", "céu", "chuva"). Estas hierofanias separaram-se muito cedo da intuição da divindade como tal (*dingir*) e concentraram-se ao redor de uma divindade personificada (Anu), que exprime o "céu" pelo seu próprio nome e cujo aparecimento na história se pode fixar antes do quarto milênio. Anu, de origem suméria, tornou-se o chefe do panteão babilônico. Mas, tal como os outros deuses celestes, com o tempo deixou de desempenhar um papel de destaque. Pelo menos na época histórica, Anu é um deus um pouco abstrato. O seu culto não está muito difundido[100], raramente é invocado nos textos religiosos e não figura nos nomes teóforos[101]. Não é um deus criador, como Marduk. Não se conhecem estátuas de Anu[102], o que parece confirmar a sua inatualidade no culto e na vida religiosa babilônica dos tempos históricos.

Naturalmente, a residência de Anu é no Céu. O seu palácio, situado no ponto mais alto da abóbada, não é atingido pelas águas do dilúvio[103]. Como no Olimpo da mitologia helênica, também aí os deuses o visitam.

O seu templo de Uruk chamava-se E-an-na, "Casa do Céu". No Céu, Anu está sentado num trono, revestido de todos os atributos da soberania: o cetro, o diadema, a coifa, o bastão[104]. É o Soberano por excelência e as insígnias da sua realeza constituem a fonte e a justificação da autoridade monárquica; o rei tira, simbolicamente, o seu poder de Anu, diretamente[105]. Por isso apenas os soberanos o invocam e não os homens comuns. É "o pai dos deuses" (*abû ilâni*) e "o rei dos deuses". Chamam-lhe "pai"[106], mais no sentido de autoridade soberana do que no sentido familiar.

No código de Hammurabi é invocado como "rei dos Anunnaki" e os seus epítetos mais comuns são: *il shamê*, "deus do Céu", *ab shamê*, "pai dos Céus", *shar shamê*, "rei dos Céus". A própria realeza descende do Céu[107].

As estrelas compõem o seu exército[108], pois Anu, como soberano universal, é um deus guerreiro (cf. "O senhor dos exércitos" na Bíblia). A sua festa principal coincide com o começo do Ano Novo, portanto com a comemoração da criação do mundo (§ 153). Mas com o passar dos tempos a festa do Ano Novo acabou por ser consagrada a Marduk, deus mais jovem (a sua promoção data do tempo de Hammurabi, ou seja, cerca de 2150 a.C.), mais dinâmico (luta com o monstro marinho Tiamat e mata-o) e sobretudo criador (Marduk criou o mundo a partir do corpo de Tiamat). Esta substituição de Marduk na festa principal de Anu corresponde à promoção de Enlil-Bel, divindade do céu tempestuoso, chuvoso e fecundante, à categoria de deus supremo babilônico (§ 27). As conseqüências dessas substituições de divindade dinâmicas, criadoras e acessíveis, serão mais claramente reveladas nas páginas seguintes.

20. Dyaus, Varu*n*a — Não vamos entrar aqui na discussão respeitante a Diêus, o deus hipotético do céu luminoso, comum a todas as tribos arianas. O certo é que o indiano Dyaus, o itálico Júpiter, o heleno Zeus, assim como o deus germânico Tyr-Zio, são formas históricas, evoluídas, dessa divindade celeste primordial, e até nos seus nomes revelam o binômio originário "luz (dia)"-"sagrado" (cf. o sânscrito *div*, "brilhar", "dia", *dyaus*, "céu", "dia"; *dios*, *dies*; *deivos*, *divus*). Os nomes dessas divindades supremas indo-arianas revelam os seus laços orgânicos com o Céu sereno, brilhante. Mas isso não significa, como crêem muitos estudiosos[109], que toda a manifestação meteorológica — tempestade, raio, trovão — estava ausente na intuição do Deus originário. Os deuses mais primitivos do Céu (por exemplo: Baiame, Daramulun, etc., cf. § 12) dirigiam os fenômenos meteorológicos e tinham como atributo principal o raio. O simples fato de o *nome* do deus ariano fazer ressaltar o seu caráter *brilhante* e *sereno* não exclui as outras teofanias uranianas (os furacões, a chuva) da personalidade de Diêus. É verdade que, como veremos mais adiante (§ 26), grande parte desses deuses do Céu se "especializaram" e se tornaram divindades da tempestade e da fecundidade. Mas é necessário explicar essas especializações ulteriores por processos bem conhecidos na história das religiões (a tendência para o concreto; a transformação da idéia de "criação" na de "fecundidade", etc.); seja como for, essas especializações não impedem a coexistência das funções meteorológicas na intuição de um deus do céu brilhante.

As formas *históricas* das divindades celestes indo-arianas dificilmente se poderiam reduzir a uma teofania ou a uma série de teofanias uranianas. A sua personalidade é mais rica, as suas funções mais complexas. A sacralidade que concentram e que dirigem revela-se distribuída por zonas múltiplas e estas zonas nem sempre têm uma estrutura cósmica. Um elemento decisivo na personalidade de todas essas divindades é a sua *soberania*; e não podemos explicar completamente os prestígios da soberania pelo sagrado celeste. Seja, por exemplo, o caso do deus indo-ariano do Céu. Dyaus raramente aparece nos Vedas e na literatura *pós-védica* sob a forma de uma divindade propriamente dita[110], servindo o seu nome geralmente para a denominação do "céu" ou do "dia" (*dyavi dyavi:* "do dia ao dia"). Tempo houve em que Dyaus gozou certamente da autonomia de uma verdadeira divindade e certas características suas ficaram conservadas nos textos védicos: o par Dyâvâprithivî, "o Céu e a Terra"[111], a invocação ao "Céu Pai"[112], ao "Céu que tudo sabe"[113]. A hierogamia, a onisciência, o poder de criar são os atributos específicos de uma divindade celeste real. Mas Dyaus foi objeto de um processo de especialização "naturista", isto é, que deixa de ser revelador da *sacralidade uraniana* para se transformar em uma expressão lexical designativa dos *fenômenos diurnos uranianos* ("céu", "dia"). Trata-se ainda aqui de um resultado da sua "passividade"; o sagrado retira-se dos fenômenos cósmicos e os termos que serviam para a denominação do sagrado acabam por se tornar temas profanos; a divindade do Céu dá lugar a uma palavra que exprime o "céu" e o "fenômeno diurno". Mas esta laicização de Dyaus não significa a abolição ou o enfraquecimento da teofania celeste; significa pura e simplesmente a substituição de Dyaus por uma outra divindade. Ao "naturalizar-se", ao deixar de exprimir o *sagrado* celeste, Dyaus deixa de desempenhar a função de um deus supremo uraniano.

Este processo efetuou-se muito cedo, visto que desde o começo da época védica o lugar de Dyaus foi ocupado por um outro deus, Varu*n*a (*u-ru-va-na* nas inscrições de Boghazkeui, séc. XIV a.C.), que conservou os atributos uranianos, mas que no entanto não se pode reduzir exclusivamente a uma divindade do Céu. É certo que Varu*n*a é *viçva-darçata*, "visível por toda a parte"[114], que foi ele quem "separou os dois mundos"[115], que o vento é a exalação da sua respiração[116], que, juntamente com Mitra, é venerado como "os dois poderosos e sublimes senhores do Céu", e "com nuvens diferentemente coloridas aparece no primeiro ribombar do trovão, e faz com que o Céu nos mande a chuva, por um milagre divino", e "no céu explana a sua obra miraculosa"[117]. Varu*n*a logo adquiriu características lunares[118] e pluviosas, a ponto de, com o tempo, se tornar uma divindade do oceano[119]. Essas duas metamorfoses poderiam explicar-se partindo da sua estrutura uraniana original. A substituição das divindades lunares ou, em geral, a fusão dos elementos lunares com as figuras divinas primordiais é um fenômeno freqüente na história das religiões. Os ritmos lunares comandam as chuvas e as águas; o privilégio pluvial das divindades uranianas passa, assim, para as divindades lunares.

Podemos explicar também outras funções e prestígios de Varu*n*a, sempre pela sua estrutura uraniana original; por exemplo, a sua onisciência. "É do Céu que descem os seus espiões, que vêm observar a Terra com os seus milhares de olhos. O rei Varu*n*a vê tudo... E também contou as vezes que os homens piscaram os olhos..."[120] Varu*n*a é onisciente e infalível, "conhece o rasto das aves que voam no ar... conhece a direção do vento... é ele o que tudo sabe, o que espia todos os segredos, todas as ações e todas as intenções..."[121]. Juntamente com Mitra, coloca espiões nas plantas e nas casas, pois estes deuses jamais fecham os olhos[122]. Varu*n*a é *sahasrâksha*, "o dos mil olhos"[123], fórmula mítica das estrelas, metáfora que designa, pelo menos na origem, uma divindade uraniana[124]. Varu*n*a não é o único que tem "mil olhos", Indra e Vâyu[125], Agni[126] e Purusha[127] também os possuem. Podemos estabelecer uma relação entre os dois primeiros e as regiões uranianas (tempestade, ventos), mas Agni é o deus do fogo e, quanto a Purusha, é o *macranthropos* mítico. A sua qualidade de possuir mil olhos não se deve aos seus prestígios celestes, mas ao fato de terem sido considerados como deuses oniscientes e onipotentes, isto é, soberanos, nos hinos que lhes são dirigidos.

21. Varu*n*a e a soberania — De fato, para voltarmos à questão de saber se Varu*n*a pode ser exclusivamente considerado como uma divindade uraniana, diremos que nos textos védicos nem sempre se evidenciam os caracteres celestes de Varu*n*a, mas sim a sua qualidade de soberano. "Na verdade, Varu*n*a é o Kshatra por excelência"[128], e H. Güntert[129] e Dumézil[130] demonstraram, em fórmulas felizes, este caráter fundamental de Varu*n*a. Os fiéis sentem-se "como escravos" na presença de Varu*n*a[131] e a atitude humilde é um caráter exclusivo do culto deste deus[132]. Como soberano universal, Varu*n*a é o guardião das normas e da ordem cósmica. Por isso ele "vê" tudo e nenhum pecado lhe escapa, por mais escondido; a ele se dirige o homem que se sente frustrado, para lhe perguntar que faltas cometeu, em que o ofendeu[133]. É o fiador de todos os contratos estabelecidos entre os homens, "enredando-os" pelos seus juramentos. Varu*n*a coloca nesse estado de "enredamento" aquele que deseja deitar a perder; os homens temem as "redes" de Varu*n*a[134], esses laços que os paralisam e os esgotam. Varu*n*a é a divindade que "enreda"*, privilégio que têm também outros deuses soberanos (§ 23) e que trai as suas capacidades mágicas, a possessão do poder de ordem espiritual, do poder real por excelência.

* No original *qui "lie"*; poderíamos também traduzir por *que "liga", "ata", "prende", "compromete"*. (N.T. português)

Até o nome de Varu*n*a se explica por esta faculdade de ligar; pois, renunciando à etimologia *var-(vrnoti)*, "cobrir", "encerrar" (que evidenciava o seu caráter uraniano), segue-se hoje a interpretação proposta por H. Petersson e aceita por Güntert[135], e faz-se derivá-la da raiz indo-européia *uer*, "atar" (sânscr. *varatrâ*, "correia, corda"; letão, *wéru, wert*, "enfiar, bordar"; russo, *verenica*, "fila ininterrupta"). Varu*n*a é sempre representado com uma corda na mão[136], e muitas cerimônias têm por fim livrar os homens "dos laços de Varu*n*a" (até os nós são varunianos)[137].

Ainda que esta faculdade de "enredar" tenha sido ampliada pelas ulteriores influências ctônicas e lunares sofridas por Varu*n*a[138], põe em evidência a essência mágica da soberania deste deus. Dumézil, completando a interpretação de Güntert[139] acerca dos valores mágicos dos "laços" e das "redes", põe em destaque, e muito justamente, a sua função real. "Varu*n*a é, por excelência, o senhor da *mâyâ*, do prestígio mágico. Os laços de Varu*n*a são tão mágicos como mágica é a própria soberania; são o símbolo das forças místicas que o chefe detém e se chamam: a justiça, a administração, a segurança real e pública, todos os 'poderes'. Na Índia e em outros locais, o cetro e os vínculos, *danda* e *pâçâh*, partilham o privilégio de representar tudo isto."[140] Assim, Varu*n*a preside à cerimônia indiana da consagração real; aliás, *râjasûya* mais não faz do que reproduzir a consagração arquetípica que o primeiro soberano, Varu*n*a, realizou em seu próprio proveito[141].

Por isso seria erro não só considerar Varu*n*a exclusivamente um deus do céu, como também explicar a sua personalidade, o seu mito e os seus ritos unicamente por elementos uranianos. Varu*n*a e outros deuses considerados celestes são figuras complexas; não podemos reduzi-los a epifanias "naturistas" nem limitá-los a funções sociais. Os prestígios da soberania aumentaram e multiplicaram os prestígios celestes; Varu*n*a *vê* e *sabe* tudo porque da sua morada sideral domina o Universo; mas, do mesmo modo, *pode* tudo, pois é cosmocrata e pune os que infringem as leis, "enredando-os" (pela doença, pela incapacidade), e porque é o guardião da ordem universal. É claro que em todas as suas atribuições e nas suas funções persiste uma nota comum: o caráter sereno, sagrado, passivo, digamos, da sua "força". Não derroga um só dos seus direitos, nada tem a conquistar nem precisa lutar para adquirir qualquer coisa (como Indra, por exemplo);

é todo-poderoso, *é* soberano, embora permaneça contemplativo ("é um sacerdote que freqüenta as assembléias"[142]). Varu*n*a é rei, não por si mesmo (*svarâj*, como Indra), é *samrâj*, Rei universal[143]. Isto é, o poder pertence-lhe por direito, em virtude da sua própria maneira de ser, e permite-lhe agir pela magia, pelo "poder do espírito", pelo "conhecimento".

Descobrimos assim uma simetria notável entre o que poderíamos chamar a "estrutura celeste" e a "estrutura real de Varu*n*a", as quais se correspondem e completam mutuamente; o Céu é transcendente e único, exatamente como o soberano universal; a tendência para a passividade é manifesta em todos os deuses supremos do Céu, que vivem nas regiões superiores, longe do homem e, de certo modo, indiferentes às suas necessidades cotidianas. Encontramos também em Varu*n*a esta passividade das figuras supremas celestes primitivas; é a sua natureza *contemplativa*, a sua faculdade de fazer agir, não por meios físicos, como Indra, mas por forças mágicas, espirituais. Encontramos a mesma simetria entre os atributos das divindades celestes dos primitivos e do soberano universal; tanto um como outro garantem a ordem e a fecundidade da natureza pelo simples respeito das leis; a chuva assegura a fertilidade, mas as infrações às leis, "os pecados", põem em perigo o funcionamento normal dos ritmos, ameaçando assim a própria vida da sociedade e da Natureza. Iremos ver que o soberano é a garantia da ordem e da fecundidade terrestre, não só no mito como também na realidade cultural. Mas importa desde já chamar a atenção para o fato de que esta noção de soberania universal, exclusivamente exercida por meios espirituais, mágicos, se pôde precisar e desenvolver, em grande parte, graças à *intuição da transcendência do Céu*. Tal intuição, ao germinar em planos múltiplos, tornou possível a elaboração da ampla construção da "soberania mágica". Mas, por sua vez, a teoria da "soberania mágica" influenciou de maneira decisiva a figura originária do deus celeste. Assim, não se pode considerar Varu*n*a simplesmente como um deus do Céu, pelo menos sob a sua forma "histórica" (isto é, tal como é representado nos documentos védicos e pós-védicos), como também não pode ser designado por deus lunar ou oceânico. Pois ele é, ou tende a ser, *todas* estas divindades simultaneamente, e é ao mesmo tempo o deus soberano por excelência.

22. Deuses celestes iranianos — Também os iranianos conhecem um deus supremo celeste; pois, segundo Heródoto (I, 131), subiam "até as mais altas montanhas para oferecerem sacrifícios a Zeus, cujo nome tornam extensivo a toda a amplidão circular do Céu". Não sabemos qual era o nome deste deus celeste primordial nas línguas iranianas. A divindade que encontramos no Avesta e que Zarathustra tentou transfigurar, colocando-a no centro da sua reforma religiosa, chama-se Ahura Mazda, "Senhor Sabedoria", "onisciente". Um dos seus epítetos é *vuru cashâni*, "o grande vidente"[144], o que nos mostra uma estrutura uraniana. Mas a reforma de Zarathustra purificou Ahura Mazda dos seus elementos naturistas e é sobretudo nos textos tardios — refletindo um retorno ao antigo politeísmo iraniano — que se encontram os indícios mais concretos do velho deus celeste.

Desde o início dos estudos comparativos se viu em Ahura Mazda uma figura correspondente a Varu*n*a. Ainda que esta homologia tenha sido contestada por alguns estudiosos[145], não vemos razões sérias para a abandonar. As características comuns reveladas há cinqüenta anos por Oldenberg[146] mostram-se bastante convincentes; tal como Varu*n*a, Ahura Mazda é o "deus soberano"[147]. Uma fórmula avesta arcaica bem freqüente é Mi*th*ra-Ahura[148], onde Mi*th*ra está associada a um Ahura que não é ainda o Ahura Mazda dos tempos históricos mas faz lembrar sobretudo o Asura por excelência dos textos védicos, Varu*n*a; o avéstico Mi*th*ra-Ahura corresponde assim ao binômio védico Mitra-varu*n*a. Não nos é possível ir tão longe como foi Hertel[149], como Nyberg[150] e Widengren[151], e ver em Mi*th*ra o céu noturno e em Ahura Mazda o céu diurno. Porém, não há dúvida nenhuma de que a estrutura celeste transparece na epifania Ahura Mazda: tem "por vestuário a sólida abóbada do céu"[152], faz com que a chuva caia por todos os lados a fim de alimentar o homem "piedoso e os animais úteis"[153], chamam-lhe "aquele que muito vê, o que melhor de todos vê, o que vê ao longe, o que melhor de todos vê ao longe, o que espia, o que sabe, o que melhor conhece"[154], "o que não engana"[155], "o que sabe...; é infalível, dotado de uma inteligência infalível, onisciente"[156]. "Não é possível enganar Ahura, que observa tudo."[157] Como os outros deuses do céu, Ahura Mazda nunca tem sono e nenhum narcótico consegue prostrá-lo[158]. É por isso que nenhum secreto escapa "ao seu olhar brilhante"[159]. Ahura Mazda é o fiador da inviolabilidade dos contratos e do respeito pela palavra dada;

quando revelou a Zarathustra o motivo por que criou Mi*th*ra, Ahura Mazda disse que todo o violador de um pacto (*mithra* = contrato) chama a desgraça sobre todo o país[160]. Portanto, ele é a garantia das boas relações contratuais entre os homens, que asseguram o equilíbrio das forças cósmicas e a prosperidade geral. É essa também a razão pela qual Mi*th*ra é onisciente, pela qual possui dez mil olhos e mil orelhas[161] e, tal como Ahura Mazda, é infalível, poderoso, insone, vigilante[162]; e também é chamado "o que não pode ser ludibriado" (*adaoyamna*) e "onisciente" (*vispô, vidva*).

No entanto, todos estes atributos e funções não implicam somente uma epifania uraniana, mas também outros prestígios, por exemplo o da soberania[163]. Ahura Mazda vê e sabe tudo, não só porque é o deus do céu, mas também porque, na sua qualidade de soberano, é o guardião das leis e o punidor dos culpados; devido a essa soberania, tem ele de garantir a boa organização e a prosperidade da natureza e da sociedade, simultaneamente, pois uma só infração poderia comprometer o equilíbrio existente em todos os níveis cósmicos. O estado dos textos religiosos iranianos — em primeiro lugar, devido à reforma de Zarathustra — é demasiado insuficiente para nos permitir a reconstituição da figura originária de Ahura Mazda como deus celeste. Temos até o direito de perguntar se Ahura Mazda chegou alguma vez a ser um deus celeste, pura e simplesmente, se, visto ser um deus supremo, não seria também já, competitivamente, o deus do destino[164], o arquétipo, ao mesmo tempo, do soberano e do sacerdote[165], o deus bissexuado[166], isto é, se não se teria revelado, desde o começo da sua "história", como uma teofania complexa, em que os elementos uranianos certamente desempenhariam um papel importante, mas em caso nenhum exclusivo.

Também não podemos deixar de destacar a concepção pré-zarathustriana de um Ahura Mazda *deus otiosus*[167], que não é diretamente criador, mas, através do *spenta mainyu*[168], isto é, por intermédio de um "bom espírito", réplica do demiurgo que acompanha o ser celeste supremo nas religiões primitivas. O fenômeno é demasiado geral para que não corresponda a uma tendência fundamental da vida religiosa, acerca da qual voltaremos a falar. No caso de Ahura Mazda, este fenômeno foi contrariado pela reforma de Zarathustra, do mesmo modo que muitos reformadores religiosos (Moisés, os profetas, Maomé) tinham revivificado os antigos deuses supremos celestes, empedernidos na sua modalidade de *dei otiosi* e substituídos, na experiência religiosa das massas, por figuras divinas mais concretas e mais dinâmicas (os deuses da fecundidade, as grandes deusas, etc.). Porém, a reforma religiosa implica uma experiência do sagrado muito diferente daquela de que nos ocupamos neste texto, e o seu estudo será retomado num futuro trabalho, com mais proveito.

23. Uranos — Na Grécia, Uranos conservou mais nitidamente os seus caracteres naturistas; ele *é* o Céu. Hesíodo apresenta-no-lo[169] aproximando-se e expandindo-se em todos os sentidos, quando, "completamente ávido de amor" e trazendo consigo a noite, vem envolver a Terra. Esta hierogamia cósmica revela a vocação celeste. Mas, além do mito, nada mais nos restou de Uranos, nem sequer uma imagem. O seu culto eventual foi usurpado por outros deuses, em primeiro lugar por Zeus. Com Uranos confirma-se também esse destino das divindades celestes supremas, que é o de serem gradualmente repelidas para fora da atualidade religiosa, de suportarem inúmeras usurpações, substituições e fusões, e de acabarem por ser esquecidas. Uranos, completamente esquecido na religião, sobrevive no mito transmitido por Hesíodo, mito que, quaisquer que sejam os rituais nele implicados, corresponde no entanto ao desejo de conhecer a origem das coisas. Com efeito, a princípio havia, se não o Céu unicamente, pelo menos também o par divino Céu-Terra[170]. Foi desta hierogamia inesgotável que nasceram os primeiros deuses (Okeanos, Hyperion, Theia, Themis, Phoebé, Kronos), os Ciclopes e outros seres monstruosos. Uranos era o macho fecundador por excelência, assim como o eram todos os deuses do Céu, assim como o era, por exemplo, Dyaus (chamado *suretah*, "o da boa semente"[171]); da união com sua esposa divina, Prthivî, nasceram os homens e os deuses[172].

Mas, ao contrário dos outros deuses celestes, a fecundidade de Uranos é perigosa. As criaturas por ele engendradas não se assemelham às formas que hoje povoam a terra, pois são monstros (de cem braços, de cinqüenta olhos, de imensa estatura, etc.). Como Uranos os "odiava desde o primeiro dia" (Hesíodo), escondia-os no corpo da Terra (Gaia), que sofria e gemia. Encorajado por Gaia, o mais novo dos seus filhos, Cronos, espera que o pai se aproxime da Terra, como costumava fazer sempre ao cair da noite, corta-lhe o órgão gerador e atira-o ao mar. A mutilação de Uranos põe fim às suas criações monstruosas e, por isso mesmo, à sua soberania. Conforme mostrou Dumézil[173] este mito tem correspondência no mito da impotência de Varu*n*a e no ritual da investidura do soberano na Índia. Em outro contexto voltaremos ao complexo dos "perigos da soberania", mas o que convém observar desde já é o sentido essencial dos dois mitos e do ritual que lhes corresponde (a regularização e a segurança da fecundidade). É também notável a simetria entre estas duas soberanias, a de Varu*n*a e a de Uranos; apesar de toda a evolução de Uranos no sentido naturista, ele "foi o primeiro soberano do universo"[174]; a sua filha primogênita chamava-se Basiléia[175]. Tal como Varu*n*a é por excelência a divindade que "enreda", também Uranos "enreda" os seus filhos, escondendo-os a todos, sucessivamente, no corpo de Gaia. Varu*n*a "apoderou-se do alento" do seu filho Bhrigu e mandou-o ao mundo subterrâneo para estudar[176]. Quanto aos Ciclopes, Uranos encadeia-os e precipita-os no "Tártaro"[177]. O seu sucessor na soberania universal, Cronos, encadeia os seus adversários, e os órficos investem também Zeus da mesma magia.

O que distingue Uranos dos outros deuses celestes é a sua fecundidade monstruosa e o ódio que mantinha pelos seus próprios filhos. Todos os deuses celestes são criadores: fazem o mundo, os deuses, os seres vivos. A "fecundidade" é uma especialização da sua vocação essencial de criadores. "O Céu santo vive na embriaguês de penetrar o corpo da Terra", relembrava Ésquilo numa das suas tragédias perdidas, as Danaides[178]. Por isso os deuses celestes das religiões indomediterrânicas se identificam, desta ou daquela maneira, com o touro. O *Rig Veda* chama "touro" a Dyaus[179], e veremos que a maioria dos deuses celestes egeu-orientais gozava do mesmo prestígio. Mas, no caso de Uranos, esta fecundidade é perigosa. Conforme notou muito justamente P. Mazon no seu comentário à *Teogonia* de Hesíodo[180], a mutilação de Uranos põe fim à sua odiosa e estéril fecundidade, introduzindo no mundo, pelo aparecimento de Afrodite (nascida da espuma ensangüentada do membro gerador uraniano), a ordem, a fixidez das espécies e tornando assim impossível toda a procriação desordenada e nociva.

Ainda não foi completamente explicada esta singularidade de Uranos, pelo menos tal como é apresentada a nós pelo mito de Hesíodo. Porque é ele o único, entre tantos outros deuses celestes, a procriar indefinidamente seres monstruosos, que "odeia", e dando-se ainda ao cuidado de os "encadear" no Tártaro ou no ventre da Terra? Haverá aí qualquer reminiscência, valorizada no sentido negativo, de "esse tempo mítico", esse *illud tempus* em que a criação não fixara ainda as suas próprias normas, onde o que quer que fosse podia nascer do que quer que fosse, onde o lobo se deitava junto do cordeiro e o leopardo junto do cabrito? Uma das características deste tempo auroral e paradisíaco era, de fato, a absoluta liberdade, verificada em todos os níveis do real e, portanto, também ao nível das espécies. Numerosas tradições nos falam do caráter fluido, monstruoso, dos seres que então foram criados, no começo do mundo. A singularidade terogenésica de Uranos seria um comentário racionalista destinado a valorizar o regime introduzido por Afrodite e mais tarde regularizado por Zeus, regime caracterizado pela fixidez das espécies, pela ordem, pelo equilíbrio e pela hierarquia, tal como o apresentou o espírito grego? Ou será necessário ver antes na luta dos Urânidas o processo de substituição dos deuses helênicos às divindades do substrato pré-helênico?

24. Zeus — Qualquer que seja a explicação dessas criações aberrantes, o certo é ter Uranos desaparecido do culto ainda antes dos tempos históricos. O seu lugar foi ocupado por Zeus, cujo nome exprime claramente a essência celeste. Como Dyaus, Zeus conserva os valores onomásticos de "brilho" e "dia"[181] e, etimologicamente, esse termo está tão relacionado com *dios* como com o latim *dies*. Mas, evidentemente, não devemos limitar o seu domínio àquilo a que se chamou abusivamente "o céu sereno, luminoso, brilhante", considerando as suas funções meteorológicas como desenvolvimentos ulteriores ou influências estrangeiras. A arma de Zeus era o raio, e os lugares batidos pelos relâmpagos, Enelysia, eram-lhe consagrados. Os títulos de Zeus são transparentemente significativos e demonstram mais ou menos diretamente as suas relações com a tempestade, a chuva, a fertilidade. Assim, é chamado Omerios e Hyettios (chuvoso), Urios (o que envia os ventos favoráveis), Astrapios (o que fulmina), Bronton (o que troveja), etc. Chamam-lhe Georgos (o caseiro da herdade) e Chtonios[182], porque governa a chuva e assegura a fertilidade dos campos. Até o seu aspecto animalesco (Zeus Lycaios, com o aspecto de um lobo, a quem levavam sacrifícios humanos)[183] se explica ainda pela magia agrícola (os sacrifícios faziam-se em tempo de secas, de flagelos meteorológicos).

Já há muito se observou que Zeus, embora divindade do panteão grego, tem relativamente menos festividades e um culto mais reduzido que os outros deuses, e sugeriram-se diferentes explicações desta anomalia[184]. De fato, como toda divindade celeste, nem sempre está presente na vida religiosa; no entanto domina dois setores importantes: a agricultura e a expiação. Tudo o que assegura uma boa colheita (a meteorologia, a chuva) e tudo quanto purifica os pecados cai sob a jurisdição celeste. A "purificação" e a "iniciação" pelo raio ou algo que o represente (o rombo, a pedra de raio) são ritos arcaicos (§ 12) que não somente provam a antiguidade das divindades celestes mas também a dos seus aspectos dramáticos, tempestuosos. Fascinados pela etimologia de Diêus, muitos eruditos esquecem facilmente a unidade de estrutura da intuição arcaica das divindades uranianas. Naturalmente, Zeus é soberano; mas, mais nitidamente do que os outros deuses celestes, conservou o seu caráter de "pai". Ele é Zeus pater (cf. Dyaus pitar, Júpiter), arquétipo do chefe da família patriarcal. As concepções sociológicas das etnias arianas refletem-se no seu perfil de *pater familias*. Esta função explica Zeus Ktêsios, o "Hausvater" que os helenos transportaram em todas as suas migrações e que representavam como um verdadeiro gênio doméstico, sob forma de serpente. Sendo "pai" e "soberano", Zeus torna-se naturalmente a divindade da cidade, Zeus Polienos, e era dele que os reis recebiam a sua autoridade. Mas esta polimorfia pode ser sempre reduzida à mesma estrutura: a supremacia pertence ao Pai, isto é, ao Criador, ao artífice de todas as coisas. Este elemento "criador" existe evidentemente em Zeus, não no plano cosmogônico (pois não foi ele que fez o universo), mas no plano biocósmico: ele dirige as fontes da fertilidade, ele é o dono da chuva. E, visto ser o "fecundador", é também "criador" (por vezes é igualmente um touro, cf. o mito de Europa). Ora, esta "criação" de Zeus depende em primeiro lugar de todo o drama meteorológico, sobretudo da chuva. A sua supremacia é ao mesmo tempo de ordem paternal e soberana: ele garante a boa situação da família e da Natureza, por um lado pelas suas forças criadoras e, por outro, pela sua autoridade de guardião das normas.

25. Júpiter, Odin, Taranis, etc. — Tal como Zeus, o Júpiter itálico era adorado nos lugares elevados. A montanha acumula um simbolismo múltiplo (§ 31); é "elevada", está mais perto do

Céu, é o lugar onde se reúnem as nuvens e onde se desencadeia a trovoada. O Olimpo foi, sem dúvida, uma montanha privilegiada; mas Zeus, tal como Júpiter, encontrava-se presente em qualquer colina. Os sobrenomes de Júpiter não são menos eloqüentes: Lucelius, Fulgur, Fulgurator. O carvalho era consagrado a Júpiter (assim como a Zeus), pois era essa a árvore mais freqüentemente atingida pelos raios. O carvalho do Capitólio pertencia a Júpiter Feretrius, *qui ferit*, "o que fulmina", também chamado Júpiter Lapis, representado por um sílex. Como todos os deuses celestes, Júpiter punia pelo raio, e em primeiro lugar castigava aqueles que faltavam à palavra dada, os que violavam um tratado. Júpiter Lapis consagrava os tratados internacionais; um fecial matava um porco com o sílex consagrado, proclamando: "Se o povo romano violar o tratado, que Júpiter o fulmine como eu fulmino agora este porco com a pedra!" Júpiter era a divindade suprema, o soberano absoluto; Júpiter Omnipotens, Júpiter Optimus Maximus. Estes títulos sobreviviam até nos textos literários: *summe deum regnator*[185]; *meus pater, deorum regnator, architectus omnibus*[186], *deum regnator nocte caeca caelume conspectu abstulit*[187], etc. Como verdadeiro soberano cósmico que é, Júpiter intervém na história, não pela força física militar, como Marte, mas pelo prestígio da sua magia. Dumézil[188] pôs a claro esta magia de Júpiter, relembrando um episódio da história de Roma: quando os sabinos, já assenhoreados do Capitólio, ameaçavam aniquilar pelo pânico o exército romano, Rômulo implora a Júpiter: "Faz com que acabe o terror dos romanos, detém a sua fuga vergonhosa!" No mesmo instante, como por milagre, a coragem volta aos romanos que contra-atacam e vencem[189]. Júpiter interviera por "magia", atuando diretamente nas suas forças espirituais.

Quando fala da religião dos semnões, Tácito menciona[190] a crença da nação germânica num deus supremo, *regnator ominium deus*, sem no entanto nos revelar o seu nome[191]. Também segundo Tácito, os germanos adoravam principalmente Mercúrio e Marte, ou seja, Wothan (*Wo*th*anaz, o Odin nórdico) e Tyr (*Tiwaz; antigo alto-alemão, Zio, em anglo-saxão Tio; de **tíwaz*, correspondente a *Dieús, *deivos, divus*, com o sentido genérico de "deus"). Tem-se visto em *Tíwaz o *regnator omnium deus*[192], o velhíssimo deus germânico do Céu. Tor (Donar; *Thunraz) é, como Indra e Júpiter, um deus da tempestade e do combate. Encontramos também na mitologia germânica, com as variantes inevitáveis, a distinção entre Uranos, que "enreda" os seus adversários e *conhece o futuro* (foi ele quem avisou Cronos do perigo que o ameaçava), e Zeus, que *luta* "heroicamente" com os seus raios, ou entre o "mágico" Varu*n*a e o guerreiro Indra. Tor é, por excelência, o campeão dos deuses, o arquétipo dos heróis germânicos; Odin, se bem que implicado também em inúmeros combates, vence sem esforço graças à sua "magia" (ubiqüidade, metamorfose, faculdade de paralisar o adversário pelo medo, "manietando-o"). Conforme mostrou Dumézil[193], aqui se vê conservado o arcaico díptico indo-ariano do "soberano mágico" e do "soberano herói", do possuidor da força espiritual e física[194].

Encontramo-nos assim, no caso de Odin (Wodan) e de Tor (Donar), na presença de deuses uranianos completados pelos prestígios especializados destes dois tipos de soberania, e notavelmente modificados por influências e processos laterais diferentes. Odin (Wodan) é um caso particularmente difícil, furtando-se a toda definição demasiado simplificadora. Evoluiu em muitos planos, apropriando-se dos atributos das divindades agrícolas e das divindades da fecundidade, tornando-se também um deus ctônico-funerário, o chefe das almas dos heróis mortos. Nestes últimos tempos têm sido destacadas as analogias da religião wodanista com o xamanismo dos nômades do norte e do noroeste da Ásia[195]. Wodan é o "grande xamã", o que fica suspenso na árvore do mundo durante nove noites[196] e descobre os caracteres rúnicos, adquirindo assim os seus poderes mágicos (há aqui, sem dúvida, uma alusão a um rito de iniciação). Até o seu nome revela ser ele o senhor de Wut, o *furor religiosus* (*Wodan, id est furor*; Adam von Bremen). A embriaguês exuberante, a excitação mântica, a educação mágica das escolas escáldicas, tudo isto tem as suas analogias nas técnicas xamanistas; o que, em todo caso, não significa que Odin-Wodan seja uma divindade estranha aos germanos (como se tem tentado demonstrar muitas vezes), mas simplesmente que a sua "especialização" ulterior o forçou a apropriar-se de privilégios múltiplos e a assemelhar-se assim aos tipos divinos exóticos.

Os celtas conheciam Taranis, que era indubitavelmente um deus do céu tempestuoso (da raiz céltica *taran* = trovejar; cf. o irlandês = *torann*, "trovão"). O balta Perkúnas (*perkunás* = relâmpago) e o proto-eslavo Perun (cf. o polaco *piorun* = relâmpago) são também deuses celestes supremos, que se manifestam sobretudo na tempestade. Tem sido estabelecida aproximação entre os seus nomes e o da divindade védica Parjanyas e o germânico Fjörgyn, mãe de Tor, e recentemente o de Phorkys, pai das Pléiades (Krappe, *Les Péléiades*). Pelo seu nome (*perkus, quercus*), e pelo seu culto, estas divindades uranianas revelam estreitas relações entre o carvalho e certas aves anunciadoras do tempo (aves anunciadoras da tempestade e da primavera)[197]. Mas, pelo menos sob a sua forma histórica, revelam-nos uma acentuada "especialização"; em primeiro lugar, são divindades da tempestade; governam as estações do ano, trazem a chuva e, como tal, são divindades da fertilidade. O carvalho de Dodona era consagrado a Zeus, mas perto dele encontravam-se os pombos sagrados, símbolos da Grande Mãe telúrica, o que indica uma antiga hierogamia do deus celeste da tempestade com a Grande Deusa da fecundidade, fenômeno que iremos encontrar em grande escala.

26. Deuses da tempestade — A "especialização" das divindades celestes em divindades da tempestade e da chuva, tal como a acentuação das suas potencialidades fecundantes, explica-se em grande parte pela estrutura passiva das divindades uranianas e pela sua tendência a dar lugar a outras hierofanias mais "concretas", mais nitidamente personificadas, mais diretamente implicadas na vida cotidiana dos homens. É esse um destino que deriva, em primeiro lugar, da transcendência do Céu e da progressiva "sede de concreto" do homem. O processo de "evolução" das divindades celestes é muito complexo. Para facilitar a nossa exposição, distingamos duas linhas de desenvolvimento: 1º, o deus do Céu, senhor do mundo, soberano absoluto (déspota), guardião das leis; 2º, o deus do Céu, criador, o reprodutor por excelência, esposo da Grande Deusa telúrica, distribuidor da chuva. É claro que em parte alguma encontramos um destes dois tipos no estado puro, que as linhas de desenvolvimento jamais são paralelas, antes se entrecruzam sem cessar, que o "soberano" é ao mesmo tempo distribuidor da chuva e que o fecundador é também um déspota. Mas o que podemos afirmar sem hesitação é que o processo de especialização tende a delimitar com bastante precisão os campos de jurisdição destes dois tipos divinos.

Como exemplo típico da primeira classe — dos soberanos e dos guardiães das leis — citemos T'ien, Varu*n*a, Ahura, Mazda. A segunda classe — a dos "fecundadores" — é morfologicamente mais rica. Mas notemos em todas as figuras deste grupo as seguintes características constantes: a hierogamia com a deusa Terra; o trovão, a tempestade, a chuva; as relações rituais e míticas com o touro. Entre os deuses desta segunda classe — "fecundadores" mas também "deuses da tempestade" — podemos citar Zeus, Min e o deus hitita, e ainda Parjanya, Indra, Rudra, Adad, Baal, Júpiter, Dolichenus, Tor; numa palavra, os chamados deuses da tempestade. É claro, cada uma das divindades acima citadas tem a sua "história" própria, que a diferencia mais ou menos nitidamente do seu vizinho de série; naquilo a que, com uma visão química da mitologia, se chamou a sua "composição", entram diversos componentes. Mas faremos uma idéia mais clara de tudo quando nos ocuparmos também da "forma" dos deuses e não apenas da sua "força". Por agora, neste parágrafo interessamo-nos em primeiro lugar pelos seus elementos de unidade, pelas suas valências comuns. As mais importantes são: a força genésica (e, como tal, a sua relação com o touro, sendo a Terra freqüentemente representada sob a forma de vaca), o trovão e a chuva. Ou seja, em suma, as epifanias da força e da violência, molas indispensáveis das energias que asseguram a fertilidade biocósmica. As divindades da atmosfera são, indubitavelmente, as especializações das divindades celestes, mas, por muito excessiva que seja esta "especialização", não consegue abolir o seu caráter uraniano. Assim, somos levados a classificar as chamadas divindades da tempestade ao lado das divindades propriamente ditas; e encontramos em ambas os mesmos prestígios e os mesmos atributos.

Tomemos, por exemplo, o caso de Parjanya, a divindade suprema da tempestade. A sua estrutura celeste é evidente: Parjanya é filho de Dyaus[198] e, por vezes, é confundido com ele, como sucede, por exemplo, quando é considerado como esposo da deusa da Terra, Prithvî[199]. Parjanya reina sobre as águas e sobre todos os seres vivos[200], envia as chuvas[201], assegura a fecundidade dos homens, dos animais e da vegetação[202], e todo o universo estremece perante as tempestades que ele desencadeia. Parjanya, mais dinâmico e mais concreto que Dyaus, mantém com maior êxito o seu lugar no panteão indiano. Mas esse lugar deixou de ser supremo. Parjanya não "sabe" tudo, como Dyaus, e não é soberano como Varu*n*a. A sua especialização delimitou o seu domínio, e, mais, até neste mesmo domínio não é invulnerável. Uma outra hierofania da tempestade e da energia fertilizante poderá substituí-lo desde que novos ritos e novas criações míticas o reclamem.

É precisamente o que acontece nos tempos védicos. Parjanya apaga-se perante Indra, o mais popular dos deuses védicos (somente no *Rig Veda* nada menos do que 250 hinos lhe são dedicados, em comparação com os 10 dedicados a Varu*n*a e os 35 a Mitra, a Varu*n*a e aos Adityas em conjunto). Indra é o "herói" por excelência, guerreiro temerário de energia indomável, vencedor do monstro Vritra (que tinha usurpado as águas), insaciável consumidor de soma*. Qualquer que seja a interpretação que se proponha, não podemos escamotear as valências cósmicas de Indra e a sua vocação demiúrgica. Indra recobre o céu[203], é maior do que a Terra inteira[204], traz o céu como diadema[205], e são assustadoras as quantidades de soma que pode engolir; pois não é capaz de absorver três lagos dele, de um trago?[206] Ébrio, assim, de soma, mata Vritra, desencadeia as tempestades, faz tremer os ares. Tudo quanto Indra faz transborda de força e de jactância, pois é uma pujante realização de exuberância da vida, da energia cósmica e biológica; é ele que faz com que circulem as seivas e o sangue, que anima os germes, dá livre curso às águas e à chuva contida nas nuvens. O raio (*vajra*) foi a arma com que matou Vritra, e os Maruts, divindades menores da tempestade, cujo chefe é Indra, possuem igualmente esta arma divina. "Nascidos do rir do relâmpago"[207], os Maruts são invocados em várias ocasiões, para que não lancem os seus "projéteis" sobre os homens e o gado, e não os matem[208].

A tempestade é, por excelência, o desencadeamento poderoso das forças criadoras; Indra verte as chuvas e comanda todas as substâncias hídricas e hidrantes, sendo ao mesmo tempo a divindade da fertilidade[209] e o arquétipo das forças genésicas[210]. É *urvâvapati*, "o senhor dos campos", e *sîrapati*, "o senhor da charrua"; é também "o touro da terra"[211], o fecundador dos campos, dos animais e das mulheres[212]. "É Indra o procriador dos animais"[213] e nas bodas dos casamentos invocam-no para que conceda dez filhos àquela que acaba de se casar[214]; inu-

* Itálico da tradutora: "Era a seiva, o mel da imortalidade que uma águia levava aos mortais (Sandharva), servido como oferenda aos deuses e absorvido pelos homens para comunicar com o mundo divino. O soma é o símbolo da embriaguês sagrada" (*Dicionnaire des symboles*. Ed. Robert Laffont).

meráveis invocações[215] se referem à sua força genésica inesgotável. Todos os atributos e todos os prestígios de Indra são solidários e os domínios por ele dirigidos estão em correspondência. Quer se trate dos raios que atingem Vritra e libertam as águas, da tempestade que precede a chuva ou da absorção de quantidades fabulosas de soma, da fertilização dos campos ou das suas possibilidades eróticas gigantescas, encontramo-nos sempre perante uma epifania da força vital. O mais ínfimo dos seus gestos nasce dessa plenitude transbordante, assim como a sua jactância e a sua fanfarronice. O mito de Indra exprime admiravelmente a unidade profunda que existe entre todas as manifestações plenas da vida. A dinâmica da fecundidade é a mesma em todos os níveis cósmicos e a linguagem revela freqüentemente tanto a solidariedade de todos os instrumentos fertilizantes como a sua descendência comum; etimologicamente, *varsha*, "chuva", está próxima de *vrishan*, "macho". Indra agita incessantemente as forças cósmicas, fazendo assim circular no universo inteiro a energia bioespermática. O reservatório da sua vitalidade é inesgotável e é sobre este reservatório que se fundam as esperanças do homem[216]. Mas Indra não é *criador*; promove por todo o lado a vida e a distribui vitoriosamente no universo inteiro, mas não a cria. A função criadora, de que toda a divindade uraniana está provida, "especializou-se" em Indra numa missão genésica e vitalizante.

27. Os fecundadores — Indra é constantemente comparado a um touro[217]. A sua réplica iraniana, Verethragna, aparece a Zarathustra sob a forma de touro, de garanhão, de carneiro, bode e javali[218], ou seja, "outros tantos símbolos do espírito macho e combativo, dos poderes elementares do sangue"[219]. Às vezes Indra é também chamado carneiro (*mesha*)[220]. Estas mesmas epifanias animais encontram-se em Rudra, divindade pré-ariana assimilada por Indra. Rudra é o pai dos Maruts e, em certo hino[221], lembra-se que "o touro Rudra os criou nas tetas brancas de Prishni". Sob a sua forma taurina, a divindade genésica, uniu-se a uma deusa-vaca de tamanho cósmico. Prishni é um dos seus nomes; Sabardughâ vem a ser outro, mas trata-se sempre de uma vaca que procria tudo. No *Rig Veda*[222] fala-se "de uma vaca *vishvarûpa* que tudo vivifica"; no *Atharva Veda*[223] a vaca une-se sucessivamente a todos os deuses e procria em todos os planos cósmicos; "os deuses vivem da vaca, assim como os homens; a vaca tornou este universo tão vasto como o império do sol''[224]. Aditi, mãe das divindades supremas Adityas, é também representada como uma vaca[225].

Esta ''especialização'' genésico-taurina da divindade da atmosfera e da fertilidade não se verifica somente no domínio indiano, encontramo-la também numa área afro-asiática muito extensa. Mas notemos desde já que semelhante ''especialização'' revela igualmente influências exteriores, sejam de ordem étnica (os elementos ''do Sul'', de que falam os etnólogos), quer de ordem religiosa. Indra, por exemplo, apresenta vestígios de influências extra-arianas (Rudra), mas o que nos interessa muito mais por ora é o fato de a sua personalidade ter sido alterada e acrescentada por elementos que não lhe pertencem como deus da chuva, dos furacões e da fertilidade cósmica. As suas relações com o touro e com o soma, por exemplo, conferem-lhe prestígios lunares[226]. A Lua governa as águas e as chuvas e distribui a fecundidade universal (§§ 49 ss.); os chifres do touro foram muito cedo assimilados ao crescente lunar. Em breve voltaremos a tratar de todos esses complexos culturais. Fixemos, no entanto, que a *especialização genésica obriga as divindades celestes a absorver na sua personalidade todas as hierofanias diretamente relacionadas com a fecundidade universal*. Na medida em que acentua as suas funções meteorológicas (tempestade, raio, chuva) e genésicas, um deus celeste necessariamente se torna não só o parceiro da Grande-Mãe ctônico-lunar, como também assimila os seus atributos; no caso de Indra é o soma, o touro e talvez até certos aspectos dos Maruts (na medida em que eles hipostasiam as almas errantes dos mortos).

O touro e o raio foram desde muito cedo (a partir de 2400 a.C.) os símbolos conjugados das divindades atmosféricas[227]. Nas culturas arcaicas o mugir do touro foi assimilado ao furacão e ao trovão (cf. o *bull-roarer* entre os australianos); ora, tanto um como outro eram uma epifania da força fecundante. Por isso encontramos constantemente na iconografia os ritos e os mitos de todas as divindades atmosféricas da área afro-asiática. Na Índia pré-ariana, o touro estava presente nos cultos proto-históricos de Mohenjodaro e do Beluchistão. Os ''jogos de touros'', que existem ainda hoje no Decão e na Índia do Sul[228], existiam na Índia pré-védica no terceiro milênio a.C. (selo de Chauhudaro, c. 2500 a.C.). Os pré-drávidas, os drávidas e os indo-arianos veneraram todos o touro, quer como epifania do deus genésico-atmosférico, quer como um dos seus atributos. As imagens taurinas abundam nos templos de Shiva, que tem por veículo (*vâhana*) o touro Nandin. O caranésio Kô, palavra que designa o bovídeo, significa também céu, faísca, raio de luz, água, chifre, monte[229]. O complexo religioso Céu-raio-fecundidade encontra-se conservado aqui da maneira mais completa possível. O tamul *Kô(n)* tem o sentido de "divindade", mas o plural *Kônâr* significa "vaqueiros"[230]. É possível que exista uma relação entre estes termos dravidianos e o sânscrito *gôu* (ind.-eur. *g*^{u}ou) e o sumério *gu(d)*, que significa ao mesmo tempo "touro" e "poderoso, corajoso"[231]. Também é conveniente mencionar a origem comum dos termos semitas greco-latinos para touro (cf. o assírio *shûru*, o hebr. *shôr*, o fenício *thór*, etc., e o grego *taurus*, lat. *taurus*), o que confirma a unidade deste complexo religioso.

No Irã eram freqüentes os sacrifícios do touro e Zarathustra infatigavelmente os combateu[232]. Em Ur, no terceiro milênio, o deus da atmosfera era representado por um touro[233] e "o deus por quem se jura" (isto é, na origem, um deus celeste) era tauromórfico, tanto na antiga Assíria como na Ásia Menor[234]. A este respeito é muito significativa a supremacia que adquiriram os deuses da tempestade, do tipo de Teshup, Hadad, Baal, nos cultos paleo-orientais. É conveniente demorarmo-nos um pouco mais com essas divindades. Não conhecemos o nome do deus supremo dos hititas, o esposo da deusa Arinna; erradamente pensou-se que se chamava Zash*h*apunah[235]. O seu nome era escrito por meio de dois ideogramas de origem babilônica, U e I M. A leitura deste ideograma em língua lúvia era Dattash, e os hurritas chamavam-lhe Teshup. Era um deus do Céu e da tempestade, dos ventos e dos raios. (Em acadiano, o ideograma I M tinha os valores de *zunnu*, "chuva", *sharu*, "vento", *remanu*, "trovão".)[236] Os seus títulos evidenciam o seu prestígio celeste e a sua categoria de soberano absoluto: "Rei do Céu", "Senhor da nação Hatti". O epíteto mais freqüente é o de "todo-poderoso" e o seu símbolo é o raio, o machado ou a maçã[237].

Lembremo-nos de que em todas as culturas paleo-orientais o poder era sobretudo simbolizado pelo touro; em acadiano, "partir os chifres" equivale a "perder o poder"[238]. A deusa Arinna era também representada de modo tauromórfico (encontraram-se imagens suas nos templos) e o touro era o seu animal sagrado. Nos textos, os dois touros míticos, Serish e Hurrish, são-lhe consagrados[239] ou, segundo alguns estudiosos[240], são até seus filhos. O único mito que se conhece é o da sua luta com a serpente Illuyankash[241], onde encontramos o mesmo tema da luta da divindade da tempestade e da fertilidade com um monstro reptilíneo (Indra-Vritra, Zeus-Typhon; protótipo Marduk-Tiamat). É necessário ainda assinalarmos a multidão de epifanias locais deste deus: no tratado de Suppiluliumash são citados 21 U[242], o que confirma o seu caráter autóctone nas regiões habitadas pelos hititas. U era um deus popular em toda a Ásia Menor e Ocidental, fosse qual fosse o nome por que era invocado.

Os sumério-babilônios conheciam-no sob os nomes de Enlil e de Bêl. Embora ocupasse o terceiro lugar na tríade dos deuses cósmicos, era o mais importante de todos no panteão; era filho de Anu, a divindade celeste suprema. Aqui se verifica novamente o fenômeno bem conhecido da passagem de *deus otiosus* celeste a um deus ativo e fecundador. O seu nome, em sumério, significa "Senhor do vento impetuoso" (*lil*, "vento poderoso, furacão"). Também o designavam por *lugal amaru*, "divindade do vento e da tempestade", e por *ûmu*, "tempestade", *En-ug-ugga*, isto é, "senhor dos furacões"[243]. Enlil dirige também as águas e foi ele que provocou o dilúvio universal. Chamam-lhe "o poderoso", *alim*, o deus que tem chifres, o senhor do universo, o rei do Céu e da Terra, o Pai Bêl, o grande guerreiro, etc.[244] A sua mulher é Ningalla, "a grande Vaca", *umum rabêtum*, "a Grande Mãe", geralmente invocada sob o nome de Bêltu ou Bêlit, "a Dona"[245]. A sua origem celeste e a sua função meteorológica são confirmadas também pelo nome do seu templo em Nippur, "a Casa da Montanha"[246]. A "Montanha" continua a ser o símbolo da divindade celeste suprema, até nos casos em que esta última se "especializa" em divindade da fecundidade e da soberania.

Em Tell-Khafaje, no mais antigo santuário conhecido até hoje, a imagem do touro encontra-se junto da imagem da Deusa Mãe[247]. O deus El, que ocupava um lugar proeminente no panteão paleofenício, é designado por "touro" (*shor*) e também por El "touro poderoso"[248]. Mas este deus veio a ser suplantado, em data mais recente, por Baal, "Chefe, Senhor", no qual Dussaud vê acertadamente o deus Adad[249]. A equivalência Baal-Adad está também confirmada nas tábuas de el-Amarna[250]. A voz de Hadad é o trovão, é ele também quem atira os relâmpagos e dispensa a chuva. Os protofenícios comparavam Hadad a um touro: os textos recentemente decifrados relembram a maneira como "a força de Baal (ou seja, Hadad) feriu Mot com seus chifres, tal como fazem os touros selvagens..."[251]. E no mito conhecido pelo nome de "a caça de Baal", a morte de Baal é comparada à morte de um touro: "assim tombou Baal... como um touro"[252]. Não nos deve surpreender que Baal-Adad tenha uma parceira, Asherat (Anat, Ashtart), e que seu filho, Aliyan, seja uma divindade da água, da fecundidade e da vegetação[253]. E sacrificavam-se touros a Baal-Adad (cf. a famosa cena entre Elias e os profetas de Baal Mo Carmelo). O assírio Bêl, continuador de Anu e de Enlil, é qualificado de "touro divino"; às vezes é designado por Gu, "o bovídeo" ou "o grande carneiro"[254].

É notável esta solidariedade dos símbolos "genésicos" e "celestes" em todos esses tipos de divindades da tempestade. Muitas vezes Adad, representado sob a forma de um touro, usa uma insígnia do raio[255]. Mas por vezes o raio toma o aspecto dos chifres rituais[256]. O deus Min, protótipo do deus egípcio Ammon, era do mesmo modo classificado de "touro da sua Mãe" e de "Grande Touro" (*Ka wr*). Um dos seus atributos era o raio e a sua função pluvial-genésica está evidente no epíteto de "Aquele que desfaz a nuvem de chuva". Min não era uma divindade autóctone; os egípcios sabiam que ele viera, com a sua parceira, a vaca Hathor, do país de Pwnt, isto é, do oceano Índico[257]. Em suma, para encerrar esta rápida exposição de um núcleo de fatos de riqueza excepcional (cf. a bibliografia), anotemos que foi sob a forma taurina que Zeus raptou Europa (epifania da Mãe), se uniu a Antílope e tentou violar a irmã, Deméter. E em Creta podia-se ler um epitáfio curioso: "Aqui jaz o grande Bovídeo chamado Zeus."

28. O esposo da Grande Mãe — Como vimos, o conjunto Céu chuvoso-Touro-Grande Deusa constituía um dos elementos de unidade de todas as religiões pré-históricas da área euro-afro-asiática. Não há dúvida de que a nota dominante assenta aqui na função genésico-agrária do deus automórfico da atmosfera. O que se venera em primeiro lugar em Min, Baal, Adad, Teshup e outros deuses taurinos do raio, esposos da Grande Deusa, não é o seu caráter celeste mas as suas possibilidades fecundantes. A sua sacralidade deriva da hierogamia com a Grande Mãe agrária. A sua estrutura celeste está valorizada na sua função genésica. Antes de tudo, o Céu é a região onde "brama" o trovão, se juntam as nuvens, e onde se decide da fertilidade dos campos; ou seja, a região que assegura a continuidade da vida na Terra. A transcendência do Céu integra-se sobretudo na sua modalidade meteorológica e o seu "poder" equivale a um ilimitado reservatório de germes. Por vezes, esta equivalência revela-se até na linguagem; o sumério *me* designa "o homem, o macho" e ao mesmo tempo "o céu". Os deuses meteorológicos (raio, tempestade, chuva) e os genésicos (o touro) perdem a sua autonomia celeste, a sua soberania absoluta. Cada um deles é acompanhado, e freqüentemente dominado, por uma Grande Deusa, da qual depende, em última instância, a fecundidade universal. Já não são criadores cosmogônicos, como as divindades celestes primordiais, mas fecundadores e procriadores na ordem biológica. A hierogamia torna-se a sua função essencial. É por isso que os encontramos tão freqüentemente em todos os cultos da fecundidade, especialmente nos cultos agrários; no entanto, jamais desempenham o papel principal, que cabe, de fato, ou à Grande Mãe ou a um "filho", divindade da vegetação que morre e ressuscita periodicamente.

A "especialização" das divindades celestes acaba por modificar o seu perfil de maneira radical; na medida em que abandonam a sua transcendência, tornando-se "acessíveis" e como tal indispensáveis à vida humana, passando de *deus otiosus* a *deus pluviosus* taurinos e genésicos, assimilam incessantemente funções, atributos e prestígios que lhes eram estranhos e estavam longe das suas preocupações, na sua soberba transcendência celeste[258]. Na sua tendência — como qualquer "forma" divina — para agrupar a sua volta todas as manifestações religiosas e para comandar em todos os setores cósmicos, as divindades da tempestade e as divindades genésicas absorvem na sua personalidade e no seu culto (sobretudo pelas suas hierogamias com a Deusa Mãe) os elementos que originalmente não pertenciam à sua estrutura celeste.

Aliás, o drama meteorológico nem sempre é necessariamente expresso por uma divindade celeste; o conjunto raio-tempestade-chuva foi por vezes considerado, como aconteceu entre os esquimós, os bosquímanos e no Peru, como uma hierofania da Lua[259]. Desde os tempos mais remotos os chifres do touro foram comparados ao crescente lunar e assimilados à própria Lua. Menghin[260] estabeleceu uma relação entre o crescente da Lua e as figuras femininas do Aurignacense (que seguram um chifre nas mãos); os ídolos do tipo bovídeo, que se encontram sempre em relação com o culto da Grande Mãe (= a Lua), são freqüentes no Neolítico[261]. Hentze[262] aprofundou o estudo deste conjunto lunar-genésico numa extensa área cultural. As divindades lunares mediterrânico-orientais eram representadas sob a forma de um touro e investidas dos atributos taurinos. Assim, por exemplo, o deus babilônico da Lua, Sin, era chamado "o poderoso vitelo de Enlil", enquanto Nanar, o deus da Lua de Ur, era qualificado de "poderoso, jovem touro do céu, o filho mais notável de Enlil" ou "o poderoso, o jovem touro de fortes chifres", etc. No Egito, a divindade da Lua era "o touro das estrelas", etc.[263] Mais adiante veremos como é coerente a relação entre os cultos ctônico-lunares e os da fecundidade. A chuva — "semente" do deus da tempestade — integra-se na hierofania das águas, setor que depende antes de tudo da jurisdição da Lua. Tudo quanto se encontra em relação com a fecundidade pertence, de maneira mais ou menos direta, ao vasto circuito Lua-Águas-Mulher-Terra. As divindades celestes, ao "especializarem-se" em divindades viris e genésicas, fatalmente entraram em contato com estes conjuntos pré-históricos, e aí permaneceram, quer tenham chegado a assimilá-las, quer elas próprias tenham sido integradas.

29. Jeová — Os únicos deuses do céu chuvoso e fecundador que terão conseguido conservar a sua autonomia, apesar das hierogamias com as inumeráveis grandes deusas, são aqueles que evoluíram na linha da soberania; os que conservaram o cetro, ao lado do raio fecundador, tornando-se assim mantenedores da ordem universal, guardiães das normas e encarnação da lei. Zeus e Júpiter são divindades deste tipo. Evidentemente a personalidade destas figuras imperiais se definiu melhor graças à vocação muito especial do espírito grego e romano para as noções de norma e de lei. Mas esses processos de racionalização só se tornaram possíveis a partir da intuição religiosa e mítica dos ritmos cósmicos, da sua harmonia e da sua perenidade. T'ião é também um excelente exemplo de soberania celeste na sua tendência para se revelar como hierofania da lei, do ritmo cósmico. Compreenderemos melhor estes aspectos quando estudarmos a função religiosa do soberano e da soberania.

É num plano de certo modo paralelo que se coloca a evolução da divindade suprema dos hebreus. A personalidade de Jeová e a sua história religiosa são muito complexas para que possamos resumi-las em poucas linhas. Digamos, no entanto, que as suas hierofanias celestes e atmosféricas desde muito cedo constituíram o centro das experiências religiosas que tornaram possíveis as revelações ulteriores. Jeová manifesta o seu poder na tempestade; o trovão é a sua voz e o relâmpago é "o fogo" de Jeová ou "as suas flechas"[264]. O Senhor de Israel anuncia-se "pelo trovão, pelo relâmpago e por uma espessa fumaça"[265] no momento em que transmite as leis a Moisés. "Toda a montanha do Sinai estava envolta em fumo porque o Eterno aí descera no meio do fogo..."[266] Débora lembra com religioso temor como "a terra tremeu, os céus se agitaram e as nuvens se fundiram em águas" com os passos do Senhor[267]. Jeová avisou Elias da sua aproximação por uma "grande tempestade, que parecia esfacelar os montes e fender as rochas, mas o Senhor não estava na tempestade. Depois desta veio um tremor de terra, e o Senhor não estava neste tremor de terra. E depois do tremor de terra um fogo; mas o Senhor igualmente não estava neste fogo. E depois deste fogo um doce e leve murmúrio"[268]. O fogo do Senhor cai sobre os holocaustos de Elias[269] quando o profeta lhe suplica que se mostre e confunda os sacerdotes de Baal. A Sarça ardente do episódio de Moisés, a coluna de fogo e as nuvens que guiaram os israelitas para o deserto são epifanias jeovistas. Assim como a aliança de Jeová com a descendência de Noé, salvo do dilúvio, se manifesta por um arco-íris: "Coloquei o meu arco-íris nas nuvens e ele servirá de sinal de aliança entre mim e a Terra."[270]

Estas hierofanias celestes e atmosféricas, diferentemente das outras divindades da tempestade, manifestam sobretudo o "poder" de Jeová. "Deus é grande pelo seu poder; quem soubesse demonstrar como ele."[271] "Ele toma a luz nas mãos... Anuncia-se por um ribombar... Perante um espetáculo com este, todo o meu coração estremece e parece querer saltar-me do peito. Escutai! Escutai o frêmito da sua voz, o ribombar que sai da sua boca e se espalha pela vastidão dos céus, enquanto os seus relâmpagos brilham até as extremidades da Terra. Assim que a sua voz ressoa, ele já não mais detém os relâmpagos. Deus troveja na sua voz, de maneira maravilhosa..."[272] O Senhor é o verdadeiro e o único dono do cosmos. Pode fazer tudo, aniquilar tudo. O seu poder é absoluto, e por isso a sua liberdade deixa de ter limites. Como soberano incontestado, mede a sua misericórdia ou a sua cólera a seu bel-prazer; e esta liberdade absoluta do Senhor é a revelação mais efetiva da sua transcendência e da sua autonomia absoluta; pois, quanto ao Senhor, "nada o obriga", nada o constrange, nem sequer as boas ações e o respeito pelas suas próprias leis.

É nesta intuição do poder de Deus como única realidade absoluta que encontram o seu ponto de partida todas as místicas e especulações ulteriores à volta da liberdade do homem e das suas possibilidades de salvação pelo respeito das leis e uma moral rigorosa. À face de Deus ninguém é "inocente". Jeová estabeleceu "aliança" com o seu povo, mas a sua soberania permite-lhe aniquilá-la a qualquer momento. Se não o faz, não é em virtude da "aliança" — pois nada pode "obrigar" Deus, nem sequer as suas próprias promessas — mas sim em virtude da sua bondade infinita. Jeová mostra-se em toda a história religiosa de Israel como um deus celeste e da tempestade, criador e todo-poderoso, soberano absoluto e "Senhor dos exércitos", apoio dos reis da linhagem de Davi, autor de todas as normas e de todas as leis que permitem à vida continuar sobre a Terra. A "lei", sob qualquer forma que seja, tem o seu fundamento e justificação numa revelação de Jeová. Mas, ao contrário dos outros deuses supremos, que não podem eles próprios agir contra as leis[273], Jeová conserva a sua liberdade absoluta.

30. Os fecundadores substituem os deuses uranianos — A substituição das divindades celestes pelos deuses da tempestade procriadores verifica-se também no culto. Marduk substitui Anu na festa do Ano Novo (§ 153). Quanto ao importante sacrifício védico Açvamedha, acaba por ser dirigido a Prajâpati (e por vezes também a Indra), depois de o ter sido a Varu*n*a, e, como este último substituiu Dyaus, é muito provável que originalmente o sacrifício do cavalo fosse realizado em honra do antigo deus indo-ariano do Céu. As populações uralo-altaicas ainda hoje sacrificam cavalos aos deuses supremos uranianos (§ 33). O elemento essencial e arcaico do Açvamedha é o seu caráter cosmogônico. O cavalo é identificado ao cosmos e o seu sacrifício simboliza (isto é, *reproduz*) o ato da criação. O sentido deste rito tornar-se-á mais claro num outro capítulo (§§ 153 ss.). Por um lado convém assinalar aqui o conjunto cosmogônico em que se coloca o Açvamedha e, por outro, o sentido iniciático da cerimônia. Que o Açvamedha é ao mesmo tempo um ritual de iniciação é o que provam os seguintes versos do *Rig Veda* (VIII, 48, 3): "Tornamo-nos imortais, contemplamos a luz e encontramos os deuses." Aquele que conhece o mistério desta iniciação triunfa da segunda morte (*punarmrityu*) e não teme a morte. A iniciação equivale à conquista da imortalidade e à transmutação da condição humana numa condição divina. Esta coincidência da conquista da imortalidade com a repetição do ato da criação é importante; o sacrificante ultrapassa a condição humana e torna-se imortal por um ritual cosmogônico. Encontraremos a mesma coincidência entre iniciação e cosmogonia nos mistérios de Mithra.

Tal como acontece com Prajâpati — a quem depois é dirigido o sacrifício — o cavalo sacrificado simboliza o cosmos. Entre os iranianos, do corpo do touro primordial morto por Ahriman nascem os cereais e as plantas; na tradição germânica, o cosmos deriva do corpo do gigante Ymir[274]. Não nos ocuparemos aqui das implicações deste mito cosmogônico, nem dos seus paralelos extremo-orientais (por exemplo Pan'Ku) ou mesopotâmicos — o cosmos criado por Marduk a partir do corpo do monstro Tiamat. Apenas nos interessa o caráter *dramático* do ato da criação tal como se nos apresenta nos mitos semelhantes: o cosmos não é criado *ex nihilo* pela divindade suprema, antes adquire a sua existência pelo sacrifício (ou pelo auto-sacrifício) de um deus (Prajâpati), de um monstro primordial (Tiamat, Ymir), de um *macranthropos* (Purusha), ou de um animal primordial (o touro Evakdât entre os iranianos). Na origem deste mitos encontra-se, real ou alegórico, o sacrifício humano (*Purusha*= "homem"), complexo que Al. Gahs encontrou numa vasta área etnológica e se apresenta sempre em relação com as cerimônias de iniciação e as sociedades secretas[275]. O caráter dramático do sacrifício cosmogônico de um ser primordial prova que essas cosmogonias não são "primárias", antes representam as fases de um longo e complicado processo mítico-religioso que se desenvolveu em boa parte já na pré-história.

O Açvamedha é um excelente exemplo para esclarecer a complexidade dos rituais dirigidos às divindades uranianas. As substituições, as fusões, as simbioses são tão ativas na história do culto como na história dos deuses. Retomando o nosso exemplo, poderemos decifrar aí ainda uma substituição: o sacrifício indiano do cavalo substituiu o sacrifício mais antigo do touro (o touro era sacrificado no Irã e o mito cosmogônico fala de um touro primordial. Indra está também rodeado de touros, antes de estar rodeado por garanhões; "Prajâpati é, de fato, o grande touro")[276]. Nos textos védicos viam-se os Açvins, cujos nomes revelam as suas relações com os cavalos, montar bois de corcova e não cavalos[277].

Os Açvins, como os Dioscuros (Dios kuroi, cf. let. *dewa deli*, lituan, *diéwo sunelei*), são filhos do deus do Céu. O seu mito deve muito, tanto às hierofanias celestes (Aurora, Vênus, as fases da Lua) como à sacralidade dos Gêmeos; de fato, a crença (v. a bibliografia) segundo a qual o nascimento de gêmeos pressupõe a união de um mortal e de um deus, e sobretudo de uma divindade do Céu, está extremamente difundida. Os Açvins são sempre representados ao lado de uma divindade feminina, quer seja Uça, deusa da Aurora, quer Sûryâ; os Dioscuros acompanham igualmente uma figura feminina, sua mãe ou sua irmã; Cástor e Pólux acompanham Helena; Amphion e Zethos sua mãe *Antiope*; *Héracles* e *Iphikles* sua mãe *Alcmena*, *Dardanos* e *Iasion*, *Harmonia*, etc. Fixemos que:

a) Os Açvins, os Dioscuros ou quaisquer que sejam os nomes destes gêmeos míticos são filhos de um deus celeste (mais freqüentemente em conseqüência da união deste último com uma mortal);

b) não se separam da mãe ou da irmã;

c) a sua atividade na Terra é sempre benéfica. Aliás, tanto os Açvins como os Dioscuros são curandeiros, livram os mortais do perigo, protegem os navegadores, etc. Em certo sentido são os representantes da sacralidade celeste na Terra, ainda que o seu perfil seja incontestavelmente mais complexo e não possa reduzir-se à simples dispensação desta sacralidade. Mas, quaisquer que sejam os conjuntos mítico-rituais reivindicados pela figura dos Dioscuros, não há dúvida de que é um fato a sua atividade ser de caráter benéfico.

Os Dioscuros não alcançaram um papel de primeiro plano na religiosidade universal: os "filhos de deus" sofreram um malogro, mas já o seu filho iria conhecer o êxito. Dioniso é o filho de Zeus e o seu aparecimento na história religiosa da Grécia equivale a uma revolução espiritual. Osíris é também o filho do Céu (uma deusa) e da Terra (um deus); o fenício Alein é o filho de Baal, etc. No entanto, essas divindades mantêm uma estreita relação com a vegetação, o sofrimento, a morte, a ressurreição, a iniciação. Todas são dinâmicas, patéticas, soteriológicas. Tanto as grandes correntes de religiosidade popular como as sociedades secretas dos mistérios egeo-orientais se cristalizaram em volta das chamadas divindades da vegetação, que são primordialmente divindades dramáticas, responsáveis pelo destino do homem, conhecendo, como ele, as paixões, o sofrimento e a morte. Jamais a divindade se aproximou tanto dos homens. Os Dioscuros ajudam e protegem a humanidade; as divindades soteriológicas partilham os sofrimentos desta humanidade, morrem e ressuscitam para resgatá-la. Esta mesma "sede de concreto" que sempre empurrou para segundo plano as divindades celestes — longínquas, impassíveis, indiferentes ao drama cotidiano — manifesta-se na importância concedida ao "filho" do deus celeste (Dioniso, Osíris, Alein, etc.). Na maior parte das vezes o "filho" reclama a sua paternidade celeste; todavia, não é essa descendência que justifica o papel capital que ele desempenha na história das religiões, mas a sua "humanidade", o fato de se ter integrado definitivamente na condição humana, ainda que consiga ultrapassá-la pela ressurreição periódica.

31. Simbolismo celeste — Acabamos de examinar uma série de divindades celestes ou em estreitas relações com a hierofania uraniana. Por toda parte notamos este mesmo fenômeno de recuo das divindades celestes em presença de teofanias mais dinâmicas, mais concretas ou mais íntimas. No entanto, cometeríamos um erro se limitássemos as hierofanias celestes às figuras divinas ou semidivinas a que deram origem. O caráter sagrado do Céu está difundido em inúmeros conjuntos rituais ou míticos que, aparentemente, não estão em relação direta com uma divindade uraniana. O sagrado celeste permanece ativo na experiência religiosa pelo simbolismo da "altura", da "ascensão", do "centro", etc., até quando a divindade uraniana passou a segundo plano. Neste simbolismo encontramos também, por vezes, a substituição de uma divindade uraniana por uma divindade fertilizante; mas nem por isso a estrutura celeste do simbolismo deixa de subsistir.

A montanha está "mais próxima"* do Céu, o que a investe de uma dupla sacralidade: por um lado, participa do simbolismo espacial da transcendência ("alto", "vertical", "supremo", etc.) e, por outro, é o domínio por excelência das hierofanias atmos-

* Aspas da trad.

féricas e, como tal, a morada dos deuses. Todas as mitologias têm uma montanha sagrada, variante mais ou menos ilustre do Olimpo grego. Todos os deuses possuem lugares reservados ao seu culto nos pontos altos. Os valores simbólicos e religiosos das montanhas são inúmeros. A montanha é freqüentemente considerada como o ponto de reencontro entre o Céu e a Terra, portanto um "centro", o ponto pelo qual passa o eixo do mundo, região saturada de sagrado, local onde podem realizar-se as passagens entre as diferentes zonas cósmicas. Assim, segundo as crenças mesopotâmicas, "o Monte dos Países" une o Céu e a Terra[278] e o monte Meru da mitologia indiana eleva-se no meio do mundo; acima dele brilha a estrela polar[279]. Também os povos uralo-altaicos conhecem um monte central, o Sumbur, Sumur ou Sumeru, em cujo cimo está suspensa a estrela polar (crenças buriatas)[280]. Segundo as crenças iranianas, o monte sagrado Haraberezaiti (Harburz) encontra-se no meio da Terra e está ligado ao Céu[281]. Na Edda, Himingbjörg é, como seu nome indica, um "monte celeste"; aí o arco-íris (Bifröst) atinge a abóbada do Céu. Crenças parecidas encontram-se entre os finlandeses, os japoneses, etc.

Devido ao fato de ser o ponto de encontro entre o Céu e a Terra, o "monte" acha-se no "centro do mundo" e é certamente o ponto mais elevado da Terra. Por isso as regiões consagradas — "lugares santos", templos, palácios, cidades santas — são assimiladas a "montanhas" e elas mesmas tornam-se "centros", isto é, são integradas de maneira mágica no cume do monte cósmico (cf. § 145). Na Palestina, os montes Tabor e Gerizim eram igualmente "centros", e a Palestina, "a terra santa", assim considerada como o lugar mais elevado do mundo, não foi atingida pelo dilúvio. "A terra de Israel não foi submergida pelo dilúvio", diz um texto rabínico[282]. Para os cristãos, o Gólgota encontra-se no centro do mundo, pois é o cume da montanha cósmica e também o local onde foi criado e enterrado Adão. E, segundo a tradição islâmica, o lugar mais alto da Terra é a Ka'aba, visto "a estrela polar provar que se encontra exatamente acima do centro do Céu"[283].

Até os nomes dos templos e das torres sagradas testemunham esta assimilação à montanha cósmica: "o Monte Casa", "a casa do Monte de todos os países", "a Montanha das Tempestades", "a Ligação entre o Céu e a Terra", etc.[284] O termo sumério para zigurate (*ziqquratu*) é U-Nir (monte), o que Jastrow interpreta como: "visível de muito longe"[285]. Para falar com precisão, diremos que *ziqquratu* era um "monte cósmico", ou seja, uma imagem simbólica do cosmos; os sete andares representavam os sete céus planetários (como em Borsippa), onde existiam as cores do mundo (como em Ur). O templo de Barabudur é em si mesmo uma imagem do cosmos e está construído à maneira de uma montanha artificial. Por uma extensão da qualidade sagrada do templo (monte + centro do mundo) a toda a cidade, as cidades orientais tornavam-se elas mesmas "centros", cimos da montanha cósmica, pontos da junção entre as regiões cósmicas. Assim, Larsa era chamada "A casa da junção entre o Céu e a Terra", e Babilônia, "A casa dos alicerces do Céu e da Terra", "a ligação entre o Céu e a Terra", "a casa do Monte luminoso", etc. (Dombart, 35). Na China, a capital do soberano perfeito encontra-se exatamente no centro do universo[286], isto é, no topo da montanha cósmica.

Noutro capítulo voltaremos a falar deste simbolismo cosmológico do centro — em que o monte desempenha um papel tão importante (§ 143). O que podemos observar, desde já, é a virtude consagradora da "altura". As regiões superiores estão saturadas de forças sagradas. Tudo quanto está mais próximo do Céu participa, com intensidade variável, da transcendência. A "altura", o "superior", são assimilados ao transcendente, ao sobrehumano. Toda "ascensão" é uma ruptura de nível, uma passagem para o Além, uma ultrapassagem do espaço profano e da condição humana. Não é necessário acrescentar que a sacralidade da "altura" é válida pela sacralidade das regiões atmosféricas superiores, portanto, em última instância, pela sacralidade do Céu. O monte, o templo, a cidade, etc., são consagrados porque estão investidos do prestígio do "centro", isto é, na origem, porque assimilados ao cume mais elevado do universo e ao ponto de encontro entre o Céu e a Terra. Por conseqüência, a consagração pelos rituais de ascensão e de escalada dos montes ou das escadas deve a sua validade ao fato de inserir o praticante numa região superior celeste. A riqueza e a variedade do simbolismo da ascensão só na aparência são caóticas; considerados no seu conjunto, todos estes ritos e símbolos se explicam pela sacralidade da "altura", isto é, do celeste. Transcender a condição humana pelo fato de penetrar numa zona sagrada (templo, altar), pela consagração do rito, pela morte, exprime-se concretamente por uma "passagem", uma "subida", uma "ascensão".

32. Mitos de ascensão — A morte é uma transcendência da condição humana, uma "passagem para o além". Nas religiões que situam o outro mundo no Céu ou numa região superior, a alma do morto sobe pelos caminhos de uma montanha, numa árvore, ou por uma corda[287]. A expressão corrente, em assírio, para o verbo "morrer" é: "agarrar-se à montanha". Igualmente, em egípcio, *myny*, "agarrar-se", é um eufemismo para "morrer"[288]. O Sol se põe entre os montes e é sempre por aí que deve passar o caminho do morto até o outro mundo. Yama, o primeiro morto segundo a tradição mítica indiana, percorreu "os altos desfiladeiros" para mostrar "o caminho a muitos homens"[289]. O caminho dos mortos, nas crenças populares uralo-altaicas, realiza-se pela subida dos montes: Bolot, herói kara-kirghiz, tal como Kesar, rei lendário dos mongóis, penetra no mundo do Além, como prova iniciática, por uma gruta do topo dos montes; a viagem do xamã ao inferno efetua-se pela subida de algumas montanhas muito elevadas[290]. Os egípcios conservaram nos seus textos funerários a expressão *asket pet* (*asket* = "caminhada") para mostrar que a escada colocada à disposição de Rá, para que ele possa subir da Terra ao Céu, é uma escada real[291]. "Disposta está a escada que me vai levar a ver os deuses", diz o Livro dos Mortos[292]. "Os deuses fazem-lhe uma escada para que se sirva dela e suba ao céu."[293] Em grande número de túmulos do templo das dinastias arcaicas e medievais foram encontrados amuletos representando uma pequena escada (*maqet*) ou uma escada[294].

Esta mesma estrada pela qual as almas dos mortos se encaminham para o outro mundo é também percorrida por aqueles que — graças à sua condição excepcional ou à eficiência dos ritos que executam — conseguem entrar no Céu ainda durante a própria vida. O motivo da "ascensão" ao Céu, realizada quer por uma corda, quer por meio de uma árvore ou por uma escada, está muito difundido nos cinco continentes. Contentar-nos-emos com alguns exemplos[295]. A tribo australiana dieri conhecia o mito de uma árvore que, por virtude de magia, crescera até o Céu[296]. Os numgahburran falam de dois pinheiros miraculosos que, depois da violação de um tabu, se puseram a crescer tanto que o seu topo tocou o Céu[297]. Conta-se entre os mara que os antepassados costumavam subir por uma árvore desse gênero até o Céu e por ela voltavam a descer[298]. A esposa do herói maori Tawhaki, fada descida do Céu, permanece com ele somente até o nascimento de seu primeiro filho, subindo depois para uma cabana e desaparecendo. Tawhaki sobe ao Céu por um cepo de vinha e consegue regressar à Terra[299]. Segundo outras variantes, o herói alcança o Céu subindo por um coqueiro, por uma corda, uma teia de aranha, ou um "papagaio"*. No Havaí diz-se que sobe pelo arco-íris; no Taiti, que sobe uma montanha elevada e encontra a mulher durante o caminho[300]. Um mito espalhado na Oceânia conta que o herói chegou ao Céu por uma "corrente de flechas", isto é, cravando a primeira flecha na abóbada celeste, a seguinte na primeira e assim por diante até formar uma corrente entre o Céu e a Terra[301]. A ascensão por uma corda é conhecida na Oceânia[302], na África[303], na América do Sul[304] e na América do Norte[305]. Pouco mais ou menos nos mesmos locais encontra-se o mito da ascensão por uma teia de aranha. A ascensão ao Céu por uma escada é conhecida no antigo Egito[306], na África[307], na Oceânia[308] e na América do Norte. A ascensão pode ainda ser feita por uma árvore[309], por uma planta ou por um monte[310].

33. Ritos de ascensão — Todos estes mitos e crenças correspondem a ritos concretos de "subida" e de "ascensão". A fixação e a consagração do lugar de sacrifício equivalem a uma espécie de sublimação do espaço profano: "na verdade, o oficiante constrói para si uma escada e uma ponte para alcançar o mundo celeste", especifica a *Taittirîya Samhitâ* (VI, 6, 4, 2). Noutro passo do mesmo livro (I, 7, 9), o oficiante sobe ao topo de uma escada e, uma vez junto do poste do sacrifício, estende as mãos e clama: "Alcancei o Céu, os deuses; tornei-me imortal!" A escalada ritual até o Céu é uma *dûrohana*, uma "subida difícil". Grande número de expressões semelhantes se encontram na literatura[311]. Kosingas, sacerdote-rei de algumas populações da Trácia (os kebrenioi e sykaiboai), ameaça os seus súditos de partir para junto da deusa Hera, subindo por uma escada de madeira[312]. A ascensão celeste pela subida cerimonial de uma escada provavelmente fazia parte de uma iniciação órfica[313]. Seja como for, encontramo-la na iniciação mitríaca. Nos mistérios de Mithra, a escada (*climax*) cerimonial tinha sete degraus, e cada degrau era de um metal diferente. Segundo Celso[314], o primeiro degrau

* Trad. de "cerf-volant". (N.T.)

era de chumbo e correspondia ao "céu" do planeta Saturno, o segundo de estanho (Vênus), o terceiro do bronze (Júpiter), o quarto de ferro (Mercúrio), o quinto de "liga monetária" (Marte), o sexto de prata (a Lua), o sétimo de ouro (o Sol). O oitavo degrau, diz-nos Celso, representa a esfera das estrelas fixas. Ao subir esta escala cerimonial, o iniciado percorria efetivamente os "sete céus", elevando-se assim até o Empíreo.

Ainda hoje os xamãs das populações uralo-altaicas praticam exatamente este mesmo ritual na sua viagem para o Céu e no cerimonial de iniciação xamânica. A "ascensão" realiza-se quer no quadro do sacrifício ordinário — quando o xamã acompanha a oferenda (a alma do cavalo sacrificado) até Bai Ulgen, o deus supremo —, quer por ocasião da cura mágica dos doentes que recorrem à sua consulta. O sacrifício do cavalo, que é a principal cerimônia religiosa das populações uralo-altaicas, realiza-se anualmente e dura de duas a três noites. Na primeira noite erguem um novo yurte, em cujo interior é colocada uma bétula despojada de ramos e na qual se escavam nove degraus (*tapty*). É escolhido um cavalo branco para o sacrifício; ateia-se fogo na tenda, o xamã defuma o seu tamborim enquanto vai chamando sucessivamente os espíritos; então sai e, picando o manequim de um ganso feito de trapos e empalhado, agita as mãos como se fosse voar e canta:

> Para além do céu claro, Para além das nuvens brancas,
> Para além do céu azul, Para além das nuvens azuis,
> Sobe até o Céu, ó ave!

O objetivo deste rito é captar a alma do cavalo sacrificado, *pura*, que se presume ter fugido à aproximação do xamã. Depois de ter capturado essa alma e de a ter reconduzido, o xamã põe o ganso em liberdade e procede sozinho ao sacrifício do cavalo. A segunda parte da cerimônia passa-se na noite seguinte, quando o xamã leva a alma do cavalo até Bai Ulgen. Depois de defumar o tamborim, de vestir seus trajes rituais e invocar Merkyut, a ave celeste, para que "venha cantar" e "pouse sobre o seu ombro direito", o xamã começa a ascensão. Subindo com ligeireza pelos degraus talhados na árvore cerimonial, o xamã penetra sucessivamente nos nove céus e descreve ao auditório, com minúcia de pormenores, tudo quanto vê e tudo quanto se passa em cada um deles. No sexto céu venera a Lua, no sétimo céu o Sol.

Finalmente, no nono, prosterna-se diante de Bai Ulgen e oferece-lhe a alma do cavalo sacrificado. Este episódio assinala o ponto culminante da ascensão extática do xamã. Obtém de Bai Ulgen informações sobre a aceitação do sacrifício e recolhe predições sobre o tempo; depois o xamã cai extenuado e, após um momento de silêncio, desperta como se saísse de um sono profundo[315].

Os entalhes ou degraus abertos na bétula simbolizam as esferas planetárias. Durante o cerimonial o xamã pede o concurso das diferentes divindades cujas cores específicas traem a sua natureza de divindades planetárias[316]. Tal como no ritual da iniciação mitríaca e também como nos muros da cidade de Ecbátana, de cores variadas[317] e simbolizadores dos céus planetários, a Lua encontra-se no sexto céu e o Sol no sétimo. O número 9 substituiu o número mais antigo de sete degraus; pois, entre os uralo-altaicos, a "coluna do mundo" tem sete degraus[318] e a árvore mítica dos sete ramos simboliza as regiões celestes[319]. A ascensão da bétula cerimonial equivale à ascensão da árvore mítica que se encontra no centro do mundo. O buraco do topo da tenda identifica-se com o orifício situado em frente da estrela polar e pelo qual se pode efetuar a passagem de um nível cósmico até outro[320]. O cerimonial realiza-se, portanto, num "centro" (§ 143).

A mesma ascensão realiza-se por ocasião da iniciação xamânica. Entre os buriatas, nove árvores são colocadas uma após a outra e o neófito sobe até o alto da que fica em nono lugar e passa seguidamente para o topo de todas as outras. Coloca-se também uma bétula na tenda e faz-se com que o seu topo passe pelo orifício superior; o neófito sobe, de espada na mão, até aparecer no exterior da tenda, realizando assim a passagem para o último céu. Uma corda liga a bétula da tenda às outras nove bétulas, e sobre esta corda são suspensos pedaços de algodão de várias cores, os quais representam as regiões celestes. A corda chama-se "ponte" e simboliza a viagem do xamã efetuada com o fim de entrar na morada dos deuses[321].

O xamã realiza uma ascensão semelhante para a cura dos doentes que vêm pedir assistência[322]. As viagens dos heróis turco-mongóis ao Céu se assemelham claramente aos ritos xamanistas[323]. Segundo as crenças yakutes, existiam outrora xamãs que subiam efetivamente aos céus; os espectadores podiam vê-los planar acima das nuvens, em companhia do cavalo sacrificado[324]. No tempo de Genghis-Khan, um reputado xamã mongol ter-se-ia elevado ao Céu em cima do seu corcel[325]. O xamã ostiak canta que se eleva aos céus em cima de uma corda e vai afastando as estrelas que estorvam o seu caminho[326]. No poema uigur "*Kudatku Bilik*", um herói sonha que sobe uma escada de cinqüenta degraus, em cujo alto uma mulher lhe dá água a beber; assim reanimado, consegue chegar ao Céu[327].

34. Simbolismo da ascensão — Jacó sonha igualmente com uma escada cujo topo atinge o Céu, "e os anjos do Senhor subiam e desciam por essa escada"[328]. A pedra sobre a qual Jacó adormeceu era um *bethel* e encontrava-se "no centro do mundo", pois era aí que se estabelecia a ligação entre todas as regiões cósmicas (§ 81). Na tradição islâmica, Mafamede (Mohâmmed) vê uma escada elevando-se do templo de Jerusalém (o "centro" por excelência) até o Céu, com anjos à direita e à esquerda: era por essa escada que as almas dos justos subiam até Deus[329].

Dante vê também, no céu de Saturno, uma escada de ouro que se eleva de maneira vertiginosa até a última esfera celeste e pela qual subiam as almas dos bem-aventurados[330]. O simbolismo do "degrau", das "escadas" e das "ascensões" foi também conservado pela tradição cristã. São João da Cruz representa as fases da perfeição mística por uma *Subida del Monte Carmelo*, e ele mesmo ilustra o seu tratado com uma montanha de longas e fastidiosas subidas.

Todas as visões e todos os êxtases místicos compreendem uma subida ao Céu. Segundo o testemunho de Porfírio, Plotino conheceu este deslumbramento celeste por quatro vezes durante todo o tempo que viveram juntos[331]. São Paulo foi também elevado até o terceiro céu[332]. A doutrina da ascensão das almas aos sete céus — quer na iniciação, quer *post mortem* — gozou de imensa popularidade nos últimos séculos da Antiguidade. A sua origem oriental é inegável[333], mas tanto o orfismo como o pitagorismo contribuíram muito para a sua difusão no mundo grecoromano. Essas tradições serão examinadas mais esclarecedoramente em outros capítulos. Mas foi conveniente assinalá-las neste contexto, visto a sua justificação última encontrar-se no caráter sagrado do Céu e das regiões superiores. Iríamos encontrá-las em qualquer conjunto religioso, qualquer que seja a maneira como fossem valorizadas — rito xamanista ou rito de iniciação, êxtase místico ou visão onírica, mito escatológico ou lenda heróica — pois as ascensões, a subida de montes ou de escadas, os vôos significaram sempre a transcendência da condição humana e a penetração nos níveis cósmicos superiores. O simples fato da "levitação" equivale a uma consagração e a uma divinização. Os ascetas de Rudra "seguem pelo caminho do vento, pois os deuses entraram neles"[334]. Os iogues e os alquimistas indianos elevamse no ar e percorrem em alguns instantes distâncias consideráveis[335]. Poder voar, possuir asas, torna-se a fórmula simbólica da transcendência da condição humana; a capacidade de se elevar no ar indica o acesso às realidades últimas. Evidentemente até na fenomenologia das ascensões persiste uma distinção radical entre a experiência religiosa e a técnica mágica — um santo é "arrebatado" aos céus; os iogues, os ascetas, os mágicos "voam" devido à eficiência dos seus próprios esforços. Mas em ambos os casos é a *ascensão* que os distingue da grande massa dos profanos e dos não-iniciados, pois podem penetrar nas regiões uranianas, saturadas de sagrado, e tornar-se semelhantes aos deuses. O seu contato com os espaços celestes diviniza-os.

35. Conclusões — Recapitulemos:

a) O Céu *em si-mesmo*, considerado como abóbada sideral e região atmosférica, é rico em valores mítico-religiosos. O "alto", o "elevado", o espaço infinito são hierofanias do "transcendente", do sagrado por excelência. A "via" atmosférica e meteórica revela-se como um mito sem fim. Tanto os seres supremos das populações primitivas como os grandes deuses das primeiras civilizações históricas, todos eles manifestam relações mais ou menos orgânicas com o Céu, a atmosfera, os acontecimentos meteorológicos, etc.

b) Mas não podemos reduzir os seres supremos a uma hierofania uraniana, pois eles ultrapassam tal condição: são uma "forma" que pressupõe um modo de ser próprio e exclusivo, isto é, irredutível à vida uraniana ou à experiência humana, visto estes seres supremos serem "criadores", "bons", "eternos" ("velhos"), fundadores de instituições e guardiães das normas — atributos que só em parte podem ser explicados pelas hierofanias celestes. Assim fica apresentado o problema da "forma" dos seres supremos, e mais tarde o retomaremos num capítulo especial.

c) Uma vez feita esta reserva — que é importante — podemos destrinçar na história dos seres supremos e das divindades celestes um fenômeno no mais alto grau revelador para a experiência religiosa da humanidade: é que estas figuras divinas têm tendência a desaparecer do culto. Em parte nenhuma desempenham um papel predominante, foram afastadas e substituídas por outras forças religiosas: culto dos antepassados, espíritos e deuses da natureza, demônios da fecundidade, grandes deuses, etc. É notável que esta substituição se faça sempre em proveito de uma força religiosa ou de uma divindade mais concreta, mais dinâmica, mais fértil (por exemplo, o Sol, a Grande Mãe, o Deus Macho, etc.). O vencedor é sempre o representante ou o distribuidor da fecundidade: ou seja, em última análise, o representante ou o distribuidor da *vida*. (Até a crença dos mortos e dos demônios se reduz ao desejo temeroso de que a *vida* não venha a ser ameaçada por estas forças hostis, que devem ser sempre conjuradas e neutralizadas.) O sentido profundo desta substituição surgir-nos-á quando tivermos ocasião de examinar os valores religiosos da vida e as funções vitais.

d) Em certos casos, sem dúvida devidos ao aparecimento da agricultura e das religiões agrárias, o deus celeste reconquista atualidade como deus da atmosfera e da tempestade. Mas esta "especialização", que lhe confere múltiplos prestígios, ao mesmo tempo limita o seu "poder absoluto". O deus da tempestade é "dinâmico" e "forte", é o "touro", é o "fecundador", os seus mitos enriquecem-se e os seus cultos resplandecem — mas não é o "criador" do universo nem do homem, e deixou de ser onisciente; às vezes não é mais do que o parceiro de uma grande deusa. Foi contra este deus da tempestade, grande fecundador, orgiástico, rico em epifanias dramáticas, ao qual se dirige um culto opulento e sangrento (sacrifícios, orgias, etc.), que se deram as revoluções religiosas de estrutura monoteísta profética e messiânica do mundo semita. Foi na luta entre Baal e Jeová ou Alá que se produziu uma nova atualização dos valores "celestes", opostos aos valores "terrestres" (a riqueza, a fecundidade, a força), critérios qualificativos (a "interiorização" da fé, a prece, a caridade) contra os critérios quantitativos (o sacrifício concreto, a supremacia dos gestos rituais, etc.). Mas o fato de a "história" ter tornado inevitável a ultrapassagem destas epifanias das forças elementares da vida não implica necessariamente que elas tenham perdido valor religioso. Como teremos em breve oportunidade de mostrar, estas epifanias arcaicas representavam na origem outros tantos meios pelos quais a vida biológica era santificada; só se tornaram "cousa-morta" na medida em que perderam a sua função original, esvaziando-se do sagrado e tornando-se simples "fenômenos" vitais, econômicos e sociais.

e) Em muitos casos, um deus solar substitui o deus celeste. É o Sol que se torna o distribuidor da fecundidade na Terra e o protetor da vida (ver mais adiante, §§ 36 ss.).

f) Por vezes, a ubiqüidade, a sabedoria e a passividade do deus celeste são revalorizadas num sentido metafísico, e o deus torna-se epifania da norma cósmica e da lei moral (por exemplo o maori Iho); a "pessoa" divina apaga-se perante a "idéia"; a "experiência religiosa" (aliás muito pobre no caso de quase todos os deuses celestes) dá lugar à compreensão teórica, à "filosofia".

g) Certos deuses celestes conservam a sua atualidade religiosa, eles que melhor conseguiram manter a sua supremacia no panteão (Zeus, Júpiter, T'ien) e foi em seu proveito que se deram as revoluções monoteístas (Jeová, Ahura Mazda).

h) Mas, mesmo quando a vida religiosa já não está dominada pelos deuses celestes, as regiões siderais, o simbolismo uraniano, os mitos e os ritos de ascensão, etc. conservam um lugar preponderante na economia do sagrado. Tudo o que está "no alto", o que é "elevado" continua a revelar o transcendente seja em que conjunto religioso for. Se as "formas" divinas mudam, se, pelo simples fato de se terem revelado como tais, isto é, como "formas", na consciência do homem, elas *possuem* uma "história" e seguem a linha do seu "destino", o sagrado celeste conserva a sua "atualidade" por toda parte e em qualquer circunstância. Afastado do culto e substituído no mito, o Céu mantém-se no simbolismo. E este simbolismo celeste, por sua vez, introduz e mantém numerosos ritos (da ascensão, da escalada, da iniciação, da realeza, etc.), mitos (a árvore cósmica, a montanha cósmica, a corrente de flechas, etc.), lendas (o vôo mágico, etc.). De maneira mais ou menos explícita, o simbolismo do "Centro", que desempenha um papel considerável em todas as grandes religiões históricas, é constituído por elementos celestes (o "centro", o eixo do mundo, ponto de comunicação entre as três regiões cósmicas; é sempre em um "centro" que pode operar-se a ruptura de nível, a passagem entre as diferentes zonas cósmicas).

Poderia dizer-se, numa fórmula sumária, que a "história" conseguiu empurrar para segundo plano as "formas" divinas de estrutura celeste (é o caso dos seres supremos) ou que os abastardou (os deuses da tempestade, os fecundadores), mas esta "história'', isto é, a experimentação e a interpretação sempre nova do sagrado, pelo homem, não conseguiu abolir a revelação imediata e contínua do *sagrado celeste*; revelação de estrutura impessoal, intemporal, a-histórica.

Precisamente por ser intemporal o simbolismo celeste conseguiu manter-se em todos os conjuntos religiosos; de fato, o simbolismo valoriza e mantém toda ''forma'' religiosa, sem se esgotar com esta participação (§§ 166 ss.).

III

O Sol e os cultos solares

36. Hierofanias solares e racionalismo — Acreditou-se outrora, nos tempos heróicos da história das religiões, que a humanidade sempre conhecera o culto do Sol. Os primeiros ensaios de mitologia comparada descobriam vestígios dele por toda a parte. No entanto, a partir de 1870, um etnólogo tão notável como A. Bastian observava que esse culto solar se encontra, de fato, somente em raras regiões do globo. E, meio século mais tarde, Sir James Frazer, retomando o problema no quadro das suas pacientes pesquisas sobre a adoração da Natureza, notará[1] a inconsistência dos elementos solares na África, na Austrália, na Melanésia, na Polinésia e na Micronésia. A mesma inconsistência se verifica, com algumas exceções, nas duas Américas. Foi só no Egito, na Ásia e na Europa arcaica que aquilo a que se chamou o "culto do Sol" gozou de um favor que pôde adquirir, no momento oportuno — no Egito, por exemplo —, um verdadeiro predomínio.

Considerando-se que, além-Atlântico, o culto solar se desenvolveu unicamente no Peru e no México, ou seja, entre os únicos povos americanos "civilizados", e que atingiram o nível de uma autêntica organização política, não se poderá deixar de distinguir uma certa concordância entre a supremacia das hierofanias solares e os destinos "históricos". Dir-se-ia que o Sol predomina nas regiões onde, graças aos reis, aos heróis, aos impérios, "a história se encontra em marcha". Muitas outras hipóteses, por vezes verdadeiramente fantasistas, foram formuladas para justificar este paralelismo entre a supremacia dos cultos solares e a difusão da civilização histórica. Alguns autores chegaram mesmo a falar de "Filhos do Sol" que teriam propagado por toda a parte, no decurso de périplos e de migrações sem fim, o culto do Sol e, ao mesmo tempo, os princípios essenciais da civilização. Deixaremos de lado, como temos feito até aqui, a questão da "história". Limitemo-nos a constatar que, ao contrário das figuras de estrutura celeste cujos vestígios encontramos quase por toda a parte, as figuras divinas solares são pouco freqüentes.

Voltaremos a elas em breve. Mas é preciso, antes, evitar um erro de perspectiva, que poderia tornar-se vício de método. Queremos lembrar, por um lado, que as figuras divinas solares (deuses, heróis, etc.) não esgotam as hierofanias solares mais do que as outras figuras esgotam as respectivas hierofanias. E deve-se saber, por outro lado, que, ao contrário das outras hierofanias cósmicas, tais como as da Lua ou das águas, a sacralidade expressa pelas hierofanias solares não é sempre *transparente* para um espírito ocidental moderno. Mais exatamente ainda, o que permanece transparente e, portanto, facilmente acessível numa hierofania solar é tão-só, na maior parte dos casos, o resíduo dum longo processo de erosão racionalista, resíduo que chega até nós, sem que o saibamos, pelo veículo da linguagem, do costume e da cultura. O Sol acabou por tornar-se um dos lugares-comuns da "experiência religiosa indistinta" na medida em que o simbolismo solar se viu reduzido a não ser mais do que uma utensilagem banal de automatismos e estereótipos.

Não é nossa intenção explicar as alterações que afetaram, na experiência do homem moderno, a própria estrutura da hierofania solar. Por isso não procuraremos determinar em que medida o importante papel astronômico e biológico reconhecido ao Sol no decurso dos últimos séculos não só modificou a posição do homem moderno perante este astro e as relações de experiência direta que pode manter com ele, como também alterou a própria estrutura do simbolismo solar. Baste-nos salientar um fato: a orientação da atividade mental a partir de Aristóteles contribuiu, em larga medida, para embotar a nossa receptividade para com a totalidade das hierofanias solares. Que esta nova orientação mental não anula necessariamente a possibilidade da experiência hierofânica em si mesma, temos a prova disso no caso da Lua. Ninguém sustentará, com efeito, que o homem moderno é, *ipso facto*, impermeável às hierofanias lunares. Pelo contrário, a coerência dos símbolos, dos mitos e dos ritos lunares não apresenta para ele menor transparência do que para um representante das civilizações arcaicas. Talvez esta afinidade das duas estruturas mentais ("primitiva" e "moderna") em presença das manifestações dos modos lunares do sagrado se explique pela sobrevivência, até no horizonte da mentalidade mais declaradamente racionalista, daquilo a que se chamou o "regime noturno do espírito". A Lua visaria então uma camada da consciência humana que o mais corrosivo racionalismo seria incapaz de atacar.

É um fato que o "regime diurno do espírito" é dominado pelo simbolismo solar, quer dizer, em grande parte, por um simbolismo que, se nem sempre é factício, é muitas vezes o resultado de uma dedução racional. Isso não quer dizer que todo e qualquer elemento racional das hierofanias solares seja, ao mesmo tempo, tardio ou artificial. Tivemos ocasião de ver que a "razão" não estava ausente das hierofanias mais arcaicas, que a experiência religiosa não é incompatível *a priori* com a inteligibilidade. O tardio e o artificial é o primado *exclusivo* da razão, porque a vida religiosa, quer dizer, para nos limitarmos a uma definição sumária, a experiência das cratofanias, das hierofanias e das teofanias, mobiliza a vida total do homem e seria quimérico querer estabelecer fronteiras entre as diferentes regiões do espírito. As hierofanias arcaicas do Sol constituem, a este respeito, um excelente exemplo. Como veremos, elas revelam uma certa *inteligência global do real*, sem deixarem de revelar, ao mesmo tempo, uma estrutura coerente e inteligível do *sagrado*. Mas esta inteligibilidade não pode reduzir-se a uma série de "verdades racionais" evidentes e a uma experiência não hierofânica. Exemplifiquemos: por mais radicais que sejam, numa apreensão total da vida e da realidade, as relações entre o Sol e as trevas ou os mortos, ou ainda o binômio especificamente indiano "Sol-serpente", não se segue daí que sejam transparentes numa perspectiva puramente racionalista.

37. Solarização dos seres supremos — Salientamos, no capítulo anterior (§ 17), a tendência dos seres supremos de estrutura celeste para desaparecerem do primeiro plano da vida religiosa, dando lugar a forças mágico-religiosas ou a figuras divinas mais ativas, mais eficazes e, de maneira geral, mais diretamente relacionadas com a "vida". Com efeito, aquilo a que se chamou a ociosidade dos seres supremos uranianos resume-se, em última análise, à sua aparente indiferença às vicissitudes, sempre mais intrincadas, da vida humana. Por motivos de proteção (contra as forças adversas, contra o destino, etc.) e de ação (necessidade de assegurar a subsistência pela magia da fertilidade, etc.), o homem sente-se mais atraído para outras "formas" religiosas, das quais se descobre cada vez mais dependente: antepassados, heróis, civilizadores; grandes deusas, forças mágico-religiosas (*mana*), centros cósmicos de fecundidade (Lua, águas, vegetação). Assim, observamos o fenômeno geral — na área indo-mediterrânica — da substituição da figura suprema uraniana por um deus atmosférico e fecundador, esposo muitas vezes ou simplesmente acólito, subordinado, da Grande Mãe telúrico-lunar-vegetal e, por vezes, pai de um "deus da vegetação".

A passagem de "criador" a "fecundador", o deslizar da onipotência, da transcendência, da impassibilidade uranianas para o dinamismo, para a intensidade e para o dramatismo das figuras atmosféricas-fertilizantes-vegetais não deixam de ser significativos. Deixam entrever, por si sós, que um dos principais fatores da degradação, mais óbvia nas sociedades agrícolas, das concepções da divindade é a importância sempre crescente dos valores vitais, da "vida" no horizonte do homem econômico. E, para nos limitarmos à área indo-mediterrânica, é interessante verificar que os deuses supremos mesopotâmicos acumulam freqüentemente os sortilégios da fecundidade com os seus sortilégios solares. Marduk é disso o exemplo mais notório[2]: esta característica encontra-se em outros deuses do mesmo tipo, quer dizer, em deuses em vias de terem acesso à supremacia. Poder-se-ia mesmo dizer que estas divindades da vegetação denunciam a coexistência de atributos solares na medida em que os elementos vegetais figuram na mística e no mito da soberania divina[3].

Esta conjunção dos elementos solares e vegetais explica-se evidentemente pelo papel extraordinário do soberano, tanto no plano cósmico como no plano social, na acumulação e na distribuição da "vida". Assim, pois, a solarização progressiva das divindades celestes corresponde ao mesmo processo de erosão que conduziu, em outros contextos, à transformação destas divindades celestes em deuses atmosférico-fecundadores. Entre os hititas, por exemplo, o deus celeste apresenta-se, já nos tempos históricos, num estado bastante avançado de solarização[4], e, em relação com a soberania cósmico-biológica, provido pois de elementos "vegetais" em conformidade com a fórmula: deus-rei-árvore de vida[5].

O fenômeno é, de resto, muito mais freqüente e mais antigo do que deixariam entrever os documentos orientais, dominados, não o esqueçamos, pela mística da soberania. É assim que as camadas arcaicas das culturas primitivas denunciam já o movimento de transferência dos atributos do deus uraniano para a divindade solar, assim como a coalescência do ser supremo com o deus solar. O arco-íris, tido em tantos lugares (§ 14) por uma epifania uraniana, acha-se associado ao Sol e torna-se — entre os fuegianos, por exemplo — o "irmão do Sol"[6]. Geralmente trata-se de relações de filiação entre o deus supremo de estrutura celeste e o Sol. Para os pigmeus semang, os fuegianos e os boschímanes, o Sol é o "olho" do deus supremo[7]. A Índia védica e outras regiões oferecer-nos-ão um processo análogo. Entre os wiradjuri-kamilaroi do sudoeste da Austrália, o Sol é visto como Grogoragally em pessoa, filho do criador e figura divina favorável ao homem[8]; mas, sem dúvida por influência do matriarcado, a Lua é tida por segundo filho do ser supremo[9]. Os samoiedos vêem no Sol e na Lua os olhos de Num (=céu): o Sol é o olho bom, a Lua o olho mau[10]. Os yuraks das tundra, na região de Obdorsk, celebram uma grande festa no inverno, à primeira aparição do Sol, mas oferecem um sacrifício a Num, indício do caráter originariamente celeste da solenidade. Entre os yuraks das regiões das florestas (Wald-Yuraken), o Sol, a Lua e "o pássaro do raio" são os símbolos de Num; a árvore da qual se suspendem, à guisa de oferenda, cabeças de animais tem o nome de "árvore do Sol", ainda que originariamente este sacrifício fosse privilégio de Num[11]. Entre os tchuktches, o Sol substitui a divindade suprema: os principais sacrifícios são oferecidos aos bons espíritos e sobretudo à luz do Sol. Segundo Gahs, a introdução do culto do Sol em todo o norte da Ásia seria obra destes mesmos tchuktches e dos yukaghirs.

38. África, Indonésia — A solarização do ser supremo uraniano[12] é um fenômeno bastante freqüente na África. Toda uma série de povos africanos dá ao "ser supremo" o nome de "Sol"[13]. Às vezes — é o caso dos munsh — o Sol passa por ser o filho do Ser Supremo Awondo e a Lua por sua filha[14]. Quanto aos ba-rotse, fazem do Sol a "morada" do deus do Céu, Niambe, e da Lua, sua mulher[15]. Entre outros povos, assistimos a uma assimilação do deus celeste ao Sol por coalescência: para os louyi, por exemplo, Niambe *é* o Sol[16] e para os kavirondo o Sol substitui o culto do ser supremo[17]. Os kaffa chamam Abo ao ser supremo, o que quer dizer ao mesmo tempo "Pai" e "Sol", e incorporam-no no Sol. Segundo um dos mais recentes especialistas deste povo, F. J. Bieber[18], esta solarização é apenas um fenômeno tardio e Abo era, originariamente, um "Lichtgott oder Himmelsgott".

É interessante verificar que a solarização do deus supremo africano não consegue que ele conserve uma poderosa atualidade na vida religiosa. Assim, entre diversos povos bantos da África oriental e em particular entre os dschagga do Kilimandjaro, o ser supremo é Ruwa (o termo significa "Sol"): habita, de fato, o Sol, mas conserva ainda elementos uranianos e, sobretudo, a *passividade* característica dos deuses uranianos; tal como eles, Ruwa não possui um culto; é tão-só nas situações extremas que se lhe oferecem sacrifícios e se lhe dirigem preces[19].

O mesmo jogo de substituição se acha na Indonésia. Puëmpalaburu, o deus solar dos toradja, toma pouco a pouco o lugar de I-lai, o deus celeste, cuja obra cosmogônica ele continua[20]. O deus solar é assim promovido a demiurgo, tal como na América; entre os tlingit, por exemplo, vemos o demiurgo, sob a forma de corvo, identificar-se ao Sol e receber do deus celeste supremo, de que é subordinado ou filho, a missão de continuar e de consumar a obra de criação começada por ele[21]. Surpreende-se aqui o elemento *dinâmico* e *organizador*, que, incorporado pela divindade solar, corresponde, em outro plano, ao elemento *fecundador* dos deuses atmosféricos (§ 26). Mas, tal como estes, o deus solar não é *criador*; como eles, acha-se subordinado ao criador e recebe dele o mandato para terminar a obra da criação. Em compensação, o *demiurgo* solar apodera-se daquilo que a maior parte dos *deuses solares*, que substituiu o ser supremo celeste ou com ele se fundiu, não conseguiu obter: a *atualidade* na vida religiosa e no mito. Bastará lembrar o lugar capital desempenhado pelo corvo na mitologia norte-americana e pela águia — substituto ou símbolo do Sol — na mitologia ártica e norte-asiática.

39. Solarização entre os munda — O melhor exemplo de solarização do ser supremo nos é fornecido pelos povos kolarianos da Índia. Os munda de Bengala colocam à cabeça do seu panteão Sing-bong, o Sol. Um deus doce que não se intromete nas coisas dos homens, sem que por isso esteja inteiramente ausente do culto. Recebe sacrifícios de bodes brancos ou de galos brancos e, no mês de agosto, por ocasião da colheita do arroz, lhe são oferecidas primícias[22]. Casado com a Lua, é considerado o autor da criação cósmica, ainda que o seu mito cosmogônico faça intervir, na qualidade de demiurgos subordinados, a tartaruga, o caranguejo e a sanguessuga, sucessivamente encarregados por Sing-bong de trazer terra do fundo do oceano[23].

Os povos khond da província de Orissa adoram como deus supremo e criador Bura Pennu ("deus da luz") ou Bela Pennu ("deus do Sol"); o processo de solarização encontra sólida confirmação no caráter benevolente e de certo modo passivo desta divindade: Bela Pennu não figura no culto[24]. Os birhors de Chota Nagpur imolam ao deus do Sol, sua divindade suprema, galinhas e bodes brancos, em especial em casos críticos ou para assegurar as colheitas. Como seria de esperar, foi sua inserção no mecanismo da "produção vital" que fez adquirir e conservar a "atualidade" de culto. Dizem-no claramente as preces que lhe são dirigidas por ocasião das libações e dos sacrifícios. Quando nasce uma criança, o pai oferece uma libação de água e, de rosto voltado para o Oriente, pronuncia as palavras: "Oh! Sing-bonga, eu te faço esta libação de água. Faz correr o leite dos seios da mãe dela como corre esta água que aqui vês!"[25] E para assegurar uma boa colheita de arroz o chefe de família compromete-se a sacrificar uma galinha branca: "Te prometo, oh, Sing-bonga! Faz crescer os grãos e eu te farei o sacrifício desta galinha branca no tempo da debulha." Depois, deixa a galinha branca e imola uma galinha preta. A data do sacrifício, no dia da lua cheia do mês de baishak (abril-maio), não deixa qualquer dúvida acerca da sua intenção: a galinha negra é oferecida à divindade ctônico-agrária, que tem a jurisdição suprema sobre a fecundidade do solo[26]. O exemplo é típico das vicissitudes sofridas pelo ser supremo solarizado: 1º, substituição da figura celeste onipotente e criadora pelo Sol, como ser supremo; 2º, presença do deus solar no culto devido em especial às suas virtudes fecundantes; 3º, presença de eficácia, não infalível apesar de tudo, visto que o fiel se previne ao invocar ao mesmo tempo o favor das forças lunar-ctônicos-agrárias que comandam a fecundidade universal.

O Sol é igualmente o ser supremo de um outro povo munda, os oraon, que lhe dão o nome de Dharmesh. Sem dúvida sua principal preocupação religiosa é a de apaziguar os espíritos, *bhut*[27], mas — como acontece com as divindades uranianas —, quando o socorro das outras forças mágico-religiosas se mostra ilusório, os oraon voltam-se para Dharmesh: "Nós tentamos tudo, mas temos a ti para nos socorrer!" E sacrificam-lhe um galo branco, exclamando: "Oh, Deus!, tu és o nosso criador. Tem piedade de nós!"[28] Pesquisas recentes mostraram, por um lado, a existência nos povos munda de um deus supremo autóctone e autêntico e, por outro lado, a data relativamente tardia da sua evicção pelas divindades do Sol e da Lua. Segundo Bodding, a coalescência do deus supremo santali, Thakkur, com o Sol (o ser supremo chama-se também Chanda, "Sol") seria igualmente bastante tardia. Rahman dedicou-se, por sua vez, a seguir a solarização e a lunarização dos seres supremos nos povos gond e munda. Enfim, W. Koppers, num notável estudo comparativo[29], procurou demonstrar ao mesmo tempo a autenticidade dos seres supremos nos povos pré-dravídicos e pré-arianos e uma possível influência das suas concepções religiosas sobre os invasores indo-europeus[30].

40. Cultos solares — Na Indonésia e na península de Malacca, o culto solar é esporádico. Já demos aqui alguns exemplos de solarização dos seres supremos indonésios (§ 38). A ilha de Timor e os arquipélagos vizinhos são as únicas exceções. Se bem que a vida religiosa seja dominada, como de resto em toda a Indonésia, pelo culto dos mortos e dos espíritos da natureza, o deus solar ainda conserva ali uma posição importante. Em Timor, Usi-Neno, o "Senhor Sol", é o esposo da "Senhora Terra", Usi-Afu, e o mundo inteiro nasceu da sua união. Mas a deusa da terra não deixa de receber a parte maior dos sacrifícios, devendo o Sol contentar-se com um único grande sacrifício anual, por ocasião da colheita[31]. Na ilha Wettar, ao norte de Timor, o ser supremo conserva ainda, apesar da sua solarização, os traços de uma estrutura celeste primitiva; chamam-lhe o "Grande Senhor" ou o "Velho Lá-de-cima" (cf. §§ 12 s.). Habita a abóbada celeste e também o Sol e encarna o princípio masculino, enquanto a Terra é feminina. Os autóctones têm acerca dele idéias muito vagas e só lhe oferecem sacrifícios em caso de doença[32], sintoma indiscutível da retirada do ser supremo uraniano do primeiro plano da atualidade religiosa.

A leste de Timor, nos arquipélagos Leti, Sermata, Babar e Timorlaut, o Sol é considerado a divindade mais importante e tem o nome de Upulero, o "Senhor Sol". Também aqui o deus solar conservou a vitalidade graças à sua transformação em fecundador. Com efeito, o seu culto pode ainda acusar alguns vestígios da sua nobreza e pureza originais, pois não tem imagem e é adorado sob forma de uma lâmpada feita de folhas de coqueiro. Isso não impede, no entanto, que todo o ritual se concentre na conjuração da fecundidade cósmica. Uma vez por ano, no começo da estação das chuvas, realiza-se a grande solenidade de Upulero: dura um mês e tem por finalidade assegurar a chuva, a fertilidade dos campos e a riqueza da comunidade. É então que, segundo a crença destes povos, o Sol desce a uma figueira para fecundar a sua esposa, a Terra-Mãe. Para lhe facilitar a descida, põe-se na figueira uma escada de 7 ou 10 degraus (mencionamos atrás o símbolo celeste das escadas de 7 degraus, cf. § 31). Depois, junto a esta mesma figueira, realizam-se sacrifícios de porcos e cães e, por fim, no meio de cantos e de danças, uma orgia coletiva, característica indubitável de uma mística agrária (§ 138). As preces pronunciadas na ocasião atestam a função de fecundador e de depositário dos recursos alimentares que o Sol agregou a si: "Oh! Senhor, avô-Sol, desce! A figueira produziu novos rebentos... A carne do porco está pronta e partida em bocados. As barcas da aldeia estão carregadas de presentes. Senhor, Sol-avô, és convidado para o banquete. Corta e come! Bebe!... Vem, Senhor, Sol-avô! Nós esperamos que tu nos dês muito marfim e muito ouro. Faz com que as cabras tenham cada uma dois ou três cabritos. Faz aumentar o número dos nobres e multiplicar-se o do povo. Substitui os bodes e os porcos mortos por outros vivos. Substitui o arroz e o bétele. Enche de arroz os cestos vazios", etc...[33]

41. Descendência solar — Upulero pode igualmente ter filhos[34]. Na ilha de Timor, alguns chefes intitulam-se, de resto, "os Filhos do Sol"[35] e pretendem descender diretamente do deus solar. Fixemos este mito do Sol criador do homem e das relações imediatas — filiais, familiares — entre o deus solar e uma certa categoria de pessoas. Isto, no entanto, não é privilégio exclusivo do deus solar: como teremos ocasião de verificar nos capítulos seguintes, qualquer região cósmica — Águas, Terra, Vegetação — pode arrogar-se uma função antropogônica; em cada uma destas regiões cósmicas o homem pode, em virtude da dialética hierofânica, identificar a *realidade absoluta* e ao mesmo tempo a matriz primordial de que lhe vem o ser e a vida.

Mas no caso do Sol esta genealogia indica algo mais: traduz as modificações consecutivas à solarização do ser supremo ou à transformação do Sol em "fecundador" e em "criador especializado", monopolizado por certas sociedades humanas e até mesmo certas famílias, as dos chefes ou dos soberanos, por exemplo. Desta maneira, na tribo australiana arunta, o Sol, que é do sexo feminino, desempenha um papel mais importante do que a Lua, que é do sexo masculino, no sentido em que é "olhado como tendo relações bem definidas com cada um dos membros das diferentes subdivisões sociais"[36]. Estas relações são igualmente conhecidas dos loritja[37] e das tribos do sudeste[38]. O que os australianos consideram como "relações bem definidas com cada um dos membros da sociedade" (porque o homem enquanto *espécie* é uma criatura do próprio ser supremo celeste; ver §§ 12 ss.) traduz-se, algures, em relação direta de pai ou de avô da tribo: por exemplo, entre os índios pés-pretos, arapahos, etc.[39] Os korku da Índia julgam-se frutos da união do Sol e da Lua[40]. Voltamos a encontrar o mesmo tipo de relações nas sociedades evoluídas, mas restringidas neste caso ao soberano e às famílias nobres. No entanto, na Austrália, as relações entre homem e Sol são susceptíveis, num outro plano, de uma segunda validação, a saber, a identificação do homem com o Sol através do cerimonial da iniciação. O candidato, que pinta a cabeça de vermelho, arranca os cabelos e a barba, sofre uma "morte" simbólica e renasce no dia seguinte ao mesmo tempo que o Sol; este drama iniciático assimila-o ao herói solar Grogoragally, o filho do criador[41].

42. O Sol hierofante e psicobomba — Este cerimonial australiano revela um novo elemento importante que nos dá a solução do papel desempenhado pelo Sol nas diversas áreas culturais e em outros contextos históricos. Certas tribos australianas mostraram-nos o Sol em relação com *cada* membro da comunidade em particular. Nas tribos wiradjuri-kamilaroi, que se encontram num estádio ainda mais atrasado do que os arunta e os loritja, estas relações são de outra ordem: têm em vista assimilar o iniciado ao herói solar, filho do ser supremo celeste. Pela iniciação, o homem torna-se assim, de certa maneira, filho do ser supremo, mais exatamente transforma-se nele graças à sua morte ritual seguida da sua ressurreição como Sol. Ora, estas particularidades não estabelecem somente que, na religião de povos tão "primitivos" como os wiradjuri-kamilaroi, o Sol se ache em estado de subordinação para com o Ser Supremo e que se encontre vinculado, por ordem deste, à "salvação" do homem por via de iniciação. Elas revelam, além disso, que o Sol pode ainda assumir uma função importante no domínio das crenças funerárias, em tudo o que diz respeito à condição do homem após a morte. Grogoragally apresenta à parte, ao ser supremo, a alma de cada defunto[42]; pode apresentá-la como já iniciada, quer dizer, como tendo já conhecido a morte e a ressurreição e sendo ela mesma um "Sol". O Sol torna-se assim o protótipo do "morto que ressuscita a cada manhã". Todo um conjunto de crenças em ligação com a iniciação e a soberania — e às quais voltaremos dentro em pouco — deriva dessa valorização do Sol em deus (herói) que, sem conhecer a morte (como a conhecia, por exemplo, a Lua), atravessa cada noite o império da morte e reaparece no dia seguinte, ele próprio eterno, eternamente igual a si mesmo.

O "pôr-do-Sol" não é percebido como uma "morte" (ao contrário do caso da Lua durante os três dias de obscuridade), mas como uma descida do astro às regiões inferiores, ao reino dos mortos. Ao contrário da Lua, o Sol goza do privilégio de atravessar o Inferno sem sofrer a morte. O seu itinerário predestinado pelas regiões inferiores não deixa, por isso, de lhe conferir prestígios e valências funerárias delas. Assim, pois, desde que deixa de desempenhar uma função de destaque no panteão ou na experiência religiosa de uma civilização, a título de ser supremo solarizado ou fecundador, o Sol revela uma certa ambivalência que abre novas perspectivas a modificações religiosas ulteriores.

Esta ambivalência poderia ser formulada da seguinte maneira: se bem que imortal, o Sol desce todas as noites ao reino dos mortos; ele pode levar consigo homens e, ao pôr-se, dar-lhes a morte; mas, ao mesmo tempo, ele pode, por outro lado, guiar as almas através das regiões infernais e no dia seguinte trazê-las para a luz. Função ambivalente de psicobomba "matador" e hierofante iniciático. Daí vem a crença, espalhada na Nova Zelândia e na Novas Hébridas, de que um simples olhar sobre o pôr-do-Sol pode provocar a morte[43]. O Sol arrasta consigo, "aspira" as almas dos vivos com a mesma facilidade com que guia, na qualidade de psicopompos (psicobomba), as almas dos mortos pela "Porta do Sol", a ocidente. Os habitantes do estreito de Torres crêem na existência de uma ilha mítica em algum lugar a ocidente chamada Kibu: a "Porta do Sol". O vento impele para ela as almas dos mortos[44]. Na ilha Hervey, os indígenas pensam que os mortos se reúnem em grupos e que, duas vezes por ano, por ocasião dos solstícios, tentam seguir o Sol, no momento em que se põe, para descer às regiões inferiores[45]. Em outras ilhas da Polinésia, o ponto mais ocidental do território chama-se "o lugar onde saltam as almas"[46].

Muito difundidas se acham também na Oceânia as crenças segundo as quais os mortos acompanham o Sol no oceano, e são levados em "barcas solares", ou as que situam no poente o reino dos mortos[47]. O destino das almas que mergulham no poente não é, evidentemente, uniforme; nem todos conhecem o que poderíamos chamar de modo aproximado a "salvação". É então, com efeito, que intervém a virtude soteriológica da iniciação e o papel das sociedades secretas, para escolher os eleitos e separá-los da massa amorfa do comum dos mortais (separação manifesta na mística da soberania e dos "Filhos do Sol"). Assim, nas ilhas Hervey, só os que caíram em combate são levados para o céu pelo Sol; os outros mortos são devorados pelas divindades infernais Akaranga e Kiru[48].

A dicotomia *herói* ou *iniciado* e *morto por via natural* tem um lugar considerável na história das religiões e teremos de voltar a ela num capítulo especial. Por ora, devemos mencionar que há muito se observou na mesma área oceânica o paralelismo entre os caracteres do culto solar e o culto dos antepassados, dois complexos religiosos que encontram expressão comum na ereção de monumentos megalíticos[49]. Por outro lado, Rivers destaca na Polinésia e na Micronésia correspondências determinadas entre a distribuição dos monumentos megalíticos e as sociedades secretas[50]. Mas os monumentos megalíticos acham-se sempre em relação com o culto solar. Assim, nas ilhas Sociedade, os megálitos (*marae*) são orientados para o Levante, tal como o *nanga* fidjiano, enquanto nas ilhas Banks existe o costume de untar um megálito com argila vermelha, para que o Sol brilhe de novo. Culto dos antepassados (= mortos), sociedades secretas e, portanto, iniciações destinadas a garantir a melhor sorte após a morte, culto solar, por fim: estes três elementos, dependendo de sistemas à primeira vista inconvertíveis, são na realidade solidários: eles coexistem já virtualmente nas hierofanias solares arcaicas, como, por exemplo, na Austrália.

Retenhamos esta idéia de "escolha", de "seleção", que os rituais iniciáticos funerários praticados sob o signo do Sol implicam. Lembremo-nos também de que em diferentes partes do mundo os chefes passavam por descender diretamente do Sol: os chefes polinésios[51], os chefes dos povos Natchez e incas[52], da mesma forma que os reis hititas (qualificados "meu sol") ou babilônios (cf. placas de pedra de Nabû-apla-iddin), ou o rei indiano[53], têm o nome e a qualidade de "Sóis", "Filhos do Sol", "Netos do Sol", ou então encarnam o Sol no seu corpo místico, como é o caso do rei indiano. Entre os pastores africanos masai[54], assim como na Polinésia[55], os chefes são os únicos que podem ser identificados, após a sua morte, com o Sol. Em suma, "escolha", "seleção" operada, quer pelo ritual de iniciação da sociedade secreta, quer pela iniciação automática que a soberania como tal constitui. A religião solar egípcia constitui a este respeito um exemplo ideal e merece que nos detenhamos nela por algum tempo.

43. Cultos solares egípcios — Mais do que qualquer outra, a religião egípcia foi dominada pelo culto solar. Desde a época antiga o deus solar tinha absorvido diversas divindades, tais como Atum, Hórus e o escaravelho Khipri[56]. A partir da quinta dinastia o fenômeno generaliza-se: numerosas divindades fundem-se com o Sol e dão assim origem às figuras solarizadas Chnum-Rá, Min-Rá, Amon-Rá, etc.[57] Não temos de decidir, aqui, entre as hipóteses rivais de Kees e Sethe a respeito das origens históricas da doutrina solar. Admite-se, em todo o caso, que o apogeu desta doutrina se situa na quinta dinastia e que o seu sucesso provém ao mesmo tempo do reforço da noção de soberania e dos esforços dos sacerdotes de Hierópolis. Mas, como parece provar um certo número de pesquisas recentes, a supremacia solar foi precedida pela de outras figuras divinas, mais antigas e mais populares também, no sentido de que não pertenciam exclusivamente a grupos privilegiados.

Sabia-se, desde há muito, que Shu, deus da atmosfera e portanto originariamente figura uraniana, tinha sido, posteriormente, identificado com o Sol. Mas Wainwright reconheceu, por seu lado, em Amon uma velha divindade do Céu, e H. Junker, por outro lado, julgou ter descoberto um antiqüíssimo "Allgott" celeste em Ur (*wr*), cujo nome significa "o Grande"; em certos casos, vê-se Ur tomar como esposa a deusa Nut, "a Grande" (*wrt*), de acordo com o mito do par cósmico Céu-Terra (cf. § 84). A ausência total de Ur nos monumentos públicos (reais) explicar-se-ia pelo seu caráter popular. Junker tentou mesmo reconstituir a história de Ur. É, em duas palavras, a história da sua privação do nível supremo pela sua integração nas teologias locais: torna-se um auxiliar de Ra (vêmo-lo curar os olhos do Sol, atingidos temporariamente de cegueira), é em seguida assimilado a Atum e por fim a Râ. Não nos achamos suficientemente competentes para intervir na discussão levantada pelos estudos de Junker. Mas a concordância que parecem dar às grandes linhas do sistema egiptólogos da classe de Capart e de Kees decidiram-nos a mencioná-los. Na perspectiva da história das religiões a aventura de Amon ou a de Wr são tudo o que há de mais compreensível: mostramos já que os seres supremos de estrutura uraniana tendem, quando não caem no total esquecimento, a transformar-se em deuses atmosférico-fecundadores ou a solarizar-se.

Dois fatores, já se disse, contribuíram de maneira capital para consolidar a supremacia de Râ: a teologia hieropolitana e a mística da soberania, sendo o próprio soberano identificado com o Sol. Uma preciosa contraprova disso está na concorrência que, durante um certo tempo, Râ, deus solar e funerário (imperial), sofreu da parte de Osíris. O Sol punha-se no Campo das Oferendas ou Campo do Repouso para se levantar no dia seguinte no ponto oposto da abóbada celeste chamado Campo das Canas. Estas regiões solares que, desde a época pré-dinástica, dependiam de Rá receberam além disso, no decurso das terceira e quarta dinastias, uma atribuição funerária. É do Campo das Canas que a alma do faraó parte ao encontro do Sol na abóbada celeste, para chegar, guiada por ele, ao Campo das Oferendas. A princípio, a ascensão não se faz sem incidentes. Não obstante a sua qualidade divina, o faraó deve, contra grandes dificuldades, arrancar do guardião do Campo, o Touro das Oferendas, o direito de se instalar no Céu. Os textos das pirâmides[58] fazem alusão a esta prova heróica, de essência iniciática, pela qual o faraó devia passar.

Com o tempo, porém, os textos acabam por já não mencionar o duelo com o Touro das Oferendas e o morto sobe ao Céu[59] por uma escada ou então voga através do oceano sideral para atingir por fim, guiado por uma deusa e sob a forma de um touro resplandecente, o Campo das Oferendas. Assistimos, poder-se-ia dizer, à degenerescência de um mito (e de um rito?) heróicoiniciático em privilégio político e social. Não é a título de "herói" que o faraó tem direito à soberania a adquire a imortalidade solar; mas, chefe supremo, ele apodera-se, por isso mesmo, da imortalidade sem qualquer espécie de "prova heróica". A legalização desta condição privilegiada do faraó após a sua morte encontra uma contrapartida na ascensão vitoriosa de Osíris como deus funerário não aristocrático. Não há que abordar aqui o conflito entre Râ e Osíris, mas ele já está patente nos textos das pirâmides. "Tu abres o teu lugar no céu entre as estrelas, pois que és uma estrela... Tu olhas por cima de Osíris, tu comandas os defuntos, tu manténs-te afastado deles, pois que não és da classe deles", escreve, como se conjectura, um apologista dos privilégios imperiais e da tradição solar[60].

O novo deus, por ser de estrutura popular, quer dizer, acessível também às outras classes sociais, não é por isso menos poderoso e o faraó julga conveniente pedir ao Sol que o ajude a não cair sob o jugo de Osíris: "Rá-Atum não te entregue a Osíris, que não julga o teu coração e não tem poder algum sobre o teu coração... Osíris, tu não te apoderarás dele, o teu filho (Hórus) não se apoderará dele..."[61] O Ocidente, o caminho dos mortos, torna-se uma região osírica, permanecendo o Oriente privilégio do Sol. Por isso, nos textos das pirâmides, os adeptos de Osíris fazem o elogio do Ocidente e denigrem o Oriente: "Osíris (N) não caminha nas regiões do Oriente, mas nas do Ocidente, pelo caminho dos sectários de Rá"[62]; é o exato oposto das recomendações da doutrina funerária solar. Com efeito, o texto citado é apenas uma brutal osirianização, por inversão dos termos, de uma fórmula arcaica redigida assim: "Não caminhes pelos caminhos do Ocidente, onde não avançam os que neles se introduzem; mas que (N) caminhe pelos caminhos do Oriente, pelos caminhos dos sectários de Rá."[63]

Com o tempo estes textos multiplicam-se. A resistência do Sol sai vitoriosa. Osíris, que se vira constrangido a apropriar-se dos dois campos celestes, que sempre haviam constituído zonas funerárias por excelência, pelas quais as almas dos faraós tinham acesso à imortalidade, acaba por renunciar a este duplo domínio. Esta retirada não é, aliás, uma derrota. Osíris tentara apoderar-se do Céu apenas porque a teologia solar colocava nele o meio necessário à imortalidade faraônica. A sua mensagem escatológica, fundamentalmente diferente da conquista heróica da imortalidade — ela própria degradada mais tarde em aquisição espontânea da imortalidade pela vinculação à realeza —, tinha reduzido Osíris a conduzir as almas que ele queria salvar do aniquilamento por um itinerário celeste, solar. Osíris, aliás, somente consumava a revolução de tipo "humanista" que tinha modificado, antes dele, a concepção escatológica egípcia. Com efeito, vimos como da concepção *heróica*, iniciática, da imortalidade, oferecida à *conquista* de um punhado de privilegiados, se tinha chegado à concepção de uma imortalidade concedida a *todos* os privilégios. Osíris desenvolvia ainda numa direção "democrática" esta alteração profunda da concepção da imortalidade: cada um pode obter a imortalidade sob condição de sair vitorioso da *prova*. A teologia osírica retoma, para a estender, a noção de *prova*, condição *sine qua non* da sobrevivência; mas as provas de tipo heróico, iniciático (luta com o touro) são substituídas por provas de tipo ético e religioso (boas obras, etc.). A teoria arcaica da imortalidade heróica dá lugar a uma concepção humana e humanitária.

44. Cultos solares no Oriente clássico e no Mediterrâneo — Teríamos pormenorizado menos este conflito entre Rá e Osíris se ele não nos ajudasse a desvendar a morfolofia das sociedades secretas de estrutura solar-funerária às quais já fizemos alusão. No Egito, o Sol permanecerá até o fim o psicopompos de uma classe privilegiada (a família do soberano), sem que o culto solar deixe, por isso, de desempenhar um papel predominante em toda a religião egípcia, pelo menos naquela que se exprime nos monumentos e documentos escritos. Na Indonésia e na Melanésia, a situação não é a mesma: o Sol foi outrora, aí, o psicopompos de *todos* os iniciados saídos das sociedades secretas, mas o seu papel, por muito importante que permaneça, já não é exaustivo. Nestas sociedades secretas, os "antepassados" — aqueles que o sol tinha guiado pelo caminho do Ocidente — desempenham uma função de igual importância. Diríamos, fazendo uma transcrição egípcia do fenômeno, que assistimos aqui a uma coalescência Rá-Osíris. Esta coalescência não desserve, aliás, o prestígio do Sol, porque, não o esqueçamos, a relação deste com o além, com as regiões das trevas e da morte, é transparente nas hierofanias solares mais arcaicas e é muito raro que isso se perca de vista.

Encontramos, no deus Shamash, um bom exemplo deste desuso. Shamash ocupa um lugar inferior no panteão mesopotâmico, abaixo de Sin, deus da Lua, de que é considerado filho, e nunca desempenhou papel importante na mitologia[64]. As hierofanias solares babilônicas permitem, no entanto, que se reconheça nelas vestígios de relações muito antigas com o além. Shamash é chamado o "Sol de *etimmê*", quer dizer, dos Manes; diz-se dele que "faz viver um morto"[65]. Ele é o deus da justiça e o "Senhor do Juízo" (*bêl-dîni*). Desde os tempos mais recuados, o seu templo ostenta o nome de "Casa do Juiz do País"[66]. Por outro lado, Shamash é o deus dos oráculos, o patrono dos profetas e dos adivinhos[67], função que esteve sempre em relação com o mundo dos mortos e as regiões ctônico-funerárias.

Na Grécia e na Itália, o Sol ocupou no culto apenas um lugar de segundo plano. Em Roma, o culto solar foi introduzido em tempos do Império por via das gnoses orientais e desenvolveu-se ali de maneira por assim dizer exterior e artificial, graças ao culto dos imperadores. A mitologia e a religião gregas conservaram, no entanto, vestígios das hierofanias "infernais" arcaicas do Sol. O mito de Hélios revela não só os valores ctônicos como os infernais. Todo um jogo de epítetos, em que U. Pestalozza[68] vê o resíduo de uma herança religiosa mediterrânica, evidencia as suas ligações orgânicas com o mundo vegetal. Hélios é *pýthios* e *paiàn* — dois atributos que ele partilha com Leto, uma das grandes deusas mediterrâneas —, *chtônios* e *ploutôn*; Hélios é igualmente *titàn*, epifania das energias geradoras. Interessa-nos pouco, de momento, saber em que medida a articulação do Sol com o mundo ctônico-mágico-sexual pertence ao substrato mediterrânico (em Creta, por exemplo, Hélios é taurino e torna-se esposo de Grande Mãe, o que é comum à maioria dos deuses atmosféricos) ou representa um compromisso ulterior, imposto pela história, entre o regime matriarcal dos mediterrânicos e o patriarcado dos indo-europeus vindos do Norte. O que nos importa é que o Sol, que poderia ter sido considerado, no quadro de uma perspectiva racionalista superficial, como uma hierofania por excelência celeste, diurna e "inteligível", tenha podido ser valorizado em fonte de energias "obscuras". Hélios não é unicamente *pýthios*, *chtônios*, *titàn*, etc.; ele mantém, além disso, relações com o mundo de eleição das trevas: a feitiçaria e o inferno. É o pai da feiticeira Circe e o avô de Medéia, duas ilustres especialistas do filtro noturno-vegetal; é dele que Medéia recebe o seu famoso carro puxado por serpentes aladas[69]. Imolam-se-lhe cavalos no monte Taigeto[70]; em Rodes, no decurso da festa que lhe é consagrada — Halieía (de hàlios, forma dórica de Hélios) — é-lhe oferecido um carro atrelado a quatro cavalos, que é, depois, precipitado no mar[71]. Ora, os cavalos e as serpentes ligam-se, em primeiro lugar, ao simbolismo ctônico-funerário. Enfim, a entrada do Hades chamava-se a "Porta do Sol" e "Hades" na pronúncia da época homérica — "A-ides" — evocava ainda, adequadamente, a imagem daquilo que é "invisível" e daquilo que torna "invisível"[72]. A polaridade luz-obscuridade, solar-ctônico, pôde, pois, ser apreendida como as duas fases alternantes de uma única e mesma realidade. As hierofanias solares revelam assim dimensões que o "Sol" como tal perde numa perspectiva racionalista, profana. Mas essas dimensões podem manter-se no quadro de um sistema mítico e metafísico de estrutura arcaica.

45. A Índia: ambivalência do Sol — Encontramos esse sistema na Índia. Sûrya figura entre os deuses védicos de segunda categoria. O *Rig Veda* consagra-lhe uns dez hinos, mas Sûrya nunca chega a uma condição proeminente. É o filho de Dyaus[73], mas chamam-lhe também o olho do Céu ou olho de Mitra e de Varu*na*[74]. Ele vê ao longe, é "o espião" do mundo inteiro. Segundo o Purusha sûkta[75], o Sol nasceu do olho do gigante cósmico Purusha, de modo que na morte, quando o corpo e a alma do homem entram no macrantropo cósmico, o seu olho volta para o Sol. Até aqui, as hierofanias nada mais revelam do que o aspecto luminoso de Sûrya, exclusivamente. Mas já no *Rig Veda* o carro do Sol é puxado por um cavalo, Etaça[76], ou por sete cavalos[77], e ele próprio é cavalo de cobrição[78], ou pássaro[79], ou ainda abutre e touro[80]; quer dizer, na medida em que ele acusa uma essência e atributos relativos ao cavalo, o Sol denuncia também valores ctônico-funerários. Esses valores são evidentes na outra variante védica do deus solar, Savitri, que é freqüentemente identificado com Sûrya: ele é psicopompos e conduz as almas ao lugar dos justos. Em certos textos, confere a imortalidade aos deuses e aos homens[81]; é ele que torna Tvashtri imortal[82]. Psicopompos ou hierofante (= aquele que confere a imortalidade), a sua missão traz até nós um eco indubitável dos prestígios que eram apanágio do deus solar nas sociedades primitivas[83].

Mas já no *Rig Veda*, e em particular na especulação dos brâmanes, o Sol é ao mesmo tempo percebido sob os seus aspectos tenebrosos. O *Rig Veda*[84] qualifica de "resplandecente" um dos seus aspectos e o outro de "negro" (quer dizer, invisível). Savitri traz tanto a noite como o dia[85], e ele próprio é um deus da noite[86]; certo hino descreve mesmo o seu itinerário noturno. Mas a alternância das suas modalidades reveste-se igualmente de significado ontológico. Savitri é *prasâvitâ niveçanah*[87], "aquele que faz sair e entrar" ("fazendo entrar e sair todas as criaturas")[88]. Bergaigne sublinhou com razão[89] o valor cósmico dessa "reintegração", pois que Savitri é *jagato niveçanî*, "fazendo entrar o mundo"[90], fórmula que equivale a um programa cosmológico. A noite e o dia (*naktoshasâ*, dual feminino) são irmãs, da mesma forma que os deuses e os "demônios" (*asura*) são irmãos: *dvayâ ha prâjâpatyâh, devaç câsurâçca*, "de duas espécies são os filhos de Prajâpati, deuses e *asura*"[91]. O sol vem integrar-se nesta bi-unidade divina e revela igualmente, em certos mitos, um aspecto ofídio (quer dizer, "tenebroso", indistinto), ou, por outras palavras, o extremo oposto do seu aspecto manifesto. Vestígios do mito ofídio do Sol encontram-se ainda no *Rig Veda*: originariamente "desprovido de pés", ele recebe de Varu*n*a pés para marchar (*apade padâ prati dhatâve*)[92]. Ele é sacerdote *asura* de todos os *devas*[93].

A ambivalência do Sol verifica-se, além disso, na sua conduta para com os homens. Por um lado, é o verdadeiro gerador do homem. "Quando o pai lança uma semente na matriz, é de fato o Sol que a lança como semente na matriz" (*Jaiminîya Up. Brâhmana*[94], Coomaraswamy, *The Sun-kiss*, p. 50, cita a propósito Aristóteles[95]: "o homem e o Sol geram o homem", e Dante[96]: o Sol, "quegli ch'è padre d'ogni mortal vita"). Por outro lado, o Sol é por vezes identificado com a morte, porque devora os seus filhos tal como os gera[97]. Coomaraswamy consagrou algumas brilhantes memórias (cf. bibliografia) às articulações míticas e metafísicas da bi-unidade divina, tal como a formulam os textos védicos e pós-védicos. Quanto a nós, investigamos em *Le mythe de la réintégration* a polaridade que se manifesta nos ritos, nos mitos e nas metafísicas arcaicas. Teremos ocasião de voltar a estes problemas em outros capítulos desta obra. Limitemo-nos, por ora, a registrar que a ambivalência primitiva das hierofanias solares pôde frutificar no quadro de sistemas simbólicos, teológicos e metafísicos extremamente elaborados.

Seria, no entanto, um erro encarar estas valorizações como aplicações estereotipadas e artificiais de um simples mecanismo verbal. As laboriosas interpretações e hermenêuticas escolásticas não faziam mais do que formular em termos próprios os valores de que eram suscetíveis as hierofanias solares. Que estes valores não fossem redutíveis a uma fórmula sumária (quer dizer, em termos racionalistas, não contraditória), temos a prova disso em que o sol pode, nos limites de uma mesma religião, ser valorizado em planos diferentes, para não dizer "contraditórios". Seja o exemplo de Buda. Buda foi muito forte, na sua qualidade de *Chakravartin*, de soberano universal, identificado com o sol. A este respeito, E. Senart, num livro que levantou celeuma ao aparecer, tentou mesmo reduzir a biografia de Sakyamuni a uma seqüência de alegorias solares. A tese era, evidentemente, demasiado absoluta na expressão, mas não deixa de ser verdade que o elemento solar predomina na lenda e na apoteose mítica de Buda[98].

No entanto, no quadro do budismo, como de resto no de todas as místicas indianas, o Sol não assume invariavelmente o papel supremo. A fisiologia mística indiana, sobretudo a Ioga e o Tantra, atribui ao Sol uma região "fisiológica" e cósmica determinada, oposta à da Lua. E o objetivo comum de todas as técnicas místicas indianas não é obter a *supremacia* de um dos dois centros cósmico-fisiológicos mas, pelo contrário, *unificá-los*, ou melhor, realizar a *reintegração dos dois princípios polares*. Estamos aqui em presença de uma das múltiplas variantes do mito e da metafísica da reintegração, na qual a polaridade recebe uma formulação cosmológica Sol-Lua. Sem dúvida todas estas técnicas místicas são apenas acessíveis a uma ínfima minoria em relação à imensa massa indiana, mas isso não implica necessariamente que elas traduzam uma "evolução" em relação à religião desta massa, pois que os próprios "primitivos" nos oferecem a mesma fórmula Sol-Lua da reintegração[99]. Resulta, pois, simplesmente daqui que as hierofanias solares, à semelhança de qualquer outra, eram suscetíveis de valorização em planos muito diferentes, sem que a sua estrutura tivesse de acusar uma aparente "contradição".

A supremacia absoluta — concebida de maneira unilateral e simplista — das hierofanias solares conduz aos excessos dessas seitas ascéticas indianas cujos membros não deixam de fixar o Sol até a cegueira total. É caso para se falar aqui da "secura" e da "esterilidade" de um regime exclusivamente solar, quer dizer, de um racionalismo (no sentido profano) limitado e excessivo. O seu simétrico é a "decomposição" pela "umidade" e a transformação final do homem em "sementes", no quadro das outras seitas que interpretam, com o mesmo simplismo excessivo, os méritos do regime noturno, lunar ou telúrico (cf. §§ 134 s.). Um fatalismo quase mecânico amarra à "cegueira" e à "dessecação" os que valorizam apenas um aspecto das hierofanias solares, da mesma forma que conduz à orgia permanente, à dissolução e à regressão a um estado larvar (cf. por exemplo, nos nossos dias, a seita telúrica dos Inocentistas) os que se condenam exclusivamente ao "regime noturno do espírito".

46. Os heróis solares, os mortos, os eleitos — Numerosas hierofanias arcaicas do sol têm-se conservado nas tradições populares, mais ou menos integradas em outros sistemas religiosos. Rodas de fogo que se fazem descer das alturas, nos solstícios, em especial no do verão; procissões medievais de rodas transportadas em carros ou em barcos e cujo protótipo se perde na pré-história; o costume de amarrar homens a rodas[100]; proibição ritual de se fazer uso da roda em certas noites do ano (por ocasião do solstício do inverno), outros costumes ainda vivos nas sociedades camponesas européias (Fortuna, a "roda da fortuna", a "roda do ano", etc.), outros tantos usos que traem uma estrutura solar. Não podemos pensar em abordar aqui o problema das suas origens históricas. Lembremos, contudo, que, desde a Idade do Bronze, existia, no norte da Europa, um mito do cavalo do Sol[101] e que, como mostrou R. Forrer no seu estudo sobre os carros cultuais pré-históricos, estes, criados para reproduzirem o movimento do astro, podem ser tidos por protótipos do carro profano[102].

Mas estudos com os de Oskar Almgren sobre os desenhos rupestres proto-históricos do norte da Europa ou de O. Hoefler sobre as sociedades secretas germânicas da Antiguidade e da Idade Média tornaram manifesto o caráter complexo do "culto solar" nas regiões setentrionais. Esta complexidade não é explicável por coalescências ou sínteses híbridas, pois que a encontramos no mesmo grau nas sociedades primitivas. Ela denuncia, pelo contrário, o caráter arcaico deste culto. Almgren e Hoefler demonstraram a simbiose dos elementos solares com elementos de culto funerário (por exemplo, a Caça Fantástica) e ctônico-agrário (fertilização dos campos pela roda solar, etc.). E há já bastante tempo Mannhardt, Gaidoz e Frazer mostraram a integração do complexo solar do "ano" e da roda da fortuna na magia e na mística agrária das crenças européias antigas e do folclore moderno.

O mesmo complexo cultural sol-fecundidade-herói (ou representante dos mortos) reaparece mais ou menos intacto em outras civilizações. No Japão, por exemplo, no quadro do cenário ritual do "visitante" (cenário que engloba elementos de culto ctônico-agrário), realiza-se, todos os anos, a visita de grupos de jovens de cara sarapintada, chamados os "Diabos do Sol"; estes jovens, que vão de herdade em herdade para assegurarem a fertilidade da terra durante o ano que chega, representam os antepassados (isto é, os "mortos") solares[103]. Nos cerimoniais europeus, o lançamento de rodas de fogo por ocasião dos solstícios, assim como outros usos análogos, desempenha provavelmente também uma função mágica de restauração das forças solares. Com efeito, nas regiões do norte, a redução crescente dos dias à medida que se aproxima o solstício do inverno inspira o temor de que o Sol possa extinguir-se. Em outras regiões acontece que este estado de alarme se traduza em visões apocalípticas: a queda ou o obscurecimento do Sol são tidos como sinais do fim do mundo, quer dizer, da conclusão do ciclo cósmico (seguida, na maioria dos casos, de uma nova cosmogonia e de uma nova raça humana). Os mexicanos asseguravam a perenidade do Sol sacrificando-lhe constantemente prisioneiros cujo sangue se destinava a renovar as energias enfraquecidas do astro. Mas a sua religião está toda ela impregnada de um sombrio terror da catástrofe cósmica periódica. Pode-se-lhe oferecer todo o sangue que se quiser, virá o dia em que o Sol cairá. O apocalipse faz parte do próprio ritmo do universo.

Outro conjunto mítico importante é o dos "heróis solares", familiares sobretudo aos pastores nômades, quer dizer, a raças nas quais se recrutarão, ao longo da história, as nações chamadas a "fazer história". Encontramos estes heróis solares entre os pastores africanos (os hotentores, os herrero, os masais, por exemplo[104]), entre os turco-mongóis (por exemplo, o herói Gesser Khan), entre os judeus (Sansão) e sobretudo em todas as nações indo-européias. O que se tem escrito sobre os mitos e as lendas dos heróis solares enche bibliotecas e tem-se ido longe na busca de seus vestígios. Não se deve condenar totalmente esta mania solarizante. Não há dúvida de que, em dado momento, todas as etnias de que falamos conheceram a voga do "herói solar". Devese, no entanto, evitar querer reduzir, a todo custo, o herói solar a uma epifania do astro; a sua estrutura e o seu mito não se confinam à manifestação pura e simples dos fenômenos solares (aurora, raios solares, luz, crepúsculo, etc.). Um herói solar apresenta sempre, além disso, uma "zona obscura", a das suas relações com o mundo dos mortos, a iniciação, a fecundidade, etc. O mito dos heróis solares apresenta também elementos que dependem da mística do soberano ou do demiurgo. O herói "salva" o mundo, renova-o, inaugura uma nova etapa que equivale por vezes a uma nova organização do universo, quer dizer, conserva ainda a herança demiúrgica do ser supremo. Uma carreira como a de Mithra, originariamente deus celeste, depois solar e mais tarde *soter* na qualidade de *Sol Invictus*, explica-se em parte por esta função demiúrgica (do touro abatido por Mithra saem sementes e plantas) de organizador do mundo.

Outros motivos ainda se opõem à redução dos heróis solares às epifanias do astro, tal como a mitologia "naturalista" a praticou. É que qualquer "forma" religiosa é essencialmente "imperialista" e assimila continuamente a substância, os atributos e os prodígios de outras "formas" religiosas, mesmo muito diferentes. Qualquer "forma" religiosa vitoriosa tende a querer ser *tudo*, a estender a sua jurisdição à experiência religiosa inteira. De maneira que — não tenhamos dúvidas — as "formas" religiosas (deuses, heróis, cerimônias, mitos, etc.) de origem solar que tiveram uma carreira vitoriosa englobam na sua estrutura elementos extrínsecos, assimilados e integrados pelo próprio jogo da sua expansão imperialista.

Não é nossa intenção concluir esta morfologia sucinta das hierofanias solares com uma visão de conjunto. Isso equivaleria a retomar os principais temas sobre os quais temos insistido no decurso da exposição: solarização dos seres supremos, relações do Sol com a soberania, a iniciação, as elites, a sua ambivalência, as suas relações com os mortos, a fecundidade, etc. No entanto, vale a pena sublinhar a afinidade da teologia solar com as elites, quer se trate de soberanos, de iniciados, de heróis ou de filósofos. Ao contrário do que acontece com as outras hierofanias cósmicas, as hierofanias solares têm tendência para se tornarem privilégios de círculos fechados, de uma minoria de "eleitos", o que tem por efeito encorajar e precipitar o seu processo de racionalização. Assimilado ao "fogo inteligente", o Sol acaba, com o passar do tempo, por se tornar, no mundo greco-romano, um *princípio cósmico*; de hierofania transforma-se em *idéia* por um processo análogo àquele a que diversos deuses uranianos estiveram sujeitos (I-ho, Brahman, etc.). Já Heráclito sabia que "o Sol é novo todos os dias". Para Platão, é a imagem do Bem tal como se manifesta na esfera das coisas visíveis[105]; para os órficos, é a inteligência do mundo. A racionalização progride de par com o sincretismo. Macróbio[106] reduz ao culto solar toda a teologia e identifica ao Sol Apolo, Dioniso, Marte, Mercúrio, Esculápio, Hércules, Serápis, Osíris, Hórus, Adonis, Nêmesis, Pã, Saturno, Adad e até Júpiter. O imperador Juliano, no seu tratado *Sobre o Sol Rei*, e Proclus, no seu *Hino ao Sol*, fazem a valorização sincrético-racionalista do astro.

Estas últimas homenagens ao Sol, no crepúsculo da Antiguidade, não são absolutamente desprovidas de significação: são palimpsestos que permitem decifrar ainda, sob uma nova escrita, os vestígios das hierofanias autênticas, arcaicas. A título de simples citação basta mencionar a condição de dependência do Sol em relação a Deus, que lembra o mito primitivo do demiurgo solarizado, as suas relações com a fecundidade e o drama vegetal, etc. Mas, de maneira geral, temos aí apenas uma pálida imagem do que outrora significaram as hierofanias solares, imagem que chega até nós cada vez mais desbotada pelo racionalismo. Os últimos "eleitos", os filósofos, conseguiram assim dessacralizar uma das mais poderosas hierofanias cósmicas.

IV

A Lua e a mística lunar

47. A Lua e o Tempo — O Sol permanece sempre igual, sem qualquer espécie de "devir". A Lua, em contrapartida, é um astro que cresce, decresce e desaparece, um astro cuja vida está submetida à lei universal do devir, do nascimento e da morte. Como o homem, a Lua tem uma "história" patética, porque a sua decrepitude, como a daquele, termina na morte. Durante três noites o céu estrelado fica sem Lua. Mas esta "morte" é seguida de um renascimento: a "lua nova". O desaparecimento da Lua na obscuridade, na "morte", nunca é definitivo. Segundo um hino babilônico dirigido a Sin, a Lua é "um fruto que cresce por si mesmo"[1]. Ela renasce da sua própria substância, em virtude do seu próprio destino.

Este eterno retorno às suas formas iniciais, esta periodicidade sem fim fazem com que a Lua seja, por excelência, o astro dos ritmos da vida. Não é, pois, de surpreender que ela controle todos os planos cósmicos regidos pela lei do devir cíclico: águas, chuva, vegetação, fertilidade. As fases da Lua revelaram ao homem o tempo concreto, distinto do tempo astronômico, que só posteriormente foi descoberto. O sentido e as virtudes mágicas das fases da Lua eram já definitivamente conhecidos na época glaciária. Encontramos o simbolismo da espiral, da serpente e do raio — derivados todos da intuição da Lua considerada como norma da mudança rítmica e da fertilidade — nas culturas da região glaciária da Sibéria[2]. O tempo concreto era, sem dúvida, medido por meio das fases da Lua. E, ainda nos nossos dias, certos povos nômades que vivem da caça e da recolecção (Jaeger-und Sam mlervölker) só utilizam o calendário lunar. A mais antiga raiz indo-ariana relativa aos astros é a que designa a Lua[3]: é a raiz *me*, em sânscrito *mâmi*, "eu meço". A Lua é o instrumento de medida universal. Toda a terminologia relativa à Lua nas línguas indo-européias deriva desta raiz: *mâs* (sânscrito), *mâh* (avéstico), *mah* (velho prussiano), *menu* (lituano), *mêna* (gótico), *méne* (grego), *mensis* (latim). Os germanos mediam o tempo segundo a noite[4]. Vestígios desta medida arcaica encontram-se ainda nas tradições populares européias: certas festas são celebradas de noite, como, por exemplo, a noite de Natal, de Páscoa, de Pentecostes, de S. João, etc.[5]

O tempo controlado e medido por meio das fases da Lua é, como dizíamos, um tempo "vivo". Refere-se sempre a uma realidade biocósmica, a chuva ou as marés, as sementeiras ou o ciclo menstrual. Segundo o ritmo lunar ou sob a sua influência coordena-se toda uma série de fenômenos dos mais diversos "planos cósmicos". O "espírito primitivo", tendo penetrado as "virtudes" da Lua, estabelece relações de simpatia ou de equivalência entre estas séries de fenômenos. É assim, por exemplo, que, desde tempos muito remotos, pelo menos desde a época neolítica, ao mesmo tempo que a descoberta da agricultura, o mesmo simbolismo liga entre si a Lua, as águas, a chuva, a fecundidade das mulheres, a dos animais, a vegetação, o destino do homem após a morte e as cerimônias de iniciação. As sínteses mentais que a revelação do ritmo lunar tornou possível fazem corresponder e unificam realidades heterogêneas; as suas simetrias de estrutura ou as suas analogias de funcionamento não teriam podido ser descobertas se o homem "primitivo" não tivesse intuitivamente percebido a lei de variação periódica do astro, como o fez muito cedo.

A Lua mede, mas também unifica. As suas "forças" ou os seus ritmos "reduzem ao mesmo denominador" uma multidão infinita de fenômenos e de significações. Todo o cosmos se torna transparente e submisso às suas "leis". O mundo deixa de ser um espaço infinito animado por presenças heterogêneas e autônomas: no interior deste espaço distinguem-se coordenações e equivalências. Não, bem entendido, por meio de uma análise racional da realidade, mas por uma intuição cada vez mais distinta do conjunto. Se existem séries de comentários rituais ou míticos laterais, desligados de uma função bem determinada e de certo modo especializada, da Lua (por exemplo, os seres míticos lunares com um só pé ou uma só mão, por cuja magia se pode fazer chover, etc.), não existe nenhum símbolo, ritual ou mito lunar que não implique a totalidade dos valores selênicos já revelados na época considerada. Em qualquer fragmento está presente o conjunto. A espiral, por exemplo, cujo simbolismo lunar já era conhecido na época glaciária, refere-se às fases da Lua, mas compreende igualmente os prestígios eróticos derivados da analogia vulva-concha, tal como os prestígios aquáticos (Lua = concha) e os da fertilidade (dupla voluta, chifres, etc.). Uma pérola usada à guisa de amuleto solidariza a mulher com as virtudes aquáticas (concha), lunares (concha símbolo da Lua, criada pelos raios da Lua, etc.), eróticas, genesíacas e embriológicas. Uma planta medicinal concentra em si a tripla eficiência da Lua, das águas e da vegetação, mesmo que só uma dessas virtudes esteja explicitamente presente na consciência daquele que a utiliza. Cada uma dessas virtudes ou eficiências submete-se, por sua vez, a um número importante de "planos". A vegetação, por exemplo, implica as idéias de morte e de renascimento, de luz e de obscuridade (consideradas como zonas cósmicas), de fecundidade e de opulência, etc. Não existe símbolo, emblema ou eficiência monovalentes ou singularizados. "Tudo se equilibra", tudo se liga e constitui um conjunto de estrutura cósmica.

48. Solidariedade das epifanias lunares — Um conjunto assim não pode, evidentemente, ser apreendido por um espírito habituado a proceder por análise. Mesmo a intuição de que é capaz o homem moderno não pode surpreender toda a riqueza de matizes e de correspondências que uma *realidade* (isto é, sacralidade) cósmica qualquer implica na consciência do homem arcaico. Para este, um símbolo lunar (um amuleto, um sinal iconográfico) não somente fixa e concentra *todas* as forças selênicas que agem em *todos* os planos cósmicos como também, pela eficácia do ritual, o coloca, a ele, homem, no centro dessas forças, fazendo crescer a sua vitalidade, tornando-o mais real, garantindo-lhe uma condição melhor após a morte. Somos obrigados a insistir no caráter *sintético* de todo o ato religioso arcaico (isto é, todo o ato que tem uma significação), para evitar o risco de se compreender *analítica* e *cumulativamente* as funções, virtudes e atributos da Lua que vamos estudar nas páginas que se seguem. Somos forçados a separar em fragmentos o que é e permanece sempre inteiro e a explicitar causalmente o que foi percebido intuitivamente como um conjunto. Utilizamos, assim, as expressões "porque" ou "a fim de que" enquanto na consciência do homem arcaico o que lhe corresponde é "da mesma maneira" (por exemplo, dizemos: porque a Lua controla as águas, as plantas estão submetidas a ela, etc., quando, de fato, deveríamos dizer: *da mesma maneira* as plantas e as águas estão submetidas a ela, etc.).

As "virtudes" da Lua deixam-se descobrir não por meio de uma série de esforços de análise, mas por intuição; *ela revela-se* cada vez mais totalmente. As analogias criadas na consciência arcaica são orquestradas com a ajuda de símbolos: por exemplo, a Lua aparece e desaparece; o caracol mostra e esconde os cornos; o urso desaparece e reaparece; deste modo, o caracol torna-se o lugar da teofania lunar, como na antiga religião mexicana em que o deus da Lua, Tecçiztecatl, é representado dentro de uma concha de caracol[6]: torna-se, assim, amuleto, etc.; o urso transforma-se em antepassado da espécie humana, porque o homem, que tem uma vida semelhante à da Lua, só pode ter sido criado a partir da mesma substância ou pela magia deste astro das realidades vivas, etc.

Os símbolos valorizados pela Lua *são*, ao mesmo tempo, a Lua. A espiral é, simultaneamente, uma hierofania selênica, quer dizer, o ciclo luz-obscuridade, e também um sinal pelo qual o homem pode assimilar as virtudes do astro. O raio é, igualmente, uma cratofania lunar, pois que o seu clarão lembra o da Lua e anuncia a chuva, que é controlada por ela. Todos estes símbolos, hierofanias, mitos, rituais, amuletos, que podemos, para usar um termo cômodo, qualificar de lunares, constituem um todo na consciência do homem arcaico; estão ligados por correspondências, analogias, participações, como uma rede cósmica, um imenso tecido no qual tudo se mantém e nada está isolado. Se procurássemos resumir numa fórmula única a multiplicidade das hierofanias lunares, poderíamos dizer que elas revelam a vida que se repete ritmicamente. Todos os valores cosmológicos, mágicos ou religiosos da Lua se explicam pela sua modalidade de *ser*: isto é, ela é "viva" e inesgotável na sua própria regeneração. Na consciência do homem arcaico, a intuição do destino cósmico da Lua equivale à instauração de uma antropologia. O homem reconheceu-se na "vida" da Lua, não somente porque a sua própria vida tinha um fim, como a de todos os organismos, mas sobretudo porque ela tornava válidas, graças à "lua nova", a sua sede de regeneração, as suas esperanças de "renascimento".

Não tem, para nós, muita importância determinar se nos encontramos, nas inúmeras crenças lunares, perante uma adoração do astro propriamente dito, ou de uma divindade que habita a Lua, ou de uma personificação mítica da Lua. A adoração de um objeto cósmico ou telúrico por ele mesmo não existe na história das religiões. Um objeto sagrado, quaisquer que sejam a sua forma e a sua substância, é sagrado porque revela a *realidade* última ou porque participa dela. Todo objeto religioso "encarna" sempre alguma coisa: o *sagrado* (§§ 3 s.). Encarna-o pela sua faculdade de ser — como, por exemplo, o Céu, o Sol, a Lua, a Terra, etc. — ou então pela sua forma (quer dizer, por símbolo: por exemplo, a espiral-caracol), ou ainda por uma hierofania (um *certo* lugar, uma *certa* pedra, etc., tornam-se sagrados; um certo objeto é "santificado", "consagrado" por um ritual, pelo contato de um outro objeto ou de uma pessoa "sagrados", etc.).

Por conseguinte, também a Lua nunca foi adorada *em si mesma*, mas no que ela revelava de sagrado, quer dizer, na força que está concentrada nela, na realidade e na vida inesgotável que manifesta. A sacralidade lunar era conhecida, quer de uma maneira imediata na hierofania selênica, quer nas formas "criadas" por esta hierofania durante milênios, quer dizer, nas representações a que deu origem: personificações, símbolos ou mitos. As diferenças entre estas formas não cabem neste capítulo. Com efeito, aqui procuramos em primeiro lugar desvendar a hierofania lunar e tudo o que ela implica. Não temos mesmo necessidade de insistir exclusivamente nos documentos manifestamente "sagrados", como as divindades lunares, os rituais e os mitos que lhes são consagrados, etc. Para a consciência do homem arcaico, repetimo-lo, tudo o que tinha uma significação e se referia à *realidade* absoluta tinha um valor sagrado. O simbolismo da pérola ou do raio revela-nos o caráter religioso da Lua com tanta exatidão como o estudo de uma divindade lunar como o deus babilônico Sin ou o de uma divindade selênica como Hécate.

49. A Lua e as águas — Não só porque estão submetidas aos ritmos (chuva, maré), mas também porque são germinativas, as águas são comandadas pela Lua. "A Lua está nas águas"[7] e "da Lua vem a chuva"[8], eis dois motivos de fundo da especulação indiana. O nome Apâmnapât, o "filho da água", era primitivamente o de um espírito da vegetação, mas mais tarde foi aplicado igualmente à Lua e ao néctar lunar, o soma. Ardvisûra Anâhitâ, deusa iraniana das águas, era também uma deusa lunar. Sin, deus babilônico da Lua, comandava igualmente as águas. Um hino evoca a sua fecunda epifania: "Quando tu vogas nas águas semelhante a uma barca... o puro rio Eufrates sacia-se de água..."[9] Um texto do "Langdom Epic" fala do lugar "de onde fluem as águas da sua matriz, do reservatório da Lua"[10].

Todas as divindades lunares conservam mais ou menos manifestos atributos ou funções aquáticas. Em certos povos ameríndios, a Lua ou a divindade lunar é, ao mesmo tempo, a divindade das águas: é o que se passa no México, entre os iroqueses. Uma tribo do centro do Brasil nomeia "Mãe das Águas" a filha do deus da Lua[11]. A propósito de crenças dos antigos mexicanos relativas à Lua, Hieronymo de Chaves (1576) diz que, segundo eles, "a Lua faz crescer e multiplicar todas as coisas..." e que "todas as umidades lhe estão submetidas"[12]. A relação entre a Lua e as marés observada pelos gregos e pelos celtas é igualmente conhecida dos maoris da Nova Zelândia[13] e dos esquimós (as divindades lunares comandam as marés)[14].

Desde tempos muito recuados se observa que chove nas mudanças de Lua. Uma série de personagens míticas, pertencendo a culturas tão diversas como as culturas bosquímana, mexicana, australiana, samoieda e chinesa[15], caracteriza-se pelo seu poder de fazer vir a chuva e por ter um só pé ou uma só mão. Hentze provou sobejamente a sua estrutura lunar. Por outro lado, os símbolos selênicos abundam na sua iconografia, e seus mitos, assim como seus ritos, têm um caráter lunar. Se as águas e a chuva são comandadas pela Lua e se distribuem quase sempre de acordo com as normas — quer dizer, segundo o ritmo lunar —, as catástrofes aquáticas, em contrapartida, manifestam o outro aspecto da Lua, agente de destruição periódico das "formas" esgotadas e, poderíamos dizê-lo, de regeneração, no plano cósmico.

O dilúvio corresponde aos três dias de obscuridade, de "morte" da Lua. É um cataclismo, mas nunca definitivo, pois que se cumpre sob o signo da Lua e das Águas, quer dizer, sob o signo da germinação e da regeneração. Um dilúvio só destrói porque as "formas" estão consumidas e esgotadas, mas a ele seguem-se sempre uma nova humanidade e uma nova história (§ 72). Os mitos diluvianos, na sua grande maioria, revelam como sobreviveu um único indivíduo do qual descende a nova humanidade. Por vezes, este sobrevivente — homem ou mulher — desposa um animal lunar que se torna assim o antepassado mítico do clã. É assim que uma lenda dayak conta como uma mulher foi a única sobrevivente de um dilúvio provocado pela morte de uma enorme boa, "animal lunar", e deu origem a uma humanidade nova pelo seu acasalamento com um cão (mais exatamente com um pau de produzir fogo descoberto perto de um cão[16]).

Das muitas variantes do mito diluviano, reteremos apenas uma versão australiana (tribo Kurnai). Um dia, todas as águas foram engolidas por uma rã monstruosa, Dak. Em vão se esforçaram os animais sedentos em fazê-la rir. Foi só quando a enguia (ou a serpente) se pôs a enrolar-se e a torcer-se que Dak desatou a rir e que as águas, esguichando, provocaram o dilúvio[17]. A rã é um animal lunar, porque numerosas lendas falam da rã que se vê na Lua[18] e porque ela está sempre presente em inúmeros ritos tendentes a provocar a chuva[19]. O padre W. Schmidt explica o mito australiano pelo fato de que a lua nova faz parar o curso da águas (Dak, que incha)[20]. Enfim, Winthuis[21], combatendo a interpretação de W. Schmidt, vislumbra um sentido erótico neste mito da rã Dak. Isto, aliás, não invalida de forma alguma o seu caráter lunar nem a função antropológica do dilúvio (que "cria" uma humanidade nova, regenerada).

Ainda na Austrália, encontramos uma outra variante da catástrofe aquática provocada pela Lua. Esta pediu, um dia, a um homem peles de opossum para se cobrir porque era noite e fazia frio; perante e recusa do homem, a Lua, para se vingar, fez cair uma chuva torrencial que submergiu toda a região[22]. Também os mexicanos sabem que a Lua, sob a aparência de uma mulher jovem e bela, provocou o cataclismo[23]. Mas uma coisa deve ser retida em todas estas catástrofes causadas pela Lua (geralmente causadas por uma afronta feita ao astro, ou por ignorância de uma interdição ritual, etc., quer dizer, por um "pecado" que denuncia a decadência espiritual da humanidade, o abandono das normas, a disjunção dos ritmos cósmicos): é o mito da regeneração, do aparecimento de um "homem novo". Vamos ver que este mito cabe perfeitamente no quadro das funções soteriológicas das águas e da Lua.

50. A Lua e a vegetação — As relações entre a Lua, a chuva e a vegetação já tinham sido observadas antes da descoberta da agricultura. Da mesma fonte de fertilidade universal deriva também o mundo das plantas, submetido à mesma periodicidade orientada pelos ritmos lunares. É pelo calor dela que crescem as plantas, diz um texto iraniano[24]. Certas tribos brasileiras chamam-lhe "Mãe das Ervas"[25] e em muitos lugares (Polinésia, Molucas, Melanésia, China, Suécia, etc.) acredita-se que as ervas crescem na Lua[26]. Ainda nos nossos dias os camponeses franceses semeiam pela lua nova, mas podam e colhem os legumes quando a Lua entra em quarto minguante[27], sem dúvida para não contrariarem o ritmo cósmico com a destruição de um organismo vivo quando as forças estão em crescimento.

O vínculo orgânico entre a Lua e a vegetação é tão forte que grande número de deuses da fertilidade são, ao mesmo tempo, divindades lunares: por exemplo, Hathor, Ishtar, divindades egípcias, e Anaitis, divindade iraniana, etc. Em quase todos os deuses da vegetação e da fecundidade existem resquícios de atributos e poderes lunares — mesmo quando a sua "forma" divina se tornou efetivamente autônoma. Sin é, ao mesmo tempo, o criador das plantas, Dioniso é deus lunar e deus da vegetação. Osíris acumula todos os atributos: os da Lua, das águas, da vegetação e da agricultura. Em especial é possível descortinar o conjunto Lua-água-vegetação no caráter sagrado de certas beberagens de origem divina, como o soma indiano ou o haoma iraniano; estes últimos foram, aliás, personificados em divindades autônomas, ainda que infinitamente menos importantes do que os principais deuses do panteão indo-iraniano. No entanto, no licor divino que confere a imortalidade àqueles que o bebem, podemos discernir o sagrado concentrado na Lua, nas águas e na vegetação. É, por excelência, a "substância divina", porque transmuta a "vida" em "realidade absoluta", quer dizer, em imortalidade. O amrita, a ambrosia, o soma, o haoma, etc. têm o seu protótipo celeste reservado aos deuses e aos heróis, mas acham-se igualmente implicados em beberagens terrestres, no soma que os indianos dos tempos védicos bebiam, no vinho das orgias dionisíacas, etc. Além disso, estas beberagens "concretas" devem a sua eficácia ao protótipo celeste correspondente. A embriaguez sagrada permite participar, ainda que de maneira fulgurante e imperfeita, da modalidade divina; ela realiza o paradoxo de *ser verdadeiramente* e, ao mesmo tempo, de *viver*, o paradoxo de possuir uma *existência plena* e, ao mesmo tempo, de *se tornar*, de ser *força e equilíbrio*. O destino metafísico da Lua é de *viver* permanecendo, simultaneamente, *imortal*, é conhecer a morte como um repouso e uma regeneração, nunca como um fim. É com este destino que o homem procura solidarizar-se por meio de todos os ritos, símbolos e mitos. Ritos, símbolos e mitos nos quais, como vimos, coexistem as sacralidades da Lua, das águas e da vegetação, quer estas últimas derivem a sua sacralidade da da Lua, quer constituam hierofanias autônomas. Como quer que seja, encontramos sempre uma *realidade última*, fonte de força e de vida, donde saíram, diretamente ou por especial graça, todas as formas vivas.

As correspondências e as identificações descobertas entre os diferentes planos cósmicos submetidos aos ritmos lunares — chuva, vegetação, fecundidade animal e lunar, espíritos dos mortos — estão presentes até numa religião tão arcaica quanto a dos pigmeus. A festa da lua nova entre os pigmeus da África tem lugar um pouco antes da estação das chuvas. A Lua, a que chamam Pe, é considerada como "princípio de geração e mãe de fecundidade"[28]. A festa da lua nova é exclusivamente reservada às mulheres, tal como a do Sol é exclusivamente celebrada por homens[29]. Dado que a Lua é, ao mesmo tempo, "mãe e asilo dos fantasmas", as mulheres, para a glorificarem, besuntam-se de argila e de sucos vegetais, tornando-se brancas como os espectros e a luz lunar. O ritual consiste na preparação de uma beberagem alcoólica, à base de bananas fermentadas, que as mulheres exaustas pela dança bebem, e em danças e preces dirigidas à Lua. Os homens não dançam nem acompanham o ritual no tam-tam. Pede-se à Lua, "mãe das coisas vivas", que afugente os espíritos dos mortos e traga a fecundidade, dando à tribo muitas crianças, peixe, caça e frutos[30].

51. A Lua e a fertilidade — Também a fertilidade dos animais, como a das plantas, está submetida à Lua. A relação entre a fecundidade e a Lua torna-se por vezes um pouco complicada, dado o aparecimento de novas "formas religiosas" — como a da Terra-Mãe, as divindades agrárias, etc. No entanto, um atributo lunar conserva-se sempre transparente, qualquer que seja o número de sínteses religiosas que tenham colaborado na constituição destas "formas" novas: é o prestígio da fertilidade, da criação periódica, da vida inesgotável. Os chifres de bovídeos, por exemplo, que caracterizam as grandes divindades da fecundidade, são um emblema da Magna Mater divina. Onde quer que apareçam, nas culturas neolíticas, quer na iconografia, quer nos ídolos de forma bovina, eles marcam a presença da Grande Deusa da fertilidade[31]. Ora, o chifre não é mais do que a imagem da lua nova: "É certo que o chifre bovino se tornou símbolo lunar porque lembra um crescente; é evidente, pois, que dois chifres devem representar dois crescentes, quer dizer, a evolução astral total."[32] Por outro lado, a coexistência dos símbolos lunares com os da fertilidade é freqüente na iconografia das culturas chinesas pré-históricas de Kansu e de Yang-chao, em que chifres estilizados são enquadrados num conjunto de "relâmpagos" (chuva-Lua) e de losangos (símbolo feminino)[33].

Certos animais tornam-se símbolos ou "presenças" da Lua porque a sua forma ou o seu modo de ser evocam o destino da Lua. É o caso do caracol, que aparece e desaparece na sua concha; do urso, que deixa de ser visto no inverno e reaparece na primavera; da rã, porque incha, mergulha e reaparece à superfície da água; do cão, porque se pode vê-lo na Lua ou porque é o antepassado mítico da tribo; da serpente, porque aparece e desaparece, porque tem tantos anéis quantos dias tem a Lua (lenda conservada igualmente pela tradição grega)[34] ou porque é "esposo de todas as mulheres", porque sofre muda de pele (quer dizer, regenera-se periodicamente, é "imortal"), etc. O simbolismo da serpente é de uma polivalência perturbadora, mas todos os símbolos convergem para uma mesma idéia central: é imortal porque se regenera, portanto é uma "força" da Lua e, como tal, distribui fecundidade, ciência (profecia) e mesmo imortalidade. Muitos mitos evocam o funesto episódio em que a serpente arrebatou a imortalidade concedida ao homem pela divindade[35]. Trata-se de variantes tardias de um mito arcaico no qual a serpente (ou um monstro marinho) guarda a fonte sagrada e a da imortalidade (árvore da vida, fonte da juventude, pomos de ouro).

Não podemos mencionar aqui senão alguns mitos e símbolos relativos à serpente, e tão-só os que manifestam o seu caráter de animal lunar. Em primeiro lugar, as suas ligações com as mulheres e a fecundidade: a Lua é fonte de toda a fertilidade, e dirige ao mesmo tempo o ciclo menstrual. Personificada, torna-se "o amante das mulheres". Muitos povos acreditavam — e alguns acreditam ainda — que a Lua, sob a aparência de um homem ou sob a forma de uma serpente, acasala com as mulheres. É por isso que, entre os esquimós, por exemplo, as jovens não olham para a Lua por temor de ficarem grávidas[36]. Os australianos crêem que a Lua, descendo à Terra sob o aspecto de um Don Juan, abandona as mulheres depois de as tornar grávidas[37]. Este mito é ainda popular na Índia[38].

A serpente, dado que é uma epifania da Lua, desempenha a mesma função. Nos Abruzos conta-se ainda nos nossos dias que a serpente acasala com todas as mulheres[39]. Os gregos e os romanos partilhavam a mesma crença. Olímpia, mãe de Alexandre Magno, brincava com as serpentes[40]. O famoso Arato de Sicione era filho de Esculápio[41], tendo-o a mãe concebido de uma serpente. Suetônio[42] e Dion Cassio[43] contam que a mãe de Augusto concebeu do amplexo de uma serpente no templo de Apolo. Uma lenda análoga circulava atribuída a Cipião, o Antigo. Na Alemanha, na França, em Portugal e em outras regiões as mulheres temem que uma serpente lhes entre na boca durante o sono e as fecunde, em especial no período menstrual[44]. Na Índia, as mulheres que desejam uma criança adoram uma cobra. Em todo o Oriente se crê que as mulheres têm o seu primeiro contato sexual com uma serpente, na puberdade ou no período menstrual[45]. A tribo indiana dos komati (província de Mysore) conjura a fecundidade das mulheres por meio de serpentes de pedra[46]. Eliano[47] assegura-nos que, segundo a crença dos hebreus, as serpentes acasalavam com as jovens; e nós encontramos esta crença no Japão[48]. Uma tradição persa registra que, logo que a primeira mulher foi seduzida pela serpente, ficou imediatamente menstruada[49]. Nos meios rabínicos diz-se que a menstruação é devida às relações de Eva com a serpente no Paraíso[50]. Crê-se, na Abissínia, que uma jovem, antes do seu casamento, corre o risco de ser arrebatada pelas serpentes. Uma história argelina conta como uma serpente, tendo conseguido iludir a vigilância, deflorou todas as jovens de uma casa. Encontram-se tradições semelhantes entre os hotentotes mandi da África Oriental, na Serra Leoa, etc.[51]

O ciclo menstrual contribuiu, sem dúvida, para tornar popular a crença segundo a qual a Lua é o primeiro esposo das mulheres. Os papus consideram a menstruação como uma prova das ligações que as mulheres e as moças têm com a Lua, mas representam, ao mesmo tempo, na sua iconografia — escultura em madeira —, répteis saindo das partes genitais das mulheres[52], o que confirma a consubstancialidade Lua-serpente. Entre os chiriguanos, após as fumigações e purificações que se seguem à primeira menstruação, as mulheres perseguem por toda a parte as serpentes, que elas consideram responsáveis pelo mal[53]. Em grande número de povos, a serpente é olhada como causa do ciclo menstrual. O seu caráter fálico — que Crawley[54] foi dos primeiros etnógrafos a pôr em evidência — não exclui a consubstancialidade Lua-serpente; pelo contrário, confirma-a. Grande número de documentos iconográficos pertencentes tanto às civilizações neolíticas asiáticas (por exemplo, o ídolo da cultura panchan, no Kansu[55]; ou ainda o ouro esculpido de Ngan-yang)[56] como às civilizações ameríndias (por exemplo, os discos de bronze de Calchaqui)[57] apresentam o duplo simbolismo da serpente decorado de "losangos" (emblema da vulva)[58]. Este conjunto tem, sem dúvida, um sentido erótico; no entanto, a coexistência da serpente (falo) e dos losangos formula, ao mesmo tempo, uma idéia de dualismo e de reintegração que é, por excelência, lunar, porque encontramos este mesmo motivo na iconografia lunar da "chuva", da "luz e da obscuridade"[59].

52. A Lua, a mulher e a serpente — A Lua pode ter também uma personificação masculina e ofídia, mas estas personificações (que em muitos casos se destacaram do conjunto inicial para seguirem uma carreira autônoma no mito e na lenda) são devidas em última análise à concepção da Lua como fonte de realidades vivas e como fundamento da fertilidade e da regeneração periódica. A serpente é considerada procriadora de crianças; por exemplo: na Guatemala[60], na tribo urabunna da Austrália central (os antepassados são duas serpentes que percorrem a Terra e, sempre que param, abandonam mai-aurli, "espíritos *de crianças*"), entre os togo da África (uma serpente gigante que se encontra num lago perto da cidade de Klewe toma as crianças das mãos do deus supremo Namu e leve-as à cidade antes do seu nascimento)[61]. Na Índia, as serpentes foram olhadas desde a época do budismo (cf. os Jâtakas) como distribuidoras da fertilidade universal (águas, tesouros; cf. § 71). Algumas pinturas de Nagpur[62] representam o acasalamento de mulheres e de cobras. Na Índia moderna, uma multidão de crenças torna claro o caráter benéfico e fertilizante das serpentes: elas impedem a esterilidade das mulheres e asseguram-lhes numerosa descendência[63].

As relações entre a mulher e a serpente são multiformes, mas não podem, em caso algum, ser globalmente explicadas por meio de um simbolismo erótico simplista. A serpente tem significações múltiplas, e entre as mais importantes convém considerar a sua "regeneração". A serpente é um animal que se "transforma". Gressman[64] pretendeu reconhecer em Eva uma deusa fenícia arcaica do mundo subterrâneo, personificada pela serpente[65]. Conhecem-se divindades mediterrânicas representadas com uma serpente na mão (Artêmis arcádica, Hécate, Perséfone, etc.) ou com uma cabeleira feita de serpentes (Górgona, Erínias, etc.). Segundo certas superstições da Europa central, se se enterram os cabelos arrancados a uma mulher que se encontra sob a influência da Lua (isto é, em período menstrual), eles transformam-se em serpentes[66].

Uma lenda bretã diz-nos que a cabeleira das feiticeiras se transforma em serpentes[67]. Este poder, no entanto, não é dado a qualquer mulher, mas somente à que está sob a influência da Lua, que participa também da magia da "transformação". Que a feitiçaria seja, muitas vezes, uma investidura lunar (direta ou transmitida por intermédio das serpentes), confirmam-no grande número de documentos etnográficos. Para os chineses, por exemplo, a serpente está na origem de todo poder mágico, enquanto os termos hebreus e árabes que designam a magia são derivados dos que designam as serpentes[68]. Dado que é lunar, quer dizer, "eterna" e que "vive" debaixo da terra, encarnando (entre tantos outros!) os espíritos dos mortos, a serpente conhece todos os segredos, é fonte de sabedoria, entrevê o futuro[69]. Da mesma forma, quem quer que coma carne de serpente adquire o conhecimento da linguagem dos animais e, em particular, dos pássaros (símbolo que pode ter também um sentido metafísico de acesso às realidades transcendentes). Esta crença encontra-se em muitos povos[70] e conservou-se na tradição erudita[71].

O mesmo simbolismo central de fecundidade e de regeneração submetidas à Lua e distribuídas pelo próprio astro ou por formas consubstanciais (Magna Mater, Terra Mater) explica a presença da serpente na iconografia ou nos ritos das grandes deusas da fertilidade universal. Como atributo da Grande Deusa, a serpente conserva o seu caráter lunar — de regeneração cíclica — juntamente com o caráter telúrico. Em dado momento, a Lua é identificada com a Terra, ela própria considerada a matriz de todas as formas vivas (§ 86). Certas raças crêem mesmo que a Lua e a Terra são constituídas da mesma substância[72]. As grandes deusas participam tanto do caráter sagrado da Lua como do Sol. E, dado que estas mesmas deusas são, ao mesmo tempo, divindades funerárias (os mortos vão para debaixo da terra ou para a Lua a fim de se regenerarem e de reaparecerem sob nova forma), a serpente torna-se o animal funerário por excelência, encarnando as almas dos mortos, o antepassado, etc. É sempre por este mesmo simbolismo de regeneração que se explica a presença da serpente nas cerimônias de iniciação.

53. Simbolismo lunar — O que ressalta claramente deste polissimbolismo da serpente é o seu destino lunar, quer dizer, os seus poderes de fecundidade, de regeneração, de imortalidade por metamorfose. Bem entendido, se revíssemos alguns dos seus atributos ou das suas funções, poderíamos fazer crer que estas correspondências e estes valores se realizaram derivando uns dos outros por análise. O estudo metódico de um conjunto religioso qualquer decomposto nos seus elementos morfológicos corre, assim, o risco de invalidá-lo. Na realidade, todos os valores coexistem num símbolo, mesmo se, aparentemente, apenas alguns deles funcionam. Apreendido através das experiências religiosas, o mundo revela-se como uma totalidade. A intuição da Lua, considerada como norma dos ritmos e fonte de energia, de vida e de regeneração, teceu uma verdadeira rede entre todos os planos cósmicos, criando simetrias, analogias e participações entre fenômenos de uma infinita variedade. Nem sempre é fácil encontrar o centro de tal "rede"; ele destaca-se, por vezes, dos núcleos secundários que podem fazer crer que são os mais importantes, se não os mais antigos. É assim, por exemplo, que o simbolismo erótico da serpente "teceu" à sua volta numerosas equivalências e correspondências que impelem para a sombra, pelo menos em certos casos, os seus atributos lunares. Efetivamente, assistimos a uma série de interseções e de correspondências que se interligam, referindo-se por vezes ao "centro" de que derivam todas, mas articulando-se, em outros casos, em sistemas adjacentes.

Assim, encontramos o conjunto Lua-chuva-fertilidade-mulher-serpente-morte-regeneração periódico, mas, por vezes, defrontamo-nos somente com os conjuntos parciais serpente-mulher-fecundidade, ou serpente-chuva-fecundidade, ou ainda mulher-serpente-magia, etc. Toda uma mitologia se criou em volta desses "centros" secundários, ocultando, para quem não esteja advertido, o conjunto original, que se encontra, no entanto, implicado até no mais pequeno fragmento. Por exemplo, no binômio serpente-água (ou chuva), a submissão destas duas realidades à Lua nem sempre é evidente. Lendas e mitos sem número representam-nos serpentes ou dragões que comandam as nuvens, habitam lagos e alimentam o mundo de água. A ligação entre as serpentes e as nascentes e os cursos de água conservou-se mesmo nas crenças populares européias[73]. Na iconografia das culturas ameríndias o binômio serpente-água é extremamente freqüente: por exemplo, o emblema de Tlaloc, o deus mexicano da chuva, é constituído por duas serpentes enroladas[74]; no mesmo *Codex Borgia*, uma serpente ferida por uma flecha indica a queda de chuva[75]; o *Codex Dresden* representa a água num vaso em forma de serpente[76]; o *Codex Tro-Cortesianus*, à página 63, representa-a também escorrendo de um vaso com a mesma forma[77].

Que este simbolismo tenha a sua justificação no fato de a Lua ser a distribuidora das chuvas é o que provam as pesquisas de Hentze[78]. Por vezes, mesmo o conjunto Lua-serpente-chuva manteve-se até no ritual: na Índia, por exemplo, o rito anual da veneração da serpente (Sarpabali) tal com é exposto nos *Grihyasûtras*, dura quatro meses: começa na lua cheia Sharâvana (primeiro mês da estação das chuvas) e termina na lua cheia Mârgaçirsha (primeiro mês de inverno)[79]. No Sarpabali coexistem, assim, os três elementos do conjunto originário. "Coexistência" é, aliás, um modo de dizer: de fato, estamos perante uma *tripla repetição*, uma "concentração" da Lua, porque as águas, tal como as serpentes, não só participam dos ritmos lunares como também são consubstanciais à Lua. Como qualquer objeto sagrado e como qualquer símbolo, as águas e as serpentes realizam este paradoxo de serem, ao mesmo tempo, *elas próprias* e *outra coisa*; neste caso, a Lua.

54. A Lua e a morte — A Lua é o primeiro morto (há muito tempo o americanista E. Seler escreveu: "der Mond ist der erste Gestorbene"). Durante três noites o céu fica escuro; mas, tal como a Lua renasce na quarta noite, também os mortos adquirem uma nova modalidade de existência. A morte, como veremos adiante, não é uma extinção, mas uma modificação — freqüentemente provisória — do nível da existência. O morto participa de um outro gênero de "vida". E, dado que esta "vida na morte" é validada e valorizada pela "história" da Lua e — em virtude da correspondência Terra-Lua popularizada pela descoberta da agricultura — pela da Terra, os defuntos transitam para a Lua ou voltam para debaixo da Terra, a fim de se regenerarem e de assimilarem as forças necessárias a uma nova existência. É por isso que muitas divindades solares são, ao mesmo tempo, ctônicas e funerárias (Mên, Perséfone, provavelmente Hermes)[80]. Do mesmo modo, numerosas crenças designam a Lua como o país dos mortos. Por vezes, o direito ao repouso *post mortem* na Lua é reservado aos chefes políticos ou religiosos: é, por exemplo, o que crêem os guaycuru, os polinésios de Tokelau, etc.[81] Encontramo-nos aqui perante uma concepção aristocrática, heróica, que só aos privilegiados (soberanos) ou aos iniciados ("mágicos") concede a imortalidade, e que voltaremos a encontrar em outros ciclos culturais.

Esta viagem à Lua após a morte manteve-se, igualmente, nas culturas evoluídas (Índia, Grécia, Irã), mas adquirindo nelas um novo valor. Para os indianos, é o "caminho dos manes" (*pitri-yâna*) e as almas repousam na Lua esperando uma nova encarnação, ao contrário do que sucede com a rota do Sol ou "caminho dos deuses" (*devayâna*), que é o dos iniciados, isto é, os que se libertaram das ilusões da ignorância[82]. Na tradição iraniana, as almas dos mortos, depois de terem passado a ponte Cinvat, dirigiam-se para as estrelas e, se eram virtuosas, alcançavam a Lua e depois o Sol, enquanto as mais virtuosas penetravam até o *garotman*, luz infinita de Ahura Mazda[83]. Esta mesma crença manteve-se na gnose maniqueia[84] e era conhecida no Oriente. O pitagorismo deu novo impulso à teologia astral tornando popular a noção de empíreo uraniano: é na Lua que se encontram os Campos Elíseos, onde repousavam os heróis e os césares[85]. "As ilhas dos bem-aventurados" e toda a geografia mítica da morte foram projetadas em planos celestes: Lua, Sol, Via-Láctea. Evidentemente, achamo-nos perante fórmulas e cultos saturados de especulações astronômicas e de gnose escatológica. Mas não é difícil, em fórmulas tardias como aquelas, identificar os motivos tradicionais: a Lua região dos mortos, a Lua receptáculo regenerador das almas.

O espaço lunar não era mais do que uma etapa no decurso de uma ascensão que pressupunha outras etapas (Sol, Via-Láctea, "círculo supremo"). A alma repousava na Lua, mas, como na tradição dos Upanishads, ela esperava ali uma nova encarnação, um retorno ao circuito biocósmico. É por isso que a Lua preside à formulação dos organismos, mas também à sua decomposição; *omnia animantium corpora et concepta procreat et generata dissolvit*[86]. O seu destino é "reabsorver" as formas e recriá-las. É unicamente o que há além da Lua que "transcende" o devir: *supra lunam sunt aeterna omnia*[87]. Por este fato, para Plutarco[88], que sabe que o homem é tripartido, sendo composto de corpo (*sôma*), alma (*psychè*) e razão (*noũs*), as almas dos justos purificam-se na Lua, enquanto o corpo é restituído à Terra e a razão ao Sol.

À dualidade alma-razão corresponde a dualidade de itinerário *post mortem* Lua-Sol, o que lembra de certo modo a tradição dos Upanishads acerca do "caminho das almas" e do "caminho dos deuses". *Pitriyâna* é lunar porque a "alma" não foi iluminada pela "razão", quer dizer, porque o homem não conheceu a realidade metafísica última: Brahman. O homem conhece duas mortes, escreve Plutarco: a primeira tem lugar na Terra, junto a Demeter, quando o corpo se separa do grupo *psychè-nous* e se torna poeira (por isso os atenienses chamavam aos mortos *dêmêtreioi*), a segunda tem lugar na Lua, junto de Perséfone, quando a *psychè* se separa do *noũs* e se reabsorve na substância lunar. A alma (*psychè*) fica na Lua, conservando durante algum tempo os sonhos e as lembranças da vida[89]. Os justos "definham" rapidamente; as almas dos ambiciosos, dos obstinados e daqueles que têm demasiado amor ao próprio corpo são incessantemente atraídas para a Terra e a sua reabsorção supõe um prazo mais longo. O *noũs* é atraído e recebido pelo Sol, a cuja substância corresponde a razão. O processo de nascimento realiza-se de maneira inversa[90]: a Lua recebe do Sol o *noũs*, que, germinando nela, dá origem a uma nova alma (*psychè*). A Terra fornece o corpo. É de notar o simbolismo da fecundação da Lua pelo Sol, em vista da regeneração do par *noũs-psychè*, primeira integração da personalidade humana.

F. Cumont[91] crê que o par espiritual *psychè-noũs* é de origem oriental, semítica, e lembra que os hebreus reconheciam uma "alma vegetativa" (*nephesh*), que continuava a habitar a Terra durante um certo tempo, e uma "alma espiritual" (*rouah*), que se separava do corpo logo após a morte. F. Cumont encontra uma confirmação desta origem exótica na teologia oriental, popularizada durante o Império romano, que revela a influência exercida pelos planos atmosféricos e segundo a qual o Sol e a Lua descem do empíreo para a Terra[92]. Poder-se-ia objetar a esta hipótese que a dualidade das almas e o seu duplo destino após a morte se encontram em germe nas mais antigas tradições dos helenos. Platão sustentava não só a dualidade da alma[93] como a sua separação ulterior em três[94]. No que diz respeito à escatologia astral, não é possível identificar no *Timeu* a passagem sucessiva do complexo anímico da Lua ao Sol e *vice-versa*, e é provavelmente devida a uma influência semítica[95]. Mas o que nos interessa, de momento, é a concepção da Lua como abrigo das almas dos mortos, que encontramos iconograficamente formulada na glíptica assírio-babilônica, fenícia, hitita, anatoliana — e que se transmite, em seguida, aos monumentos funerários de todo o Império romano[96]. O símbolo funerário da meia lua é freqüente na Europa inteira[97]. Isso não quer dizer que tenha sido introduzido ao mesmo tempo que as religiões romano-orientais em moda durante o Império; porque, na Gália, por exemplo[98], a Lua era um símbolo autóctone utilizado muito antes do contato com os romanos. A "moda" contentou-se em atualizar concepções arcaicas formulando uma tradição pré-histórica em termos novos.

55. A Lua e a iniciação — A morte, no entanto, não é definitiva, pois que a Lua não a conhece. "Tal como a Lua morre e ressuscita, assim nós voltaremos a viver após a morte", proclamam os índios San Juan Capistrano da Califórnia nas cerimônias que se realizam pela lua nova[99]. Grande número de mitos falam da "mensagem" transmitida pela Lua aos homens por intermédio de um animal (lebre, cão, lagarto, etc.) e na qual ela assegura que "tal como eu morro e ressuscito, assim tu morrerás e voltarás à vida". Ou por estupidez, ou por maldade, o "mensageiro" comunica exatamente o contrário e assegura que o homem, diferentemente da Lua, não voltará a viver uma vez morto. Este mito é freqüente na África[100] mas existe também nas ilhas Fidji, na Austrália, entre os ainus, etc.[101] Ele justifica tanto o fato concreto da morte do homem como as cerimônias de iniciação. As fases da Lua constituem um bom exemplo da crença numa ressurreição, mesmo no quadro da apologética cristã. "Luna per omnes menses nascitur, crescit, perficitur, minuitur, consumitur, innovatur — escreve Santo Agostinho. — Quod in luna per menses, hoc in ressurectione semel in toto tempore."[102] É, pois, fácil compreender o papel da Lua nas cerimônias de iniciação, que consistem precisamente em experimentar uma morte ritual seguida de um "renascimento" e pelas quais o iniciado reintegra a sua verdadeira personalidade de "homem novo".

Nas iniciações australianas, o "morto" (o neófito) sai do túmulo como a Lua sai da obscuridade[103]. Entre os koriaks do nordeste da Sibéria, entre os giliaks, tlingits, tongas e haïdas, o urso — "animal lunar", pois que desaparece e reaparece — está presente nas cerimônias de iniciação, da mesma forma que desempenhava um papel essencial nas cerimônias do Paleolítico[104]. Por outro lado, entre os índios pomo da Califórnia do Norte, por exemplo, os candidatos são iniciados pelo urso Grizzly, que os "mata" e abre com as garras um buraco nas costas deles. Despidos, e depois vestidos com novos trajes, os candidatos permanecem quatro dias na floresta, tempo durante o qual lhes são revelados os segredos do ritual[105]. Mesmo quando não há "animais lunares" presentes nos ritos e não encontramos qualquer referência direta à desaparição e à reaparição da Lua, somos levados a ligar as diversas cerimônias de iniciação ao mito lunar em toda a área sul-asiática e à volta do Pacífico, como demonstrou A. Gahs numa monografia ainda inédita[106].

Em certas cerimônias iniciáticas xamanistas, o candidato é "despedaçado" tal como a Lua é fragmentada (inúmeros mitos representam o drama da Lua retalhada ou pulverizada por Deus, pelo Sol, etc.)[107]. Encontramos o mesmo modelo-arquétipo nas iniciações osíricas. Segundo a tradição transmitida por Plutarco[108], Osíris reinou 28 anos e foi morto em dia 17, momento em que a Lua está em minguante. O caixão em que Ísis o tinha escondido foi descoberto por Seth, que andava na caça, em noite de luar; Seth cortou o cadáver de Osíris em 14 pedaços que espalhou por todo o território egípcio[109]. No ritual, o emblema do deus morto tem a forma de uma lua nova. Há similitude evidente entre a morte e a iniciação. "É por isso" — diz Plutarco — "que há uma tão estreita analogia entre os termos gregos que significam morrer e iniciar." Se a iniciação mística se adquire por uma morte ritual, também a morte pode ser assimilada a uma iniciação. As almas que conseguem chegar à parte superior da Lua são chamadas "vitoriosas" por Plutarco e trazem uma coroa na cabeça, como os iniciados e os vitoriosos[110].

56. Simbolismo do "devir" lunar — O "devir" é a norma lunar. Depende das capacidades míticas e de raciocínio dos diversos povos, assim como do seu nível cultural, que ele seja observado nos seus momentos dramáticos — nascimento, plenitude e desaparecimento do astro —, valorizado como "um fracionamento", uma "numeração", ou percebido por intuição como o "cânhamo" de que são urdidos os fios do destino. Mas a heterogeneidade das fórmulas que exprimem este "devir" é apenas aparente. A Lua "reparte", "fia", "mede"; ou então alimenta, fecunda, abençoa; ou recebe as almas dos mortos, inicia e purifica — pois que tem vida e por conseguinte está em eterno devir rítmico. Este ritmo está sempre presente nos rituais lunares. Por vezes, o cerimonial repete, por inteiro, as fases da Lua, como, por exemplo, a *pûjâ* indiana introduzida pelo tantrismo. A deusa *Tripurasundarî* deve ser meditada, segundo um texto do tantrismo[111], como estando na própria Lua. Um autor tântrico, Bâskara Râja, determina que a *pûjâ* da deusa deve começar no primeiro dia da lua nova, e durar toda a quinzena luminosa; é preciso para isso 16 brâmanes, cada um representando um aspecto da divindade (quer dizer, uma fase da Lua, uma *tithî*). Tucci[112] observa, com justeza, que a presença dos brâmanes não é mais do que uma inovação recente, e que na *pûjâ* arcaica outros personagens representavam o "devir" da deusa lunar. Efetivamente, num tratado de incontestável autoridade, *Rudrayâmala*, encontra-se a descrição do cerimonial tradicional, *kumârî-pûjâ*, quer dizer, "adoração da menina". E esta *pûjâ* começa sempre na lua nova e dura 15 noites. Mas, em lugar de 16 brâmanes, são precisos 16 *kumârî*, que representam os 16 *tithî* da Lua. A adoração tem lugar *vrddhibhedena*, ou seja, por ordem de idade, e são necessárias 16 meninas de 1 a 16 anos. Em cada noite, a *pûjâ* representa a *tithî* correspondente da Lua (Tucci, 425). O cerimonial tântrico concede em geral uma importância capital à mulher e às divindades femininas[113]; no caso presente a correspondência entre as estruturas lunar e feminina é perfeita.

Que a Lua "mede" e "partilha" provam-no não só as etimologias, mas também as classificações arcaicas. Para ficarmos no domínio indiano, a *Brhadarânyaka*[114] sabe que "Prajâpati é o ano. Tem dezesseis partes, quinze são noites, a décima sexta é fixa. É pelas noites que ele cresce e decresce, etc.". A *Chandogya*[115] diz-nos que o homem se compõe de 16 partes e cresce ao mesmo tempo que a alimentação, etc. Os vestígios do sistema octaval abundam na Índia: *mâta*, 8 *murti*, etc.; 16 *kalâ*, 16 *shakti*, 16 *mâtrkâ*, etc.; 32 espécies de *dîkshâ*, etc.; 64 *yoginî*,

64 *upacâra*, etc. O número quatro prevalece nas literaturas védicas e bramânicas. *Vâc* (o "logos") compõe-se de quatro partes[116]; *purusha* (o "homem", o "macrantropo") também.

As fases da Lua dão origem, nas especulações ulteriores, às correspondências mais complicadas. Stuchen dedicou uma obra[117] às relações entre as letras do alfabeto e as posições da Lua tal como os árabes as conheciam. Hommel[118] mostrou que dez ou onze caracteres hebraicos designam as fases da Lua (por exemplo, *alef*, que significa "touro", é o símbolo da Lua na sua primeira semana e ao mesmo tempo o nome do signo zodiacal em que começa a série das casas lunares, etc.). Encontra-se a mesma correspondência entre os sinais gráficos e as fases da Lua entre os babilônios[119], os gregos[120], os escandinavos (as 24 runas dividem-se em três gêneros ou *aettir*, cada um compreendendo 8 runas, etc.)[121]. Uma das mais claras e mais completas assimilações do alfabeto (considerado como conjunto de sons, não como grafia) com as fases lunares encontra-se num escólio de Dinis da Trácia[122], em que as vogais correspondem à lua cheia, as consoantes sonoras à meia lua (quartos) e as consoantes surdas à lua nova[123].

57. Cosmobiologia e fisiologia mística — Estas correspondências não desempenham só uma função classificadora. Elas foram obtidas por um esforço de integração total do homem e do cosmos no próprio ritmo divino. O seu significado é, em primeiro lugar, mágico e soteriológico; apropriando-se das virtudes que estão latentes nas "letras" e nos "sons", o homem insere-se em certos centros de energia cósmica e realiza assim uma harmonia perfeita entre ele e o todo. As "letras" e os "sons" desempenham o papel de imagens que, por meditação ou magia, tornam possível a passagem para os diversos planos cósmicos. Para dar um único exemplo, a meditação que precede a criação iconográfica de uma imagem divina indiana comporta, entre outros, o seguinte exercício, no qual a Lua, a fisiologia mística, o símbolo gráfico e o valor sonoro constituem um conjunto de refinada sutileza: "concebendo no seu próprio coração a forma da Lua tal como saiu do som primordial (*prathama-svara-parinatam*, quer dizer, 'surgindo da letra A'), ele deve aí vislumbrar um belíssimo lótus azul que tem entre os seus filamentos o disco lunar imaculado, e no centro deste a sílaba-germinal amarela *Tâm*", etc.[124]

A integração do homem no cosmos só pode ser realizada, evidentemente, quando ele consegue harmonizar-se com os dois ritmos astrais, "unificando" a Lua e o Sol no seu próprio corpo pneumático. A "unificação" dos dois centros de energia sacrocósmica, que são a Lua e o Sol, tem por finalidade — nesta técnica de fisiologia mística — a sua reintegração na unidade primordial, indiferenciada e ainda não fragmentada pelo ato da criação cósmica, o que se traduz por uma transcendência do cosmos. Num texto tântrico[125], um exercício de fisiologia mística pretende obter a transformação "das vogais e consoantes em braceletes, do Sol e da Lua em anéis"[126]. As escolas tântricas e "hathayogicas" levaram muito longe estas assimilações complexas entre o Sol, a Lua e diversos centros ou artérias "místicas", divindades, sangue e *semen virile*, etc.[127] O sentido dessas assimilações é, primeiro, solidarizar o homem com as energias e os ritmos cósmicos; em seguida, realizar a unificação dos ritmos, a fusão dos centros e, por conseqüência, o salto para o transcendente, possibilitado pelo desaparecimento das "formas" e pela restauração da unidade primordial. Esta técnica é naturalmente o produto refinado de uma longa tradição mística, mas encontram-se precedentes rudimentares tanto nos povos arcaicos[128] como nas fases sincretistas das religiões mediterrânicas[129].

A Lua "liga" conjuntamente, pelo seu modo de ser, uma multidão imensa de realidades e de destinos. Harmonias, simetrias, assimilações, participações, coordenadas pelos ritmos lunares, constituem um "tecido" sem fim, uma "rede" de fios invisíveis, que "liga", ao mesmo tempo, homens, chuvas, vegetações, fecundidades, saúde, animais, morte, regeneração, vida *post mortem*, etc. É por isso que, em muitas tradições, a Lua, personificada por uma divindade ou presente por intermédio de um animal lunar, "tece" o véu cósmico ou os destinos dos homens. Foram deusas selênicas que inventaram a profissão de tecelão (como a divindade egípcia Neith), ou que se tornaram célebres na arte da tecelagem (Atena castiga Aracnéia, que teve a audácia de rivalizar com ela, e transforma-a em aranha)[130], ou que teceram trajes de proporções cósmicas (como Proserpina e Harmonia)[131]. Nas crenças européias medievais, Holda é a padroeira dos tecelões e, por detrás desta figura, descobrimos a estrutura selênica-ctônica das divindades da fertilidade e da morte[132].

Evidentemente, encontramo-nos diante de formas complexas, que cristalizaram mitos, cerimoniais e símbolos pertencentes a conjuntos religiosos diferentes, e que nem sempre saíram diretamente da intuição da Lua como norma dos ritmos cósmicos e suporte da vida e da morte. Em compensação, acham-se presentes as sínteses Lua-Terra-Mãe com tudo o que elas significam (ambivalência bem-mal; morte-fertilidade; destino). Da mesma forma, não há que reduzir sempre à Lua toda e qualquer intuição mítica da "rede" cósmica. Na especulação indiana, por exemplo, o ar "teceu" o universo[133] tal como o sopro (*prâna*) "teceu" a vida humana[134]. Aos cinco ventos que separam o cosmos, e não obstante mantém a sua unidade, correspondem cinco sopros (*prânas*) que "tecem" num todo a vida humana (a identidade sopro-vento encontra-se já nos textos védicos)[135]. Trata-se, nestas tradições, da concepção arcaica do conjunto de tudo o que tem vida — cósmico ou microcósmico —, segundo a qual as diferentes partes são integradas por meio de uma força pneumática (vento, sopro) que "tece" umas às outras.

58. A Lua e o destino — Todavia, pelo simples fato de ser senhora de todas as coisas vivas e guia certa dos mortos, a Lua "teceu" todos os destinos. Não é à toa que ela é concebida nos mitos como uma enorme aranha — imagem que encontramos em muitos povos[136]. Tecer não significa somente predestinar (no plano antropológico) e reunir simultaneamente realidades diferentes (no plano cosmológico), mas também *criar*, fazer sair da sua própria substância, como o faz a aranha, que urde, ela própria, a sua teia. Não é a Lua criadora inesgotável de formas vivas? Mas, como tudo o que foi "tecido", as vidas são colocadas num conjunto: elas têm um destino. As Moirai, que fiam os destinos, são divindades lunares. Homero[137] chama-lhes "as fiandeiras", e uma delas tem mesmo o nome de Klothó, ou seja, "fiandeira". Foram, provavelmente, na origem, divindades do nascimento, mas a especulação posterior elevou-as à personificação do destino. No entanto, nunca se perdeu completamente a sua estrutura lunar. Porfírio diz que as Moirai dependem das forças lunares, e um texto órfico considera-as parte (*ta mére*) da Lua[138]. Nas velhas línguas germânicas, um dos termos que designa o "destino" (antigo alto-alemão *wurt*, velho norueguês *urdhr*, anglo saxão *wyrd*) deriva de um verbo indo-europeu *uert*, "rodar", de onde os termos alto-alemão antigo *wirt*, *wirtel*, "fuso", "roca"; holandês *worwelen*, "rodar"[139].

Bem entendido, nas culturas em que as grandes deusas acumularam as virtudes da Lua, da Terra e da vegetação, o fuso e a roca, com os quais fiam os destinos dos homens, tornam-se, a par de tantos outros, seus atributos. É o que acontece com a deusa do fuso encontrada em Tróia, que pertence à época compreendida entre 2000 e 1500 a.C.[140] Este tipo iconográfico acha-se espalhado no Oriente: encontramos a roca na mão de Ishtar, da Grande Deusa hitita, da deusa síria Atargatis, de uma divindade cipriota primitiva, da deusa de Éfeso[141]. O destino, fio da vida, é um período, mais ou menos longo, de *tempo*. As grandes deusas tornam-se, por isso, senhoras do Tempo, dos destinos que elas forjam à sua vontade. Em sânscrito, o tempo designa-se *kâla*, termo que se assemelha muito ao nome da Grande Deusa, Kâlî[142]. Kâlâ significa também "negro", "sombrio", "manchado". O tempo é "negro" porque é irracional, duro, sem piedade. Quem vive sob o domínio do tempo está submetido a sofrimentos de toda a espécie, e a libertação consiste primeiro na abolição do tempo, na evasão à mudança universal[143]. Segundo a tradição indiana, a humanidade encontra-se atualmente no *Kali-yuga*, quer dizer, na "idade sombria", época de todas as confusões e de total decadência espiritual, última etapa de um ciclo cósmico.

59. Metafísica lunar — Tentemos agora uma vista de conjunto sobre todas essas hierofanias lunares. Que revelam elas? Em que medida são coerentes e complementares, em que medida constituem uma "teoria", quer dizer, formulam uma seqüência de "verdades" cujo conjunto poderia constituir um sistema? As hierofanias lunares a que dedicamos a nossa atenção podem ser agrupadas em torno dos seguintes temas: *a*) fertilidade (águas, vegetação, mulher; "antepassado mítico"); *b*) regeneração periódica (simbolismo da serpente e de todos os animais lunares; "homem novo" sobrevivente de uma catástrofe aquática causada pela Lua; morte e ressurreição iniciáticas; etc.); *c*) "tempo" e "destino" (a Lua "mede", "tece" os destinos, "liga" entre si os planos cósmicos distintos e as realidades heterogêneas); *d*) mudança, marcada pela oposição luz-obscuridade (lua cheia-lua nova; "mundo superior" e "mundo inferior"; "irmãos inimigos", bem e mal), ou pela polarização ser-não ser, virtual-atual (simbolismo dos "estados latentes": noite sombria, obscuridade, morte, sementes e larvas). Em todos esses temas a idéia dominante é a do *ritmo* realizado pela sucessão dos contrários, do "devir" pela sucessão das modalidades polares (ser, não-ser; formas-estados latentes; vida-morte). Devir que não se processa, bem entendido, sem drama nem patético; o mundo sublunar não é somente o das transformações, mas o dos sofrimentos, da "história". Nada de "eterno" pode suceder nesta zona sublunar cuja lei é o devir, onde nenhuma mudança é definitiva, onde toda a transformação é apenas palingenesia.

Todos os dualismos têm, se não a sua origem histórica, pelo menos a sua ilustração mítica e simbólica nas fases da Lua. "O mundo inferior, mundo das trevas, é figurado pela Lua moribunda (chifres = crescentes, sinal da dupla voluta = dois crescentes em sentido oposto, sobrepostos e ligados = mudança lunar, velho decrépito e ossudo). O Mundo superior, mundo da vida e da luz nascente, é figurado por um tigre (monstro da obscuridade e da lua nova), de cuja goela sai o ser humano, representado como uma criança (antepassado do clã, que é assimilado à lua que renasce = luz que volta)."[144] Mas nesta mesma área cultural da China arcaica os símbolos luz-obscuridade são complementares; o mocho, símbolo da obscuridade, encontra-se ao lado do faisão, símbolo da luz[145]. A cigarra, da mesma forma, encontra-se ao mesmo tempo em relação com o demônio da obscuridade e com o da luz[146]. Uma época "sombria" é seguida, em todos os planos cósmicos, de uma época "luminosa", pura, regenerada. O simbolismo da saída das "trevas" encontra-se nos rituais de iniciação como nas mitologias da morte, do drama vegetal (semente enterrada, "trevas" de onde sairá uma "planta nova", *neófito*) ou na concepção dos ciclos "históricos". A "idade sombria", *Kaliyuga*, será seguida, após uma dissolução cósmica (*mahâpralaya*), de uma era nova, regenerada. Encontra-se a mesma idéia em todas as tradições dos ciclos cosmo-históricos, e se ela não tem, de modo verossímil, o seu ponto de partida especulativo na revelação das fases da Lua, não resta dúvida de que é ilustrada, de modo exemplar, pelo seu ritmo.

É nesse sentido que se pode falar de uma "valorização" das eras sombrias, das épocas de grande decadência e de decomposição: elas adquirem uma significação supra-histórica, ainda que seja precisamente em tais momentos que a "história" se realiza mais plenamente, pois que os equilíbrios são então precários, as condições humanas de uma infinita variedade, as "liberdades" encorajadas pela deterioração de todas as "leis" e de todos os quadros arcaicos. A época sombria é assimilada à obscuridade, à noite cósmica. Como tal, pode ser valorizada precisamente na medida em que a morte representa um "valor" em si; é o mesmo simbolismo das larvas nas trevas, da hibernação, das sementes que se decompõem no solo para tornar possível o aparecimento de uma forma nova.

Poder-se-ia dizer que a Lua revela ao homem a sua própria condição humana; que em certo sentido o homem se "olha" e se encontra na vida da Lua. É por isso que o simbolismo e a mitologia lunares são patéticos e ao mesmo tempo consoladores, pois que a Lua comanda simultaneamente a morte e a fecundidade, o drama e a iniciação. Se a modalidade lunar é, por excelência, a da mudança dos ritmos, não é menos a do retorno cíclico; destino que fere e consola ao mesmo tempo, porque, se as manifestações da vida são bastante frágeis para se dissolverem de maneira fulgurante, são, no entanto, restauradas pelo "eterno retorno" que a Lua dirige. Tal é a lei de todo o universo sublunar. Mas esta lei dura, e não obstante consoladora, pode ser abolida e, em certos casos, pode-se "transcender" o devir cíclico e adquirir um modo de existência absoluta. Vimos (§ 57) que em certas técnicas tântricas se procura a "unificação" da Lua e do Sol, quer dizer, a superação da polaridade, a reintegração na unidade primordial. Este mito da reintegração — que, no fundo, exprime a sede de abolição dos dualismos, do eterno retorno e das existências fragmentárias — encontra-se muito difundido, com uma infinidade de variantes, na história das religiões. Encontra-se nos estádios mais arcaicos, o que prova que, desde que tomou consciência da sua situação no cosmos, o homem desejou, sonhou e esforçou-se por realizar de maneira concreta (quer dizer, pela religião e pela magia ao mesmo tempo) a superação da sua condição humana ("refletida" com tanta precisão pela condição lunar). Ocupar-nos-emos, oportunamente, deste gênero de mitos, mas devíamos lembrá-los aqui, porque constituem a primeira tentativa feita pelo homem para superar o seu "modo de ser lunar".

V

As águas e o simbolismo aquático

60. As águas e os germes — Numa fórmula sumária, poder-se-ia dizer que as águas simbolizam a totalidade das virtualidades; elas são *fons et origo*, a matriz de todas as possibilidades de existência. "Água, tu és a fonte de todas as coisas e de toda a existência!", diz um texto indiano[1], sintetizando a longa tradição védica. As águas são os fundamentos do mundo inteiro[2], elas são a essência da vegetação[3], o elixir da imortalidade[4]; semelhantes à *amrita*[5], elas asseguram longa vida, força criadora e são o princípio de toda cura, etc.[6] "Que as águas nos tragam o bem-estar!", suplicava o sacerdote védico[7]. "As águas, em verdade, curam, elas expulsam e curam todas as doenças!"[8]

Princípio do indiferenciado e do virtual, fundamento de toda a manifestação cósmica, receptáculo de todos os germes, as águas simbolizam a substância primordial de que nascem todas as formas e para a qual voltam, por regressão ou por cataclismo. Elas foram no princípio, elas voltarão no fim de todo ciclo histórico ou cósmico; elas existirão sempre — se bem que nunca sós, porque as águas são sempre germinativas, guardando na sua unidade não fragmentada as virtualidades de todas as formas. Na cosmogonia, no mito, no ritual, na iconografia, as águas desempenham a mesma função, qualquer que seja a estrutura dos conjuntos culturais nos quais se encontram: elas precedem qualquer forma e suportam qualquer criação. A imersão na água simboliza o regresso ao pré-formal, a renegeração total, um novo nascimento, porque uma imersão equivale a uma dissolução das formas, a uma reintegração no modo indiferenciado da preexistência; e a emersão das águas repete o gesto cosmogônico da manifestação formal. O contato com a água implica sempre a regeneração: por um lado, porque à dissolução se segue um "novo nascimento"; por outro, porque a imersão fertiliza e aumenta o potencial de vida e de criação. A água confere um "novo nascimento" por um ritual iniciático, ela cura por um ritual mágico, ela assegura o renascimento *post-mortem* por rituais funerários. Incorporando nela todas as virtualidades, a água torna-se um símbolo de vida (a "água viva"). Rica em germes, ela fecunda a terra, os animais, a mulher. Receptáculo de toda a virtualidade, fluída por excelência, suporte do devir universal, a água é comparada ou diretamente assimilada à Lua. Os ritos lunares e aquáticos são orquestrados pelo mesmo destino; dirigem o aparecimento e desaparecimento periódico de todas as formas, dão ao devir universal uma estrutura cíclica.

Por isso, desde a pré-história, o conjunto Água-Lua-Mulher tem sido percebido como o circuito antropocósmico da fecundidade. Nos vasos neolíticos da cultura dita de Walternienburg-Bernburg, a água era representada pelo sinal , que é também o mais velho hieróglifo egípcio para a água corrente[9]. Já no Paleolítico, a espiral simbolizava a fecundidade aquática e lunar; marcada em ídolos femininos, representava todos os centros de vida e de fertilidade[10]. Nas mitologias ameríndias, o sinal glíptico da água, representado por um vaso cheio de água no qual cai uma gota vinda de uma nuvem, encontra-se sempre associado a emblemas lunares[11]. A espiral, o caracol (emblema lunar), a mulher, a água, o peixe pertencem constitucionalmente ao mesmo simbolismo da fecundidade, verificável em todos os planos cósmicos.

Toda a análise se arrisca a fragmentar e pulverizar em elementos separados o que, para a consciência que os representou, compunha uma única unidade, um cosmos. O mesmo símbolo indicava ou evocava uma série inteira de realidades que só numa experiência profana são separáveis e autônomas. A multivalência simbólica de um emblema ou de uma palavra pertencente às línguas arcaicas leva-nos a observar que, para a consciência que os forjou, o mundo se revelava como um todo orgânico. Na língua suméria, *a* significava "água", mas significava também "esperma, concepção, geração". Na glíptica mesopotâmica, por exemplo, a água e o peixe simbólico são emblemas da fecundidade. Nos nossos dias, ainda, entre os "primitivos" a água confunde-se — nem sempre na experiência corrente, mas regularmente no mito — com o sêmen viril. Na ilha Wakuta, um mito conta como uma jovem perdeu a virgindade por ter deixado que a chuva lhe tocasse o corpo; e o mito mais importante da ilha Trobriand revela que Bolutukwa, a mãe do herói Tudava, perdeu a virgindade em conseqüência de algumas gotas de água caídas de uma estalactite[12]. Os índios pima do Novo México têm um mito semelhante: uma bela mulher (quer dizer a Terra-mãe) foi fecundada por uma gota de água caída de uma nuvem[13].

61. Cosmogonias aquáticas — Se bem que separados no tempo e no espaço, estes fatos constituem, no entanto, um conjunto de estrutura cosmológica. A água é germinativa, fonte de vida, em todos os planos da existência. A mitologia indiana popularizou em múltiplas variantes o tema das águas primordiais, sobre as quais flutuava Nârâyana, cujo umbigo fazia brotar a árvore cósmica. Na tradição purânica, a árvore é substituída pelo lódão, no meio do qual nasce Brahma (*abjaja*, "nascido do lódão")[14]. Aparecem, sucessivamente, os outros deuses — Varu*n*a, Prajâpati, Purusha ou Brahma (Svayambhu), Nârâyana ou Vishnu —, fórmulas que exprimem o mesmo mito cosmogônico — mas as águas permanecem. Mais tarde, esta cosmogonia aquática torna-se um motivo corrente na iconografia e na arte decorativa: a planta ou árvore eleva-se da boca ou do umbigo de um Yaksa (personificação da vida fecunda), da garganta de um monstro marinho (*makara*), de um caracol ou de um "vaso cheio" — mas nunca diretamente de um símbolo que representasse a Terra[15], porque, como vimos, as águas precedem e suportam qualquer criação, qualquer "construção firme", qualquer manifestação cósmica.

As águas nas quais Nârâyana flutuava numa devota indiferença simbolizam o estado de repouso e de indiferenciação: a noite cósmica. O próprio Nârâyana dormia. E do seu umbigo, quer dizer, de um "centro" (cf. § 145), ganhou vida a primeira forma cósmica: o lódão, a árvore, símbolo da ondulação universal, da seiva germinativa mas sonolenta, da vinda de onde a consciência ainda se não desprendeu. A criação inteira nasce de um receptáculo e apóia-se nele. Em outras variantes, Vishnu, na sua terceira reencarnação (um gigantesco javali), desce ao fundo das águas primordiais e tira a Terra do abismo[16]. Este mito, de origem e de estrutura oceânica, também se manteve no folclore europeu[17].

A cosmogonia babilônica também conhece o caos aquático, o oceano primordial, *Apsû* e *Tiamat*; o primeiro personificava o oceano de água doce no qual, mais tarde, flutuará a Terra; *Tiamat* é o mar salgado e amargo povoado de monstros. O poema da criação, *Enuma Elish*, principia assim:

Quando lá no alto os céus ainda não tinham nome
Quando cá embaixo a Terra ainda não tinha nome
E que o primordial Apsü, que os gerou,
E que Mummu, e Tiamat, mãe de todos
Confundiam todas as águas.[18]

A tradição das águas primordiais, onde os mundos tiveram a sua origem, encontra-se em grande número de variantes nas cosmogonias arcaicas e "primitivas"[19].

62. Hilogenias — Sendo as águas a matriz universal, na qual subsistem todas as virtualidades e prosperam todos os gérmenes, é fácil compreender os mitos e as lendas que fazem derivar delas o gênero humano ou uma raça particular. Na costa sul de Java encontra-se um *segara anakkan*, um "mar das crianças". Os índios Karaja do Brasil lembram-se ainda dos tempos míticos "quando se encontravam ainda na água". João de Toquemada, descrevendo as lustrações batismais dos recém-nascidos no México, transmitiu-nos algumas das fórmulas pelas quais se consagrava a criança à deusa da água Chalchihuitlycue Chalchiuhtlatonac, considerada sua verdadeira mãe.

Antes de a imergir na água, dizia-se: "Toma esta água, porque a deusa Chalchihuitlycue Chalchiuhtlatonac é tua mãe. Que este banho te lave dos pecados dos teus pais..." Em seguida, tocando a boca, o peito e a cabeça com a água, acrescentava-se: "Recebe, menino, a tua mãe Chalchihuitlycue, a deusa da água."[20] Os antigos Carélios, os Mordves, os Estónios, os Tcheremisses e outros povos fino-úgricos conhecem uma "Mãe-Água", à qual se dirigem as mulheres que pretendem ter filhos[21]. As Tátaras estéreis ajoelham e imploram perto de um lago[22]. A vasa, *limus*, é o lugar por excelência das hilogenias. Os filhos bastardos eram assimilados à vegetação do lago e lançados na vasa das margens, matriz inesgotável; num sentido ritual, eram assim reintegrados na vida impura de que tinham saído, semelhantes às ervas grossas, às canas de junco dos pântanos. Tácito diz dos germanos: "ignavos et imbelles et corpore infames caeno ac palude, iniecta insuper crate, mergunt''[23]. A água é germinativa, a chuva é fecundante, semelhante ao sêmen viril. No simbolismo erótico-cosmogônico, o Céu abraça e fecunda a Terra por meio da chuva. O mesmo simbolismo se encontra em todas as hilogenias. A Alemanha está cheia de ''Kinderteichen'', ''Bubenquellen''[24]. Em Oxford, Child's Well é uma fonte conhecida por tornar fecundas as mulheres estéreis[25]. Muitas crenças deste tipo estão contaminadas pela concepção da ''Terra-Mãe'' e pelo simbolismo erótico da fonte. Mas, por detrás destas crenças como por detrás de todos os mitos da descendência da Terra, da vegetação, da pedra, encontramos a mesma idéia fundamental: a vida, quer dizer, a realidade, acha-se concentrada numa substância cósmica de que derivam, por descendência direta ou participação simbólica, todas as formas vivas. Os animais aquáticos, sobretudo os peixes (que acumulam também os símbolos eróticos) e os monstros marinhos tornam-se os emblemas do sagrado porque se substituem à *realidade absoluta*, concentrada nas águas.

63. A ''Água da Vida'' — Símbolo cosmogônico, receptáculo de todos os gérmenes, a água torna-se a substância mágica e medicinal por excelência; ela cura, rejuvenesce, assegura a vida eterna. O protótipo da água é a ''água viva'', que a especulação posterior projetou por vezes nas regiões celestes — como existe uma *soma* celeste, uma *haoma* branca no céu, etc. A água viva, as fontes de juventude, a água da vida são as fórmulas míticas de uma mesma realidade metafísica e religiosa; na água reside a vida, o vigor e a eternidade. Esta água não é, naturalmente, acessível a toda a gente, nem de qualquer maneira. Está guardada por monstros. Acha-se em territórios de difícil penetração, na posse de demônios ou de divindades. O caminho para a sua origem e a sua obtenção implicam uma série de consagrações e de ''provas'', exatamente como na busca da ''árvore da vida'' (§ 108, 145). O ''rio sem idade'' (vijâra nadî) encontra-se perto da árvore miraculosa de que fala o *Kausitakî Upanishad*[26]. E, no Apocalipse[27], os dois símbolos encontram-se lado a lado: ''Ele mostrou-me, em seguida, o rio e a água da vida, límpida como cristal, que brota do trono de Deus e do cordeiro... E nas duas margens do rio cresce a árvore da vida.''[28]

A ''água viva'' rejuvenesce e dá a vida eterna; toda a água, por um processo de participação e de degradação, que nos aparecerá mais claramente no decurso desta obra, é eficiente, fecunda ou medicinal. Ainda nos nossos dias, na Cornualha, as crianças doentes são mergulhadas três vezes no poço de Saint-Mandron[29]. Na França, o número de fontes[30] e de rios com virtudes curativas é considerável. Há também fontes que têm uma influência benfazeja no amor[31]. Além destas fontes, outras águas possuem um valor em medicina popular[32]. Na Índia, as doenças são projetadas nas águas[33]. Os Fino-úgricos explicam um certo número de doenças pela profanação ou pela impureza das águas correntes[34]. E, para encerrar esta revisão sumária das virtudes maravilhosas das águas, lembremos o papel da "água não começada" na maioria dos sortilégios e das medicações populares. A "água não começada", quer dizer, a de um vaso novo, não profanada pelo uso cotidiano, concentra em si as valências germinativas e criadoras da água primordial. Ela cura, porque, em certo sentido, refaz a criação. Veremos mais tarde que os atos mágicos "repetem" a cosmogonia, porque são projetados no tempo mítico da criação dos mundos, e não são mais do que a repetição dos gestos que se realizam então, *ab origine*. No caso da terapia popular com a água "não começada", procura-se a regeneração mágica do doente pelo contato com a substância primordial; a água absorve o mal graças ao seu poder de assimilação e de desintegração de todas as formas.

64. Simbolismo de imersão — A purificação pela água possui as mesmas propriedades: na água, tudo se "dissolve", toda a "forma" se desintegra, toda a "história" é abolida; nada do que anteriormente existiu subsiste após uma imersão na água, nenhum perfil, nenhum "sinal", nenhum "acontecimento". A imersão equivale, no plano humano, à morte, e, no plano cósmico, à catástrofe (o dilúvio) que dissolve periodicamente o mundo no oceano primordial. Desintegrando toda a forma e abolindo toda a história, as águas possuem esta virtude de purificação, de regeneração e de renascimento, porque o que é mergulhado nela "morre" e, erguendo-se das águas, é semelhante a uma criança sem pecados e sem "história", capaz de receber uma nova revelação e de começar uma nova vida "limpa". Como escreve Ezequiel[35]: "Farei sobre vós uma aspersão de água pura e vós sereis puros." E o profeta Zacarias vê em espírito como "nesse tempo uma fonte brotará para a casa de Davi e para os habitantes de Jerusalém, a fim de fazer desaparecer o seu pecado e a sua mácula"[36].

As águas purificam e regeneram porque anulam a "história", restauram — ainda que seja por um momento — a integridade auroral. A divindade iraniana das águas, Ardvî Sûrâ Anâhitâ, é chamada "a santa que multiplica os rebanhos... os bens... a riqueza... a terra..., que purifica a semente de todos os homens... a matriz de todas as mulheres... que lhes dá o leite de que necessitam", etc.[37] As abluções purificam do crime[38], da presença nefasta dos mortos[39], da loucura[40], abolindo tantos pecados quanto os processos de desintegração física ou mental. Elas precedem os principais atos religiosos, preparando assim a inserção do homem na economia do sagrado. As abluções tinham lugar antes de se entrar nos templos[41] e antes dos sacrifícios[42].

O mesmo mecanismo ritual da regeneração pelas águas explica a imersão das estátuas das divindades, no mundo antigo. O ritual do banho sagrado era praticado habitualmente no culto das grandes deusas da fecundidade e da agricultura. As forças exaustas da divindade eram deste modo reintegradas, assegurando uma boa colheita (a magia da imersão provocava a chuva) e a fecunda multiplicação dos bens. A 27 de março (*hilaria*) tinha lugar o "banho" da Mãe frígia, Cibele. A imersão da estátua fazia-se ora num rio (em Pessinonte, Cibele era banhada no Gallos), ora num lago (como em Ancira, Magnésia, etc.)[43]. O "banho" de Afrodite era conhecido em Pafos[44] e os lutróforos da deusa em Sicione nos são descritos por Pausânias[45]. No século III d.C., Calímaco[46] canta o banho da deusa Atena. Este ritual era freqüente no culto das divindades femininas cretenses e fenícias[47], como o era também em diversas tribos germânicas[48]. A imersão do crucifixo ou da imagem da Virgem Maria e dos santos, para conjurar a seca e obter a chuva, é praticada no catolicismo desde o século XIII, continuando, não obstante a resistência eclesiástica, até os séculos XIX e XX[49].

65. O batismo — Este simbolismo imemorial e ecumênico da imersão na água como instrumento de purificação e de regeneração foi aceito pelo cristianismo e enriquecido por novos valores religiosos. O batismo de São João procurava, não a cura das enfermidades corpóreas, mas a redenção da alma, o perdão dos pecados. João Batista pregava "o batismo de arrependimento para a remissão dos pecados"[50] dizendo: "Eu vos batizo com água, mas aquele que é mais forte do que eu vos batizará com o Espírito Santo e o fogo."[51] No cristianismo, o batismo tornou-se o principal instrumento de regeneração espiritual, pois que a imersão na água batismal equivale ao enterramento de Cristo. "Ignorais" — escreve S. Paulo[52] — "que todos os que fomos batizados em Jesus Cristo o fomos também na sua morte?" Simbolicamente, o homem morre através da imersão e renasce, purificado, renovado, exatamente como Cristo ressuscitou do seu túmulo. "Nós fomos, pois, enterrados com ele pelo batismo, a fim de que, tal como Cristo ressuscitou dos mortos para a glória do Pai, nós caminhemos para uma nova vida, porque, se participamos por imitação na sua morte, participaremos também na sua ressurreição."[53]

Do grande número de textos patrísticos que interpretam o simbolismo do batismo, limitar-nos-emos a reter pelo menos dois: um que se refere aos valores soteriológicos da água, o outro que diz respeito ao simbolismo batismal morte-renascimento. Tertuliano[54] faz uma longa apologia das propriedades excepcionais da água, elemento cosmogônico santificado desde sempre pela presença divina. Primeiro foi a água, "centro do espírito divino, que a preferia então a todos os outros elementos... Foi à água, em primeiro lugar, que foi ordenado que produzisse criaturas vivas... Foi a água que primeiro produziu o que tem vida, para que o nosso espanto cessasse quando um dia ela concebesse a vida no batismo. Na formação do próprio homem Deus empregou a água para consumar a sua obra. É verdade que a terra lhe forneceu a substância, mas a terra teria sido incapaz de fazê-lo se não fosse úmida e dissolúvel... Por que aquela que produz a vida da Terra não produzirá também a vida do Céu? Toda a água natural adquire, pois, pela antiga prerrogativa que lhe foi consignada na sua origem, a virtude de santificação no sacramento, contanto que Deus seja invocado para este fim. Logo que se pronunciam as palavras, o Espírito Santo, descendo dos céus, paira sobre as águas que ele santifica pela sua fecundidade; as águas santificadas deste modo impregnam-se por sua vez da virtude santificante... Aquilo que outrora curava o corpo cura agora a alma; o que dava a saúde no tempo dá a salvação na eternidade...".

O homem velho morre por imersão na água, e dá origem a um ser novo, regenerado. Este simbolismo é admiravelmente formulado por João Crisóstomo[55], que, falando da multivalência simbólica do batismo, escreve: "Ele representa a morte e a sepultura, a vida e a ressurreição... Quando mergulhamos a nossa cabeça na água como num sepulcro, o velho homem fica imerso, inteiramente sepultado; quando saímos da água, o homem novo aparece simultaneamente." Toda a "pré-história do batismo" tinha em vista o mesmo objetivo, a morte e a ressurreição — se bem que em níveis religiosos diferentes daquele que foi instaurado pelo cristianismo. Não se trata aqui de "influências" ou de repetição de símbolos obtidos algures, porque tais símbolos são arquetípicos e universais; eles revelam a situação do homem no cosmos, valorizando ao mesmo tempo a sua posição perante a divindade (a *realidade* absoluta) e a história. O simbolismo das águas é o produto da intuição do cosmos como unidade e do homem como um modo específico de existência que se realiza através da "história".

66. A sede do morto — O uso funerário da água pode ser explicado pelo mesmo conjunto que torna válida a sua função cosmogônica, mágica e terapêutica; as águas "saciam a sede do morto", dissolvem-no, solidarizam-no com as sementes; as águas "matam o morto", abolindo definitivamente a sua condição humana[56], que o inferno lhe deixa a um nível reduzido, larvar, conservando deste modo intacta a possibilidade de sofrimento. Nas diversas concepções da morte, o defunto não morre definitivamente, mas adquire apenas um modo elementar de existência; é uma regressão, não uma extinção final. Na expectativa de retorno ao circuito cósmico (transmigração) ou de libertação definitiva, a alma do morto *sofre* e este sofrimento exprime-se habitualmente *pela sede.*

O rico, mergulhado nas chamas do inferno, suplica a Abraão: "Tem piedade de mim e manda-me Lázaro, para que ele molhe os dedos na água e me refresque a língua, pois que estas chamas me torturam."[57] Numa tabuleta órfica (Eleutherne) acha-se a seguinte inscrição: "Ardo e consumo-me com sede." Por ocasião da cerimônia da Hidroforia, dava-se água aos mortos, derramando-a em fendas ou aberturas no chão (*chasmata*), e pelas Antestérias, nas vésperas das chuvas da primavera, os gregos acreditavam que os mortos tinham sede[58]. A convicção de que as almas dos mortos sofrem sede aterrou em particular as populações ameaçadas pelo calor e pela seca (Mesopotâmia, Anatólia, Síria, Palestina, Egito) e era sobretudo nestas regiões que se utilizavam as libações para os defuntos e que se representava a felicidade no além como um refrigério[59]. Os sofrimentos *post mortem* exprimiram-se em termos concretos, da mesma maneira que se formula qualquer experiência humana e qualquer teoria arcaica; a "sede do morto" e as "chamas" dos infernos asiáticos são substituídas nas concepções nórdicas por termos que exprimem "a temperatura reduzida" (frio, geada, pântanos gelados, etc.)[60].

Mas tanto a sede como o frio exprimem o sofrimento, o drama, a agitação. O morto não pode ficar continuamente no mesmo estado, que é uma trágica degradação da sua condição humana. As libações têm por objetivo o seu apaziguamento, quer dizer, a abolição dos sofrimentos, a regeneração do morto por uma "dissolução" total na água. No Egito, o morto é, por vezes, assimilado a Osíris e, nesta qualidade, pode esperar um "destino agrícola", pois que o seu corpo germinará como as sementes. Numa estela funerária do British Muscum, o defunto dirige a Rá esta prece: "que o seu corpo possa germinar"[61]. Mas as libações não devem ser sempre interpretadas num sentido "agrícola", a sua finalidade nem sempre é "a germinação do morto", a sua transformação em "semente" e *néophutos* (neófito, "erva nova"), mas, em primeiro lugar, o seu "apaziguamento", quer dizer, a extinção do resto de condição humana que ainda conserva, a sua imersão total nas "águas" para poder adquirir um novo nascimento. O "destino agrícola" que as libações funerárias implicam não é mais do que uma conseqüência desta desintegração final da condição humana; é um novo modo de manifestação, que se tornou possível pelas virtudes dissolventes mas também germinativas das águas.

67. Fontes miraculosas e oraculares — A esta multivalência religiosa da água correspondem, na história, numerosos cultos e ritos concentrados à volta de fontes, rios e riachos. Cultos que se devem, em primeiro lugar, ao valor sagrado que a água incorpora em si, como elemento cosmogônico, mas também à epifania local, manifestação da presença sagrada em certo curso de água ou em certa fonte. Estas epifanias locais são independentes da estrutura religiosa sobreposta. A água corre, é "viva", agita-se; inspira, cura, profetiza. Em si mesmos, a fonte ou o rio manifestam o poder, a vida, a perenidade; eles *são* e são *vivos*. Deste modo adquirem uma autonomia e o seu culto permanece, a despeito de outras epifanias e de outras revoluções religiosas. Eles revelam constantemente a força sagrada que lhes é própria, e participam ao mesmo tempo do prestígio de elemento netuniano.

O culto das águas — e, em particular, o das fontes consideradas curativas, dos poços termais, das salinas, etc. — apresenta uma continuidade impressionante. Nenhuma revolução religiosa pôde aboli-lo. Alimentado pela devoção popular, o culto das águas acabou por ser tolerado até mesmo pelo cristianismo, depois das perseguições infrutíferas da Idade Média[62]. A continuidade cultural estende-se, por vezes, desde o Neolítico até os nossos dias. Assim, na fonte termal de Grisy (comuna de Saint-Symphorien-de-Marmagne) foram encontrados objetos votivos neolíticos e romanos[63]. Idênticos vestígios do culto neolítico (sílices partidos intencionalmente em sinal de ex-voto) foram encontrados na chamada fonte de Saint-Sauveur (bosque de Compiègne)[64]. Tendo as suas origens na pré-história, o culto transmitiu-se aos gauleses, depois aos galo-romanos, dos quais o recebeu e assimilou o cristianismo. Em Saint-Moritz, conservaram-se, até há poucos anos, antigas instalações do culto da Época do Bronze[65]. Na comuna de Bertinoro (província de Forli), perto de um poço moderno de água cloro-salina, encontram-se vestígios cultuais da Idade do Bronze[66]. Na Inglaterra, perto de túmulos pré-históricos ou de monumentos megalíticos, encontramos fontes consideradas pela população como miraculosas ou benfazejas. Convém, por fim, lembrar o ritual que se praticava no lago Saint-Andéol (nos montes Aubrac) e que São Gregório de Tours descreve (544-595). Os homens dirigiam-se para lá em carroças e durante três dias havia festa em volta do lago; levavam, em sinal de oferenda, roupas brancas, peças de vestuário, lãs, queijos, bolos, etc. No quarto dia levantou-se grande tempestade seguida de chuva (tratava-se, evidentemente, de um rito bárbaro para conjurar a chuva). Um padre, Parthenius, depois de ter tentado, em vão, convencer os camponeses a renunciarem a este cerimonial pagão, construiu uma igreja, para a qual os homens acabaram por levar as oferendas destinadas ao lago. No entanto, o hábito de jogar na água do lago objetos usados e bolos conservou-se até o século XIX: os peregrinos lançavam ao lago camisas e calças, sem compreenderem o sentido desses atos[67].

Encontramos um excelente exemplo de continuidade, a despeito das modificações do conjunto religioso no qual foi sucessivamente integrado o culto das águas, na monografia já citada de

Pettazzoni sobre a religião primitiva da Sardenha. Os proto-sardos veneravam as fontes, oferecendo-lhes sacrifícios e erigindo perto delas santuários dedicados a Sarder Pater[68]. Ao lado dos templos e das águas tinham lugar os ordálios, fenômeno religioso característico do conjunto atlântico-mediterrânico*. Vestígios deste ordálio pela água sobreviveram até hoje nas crenças e no folclore sardo. O culto das águas encontra-se também na pré-história da Sicília[69]. Em Lilibeo (Marsala) o culto grego da Sibila sobrepôs-se a um culto primitivo local, que tinha o seu centro numa caverna inundada de água; os proto-sicilianos dirigiam-se ali para os ordálios e para as incubações proféticas; a Sibila ali dominou e profetizou no tempo da colonização grega e, já no cristianismo, perpetuou-se ali uma devoção a São João Batista, a quem se erigiu no século XVI um santuário na velha caverna, que continuou até os nossos dias a ser destino de peregrinações por suas águas miraculosas[70].

Os oráculos estão, muitas vezes, situados nas imediações das águas. Perto do templo de Anfiaraos, em Oropos, os que eram curados pelo oráculo jogavam na água uma moeda[71]. A Pítia preparava-se bebendo água da fonte Cassotis. Em Colofônia, o profeta bebia a água de uma fonte sagrada que se encontrava na gruta[72]. Em Claros, o sacerdote descia à gruta, bebia a água de uma fonte misteriosa (*hausta fontis arcani aqua*) e respondia em verso às questões que lhe propunham em pensamento (*super rebus quas quis mente concepit*)[73]. O poder profético emana das águas, intuição arcaica que se encontra numa área muito vasta. O oceano, por exemplo, é designado pelos babilônios "a casa da sabedoria". Oannes, o personagem mítico babilônico representado metade homem, metade peixe, sai do mar de Eritréia e revela aos homens a cultura, a escrita, a astrologia[74].

68. Epifanias aquáticas e divindades das águas — O culto das águas — dos rios, das fontes, dos lagos — existiu na Grécia antes das invasões indo-européias e antes de qualquer valorização mitológica da experiência religiosa. Vestígios deste culto ar-

* Na Lusitânia, adorava-se ainda na época romana um deus autóctone, Tongoenabiagus, que parece ser o deus "do curso de água sobre o qual se presta juramento". A imagem da divindade pode ser vista na chamada Fonte do Ídolo, em Braga. Ver Leite de Vasconcelos, *Religiões da Lusitânia*, II, pp. 239 ss. (N.T.)

caico conservaram-se até o declínio do helenismo. Pausânias[75] teve ainda ocasião de examinar e descrever a cerimônia que se desenrolava na fonte Hagno, na encosta do monte Licaios, na Arcádia: quando grassava a seca, o sacerdote do deus Licaios fazia ali sacrifícios e jogava para a fonte um ramo de carvalho. O rito é muito antigo e enquadra-se no conjunto "magia da chuva". Com efeito, conta Pausânias, após a cerimônia um sopro ligeiro como uma nuvem levantava-se da água e começava logo a chover. Não encontramos aqui nenhuma personificação religiosa: a força reside na fonte e esta força, desencadeada por um rito específico, comanda a chuva.

Homero conhecia o culto dos rios: os troianos sacrificavam animais ao Escamandro e lançavam cavalos vivos nas suas águas. Peleu sacrificou cinqüenta ovelhas às nascentes do Esperqueios. O Escamandro tinha os seus sacerdotes; do Esperqueios eram consagrados um recinto e um altar. Sacrificavam-se cavalos e bois a Posídon e às divindades marinhas[76]. Outros povos indo-europeus ofereciam também sacrifícios aos rios: por exemplo, os cimbros, que sacrificavam ao Ródano, os francos, os germanos, os eslavos, etc.[77] Hesíodo menciona os sacrifícios que se celebravam quando se passava um rio[78]. Rito que tem numerosos paralelos etnográficos: os massai do leste da África lançam uma mão cheia de erva sempre que atravessam um rio; os baganda, da África Central, trazem como oferenda grãos de café, etc.[79] Os deuses fluviais helenos são, por vezes, antropomorfos: por exemplo, o Escamandro luta com Aquiles[80]. Mas, na sua maioria, eram representados sob a forma de touros[81]. Entre todos, o deus fluvial mais conhecido era Aqueloos. Homero considera-o mesmo um grande deus, divindade de todos os rios, dos mares e das fontes. São conhecidas as lutas de Aqueloos com Héracles; o seu culto era praticado em Atenas, em Oropos, em Mégara e em muitas outras cidades. O nome tem sido diferentemente interpretado, mas parece que a etimologia mais provável é simplesmente "a água"[82].

É inútil citar toda a mitologia aquática dos gregos. Ela é vasta e de contornos imprecisos. Em perpétuo escoamento, inúmeras figuras míticas aparecem, repetindo o mesmo motivo fundamental: as divindades das águas nascem das águas. Algumas destas figuras alcançaram lugares importantes na mitologia ou na lenda, como é o caso de Tétis, ninfa marinha, de Proteu, Glauco, Nereu e Tritão, divindades netunianas cuja figura denuncia uma imperfeita origem nas águas, com os seus corpos de monstros marinhos, caudas de peixe, etc. Vivem e reinam nas profundezas marinhas. Semelhantes ao elemento de que só imperfeitamente se destacaram sem que nunca o conseguissem definitivamente, estas divindades são estranhas e caprichosas; fazem o bem e o mal com igual ligeireza, mas o mal com maior freqüência, como o mar. Vivem, mais do que os outros deuses, para além do tempo, para além da história. Muito próximas da origem do mundo, só ocasionalmente participam do seu destino. A sua vida é talvez menos divina do que a dos outros deuses, mas ela é mais *igual* e mais solidária com o elemento primordial que representam.

69. As ninfas — Quem, entre os gregos, podia gabar-se de conhecer o nome de todas as ninfas? Elas eram as divindades de todas as águas correntes, de todas as fontes, de todas as nascentes. Não foi a imaginação helênica que as produziu: elas estavam lá, nas águas, desde o começo do mundo: os gregos deram-lhes, talvez, a forma humana e o nome. Elas foram criadas pelo curso vivo da água, pela magia, pela força que dela emanava, pelo seu murmúrio. Quando muito, os gregos as terão destacado do elemento com o qual elas se confundiam. Uma vez desligadas, personificadas, investidas de todos os prestígios aquáticos, elas adquiriram uma lenda, intervieram na epopéia, foram atraídas pela taumaturgia. Habitualmente, são as mães dos heróis locais[83]. Divindades menores de certos lugares são bem conhecidas dos homens, são objeto de culto e recebem sacrifícios. As mais célebres são as irmãs de Tétis, as Nereidas ou, como lhes chama Hesíodo[84], as Oceanides, ninfas netunianas por excelência. As outras são, na sua maioria, divindades das nascentes. Mas residem também nas cavernas em que há umidade. A "gruta das ninfas" tornou-se um lugar-comum na literatura helenística, a fórmula mais "letrada", quer dizer, mais profana, mais afastada do sentido primitivo religioso do conjunto água-caverna cósmica-bem-aventurança, fertilidade, sabedoria. As ninfas, uma vez personificadas, intervêm na vida do homem. São divindades do nascimento (água = fertilidade) e *kourotrophoi*, educam as crianças, ensinam-lhes a tornarem-se heróis[85]. Quase todos os heróis gregos foram educados quer por ninfas, quer por centauros, isto é, por seres sobre-humanos que participam das forças da natureza e as controlam. Uma iniciação heróica nunca é "familiar"; em geral, nem mesmo é "cívica", não se faz na cidade, mas na floresta, no mato.

É por isso que encontramos, paralelamente à veneração pelas ninfas (como pelos outros espíritos da Natureza), o medo das ninfas. As ninfas freqüentemente raptam as crianças; outras vezes, por inveja, matam-nas. No túmulo de uma menina de cinco anos acha-se escrito: "Criança amável e gentil, fui raptada pelas Naiades, não pela morte."[86] De outro modo se mostram ainda as ninfas perigosas: a meio do dia, no auge do calor, elas perturbam o espírito daqueles que as vêem. O meio do dia é o momento da epifania das ninfas. Aquele que as vê torna-se presa de um entusiasmo ninfoléptico: é o caso de Tirésias ao ver Palas e Cáriclo, ou de Acteão ao descobrir Ártemis com as suas ninfas. É por isso que, a meio do dia, se evitavam as fontes, nascentes, cursos de água ou a sombra de certas árvores. Uma superstição tardia fala da loucura vaticinante que se apodera daquele que se apercebe de uma forma a sair da água: *speciem quamdam e fonte, id est effigiem Nymphae*[87]. Em todas essas crenças, a virtude profética das águas persiste, se bem que com contaminações e efabulações míticas inevitáveis. O que persiste, acima de tudo, é o sentimento ambivalente de medo e fascínio para com as águas que desintegram (a "fascinação" das ninfas conduz à loucura, à abolição da personalidade) e simultaneamente germinam, que matam e cooperam no nascimento.

70. Posídon, Aegir, etc. — Mas, acima de Aqueloos, de Tétis e de todas as outras divindades aquáticas menores, encontra-se Posídon. O mar, quando se enfurece, perde as suas características femininas de tentação ondulante e de beatitude sonolenta — e a sua personificação mítica adquire um perfil masculino acentuado. Quando se fez a divisão do cosmos pelos filhos de Cronos, o domínio do oceano foi atribuído a Posídon. Homero fala dele como deus dos mares; o seu palácio é no fundo do oceano e o seu símbolo é o tridente (originariamente, os dentes dos monstros marinhos). Se Persson tem razão, a ler a inscrição micênica de Asime Poseidáfonos, o nome do deus pode então recuar até a época micênica[88]. Posídon é também o deus dos tremores de terra, que os gregos explicavam pela erosão das águas: as vagas quebrando-se ruidosamente nas costas lembram os abalos sísmicos. Tal como a natureza oceânica, Posídon é selvagem, desagradável, pérfido. O seu perfil mítico não alcança um caráter moral. Está demasiado perto da matriz netuniana para conhecer outra lei que não seja a da sua própria modalidade. Posídon revela uma certa condição cósmica: as águas precedem a criação e, ritmicamente, reabsorvem-na; a autonomia perfeita do elemento netuniano, indiferente para com os deuses, os homens e a história, embala-se na sua própria fluidez, inconsciente tanto dos germes que traz consigo como das "formas" que possui virtualmente e que, de fato, ele dissolve periodicamente.

Na mitologia escandinava Aegir (*eagor*, "o mar") personifica o oceano sem limites. A sua mulher é a pérfida Rân (*raena*, "pilhar"), que arrasta a sua rede por toda a extensão do mar, levando tudo o que encontra para a sua morada submarina. Os afogados vão para Rân, os homens lançados ao mar são sacrificados a ela. De Aegir e Rân nasceram nove filhas, cada uma representando um aspecto ou um momento da epifania marinha: Kolga (o mar enfurecido), Bylgja (o marulho), Dufa (a mergulhadora), Hrafn (a espoliadora), Drafn (as vagas que tudo arrastam consigo), etc. No fundo do oceano ergue-se o soberbo palácio de Aegir, onde se reúnem, por vezes, todos os deuses. É lá que se realiza o célebre banquete em volta do enorme caldeirão roubado por Tôr ao gigante Hymir (também um gênio oceânico), caldeirão miraculoso no qual a bebida se fazia por si só; foi lá que Loki perturbou o bom entendimento dos deuses[89], caluniando-os e às suas divinas esposas, para acabar depois supliciado, preso a uma rocha no fundo do mar.

O caldeirão miraculoso de Hymir tem correspondentes em outras mitologias indo-arianas[90]. Serve para a confecção da ambrosia, a bebida divina. O que nos interessa no presente capítulo é o detalhe revelador de que a maioria dos caldeirões míticos e mágicos das tradições célticas foram encontrados no fundo do oceano ou dos lagos[91]. O caldeirão miraculoso da tradição irlandesa, Murias, deriva o seu nome de *muir*, "o mar". A força mágica reside na água; os caldeirões, as panelas, os cálices são recipientes desta força mágica, freqüentemente simbolizada por um licor divino, ambrosia ou "água viva"; eles conferem a imortalidade ou a juventude eterna, transformam aquele que os possui em herói, em deus, etc.

71. Animais e símbolos aquáticos — Os dragões, as serpentes, as conchas, os delfins, os peixes são símbolos da água; escondidos na profundidade do oceano, são infusos pela força sagrada do abismo; dormindo em lagos ou atravessando os rios, distribuem a chuva, a umidade, a inundação, regulando assim a fecundidade do mundo. Os dragões habitam as nuvens e os lagos; são os senhores do raio; descarregam as águas uranianas, fecundando os campos e as mulheres. Teremos ocasião de voltar ao polissimbolismo do dragão, da serpente, das conchas, etc., cuja decifração faremos neste parágrafo, limitando-nos à função do dragão nas culturas sino-sudeste-asiáticas. O dragão e a serpente[92] são, segundo Tchuang-Tseu, o símbolo da vida rítmica[93], porque o dragão representa o espírito das águas, cuja harmoniosa ondulação alimenta a vida e torna possível a civilização. O dragão Ying reúne e dirige as chuvas, porque ele próprio é o princípio da umidade[94]. "Quando grassa a seca faz-se uma imagem do dragão Ying e começa a chover."[95]

A associação dragão-fecundidade é freqüente nos textos arcaicos chineses[96]. "A besta do trovão tem o corpo de um dragão com uma cabeça humana."[97] Uma moça fica grávida com a saliva de um dragão[98]. Fu-hi, um dos fundadores da civilização chinesa, nasceu num lago conhecido pelos seus dragões[99]. "O pai (de Kao-Tsu) chamava-se T'ai-kong; a sua mãe chamava-se a venerável Liu. Achando-se a venerável Liu a repousar nas margens de um lago, sonhou que se encontrava com um deus; nesse momento ouviram-se trovões, viram-se raios e sobreveio grande obscuridade; T'ai-kong foi ver o que se passava e viu um dragão escamoso por cima da sua mulher; depois, esta ficou grávida, e nasceu Kao-Tsu."[100]

Na China, o dragão — emblema uraniano-aquático — encontra-se em ligação contínua com o imperador, representante dos ritmos cósmicos e distribuidor da fecundidade da terra. Quando os ritmos se perdem, quando a vida cósmica ou social se desorganiza, o imperador sabe como regenerar a sua força criadora e como restabelecer a ordem. Um rei da dinastia Hia, a fim de assegurar o desenvolvimento do seu reino, comeu dragões[101]. Por isso os dragões guardiães dos ritmos apareciam sempre que a força que autorizava a dinastia Hia a reinar se achava em declínio ou em curso de regeneração[102]. Quando morria, ou por vezes mesmo durante a vida, o imperador voltava ao Céu: é o caso de Huang-ti, o Soberano Amarelo, que foi levado ao Céu por um dragão barbado, com as suas mulheres e os seus conselheiros, num total de 70 pessoas[103].

Na mitologia chinesa, de estrutura continental, o dragão, símbolo das águas, é investido, de modo cada vez mais forte, das virtudes celestes. A fertilidade aquática concentra-se nas nuvens, numa região superior. Mas o conjunto fecundidade-água-realeza (ou santidade) conservou-se mais nas mitologias sudeste-asiáticas em que o oceano é o fundamento de toda realidade e distribuidor de todas as forças. J. Pryzluski analisou grande número de lendas e contos austro-asiáticos e indonésios nos quais se verificava uma particularidade comum: o herói deve a sua condição extraordinária (de "rei" ou de "santo") ao fato de ter nascido de um animal aquático. Em Annam, o primeiro rei mítico tem o título de *long quân*, "o rei dragão". Na Indonésia, segundo o testemunho de Tchao-Ju-Kua, os reis de Sanfo-ts'i tinham o título de *long tsin*, "espírito, esperma de *nâga*"[104]. Nâgi é um espírito aquático feminino que desempenha, nas regiões austro-asiáticas, o papel do dragão na China. Sob sua forma marinha ou sob o aspecto de uma "princesa com cheiro de peixe", Nâgi uniu-se com um brâmane e fundou uma dinastia (versão indonésia, Champa, Pegu, Sião, etc.). Segundo uma lenda palaung, a Nâgi Thusandi amou o príncipe Thuriya, filho do Sol[105]: desta união nasceram três filhos: um tornou-se imperador da China; outro, rei dos palaung; e o terceiro, rei em Pagan. Segundo *Sedjarat Malayou*, o rei Suran desceu ao fundo do oceano numa caixa de vidro e, tendo sido bem acolhido pelos habitantes, casou com a filha do rei. Deste casamento nasceram três filhos, tendo-se tornado o primeiro deles rei de Palembang.

Na Índia do Sul crê-se que um dos antepassados da dinastia Pallava teria desposado uma Nâgi e obtido dela as insígnias da realeza. O motivo nâgi aparece nas lendas budistas e encontra-se mesmo nas regiões do norte da Índia, em Uddyana e Cachemira (Kashmir). Os reis de Chota-Nagpur descendem igualmente de um nâga (espírito de serpente) chamado Pundarika: este, diz-se, tinha a respiração fétida, pormenor que lembra "a princesa com cheiro de peixe". Segundo uma tradição conservada na Índia do Sul, o sábio Agastya nasceu com Vasishta num vaso de água, da união dos deuses Mithra e Varu*n*a com a *apsara* Urvashî. É por isso que se lhe chama *kunbhasambhava* (nascido de Kumbhamâtâ, a deusa-pote) e *pitâbdhi* ("devorador do oceano"). Agastya desposou a filha do oceano[106]. Por outro lado, a *Devyupanisshad* conta que os deuses, ao perguntarem à Grande Deusa (Devî) quem ela era e de onde vinha, obtiveram a seguinte resposta: "O lugar do meu nascimento é na água, no interior do oceano; aquele que o conhece obtém a morada de Devî." A deusa foi, no começo, o princípio e a matriz de todas as coisas: "Fui eu quem, no começo, criou o pai deste mundo."[107]

Todas estas tradições manifestam o valor sagrado da função consagrante das águas. A soberania como a santidade são distribuídas pelos gênios marinhos; a força mágico-religiosa reside no fundo do oceano e é transmitida aos heróis[108] por seres míticos femininos (Nâgi, "princesa com cheiro de peixe", etc.). Os gênios-serpentes não residem sempre nos oceanos e nos mares, mas também nos lagos, nos poços e nas nascentes. Os cultos das serpentes e dos gênios das serpentes, na Índia e em outras regiões, mantêm, em todos os conjuntos em que se encontram, esta ligação mágico-religiosa com as águas[109]. Uma serpente ou um gênio-serpente encontra-se sempre nas imediações das águas ou estas são reguladas por eles; são gênios protetores das fontes de vida, da imortalidade, da santidade, assim como de todos os símbolos que se acham em ligação com a vida, com a fecundidade, com o heroísmo, com a imortalidade e com os "tesouros".

72. Simbolismo do dilúvio — As tradições de dilúvios ligamse quase todas à idéia de reabsorção da humanidade na água e à instauração de uma nova época, com uma nova humanidade. Elas evidenciam uma concepção cíclica do cosmos e da história: uma época é abolida pela catástrofe e uma nova era começa, dominada por "homens novos". Esta concepção cíclica é confirmada também pela convergência dos mitos lunares com os temas da inundação e do dilúvio, pois que a Lua é, por excelência, o símbolo do devir rítmico, da morte e da ressurreição. Tal como as fases lunares comandam as cerimônias de iniciação — quando o neófito "morre" a fim de "reviver" —, assim também a Lua se encontra em estreita ligação com as inundações e o dilúvio que aniquilam a velha humanidade e preparam o aparecimento de uma humanidade nova. Nas mitologias do contorno do Pacífico, os clãs têm habitualmente a sua origem num animal mítico lunar que se salva de uma catástrofe aquática[110]. O antepassado dos clãs é um náufrago feliz ou um descendente do animal lunar que provocou a inundação.

Não precisamos insistir, neste capítulo, na concepção cíclica da reabsorção nas águas e da manifestação periódica, concepção que se acha na base de todos os apocalipses e dos mitos geográficos (Atlântida, etc.). O que desejamos sublinhar é o caráter universal e a coerência dos temas míticos netunianos. As águas precedem toda a criação e reintegram-na periodicamente a fim de refundir nelas, de "purificá-la", enriquecendo-a ao mesmo tempo com novos estados latentes e regenerando-a. A humanidade desaparece periodicamente no dilúvio ou na inundação por causa dos seus "pecados" (na maioria dos mitos do circuito do Pacífico o motivo da catástrofe é uma falta ritual). Nunca perece definitivamente, mas reaparece sob nova forma, retomando o mesmo destino, esperando o retorno da mesma catástrofe que a reabsorverá nas águas.

Não se trata talvez de uma concepção pessimista da vida. É mais uma visão resignada, imposta pela intuição do próprio conjunto Água-Lua-Devir. O mito do dilúvio, com todas as suas implicações, revela como a vida pode ser valorizada por uma outra "consciência" diferente da consciência humana; "vista" do nível netuniano, a vida humana aparece como algo frágil que é preciso reabsorver periodicamente, pois que o destino de todas as formas é se dissolver a fim de poder reaparecer. Se as "formas" não fossem regeneradas pela sua reabsorção periódica nas águas, desfazer-se-iam, esgotariam as suas possibilidades criadoras e extinguir-se-iam definitivamente. Os "atos maus", os "pecados" acabariam por desfigurar a humanidade; esvaziada dos germes e das forças criadoras, a humanidade estiolaria, decrépita e estéril. Em vez da regressão lenta às formas submarinas, o dilúvio conduz à reabsorção instantânea nas águas, nas quais os "pecados" são purificados e das quais nascerá a humanidade nova, regenerada.

73. Síntese — Deste modo todos os valores metafísicos e religiosos das águas constituem um conjunto de uma coerência perfeita. À cosmogonia aquática correspondem — em nível antropológico — as hilogenias, as crenças de que o gênero humano nasceu das águas. Ao dilúvio e à submersão dos continentes (tipo Atlântida) — fenômeno cósmico que se repete por uma necessidade cíclica — corresponde, em nível humano, a "segunda morte" da alma (libações funerárias, a "umidade" e *leimon* no inferno, etc.) ou a morte ritual, iniciática, pelo batismo. Mas, tanto em nível cosmológico como em nível antropológico, a imersão nas águas não equivale a uma extinção definitiva, mas somente a uma reintegração passageira no indistinto, à qual sucede uma nova criação, uma nova vida ou um homem novo, segundo se trate de um momento cósmico, biológico ou soteriológico. Do ponto de vista da estrutura, o "dilúvio" é comparável ao "batismo" e a libação funerária ou o entusiasmo ninfoléptico às lustrações dos recém-nascidos ou aos banhos rituais primaveris que procuram alcançar a saúde e a fertilidade.

Qualquer que seja o conjunto religioso de que façam parte as águas, sua função é sempre a mesma: elas desintegram, extinguem as formas, "lavam os pecados", purificando e regenerando ao mesmo tempo. O seu destino é preceder a criação e reabsorvê-la, não podendo nunca superar a sua própria modalidade, isto é, não podendo manifestar-se em *formas*. As águas não podem superar a condição do virtual, dos germes e dos estados latentes. Tudo o que é *forma* se manifesta acima das águas, destacando-se das águas. Em compensação, logo que qualquer *forma* se destaca das águas, deixando por isso de ser virtual, cai sob a alçada da lei do tempo e da vida; adquire limites, passa a conhecer a história, participa do devir universal, corrompe-se e acaba por se esvaziar de substância, se não se regenera por imersões periódicas nas águas, se não repete o "dilúvio" seguido da "cosmogonia". As lustrações e as purificações rituais com a água têm por finalidade a utilização fulgurante "daquele tempo", *in illo tempore*, em que teve lugar a criação: elas são a repetição simbólica do nascimento dos mundos ou do "homem novo". Todo contato com a água, quando é praticado com uma intenção religiosa, resume os dois momentos fundamentais do ritmo cósmico: a reintegração nas águas e a criação.

VI

As pedras sagradas: epifanias, sinais e formas

74. Cratofanias líticas — A dureza, a rudeza, a permanência da matéria representam para a consciência religiosa do primitivo uma hierofania. Nada de mais imediato e mais autônomo na plenitude da sua força, nada de mais nobre e de mais terrível que o majestoso rochedo, o bloco de granito audaciosamente ereto. Antes de mais nada, a pedra *é*. Ela permanece sempre igual a si própria e subsiste. E, o que é mais importante, ela serve para bater. Antes mesmo de pegar nela para bater, o homem vai de encontro a ela. Não necessariamente com o corpo, mas pelo menos com a vista. Ele verifica assim sua dureza, sua rudeza, seu poder. O rochedo revela-lhe qualquer coisa que transcende a precariedade da sua condição humana: um modo de ser absoluto. A sua resistência, a sua inércia, as suas proporções, tal como os seus contornos estranhos, não são humanos: eles atestam uma presença que fascina, aterroriza, trai e ameaça. Na sua grandeza e na sua dureza, na sua forma ou na sua cor, o homem encontra uma realidade e uma força que pertencem a um mundo diferente do mundo profano de que ele faz parte.

Não podemos dizer se os homens sempre adoraram as pedras enquanto pedras. A devoção do primitivo refere-se, em todo caso, sempre a alguma coisa diferente que a pedra incorpora e exprime. Um rochedo, um calhau são objetos de uma respeitosa devoção porque representam ou imitam *alguma coisa*, porque vêm de *algum lado*. O seu valor sagrado é exclusivamente devido a esta *alguma coisa* ou a este *algum lado*, nunca à sua própria existência. Os homens adoraram as pedras apenas na medida em que elas representavam *algo diferente* delas mesmas. Adoraram as pedras ou fizeram uso delas como instrumentos de ação espiritual, como centros de energia destinados à sua própria defesa ou à dos seus mortos. E convém esclarecer desde já que isto foi assim porque a maioria das pedras que tinham incidências cultuais eram utilizadas como *instrumentos*: serviam para se obter alguma coisa ou para assegurar a sua posse. Desempenhavam uma função mais propriamente mágica do que religiosa. Munidas de certas virtudes sagradas devidas à sua origem ou à sua forma, elas não eram *adoradas*, mas *utilizadas*.

Deste modo, o americanista J. Imbelloni, ao estudar a área de difusão da palavra oceano-americana *toki* (área que se estende desde o limite oriental da Melanésia até o interior das duas Américas), destacou as seguintes significações: *a*) arma de combate, de pedra; machado; por extensão, qualquer instrumento de pedra; *b*) insígnia da dignidade, símbolo de poder; *c*) pessoa que detém ou exerce o poder, por hereditariedade ou por investidura; *d*) objeto ritual[1]. Os "guardiães de sepulturas" eneolíticas eram postos ao lado dos depósitos mortuários, a fim de lhes assegurar a inviolabilidade[2]. Os menires parecem ter desempenhado um papel semelhante: o do Mas d'Azaïs erigia-se verticalmente por cima de um depósito mortuário[3]. A pedra protegia contra os animais, os ladrões, mas sobretudo contra a "morte": tal como a incorruptibilidade da pedra, devia a alma do defunto subsistir indefinidamente sem se dispersar (o eventual simbolismo fálico das pedras tumulares pré-históricas confirma este sentido: o falo era um símbolo da existência, da força, da duração).

75. Megálitos funerários — Entre os gonds, uma das tribos drávidas que penetraram mais profundamente na Índia Central, existe o seguinte costume: o filho ou herdeiro do morto deve depositar ao lado do túmulo, quatro dias depois do enterro, um enorme rochedo que atinge, por vezes, três metros de altura. O transporte desta pedra, vinda muitas vezes de distâncias apreciáveis, exige muitos esforços e despesas, e é por isso que, na maioria dos casos, a construção do monumento é adiada e, por vezes, nem se faz[4]. O antropólogo inglês Hutton pensa que estes monumentos megalíticos funerários — freqüentes entre as tribos não civilizadas da Índia — têm por finalidade "fixar" a alma do morto e preparar-lhe um alojamento provisório que a mantenha na vizinhança dos vivos e que, permitindo-lhe influenciar a fertilidade dos campos pelas forças que a sua natureza espiritual lhe confere, a impossibilite de se tornar errante e perigosa. Esta interpretação é confirmada pelas recentes pesquisas de W. Koppers sobre as tribos mais arcaicas da Índia Central, os bhils, os korku, os mundas e os gonds. Fazendo abstração dos resultados obtidos por Koppers[5] sobre a história dos monumentos líticos funerários da Índia Central, há que reter: *a*) que todos estes monumentos se relacionam com o culto dos mortos e procuram o apaziguamento da alma do defunto; *b*) que, do ponto de vista morfológico, podem ser comparados aos megálitos e aos menires pré-históricos europeus; *c*) que eles não se encontram por cima dos túmulos, nem mesmo ao lado, mas a grande distância deles; *d*) que, no entanto, quando se trata de uma morte violenta (raio, serpente, tigre) o monumento é erigido no próprio local do acidente[6].

Este último caso revela o sentido originário dos monumentos líticos funerários, porque a morte violenta projeta uma alma agitada e hostil, cheia de ressentimentos. Se a vida é interrompida bruscamente, supõe-se que a alma do morto tem tendência para continuar o que lhe restava de vida normal junto da coletividade de que foi separada. Entre os gonds, por exemplo, amontoam-se pedras no local onde alguém foi morto por um raio, por um tigre ou por uma serpente[7]; cada pessoa que passa junta uma pedra ao monte para repouso do defunto (costume que sobrevive ainda em algumas regiões da Europa, por exemplo, na França; cf. § 76). Enfim, em algumas regiões (entre os gonds drávidos) a consagração dos monumentos funerários é acompanhada de ritos eróticos, como se encontram sempre quando se realizam as comemorações dos mortos nas sociedades agrárias. Entre os bhils, os monumentos são erigidos somente para aqueles que pereceram de morte violenta, ou para os chefes, para os mágicos e para os guerreiros, para a tranqüilidade de alma dos "fortes", numa palavra, daqueles que representavam a "força" durante a sua vida ou que a obtiveram por contágio da sua "morte violenta".

A pedra funerária torna-se assim um instrumento protetor da vida contra a morte. A alma "habita" a pedra, como habita, em outras culturas, o túmulo, considerado, por razões semelhantes, uma "casa do morto". O megálito funerário protege os vivos das eventuais ações nocivas do morto; a morte, representando um estado de disponibilidade, permite o exercício de certas influências boas ou más. "Fixada" numa pedra, a alma é constrangida a agir unicamente no sentido positivo: fertilização. É por isso que em muitas áreas culturais as pedras, que se supõe habitadas pelos "antepassados", são instrumentos de fecundação dos campos e das mulheres. As tribos neolíticas do Sudão assimilam as "pedras de chuva" aos antepassados que sabiam trazer a chuva[8]. Nas ilhas do Pacífico (Nova Caledônia, Malekula, Atchin, etc.) certos rochedos representam ou encarnam os deuses, os antepassados e os heróis "civilizadores"[9]. A peça central de cada altar destas regiões do Pacífico é, segundo J. Layard, um monólito acompanhado de um dólmen de proporções mais reduzidas, que representam os antepassados[10].

Leenhardt escreve[11] que "as pedras são o espírito petrificado dos antepassados". A expressão é muito bonita, mas não deve ser interpretada literalmente. Não se trata de um "espírito petrificado", mas de uma representação concreta, de um hábitat provisório ou simbólico deste espírito. O próprio Leenhardt confessa, em outra passagem da mesma obra: "quer se trate de espírito, de deus, de totem, de clã, todas estas concepções diversas têm, efetivamente, uma representação concreta, que é a pedra". Os khasis do Assam crêem que a Grande Mãe do clã está representada nos dolmens (*maw-kynthei*, "as pedras-fêmeas") e que o Grande Pai está presente nos menires (*maw-shynrang*, "as pedras-machos")[12]. Em outras áreas culturais, os menires encarnam mesmo a divindade suprema (uraniana). Vimos no § 16 que em numerosas tribos africanas o culto do deus supremo do céu compreende menires (prestam-se-lhes sacrifícios) e outras pedras sagradas.

76. Pedras fertilizantes — Por conseguinte, o culto não se dirige à pedra, considerada como substância material, mas ao espírito que a anima, ao símbolo que a consagra. A pedra, o rochedo, o monólito, o dólmen, o menir, etc., *tornam-se* sagrados graças à força espiritual cuja marca trazem com eles. Visto que nos achamos nesta área cultural do "antepassado", do morto "fixado" na pedra a fim de ser utilizado como instrumento de defesa e de aumento de vida, acrescentemos ainda alguns exemplos. Na Índia, é aos megálitos que se dirigem as jovens casadas para terem filhos[13]. As mulheres estéreis de Salem (Índia do Sul) crêem que é nos dolmens que residem os antepassados que têm o poder de fecundá-las, e é por isso que elas se esfregam na pedra depois de terem feito as oferendas (flores, sândalo e arroz cozido)[14]. As tribos da Austrália Central têm concepções semelhantes. Spencer e Gillen citam o caso de um grande rochedo denominado Erathipa que apresenta uma abertura lateral pela qual as almas das crianças que ali estão enterradas espreitam a passagem de uma mulher para poderem renascer nela. Quando as mulheres que não querem filhos se acham perto do rochedo, fingem-se velhas e caminham apoiadas numa bengala, exclamando: "Não venhas ter comigo, eu sou uma velha."[15] As mulheres estéreis da tribo Maidu (Califórnia Setentrional) tocam num rochedo semelhante a uma mulher grávida[16]. Na ilha de Kai (sudoeste da Nova Guiné) a mulher que quer ter filhos besunta de gordura uma pedra. O mesmo uso se encontra em Madagáscar[17]. É interessante notar que as mesmas "pedras fertilizantes" são também untadas de azeite pelos mercadores que querem ter prosperidade nos seus negócios. Na Índia há uma crença que pretende que certas pedras teriam nascido e se reproduziriam por si mesmas (*svayambhû* = autogenia), por isso são procuradas e veneradas pelas mulheres estéreis que lhes levam oferendas[18]. Em certas regiões da Europa e dos outros continentes os jovens casais caminham sobre uma pedra para tornar fértil a sua união[19]. Os samoiedos oram diante de uma pedra de forma estranha denominada *pyl-paja* ("a mulher-pedra") e fazem-lhe oferendas de ouro[20].

A idéia implicada por todos estes ritos é a de que certas pedras podem fecundar as mulheres estéreis, quer graças ao espírito do antepassado que aí se encontra, quer em virtude da sua forma ("mulher-grávida", "mulher-pedra") ou da sua origem (*svayambhû*, "autogenia"). Mas a "teoria" que deu lugar a tais práticas religiosas, ou as justificou, não se conservou sempre na consciência daqueles que continuam ainda a observar estas práticas. Por vezes a "teoria" inicial foi substituída ou modificada por uma teoria diferente; outras vezes a "teoria" originária foi completamente esquecida depois de uma revolução religiosa vitoriosa. Lembremos alguns fatos que cabem neste último caso. Nas crenças populares européias subsistem ainda, em nossos dias, fracos vestígios de uma devoção pelos megálitos, rochedos ou dolmens, sobrevivências das práticas de "fertilização" por contatos com as pedras. Esta devoção é, como dissemos, muito vaga: no cantão de Moutiers (Sabóia) a população acusa "um temor religioso e respeito piedoso" pela "Pierra Chevetta" (Pedra da Coruja), sem saber outra coisa a seu respeito senão que ela protege a aldeia e que na medida em que ela subsiste nem o fogo nem a água os atingirão[21]. No cantão de Sumène (departamento do Gard), os camponeses temem os dolmens e evitam-nos[22]. As mulheres do cantão de Annecy-sud rezam o "Pater" e o "Ave" ao passarem perto de um montão de pedras denominado "o Morto". Mas isso pode ser explicado pela crença de que alguém teria sido ali enterrado[23]. Na mesma região as mulheres ajoelham e benzem-se, colocando uma pequena pedra num monte que se julga cobrir o corpo de um peregrino assassinado ou enterrado após um desabamento de terras[24]. Encontra-se um costume semelhante na África. Os hottentotes lançam pedras sobre o túmulo do demiurgo Heitsi Eibid e os povos bantos meridionais praticam o mesmo ritual em relação ao demiurgo Unkulunkulu[25]. Resulta destes exemplos que a devoção ou o temor religioso dos megálitos é esporádico na França e determinado, na maior parte dos casos, por razões que não têm relação com a magia da pedra (por exemplo, "morte violenta"). A concepção arcaica de fertilidade das pedras consagradas — dolmens, menires — é totalmente diferente. Mas as práticas conservaram-se, um pouco por toda a parte, até os nossos dias.

77. A "escorregadela" — O costume denominado "escorregadela" é bem conhecido: para terem filhos, as jovens deixam-se escorregar ao longo de uma pedra consagrada[26]. Um outro costume ritual ainda mais espalhado é a "fricção": a fricção é praticada por razões de saúde, mas são sobretudo as mulheres estéreis que fazem uso dela. Em Decines (Ródano), há não muito tempo as mulheres se sentavam num monólito que se encontra nos campos num local chamado Pierre-frite. Em Saint-Renan (Finisterra) a mulher que desejasse ter um filho deitava-se durante três noites consecutivas sobre um grande rochedo, La Jument de Pierre[27]. Também as jovens recém-casadas vinham ali nas primeiras noites após o casamento e esfregavam o ventre naquela pedra[28]. Esta prática é muito disseminada[29]. Por exemplo, na aldeia Moëdan, do cantão de Pont-Aven, as mulheres que roçavam o ventre na pedra ficavam com a certeza de que teriam filhos do sexo masculino[30]. Ainda em 1923 as camponesas que iam a Londres abraçavam as colunas da catedral de São Paulo para terem filhos[31].

É preciso integrar neste mesmo conjunto ritual o costume relatado por Sébillot: "Por volta de 1880, não muito longe de Carnac, pessoas casadas havia vários anos sem que tivessem filhos iam, pela lua cheia, até um menir; despiam-se, e a mulher corria em volta da pedra, tentando escapar do marido; os familiares vigiavam a distância para afastar os intrusos."[32] É provável que estes procedimentos tenham sido mais freqüentes no passado. Citam-se numerosas interdições da parte do clero e dos reis em relação ao culto das pedras e sobretudo à emissão seminal diante das pedras, na Idade Média[33]. Mas este último rito é muito mais complexo e não pode ser reduzido — como os das "escorregadelas" ou das "fricções" — a uma crença na possibilidade de "fertilização" direta do dólmen ou do menir. Faz-se aí menção, em primeiro lugar, do tempo da cópula ("durante a lua cheia"), o que indica vestígios do culto lunar; depois, o coito dos casados ou a emissão seminal diante da pedra explicam-se pela concepção, mais evoluída, da sexualização do reino mineral, dos nascimentos que têm por origem a pedra e que correspondem a certos ritos de fecundação pela pedra[34].

A maioria desses costumes, dizíamos nós, conserva ainda a crença de que o simples contato com o rochedo ou com a pedra consagrada basta para fertilizar uma mulher estéril. Nesta mesma aldeia (Carnac) as mulheres sentavam-se no dólmen Creuz-Moquem, arregaçando os vestidos; sobre o rochedo foi erigida uma cruz para evitar esta prática[35]. Existem muitas outras pedras chamadas de "amor" ou de "casamento" cujas virtudes são eróticas[36]. Em Atenas, as mulheres grávidas dirigiam-se à colina das ninfas e deixavam-se deslizar sobre o rochedo ao mesmo tempo que invocavam Apolo, para terem um parto feliz[37]. Eis aqui um bom exemplo de mudança de significação de um rito, pois que a pedra da fecundação se transforma em pedra de parto. As mesmas crenças nas pedras que, só por se tocar nelas, determinam um parto bem-sucedido, são encontradas também em Portugal[38].

Muitos megálitos favorecem o andar das crianças ou proporcionam-lhes boa saúde[39]. No cantão de Amence, existe uma "Pedra furada": as mulheres ajoelham diante dela e oram pela saúde dos filhos, jogando uma moeda no buraco[40]. No momento do nascimento, os pais levam a criança à "pedra furada" de Fouvent-le-Haut e fazem-na passar pelo buraco. "Era, de certo modo, o batismo da pedra destinado a preservar a criança de malefícios e a dar-lhe felicidade."[41] No nosso tempo ainda, as mulheres estéreis de Pafos passam pelo buraco de uma pedra[42]. Este costume existe em certas regiões da Inglaterra[43]. Em outras regiões, as mulheres passam simplesmente a mão direita pela abertura, porque, dizem elas, é esta a mão que suporta o peso da criança[44]. No Natal e pelo São João (quer dizer, nos dois solstícios) punham-se velas ao lado de certas pedras esburacadas e espalhava-se sobre elas azeite, que depois se recolhia para servir de remédio[45].

A Igreja combateu durante muito tempo esses costumes[46]. A sua sobrevivência, a despeito das pressões eclesiásticas e sobretudo a despeito de um século de racionalismo anti-religioso e anti-supersticioso, atesta uma vez mais a sua força. Quase todas as outras cerimônias que se relacionam com as pedras consagradas (devoção, temor, adivinhação, etc.) desapareceram. Delas nada mais ficou do que aquilo que tinham de essencial: a fé na sua virtude fertilizante. Hoje, essa crença já não é sustentada por nenhuma consideração teórica, mas justificada por lendas recentes ou por interpretações clericais (no rochedo repousou um santo; sobre o menir encontra-se uma cruz, etc.). Pode-se, no entanto, evidenciar, por vezes, uma fórmula teórica intermediária: as pedras, os rochedos, os menires são freqüentados por fadas e é a elas que se levam oferendas (óleos, flores, etc.). Não é que se preste culto a esses seres, mas há sempre alguma coisa a pedir-lhes.

No entanto, a revolução religiosa realizada pela conversão da Europa ao cristianismo acabou por anular o conjunto teórico primitivo no qual se enquadra o cerimonial das pedras fertilizantes. A devoção manifestada pelas populações rurais até a Idade Média para com tudo o que se relacionava com as civilizações pré-históricas (a que se chamam as "idades de pedra"), para com os seus monumentos funerários, mágicos ou cultuais, para com as suas armas de pedra (a "pedra de raio"), explica-se não só por uma sobrevivência direta das idéias religiosas que tinham animado os seus antepassados pré-históricos, mas também pelo temor, pela devoção ou pela admiração supersticiosa que as populações rurais manifestavam a respeito desses homens: julgavam-nos segundo os restos da sua civilização lítica. É verdade que as populações rurais consideravam — como se verá mais adiante — as armas primitivas como "pedras de raio" caídas do céu; também os menires, as estelas, os dolmens eram tomados como vestígios dos gigantes, das fadas, dos heróis.

78. Pedras furadas, "pedras de raio" — Dissemos que, no caso das pedras "fertilizantes" e da devoção pelas pedras, a "teoria" tradicional que justificava a prática tinha sido substituída — ou pelo menos contaminada — por uma teoria nova. Exemplo notável disso nos é fornecido pelo costume (conservado até os nossos dias na Europa) de fazer passar o recém-nascido pelo buraco de uma pedra[47]. Este rito refere-se, sem qualquer dúvida, a um "renascimento" concebido quer como nascimento por intermédio de um símbolo em pedra da matriz divina, quer como um renascimento por um símbolo solar. Os povos proto-históricos da Índia consideravam as pedras furadas um símbolo do *yoni*, e a ação de passar pelo buraco implicaria a regeneração por intermédio do princípio cósmico feminino[48]. As "mós de pedra" cultuais (*älv-kvarnar*) da pré-história escandinava teriam desempenhado uma função similar: Oscar Almgren atribui a elas um sentido simbólico próximo daquele do *yoni*[49]. Mas na Índia estas *ring-stones* têm além disso um simbolismo solar. Elas são assimiladas à porta do "mundo", *loka-dvâra*, através da qual também a alma pode "passar além" (salvar-se = *atimucyate*). O buraco da pedra chama-se "a porta da libertação" (*mukti-dvâra*) e, de qualquer forma, esta fórmula não pode ser aplicada a um renascimento pelo *yoni* (a matriz), mas somente a uma libertação do cosmos e do ciclo cármico, libertação implicada no simbolismo solar[50]. Encontramo-nos perante um simbolismo que revela um sentido diferente do rito arcaico da passagem pela *ring-stone*. Também na Índia se encontra um outro exemplo da substituição de uma antiga teoria por uma nova: ainda hoje a pedra *sâlagrâma* é sagrada porque diz-se ser o símbolo de Vishnu, e porque se casa com a planta *tulasi*, símbolo da deusa Lakshmî. Na realidade, o conjunto cultual pedra-planta é um símbolo arcaico do "lugar consagrado" do altar primitivo e cobre toda a área indo-mediterrânica (cf. § 97).

Em numerosas regiões as pedras meteóricas são consideradas símbolos ou sinais da fertilidade. Os bouriates estão convencidos de que certas pedras "caídas do céu" são favoráveis à chuva e é por isso que em tempo de seca lhes oferecem sacrifícios. Em muitas outras aldeias encontram-se pedras análogas, de dimensões reduzidas: pela primavera fazem-se-lhes oferendas para se obter uma boa colheita[51]. Resulta daí que, se a pedra é provida de um valor religioso, isso é devido à sua origem: ela viria de uma zona sagrada e fértil por excelência. Ela cai do céu ao mesmo tempo que o raio que traz a chuva. Todas as crenças relativas à fertilidade das "pedras de chuva" têm como fundamento a sua origem meteórica ou as analogias que se pensa que existem entre elas e certas forças, formas e seres que comandam a chuva. Em Kota Gadang (Sumatra), por exemplo, acha-se uma pedra que apresenta uma vaga semelhança com um gato. Aproximando este fato do papel desempenhado por um gato negro em certos ritos destinados a obter a chuva, pode-se supor que esta pedra possui capacidades semelhantes[52]. A análise cerrada das inúmeras "pedras de chuva" faz ressaltar a existência de uma "teoria" que explica a capacidade que elas têm de comandar as nuvens; trata-se, quer da sua forma, que tem uma certa "simpatia" com as nuvens ou com o raio, quer da sua origem celeste (teriam caído do céu), quer porque pertencem aos "antepassados", porque foram encontradas na água, ou porque a sua forma lembra a das serpentes, das rãs, dos peixes ou de qualquer outro símbolo aquático. A eficiência dessas pedras nunca reside nelas mesmas; elas participam de um princípio ou encarnam um símbolo, exprimem uma "simpatia" cósmica ou traduzem uma origem celeste. Essas pedras são os *sinais* de uma realidade espiritual diferente, ou os instrumentos de uma força sagrada de que são apenas o receptáculo.

79. Meteoritos e *baytili* — Um exemplo sugestivo relativo à multivalência simbólica das pedras nos é fornecido pelos meteoritos. A Ka'aba de Meca e a pedra negra de Pessinonte, imagem anicônica da Grande Mãe dos frígios, Cibele, levada para Roma durante a última guerra púnica, são os meteoritos mais notáveis[53]. O seu caráter sagrado era devido, em primeiro lugar, à sua origem celeste. Mas elas eram, ao mesmo tempo, as imagens da Grande Mãe, quer dizer, as da divindade telúrica por excelência. É difícil crer que a sua origem uraniana tenha sido esquecida, pois as crenças populares conferem esta descendência a todos os instrumentos de pedra pré-históricos, que se designam por "pedras de raio". Os meteoritos tornaram-se provavelmente imagens da Grande Deusa porque se acreditou que eram perseguidos pelo raio, símbolo do deus uraniano. Mas, por outro lado, a Ka'aba era considerada o "centro do mundo". Ou seja, ela não era somente o centro da Terra, mas acima dela, no centro do céu, se encontrava "a Porta do Céu". Evidentemente, ao cair do céu, a Ka'aba encontrou o firmamento e foi por esse buraco que pôde efetuar-se a comunicação da Terra com o Céu. É por aí que passa o *Axis Mundi*.

Assim, os meteoritos são sagrados ou porque caíram do céu, ou porque revelam a presença da Grande Deusa, ou ainda porque representam o "centro do mundo". Em todos esses casos, são *símbolos* ou *emblemas*. O seu caráter sagrado supõe uma teoria cosmológica e, ao mesmo tempo, uma concepção precisa da dialética hierofânica. "Os árabes adoram as pedras", escrevia Clemente de Alexandria[54]. Tal como os seus predecessores monoteístas do Antigo Testamento, o apologeta cristão era conduzido pela pureza e pela intensidade da sua experiência religiosa — fundada na revelação cristológica — a negar qualquer valor espiritual às antigas formas do culto. Considerando a tendência estrutural do espírito semítico para confundir a divindade com o suporte material que a representa ou que manifesta a sua força[55], pode supôr-se que, no tempo de Clemente, a maioria dos árabes "adorava" as pedras. Pesquisas recentes demonstraram, no entanto, que os árabes pré-islâmicos veneravam certas pedras denominadas pelos greco-latinos *baytili*, termo de origem semítica que significa "casa de Deus"[56]. Estas pedras sagradas não foram, aliás, veneradas apenas no mundo semítico, mas também pelas populações da África do Norte antes mesmo dos seus contatos com os cartagineses[57]. Os baytili, no entanto, nunca foram adorados como *pedras*, mas apenas na medida em que manifestavam uma *presença divina*. Eles representavam a "casa" de Deus, eram sinal dela, o seu emblema e o receptáculo da sua força ou o testemunho inabalável de um ato religioso realizado em seu nome. Alguns exemplos colhidos no mundo semítico farão compreender melhor o seu sentido e a sua função.

A caminho da Mesopotâmia, Jacó atravessou Caran. "Ele chegou a um lugar onde passou a noite, porque o Sol se tinha posto. Pegou numa pedra que ali se encontrava e, fazendo dela travesseiro, deitou-se naquele lugar. Teve um sonho: viu uma escada apoiada na terra e cujo topo tocava no céu; e eis que os anjos de Deus subiam e desciam pela escada. O Eterno, no topo da escada, dizia: 'Eu sou o Eterno, o Deus de Abraão, teu pai, e o Deus de Isaac. Esta terra sobre a qual tu estás deitado, eu a darei a ti e à tua posteridade...' Jacó acordou e disse: 'Certamente o Eterno está presente neste lugar, e eu não o sabia!' Depois, tomado de temor, continuou: 'Como este lugar é temível!

É bem aqui a casa de Deus; é aqui a porta dos céus!' Jacó levantou-se cedo, pegou na pedra que lhe servira de travesseiro, erigiu-a em monumento e derramou-lhe óleo no topo. Ele chamou a este lugar Bethel..."[58]

80. Epifanias e simbolismos líticos — Zimmern mostrou que Beth-el, "casa de Deus", é, ao mesmo tempo, um nome divino e um dos apelativos da pedra sagrada, do bétilo[59]. Jacó adormeceu sobre uma pedra, no lugar onde o Céu e a Terra se comunicavam; era um "centro" que corresponde à "Porta dos Céus". Mas o deus que aparece em sonho a Jacó é o Deus de Abraão, como sublinha o texto bíblico, ou uma divindade local, o deus de Béthel, como pensava, em 1921, Dussaud?[60] Os textos de Ras Shamra, que são preciosos documentos sobre a vida religiosa dos semitas pré-mosaicos, mostram que El e Bethel são os nomes intermutáveis de uma mesma divindade[61]. Por outras palavras, foi o Deus dos seus antepassados que Jacó viu no seu sonho e não uma divindade local. A fim de consagrar o lugar, ele erigiu um bétilo, que depois foi venerado pelos autóctones como uma certa divindade, Bethel. As elites monoteístas, fiéis à mensagem de Moisés, sustentaram longos combates contra este "deus" e são estes os combates que Jeremias lembra. "Pode-se julgar demonstrado que, na famosa narrativa da visão de Jacó... o deus de Béthel não era ainda o deus Béthel. Mas esta identificação e esta confusão fizeram-se rapidamente nos meios populares."[62] Onde Jacó viu — segundo a tradição — a *escada dos anjos* e a *casa de Deus*, os camponeses palestinianos viam o *deus Béthel*[63].

Mas convém lembrar que, qualquer que fosse o deus reconhecido em Béthel pelas populações autóctones, a *pedra* representava apenas um *sinal*, uma "casa", uma teofania. A divindade *manifestava-se* por intermédio da pedra ou — em outros ritos — devia *testemunhar* e santificar um pacto concluído na sua vizinhança. Este "testemunho" consistia, para a consciência popular, na encarnação da divindade em uma pedra; e, para as elites, em uma transfiguração da pedra pela presença divina. Após ter concluído o pacto entre Jeová e o seu povo, Josué "agarrou em seguida uma grande pedra e pô-la debaixo do carvalho que estava no lugar consagrado ao Eterno. E Josué disse ao povo: 'Aí está esta pedra, que servirá de testemunha contra nós; porque ela ouviu todas as palavras que o Eterno nos disse, ela servirá de testemunha contra vós, para que não abandoneis o vosso Deus!'''[64]. Deus é também "testemunha" nas pedras erguidas por Labão por ocasião do seu pacto de amizade com Jacó[65]. Tais pedras-testemunhas foram, provavelmente, adoradas pelas populações cananéias como manifestações da divindade.

A luta das elites monoteístas mosaicas era conduzida contra a confusão freqüente entre o *sinal* da presença divina e a *incorporação* da divindade num receptáculo qualquer. "Vós não fareis ídolos. Vós não elevareis imagens talhadas, nem pedras sagradas (*masseba*), e não colocareis na vossa terra nenhuma pedra figurada (*maskit*) para vos prostrardes diante dela."[66] E, nos *Números*[67], Deus ordena a Moisés que destrua as pedras cultuais que ia encontrar em Canaã: "Vós destruireis todas as pedras figuradas (*maskitîm*), todas as imagens de metal fundido e arrasareis as colinas onde celebram culto." Assistimos aqui não a um conflito entre a fé e a idolatria, mas a um combate entre duas teofanias, entre dois momentos da experiência religiosa: de um lado, a concepção arcaica, que identificava a divindade à matéria e a adorava, qualquer que fosse a forma ou o local da aparição divina; por outro lado, uma concepção, saída da experiência de uma elite, que só reconhecia a presença divina nos lugares consagrados (a Arca, o templo, etc.) e em certos ritos mosaicos, e se esforçava por confirmar esta presença na própria consciência do crente. Como habitualmente, as antigas formas e objetos cultuais, após modificação do seu sentido e do seu valor religioso, foram adotados pela forma religiosa. Na Arca da Aliança onde se conservavam, segundo a tradição, as Tábuas da Lei, tinham-se talvez guardado, originariamente, certas pedras cultuais consagradas pela presença divina. Os reformadores aceitavam tais objetos valorizando-os num sistema religioso diferente, dando-lhes um conteúdo muito diferente[68]. Qualquer reforma se faz, em suma, contra uma degradação da experiência originária; a confusão entre *sinal* e *divindade* tinha-se agravado nos meios populares, e era justamente para evitar o perigo de tais confusões que as elites mosaicas aniquilavam os *sinais* (as pedras figuradas, as imagens esculpidas, etc.) ou lhes transformavam o sentido ("a Arca da Aliança"). A confusão que não tardaria a reaparecer sob outras formas determinava novas reformas, isto é, uma nova proclamação do sentido originário.

81. Pedra sagrada, *omphalós*, Centro do Mundo — A pedra sobre a qual Jacó adormeceu não era somente a "casa de Deus", mas também o lugar onde, pela *escada dos anjos*, se estabelecia a comunicação entre o Céu e a Terra. O "béthel" era, por conseguinte, um "centro do mundo", da mesma forma que a Ka'aba de Meca ou o monte Sinai, assim como todos os templos, palácios e "centros" ritualmente consagrados (§§ 143 s.). A qualidade de "escada" unindo o Céu e a Terra derivava de uma teofania verificada neste lugar. Ao mostrar-se a Jacó sobre o "béthel" a divindade revelava ao mesmo tempo o lugar onde podia descer à Terra, o ponto em que o transcendente podia manifestar-se no imanente. Veremos mais adiante que tais escadas unindo o Céu e a Terra não são necessariamente localizáveis numa geografia concreta, profana, e que o "centro do mundo" pode ser consagrado ritualmente numa infinidade de pontos geográficos sem que a autenticidade de cada um prejudique a dos outros.

Contentemo-nos, de momento, em lembrar algumas crenças que dizem respeito ao *omphalós* (umbigo) de que Pausânias escreve[69]: "O que os habitantes de Delfos chamam *omphalós* é feito de pedra branca e acha-se, segundo pensam, no centro da Terra, opinião confirmada por Píndaro numa das suas odes." Inúmeros trabalhos foram publicados sobre este assunto. Rohde e J. H. Harrison pensam que *omphalós* representava, originariamente, a pedra funerária de um túmulo[70]. Roscher, que dedicou três monografias a este problema, afirma que o *omphalós* foi concebido desde o começo como "centro da Terra". Nilsson não parece satisfeito com estas interpretações e considera recentes as duas concepções da pedra tumular e do "centro do mundo", concepções que substituiriam uma crença mais "primitiva"[71].

As duas interpretações são, na realidade, "primitivas" e não se excluem uma à outra. Considerado ponto de interferência do mundo dos mortos, do mundo dos vivos e do mundo dos deuses, um túmulo pode ser, ao mesmo tempo, um "centro", um "*omphalós* da Terra". Entre os romanos, por exemplo, o *mundus* representava o lugar de comunicação entre os três domínios; "quando o *mundus* está aberto, aberta está também a porta dos tristes deuses do Inferno", escreve Varrão[72]. Evidentemente, o *mundus* não é um túmulo, mas o seu simbolismo permite-nos compreender melhor a função análoga desempenhada pelo *omphalós*: as suas eventuais origens funerárias não contrariam a sua qualidade de "centro". O lugar onde a comunicação com o mundo dos mortos e o dos deuses subterrâneos se podia fazer era consagrado como um traço de união entre os diversos planos cósmicos e é unicamente num "centro" que tal lugar se podia encontrar (a multivalência simbólica do *omphalós* será estudada no seu conjunto próprio quando analisarmos a teoria e a função ritual da consagração dos "centros", (§§ 145).

Ao sobrepor-se ao antigo culto ctônico de Delfos, Apolo agregou a si o *omphalós* e os seus privilégios. Perseguido pelas Erínias, Orestes é purificado por Apolo junto ao *omphalós*, lugar sagrado por excelência, "centro" onde as três zonas cósmicas se comunicam, "umbigo", que, pelo seu simbolismo, garante um novo nascimento e uma consciência reintegrada. A multivalência da "pedra central" conserva-se melhor ainda nas tradições célticas: Lia Fâil, "a pedra de Fâil" (o nome é obscuro — Fâil = Irlanda?), começa a cantar no momento em que aquele que é digno de ser rei se senta nela; nos ordálios, o acusado que sobe a ela torna-se branco se estiver inocente; na presença de uma mulher condenada a ficar estéril, a pedra ressuda sangue; mas se à mulher estiver destinado ser mãe, é leite que a pedra ressuda[73]. Lia Fâil é uma teofania da divindade do solo, a única que reconhece o seu senhor (o rei da Irlanda), a única a dirigir a economia da fecundidade e a garantir os ordálios. Há, bem entendido, variantes fálicas, tardias, destes *omphaloi* célticos: a fertilidade representa por excelência um atributo do "centro" e os seus emblemas são freqüentemente sexuais. A valorização religiosa (e implicitamente política) do "centro" pelos celtas é atestada por nomes como *medinemetum*, *mediolanum*[74], conservados até hoje na toponímia francesa[75]. Considerando o que ensinam Lia Fâil e algumas tradições conservadas na França, é legítimo identificar estes "centros" às pedras onfálicas. Na aldeia de Amancy (cantão de la Roche), por exemplo, existe (testemunho certo de um "centro") uma Pedra do Meio do Mundo[76]. A Pierra Chevetta (cantão de Moutiers) nunca foi submergida pelas inundações, o que representa uma vaga sobrevivência do "centro" que o dilúvio não pôde submergir[77] (§ 143).

82. Sinais e formas — Em qualquer tradição, o *omphalós* é uma pedra consagrada por uma presença sobre-humana ou por um simbolismo qualquer. Da mesma forma que os bétilos e os *masseba* ou os megálitos pré-históricos, o *omphalós* dá testemunho de alguma coisa e é deste testemunho que ele tira o seu valor ou a sua função no culto. Quer *protejam* os mortos (como os megálitos neolíticos, por exemplo), quer se tornem as moradas provisórias das almas dos mortos (como em muitos povos "primitivos"), quer atestem um pacto feito entre homem e Deus ou entre homem e homem (semitas), quer recebam o caráter sagrado da sua forma e da sua origem uraniana (meteoritos, etc.), quer enfim representem teofanias ou pontos de interseção das zonas cósmicas ou imagens do "centro", as pedras tiram sempre o seu valor cultual da presença divina que as transfigurou, das forças extra-humanas (as almas dos mortos) que nela estão encarnadas, ou do simbolismo — erótico, cosmológico, religioso, político — que as enquadrou. As pedras cultuais são *sinais* e exprimem sempre uma realidade transcendente. Desde a simples hierofania elementar representada por certas pedras e por certos rochedos — que *impressionam* o espírito humano pela sua solidez, pela sua dureza e pela sua majestade — até o simbolismo onfálico ou meteórico, as pedras cultuais não deixam de *significar* alguma coisa que supera o homem.

Evidentemente, estas "significações" transformam-se, substituem-se, por vezes degradam-se ou reforçam-se. Não é possível analisá-las em algumas páginas. Basta dizer que há formas do culto das pedras que apresentam os caracteres de uma regressão ao infantilismo, outras que, na seqüência de novas experiências religiosas ou pelo fato de integrarem outros sistemas cosmológicos, sofrem transformações tão radicais que se tornam quase irreconhecíveis. A *história* modifica, transforma, degrada ou, por meio de qualquer forte personalidade religiosa, transfigura qualquer teofania. Veremos, mais adiante, o sentido das modificações causadas pela *história* no domínio da morfologia religiosa. Lembremos, por agora, um exemplo da "transfiguração" da pedra: o caso de alguns deuses gregos.

"Se recuarmos ainda mais no tempo", escreve Pausânias, "veremos todos os gregos prestarem homenagens divinas não a estátuas mas a pedras não trabalhadas (*argoi lithoi*)."[78] A figura de Hermes é precedida de uma pré-história longa e confusa: as pedras colocadas à beira dos caminhos para "protegê-los" e conservá-los chamam-se *hermai*; só mais tarde é que uma coluna itifálica com uma cabeça de homem, um *hermès*, passou a ser a imagem do deus. Assim, antes de se tornar, na religião e na mitologia pós-homérica, a "figura" que é conhecida, Hermes era apenas uma teofania de pedra[79]. Esses *hermai* significavam uma presença, encarnavam uma força, protegiam e fecundavam ao mesmo tempo. A antropomorfização de Hermes é o resultado da ação corrosiva da imaginação helênica e da tendência que cedo tiveram as pessoas para personalizar cada vez mais as divindades e as forças sagradas. Assistimos assim a uma evolução, mas a uma evolução que não implica de forma alguma uma "purificação" e um "enriquecimento" da divindade, que modifica simplesmente a *fórmula* através da qual o homem exprimia primeiro a sua experiência religiosa e a sua concepção da divindade. O grego figurou de formas diferentes, no decurso do tempo, as suas experiências e os seus conceitos. Os horizontes do seu espírito ousado, plástico e fértil alargavam-se e, nestes novos cenários, em que perdiam a sua eficiência, as antigas teofanias perdiam também o seu sentido. Os *hermai* manifestavam uma presença divina apenas àquela consciência que recebia a revelação do sagrado de uma maneira imediata, em qualquer gesto criador, em qualquer "forma" ou "sinal". O próprio Hermes se separou da matéria; a sua figura tornou-se humana, a sua teofania tornou-se mito.

A teofania de Atena apresenta a mesma evolução do *sinal* à *pessoa*: qualquer que seja a sua origem, o *palladium* manifestava nos tempos pré-históricos a força imediata da deusa[80]. Apolo Agieus não era mais, a princípio, que uma coluna de pedra[81]. No Ginásio de Mégara encontrava-se uma pequena pedra piramidal chamada Apolo Karinós; em Malea, Apolo Lithésios erguia-se ao lado de uma pedra, e recentemente interpretou-se este epíteto do deus por *lithos*[82], etimologia que, segundo Nilsson, não é nem menos nem mais satisfatória do que as que a precederam[83]. Em todo caso, o que é certo é que nenhum outro deus grego, nem mesmo Hermes, era rodeado de tantas "pedras" como Apolo. Mas, tal como Hermes não "é" a pedra, tampouco Apolo surge da pedra: os *hermai* sublinham somente a solidão dos caminhos, a noite medonha, a proteção do viajante, da casa, dos campos. E é porque agregou a si os antigos lugares de culto que Apolo tomou também posse dos seus sinais distintivos, pedras, *omphaloi*, altares, de que a maior parte era, primeiro, dedicada à Grande Deusa. Isto não quer de modo nenhum dizer que uma teofania apolínea com base na pedra não tenha tido curso no momento em que o deus não tinha ainda recebido a sua figura clássica: para a consciência religiosa arcaica, a pedra bruta evocava a presença divina de uma maneira mais segura do que o faziam para os seus contemporâneos as estátuas de Praxíteles.

VII

A Terra, a mulher e a fecundidade

83. A Terra-Mãe — "... Terra (Gaïa), primeiro, deu à luz um ser igual a ela mesma, capaz de a cobrir totalmente, o Céu (Uranos) estrelado, que ofereceria aos deuses bem-aventurados morada segura para sempre."[1] Este par primordial deu origem à família numerosa dos deuses, dos ciclopes e dos outros seres míticos (Cotos, Briareu, Giges, "seres cheios de orgulho" e que tinham cem braços e cinqüenta cabeças cada um). O casamento do Céu e da Terra é a primeira hierogamia. Os deuses tratarão de repeti-la e os homens, por seu turno, imitá-la-ão com a mesma gravidade sagrada com que imitavam qualquer gesto realizado na aurora dos tempos.

Gaïa ou Gê gozou de um culto muito difundido na Grécia, mas com o tempo foi substituída por outras divindades da Terra. A etimologia parece mostrar nela o elemento telúrico na sua forma mais imediata (cf. sânscrito, *gô*, "terra", "lugar"; zend, *gava*; godo, *gawi*, *gauja*, "província"). Homero mal a menciona: uma divindade ctônica — pertencendo, essencialmente, ao substrato pré-helênico — dificilmente encontraria lugar no seu Olimpo. Mas um dos hinos homéricos lhe é dedicado: "É a Terra que eu cantarei, mãe universal com profundas raízes, avó venerável que nutre no seu solo tudo o que existe... És tu quem dá a vida aos mortais, como és tu quem lhes tira a vida... Bem-aventurado aquele a quem tu honras com a tua benevolência! Para ele a vida é uma gleba de boa colheita, nos campos os seus rebanhos prosperam e a sua casa enche-se de riquezas."[2] Ésquilo também a glorifica, porque é a Terra que "cria todos os seres, os nutre, e deles recebe, depois, o germe fecundo"[3]. Veremos como esta expressão de Ésquilo é verdadeira e arcaica. Lembremos ainda um antiqüíssimo hino que, no dizer de Pausânias[4], cantavam as Plêiades de Dodona: "Zeus foi, é e será, oh, Grande Zeus: é com a tua ajuda que a Terra nos dá os seus frutos. Com justiça a chamamos nossa mãe."

Grande número de crenças, de mitos e de ritos respeitantes à Terra, às suas divindades, à "Grande Mãe" chegou até nós. Constituindo em certo sentido os próprios fundamentos do cosmos, a Terra é dotada de multivalência religiosa. Ela foi adorada porque ela "era", porque se mostrava e mostrava, porque dava, produzia frutos, recebia. Se estudássemos a história de uma única religião, conseguiríamos talvez circunscrever com bastante precisão a função e o desenrolar das crenças que dizem respeito às epifanias religiosas. Mas, se nos ocuparmos exclusivamente de morfologia religiosa, tal já não será possível: encontramo-nos — aqui como em outros capítulos — perante gestos, crenças e teorias que pertencem a ciclos de civilizações diferentes, cujas idades e estruturas são diferentes. Tentemos, no entanto, ver quais são as linhas-mestras deste conjunto de fatos que os índices das grandes monografias distribuem pelos títulos: "Terra", "Terra-Mãe", "divindades da Terra", "espíritos telúricos", etc.

84. O par primordial Céu-Terra — O par divino Céu-Terra, que Hesíodo tinha evocado, é um dos motivos de fundo da mitologia universal. Em muitas mitologias em que o Céu desempenha ou desempenhou o papel de divindade suprema, a Terra é representada como sua companheira e, como já vimos, na vida religiosa primitiva encontra-se o Céu por toda a parte[5]. Lembremos alguns casos: os maoris chamam ao Céu Rangi e à Terra Papa; no princípio, tal como Urano e Gaïa, estavam unidos num estreito abraço. Os filhos nascidos deste acasalamento sem fim — Tumata-nenga, Tane-mahuta e outros — e que, sedentos de luz, tateavam nas trevas, decidiram separar os seus pais. Foi assim que, um belo dia, cortaram os tendões que ligavam o Céu à Terra e empurraram o pai cada vez mais para cima, até que ele foi projetado no ar e a luz fez a sua aparição no mundo[6].

O motivo cosmogônico do par primordial Céu-Terra está presente em todas as civilizações oceânicas, da Indonésia à Micronésia[7]. Encontramo-lo no Bornéu, em Minahassa, nas ilhas Celebes setentrionais — onde Luminuut, deusa da Terra, é a principal divindade[8] —, entre os Toradja das Celebes centrais (I-lai e I-ndora), e em muitas outras ilhas da Indonésia. Por vezes, encontra-se o motivo da separação brutal do Céu e da Terra: no Taiti, por exemplo, crê-se que esta operação foi feita por uma planta que, ao crescer, fez subir o Céu[9]. Este motivo está, aliás, muito difundido em outras zonas da civilização[10]. Encontra-se o par primordial Céu-Terra na África: por exemplo, Nzambi e Nzambi-Mpungu da tribo Bawili, no Gabão[11]. Olórun e Oduna ("a negra") entre os iorubá[12], o par divino dos ewe, dos akwapim[13], etc. Num povo agrícola da África austral, kumama, o casamento do Céu e da Terra toma o mesmo sentido de fecundidade cósmica que apresenta nos cantos das Plêiades de Dodona: "A Terra é nossa mãe, o Céu é nosso pai. O Céu fertiliza a Terra pela chuva, a Terra produz os cereais e as plantas."[14] Esta fórmula, como veremos, poderia resumir uma boa parte das crenças agrícolas. O par divino figura igualmente nas mitologias das duas Américas. Na Califórnia meridional, o Céu chama-se Tukinit e a Terra Tamaiovit[15]; entre os navajos encontra-se Yadilqil hastqin ("Céu homem") e sua esposa Nihosdzan esdza ("Terra mulher"); nos Pawnis, na América setentrional, nos sioux, nos hurons (uma das principais tribos iroquesas), nos hopi, nos zuñi, nas Antilhas, etc., encontramos o mesmo binômio cósmico[16]. Nas mitologias do Oriente clássico, ele desempenha também um papel cosmogônico importante: a "rainha das terras" (a deusa de Arinna) e o seu esposo U ou Im, o deus da tempestade, entre os hititas[17]; a deusa da terra e o deus do Céu dos chineses, Izanagi e Izanami dos japoneses[18], etc. Nos povos germânicos, Frigg, a esposa de Tyr, e mais tarde de Othin, é uma deusa de estrutura telúrica. Só um acaso de ordem gramatical (a palavra "céu" sendo do gênero feminino) fez com que o Céu fosse representado entre os egípcios por uma deusa, Nut, e a Terra por um deus, Gebb.

85. Estrutura das hierofanias telúricas — Poder-se-iam multiplicar os exemplos, mas sem qualquer proveito. As listas dos pares cosmológicos não poderiam revelar-nos nem a estrutura das divindades telúricas nem o seu valor religioso. No mito cosmogônico a Terra desempenha um papel passivo, mesmo sendo primordial. Antes de qualquer efabulação mítica a respeito da Terra, houve a própria presença do solo, valorizada no plano religioso. A Terra, para uma consciência religiosa "primitiva", é um dado imediato: a sua extensão, a sua solidez, a variedade do seu relevo e da vegetação que nela cresce constituem uma unidade cósmica, viva e ativa. A primeira valorização religiosa da Terra foi "indistinta", ou seja, ela não localizava o sagrado na camada telúrica propriamente dita, mas confundia numa única unidade todas as hierofanias que se tinham realizado no meio cósmico envolvente — terra, pedras, árvores, águas, sombras, etc. A intuição primária da Terra como "forma" religiosa pode ser reduzida à fórmula: "cosmos-receptáculo das forças sagradas difusas". Se nas valorizações religiosas, mágicas ou míticas das águas se encontram implicadas as idéias de germes, de estados latentes e de regeneração, a intuição primordial da Terra mostra-no-la como sendo o *fundamento* de todas as manifestações. Tudo o que *está* sobre a Terra está *em conjunto* e constitui uma grande unidade.

A estrutura cósmica dessas intuições primárias quase impossibilita-nos de distinguir nelas o elemento propriamente telúrico. Dado que o meio envolvente é vivido como uma unidade, só muito dificilmente se poderia distinguir nessas intuições primárias o que pertence à Terra propriamente dita e o que é somente *manifestado* através dela: montanhas, florestas, águas, vegetação. Uma única coisa se pode afirmar com certeza acerca dessas intuições primárias (cuja estrutura religiosa é inútil demonstrar mais uma vez): é que elas se manifestam como *formas*, revelam realidades, impuseram-se com necessidade, "impressionando" a consciência do homem. A Terra, com tudo o que ela sustém e engloba, foi, desde o começo, uma fonte inesgotável de *existências*, que se revelavam ao homem imediatamente.

O que nos prova que a estrutura cósmica da hierofania da Terra precedeu a sua estrutura propriamente telúrica — que só com o aparecimento da agricultura se impôs definitivamente — é a história das crenças sobre a origem das crianças. Antes de serem conhecidas as causas fisiológicas da concepção, os homens pensavam que a maternidade era devida à inserção direta da criança no ventre da mulher. Quanto a saber se o que penetra no ventre da mulher já é um feto — que até aí teria vivido a sua vida pré-natal nas grutas, nas fendas, nos poços, nas árvores, etc. — ou se é simplesmente um germe, ou ainda a "alma do antepassado", etc., são questões que não têm qualquer interesse para este capítulo. O importante é a idéia de que as crianças não são concebidas pelo pai, mas que, num estádio mais ou menos avançado do seu desenvolvimento, tomam lugar no ventre materno depois de um contato entre a mulher e um objeto ou um animal do meio cósmico envolvente.

Se bem que este problema pertença mais propriamente à etnologia do que à história das religiões, colocamo-lo aqui pelos esclarecimentos que pode fornecer ao nosso assunto. O homem não intervém na criação. O pai não é pai dos seus filhos senão no sentido jurídico e nunca no sentido biológico do termo. Os homens não estão ligados entre si senão pelas mães, e mesmo assim esta ligação é precária. Mas os homens estão ligados ao meio cósmico envolvente de maneira infinitamente mais estreita do que o possa supor uma mentalidade moderna, profana. Eles são, no sentido concreto e não no sentido alegórico da palavra, "gente da terra". Foram trazidos pelos animais aquáticos (peixes, rãs, crocodilos, cisnes, etc.), desenvolveram-se nas rochas, nos abismos e nas grutas, antes de serem projetados, por um contato mágico, no ventre materno; começaram a sua vida pré-natal nas águas, nos cristais, nas pedras, nas árvores; eles viveram — sob forma pré-humana, obscura, como "almas" de "crianças-antepassados" — numa das zonas cósmicas mais próximas. Assim, para só mencionar alguns casos, os armênios crêem que a Terra é "o ventre materno, donde saíram os homens"[19]. Os peruanos crêem que descendem das montanhas e das pedras[20]. Outros povos localizam a origem das crianças nas grutas, nas fendas, nas nascentes, etc. Ainda hoje se conserva na Europa a crença de que as crianças "vêm" dos mares, das nascentes, dos riachos, das árvores[21]. O que é significativo nessas superstições é a estrutura cósmica da Terra, podendo esta ser encontrada em todo o meio envolvente, no microcosmo e não apenas na região telúrica propriamente dita. "A Terra" significa aqui tudo o que rodeia o homem, todo o "lugar" — com as suas montanhas, as suas águas e a sua vegetação.

O pai humano nada mais faz do que *legitimar* tais filhos por um ritual que possui todas as características da adoção. Eles pertencem, em primeiro lugar, ao "lugar", quer dizer, ao microcosmo da região. A mãe não fez mais do que recebê-los; ela "recolheu-os" e, quando muito, aperfeiçoou a sua forma humana. Compreende-se, então, sem dificuldade que o sentimento de solidariedade para com o microcosmo envolvente, com o "lugar", tenha sido um sentimento dominante para o homem que se encontrava neste estádio da sua evolução mental — ou, mais exatamente, que encarava dessa maneira a vida humana. Em certo sentido, pode-se dizer que o *homem não tinha ainda nascido*, que ele não tinha ainda a consciência da sua pertença total à espécie biológica que ele representava. Poder-se-ia mais propriamente considerar, a este nível, a sua vida uma fase pré-natal: o homem continuava ainda a participar, imediatamente, de uma vida diferente da sua, de uma vida "cósmico-materna". Ele tinha, diríamos nós, uma experiência "ontofilogenética" obscura e fragmentada; ele sentia que descendia de duas ou três "matrizes" ao mesmo tempo.

Não é difícil compreender que tal experiência fundamental tenha implicado para o homem um certo número de atitudes específicas para com o cosmos e para com os seus semelhantes. A precariedade da paternidade humana era compensada pela solidariedade que havia entre o homem e certas forças ou substâncias cósmicas protetoras. Mas, por outro lado, esta solidariedade com o "lugar" não podia de forma alguma promover no homem o sentimento de que *é um criador na ordem biológica*. O pai, ao legitimar os seus filhos saídos de um meio cósmico qualquer, ou ainda das "almas dos antepassados", não tinha propriamente filhos, mas apenas novos membros na sua família, novos utensílios para o seu trabalho e para a sua defesa. O liame que o unia à sua progenitura era, em todo o caso, *per proximi*. A sua vida biológica acabava com ele, sem possibilidade de continuar através de outros seres, como será o caso na interpretação que, mais tarde, os indo-europeus darão do sentimento de continuidade familiar, interpretação cujo fundamento assenta num duplo fato: a descendência biológica direta (os pais criam o corpo, a "substância" da criança) e a descendência ancestral indireta (as almas dos antepassados encarnam nos recém-nascidos)[22].

A "Terra" era, pois, nas primeiras experiências religiosas ou intuições míticas, "o lugar todo" que se achava à volta do homem. Grande número de palavras que designam a "Terra" têm etimologias que se explicam por impressões espaciais — "lugar", "largo", "província" (cf. *prithîvî*, "a larga") — ou impressões sensoriais primárias — "firme", "o que resta", "negro", etc. A valorização religiosa da Terra de um ponto de vista estritamente telúrico só mais tarde pôde ter lugar: no ciclo pastoril e sobretudo no ciclo agrícola, para falar a linguagem da etnologia. Até então, tudo o que se poderia chamar as "divindades da Terra" eram mais propriamente *divindades do lugar*, no sentido de meio cósmico envolvente.

86. Maternidade ctônica — Uma das primeiras teofanias da Terra, enquanto tal, enquanto sobretudo camada telúrica e profundidade ctônica, foi a sua "maternidade", a sua inesgotável capacidade de dar frutos. Antes de ser considerada Deusa-Mãe, divindade da fertilidade, a Terra impôs-se diretamente como Mãe, Tellus Mater. A evolução posterior dos cultos agrícolas, esclarecendo com precisão cada vez mais acentuada a figura de uma Grande Deusa da vegetação e da colheita, acabou por apagar os traços da Terra-Mãe. Na Grécia, Deméter substituiu Gê. No entanto, restos do culto antiqüíssimo da Terra-Mãe transparecem nos documentos arcaicos e etnográficos. Um profeta índio, Smohalla, da tribo umatilla, proibia os seus discípulos de cavarem a terra, porque — dizia — "é um pecado ferir ou cortar, fender ou esgaravatar a nossa mãe comum com os trabalhos agrícolas". E justificava assim a sua atitude antiagrícola: "Pedis-me que trabalhe o solo? Acaso pegaria eu numa faca para a mergulhar no seio de minha mãe? Pedis-me que cave e levante pedras? Iria eu mutilar a carne para chegar aos ossos? Pedis-me que corte a erva e o feno e que o venda e me enriqueça como os brancos? Mas como ousaria eu cortar a cabeleira de minha mãe?"[23] Esta devoção mística pela Mãe telúrica não é um fato isolado. Os membros de uma tribo drávida primitiva da Índia central, os baïga, praticam a agricultura migratória, contentando-se com semear exclusivamente nas cinzas que ficam depois de certas áreas da floresta terem sido queimadas. E têm todo este trabalho porque consideram um pecado "rasgar o seio da sua mãe-terra com a charrua"[24]. Os povos altaicos crêem igualmente que é um grande pecado arrancar as plantas, porque a Terra sofre exatamente como sofreria um homem a quem arrancassem os cabelos ou a barba. Os votiaks, que têm o costume de levar as suas oferendas para uma cova, abstêm-se de repetir esta operação no outono, pois que nesta época do ano a Terra dorme. Os tcheremisses crêem freqüentemente que a Terra está doente, e evitam então sentar-se nela. E as provas da persistência destas crenças respeitantes à Terra-Mãe nos povos não agrários, ou agrários de uma maneira esporádica, poderiam ser multiplicadas[25]. A religião da Terra, mesmo que não seja a mais velha religião humana, como o crêem certos sábios, é daquelas que dificilmente morrem. Uma vez consolidada nas estruturas agrícolas, os milênios passam por ela sem a modificarem. Por vezes, ela não apresenta qualquer solução de continuidade, desde a pré-história até os nossos dias. Por exemplo, o "bolo dos mortos" (em romeno *coliva*) era conhecido, com o mesmo nome, na Antiguidade grega, que o tinha recebido das civilizações pré-históricas e pré-helênicas. Outros exemplos de continuidade no quadro do mesmo conjunto constituído pelas religiões telúricas agrárias serão mencionados mais adiante.

A. Dieterich publicou, em 1905, um livro que se tornou rapidamente um trabalho clássico[26]. Emil Goldmann[27] e outros depois dele e, mais perto de nós, Nilsson[28] fizeram toda a espécie de objeções à teoria de Dieterich, mas não conseguiram invalidá-la na sua totalidade. Dieterich começa o seu estudo lembrando três costumes em uso na Antiguidade — deposição da criança recém-nascida sobre a terra, inumação das crianças (em contraste com a incineração dos adultos), colocação no chão também dos doentes e dos agonizantes — para reconstituir a figura da arcaica Deusa-Terra, da "Terra-Mãe-de-Tudo" (*pammétôr Gê*) de que Ésquilo faz menção[29], da Gaïa que Hesíodo tinha cantado. Em volta destas três práticas arcaicas, os documentos acumularam-se em número impressionante e surgiram controvérsias de que não podemos aqui ocupar-nos. Tratemos de ver o que nos ensinam os próprios fatos e em que conjunto religioso eles se enquadram.

87. Descendência telúrica — Santo Agostinho faz menção, na esteira de Varrão, do nome de uma divindade latina, Levana, que levantava as crianças do chão: *levat de terra*[30]. Dieterich lembra, em ligação com este fato, o costume, ainda praticado nos Abruzos, de colocar a criança no chão, depois de lavada e protegida com cueiros[31]. O mesmo ritual é praticado entre os escandinavos, os alemães, os Parses, os japoneses, etc. A criança é levantada pelo pai (*de terra tollere*), o que significa que a reconhece como seu filho[32]. Este rito foi interpretado por Dieterich como uma maneira de votar a criança à Terra, a Tellus Mater, que é a sua verdadeira mãe. Goldmann objeta que o fato de pôr a criança — o doente ou o agonizante — no chão não implicava necessariamente uma descendência telúrica desta, nem uma consagração à Terra-Mãe, mas tinha muito simplesmente por finalidade o contato com a força mágica do solo. Outros são de opinião de que este rito tinha em vista conseguir para a criança uma alma que lhe vinha da Tellus Mater[33].

É evidente que estamos perante interpretações diferentes de uma mesma concepção primordial e que só aparentemente se contradizem: a da Terra considerada fonte de força, de "alma" e de fecundidade, a da Terra-Mãe. O parto no solo (*humi positio*) é um costume freqüente em muitos povos: nos gurions do Cáucaso, tal como em várias regiões da China, as mulheres deitam-se no chão logo que sentem as dores do parto, para darem à luz em contato direto com a terra[34]; as mulheres maori, na Nova Zelândia, dão à luz nas moitas, à beira de um riacho; em muitas tribos africanas é costume as mulheres darem à luz na floresta, sentadas no chão[35]; encontra-se o mesmo ritual na Austrália, no norte da Índia, entre os aborígenes no norte da América, no Paraguai, no Brasil[36]. Entre os gregos e os romanos, observa Samter[37], este costume tinha desaparecido nos tempos históricos, mas não há dúvida de que existiu: certas estátuas de deusas do nascimento (Eileithyia, Damia, Auxeia) apresentam-nas de joelhos exatamente na posição da mulher que dá à luz diretamente sobre a terra[38]. Na Idade Média alemã, entre os japoneses, em certas comunidades judaicas, no Cáucaso, na Hungria, entre os romenos, os escandinavos, na Islândia, etc., encontra-se o mesmo ritual. Em língua egípcia a expressão "sentar-se no chão" era utilizada, nos textos demóticos, para significar "parto, parir"[39].

Sem dúvida o sentido inicial deste ritual universalmente difundido era o da maternidade da Terra. Vimos que em muitas regiões se acreditava que as crianças eram trazidas de poços, da água, das rochas, das árvores, etc. E em certas regiões considera-se que as crianças "vêm da terra"[40]. O bastardo era chamado *terrae filius*. Quando os mordves desejam adotar uma criança, colocam-na num fosso do jardim onde se julga habitar a deusa protetora, a Terra-Mãe[41]. Isto significa que, para ser adotada, a criança deve nascer de novo; e isto faz-se, não simulando o parto nos joelhos da mãe adotiva — como entre os romanos, por exemplo —, mas colocando a criança no seio da sua verdadeira mãe, a Terra.

É natural que, posteriormente, este sentido de descendência telúrica tenha sido substituído por uma idéia mais generosa, a saber, que a Terra é a protetora das crianças, que ela é a fonte de toda a força e que é a ela (quer dizer, ao espírito materno que a habita) que são consagrados os recém-nascidos. É assim que se explica a freqüência do berço ctônico: os bebês são adormecidos ou repousam nas covas, em contato direto com a terra ou com a camada de cinzas, de palhas e de folhas que a mãe preparou no fundo da cova. O berço ctônico é conhecido tanto nas sociedades primitivas (australianos e alguns povos turco-altaicos) como nas civilizações superiores (Império dos Incas, por exemplo)[42]. As crianças abandonadas não são mortas, mas, entre os gregos, por exemplo, deixadas por terra. A Terra-Mãe cuidará delas: ela decidirá se devem morrer ou sobreviver[43].

Uma criança "exposta", abandonada ao acaso dos elementos cósmicos — água, vento, terra —, é sempre como um desafio lançado à face do destino. Confiada à terra ou às águas, a criança, tendo para o futuro o estatuto social de órfão, corre o risco de morrer, mas tem ao mesmo tempo possibilidades de adquirir uma condição diferente da condição humana. Protegida pelos elementos cósmicos, a criança abandonada torna-se freqüentemente herói, rei ou santo. A sua biografia lendária imita, assim, o mito dos deuses abandonados imediatamente após o nascimento. Lembremos que Zeus, Posídon, Dioniso, Átis e inúmeros deuses partilharam a sorte de Perseu, de Ion, de Atalante, de Anfíon e de Zeto, de Édipo, de Rômulo e de Remo. Moisés também foi abandonado nas águas, tal como o herói maori Massi, que foi lançado ao oceano, como o foi o herói do Kalevala, Vainämöinen, que "flutuava nas vagas tenebrosas". O drama da criança abandonada é compensado pela grandeza mítica do "órfão", da criança primordial, na sua absoluta e invulnerável solidão cósmica, na sua unicidade. O aparecimento de tal "criança" coincide com um momento auroral: criação do cosmos, criação de um mundo novo, de uma nova época histórica (*Jam redit ed virgo...*), de uma "vida nova" em qualquer nível da realidade[44]. A criança abandonada à Terra-Mãe, por ela salva e criada, deixa de poder partilhar o destino comum dos homens, porque repete o momento cosmológico das origens e cresce no meio dos elementos e não no meio da família. É por isso que os heróis e os santos são recrutados entre as crianças abandonadas: pelo simples fato de as ter protegido e preservado da morte, a Terra-Mãe (ou as Águas-Mães) votou-as a um destino grandioso, inacessível ao comum dos mortais.

88. Regeneração — Um ritual que se explica pela mesma crença na Terra-Mãe é a inumação dos cadáveres das crianças. Os adultos são incinerados, mas as crianças são enterradas, para que voltem ao seio da mãe telúrica e possam renascer mais tarde. *Terra clauditur infans*[45]. As leis de Manu prescrevem a inumação das crianças de menos de dois anos e proíbem a sua incineração. Os hurons da América do Norte enterram nos caminhos as crianças mortas, a fim de que possam renascer introduzindo-se no ventre das mulheres que por elas passam[46]. Entre os andamaneses, as crianças são enterradas sob a lareira, na cabana[47]. Há que lembrar também o enterro "sob a forma de embrião", prática freqüente em muitos povos e à qual voltaremos quando examinarmos a mitologia da morte[48]. Dá-se ao cadáver uma forma embrionária para que a Terra-Mãe possa dá-lo à luz uma segunda vez. Há regiões onde se oferecem à deusa telúrica crianças enterradas vivas; é o caso da Groenlândia, onde se enterra a criança se o pai está gravemente doente; na Suécia, duas crianças foram enterradas vivas durante uma epidemia de peste; entre os maias faziam-se sacrifícios deste tipo quando grassava a seca[49].

Da mesma forma que se põe a criança no chão logo que nasce, para que a sua verdadeira mãe a legitime e lhe assegure uma proteção divina, também se colocam no chão — a menos que se enterrem — as crianças e os adultos em caso de doença. Este rito equivale a um novo nascimento. O enterro simbólico, parcial ou total, tem o mesmo valor mágico-religioso da imersão na água, o batismo (§ 64). O doente regenera-se: nasce de novo. Para ele não é um simples contato com as forças da Terra, mas sim uma regeneração total. Esta operação tem a mesma eficácia quando se trata de sanar uma falta grave ou de tratar uma doença de espírito (que apresenta para a coletividade o mesmo perigo que o crime ou a doença fisiológica). O pecador é colocado num tonel ou numa fossa feita na terra, e quando sai dali "nasceu uma segunda vez, do seio de sua mãe"[50]. É por isso que, entre os escandinavos, se crê que uma feiticeira pode ser salva da danação eterna se for enterrada viva, e se se fizer semeadura e colheita no local onde foi enterrada[51]. O mesmo se pensa acerca das crianças gravemente doentes: se se pudesse enterrá-las e semear de modo que houvesse tempo de haver *germinação*, estas crianças curar-se-iam. Compreende-se claramente o sentido desta crença: o homem (o feiticeiro, o doente) tem, deste modo, possibilidades de nascer de novo ao mesmo tempo que a vegetação.

Um rito aparentado com estes consiste em fazer passar a criança doente através de uma fenda da terra, ou através de um rochedo furado, ou através do buraco de uma árvore[52]. Encontramo-nos aqui diante de uma crença um pouco mais complexa: por um lado, a finalidade é transferir a "doença" da criança para um objeto qualquer (árvore, rochedo, terra); por outro lado, imita-se o próprio ato do parto (a passagem através do orifício). É mesmo provável que elementos do culto solar (a roda = o Sol) tenham dado a sua contribuição para este rito — pelo menos em certas regiões: Índia, por exemplo (§ 78). Mas a idéia fundamental é a de cura por meio de um novo nascimento — e vimos que, na maior parte das suas crenças, os povos agrícolas estabelecem uma relação muito estreita entre este novo nascimento e o contato com a Terra-Mãe. Só assim se pode explicar toda uma série de crenças e de costumes respeitantes às purificações e ao emprego da terra como meio terapêutico. A Terra está bem impregnada de força, como crê Goldmann, mas é à sua capacidade de dar fruto e à sua maternidade que ela deve està força.

Vimos que se enterram as crianças, mesmo entre os povos que têm o costume de incinerar os seus mortos, e isto na esperança de que as entranhas da Terra lhes façam dom de uma vida nova. A palavra *whenna* significa, entre os maori, "terra" e "placenta"[53]. Aliás, mesmo o enterro dos que morrem em idade adulta — ou das suas cinzas nos povos que praticam a incineração — é feito com o mesmo objetivo. "Arrasta-te para a Terra, tua mãe!", diz o *Rig Veda*[54]. "A ti, que és terra, ponho-te na Terra!", está escrito no *Atharva Veda*[55]. "A Terra é uma mãe, eu sou filho da Terra, meu pai é Parjanya... Nascidos de ti, os mortais voltam para ti..."[56] No momento do enterro das cinzas e dos ossos incinerados, juntam-se grãos a estes e espalha-se tudo sobre um campo lavrado recentemente, dizendo: "Savitri, espalha a tua carne no seio de nossa mãe, a Terra."[57] Mas estas crenças hindus não são sempre tão simples como parecem nos textos citados. A idéia de retorno à Terra-Mãe foi completada por uma idéia ulterior: a de reintegração do homem no todo do cosmos, uma *restitutio ab integro* das faculdades psíquicas e dos órgãos no antropocosmos original[58].

A crença segundo a qual os mortos habitam debaixo da terra até o momento em que voltam de novo à luz do dia, a uma nova existência, explica a identificação do reino dos mortos com o lugar de onde vêm as crianças. Os mexicanos, por exemplo, crêem que a sua origem está num lugar chamado Chicomoztoc, o lugar das sete grutas[59]. Quer porque se consideravam os mortos conhecedores do futuro, quer porque se considerava a Terra, graças à reabsorção periódica de todas as criaturas vivas, possuidora de poder oracular — alguns oráculos arcaicos da Grécia ficavam ao lado de fendas ou de grutas. Sabemos que houve tais oráculos ctônicos em Olímpia e em Delfos, e Pausânias menciona um oráculo em Aigai, na Aqueia, onde as sacerdotisas de Gê prediziam o futuro à beira de uma fenda[60]. Enfim, não há necessidade de lembrar o grande número de "incubações" que se verificavam se se dormia no chão[61].

89. Homo-humus — De todas as crenças de que falamos até aqui, ressalta que a Terra é mãe, quer dizer, que gera formas vivas arrancando-as da sua própria substância. Em primeiro lugar, a Terra é "viva" porque é fértil. Tudo o que sai da Terra é dotado de vida e tudo o que volta para a Terra é de novo provido de vida. O binômio *homo-humus* não deve ser compreendido no sentido de que o homem seria terra porque é mortal, mas neste outro: se o homem pode ser um ente vivo é porque vem da Terra, é porque nasceu da Terra-Mater e volta para ela. Solmsen explicou *mâteries* por *mâter*; ainda que esta etimologia não seja a verdadeira (o sentido primordial da palavra "matéria" parece ter sido, com efeito, o de "coração da madeira"), ela pode ser encarada no interior de uma Weltanschauung mítico-religiosa: a "matéria" tem o destino de uma mãe, porque ela gera incessantemente. Aquilo a que nós chamamos vida e morte são apenas dois momentos diferentes do destino total da Terra-Mãe: a vida nada mais é que um separar-se das entranhas da Terra, a morte reduz-se a um regresso à "própria Terra". O desejo, tão freqüente, de ser enterrado no solo da pátria é tão-só uma forma profana do autoctonismo místico, da necessidade de reentrar na sua própria casa. As inscrições sepulcrais do tempo do Império romano põem em relevo a alegria de ser enterrado no solo da pátria: *hic natus hic situs est* (CIL, V, 5595); *hic situs est patriae* (VIII, 2885); *hic quo natus fuerat optans erat illo reverti* (V, 1703), etc. De mesma forma que outras não escondem a tristeza por não ter havido esta consolação: *altera contexit tellus dedit altera nasci* (XIII, 6429)[62]. Enfim, recusava-se o enterro aos traidores porque, segundo a explicação de Filostrato, eles eram indignos "de serem santificados pela Terra"[63].

A água é portadora de germes; também a Terra é portadora deles, mas na Terra tudo dá fruto rapidamente. Os estados latentes e os germes ficam por vezes durante vários ciclos nas Águas antes de chegarem a manifestar-se; da Terra pode-se quase dizer que ela não tem repouso: o seu destino é gerar incessantemente, é dar forma e vida a tudo o que volta para ela inerte e estéril. As águas encontram-se no começo e no fim de todo acontecimento cósmico; a Terra encontra-se no começo e no fim de toda vida. Toda manifestação se realiza acima das águas e se reintegra no caos primordial através de um cataclismo histórico (o dilúvio) ou cósmico (*mahâpralaya*). Toda manifestação vital tem lugar graças à fecundidade da Terra; toda a forma nasce dela, viva, e volta para ela no momento em que a parte de vida que lhe tinha sido concedida se esgotou; volta a ela para renascer; mas, antes de renascer, para repousar, para se purificar, para se regenerar. As águas *precedem* toda criação e toda forma; a Terra *produz formas vivas*. Enquanto o destino mítico das águas é abrir e fechar ciclos cósmicos ou eônicos que se estendem por milhões de anos, o destino da Terra é estar no princípio e no fim de qualquer forma biológica ou pertencente à história local ("os homens do lugar"). O tempo — que tem, por assim dizer, sono quando se trata das águas — é vivo e infatigável quando a Terra gera. As formas vivas aparecem e desaparecem com uma rapidez fulminante. Mas nenhum desaparecimento é decisivo: a morte das formas vivas não passa de um modo — latente e provisório — de existência, pois que a forma viva como tipo ou como espécie nunca desaparece durante o prazo que as águas concedem à Terra.

90. Solidariedade cosmobiológica — A partir do momento em que uma forma se destaca das águas, toda ligação orgânica imediata entre estas e aquela se quebra: entre o pré-formal e a forma há um hiato. Esta ruptura não se verifica quando se trata de formas geradas pela Terra e da Terra: estas permanecem solidárias com a sua matriz, de que aliás só se destacam provisoriamente, e à qual regressam para repousar, para se fortificar e, finalmente, para reaparecer em pleno dia. É por isso que há entre a Terra e as formas orgânicas por ela geradas um laço mágico de simpatia. Em conjunto elas constituem um sistema. Os fios invisíveis que ligam a vegetação, o reino animal e os homens de uma certa região ao solo que os produziu, no qual vivem e do qual se alimentam, foram tecidos pela vida que palpita tanto na mãe como nas suas criaturas. A solidariedade que existe entre o telúrico de um lado, o vegetal, o animal e o humano do outro, é devida à *vida*, que é a mesma por toda a parte. A sua unidade é de ordem biológica. E sempre que qualquer dos modos desta vida é manchado ou esterilizado por um crime contra a vida todos os outros modos são atingidos, em virtude da sua solidariedade orgânica.

Um crime é um sacrilégio que pode ter conseqüências muito graves a todos os níveis da vida, pelo simples fato de que o sangue vertido "envenena" a Terra. E a calamidade manifesta-se na esterilidade dos campos, dos animais e dos homens. No prólogo de Édipo-Rei, o sacerdote lamenta-se por causa das desgraças que caíram sobre Tebas: "A cidade morre nas sementes frutíferas da terra, nos rebanhos de bois, nas crianças nos ventres das mães..."[64] Um rei sábio, um reino fundado na justiça garantem, pelo contrário, a fertilidade da terra, dos animais e das mulheres. Ulisses confessa a Penélope que é porque ele tem fama de bom rei que a terra dá frutos, que as ovelhas dão à luz, que o mar pulula de peixes[65]. Hesíodo formula nestes termos esta concepção rústica de harmonia e de fertilidade antropocósmicas: "Aqueles que, tanto para o estrangeiro como para o cidadão, pronunciam sentenças retas e nunca se afastam da justiça vêem prosperar a sua cidade e, dentro dos seus muros, a população tornar-se feliz. Nas suas terras espalha-se a paz que alimenta os jovens, e Zeus onividente não lhes reserva a guerra dolorosa. Nunca destes atos de justiça se seguirá fome nem desgraça... a terra oferece-lhes uma vida de abundância; nos montes cresce o carvalho, nos ramos deste nasce a bolota e no tronco vivem as abelhas; o pêlo abundante das suas ovelhas torna-as mais pesadas; terão filhos que se parecerão com eles; terão prosperidades sem fim, e nunca terão de partir para o mar, pois que o solo fértil lhes oferece os seus frutos."[66]

91. Gleba e mulher — A solidariedade reconhecida entre a fecundidade da gleba e a da mulher constitui um dos traços marcantes das sociedades agrícolas. Durante muito tempo os gregos e os romanos assimilaram gleba e matriz, ato gerador e trabalho agrícola. Encontramos esta assimilação, por outro lado, em muitas civilizações e ela deu origem a grande número de crenças e de ritos. Ésquilo, por exemplo, diz-nos que Édipo "ousou lançar semente no solo sagrado onde se tinha gerado e plantar nela um tronco sangrento"[67]. Em Sófocles abundam as alusões aos "campos paternos"[68], ao "lavrador, senhor de um campo longínquo, que ele só visita uma vez no tempo das sementeiras"[69]. Dieterich, que junta a estes textos clássicos inúmeras outras referências, estuda também a freqüência do motivo *arat-amat* nos poetas latinos[70]. Mas, como seria de esperar, a assimilação da mulher e do campo lavrado, do ato gerador e do trabalho agrícola, é uma intuição arcaica e muito difundida. É preciso distinguir, nesta síntese mítico-ritual, diversos elementos: identificação da mulher e da terra arável; identificação do falo e da charrua; identificação do trabalho agrícola e do ato gerador.

É preciso dizer, no entanto, que, se bem que a Terra-Mãe e a sua representante, a mulher, desempenhem um papel preponderante neste conjunto ritual, já não tem nele um papel exclusivo. Não há lugar aqui só para a mulher ou a terra; mas também para o homem e o deus. A fertilidade é precedida de um hierogamia. Um velho sortilégio anglo-saxão contra a esterilidade dos campos reflete admiravelmente as esperanças que as sociedades agrícolas põem na hierogamia: "Salve, Terra, mãe dos homens, sê fértil no abraço do deus e enche-te de frutos para servir o homem."[71] Em Elêusis, o mista pronunciava a fórmula agrícola arcaica: "Faz chover! — dá frutos!", olhando primeiro para o céu e depois para a terra. É provável que esta hierogamia entre o Céu e a Terra tenha sido o modelo primordial tanto da fecundidade dos campos como do casamento humano. Um texto do *Atharva Veda*[72] compara os noivos ao Céu e à Terra.

92. A mulher e a agricultura — Admite-se, normalmente, que a agricultura tenha sido uma descoberta feminina. Ocupado em perseguir a caça ou em apascentar o gado, o homem estava sempre ausente. Pelo contrário, a mulher, ajudada pelo seu espírito de observação, limitado mas penetrante, tinha ocasião de observar os fenômenos naturais de sementeira e de germinação e de tentar reproduzi-los artificialmente. Por outro lado, pelo fato de ser solidária com outros centros de fecundidade cósmica — a Terra, a Lua — a mulher adquiria o prestígio de poder influir na fertilidade e de poder distribuí-la. É assim que se explica o papel preponderante desempenhado pela mulher nos começos da agricultura — sobretudo no tempo em que esta técnica era apanágio das mulheres —, papel que continua a desempenhar em certas civilizações[73]. Assim, em Uganda, uma mulher estéril é considerada perigosa para a horta e o marido pode pedir o divórcio alegando este motivo de ordem econômica[74]. Encontra-se a mesma crença no que diz respeito ao perigo que a esterilidade feminina pode representar para a agricultra na tribo Bhantu, na Índia[75]. Em Nicobar, diz-se que a colheita será mais abundante se as sementeiras tiverem sido feitas por uma mulher grávida[76]. Na Itália do Sul, crê-se que terá bom resultado qualquer trabalho empreendido por uma mulher grávida e que tudo o que seja semeado por ela crescerá como cresce o feto no seu ventre[77]. No Bornéu, "as mulheres desempenham o papel principal nas cerimônias e nos trabalhos relativos à cultura do arroz. Os homens colaboram apenas no corte de silvas e urzes e em alguns trabalhos finais... São as mulheres que escolhem e conservam as sementes... Parece que se sente nelas uma afinidade natural com as sementes de que elas dizem estar grávidas. Por vezes, vão passar a noite nos campos de arroz, na época em que ele cresce. A idéia delas é, provavelmente, aumentar a sua própria fertilidade ou a do arroz; mas a este respeito mostram-se muito reticentes"[78].

Os índios do Orenoco deixavam às mulheres o cuidado de semear o milho e de plantar raízes, porque "assim como as mulheres sabiam conceber e parir, assim também os grãos e raízes que elas semeavam e plantavam davam frutos muito mais abundantes do que se tivessem sido semeados ou plantados pelos homens"[79]. Em Nias, uma palmeira-de-vinho plantada por uma mulher dá mais seiva do que outra plantada por um homem[80]. As mesmas crenças são encontradas na África, entre os ewe. Na América do Sul, entre os jibaros, por exemplo, crê-se "que as mulheres exercem uma influência especial, misteriosa, no crescimento das plantas cultivadas"[81]. Esta solidariedade entre a mulher e o campo fértil conservou-se mesmo depois de a agricultura se ter tornado uma técnica masculina e de o arado ter tomado o lugar da enxada primitiva. Tal solidariedade explica grande número de ritos e de crenças, que examinaremos ao mesmo tempo que as "representações rituais agrárias" (§ 126).

93. Mulher e solo arado — A assimilação entre a mulher e a terra lavrada é encontrada em muitas civilizações e conservou-se nos folclores europeus. "Eu sou a terra", confessa a bem-amada numa canção de amor egípcia. O *Vidêvdât* compara a terra inculta a uma mulher sem filhos, tal como, nos contos, a rainha estéril se lamenta: "Sou como um campo onde nada cresce!"[82]

Pelo contrário, num hino do século XII, a Virgem Maria é glorificada como *terra non arabilis quae fructum parturiit*. Baal era chamado "o marido dos campos"[83]. Quanto à identificação da mulher e da gleba, era freqüente entre todos os povos semitas[84]. Nos textos islâmicos, a mulher é chamada "campo", "vinha", etc. "As vossas mulheres são, para vós, como campos."[85] Os hindus assimilavam campo cultivado e vulva (*yoni*), sementes e sêmen viril[86]. "Esta mulher é como um terreno vivo: homens, lançai nela a semente!"[87] As leis de Manu também sustentam que "a mulher pode ser considerada um campo e o homem a semente" (IX, 33). Nârada faz o seguinte comentário: "A mulher é o campo e o homem é o que dá a semente."[88] Um provérbio finlândes diz que "as moças têm o seu campo no próprio corpo"[89].

Evidentemente, a assimilação da mulher à terra arável implica a do falo à enxada e a da lavra ao ato gerador. Estas simetrias antropotelúricas só foram possíveis nas civilizações que conheciam tanto a agricultura como as causas reais da concepção. Em algumas línguas austro-asiáticas, a palavra *lak* designa igualmente o falo e a enxada. Przyluski sugeriu que é um vocábulo austro-asiático semelhante que se encontra na origem dos termos sânscritos *lângûla* (cauda, enxada) e *linga* (órgão gerador do macho)[90]. A identidade falo-arado foi mesmo representada plasticamente[91]. A origem desta figuração é muito mais antiga: num desenho da época dos cassitas que representa uma charrua acham-se marcados os símbolos conjugados do ato gerador[92]. Intuições arcaicas deste tipo dificilmente desaparecem não só da linguagem popular corrente, mas também do vocabulário dos gravadores de sinais. Rabelais consignou a expressão "membro que se chama o lavrador da natureza"[93].

Enfim, para mencionar alguns exemplos de identificação do trabalho agrícola ao ato gerador, lembremos o mito do nascimento da heroína de *Râmâyana*, Sîtâ. Seu pai, Janaka (= progenitor), encontrou-a num campo quando lavrava e chamou-lhe Sîtâ, "terreno arável"[94]. Um texto assírio fez chegar até nós a prece dirigida a um deus cujo "arado fecundou a terra"[95].

Muitos povos primitivos ainda hoje usam, para frutificar a terra, amuletos mágicos que representam os órgãos geradores[96]. Os australianos praticam um curiosíssimo ritual de fecundação: armados com flechas que trazem à maneira de um falo, dançam à volta de um fossa semelhante ao órgão gerador feminino: por fim, espetam paus na terra[97]. Há que lembrar igualmente a estreita ligação existente entre mulher e erotismo, de um lado, e lavra e fertilidade da terra, de outro lado. Assim, é conhecido o costume que manda que sejam moças nuas que abram com o arado os primeiros sulcos[98], costume que nos lembra a união exemplar da deusa Deméter com Jasão, no começo da primavera, na terra recém-semeada[99]. Todas essas cerimônias e lendas deixarão transparecer a sua significação quando estudarmos a estrutura da religiosidade agrária.

94. Síntese — Nos conjuntos míticos e rituais que revimos a terra é valorizada em primeiro lugar porque tem uma capacidade infinita de produzir frutos. É por isso que, com o tempo, a Terra-Mãe se transforma insensivelmente numa mãe das sementes. Mas os vestígios da teofania telúrica nunca desaparecem da figura das "Mães", das divindades telúricas. Para dar só um exemplo, nas figuras femininas da religião grega — Nêmesis, as Erínias, Têmis — reconhecem-se atributos originais de Terra-Mãe. E Ésquilo, em *Eunénides*, suplica primeiro à Terra e depois a Têmis. É verdade que Gê ou Gaïa é, por fim, substituída por Deméter, mas a consciência da solidariedade entre a deusa dos montes e a Terra-Mãe não se perde entre os helenos. Eurípedes, nas *Bacantes*[100], ao falar de Deméter, diz: "Ela é a Terra... Dá-lhe o nome que quiseres!"

As divindades agrárias substituem arcaicas divindades telúricas, mas sem que esta substituição implique a abolição de todos os ritos primordiais. Através da "forma" das Grandes Deusas agrícolas pode-se reconhecer a presença da "Senhora do Lugar", a Terra-Mãe. Mas o perfil das novas divindades torna-se mais preciso, a sua estrutura religiosa torna-se mais dinâmica. Essas divindades começam a ter uma história patética, a viver o drama do nascimento, da fertilidade e da morte. A passagem da Terra-Mãe à Grande Deusa agrícola é a passagem da simplicidade ao drama.

Desde a hierogamia cósmica do Céu e da Terra até a mais modesta prática que atesta a santidade telúrica, encontra-se sempre a mesma intuição central, que se repete como tema condutor: a Terra produz formas vivas, ela é uma matriz que procria incansavelmente. Qualquer que seja a estrutura do fenômeno religioso provocado pela epifania telúrica — "presença sagrada", divindade ainda amorfa, figura divina bem definida ou, por último, "costume" resultante de uma recordação vaga das forças subterrâneas —, reconhece-se sempre nele a marca da maternidade, do inesgotável poder de criação. Esta criação é, por vezes, monstruosa, como no mito de Gaïa que Hesíodo evoca. Mas os monstros da *Teogonia* apenas provam os infinitos recursos criadores da Terra. Em certos casos nem há necessidade de determinar o sexo desta divindade telúrica — procriadora universal. Muitas divindades da Terra, como algumas divindades da fecundidade, são bissexuadas[101]. A divindade acumula, então, todas as forças da criação — e esta fórmula de bipolaridade, de coincidência dos contrários, será retomada pela mais elevada especulação posterior. Toda a divindade tende, na consciência dos seus fiéis, a tornar-se *tudo*, a substituir todas as outras figuras religiosas, a reinar em todas as regiões cósmicas. E poucas divindades tiveram, como a Terra, o direito e o poder de se tornarem *tudo*. Mas a ascensão da Terra-Mãe à categoria de divindade suprema, se não única, foi suspensa tanto pela sua hierogamia com o Céu como pelo aparecimento das divindades agrárias. Há vestígios desta história grandiosa na bissexualidade das divindades telúricas. Mas a Terra-Mãe nunca perdeu os seus privilégios arcaicos de "Senhora do Lugar", de fonte de todas as formas vivas, de guardiã das crianças e de matriz na qual se sepultam os mortos para que nela repousem, se regenerem e regressem finalmente à vida graças ao caráter santo da mãe telúrica.

VIII

A vegetação: símbolos e ritos de renovação

95. Ensaio de classificação — Despertada por Odin do seu sono profundo, para revelar aos deuses os começos e o fim do mundo, a profetisa, a *völva*, declara:

> Lembro-me dos gigantes nascidos na aurora dos tempos,
> Daqueles que outrora me geraram.
> Conheço nove mundos, nove domínios cobertos pela árvore do mundo,
> Essa árvore sabiamente plantada cujas raízes afundam no âmago da Terra...
> Sei que existe um freixo que se chama Yggdrasil
> A copa da árvore está envolta em brancos vapores de água,
> Donde se desprendem gotas de orvalho que caem no vale.
> Ele ergue-se eternamente verde por cima da fonte de Urd.[1]

O cosmos é visto sob a forma de uma árvore gigante. Este ideograma da mitologia escandinava tem correspondentes em muitas outras tradições. Antes de encararmos cada um deles à parte, lancemos um olhar sobre o conjunto do domínio que temos de percorrer: árvores sagradas, símbolos, mitos e ritos vegetais. A quantidade de documentos é considerável; quanto à sua variedade morfológica, ela é tão grande que torna impossível qualquer tentativa de classificação sistemática. Efetivamente, encontram-se árvores sagradas, ritos e símbolos vegetais na história de todas as religiões, nas tradições populares do mundo inteiro, nas metafísicas e nas místicas arcaicas, para não falar na iconografia e na arte populares. As idades desses documentos, como as culturas em que foram recolhidos, são extremamente diferentes. É evidente que o contexto de Yggdrasil, por exemplo, ou da "Árvore da Vida" da Escritura é muito diferente do contexto do "casamento das árvores" que ainda hoje se pratica na Índia, ou do "Maio" que se traz ritualmente na primavera nas aldeias européias. Ao nível da religiosidade popular, a árvore ritual desempenha um papel que o simbolismo da árvore, tal como se pode reconstituí-lo a partir de documentos paleorientais, também por seu turno implica, mas este papel está longe de esgotar toda a riqueza, toda a multivalência deste simbolismo. Podem-se identificar concepções fundamentais (como, por exemplo, a da árvore cósmica, ou a dos ritos de regeneração vegetal). Isto facilita, de certo modo, a classificação dos documentos. Mas o problema da "história" dos motivos só subsidiariamente pode ter interesse para a nossa pesquisa.

Antes de procurar saber — supondo que tal seja possível — em que milênio, a partir de que civilização e por meio de que fatores um certo simbolismo vegetal se difundiu, antes mesmo de determinar certos conjuntos de ritos que impliquem este simbolismo, o que nos interessa, de momento, é saber qual foi a função religiosa da árvore, da vegetação ou dos símbolos vegetais na economia do sagrado e na vida religiosa, saber o que ela revela e o que ela significa, ver enfim em que medida seria legítimo procurar uma estrutura coerente sob a aparente polimorfia do simbolismo da árvore. O que nós queremos, pois, saber é o seguinte: haverá uma afinidade íntima entre os sentidos aparentemente diferentes que a "vegetação" toma conforme é valorizada em qualquer dos seguintes contextos: cosmológico, mítico, teológico, ritual, iconográfico, folclórico? Evidentemente, trata-se aqui de uma coerência que se teria imposto à consciência pela própria estrutura do objeto; coerência que se nos revelaria — parcial ou totalmente — qualquer que fosse o nível em que nos colocássemos para contemplar o objeto e quer este fosse o do rito popular (como o cortejo de "Maio" no começo da primavera), ou o do ideograma da "árvore cósmica" na plástica mesopotâmica ou nos textos védicos.

Só obteremos a resposta a esta questão depois de revermos um número suficiente de fatos, escolhidos dentre os mais significativos. Mas, para não nos perdermos neste labirinto, é preciso que antecipemos uma classificação, mesmo provisória, do imenso material que se acha à nossa disposição. Deixando de lado o conjunto dos valores religiosos e das cerimônias agrárias — que estudaremos em outro capítulo — distinguiremos, naquilo a que poderíamos chamar "os cultos da vegetação" — empregando uma expressão aproximada mas cômoda —, os seguintes grupos:

a) o conjunto pedra-árvore-altar, que constitui um *microcosmos efetivo* nas camadas mais antigas da vida religiosa (Austrália, China-Indochina-Índia; Fenícia-Egeu);

b) a árvore-*imagem* do cosmos (Índia, Mesopotâmia, Escandinávia, etc.);

c) a árvore-*teofania* cósmica (Mesopotâmia, Índia, Egeu);

d) a árvore-*símbolo da vida*, da fecundidade inesgotável, da realidade absoluta; em relação com a Grande Deusa ou o simbolismo aquático (por exemplo Yaksa); identificada à fonte da imortalidade ("A Árvore da Vida");

e) a árvore-*centro* do mundo e *suporte* do universo (altaicos, escandinavos);

f) *ligações místicas* entre árvores e homens (árvores antropogenésicas; a árvore como receptáculo das almas dos antepassados; o casamento das árvores; a presença da árvore nas cerimônias de iniciação);

g) a árvore símbolo da ressurreição da vegetação, da primavera e da "regeneração" do ano (por exemplo o "Maio").

Esta classificação sumária e sem dúvida incompleta tem, pelo menos, a vantagem de chamar a nossa atenção, logo de início, para as características comuns a todos os documentos. Sem nos anteciparmos às conclusões que se possam tirar da análise desses documentos, podemos desde já chamar a atenção para o fato de que a árvore representa — quer de maneira ritual e concreta, quer de modo mítico e cosmológico, ou ainda puramente simbólico — o *cosmos vivo*, regenerando-se incessantemente. Sendo a vida inesgotável um equivalente da imortalidade, a árvore-cosmos pode, por isso, tornar-se, em outro nível, a árvore da "vida-sem-morte". Sendo a mesma vida inesgotável na ontologia arcaica a tradução da idéia de *realidade absoluta*, a árvore torna-se nela o símbolo dessa realidade ("o centro do mundo"). Mais tarde, quando uma outra maneira de encarar os problemas metafísicos vier ligar-se à ontologia tradicional (na Índia, por exemplo), o esforço do espírito para se desligar do processo cósmico e se concentrar na sua própria autonomia será designado como um esforço para "cortar pela raiz a árvore cósmica", ou, por outras palavras, como uma superação total das "aparências", das representações em cuja origem se encontra a fonte inesgotável da vida universal.

96. Árvore sagrada — Por meio de que síntese mental da humanidade arcaica, e a partir de que particularidades da estrutura da "árvore" como tal, se estabeleceu um simbolismo tão vasto e tão coerente? Não se trata aqui de determinar a gênese de um valor religioso, mas de descobrir as mais antigas e, por conseguinte, as mais puras intuições desse valor. É certo que, para a experiência religiosa arcaica, a árvore (ou, mais propriamente, certas árvores) representa um *poder*. Há que acrescentar que este *poder* é devido tanto à "árvore" em si como às suas implicações cosmológicas. Para a mentalidade arcaica, a natureza e o símbolo coexistem. Um árvore impõe-se à consciência religiosa pela sua própria substância e pela sua forma, mas esta substância e esta forma devem o seu valor ao fato de que se impuseram à consciência religiosa, de que foram "escolhidas", quer dizer, se "revelaram". Nem a fenomenologia da religião nem a história das religiões poderiam superar a constatação dessa coexistência da natureza e do símbolo que a intuição do sagrado vem valorizar. Não se pode, pois, falar propriamente de um "culto da árvore". Nunca uma árvore foi adorada por si mesma, mas sempre por aquilo que, através dela, se "revelava", por aquilo que ela implicava e significava. As plantas mágicas ou farmacêuticas, como veremos adiante (§ 111), devem também a sua eficácia a um protótipo mítico. Ao estudar as representações da "árvore sagrada" na Mesopotâmia e no Elam, Nell Parrot escreve: "Não há culto da árvore em si mesma; debaixo desta figuração esconde-se sempre uma entidade espiritual."[2] Ao fazer pesquisas no mesmo domínio, um outro autor chega à conclusão de que a árvore sagrada mesopotâmica é mais propriamente um símbolo do que um objeto de culto: "Não é a cópia de uma árvore real mais ou menos enriquecida de ornamentos, mas antes a estilização inteiramente artificial, e, mais propriamente do que um verdadeiro objeto cultual, parece-nos ser um símbolo dotado de um grande poder benéfico."[3] Essas conclusões, ligeiramente corrigidas, encontram a sua confirmação em regiões diferentes da Mesopotâmia.

Assim — e com isso voltamos às intuições primeiras da sacralidade da vegetação —, é em virtude do seu *poder*, é em virtude do que ela *manifesta* (e que a supera) que a árvore se torna um objeto religioso. Mas esse poder é, por sua vez, validado por uma ontologia: se a árvore está carregada de forças sagradas, é porque é vertical, é porque cresce, é porque perde as folhas e as recupera, porque, por conseguinte, se regenera ("morre" e "ressuscita") inúmeras vezes, porque tem seiva, etc. Todas estas validações têm a sua origem na simples contemplação mística da árvore, como "forma" e modalidade biológicas. Mas é só na seqüência da sua subordinação a um protótipo — cuja forma não é forçosamente de ordem vegetal — que a árvore sagrada adquire a sua verdadeira validade. É em virtude do seu *poder*, ou melhor, é porque ela *manifesta* uma realidade extra-humana — que se apresenta ao homem numa certa forma, que dá fruto e se regenera periodicamente — que uma árvore se torna sagrada. Pela sua simples presença ("o poder") e pela lei da sua própria evolução ("a regeneração"), a árvore repete o que, para a experiência arcaica, *é* o cosmos inteiro. A árvore pode, sem dúvida, tornar-se um *símbolo* do universo, forma sob a qual nós a encontramos nas civilizações evoluídas; mas para uma consciência religiosa arcaica a árvore *é* o universo, e se ela *é* o universo é porque o repete e o resume ao mesmo tempo que o "simboliza". Esta concepção primeira do "símbolo", em virtude da qual o símbolo deve a sua validade ao fato de que a realidade que ele simboliza nele está incorporada, será mais aprofundada quando abordarmos o problema do mecanismo e da função do símbolo (§§ 166 s.).

A única coisa que queremos aqui tornar claro é que, se o *todo* existe no interior de cada *fragmento significativo*, não é porque a lei da "participação" (sobretudo como a compreendia Lévy-Bruhl) seja verdadeira, mas porque qualquer fragmento significativo *repete* o todo. Uma árvore torna-se sagrada, mesmo continuando a ser árvore, em virtude do *poder* que ela manifesta; e se ela se torna *árvore cósmica* é porque o que ela *manifesta* repete em todos os pontos o que manifesta o cosmos. A árvore sagrada não precisa perder os seus atributos formais-concretos para se tornar simbólica (a tamareira entre os mesopotâmios, o carvalho entre os escandinavos, o Açvattha e o Nyagrodha entre os hindus, etc.). É só depois de se superarem certas etapas mentais que o símbolo se destaca das formas concretas e se torna esquemático e abstrato[4].

97. Árvore-microcosmos — Os mais arcaicos "lugares sagrados" de que temos conhecimento constituem, como bem tinha observado Pryzluski[5], um microcosmos: paisagem de pedras, de águas e de árvores. O centro totêmico australiano acha-se colocado, freqüentemente, num conjunto sagrado de árvores e de pedras. O tríptico árvore-altar-pedra nos "lugares sagrados" primitivos da Ásia oriental e da Índia foi revelado por P. Mus[6], ainda que escalonasse esses elementos no tempo (na origem do lugar sagrado ter-se-ia achado a floresta, e só depois o conjunto árvore-altar-pedra) em lugar de ver neles — como o fazia Pryzluski, com razão — uma coexistência simultânea. De fato, o binômio cultual pedra-árvore está também presente em outras árvores arcaicas. Na civilização pré-indiana de Mohenjo-Daro o lugar sagrado era formado de um recinto erigido em volta de uma árvore. Tais lugares sagrados encontram-se por toda a parte na Índia nos tempos da predicação de Buda. Os textos pâli mencionam freqüentemente a pedra ou o altar (*veyaddi, manco*) situado ao lado de uma árvore sagrada e que constituía a ossatura dos cultos populares das divindades da fertilidade (os Yaksha). Essa antiqüíssima associação entre a pedra e a árvore foi aceita e assumida pelo budismo. A *caitya* budista era, às vezes, árvore só, sem altar; mas, outras vezes, ela era a construção rudimentar que se erigia perto da árvore[7]. O valor religioso dos lugares sagrados arcaicos não foi abalado nem pelo budismo nem pelo hinduísmo. As grandes sínteses religiosas da Índia pós-budista tiveram em conta esses lugares sagrados e acabaram mesmo por absorvê-los nas suas próprias estruturas e, deste modo, validaram-nos.

A mesma continuidade pode ser observada na Grécia e no mundo semítico. Desde os tempos minóicos até o crepúsculo do helenismo, encontra-se sempre a árvore ritual a par de um rochedo[8]. O santuário arcaico semítico era, com freqüência, constituído por uma árvore e por um bétilo[9]. A árvore ou *ashera* (tronco sem casca que substitui a árvore verde) ficou mais tarde só junto ao altar. Os lugares de oferendas dos cananeus e dos hebreus situavam-se "em qualquer colina elevada e debaixo de qualquer árvore verdejante"[10]. O mesmo profeta lembra "o pecado dos homens de Judá", os altares e as "imagens de Astarté que eles erigiram perto das árvores verdejantes e nas altas colinas"[11]. O pilar reforçava, graças à sua verticalidade e à sua substância, a sacralidade da árvore. A inscrição — só em parte decifrada — que se encontra no monumento arcaico sumério designado "o personagem das plumas" diz: "Ennamaz assentou os tijolos com firmeza; terminada a morada principesca, colocou perto dela uma grande árvore; perto da árvore colocou um poste."[12]

O "lugar sagrado" é um microcosmos porque *repete* a paisagem cósmica e porque é um reflexo do todo. O altar e o templo (ou o monumento funerário, ou o palácio), que são transformações posteriores do "lugar sagrado" primitivo, são também microcosmos, porque são *centros do mundo*, porque se acham no próprio coração do universo e constituem uma *imago mundi* (§ 143). A idéia de "centro", de realidade absoluta — absoluta porque receptáculo do sagrado —, está implícita nas concepções mais elementares do "lugar sagrado", concepção à qual, como vimos, a árvore sagrada nunca falta. A pedra representava a realidade por excelência: a indestrutibilidade e a duração; a árvore, com sua regeneração periódica, manifestava o poder sagrado na ordem da vida. No lugar onde as águas vinham completar esta paisagem, elas significavam os estados latentes, os germes, a purificação (§ 60). A "paisagem" microcósmica reduziu-se com o tempo a um só dos seus elementos constitutivos, o mais importante: à árvore ou ao pilar sagrado. A árvore acabou por exprimir, por si só, o cosmos, incorporando, sob uma forma aparentemente estática, a "força" deste, a sua vida e a sua capacidade de renovação periódica.

98. Árvore-habitação da divindade — O momento da passagem do "lugar sagrado"-imagem do microcosmos para uma árvore cósmica, concebida ao mesmo tempo como "habitação" da divindade, conservou-se numa encantação babilônica que os orientalistas têm traduzido com freqüência[13]:

> "Em Eridu cresceu um *Kiskanu* negro, num lugar santo foi criado;
> O seu brilho é o do lápis-lazúli brilhante, e estende-se até o *apsu*
> É o deambulatório de Ea na opulenta Eridu,
> A sua morada é um lugar de repouso para Bau..."

A árvore Kiskanu apresenta todas as características da árvore cósmica: acha-se em Eridu, portanto, num "centro do mundo"; num lugar sagrado, quer dizer, no centro do real (§§ 140 s.); assemelha-se, pelo seu esplendor, ao lápis-lazúli, símbolo cósmico por excelência (a noite estrelada)[14]; estende-se em direção ao oceano que rodeia e sustenta o mundo (será preciso dizer que esta árvore se estende em direção ao oceano *com a ponta dos seus ramos*, quer dizer, que esta árvore é "uma árvore invertida", como o são habitualmente as árvores cósmicas?); é a morada do deus da fertilidade e das ciências civilizadoras (artes, agricultura, escrita, etc.); é o lugar de repouso da mãe de Ea, a deusa Bau, divindade da abundância, dos rebanhos e da agricultura. Kiskanu pode ser considerada um dos protótipos da "árvore sagrada" babilônica, cuja freqüência na iconografia do antigo Oriente é significativa. Que a "árvore sagrada" que se encontra nestas regiões significa mais do que um simples "culto da árvore", que ela tem um sentido cosmológico bem definido, é o que se prova pela posição que ela ocupa no espaço iconográfico. A árvore é quase sempre acompanhada de símbolos, de emblemas ou de figuras heráldicas que lhe delimitam e completam o valor cosmológico. Por exemplo, o mais antigo documento de que dispomos, o fragmento de um vaso descoberto pela missão Gautier a Moussian, representa uma árvore esquematizada, rodeada de losangos[15]. Na iconografia mesopotâmica, a árvore está habitualmente rodeada de caprídeos, de astros, de pássaros ou de serpentes. Cada um desses emblemas tem um sentido cosmológico bem determinado. A presença dos astros ao lado das árvores indica-nos, sem dúvida, o seu valor cosmológico[16]. Um esboço arcaico de Susa representa uma serpente erguendo-se na vertical para comer o fruto de uma árvore (esta cena foi classificada por Toscane no motivo serpente-árvore e interpretada por ele como um protótipo babilônico do episódio bíblico bem conhecido).

A iconografia apresenta outras cenas próximas: um pássaro pousado numa árvore, no meio de caprídeos[17]; a árvore — o disco solar —, homens, com máscaras rituais de peixes[18], ou a árvore — espíritos alados —, o disco solar[19]. Limitamo-nos a mencionar alguns dos grupos mais significativos e mais freqüentes, sem termos a pretensão de esgotar a riqueza da documentação mesopotâmica. Mas é evidente o valor cosmológico que tem a árvore sagrada neste conjunto[20]. Nenhum dos emblemas que acompanham a árvore pode ser interpretado em sentido naturista, e isto porque, na concepção mesopotâmica, a "Natureza" era muito diferente do que é na experiência e na concepção modernas. Basta lembrar, por exemplo, que nenhum ser nem nenhuma ação significativa adquire a sua eficácia — para os mesopotâmicos como para o homem arcaico em geral — senão na medida em que a coisa tem um protótipo celeste e em que a ação repete um gesto cosmológico primordial.

99. Árvore-cósmica — A tradição indiana, desde os textos mais antigos, representa o cosmos sob a forma de uma árvore gigante[21]. Nos Upanishads esta concepção é determinada dialeticamente: o universo é uma "árvore invertida" que mergulha as suas raízes no Céu e estende os seus ramos por sobre toda a Terra. (Não se exclui a possibilidade de esta imagem ter sido sugerida pela expansão dos raios solares, como se pode ver no *Rig Veda*: "É para baixo que se dirigem os ramos, é em cima que se acha a raiz, que os seus raios desçam até nós!"[22]) A *Katha-Upanishad* (VI, 1) descreve-a assim: "Este Açvattha eterno, cujas raízes vão para cima e os ramos para baixo, é o puro (*çukra*), é o Brahman, é o que se chama a Não-Morte. Todos os mundos repousam nele!" A árvore Açvattha representa aqui, em toda a sua clareza, a *manifestação* do Brahman no cosmos, ou seja, a criação como movimento descendente. Outros textos dos Upanishads confirmam e tornam mais precisa essa intuição do cosmos como árvore. "Os seus ramos são o éter, o ar, o fogo, a água, a terra", etc.[23] São os elementos cosmológicos que manifestam este "Brahman cujo nome é Açvattha"[24].

Na *Bhagavad-Gîtâ* (XV, 1-3), a árvore cósmica acabou por exprimir não somente o universo mas a condição do homem no mundo: "Conta-se que ele é um Açvattha imperecível, com as raízes em cima e os ramos embaixo, e de que os hinos do Veda são as folhas; aquele que o conhece, conhece o Veda. Os seus ramos desenvolvem-se em altura e em profundidade, crescendo sobre os *gunas*; os seus rebentos são objeto dos sentidos; por baixo as suas raízes ramificam-se, ligadas aos atos, no mundo dos homens. Não se lhe percebe, neste mundo, a forma, nem o fim, nem o começo, nem a envergadura. É preciso, com a arma sólida da renúncia, cortar primeiro esta Açvattha, de fortes raízes, e depois procurar o lugar de onde não se volta..."[25] Todo o universo, tal como a experiência do homem que nele vive e que dele não se desprendeu, está aqui simbolizado pela árvore cósmica. Por tudo o que dele coincide com o cosmos ou dele participa, o homem perde-se na mesma manifestação, única e vasta, de Brahman. "Cortar a árvore pela sua raiz" equivale a retirar o homem do cosmos, a isolá-lo dos "objetos dos sentidos" e dos "frutos das suas ações". O mesmo motivo de desprendimento da vida cósmica, do retirar-se em si mesmo, do recolhimento, considerado como a única possibilidade que o homem tem de se transcender e se libertar, se encontra num texto do *Mahâbhârata*. "Tendo a sua fonte no não-manifestado (*avyakta*), emergindo dele como de um suporte único, o seu tronco é *buddhi* (inteligência), as suas cavidades interiores são canais para os sentidos, os elementos cósmicos: os seus ramos, os objetos dos sentidos; as suas folhas, as suas belas flores: o bem e o mal (*dharmâdharmav*), o prazer e o sofrimento: os seus frutos. Esta eterna Árvore-Brahman (*brahma-vrkça*) é fonte de vida (*âjîvyah*) para todos os seres... Se corta e parte a árvore com a arma do conhecimento metafísico (*jnânena*) e, se goza assim no Espírito, ele não voltará mais..."[26]

100. A "árvore invertida" — Não vamos fazer aqui a exegese filosófica dos textos já mencionados. Basta-nos verificar a identificação do cosmos com a "árvore invertida". Este ideograma mítico e metafísico não se acha isolado. Masûdi menciona uma tradição sabéia segundo a qual Platão teria afirmado que o homem é uma planta invertida, cujas raízes se estendem para o Céu e cujos ramos mergulham na Terra[27]. A mesma tradição se encontra na doutrina esotérica hebraica: "A Árvore de Vida estende-se de cima para baixo e o Sol ilumina-a toda."[28] Passa-se o mesmo na tradição islâmica da "árvore da felicidade", cujas raízes mergulham no último Céu e cujos ramos se estendem sobre a Terra[29]. Dante imagina as esferas celestes no seu conjunto como a coroa de uma árvore cujas raízes se achem viradas para cima:

> In questa quinta soglia
> Dell'albero che vive della cima,
> e fruta sempre, e mai non perde foglia.[30]

O "quinto ramo" é a esfera do planeta Júpiter. "A árvore que recebe a vida de cima" é uma árvore invertida. Um outro poeta florentino que sofreu a influência de Dante, Federigo Frezzi, descreve "a planta mais bela do Paraíso, a planta feliz que conserva a vida e a renova" e "cuja raiz estava em cima no Céu, e cujos ramos se dirigiam para a Terra":

> Su dentro al cielo avea la sua radice
> e giù inverso terra i rami spande.[31]

Holmberg encontra a mesma tradição no folclore islandês e finlandês[32]. Os lapões sacrificam todos os anos um boi ao deus da vegetação, e põem, então, uma árvore junto ao altar, com as raízes para o ar e a copa no chão[33]. Nas tribos australianas wiradyuri e kamilaroï, os feiticeiros tinham uma árvore mágica que colocavam invertida e queimavam depois de untarem as raízes com sangue humano[34]. A propósito deste costume, Schmidt menciona cerimônias de iniciação em uso numa outra tribo australiana, yuin: o jovem, que desempenha o papel de um morto, é enterrado, pondo-se-lhe depois um arbusto em cima. Quando os neófitos, candidatos à iniciação, se aproximam dele, esse jovem faz tremer o arbusto, levanta-se e sai do túmulo. O arbusto representaria, segundo Schmidt, a árvore celeste das estrelas[35].

101. Yggdrasil — A árvore cósmica, acompanhada de pássaros, de cavalos ou de tigres[36], encontra-se na China ártica; confunde-se, por vezes, tal como em outras regiões, com a "Árvore de Vida". O sentido desta fusão tornar-se-á mais preciso nas páginas que se seguem. Encontra-se o conjunto "árvore cósmica-animal mítico lunar" num documento iconográfico maia que representa um jaguar preso à árvore da vida[37]. Nos povos árticos e em todo o circuito do Pacífico, a árvore cósmica — cujos ramos se estendem até o terceiro ou até o sétimo céu — desempenha um papel central, tanto na mitologia como nos ritos. Relacionam-na freqüentemente com o antepassado mítico, dado que os homens se consideram descendentes de um antepassado nascido de uma árvore[38]. Em outro parágrafo voltaremos a essas crenças, que dizem respeito à descendência mítica de um símbolo cosmológico-vegetal.

Yggdrasil é a árvore cósmica por excelência. As suas raízes mergulham no coração da Terra, até o lugar onde se encontra o reino dos gigantes e o Inferno[39]. Perto dela encontra-se a fonte miraculosa Mîmir — a "meditação", a "recordação" —, onde Odin deixou um olho como penhor e para onde ele volta incessantemente, a fim de restaurar e aumentar a sua sabedoria[40]. É sempre nos mesmos lugares, perto de Yggdrasil, que se encontra a fonte Urd; os deuses aí reúnem diariamente o seu conselho e ministram a justiça. Com a água desta fonte, os nornes regam a árvore gigante para que recobre juventude e vigor. A cabra Heidrûn, uma águia, um veado e um esquilo empoleiram-se nos ramos de Yggdrasil e nas suas raízes acha-se a víbora Nidhögg, que procura abatê-la. A águia luta todos os dias com a víbora (motivo cosmológico freqüente em outras civilizações)[41]. Quando o universo tremer até os alicerces, no cataclismo anunciado no *Voluspâ* e que porá fim ao mundo, a fim de instaurar um novo período, paradisíaco, Yggdrasil será sacudida muito fortemente, mas não tombará[42]. Esta conflagração apocalíptica, anunciada pela profetisa, não causará a desintegração do cosmos.

Kaarle Krohn tentou explicar o mito de Yggdrasil pela Árvore da Vida do Antigo Testamento, e Sophus Bugge pela lenda da Cruz de Jesus Cristo. As duas hipóteses são inaceitáveis. Odin amarra o seu cavalo a Yggdrasil, e é difícil crer que este motivo — central na mitologia escandinava — seja tão tardio. Holmberg observa com razão que a presença da águia sobre Yggdrasil — detalhe ausente na tradição bíblica — aproxima mais propriamente este símbolo cosmológico dos tipos norte-asiáticos. A luta entre a águia e a serpente, como a luta de Garuda com o réptil — motivo muito conhecido na mitologia e na iconografia indianas —, é um símbolo cosmológico da luta entre a luz e as trevas, da oposição dos dois princípios, o solar e o subterrâneo. É difícil dizer se elementos judaico-cristãos intervieram ou não na concepção de Yggdrasil, porque, das afinidades que Holmberg descobre entre esta árvore cósmica da mitologia escandinava e os tipos norte-asiáticos, não se pode deduzir, com rigor, que a primeira dependa dos últimos. Em todo caso, Alfred Detering mostrou, num trabalho bem documentado, que se pode seguir até a pré-história, entre os indo-europeus, a personificação da Árvore Cósmica e da Árvore da Vida num carvalho, e que, de qualquer modo, foi nos territórios do norte da Europa que as populações protogermânicas elaboraram este mito[43]. A fusão da Árvore Cósmica com a Árvore da Vida encontra-se também entre os germanos. A identificação de uma árvore sagrada e mítica com uma espécie botânica bem determinada é um fenômeno que já observamos (Açvattha, entre os indianos; a tamareira entre os mesopotâmicos). No caso de Yggdrasil, a presença do carvalho nos monumentos pré-históricos, assim como a continuidade dos motivos que representam a árvore sagrada sob forma de um carvalho e as folhas de carvalho na arte decorativa tanto religiosa como popular, demonstram suficientemente a autoctonia dessa concepção.

102. Epifanias vegetais — A epifania de uma divindade numa árvore é um motivo corrente na arte plástica paleoriental; também é possível assinalá-la no domínio indo-mesopotâmico-egípcio-egeu[44]. A maior parte das vezes a cena representa a teofania de uma divindade da fecundidade. O cosmos revela-se-nos como manifestação das forças criadoras divinas. Assim, em Mohenjo-Daro (terceiro milênio a.C.) encontra-se a epifania divina numa *Ficus religiosa*[45]; a árvore está esquematizada de uma forma que faz pensar na árvore sagrada mesopotâmica. Até nos textos védicos se encontram vestígios de teofania vegetal. Além do Açvattha, símbolo cósmico, e Brahman, revelado numa árvore (§ 99), é possível identificar, nos documentos védicos que denunciam uma "experiência religiosa popular", ou seja, que conservam as fórmulas arcaicas concretas, outras expressões ainda da teofania vegetal. "Oh, plantas!, oh, vós, mães!, é a vós que eu saúdo como deusas!", proclama o *Yajur Veda* (IV, 2, 6). Um longo hino do *Rig Veda* (X, 97) é consagrado às plantas, referindo-se em particular às suas virtudes terapêuticas e regeneradoras (expressão mínima da "Planta da Vida" e da imortalidade). O *Atharva Veda* (IV, 136, 1) louva uma planta chamando-lhe "Divindade nascida da Deusa Terra". A mesma teofania ao nível vegetal explica o "Senhor dos Vegetais", *Vanaspati*, cujo culto é mencionado pelo *Rig Veda*[46]. Graças ao protótipo cósmico donde lhes vêm as suas virtudes, as plantas facilitam os partos, aumentam o poder genético e asseguram a fertilidade e a riqueza. É por isso que se chega a recomendar que se sacrifiquem animais às plantas[47]. O circuito da energia genesíaca do cosmos é formulado da maneira seguinte no *Çatapatha Brâhmana* (IX, 3, 3, 15): raio, chuva, plantas. O sagrado manifesta-se aqui no ato essencial da renovação da vida vegetativa.

Um exemplo admirável de teofania numa árvore é o célebre baixo-relevo de Assur[48], que representa o deus com a parte superior do corpo a emergir de uma árvore. Ao lado dele acham-se "as águas que transbordam" do vaso inesgotável, símbolo da fertilidade. Um caprídeo, atributo da divindade, come folhas da árvore. Na iconografia egípcia encontra-se o motivo da "Árvore da Vida", de onde saem os braços divinos carregados de dons e despejando de um vaso a água da vida[49]. Evidentemente, entre a teofania, que ressalta destes exemplos, e o motivo da "Árvore da Vida" houve contaminação, e o processo é fácil de compreender: a divindade que se revela no cosmos sob a forma de uma árvore é ao mesmo tempo fonte de regeneração e de "vida sem morte", uma fonte para a qual o homem se volta porque ela justifica, a seus olhos, as esperanças que ele alimenta a respeito da sua própria imortalidade. Entre as articulações de conjunto árvore-cosmos-divindade há simetria, associação, fusão. Os deuses designados como deuses da vegetação são freqüentemente representados em forma de árvore: Átis e o pinheiro, Osíris e o cedro, etc. Entre os gregos, Ártemis está, por vezes, presente numa árvore: em Boiai, na Lacônia, adorava-se um mirto com o nome de Ártemis Soteira, e junto a Orcomenos, na Arcádia, havia num cedro um xoanon de Ártemis Kedreâtis[50]. Às vezes, as imagens de Ártemis eram enfeitadas com ramos. É conhecida a epifania vegetal de Dioniso, chamado por vezes Dioniso dendrites[51]. Lembremos igualmente o carvalho oracular sagrado de Zeus em Dodone, o loureiro de Apolo em Delfos, a oliveira selvagem de Héracles em Olímpia, etc. No entanto, no que diz respeito à Grécia, não há provas que atestem a existência de um culto da árvore, a não ser em dois lugares: a árvore de Citeron, onde se pensava que Penteu teria subido para observar as Mênades e que o oráculo ordenara que se venerasse como um deus, e o plátano de Helena em Esparta[52].

Um exemplo claro de teofania vegetal observa-se no culto da deusa indiana (pré-ariana) Durgâ. Os textos que citamos são tardios, mas o seu caráter popular confere-lhes uma antiguidade que não deixa lugar a dúvidas. Na *Devî-Mahâtmya*[53], a deusa proclama: "Em seguida, oh, deuses!, alimentarei (literalmente = eu sustentarei) o universo inteiro com estes vegetais que conservam a vida e que crescem do meu próprio corpo durante a estação das chuvas. Tornar-me-ei, então, gloriosa na Terra como Sâkamhari ("portadora de plantas" ou "que nutre as plantas") e, nesta mesma estação, estriparei o grande *asura* chamado Durgama (personificação da seca)." No rito *Navapatrikâ* ("as nove folhas"), Durgâ chama-se "aquela que habita as nove folhas"[54]. As confirmações indianas podem ser multiplicadas[55]. Voltaremos a este assunto quando estudarmos as outras valências da sacralidade da árvore.

103. Grandes deusas e vegetação — Um dos conjuntos mais freqüentes e persistentes é este: Grande Deusa-vegetação-animais heráldicos. A economia desta obra leva-nos a rever apenas alguns dos exemplos que estão à nossa disposição e que são em número considerável. A presença da deusa ao lado de um símbolo vegetal confirma o sentido que tem a árvore na iconografia e na mitologia arcaicas: o de *fonte inesgotável da fertilidade cósmica.* Na civilização pré-ariana do vale do Indo, que as escavações de Harrappa e de Mohenjo-Daro trouxeram à luz, a consubstancialidade da Grande Deusa e da vegetação é representada quer pela associação deusas nuas (tipo Yakshini) perto de uma *Ficus religiosa*[56], quer por uma planta que sai da região genital da deusa[57]. As imagens que representam a *Ficus religiosa* são numerosas[58] e o mesmo se passa com as que representam a Grande Deusa nua[59] — tipo iconográfico comum a toda a civilização calcolítica afro-asiática, incluindo mesmo o Egito. A árvore sagrada é rodeada de um recinto, e às vezes uma deusa nua ergue-se nele, entre dois ramos de *Ficus religiosa* que cresce a meio de um círculo. O espaço iconográfico indica com precisão o valor sagrado do lugar santo e do "centro" (§§ 142 ss.).

Em toda a África e na Índia, as árvores de látex são símbolos de maternidade divina, sendo, por isso, veneradas pelas mulheres ao mesmo tempo que são procuradas pelos espíritos dos mortos que pretendem voltar à vida[60]. O motivo deusa-árvore, completado ou não pela presença de animais heráldicos, conservou-se na iconografia indiana, de onde, não sem se contaminar de idéias cosmogônicas aquáticas, se transmitiu à arte popular, na qual o podemos observar ainda hoje. O vínculo que une os dois símbolos — as águas e as plantas — compreende-se facilmente. As águas são portadoras de germes, de todos eles. A planta — rizoma, arbusto, flor do lótus — exprime a *manifestação* do cosmos, o aparecimento das *formas*: é interessante notar que as imagens cósmicas são representadas na Índia a emergir de uma flor de lótus. O rizoma com flores significa a atualização da criação, "o fato de se estabelecer firmemente acima das águas". A coexistência dos motivos florestais-aquáticos e dos motivos vegetais-femininos explica-se pela idéia central da criação inesgotável, cujo símbolo é a árvore cósmica e que se identifica com a Grande Deusa.

Essa associação está solidamente estabelecida tanto na cosmogonia védica e purânica (a divindade *manifesta-se* ali, ao mesmo tempo que o universo, emergindo de um lótus que flutua nas águas) como na concepção indo-iraniana da planta miraculosa, soma. No que se refere a esta última, lembremos que o soma é freqüentemente representado no *Rig Veda* sob a forma de nascente ou de rio[61], mas também como *planta* paradisíaca, que os textos e, em especial, os textos védicos tardios e pós-védicos colocam num vaso (símbolo aquático — § 61). Este polimorfismo justifica-se se se considerar tudo o que o soma implica: ele assegura a vida, a fertilidade, a regeneração — quer dizer, tudo o que o simbolismo das águas implica também e que, no simbolismo das plantas, está explicitamente formulado. O roubo do soma no *Mahabhârata* valoriza a sua dupla estrutura, ao mesmo tempo aquática e vegetal; se bem que seja apresentado como bebida miraculosa, é dito por outro lado que Garuda "o arranca" (*samutpâtya*) como se fosse uma planta[62]. No simbolismo dos Upanishads encontra-se a mesma associação: água-árvore; "o rio sem idade" (*vijâra nadî:* aquele que regenera) encontra-se ao lado da "árvore suporte"[63]. As duas nascentes místicas encontram-se no Céu, da mesma forma que é no Céu que se encontra, se não a sua própria substância concreta, pelo menos o protótipo de todas as bebidas regeneradoras e distribuidoras de imortalidade — hom branco, soma, o mel divino dos fineses, etc.

A mesma associação água-árvore encontra-se na tradição judaica e cristã. Ezequiel descreve a nascente maravilhosa que brotava debaixo do templo e que estava guarnecida de árvores de fruto (o valor simbólico-metafísico da água cuja nascente se acha sob o templo, assim como o das árvores, não dá lugar a qualquer dúvida: o templo acha-se no "centro do mundo")[64]. O Apocalipse[65] retoma, tornando-a ainda mais precisa, a expressão cosmológica e soteriológica do conjunto águas-árvore: "Depois, o anjo mostrou-me o rio da água da vida, claro como cristal, que saía do trono de Deus e do Cordeiro. No meio da praça da cidade e nas duas margens do rio encontra-se a árvore de vida, que dá doze colheitas, produzindo os seus frutos todos os meses; e as folhas desta árvore servem para curar as nações." O protótipo bíblico acha-se, naturalmente, no Éden: "a árvore da vida no meio do jardim, com a árvore do conhecimento do bem e do mal. Um rio saía do Éden para banhar o jardim e aí dividia-se e formava quatro braços"[66]. O templo, lugar sagrado por excelência, é semelhante ao protótipo celeste — o Paraíso.

104. Simbolismo iconográfico — A associação dos símbolos aquáticos e vegetais acha-se explicitada de maneira muito coerente na cosmogonia indiana subjacente à arte decorativa. Coomaraswamy dá dela a seguinte fórmula: um rizoma de lótus cheio de folhas e de flores (*lata-kamma, malâkamma*), ora servindo de sustentáculo, ora enquadrando flores e animais (cf. *sakunayatthi*), e que sai da boca ou do umbigo de um Yaksha ou de outro símbolo aquático, quer dizer, de um vaso cheio (*punna-ghata*), ou das fauces abertas de um *makara* ou de um elefante com cauda de peixe[67]. O "vaso cheio" é um símbolo que encontramos em outros domínios e que está sempre relacionado com a "planta de vida" ou com um emblema qualquer da fertilidade. Assim, depois da época de Gudéa, a "árvore sagrada" desaparece do repertório acádio-sumério, sendo substituída pela "planta de vida" a sair de um vaso[68]. O "vaso cheio" é sempre seguro por um deus ou por um semideus, nunca por um homem. Às vezes o "vaso" é omitido e a água corre diretamente do corpo da divindade[69]. Não se poderia formular mais claramente a crença segundo a qual é diretamente da substância divina, ou mais exatamente da sua revelação plenamente manifestada, da teofania, que dimanam a vida e a regeneração.

Ao motivo decorativo do rizoma que emerge de um emblema aquático corresponde na mitologia a concepção purânica do nascimento de Brahma. O deus é chamado *abjaja*, "nascido do lótus" que sai do umbigo de Vishnu[70]. Coomaraswamy mostrou a origem e o fundamento védicos desta concepção[71]. O que o símbolo "lótus (ou rizoma) saindo da água (ou de um emblema aquático)" exprime é a própria procissão cósmica. As águas representam ali o não-manifestado, os germes, os estados latentes; o símbolo floral representa a manifestação, a criação cósmica. Varu*n*a, como deus das águas, das chuvas e da fertilidade, era originariamente a raiz da árvore de vida, a fonte de toda a criação[72].

105. Grande Deusa — Árvore da Vida — A associação "Grande Deusa — Árvore da Vida" também era conhecida no Egito. Um relevo representa Hathor colocada numa árvore celeste (sem dúvida a árvore da imortalidade) dando de comer e beber à alma do morto, isto é, assegurando-lhe a continuidade da vida, a sobrevivência[73]. Devemos esta representação com a série iconográfica que representa as mãos da deusa carregadas de dons, ou o seu busto, saindo de uma árvore e dando de beber à alma do defunto. Uma série paralela é a da deusa do destino, sentada nos ramos baixos de uma grande árvore que simboliza o Céu, e nos quais estão inscritos os nomes dos faraós e o seu destino[74]. O mesmo motivo se encontra nas crenças populares altaicas, como nos iakutes, por exemplo: junto da árvore de vida que tem sete ramos encontra-se a "Deusa das Idades"[75].

A mesma associação mítica e cultual se acha na Mesopotâmia. Gilgamesh encontra num jardim uma árvore miraculosa e junto dela a divindade Siduri — isto é, a "menina" —, qualificada *sabitu*, quer dizer, "a mulher do vinho"[76]. De fato, segundo a interpretação de Autran, Gilgamesh a encontra ao lado de uma cepa de vinha; a vinha era identificada pelos paleorientais à "planta de vida", e o sinal sumério para "vida" era originariamente uma folha de videira[77]. Esta planta maravilhosa era consagrada às Grandes Deusas. A Deusa-Mãe era chamada, no princípio, "a Mãe tronco de videira" ou "a Deusa tronco de videira"[78]. Albright provou que, nas versões arcaicas da lenda de Gilgamesh, Siduri tinha um papel muito importante. Gilgamesh pediu diretamente a ela a imortalidade[79]. Jensen identificou-a com a ninfa Calipso da Odisséia[80]. Como Calipso, Siduri tinha a aparência de uma jovem núbil, usava véu, estava carregada de cachos de uva e morava num lugar de onde saíam quatro nascentes; a sua ilha encontrava-se no "umbigo do mar" (*omphalós thalassês*) e a ninfa podia conceder a imortalidade aos heróis, a ambrosia celeste com a qual tentou Ulisses.

Calipso era uma das inúmeras teofanias da Grande Deusa, que se revelava no "centro do mundo", ao lado do *omphalós*, da "Árvore da Vida" e das quatro nascentes. Ora, a vinha era a expressão vegetal da imortalidade — tal como o vinho tornou-se, nas tradições arcaicas, o símbolo da juventude e da vida eterna[81]. A *Mishna*[82] afirma que a árvore da ciência do bem e do mal[83] era uma vinha. O livro de Enoch (24, 2) localiza esta vinha-árvore da ciência do bem e do mal entre sete montanhas como, de resto, o faz a epopéia de Gilgamesh[84]. A deusa-serpente Hannat podia provar os frutos da árvore, o que também era permitido às deusas Siduri e Calipso. As uvas e o vinho continuaram a simbolizar a sabedoria até uma época tardia[85]. Mas a concepção primitiva da vinha-árvore cósmica-árvore do conhecimento e da redenção conservou-se no mandeísmo com uma coerência surpreendente. O vinho (*gufnâ*) é, para esta gnose, a incorporação da luz, da sabedoria e da pureza. O arquétipo do vinho (*qadmâiâ*) encontra-se no mundo superior, celeste. A vinha arquétipo compõe-se de água no interior, a sua folhagem é formada de "espíritos da luz" e os seus nós são grãos de luz. É dela que nascem as correntes de água santa destinadas a matar a sede dos homens; o deus de luz e de sabedoria, o Redentor (*Mandâ d'haiiê*) é, também, identificado com a vinha de vida (*gufnâ d'haiiê*) e a vinha é considerada uma árvore cósmica, visto que envolve os céus e que os bagos de uva são estrelas[86].

O motivo mulher nua-vinha conservou-se também nas lendas apócrifas cristãs. Por exemplo, nas *Perguntas e Respostas*[87], compilação tardia traduzida do eslavo para o romeno antes do século XVII, conta-se como Pilatos encontrou a sua mulher nua numa vinha, junto de uma cepa que surgira dos seus trajes manchados do sangue de Cristo e que produzira frutos miraculosamente[88].

Nos domínios egeu e grego, o conjunto deusa-árvore-montanha-animais heráldicos também é freqüente. Lembremos o grande anel de Micenas[89], que representa uma cena cultual em que a deusa, com a mão na garganta nua, está sentada debaixo da árvore da vida, junto de uma série de emblemas cosmológicos: o machado, o Sol, a Lua, as águas (as quatro nascentes). A cena assemelha-se muito ao relevo semítico reproduzido por Holmberg (fig. 30) e que representa a deusa sentada num trono perto da árvore sagrada com o menino divino nos braços. Uma moeda de Mira (Lícia) mostra a teofonia da deusa no meio da árvore[90]. No repertório egeu há que assinalar ainda o anel de ouro de Mochlos, que representa a deusa numa barca com um altar e uma árvore[91], e a célebre cena da dança diante da árvore sagrada[92].

Nem todas essas associações míticas e iconográficas são produto do acaso, não sendo, tampouco, desprovidas de valor religioso e metafísico. Que querem dizer estes conjuntos: deusa-árvore, deusa-vinha, com o seu aparato de emblemas cosmológicos e de animais heráldicos? Que este lugar é um "centro do mundo", que aí se encontra a fonte da vida, da juventude e da imortalidade. As árvores representam o universo em permanente regeneração; mas no centro do universo encontra-se sempre uma árvore — a da vida eterna ou da ciência. A Grande Deusa é a personificação da fonte inesgotável da criação, deste último fundamento da realidade. Não passa da expressão mítica dessa intuição primordial de que a sacralidade, a vida e a imortalidade se encontram num "centro".

106. A árvore do conhecimento — A meio do Paraíso estavam a Árvore da Vida e a árvore do conhecimento do bem e do mal, e Deus proibiu Adão de provar os frutos desta última, "porque, no dia em que tu os comeres, tu morrerás certamente"[93]. Por que razão não menciona Deus a Árvore da Vida? Seria esta um duplicado da árvore da ciência, ou — como crêem certos sábios[94] — estaria a árvore da vida "escondida", só se tornando identificável e acessível no momento em que Adão se apropriasse do conhecimento do bem e do mal, quer dizer, da sabedoria? Inclinamo-nos para esta última hipótese. A árvore da vida pode dar a imortalidade, mas não é fácil atingi-la. Ela está "escondida" — como, por exemplo, a planta da imortalidade que Gilgamesh procura no fundo do oceano — ou então está guardada por monstros — como é o caso dos pomos de ouro do jardim das Hespérides. A coexistência destas duas árvores miraculosas — a da vida e a da sabedoria — não é tão paradoxal como poderia parecer à primeira vista. Encontramo-la também em outras tradições arcaicas — à entrada leste do Céu, os babilônios fixavam duas árvores: a da verdade e a de vida; e um texto de Ras Shamhra conta-nos que Alein concede a Ltpn a sabedoria e a eternidade ao mesmo tempo[95].

A serpente induz Adão e Eva a comerem o fruto da árvore da ciência, assegurando-lhes que isso não lhes causará a morte, mas lhes dará a divindade: "Certamente não morrereis. Mas Deus sabe que, no dia em que comerdes este fruto, os vossos olhos abrir-se-ão e vós sereis como deuses, pois passareis a conhecer o bem e o mal."[96] Será o homem semelhante a Deus só por conhecer o bem e o mal, ou porque, tornando-se onisciente, poderá "ver" onde se encontra a Árvore da Vida e saber como se adquire a imortalidade? O texto bíblico é suficientemente claro: "E o Senhor Deus disse: 'Eis que Adão se tornou semelhante a nós pelo conhecimento do bem e do mal. Agora é preciso evitar que ele estenda a mão, que arranque o fruto da árvore da vida, que o coma e que viva, assim, eternamente.' "[97] Desse modo, o homem só poderia alcançar a divindade provando os frutos da segunda árvore, a da imortalidade. Por que razão tentou então a serpente a Adão, encorajando-o a provar os frutos da árvore da ciência, por meio da qual só poderia obter a sabedoria? Se é verdade que a serpente prefigura o espírito do mal e, como tal, deve opôr-se à imortalidade do homem, então é necessário que ela "evite" que o homem se aproxime da Árvore da Vida. A serpente constitui o obstáculo com que esbarra o homem na sua busca da fonte da imortalidade, da Árvore da Vida. Esta interpretação tem a sua confirmação em outras tradições que teremos ocasião de mencionar. Mas a tentação da serpente pode ter ainda uma explicação: ela pretendia adquirir a imortalidade (como efetivamente a adquire nos mitos de outros povos) e para isso era preciso descobrir a Árvore da Vida, dissimulada na multidão de árvores do Paraíso, para ser a primeira a provar os seus frutos — e para isso incita Adão a "conhecer o bem e o mal". Adão, pela sua ciência, ter-lhe-ia revelado o local onde se encontrava a Árvore da Vida.

107. Os guardiães da Árvore da Vida — O conjunto homem primordial (ou herói) em busca da imortalidade-Árvore da Vida-serpente ou monstro que guarda esta árvore (ou que impede astuciosamente que o homem prove seu fruto) encontra-se também em outras tradições. O sentido dessa coexistência (homem, árvore, serpente) é bastante claro: é difícil adquirir a imortalidade — ela está concentrada numa árvore da vida (ou numa fonte de vida), que se encontra num lugar inacessível (no fim da terra, no fundo do oceano, no país das trevas, no topo de um monte muito elevado ou num "centro"); um monstro (serpente) guarda a árvore; e o homem que, não sem múltiplos esforços, conseguir chegar até ela tem de lutar com o monstro e vencê-lo para se apoderar dos frutos da imortalidade.

A luta com o monstro tem, evidentemente, um sentido iniciático: é preciso que o homem preste "provas", que se torne "herói", para ter o direito de adquirir a imortalidade. Aquele que não pode vencer o dragão ou a serpente não tem acesso à árvore da vida, quer dizer, não pode adquirir a imortalidade. A luta do herói com o monstro nem sempre é de natureza física. Adão foi vencido pela serpente sem ter lutado com ela, no sentido heróico (como é o caso de Héracles, por exemplo); foi vencido pela astúcia da serpente, que o induziu a tornar-se semelhante a Deus, o incitou a infringir a ordem divina e o condenou, assim, à morte. No texto bíblico, bem entendido, a serpente não desempenha o papel de "protetor" da árvore da vida, mas, considerando as conseqüências da tentação, poderia atribuir-se-lhe esta missão.

Gilgamesh, o herói babilônico, não tem melhor sorte. Também ele queria obter a imortalidade. Com efeito, consternado pela morte do seu amigo Enkidu, ele lamenta-se: "Também eu terei, um dia, de me deitar como ele, para não mais me levantar?"[98] Ele sabe que no mundo há apenas um homem que o pode ajudar — o sábio Ut-Napishtim, que escapou ao dilúvio e a quem os deuses concederam uma vida imortal — e por isso Gilgamesh encaminhou-se para a sua morada, algures na "foz dos rios". O caminho é longo, penoso, semeado de obstáculos como todo o caminho para o "centro", para o "Paraíso" ou para uma fonte de imortalidade. Ut-Napishtim habita uma ilha rodeada pelas águas da morte — que o herói consegue atravessar, apesar de todas as dificuldades. É razoável que, perante certas "provas" a que é submetido por Ut-Napishtim, Gilgamesh denuncie a sua incapacidade: não consegue, por exemplo, velar seis dias e seis noites seguidas. O seu destino está, assim, antecipadamente assinalado: ele não adquirirá a vida eterna, não poderá tornar-se semelhante aos deuses porque não tem nenhuma das qualidades dos deuses.

No entanto, cedendo às súplicas de sua mulher, Ut-Napishtim desvenda a Gilgamesh a existência, no fundo do oceano, de uma planta "cheia de espinhos" (quer dizer, de difícil acesso) que, embora não conferindo imortalidade, prolonga indefinidamente a juventude e a vida daquele que a prova. Gilgamesh amarra pedras aos pés e desce ao fundo do mar em busca da planta. Tendo-a encontrado, arranca um ramo dela, liberta os pés das pedras e volta à superfície. A caminho de Uruk, pára junto a uma fonte para beber; atraída pelo cheiro da planta, uma serpente aproxima-se e devora-a, tornando-se, assim, imortal. Gilgamesh, como Adão, não alcançou a imortalidade em virtude da astúcia da serpente e da sua própria estupidez. Tal como não conseguiu vencer as "provas" a que Ut-Napishtim o tinha submetido, tampouco soube conservar o que tinha adquirido com a ajuda e a benevolência de alguns (lembremos que na sua viagem tinha sido ajudado por Sabitu, por Urnashabi — o barqueiro de Ut-Napishtim —, por Ut-Napishtim e sua mulher). O monstro, a serpente era pois, por excelência, o adversário da imortalidade do homem. Quando, muito antes de Gilgamesh, Etana, rei lendário de Kish, pedira ao Sol e ao deus Anu que lhe fizesse dom da "planta da vida" para que a sua mulher lhe pudesse dar um herdeiro, ele foi levado até o céu por uma águia que a serpente tinha, por astúcia, lançado num fosso. O conflito entre a serpente e a águia é, como já vimos, um motivo de fundo da mitologia euroasiática (§ 101).

108. Monstros e grifos — Também a tradição iraniana conhece não só uma árvore da vida e de regeneração que cresce na terra, mas também o seu protótipo celeste. O *haoma* terrestre, o *hom* "amarelo" — que, tal como o soma dos textos védicos, é concebido quer como uma planta, quer como uma nascente — cresce nas montanhas[99] — Ahura Mazda plantou-o, originariamente, no monte Haraiti[100]. O seu protótipo encontra-se no Céu: é o *haoma* celeste ou Gaokerena (o *hom* branco) que dá a imortalidade aos que o provam, e que se encontra na nascente das águas do Ardvisurâ, numa ilha do lago Vourakasha, entre milhares de plantas terapêuticas[101]. Este "*hom* branco foi criado para abolir a decrepitude. É ele que operará a regeneração do universo e a imortalidade que dela se seguirá. Ele é o rei das plantas"[102]. "Aquele que o come torna-se imortal."[103] Ahriman respondeu a esta criação de Ahura Mazda criando um lagarto nas águas do Vourakasha para danificar a árvore miraculosa Gaokerena[104]. Yima, o primeiro homem da tradição mítica iraniana, era imortal, mas, como Adão, perdeu a imortalidade por ter pecado: com efeito, "ele mentiu e começou a pensar na palavra falsa e contrária à verdade"[105]. É por causa do pecado de Yima que os homens são mortais e infelizes[106].

Também se encontra a serpente junto da árvore da vida em outras tradições provavelmente influenciadas pelas concepções iranianas. Os kalmuks contam que no oceano se encontra um dragão, perto da árvore Zambu, à espera que caia qualquer folha que possa engolir. Os bouriates falam da serpente Abyrga junto da árvore num "lago de leite". Em certas tradições da Ásia Central, a serpente Abyrga está enrolada diretamente no tronco da árvore[107].

Os grifos ou os monstros vigiam sempre as vias da salvação, isto é, montam guarda à volta da árvore da vida ou de outro dos seus símbolos. Héracles, para se apoderar dos pomos de ouro do jardim das Hespérides, teve de adormecer ou matar o dragão que os guardava. Que isto seja obra do próprio herói ou de Atlas — no momento em que Héracles o substitui a suportar o globo celeste — é questão secundária. O que é importante é que Héracles realizou com êxito as "provas" heróicas e se apoderou dos pomos de ouro. O velo de ouro da Cólquida era, também, guardado por um dragão, e Jasão teve de matá-lo para se apoderar dele. As serpentes "guardam" todas as vias da imortalidade, quer dizer, qualquer "centro", qualquer receptáculo onde se encontre concentrado o sagrado, qualquer substância real, etc. Estão sempre representadas à volta da cratera de Dioniso[108], velam na longínqua Cítia pelo ouro de Apolo[109], guardam os tesouros escondidos no fundo da terra ou os diamantes e as pérolas do fundo do oceano — em suma, todo símbolo que incorpore o sagrado, que confira *poder, vida e onisciência*. No Batistério de Parma, perto da árvore da vida, dragões estão de tocaia. O mesmo motivo se encontra num baixo-relevo do museu da Catedral de Ferrara[110].

109. A árvore e a Cruz — A árvore da vida é o protótipo de todas as plantas miraculosas, as que ressuscitam os mortos, curam os doentes, dão juventude, etc. Assim, no monte Oshadi, encontram-se quatro plantas maravilhosas: "uma delas, planta muito apreciada, ressuscita os mortos, uma outra faz sair as flechas das feridas, uma terceira cicatriza as chagas..."[111]. A planta *mritasamjîvanî*, que ressuscita os mortos, é, sem dúvida, a mais preciosa. Mas há ainda uma "grande planta", samdhânî, que tem a virtude de reunir as partes de um corpo morto[112]. As lendas chinesas falam de uma ilha maravilhosa de onde os corvos trazem uma planta capaz de ressuscitar os guerreiros mortos há três dias. As mesmas crenças se encontram no Irã[113]. A planta que ressuscita também é conhecida no mundo romano e as suas virtudes são célebres em todas as lendas européias[114]. Quando Salomão pede a imortalidade à rainha de Sabá, ela fala-lhe de uma planta que se encontra no meio das rochas. Salomão encontra um "homem branco", um velho que passeia, com a planta na mão, e que lha dá com alegria, porque enquanto a guardasse não poderia morrer. Esta planta, aliás, só dava a imortalidade e não a juventude[115].

A verdadeira madeira da Cruz ressuscita os mortos, e Helena, mãe do imperador Constantino, mandou procurá-la. Essa madeira deve a sua eficácia ao fato de a Cruz ter sido feita da árvore da vida que estava plantada no Paraíso[116]. Na iconografia cristã a Cruz é muitas vezes representada como uma árvore da vida[117]. Um número considerável de lendas sobre a madeira da Cruz e a viagem de Seth ao Paraíso circularam em toda a Idade Média e em todos os países cristãos. A sua origem está no *Apocalipse de Moisés*, no *Evangelho de Nicodemos* e na *Vida de Adão e Eva*. Registremos, de modo breve, a variante que teve maior sucesso: Adão, após ter vivido 932 anos no vale do Hebron, foi atacado de doença mortal e mandou seu filho Seth pedir ao arcanjo que guarda a porta do Paraíso o óleo da misericórdia. Seth seguiu a trilha dos passos de Adão e Eva, onde a erva não crescera, e chegou diante do Paraíso, onde fez saber ao arcanjo o desejo de Adão. O arcanjo aconselhou-o a olhar três vezes para o Paraíso. À primeira vez, Seth viu a água que dava origem a quatro rios e, por cima, uma árvore ressequida; à segunda vez, viu uma serpente enrolar-se ao tronco da árvore; e à terceira vez viu a árvore subir até o Céu, tendo no topo uma criança recém-nascida e raízes que se prolongaram até o Inferno (a árvore da vida achava-se no centro do universo e o seu eixo atravessava as três regiões cósmicas). O anjo explicou a Seth o que vira e anunciou-lhe a vinda de um redentor. Deu-lhe três sementes dos frutos da árvore fatal que seus pais tinham provado e disse-lhe que os pusesse na boca de Adão, que morreu passados três dias. Quando Adão ouviu a narrativa de Seth, riu pela primeira vez desde que fora expulso do Paraíso, porque compreendeu que a espécie humana seria salva. Ao morrer, das sementes colocadas na sua língua por Seth surgiram no vale do Hebron três árvores que cresceram um palmo até o tempo de Moisés. Este, sabendo da sua origem divina, transplantou-as para o monte Tabor ou Horeb ("centro do mundo"). As árvores ficaram lá um milhar de anos até o dia em que Davi recebeu ordem divina para as levar para Jerusalém (também um "centro"). Após muitos outros episódios (a rainha de Sabá recusou-se a pôr os pés na madeira delas, etc.) estas três árvores fundiram-se numa só, da qual foi feita a Cruz do Redentor. O sangue de Jesus, crucificado no centro da Terra, precisamente no local onde fora criado e enterrado Adão, caiu sobre o "crânio de Adão" e batizou assim — redimindo-o dos seus pecados — o pai da humanidade[118].

Numa "adivinha" germânica medieval fala-se de uma árvore cujas raízes estão no Inferno e cuja copa está no trono de Deus e que envolve o mundo nos seus ramos, e esta árvore é precisamente a Cruz. Para os cristãos, efetivamente, a Cruz é o sustentáculo do mundo: *quapropter lignum crucis coeli sustinet machinam, terrae fundamenta corroborat, adfixos sibi homines ducit ad vitam*, escreve Firmicus Maternus (27,1). Nas lendas orientais a Cruz é a ponte ou a escada pela qual os homens sobem até Deus; situado no "centro do mundo", é o lugar de passagem entre o Céu, a Terra e o Inferno. Em algumas variantes, a madeira da

Cruz tem sete degraus, da mesma forma que as árvores cósmicas que representam os sete céus[119].

110. Rejuvenescimento e imortalidade — Como no mito da "Fonte da Vida", encontramos diversas concepções referentes às plantas e aos frutos miraculosos: uns rejuvenescem, outros conferem longa vida e outros mesmo até cedem a imortalidade. Cada uma dessas concepções tem uma "história" que opera nelas modificações em conformidade com certos cânones que se prendem ao espírito da raça, à interferência das culturas e às diversas concepções das classes sociais. "A planta da imortalidade e da mocidade", por exemplo, era concebida de modo muito diferente na Índia e no mundo semítico. Os semitas tinham sede de imortalidade, de vida imortal; os indianos procuravam sobretudo a planta que regenera e rejuvenesce. É por isso que as dietas alquimistas e médicas dos indianos prolongam a existência por várias centenas de anos e tornam aqueles que a elas se submetem "potentes (nas suas relações) para com as mulheres" (*balavân strîshu*). O mito de Cyavana mostra claramente o ideal indiano: o *rejuvenescimento* e não a *imortalidade*. Cyavana combina com os Açvins que estes o rejuvenesçam dando-lhes ele, em compensação, o soma, a ambrosia divina. Os Açvins conduzem-no à "fonte de juventude" de Sarasvatî e, quando Cyavana sai dela, assemelha-se aos deuses pela sua juventude e pelo seu esplendor[120].

O indiano, que aceitava a existência e amava a vida, não desejava conservá-la indefinidamente, preferindo gozar uma longa juventude. Por outro lado, a imortalidade não tentava o sábio nem o místico, que aspirava à libertação e não a um prolongamento contínuo da existência, a um desprendimento definitivo do cosmos e à aquisição da autonomia espiritual absoluta e não a uma duração no tempo, mesmo infinita. As mesmas concepções se encontram entre os gregos, que não aspiravam à imortalidade mas à juventude e à vida longa. Na maioria das lendas relativas a Alexandre Magno, este admira-se que se possa pedir a imortalidade[121]. O mito da regeneração e do rejuvenescimento, como o concebiam os indianos, foi conhecido dos europeus não só de maneira indireta, por intermédio do mundo semítico, pelo Islã, mas também diretamente, pelos escritos dos viajantes do Oriente. Na carta do Preste João (1160-65) diz-se que o Indo rodeia o Paraíso, que a três dias do Paraíso se encontra uma fonte e que aquele que dela bebe por três vezes fica, até o fim da sua vida, semelhante a um homem de 30 anos[122]. Del Rio e Peter Maffeius afirmam que os indianos de Bengala e do vale do Ganges vivem 300 ou 330 anos[123]. Gervasius conta como Alexandre Magno, ao procurar a "Água de Vida" na Índia, encontrou pomos que prolongavam até 400 anos a vida dos sacerdotes[124]. Na mitologia escandinava, o pomo desempenha o papel de fruto regenerador e rejuvenescedor. Os deuses comem pomos e ficam jovens até o *ragna rök*, quer dizer, até o fim do atual ciclo cósmico.

Esses exemplos esclarecem as diferenças entre a estrutura do ideal indiano e do ideal semítico, mas, por seu turno, cada um desses temas míticos continuou a modificar-se no interior dos grupos étnicos que o tinham formulado. O nível espiritual do mito, de um lado, e o nível da lenda, da superstição, do costume, por outro lado, são absolutamente diferentes. Um grupo popular e uma elite conhecem e interpretam o mito da planta da regeneração ou da imortalidade de modo muito diferente. No entanto, nas diferentes variantes desse mesmo tema central — por muito grandes que sejam as diferenças devidas ao espírito étnico ou ao grupo social, ou ainda às vicissitudes da difusão —, pode-se facilmente verificar a unidade de estrutura. No caso presente, por detrás da versão da planta miraculosa, descobrimos o protótipo originário: a árvore da vida; a *realidade*, a *sacralidade* e a *vida* concentradas numa árvore maravilhosa que se acha num "centro", ou num mundo inacessível, e cujos frutos só os eleitos podem provar.

111. O arquétipo dos simples — O valor mágico e farmacêutico de certas plantas é devido, igualmente, a um protótipo celeste da planta, ou ao fato de ela ter sido colhida pela primeira vez por um deus. Nenhuma planta é preciosa em si mesma, mas sim pela sua participação num arquétipo ou pela repetição de certos gestos e palavras que, isolando a planta do espaço profano, a consagram. Assim, duas fórmulas de encantação anglo-saxônica do século XVI, que era costume pronunciar quando se fazia a colheita de plantas ricas em propriedades curativas, dizem-nos com precisão qual a origem da sua eficácia terapêutica: elas cresceram, pela primeira vez (quer dizer, *ab origine*), no monte sagrado do Calvário (no "centro" da Terra). "Salve, oh erva santa que cresces na terra; tu estavas, primeiro, no monte do Calvário; tu és boa para qualquer ferida; em nome do doce Jesus, eu te apanho." (1584) "Tu és santa, verbena, como cresces na terra, pois que primeiro foste encontrada no monte Calvário. Tu curaste o nosso Redentor Jesus Cristo e fechaste as suas chagas sangrentas; em nome (do Pai, do Filho e do Espírito Santo) eu te apanho."[125] Atribui-se a eficácia destas plantas ao fato de o seu protótipo ter sido descoberto num momento cósmico decisivo ("naquele tempo") no monte Calvário. Elas receberam a sua consagração por terem curado as chagas do Redentor. A eficácia das plantas colhidas só vale na medida em que aquele que as colhe repita este gesto primordial da cura. É por isso que uma velha fórmula de encantação diz: "Nós vamos colher plantas para as aplicar nas chagas do Salvador."[126] Atribui-se também a virtude da planta ao fato de um ser divino a ter plantado. "Quem te plantou?", pergunta o herborista à pariseta. "Foi Nossa Senhora... para a minha cura."[127] Outras vezes é preciso que ela tenha sido colhida em nome de Jesus[128].

Essas fórmulas de magia popular cristã continuam uma antiga tradição. Na Índia, por exemplo, a erva Kapitthaka (*Feronia elephantum*) cura a impotência sexual porque, *ab origine*, o Gandharva a utilizou para restituir a Varu*n*a a sua virilidade. Por conseguinte, a colheita ritual da planta é, efetivamente, uma repetição do ato de Gandharva. "A ti, a planta que Gandharva meteu na terra para Varu*n*a, que perdera a virilidade; a ti planta que ergue o caule, nós te plantamos!"[129] A artemísia (*damana*) deve ser colhida com a seguinte prece: "Sê bendito, Kamedeva, tu que nos deslumbras. Eu te apanho com a boa vontade de Vishnu", etc.[130]

Uma longa invocação que figura no Papiro de Paris demonstra a excepcional condição da planta colhida: "Tu foste semeada por Cronos, colhida por Hera, conservada por Amon, concebida por Ísis, alimentada por Zeus pluvioso; tu cresceste graças ao Sol e ao orvalho. Tu és o orvalho de todos os deuses, o coração de Hermes, a semente dos primeiros deuses, o olho do Sol, a luz da Lua, a dignidade de Osíris, a beleza e a glória do Céu... Tal como levantaste Osíris, levanta-te tu! Levanta-te como o Sol! A tua grandeza iguala o zênite; as tuas raízes são tão profundas como o abismo... Os teus ramos são os ossos de Mnévia; as tuas flores, o olho de Hórus; as tuas sementes, a semente de Pã; eu sou Hermes. Eu apanho-te com a Boa Fortuna, o Bom Demônio, e na hora própria, no dia próprio e favorável a todos."[131] A planta evocada e colhida deste modo tem o valor de uma árvore cósmica. A sua aquisição equivale à apropriação das virtudes que residem em tal receptáculo de força, de vida e de sacralidade. Evidentemente, esse encantamento é produto da magia eclética greco-egípcia — o seu autor era, incontestavelmente, um erudito, mas isso não é razão para duvidar da sua autenticidade: sabe-se, em compensação, que a maioria dos encantamentos populares são obra de letrados degradada por um longo processo de infantilização. A planta medicinal que se dilata a ponto de atingir as proporções cósmicas de uma árvore teofânica é perfeitamente justificada pelas concepções mais arcaicas. Só é reconhecido valor ao mundo terreno na medida em que se lhe pode atribuir um protótipo no mundo celeste.

Para os cristãos, as plantas medicinais deviam a sua eficácia ao fato de terem sido encontradas pela primeira vez no monte Calvário. Para os antigos, as plantas deviam as suas virtudes curativas ao fato de terem sido descobertas pela primeira vez pelos deuses. "Betônica, tu que foste descoberta pela primeira vez por Esculápio, ou pelo centauro Chiron...", assim se recomenda uma invocação num tratado herborístico[132]. Ou então a eficácia devia-se a ter sido plantada pela divindade: "Basilisco, peço-te pela atividade suprema que te fez nascer..."; "Rícino, em nome do deus todo-poderoso que te fez nascer..."; "Vós, plantas poderosas, vós que a Terra-Mãe criou e deu a todas as nações..."[133]

Na tradição popular cristã a planta devia também as suas virtudes medicinais ao fato de Deus a ter dotado de propriedades excepcionais. Na França, pronuncia-se a seguinte fórmula: "Erva santa, que não foste semeada, nem plantada, revela a virtude que Deus te deu!"[134] A planta é, por vezes, divina: o texto herborístico *Les cyranides*, por exemplo, nomeia a briônia divina, rainha dos deuses, mãe das plantas, senhora da Terra, do Céu e da água[135]. Por isso a colheita é um ritual que se efetua em condições de pureza cerimonial, com preces e sacrifícios que supõem certos perigos. Não se trata, pura e simplesmente, de colher uma planta, uma certa espécie botânica, mas de repetir uma ação primordial (foi a divindade que a colheu pela primeira vez) para obter uma substância saturada de sagrado, variante menor da árvore de vida, fonte de toda cura.

112. Árvore — *Axis Mundi* — Encontramos freqüentemente nos mitos e nas lendas relativas à árvore da vida a idéia implícita de que ela se encontra no centro do universo e liga o Céu, a Terra e o Inferno. Este pormenor de topografia mítica tem um valor muito especial nas crenças dos povos nórdicos e central-asiáticos, mas é provável que a origem seja oriental (mesopotâmica). Os altaicos crêem, por exemplo, que "no umbigo da Terra cresce a árvore mais alta, pinheiro gigante cujos ramos se erguem até a morada de Bai-Ulgän", quer dizer, até o Céu[136]. Muitas vezes, a árvore encontra-se no topo de uma montanha, no centro da Terra. Os tártaros abakan falam de um monte de ferro no qual cresce uma bétula com sete ramos, provável símbolo dos sete andares do Céu (ideograma de origem babilônica, segundo parece). Nos cantos dos xamãs ostiaks, Vasjugan, a árvore cósmica, tem, como o Céu, sete degraus; atravessa todas as regiões celestes e mergulha as suas raízes nas profundidades subterrâneas[137].

Quando sobe ao Céu, no decurso da sua viagem mística, o xamã utiliza uma árvore que tem nove ou sete degraus (§ 33). A maior parte das vezes, no entanto, realiza esta ascensão por um poste sagrado que também tem sete degraus e que, naturalmente, se admite encontrar-se no centro do mundo[138]. O poste sagrado e a árvore são símbolos que equivalem ao poste cósmico que sustenta o mundo e se acha no centro do universo. Entre os altaicos, os deuses atam os cavalos a este poste cósmico, em volta do qual giram as constelações. A mesma concepção se encontra entre os escandinavos; Odin prende o seu cavalo a Yggdrasil (literalmente "cavalo de Odin"). Os saxões denominam Irminsul este pilar cósmico — *universalis columna quasi sustinens omnia*[139]. Os indianos têm a mesma idéia de um eixo cósmico, representado por uma árvore da vida ou pilar, situado no meio do universo[140]. Na mitologia chinesa, a árvore miraculosa cresce no centro do universo, no local onde deveria encontrar-se a Capital perfeita. Ela reúne as Nove Nascentes aos Nove Céus. Chama-se-lhe "Pau erguido" (*Kieou-Mou*) e diz-se que, ao meio-dia, tudo o que se encontra perto dela e se mantém ereto não pode fazer sombra[141]. Esta árvore cósmica assemelha-se ao "Pilar", sustentáculo do mundo, "eixo do universo" (*Axis Mundi*), das cosmologias altaicas e norte-européias. A árvore, segundo esses mitos, exprime a realidade absoluta no seu aspecto de norma, de ponto fixo, sustentáculo do cosmos. É o ponto de apoio por excelência. Por conseguinte, a comunicação com o céu só pode ser feita em torno dela ou mesmo por intermédio dela.

113. Descendência mítica a partir de uma espécie vegetal — As mesmas concepções da vida e da realidade simbolizadas pela vegetação explicam aquilo a que poderíamos chamar, em expressão aproximada, "as relações místicas entre as árvores e os homens". A mais categórica dessas relações místicas parece ser a descendência das raças a partir de uma espécie vegetal. A árvore ou o arbusto é considerado o antepassado mítico da tribo. Em geral essa árvore genealógica tem íntima relação com o culto lunar; o antepassado mítico, assimilado à Lua, é representado sob a forma de uma espécie vegetal. É assim que certos grupos miao prestam culto ao bambu como antepassado. Encontramos as mesmas crenças nos aborígenes de Formosa, nos tagalog das Filipinas, nos ya-lang (yunnan) e no Japão. Entre os ainus, os ghiliaks e na Coréia, a árvore figura no culto lunar dos antepassados[142]. As tribos australianas de Melbourne acreditavam que o primeiro homem nascera de uma mimosa[143]. Segundo um mito muito espalhado na Indochina, toda a humanidade foi aniquilada por um dilúvio, à exceção de dois jovens, irmão e irmã, que escaparam miraculosamente numa abóbora. Não obstante a sua repugnância, os jovens casaram-se e a moça deu à luz uma abóbora, de cujas sementes lançadas na montanha e na planície surgiram as raças humanas[144].

Encontramos o mesmo mito, com as suas inevitáveis deformações (deformação do "antepassado"), na Índia. Sumati, esposa do rei Sagara de Ayodhyâ, a quem tinham sido prometidos sessenta mil filhos, deu à luz uma abóbora de onde saíram sessenta mil crianças[145]. Um episódio do *Mahâbhârata* conta como "de Gautama, filho de Saradvat, nasceram dois gêmeos, Krpî e Krpa, de um canavial"[146]. Outros documentos confirmam a descendência mítica, a partir de uma espécie vegetal, de certas populações aborígenes indianas. Udumbara, nome sânscrito da *Ficus glomerata*, designa ao mesmo tempo a província do Pendjabe e os seus habitantes[147]. Uma tribo de Madagáscar chama-se antaivandrika, o que quer dizer literalmente "os da (árvore) vandrika", e os seus vizinhos, os antaifasy, são os descendentes de uma bananeira; "desta bananeira saiu um dia um belo rapaz que, em pouco tempo, se tornou grande e forte... e teve muitos filhos e netos que foram os antepassados desta tribo — são ainda chamados, às vezes, os filhos da bananeira"[148].

Poderíamos facilmente multiplicar os exemplos. Assinalemos, ainda, a tradição iraniana da origem do primeiro par humano:

quando o homem primordial, Gayomard, sucumbiu aos golpes do espírito do mal, a sua semente penetrou na terra e, quarenta anos mais tarde, deu origem a uma planta *rîvâs*, que, por sua vez, se transformou em Mashyagh e Mashyânagh[149]. Mas a lenda iraniana comporta um elemento suplementar: a morte violenta de Gayomard. Em dois dos nossos trabalhos anteriores estudamos este motivo mítico da origem da vegetação pelo sacrifício (a morte violenta) de um gigante primordial, e também o tema lendário do aparecimento das plantas graças ao sangue ou ao corpo de um deus ou de um herói vilmente abatidos[150]. Mencionaremos e retomaremos em outro contexto as conclusões a que chegamos nos citados trabalhos. Podemos, no entanto, observar, desde já, a solidariedade entre o homem e uma certa espécie vegetal, solidariedade concebida como um circuito contínuo entre o nível humano e o vegetal. Uma vida humana que termina de forma violenta vai continuar numa planta; esta, por seu turno, se lhe acontece ser colhida ou queimada, dá origem a um animal ou a outra planta que acaba por encontrar forma humana. Podemos resumir assim as implicações teóricas destas lendas: é preciso que a vida humana se consuma completamente para esgotar as suas possibilidades de criação ou de manifestação; se acaso for interrompida bruscamente, por uma morte violenta, ela procurará prolongar-se sob outra forma — planta, fruto, flor. Limitemonos a registrar alguns exemplos em apoio dessa interpretação: nos campos de batalha onde sucumbiram muitos heróis crescem roseiras[151]; do sangue de Atis cresceram violetas, e as rosas e as anêmonas brotaram do sangue de Adônis quando estes deuses agonizavam; do corpo de Osíris cresceu o trigo e a planta maat, assim como todas as espécies de plantas, etc. A morte desses deuses é, de certo modo, a repetição do ato cosmogônico da criação dos mundos, que, como se sabe, resultou do sacrifício de um gigante (tipo Ymir) ou do auto-sacrifício de um deus.

Mas o que nos interessa, antes de mais, neste capítulo é o circuito de vida entre estes dois níveis: vegetal e humano. O fato de uma raça descender de uma espécie vegetal pressupõe que a fonte da vida se acha concentrada neste vegetal e, portanto, que a modalidade humana se encontra nele em estado virtual, sob a forma de germes ou de sementes. A tribo warramunga, do norte da Austrália, crê que "o espírito das crianças", pequeno como um grão de areia, se acha no interior de certas árvores, de onde sai, por vezes, para penetrar pelo umbigo no ventre materno[152].

Neste caso achamo-nos diante de um processo de racionalização da concepção arcaica da descendência da espécie a partir de uma árvore: não só o antepassado mítico nasceu de uma árvore, mas cada recém-nascido descende, de modo direto e concreto, da substância dessa árvore. A fonte da realidade e da vida identificada numa árvore não se limitou a projetar de uma só vez a sua força criadora para dar origem a um antepassado mítico — ela continua a criar incessantemente cada homem em particular. É uma interpretação concreta e racionalista do mito da descendência do gênero humano a partir da própria fonte da vida, manifestada nas espécies vegetais. Mas as implicações teóricas dessas variantes racionalistas continuam a ser as mesmas: a realidade última e as suas forças criadoras estão concentradas — ou manifestadas — numa árvore.

Encontramos outras variantes racionalistas no grupo compacto das crenças segundo as quais as almas dos antepassados se fixam em certas árvores, de onde se introduzem, sob forma de embrião, no ventre das mulheres[153]. Na China, crê-se que a cada mulher corresponde uma árvore: tantos filhos terá uma quantas flores der a outra. As mulheres estéreis adotam uma criança para provocar o crescimento de flores na árvore correspondente, que, por seu turno, as tornará férteis[154]. O que é importante nesses costumes é a concepção do circuito contínuo entre o nível vegetal — considerado fonte de vida inesgotável — e o humano; os homens são simples projeções energéticas da mesma matriz vegetal, são formas efêmeras cuja aparição é constantemente provocada pela plenitude do nível vegetal. A "realidade" e a "força" não têm nem a sua base nem a sua origem no homem — mas nas plantas. O homem é apenas a aparição efêmera de uma nova modalidade vegetal. Ao morrer, quer dizer, ao abandonar a condição humana, regressa — em estado de "semente" ou de "espírito" — à árvore. Efetivamente, essas fórmulas concretas exprimem tão-só uma mudança de nível. Os homens reintegram-se na matriz universal, adquirem outra vez o estado de semente, voltam a tornar-se germes. A morte é um retorno à fonte de vida universal. Encontramos esta mesma concepção fundamental em todas as crenças que se prendem à Terra-Mãe e às místicas agrárias. A morte é apenas uma mudança de modalidade, uma passagem para outro nível, uma reintegração na matriz universal. Se a realidade e a vida se formulam em termos vegetais, a reintegração efetua-se por uma simples modificação de forma: de antropomorfo, o morto torna-se dendromorfo.

114. Transformação em plantas — O circuito entre esses dois níveis conservou-se em grande número de lendas e de contos que podemos classificar em dois grupos: *a*) transformação em flor ou em árvore de um ser humano barbaramente assassinado; *b*) fecundação miraculosa por um fruto ou uma semente. Esses motivos foram objeto de pesquisas bastante minuciosas nos nossos trabalhos anteriores e por isso nos limitaremos a citar alguns exemplos. Numa lenda santali, publicada por Bodding[155], sete irmãos matam uma irmã para devorá-la. Só o mais novo, de todos o mais compassivo, não foi capaz de comer do corpo da irmã e enterrou a parte que lhe coubera. Algum tempo depois, no local onde enterrara aquela parte, cresceu um belo bambu. Um homem que passava por ali viu o arbusto e dispôs-se a cortá-lo para fazer um violino. Mas, quando ele espetava o machado, ouviu uma voz que gritava: "Pára, pára! não cortes tão acima! Corta mais abaixo!" Deu então um golpe na árvore mais perto da raiz e ouviu outra vez a voz: "Pára! não cortes tão abaixo! Corta mais acima!" Por fim, depois de a voz se fazer ouvir ainda por duas vezes, o bambu caiu. O homem fez dele um violino, e o violino tocava maravilhosamente "porque a jovem estava dentro dele". Um dia, a rapariga saiu do violino e casou com o músico — e os seus irmãos foram engolidos pela terra.

Esse tema folclórico acha-se muito difundido (tema dos três limões dos folcloristas)[156]. Pode resumir-se no seguinte esquema: uma jovem maravilhosa — uma fada — sai de um fruto miraculoso ou obtido por um herói à custa de muito trabalho (romã, limão, laranja); uma escrava ou uma mulher muito feia mata-a e faz-se passar por ela, tornando-se assim mulher do herói; do cadáver da jovem surge uma flor ou uma árvore (ou ela transforma-se em pássaro, ou em peixe, que, mortos pela mulher feia, dão origem a uma árvore); do fruto (ou da casca, ou da lasca da madeira) da árvore, acaba por surgir a heroína. Assim, num conto indiano recolhido no Pendjabe, a esposa assassinada transforma-se em lírio; a falsa princesa despedaçou-o mas do lírio surgiu um pé de hortelã e depois uma bela planta trepadeira. No Decão, é uma rainha ciumenta que afoga uma jovem num lago: dele saiu uma flor de girassol que, depois de queimada, fez crescer da sua cinza um mango[157].

Este conto é também muito popular na Europa, por muito contaminado que esteja pelo subtema da "noiva trocada" e do "alfinete encantado". A heroína, como na forma asiática, sofre várias metamorfoses. Num conto toscano, a heroína transforma-se numa "enorme enguia", que, por seu turno, é morta e lançada num canteiro de roseiras. Transforma-se, então, numa roseira "maravilhosamente grande", que é apresentada ao príncipe como uma curiosidade rara. Da roseira sai uma voz: "Devagar, não me toqueis!" O príncipe abre então a roseira com uma faca e a bela rapariga aparece sã e salva. Numa variante grega, a jovem transforma-se num pequeno peixe de ouro, e depois num limoeiro. No momento em que um velho pega no machado para abatê-lo, ouve uma voz dizendo: "Corta em cima! Corta embaixo! Não cortes no meio porque feres uma moça!" — o que nos faz lembrar o conto santali[158]. No conto romeno "As três romãs de ouro" a heroína é transformada por uma cigana num pássaro que esta manda matar; do sangue do pássaro cresceu um pinheiro muito belo e muito alto[159].

115. Relações homem-planta — Em todos esses contos, o circuito homem-planta é dramático; dir-se-ia que a heroína se dissimula tomando a forma de uma árvore sempre que alguém põe termo à sua vida. Trata-se de um regresso provisório ao nível vegetal. Ela continua a sua vida "escondendo-se" debaixo de uma nova forma. Todavia, os contos populares conservaram também o outro motivo arcaico do circuito homem-planta, aquele que consiste em engolir uma semente ou em cheirar uma flor para obter a fecundidade. Nas variantes romenas do conto "As três romãs", um dos parentes recebe de um santo uma maçã e depois de tê-la comido dá origem a uma criança[160]. Um dos exemplos clássicos da literatura folclórica é o *Pentamerone* (II, 8), onde uma jovem virgem fica grávida após ter comido uma folha de roseira. Ovídio registra a tradição segundo a qual Marte nasceu de Juno sem a intervenção de Júpiter, tendo sido Juno tocada com uma flor pela deusa Flora[161]. Penzer recolheu também inúmeros exemplos de concepção por frutos celestes[162].

O circuito homem-planta, que o folclore conservou em forma dramática, existe em numerosas crenças. No Meklemburgo enterra-se a placenta do recém-nascido junto de uma árvore de fruto nova. Na Indonésia planta-se uma árvore no local onde se enterrou a placenta[163]. Nestes dois costumes manifesta-se a solidariedade mística entre o crescimento da árvore e o crescimento do homem. Por vezes, é entre um povo e uma árvore que esta solidariedade existe. Assim, por exemplo, os papuas crêem que se se cortasse uma certa árvore também eles morreriam[164]. Os xamãs dolgans plantam uma árvore no momento em que sentem o apelo da sua vocação mágica; após a sua morte, a árvore é arrancada. Em outras tribos altaicas (os goldes, os orotchi, os oroki) crê-se que a vida do xamã depende de tal árvore. Os xamãs dos yuraks da tundra ao norte de Obolsk nomeiam dois *sjadai* (ídolos) para a guarda da árvore, porque, se esta morrer, também eles morrerão[165]. Na Europa, quando nasce um príncipe herdeiro, ainda se planta uma tília. No arquipélago Bismarck, ao nascer uma criança, semeia-se uma noz de coco; quando a árvore dá os primeiros frutos a criança passa a ser considerada como um adulto; o *mana* de um chefe indígena cresce na proporção da robustez da árvore[166]. A participação mística entre o homem e a árvore constitui um tema bem conhecido do folclore universal: murcham ou morrem as flores de uma dada espécie vegetal? É sinal de que um perigo ou a morte ameaçam o herói. Outras crenças populares européias implicam mesmo o mito segundo o qual os homens descendem de uma árvore: é assim que, na localidade de Nierstein, no Hesse, se encontrava uma grande tília "que provia de crianças toda a região"[167]. Nos Abruzos, diz-se que os recém-nascidos vêm de uma cepa de vinha[168].

116. A árvore regeneradora — A árvore é também a protetora dos recém-nascidos: facilita o nascimento e vela pela sua vida exatamente como faz a Terra. Os exemplos que vamos citar esclarecerão a analogia existente entre a sacralidade da Terra e a da vegetação. A árvore, de resto, é tão-só uma nova fórmula da realidade e da vida inesgotável que também a Terra representa. Na base de todas as crenças que se relacionam com a descendência telúrica ou vegetal e com a proteção que a Terra ou a árvore dispensam aos recém-nascidos encontram-se uma experiência e uma "teoria" de realidade última, fonte de vida, matriz de todas as formas. A Terra ou a vegetação que dela surge manifesta-se como *aquela que existe*, que existe de forma viva, prolifera incessantemente, por uma palingenesia contínua. O fato de se tocar ou de se aproximar das árvores, como o fato de se tocar na terra, é benéfico, fortificante, fertilizante. Leto deu ao mundo Apolo e Ártemis quando estava ajoelhada num prado e tocava com a mão uma palmeira sagrada. A rainha Mahâ-Mâyâ deu à luz Buda junto a uma árvore *sâla* e agarrada a um dos seus ramos. Engelmann e Nyberg reuniram um rico material etnográfico que mostra a freqüência do costume segundo o qual as mulheres dão à luz nas proximidades ou mesmo junto de uma árvore[169]. O simples fato de nascer perto de uma fonte de vida e de cura assegura à criança uma boa sorte: estará isenta de doenças, escapará aos maus espíritos e aos acidentes. O seu nascimento — como no caso do nascimento sobre terra — é, num sentido, um nascimento *per proximi*; a sua verdadeira mãe é a vegetação e é ela que a tratará. A propósito dessas crenças, convém assinalar o costume — conhecido desde a Antiguidade e conservado ainda hoje nos meios populares — de enfaixar as crianças logo que nascem, e de as esfregar com ervas, ramos verdes e palha[170]. O contato direto com as personificações da potência e da vida só podem ser favoráveis ao recém-nascido. O berço arcaico compunha-se de ramos verdes ou de espigas. Dioniso, a exemplo de todas as crianças da Grécia antiga, foi posto, logo que nasceu, num açafate onde se levavam também as primícias das colheitas[171]. O mesmo costume se encontra na Índia moderna e em outras regiões[172]. O rito é muito antigo: nos hinos sumérios narra-se como Tammuz foi colocado, ao nascer, num cesto onde se colocavam os cereais colhidos nos campos[173].

Pôr uma criança doente no côncavo de uma árvore implica um novo nascimento, e portanto uma regeneração[174]. Na África e no Sind, cura-se a criança doente passando-a entre duas árvores de fruto ligadas uma à outra: a doença agarra-se às árvores[175]. O mesmo costume se verifica na Escandinávia, onde não só as crianças, mas também os adultos doentes, podem ser curados passando-os pela cavidade de uma árvore. As plantas fertilizantes, assim como as ervas medicinais, devem a sua eficácia a este mesmo princípio: a vida e a força estão incorporadas na vegetação. Os hebreus chamavam aos filhos ilegítimos "filhos das ervas", e os romenos chamavam-lhes "filhos das flores". A mesma terminologia é encontrada em outras regiões, como por exemplo entre os indígenas da Nova Caledônia. Certas plantas têm poderes fertilizantes. Lea teve de Jacob um filho, Isahar, graças às mandrágoras que Ruben encontrou nos campos[176]. Todas essas ervas miraculosas e medicinais são apenas variantes débeis e racionalizadas dos protótipos míticos: a planta que ressuscita os mortos, a planta de eterna juventude, a planta que cura todas as enfermidades.

117. Casamento das árvores — Um outro cerimonial que denuncia o sentimento de solidaridade entre a vegetação e os homens é chamado "o casamento das árvores". O costume é freqüente na Índia e encontra-se, esporadicamente, em certos grupos de ciganos, como é o caso da Transilvânia, por exemplo[177]. O casamento das árvores faz-se, em geral, quando, alguns anos após se casarem, as mulheres não têm ainda filhos. Neste caso, no dia e na hora apropriados, os esposos dirigem-se para junto de um lago e plantam um arbusto cada um — a mulher, uma figueira dos pagodes, o marido, uma mangueira. O plantio é feito com um verdadeiro ritual, precedido de banhos. A mulher liga o tronco da árvore Vepu ao tronco da árvore macho Arasu, depois rega-as com água do lago e faz com o marido a *pradakshina*, a marcha ritual para a direita, 3, 27 ou 108 vezes. Se uma das árvores morre, é mau sinal. É por isso que se tomam todas as medidas para que elas cresçam normalmente: rodeiam-nas de uma barricada, etc. Considera-se que o seu casamento desempenha um grande papel na fecundidade da mulher. Ao fim de certo tempo, estas árvores tornam-se objeto de um culto, sobretudo quando se põe junto dos troncos entrecruzados um *nagakkal* que representa duas cobras entrelaçadas, esculpidas na pedra[178].

Este costume, praticado em grande escala na Índia, supõe uma influência possível da união nupcial de duas espécies vegetais na fecundidade da mulher. Em outras regiões da Índia, o casamento das plantas efetua-se juntamente com o das pessoas. No Pendjabe, quando um homem se casa pela terceira vez, celebra-se o casamento de um bambu (*Acacia arabica*) ou de uma *Asclepia gigantesca*. No Nepal, faz-se o casamento da jovem newari com um *bel*, quando aquela ainda é menina: o esposo é depois lançado à água[179]. Estabelecem-se ainda relações nupciais entre as árvores por outros motivos: a boa sorte e a opulência coletiva, por exemplo. Um costume paralelo ao casamento das árvores é o seguinte: entre recém-casados, nas primeiras noites do casamento, coloca-se um pau (*danda*) da árvore Udumbara, que representa os Gandharvas, que, como se sabe, gozavam do *jus primae noctis*[180]. Supõe-se que a força sagrada erótica e fecundadora dos Gandharvas, incorporada no pau, consuma, antes do esposo, a união com a noiva.

118. O "Maio" ou "Maias" — Vimos como as árvores ou a vegetação encarnam sempre a vida inesgotável: o que corresponde, na ontologia arcaica, à realidade absoluta, ao "sagrado" por excelência. O cosmos é simbolizado por uma árvore; a divindade manifesta-se em forma vegetal; a fecundidade, a opulência, a fortuna, a saúde ou, a nível mais elevado, a imortalidade e a juventude eterna estão concentradas nas plantas ou nas árvores; a humanidade ou a raça derivam de uma espécie vegetal; a vida humana refugia-se nas formas vegetais quando o seu curso é interrompido ardilosamente e antes do tempo; em resumo, tudo o que *é*, tudo o que é *vivo* e *criador*, em estado de regeneração contínua, se exprime por símbolos vegetais. O cosmos é representado sob a forma de uma árvore porque, da mesma forma que esta, *ele regenera-se periodicamente*. A primavera é uma ressurreição da vida universal e, por conseguinte, da vida humana. Por este ato cósmico, todas as forças de criação reencontram o seu vigor inicial. A vida é integralmente reconstituída; *tudo começa de novo*; em resumo, repete-se o ato primordial da criação cósmica, porque toda a regeneração é um novo nascimento, um regresso a esse tempo mítico em que apareceu, pela primeira vez, a forma que se regenera.

A idéia de regeneração do coletivo humano por uma participação ativa deste na ressurreição da vegetação, e portanto na regeneração do cosmos, está implícita em numerosos rituais da vegetação. Nas tradições populares européias conservaram-se vestígios ou fragmentos dos cenários arcaicos por meio dos quais se apressava a chegada da primavera ornamentando uma árvore e levando-a depois em cortejo com aparato cerimonial. Na Europa, ainda há o costume de trazer uma árvore da floresta na primavera, no começo do verão, ou pelo São João, e colocá-la no centro da aldeia; ou o de se ir ao bosque cortar ramos verdes e pendurá-los à porta de casa para garantir a prosperidade do seu dono. Tal costume tem o nome de "árvore de Maio" ou *Maypole*[181]. Na Inglaterra, grupos de rapazes e moças andam de casa em casa, no dia primeiro de maio, com coroas de ramos e de flores, cantando e pedindo presentes. Nos Vosges, a cerimônia realiza-se no primeiro domingo de maio. Na Suécia, põem-se "mastros de Maio" (*Maj stänger*) nas casas, sobretudo no solstício de verão; são pinheiros desprovidos de ramos e decorados com flores artificiais, etc. Onde quer que se encontre este cerimonial (da Escócia e da Suécia até os Pireneus e entre os eslavos) o "mastro de Maio" é uma ocasião para divertimentos coletivos que acabam com uma dança em volta do mastro. Os principais papéis cabem, geralmente, às crianças e aos jovens. É uma festa da primavera mas que, como qualquer manifestação deste tipo, participa mais ou menos da orgia (§ 137).

Um autor puritano inglês, Philipp Stubbes[182], condena com indignação essas sobrevivências pagãs, porque, diz ele, os jovens dos dois sexos passam a noite na floresta, com Satã por Deus; e quando levam para a aldeia o "mastro de Maio" ("this stinkyng ydol rather") dançam todos em volta dele uma dança pagã. Apenas um terço das jovens entram em casa "undefiled"[183]. Não obstante a resistência da Igreja, "a festa de Maio" ou "Maias" continuou a ser celebrada. As profundas transformações sociais tampouco conseguiram aboli-la: mudaram-lhe apenas o nome. No Périgord, e em outras regiões, a "árvore de Maio" tornou-se um símbolo da Revolução Francesa: chamam-lhe "a árvore da Liberdade", mas em volta dela os camponeses dançam as mesmas rondas arcaicas que lhes foram transmitidas pelos antepassados[184]. O dia primeiro de maio é celebrado hoje como dia do trabalho e da liberdade: para a mentalidade moderna, esta festa conserva em parte o mito da regeneração e da melhoria do bem-estar coletivo, mito comum a todas as sociedades tradicionalistas.

Em muitas regiões, por ocasião da deslocação solene do "mastro de Maio", a árvore do ano anterior é queimada[185]. A consumação da madeira pelo fogo é provavelmente também um rito de regeneração da vegetação e da renovação do ano, porque, na Índia e na Antiguidade clássica, queimava-se uma árvore no começo do ano[186]. A celebração do novo ano e a consumação da árvore pelo fogo são, freqüentemente, na Índia, ocasião de orgias: é o caso dos biyar das Províncias Unidas (Agra e Oudh), que colocam fogo na árvore çalmali e terminam com uma orgia coletiva[187]. A cinza desta árvore fica carregada de propriedades apotropaicas e fertilizantes. Protege das doenças, do mau-olhado, dos espíritos maus[188]. Na Europa, as cinzas do "mastro de Maio" ou os tições no Carnaval e no Natal são espalhados pelos campos para favorecer e aumentar as colheitas.

Tudo isso se explica se considerarmos que se trata de um mesmo complexo ritual: regeneração da vegetação e regeneração do ano (lembremos que o novo ano, para muitos povos do Oriente antigo, começava a primeiro de março). Atribuem-se os valores mágicos e fertilizantes do mastro do sacrifício às cinzas e aos carvões[189]. A sua "força" é devida à sua semelhança com um protótipo (cinza de uma árvore queimada ritualmente no começo do ano, no mês de maio, pelo São João, etc.). Ora, a árvore ou o mastro queimado cerimonialmente adquirem a sua eficácia pela simples regressão em potência, pelo retorno ao estado de "semente" que a queima realiza; a "força" que eles representam ou personificam, não podendo já manifestar-se de modo formal, concentra-se na cinza ou no carvão.

Muitas vezes a chegada de maio é figurada não só por uma árvore ou por um mastro mas também por figuras antropomórficas, decoradas com folhagem e flores, e até por uma pessoa determinada que encarna a força da vegetação ou uma das suas manifestações míticas. É assim que na Baviera do Norte se leva em procissão até o centro da aldeia uma árvore Walber e, sob um disfarce de palha, um jovem, também chamado "Walber". Coloca-se a árvore diante de um botequim e toda a aldeia dança em volta dela; o jovem Walber não é mais do que um "duplo" antropomórfico das forças da vegetação. O mesmo se dá entre os eslavos da Carintia, que, por ocasião de São Jorge, decoram uma árvore, ao mesmo tempo que envolvem com ramos verdes um jovem, também chamado "Jorge Verde". Depois dos cantos e das danças inevitáveis em qualquer festa da primavera, uma imagem do "Jorge Verde", ou mesmo o próprio jovem, é lançada à água. Na Rússia, a árvore desapareceu, e "Jorge Verde" só se aplica ao jovem enfeitado. Na Inglaterra, para a festa de maio, "Jack-in-the-green", limpa-chaminés enfeitado de folhagem e de hera, dança diante de grupos de limpa-chaminés. Após a dança, os limpa-chaminés fazem o peditório entre os assistentes[190].

Aliás, todas as cerimônias de maio terminam com uma dança de presentes. Os grupos que percorrem a aldeia com ramagens e flores, quer levem em cortejo figuras de flores, quer sejam personificações da vegetação, recolhem as prendas em cada casa (até mesmo essas prendas têm um caráter tradicional: ovos, frutos secos, certos bolos, etc.). Os que recusam são ameaçados em verso ou em prosa, segundo o cerimonial em uso: que não tenham boas colheitas, que o pomar não dê frutos, que a vinha não produza, etc...! O grupo arroga-se o direito de injuriar os avarentos na sua qualidade de mensageiro da vegetação: por um lado, porque a avareza é prejudicial a toda a coletividade e porque, num momento dramático como é o da chegada da primavera, é preciso que a substância vital, a alimentação, circule com generosidade no interior da coletividade, para promover de forma mágica o circuito das reservas cósmicas de substância vital (verdura, rebanhos, colheitas); por outro lado, porque o grupo, ao anunciar a boa nova de vegetação, tem o sentimento de cumprir um ato cerimonial que interessa ao conjunto da coletividade, e que esta função exige recompensa: o grupo *vê*, antes dos outros, a primavera, *conduz* a primavera à aldeia, *mostra-a* aos outros, *estimula-a* com cantos, danças e rituais.

119. O "rei" e a "rainha" — Efetivamente, em certas regiões, a chegada do mês de maio é uma oportunidade para concursos diversos, seleção dos pares mais vigorosos (o "rei" e a "rainha"), lutas cerimoniais, etc... A função de todas essas provas, mesmo se o seu sentido original foi diferente, é, atualmente, estimular as energias da natureza. Geralmente, a festa começa por uma corrida ao "Mastro", ou por uma competição entre jovens que procuram chegar em primeiro lugar ao topo do mastro. Limitemo-nos a alguns exemplos: na Saxônia, este cerimonial tem lugar no primeiro de maio ou no Pentecostes e consiste em transportar da floresta árvores novas (*majum quaerere*) para decorar as casas e em erguer solenemente uma árvore, o "Maio", no centro da aldeia. Cortam-se-lhe os ramos, à exceção de alguns no topo, onde se penduram prendas (salsichas, ovos, bolos). Os rapazes rivalizam para chegar ao topo da árvore, em certas regiões, e, em outras, para chegar o mais rapidamente possível até o "Mastro". Por vezes, a corrida faz-se a cavalo[191]. O herói é levado aos ombros e festejado. Outrora, era-lhe oferecido, pelas mais belas jovens, um tecido vermelho. Na Silésia, o vencedor da corrida de cavalos é chamado "rei do Pentecostes" e a sua noiva, "rainha do Pentecostes". O último a chegar é obrigado a fazer o papel de bobo: entre outras coisas, tem de comer trinta pães pequenos e beber quatro litros de aguardente antes da chegada do "rei"; este, levando um ramo de flores de maio e uma coroa, é acompanhado em cortejo por toda a aldeia, e por fim conduzido até o albergue. Se o "bobo" consegue beber e comer tudo o que lhe foi ordenado e está em estado de acolher o "rei" com um discurso e um copo de cerveja, o seu escote é pago pelo "rei"; caso contrário, é o próprio bobo quem terá de pagá-lo. Depois da missa, a procissão põe-se em marcha, com o "rei" e o "bobo" à frente, levando na cabeça a coroa do Pentecostes; pára diante de cada herdade para pedir presentes em gêneros e em dinheiro (a fórmula é a seguinte: "Para comprar sabão e lavar a barba do louco''). O costume permite aos ''cavaleiros'' do cortejo do ''rei'' apoderarem-se de tudo o que encontrarem em matéria de comida dentro das casas, salvo o que estiver fechado à chave. Depois o cortejo dirige-se para a morada da noiva do ''rei'', a quem chamam ''rainha do Pentecostes'' e a quem oferecem presentes. O ''rei'' tem mesmo o direito de erguer a árvore de Maio diante da casa do patrão, onde ela fica até o ano seguinte. Para terminar, reúnem-se todos no botequim e o ''rei'' e a ''rainha'' abrem o baile[192].

120. Sexualidade e vegetação — Em outras regiões (França, Inglaterra, Boêmia, por exemplo) o uso manda que se escolha, desde o princípio, uma ''rainha de Maio''. Mas a maioria das tradições populares européias conserva o par primordial sob diferentes designações: rei e rainha, amo e ama, noivo e noiva, os amorosos (como é o caso na Sicília e na Sardenha). Trata-se, sem dúvida, de uma imagem alterada do jovem par que, outrora, estimulava as forças criadoras da natureza realizando a sua união ritualmente nos campos (cf. §§ 135 s.) e repetindo assim a a hierogamia cósmica entre o Céu e a Terra. Estes pares encontram-se sempre à cabeça das procissões que levam a ''árvore de Maio'' ou as figuras vegetais de herdade em herdade, recolhendo as dádivas. Muitas vezes são considerados como casados; em outros conjuntos e em outros níveis culturais, o par cerimonial perde o seu sentido originário hierogâmico, sendo absorvido pelo rito da orgia. É aliás difícil precisar em que medida um rito se articula, em certos casos, num sistema erótico ou num sistema telúrico-agrário. A vida revela-se como unidade; os níveis de vida cósmica correspondem uns aos outros (Lua-mulher-Terra; Céu-chuva-homem, etc.) e interferem mesmo em centros determinados (todos os atributos cosmológicos da Lua, da noite, das águas, da Terra, das sementes, do nascimento, da regeneração, etc., se acham presentes, mesmo virtualmente, na mulher e podem ser atualizados e aumentados por rituais femininos ou hierogamias). Devemos, pois, fazer incidir a nossa atenção neste conjunto unitário de que deriva, em parte, cada ritual e que é o seu fundamento. Sobretudo os cultos da vegetação devem ser interpretados segundo a concepção biocosmológica originária que lhes deu origem. O seu polimorfismo é, muitas vezes, uma ilusão de óptica moderna: eles derivam, no fundo, de uma intuição ontológica arcaica (o *real* não é só o que *permanece* indefinidamente igual, mas também o que se *transforma em formas orgânicas mais cíclicas*) e convergem para o mesmo fim: o de assegurar, por quaisquer meios, a regeneração das forças da natureza.

É assim que em certas ilhas de Amboino, por exemplo, quando as plantações de árvores de cravo se mostram deficientes, os homens dirigem-se para elas durante a noite, sem roupas, e tentam fertilizar as árvores gritando: "Cravos-da-índia!" Entre os bagandas da África Central, a mulher que teve gêmeos torna-se, por essa prova de fecundidade, um centro genésico capaz de fecundar as bananeiras; uma folha de bananeira colocada entre as suas pernas e empurrada para o lado pelo marido, com um gesto de macho, adquire virtudes excepcionais, a tal ponto que chega a ser procurada pelos colonos das aldeias vizinhas e se vende por bom preço[193]. Encontramo-nos, nesses dois casos, perante uma aplicação do regime erótico humano à vida vegetativa, aplicação grotesca, excessivamente concreta, limitada a "objetos individuais" (certas árvores, certas mulheres) e não projetada magicamente no "conjunto", quer dizer, na vida como totalidade.

Esses casos excepcionais confirmam o princípio implícito na hierogamia, na união primaveril dos pares jovens sobre a terra, nas corridas e nos concursos que estimulam as forças vegetativas no decurso de certas festas da primavera e do verão, no "rei" e na "rainha de Maio", etc. Por toda a parte encontramos a vontade de promover num vasto plano o circuito da energia biocósmica e, sobretudo, da energia vegetativa. Nem sempre é a vegetação, como se viu, que é estimulada pelo homem por meio de um cerimonial e de uma hierogamia; muitas vezes, é a vida vegetativa que estimula a fecundidade dos homens (por exemplo, o casamento das árvores na Índia, a fecundidade pelos frutos e pelas sementes, pela sombra da árvore, etc.). É o mesmo circuito fechado da substância vital que irrompe em todos os níveis cósmicos, mas que é possível fazer concentrar e projetar em certos centros (mulher, vegetação, animais) segundo as necessidades do homem. A circulação da substância vital e das forças sagradas entre os múltiplos níveis biocósmicos, circulação dirigida pelo homem para seu proveito imediato, será mais tarde utilizada como o melhor meio para adquirir a imortalidade ou a "salvação" da alma[194].

121. Representantes da vegetação — O essencial nas festas da vegetação, tal como se conservaram nas tradições européias, não é só a *exposição cerimonial* de uma árvore, mas também a *bênção* de um novo ano que começa. Compreenderemos tudo isso a partir dos exemplos que citaremos mais adiante. As modificações que o calendário sofreu no decurso dos tempos escondem, por vezes, um pouco este elemento de regeneração, de "novo começo" que é possível vislumbrar em inúmeros costumes da primavera. O aparecimento da vegetação inaugura um novo ciclo temporal; a vida vegetativa renasce em cada primavera, "recomeça". A fonte comum desses dois grupos de cerimônias — a *exposição* da árvore de maio e o *começo* de um novo "tempo" — é evidente em muitas tradições. Em certas regiões, por exemplo, é costume matar o "rei de Maio", representante e estimulador da vegetação. Na Saxônia e na Turíngia, grupos de rapazes põem-se à procura do "selvagem", coberto de folhagem e escondido na floresta; agarram-no e fazem dele alvo dos seus mosquetes sem pólvora[195]. Na Boêmia, em dia de Entrudo, um grupo de jovens mascarados põe-se a perseguir o "rei" numa corrida patética através da cidade, agarram-no, julgam-no e condenam-no à morte. O "rei", que tem um pescoço muito alto, composto de vários chapéus sobrepostos, é decapitado. No distrito de Pilsen (Boêmia), o "rei" apresenta-se vestido de ervas e de flores e, após o processo, pode fugir a cavalo. Se não for agarrado, terá o direito de ficar "rei" ainda um ano; caso contrário, tem cortada a cabeça[196].

Encontramos ainda nas tradições populares européias duas "representações" que, em estreita relação com estas festas da primavera, desempenham funções semelhantes no quadro do mesmo sistema cerimonial da regeneração do "ano" e da vegetação. Trata-se da "morte e enterro do Carnaval" e da "luta entre o Inverno e o Verão", seguida da expulsão do Inverno (ou da "Morte") e da introdução da Primavera. A data deste último costume varia: em geral, a expulsão do Inverno (e a morte da "Morte") tem lugar no quarto domingo da Quaresma ou — como sucede entre os tchecos da Boêmia — uma semana mais tarde; em certas aldeias alemãs da Morávia, efetua-se no primeiro domingo depois da Páscoa. Esta diferença, que nós encontramos também no cerimonial de "Maio" (1º de maio, Pentecostes, começo de junho, São João, etc.), é, ela própria, um sinal de que a cerimônia mudou de data ao passar de uma região para outra e ao integrar-se em outros conjuntos rituais. Não podemos referir-nos aqui, mais pormenorizadamente, à origem e ao sentido do Carnaval: o que nos interessa é o ato final desta importante festa; a imagem do Carnaval é, em muitas regiões, "condenada à morte" e executada (o modo de execução varia: ora é queimada, ora afogada, ora decapitada). Por ocasião desta execução realizam-se lutas e combates corpo-a-corpo, mandam-se nozes à figura grotesca que representa o Carnaval, flores e legumes entram na pugna, etc. Em outras regiões — por exemplo, nas imediações de Tübingen — condena-se, decapita-se e enterra-se em caixão, no cemitério, no fim de uma cerimônia divertida, a figura do Carnaval. O costume tem o nome de "enterro do Carnaval"[197].

O outro episódio que se lhe assemelha, a expulsão ou a morte da "Morte", desenrola-se de diversas maneiras. O costume mais disseminado na Europa é o seguinte: algumas crianças fazem uma boneca de palha e de ramos e levam-na para fora da aldeia, dizendo: "Nós levamos a Morte para a água..."; depois, jogam-na num lago ou num poço, ou a queimam. Na Áustria, diante da fogueira da "Morte" desenrolam-se lutas entre espectadores, tentando cada um pegar um pedaço do boneco[198]. Revela-se aqui o poder fertilizante da "Morte", poder que também possuem os outros símbolos da vegetação e as cinzas da madeira queimada por ocasião das diversas festas da regeneração da natureza e do começo do ano. Logo após a expulsão ou a morte da "Morte", entra a primavera. Entre os saxões da Transilvânia, enquanto os rapazes levam para fora da aldeia a "boneca da Morte", as moças preparam a vinda da primavera, personificada numa delas[199].

Em outras regiões, são ainda os jovens que introduzem o verão, e este cerimonial é uma variante da "árvore de Maio"; alguns rapazes vão à floresta, cortam uma árvore nova, tiram-lhe os ramos, decoram-na — e depois voltam para a aldeia, onde vão de casa em casa cantando que trazem o verão e fazendo o peditório[200]. Liungman provou que este costume popular europeu derivava do complexo ritual do Carnaval, quer dizer, da instauração do "Ano Novo"[201]. Na Suíça, entre os suábios, e no Ostmark, ainda hoje, pelo Carnaval, se expulsa a figura do inverno ou da "Avó"[202]. Um texto do século VIII menciona que as populações alemânicas "in mense Februario hibernum credi expellere". Pelo Carnaval, em certas localidades, queimavam-se feiticeiras (personificações do "Inverno"), atava-se a figura do "Inverno" a uma roda, etc.[203]

Quanto ao segundo ato — introdução do verão —, a sua origem está, segundo Liungman, na representação arcaica do Carnaval. Este segundo ato consiste em *mostrar* um animal, geralmente um pássaro, ou um ramo verde, ou um ramo de flores, em suma, um sinal da primavera semelhante à árvore de "Maio"[204]. Os versos que se cantam durante a expulsão do inverno e a introdução da primavera são os mesmos que se cantam no Carnaval, sendo também iguais as ameaças feitas nos dois casos pela recusa de dádivas[205]. Com efeito, tal como a cerimônia de Carnaval e as outras que dela derivam, também esta festa termina com um peditório.

122. Lutas rituais — Por fim, convém ainda assinalar neste contexto um costume: a luta entre o verão e o inverno, episódio dramático que consiste, por um lado, na luta entre representantes destas duas estações e, por outro lado, num longo diálogo versificado de que cada personagem entoa sucessivamente uma estrofe. Este complexo, como mostrou Liungman, está muito menos difundido do que a cerimônia da expulsão do inverno e da introdução do verão, o que indica uma origem mais recente[206]. Demos apenas alguns exemplos. Na Suécia, no dia da festa de "Maio", realiza-se uma luta entre dois grupos de cavaleiros. Um deles, que personifica o Inverno, está vestido de peles e arremessa bolas de neve e de gelo; o outro está enfeitado com ramagens e flores. Por fim, o grupo do "Verão" vence e a cerimônia termina com um banquete geral. No Reno, o "Inverno" aparece vestido de palha e o "Verão" de hera. A luta acaba, bem entendido, com a vitória do "Verão"; o jovem que desempenha o papel de "Inverno" é lançado por terra e a fantasia de palha lhe é arrancada; depois os participantes, com uma linda coroa de flores, percorrem as casas, cada um por sua vez, reclamando as dádivas[207].

A forma mais freqüente dessa luta é a passagem pelas diferentes casas e a recitação alternada de estrofes pelos representantes das duas estações. Liungman recolheu um número considerável de variantes deste canto, em que se celebram sucessivamente o inverno e o verão. Segundo o sábio sueco[208], a forma literária não é anterior ao século XV, mas o protótipo mítico dessa luta é, sem qualquer dúvida, arcaico. Depois de ter assinalado numerosas tradições literárias medievais e antigas, como "Des Poppe

Hofton'', manuscrito do século XV, o poema de Hans Sachs ''Gesprech zwischen dem Sommer und Winter'' de 1538, o poema latino ''Conflictus Veris et Hiemis'' dos séculos VIII-IX, a terceira écloga de Virgílio, o quinto idílio de Teócrito e outros, Liungman passa em revista, para as rejeitar, as hipóteses de outros eruditos (por exemplo, a luta entre Xanthos e Melanthos, ''o louro'' e ''o negro'', em que Usener via o protótipo do nosso motivo) e admite que seja conveniente identificar o arquétipo mítico à luta entre Tiamat e Marduk, luta que era comemorada ritualmente no princípio de cada ano[209].

Partilhamos as conclusões do investigador sueco no que diz respeito ao protótipo mítico (ao qual ele acrescenta a luta da divindade da vegetação com o seu adversário, a seca: Osíris-Seth no Egito, Alein-Mot entre os fenícios) porque, como já tivemos ocasião de assinalar inúmeras vezes neste trabalho, cada ritual não passa da repetição de um gesto primordial que teve lugar *in illo tempore*. No que diz respeito à difusão histórica do motivo, não sabemos em que medida os resultados das pesquisas de Liungman podem ser considerados definitivos. Ele próprio assinala que a luta entre o verão e o inverno se encontra entre os esquimós e os yakuts, sem, no entanto, poder explicar se o costume deriva da tradição mesopotâmico-européia ou de outro centro. A luta em si mesma é um ritual de estimulação das forças genésicas e das forças da vida vegetativa. As batalhas e os conflitos que têm lugar em muitos lugares por ocasião da primavera ou das colheitas devem, sem dúvida, a sua origem à concepção arcaica segundo a qual as lutas, os concursos, os jogos brutais entre grupos de sexo diferente aumentam e fomentam a energia universal. O que nos interessa em primeiro lugar é o *modelo*, o *arquétipo* que fundamenta precisamente os costumes; *fazem-se* todos estes ritos porque eles *foram feitos* ''naquele tempo'' por certos seres divinos e em conformidade com as normas rituais instauradas então.

Encontramos as lutas cerimoniais em numerosas religiões arcaicas, por exemplo nas mais antigas camadas do culto agrário osírico, nas religiões proto-históricas escandinavas[210]. As mesmas lutas têm lugar na Europa moderna e também em outras circunstâncias, no quadro deste mesmo conjunto de festas da primavera: é assim que no São Pedro, por exemplo, a 29 de junho, se celebra na Rússia ''o enterro de Kostroma'', uma das figuras míticas que simbolizam a vida e a morte rítmica da vegetação. Trata-se, então, de lutas seguidas de lamentações[211]. Ainda na Rússia, a morte e a ressurreição de Kostrubonko — outra designação da mesma divindade popular da primavera, autenticamente eslava, segundo A. Brueckner[212] — são celebradas por um coro de moças:

> Morto, está morto o nosso Kostrubonko
> Morto! aquele que nos é querido está morto!

De súbito, uma delas grita:

> Regressou à vida! o nosso Kostrubonko regressou à vida!
> Aquele que nos é querido regressou à vida![213]

Se bem que, segundo a opinião de um especialista como Brückner, o rito e o nome da divindade sejam autenticamente protoeslavos, o lamento das jovens seguido da alegria causada pela ressurreição de Kostrubonko lembra-nos o modelo tradicional do drama das divindades orientais da vegetação.

123. Simbolismo cósmico — Um ponto comum ressalta de todas essas cerimônias populares: a celebração de um *acontecimento cósmico* (primavera ou verão) pela manipulação de um *símbolo da vegetação. Mostra-se* uma árvore, uma flor, um animal, *decora-se* e *passeia-se* ritualmente uma árvore, um pedaço de madeira, um homem vestido de ramos ou uma efígie; por vezes, realizam-se *lutas, concursos, cenas dramáticas* que se referem a uma morte ou a uma ressurreição. A vida do grupo humano concentra-se, por um momento, numa árvore ou numa figura vegetal, simples símbolo destinado a *representar* e a *abençoar* um acontecimento cósmico: a primavera. Tudo se passa como se o coletivo humano fosse incapaz de manifestar a sua alegria e de colaborar na instauração da primavera num plano — objetivamente falando — mais vasto, que englobasse toda a natureza. A sua alegria, e também o fato de cooperar na vitória definitiva da vida vegetativa, limita-se a um microcosmo: um ramo, uma árvore, uma efígie, um personagem mascarado. *Um único objeto* (ou *símbolo*) indica a presença da natureza. Não se trata, pois, de um sentimento panteísta de simpatia e de adoração da natureza, mas de um sentimento provocado pela presença do *símbolo* (ramo, árvore), e estimulado pela realização do *rito* (procissões, lutas, concursos). Este cerimonial tem o seu fundamento numa intuição global do sagrado biocósmico que se manifesta em todos os níveis da vida, se desenvolve, se esgota e se regenera periodicamente. As personificações desta sacralidade biocósmica são polimorfas e — estaríamos tentados a dizê-lo — provisórias. Um "gênio" da vegetação aparece, às vezes, por uma criação mítica, vive, difunde-se para em seguida desaparecer. O que se mantém, o que é primário e permanente, é o "poder" da vegetação, posto à prova e controlado com igual eficácia num ramo, numa efígie ou numa personificação mítica. Mas enganar-nos-íamos se atribuíssemos um valor religioso mais autêntico a um cerimonial que se processa em torno de um *personagem mítico* (como Kostrubonko, por exemplo) do que a um cerimonial em que não figura senão um *sinal* (ramagem, "Maio", etc.). É preciso atribuir estas diferenças a diferenças na capacidade mítica dos diversos grupos humanos, ou, muito simplesmente, à história. Essas diferenças não são, em todo caso, muito importantes. Por toda a parte encontramos a mesma intuição fundamental e a mesma tendência para celebrar o acontecimento cósmico num microcosmo, para celebrá-lo *simbolicamente*.

O que importa, insistamos, não é somente a *manifestação* da força vegetativa, mas o *tempo* em que ela se realiza. Não é só um acontecimento que tem lugar no espaço mas também no tempo. Uma nova etapa começa: repete-se o ato inicial, mítico, da regeneração. É por isso que nós encontramos o cerimonial da vegetação — em diferentes regiões e em diferentes épocas — celebrado entre o Carnaval e o São João. Não foi o aparecimento *real* da primavera que criou o ritual da vegetação; não se trata do que já foi designado por "religião naturalista" mas de uma representação cerimonial que se adaptou segundo as circunstâncias às diferentes datas do calendário. Mas a representação conservou, por toda a parte, a estrutura inicial: ela é uma *reatualização* do ato primordial da regeneração. Vimos, além disso, que se queima o "Maio" do ano precedente quando chega a nova árvore, que também se queimam as imagens do Carnaval, do Inverno, da Morte, da Vegetação, e que, muitas vezes, a cinza daí resultante é procurada pelas virtudes germinativas e apotropaicas que ela encerra. Liungman observou, no entanto, que se queimam também certos troncos de árvore, em outras circunstâncias: por exemplo, os eslavos que vivem nas regiões a sul do Danúbio costumam queimar uma árvore ou um ramo chamado Badnjak, no Natal, no Ano Novo e na Epifania. O Badnjak arde vários dias a fio em casa e a sua cinza é dispersa pelos campos para os fertilizar; também traz riqueza e faz aumentar os rebanhos. Entre os búlgaros, o Badnjak é mesmo objeto de cerimônias com incenso, mirra e azeite; este costume, muito antigo nos Bálcãs, está espalhado por toda a Europa, o que confirma o seu arcaísmo[214].

Evidentemente, há regiões onde a árvore é queimada em datas diferentes. No Tirol, é na primeira quinta-feira da Quaresma que se leva uma acha em procissão solene; na Suíça, é na véspera de Natal, no Ano Novo e no Carnaval. Além disso, o cerimonial do transporte e da queima da "acha de Cristo", do *calendeau* ou da árvore de Carnaval (no Ocidente) é executado pelos mesmos personagens da introdução do "Maio"; encontramos aí o "rei" e a "rainha", o "mouro", o "selvagem", o "bobo", etc., como encontramos também os mesmos personagens dramáticos, com a mesma árvore cerimonial, no momento das núpcias. Liungman pensa que todos os costumes que consistem em levar solenemente uma árvore e queimá-la derivam do costume antigo de queimar as árvores do primeiro de maio, quer dizer, no começo do Novo Ano. Em certas regiões (Bálcãs), o costume verifica-se pelas festas do Natal e do Ano Novo; em outras (Ocidente), o costume fixou-se na Terça-feira Gorda (Carnaval) e depois no primeiro de maio, no Pentecostes e no São João[215]. O que interessa sublinhar aqui é a significação cósmico-temporal que tinha (e que conserva, ainda que de forma atenuada) este costume de queimar as árvores. A queima era e continua a ser um ritual de regeneração, de recomeço e, ao mesmo tempo, de comemoração de um gesto primordial, realizado "naquele tempo". O valor mágico-vegetal passa para segundo plano neste cerimonial: o seu valor manifesto é o de comemorar o "Ano Novo". Poderíamos, pois, concluir que, neste conjunto ritual, a concepção teórica, metafísica, precede a experiência concreta da vinda da primavera.

124. Síntese — Não devemos deixar-nos perturbar pela riqueza quase ilimitada das hierofanias vegetais. Sua abundância e variedade morfológica são facilmente redutíveis a uma estrutura coerente. Para mencionar apenas alguns dos fatos que acabamos de passar em revista, lembremos que se torna evidente que a principal diferença entre, por exemplo, a árvore cósmica e a procissão da árvore de "Maio" é devida, em primeiro lugar, à diferença de modalidade que existe entre um *ideograma* cosmológico e um *ritual.* Um rito "realiza-se" por *fórmulas* diferentes de um ideograma, um mito ou uma lenda. Mas todas essas fórmulas exprimem a mesma "verdade": a vegetação é a manifestação da *realidade viva*, da vida que se regenera periodicamente. Os mitos das árvores antropogêneas, os cerimoniais primaveris da vegetação, as lendas sobre a origem dos simples, ou sobre a transformação dos heróis em plantas, limitam-se a exprimir, simbólica ou dramaticamente, uma mesma afirmação teórica: a vegetação encarna (ou significa, ou participa em) a *realidade* que se faz vida, que cria sem se exaurir, que se regenera manifestando-se em formas sem-número, sem nunca se esgotar. Tocar numa árvore para ter filhos, ou para proteger o recém-nascido, implica uma certa concepção global da *realidade* e da *vida* incorporada na vegetação, concepção que está igualmente implícita no ideograma da árvore cósmica ou nos mitos da árvore de vida; num caso como no outro, a vida manifesta-se através de um símbolo vegetal: o mesmo é dizer que a vegetação se torna uma hierofania — quer dizer, encarna e revela o sagrado — na medida em que ela *significa* alguma coisa *diferente dela mesma.* Uma árvore ou uma planta nunca são sagradas como árvore ou como planta, mas pela sua *participação* numa realidade transcendente, porque *significam* esta realidade transcendente. Pela sua consagração, a espécie vegetal concreta, "profana", é transubstanciada; segundo a dialética do sagrado, um fragmento (uma árvore, uma planta) vale o todo (o cosmos, a vida), um objeto profano torna-se uma hierofania. Yggdrasil simboliza o universo, mas qualquer carvalho poderia, aos olhos dos antigos germanos, tornar-se sagrado se participasse desse estado arquétipo, se ele "repetisse" Yggdrasil. Da mesma forma para os altaicos, qualquer bétula se torna, pela força da consagração, a "árvore do mundo"; ao escalá-la, ritualmente, cerimonialmente, o xamã eleva-se, na realidade, aos diversos céus.

O que se designa por "cultos da vegetação" é, portanto, mais complexo do que a denominação deixa transparecer. Através da vegetação, é a vida inteira, é a natureza que se regenera por múltiplos ritmos, que é "honrada", promovida, solicitada. As forças vegetativas são uma epifania da vida cósmica. Na medida em que o homem está integrado nessa natureza e crê poder utilizar essa vida para os seus próprios fins, ele manipula os "sinais" vegetais (o "Maio", o ramo vernal, o casamento das árvores, etc.), ou venera-os (as "árvores sagradas", etc.). Mas nunca houve uma "religião da vegetação", um culto exclusivamente concentrado nas plantas ou nas árvores. Ao mesmo tempo que a homenagem e a manipulação ritual da vida vegetativa, houve sempre, mesmo nas religiões mais "especializadas" (por exemplo, nas religiões da fecundidade), a homenagem e a manipulação ritual das outras forças cósmicas. O que se chama "cultos da vegetação" são mais propriamente rituais sazonais, que não se explicam em nenhum caso por uma simples hierofania vegetal, mas se enquadram em representações infinitamente mais complexas que envolvem o conjunto da vida biocósmica. É mesmo, por vezes, difícil distinguir os elementos vegetais dos elementos cultuais em relação com a Terra-Mãe, ou com Eros, o culto dos antepassados, o Sol, o Ano Novo, etc. Nesta nossa exposição, escolhemo-los e apresentamo-los isolados para melhor evidenciar a estrutura das hierofanias vegetais. Mas, como sucede sempre com a experiência religiosa arcaica, essas diversas hierofanias (vegetação, Terra-Mãe, Eros, etc.) apresentam-se num todo e já organizadas num certo sistema. Utilizando os "símbolos" vegetais e prestando homenagem a um "sinal" vegetal, *significa-se* a vida em todas as suas modalidades, a natureza no seu trabalho fecundo e infatigável. Essas referências à vida e à natureza não devem ser compreendidas como uma experiência panteísta, como uma tomada de contato místico com a vida cósmica. Porque, como já tivemos ocasião de notar (§ 123), não é o fenômeno "natural" da primavera, o acontecimento cósmico em si mesmo que provoca os rituais primaveris mas, pelo contrário, é o ritual que *significa*, que confere uma significação ao aparecimento da primavera; é o simbolismo e o ritual que tornam transparentes a regeneração da natureza e o começo de uma "vida nova", quer dizer, a repetição periódica de uma nova criação.

Não fizemos menção, nesta rápida exposição, dos pretensos "deuses da vegetação" pela simples razão de que uma tal denominação se presta a deploráveis confusões. Se há epifanias vegetais de certas divindades, dificilmente se poderiam reduzir estas últimas a uma hierofania vegetal. Estes deuses revelam sempre mais do que revela uma hierofania vegetal: a sua "forma", o seu destino, a sua modalidade de ser superam a simples revelação da realidade viva, da vida que se regenera periodicamente. Para se compreender o que pode ser um "deus da vegetação", é preciso, primeiramente, saber o que é, na realidade, um "deus".

IX

A agricultura e os cultos de fertilidade

125. Ritos agrários — A agricultura revela de maneira mais dramática o mistério da regeneração vegetal. No cerimonial e na técnica agrícola, o homem intervém diretamente: a vida vegetal e o sagrado da vegetação já não lhe são exteriores, participa em ambos, manipulando-os e conjurando-os. Para o homem "primitivo", a agricultura, como toda atividade essencial, não é uma simples técnica profana. Ligada à vida e prosseguindo o desenvolvimento prodigioso desta vida presente nas sementes, na terra cultivada, na chuva e nos gênios da vegetação, a agricultura é, primordialmente, um ritual. Assim foi no princípio e a situação é ainda a mesma nas sociedades agrárias, até nas regiões mais civilizadas da Europa. O lavrador penetra e integra-se numa zona rica em sagrado. Os seus gestos, o seu trabalho são responsáveis por graves conseqüências, porque se processam no interior de um ciclo cósmico e porque o ano, as estações, o verão e o inverno, a época das sementeiras e a da ceifa, fortificam as suas próprias estruturas e adquirem cada uma um valor autônomo.

Em primeiro lugar, temos de fazer incidir a nossa atenção sobre a importância que o tempo, o ritmo das estações adquirem para a experiência religiosa das sociedades agrárias. O lavrador já não se encontra só empenhado nas zonas sagradas "espaciais" — a gleba fecunda, as forças ativas nas sementes, nos rebentos, nas flores — mas também o seu trabalho se acha integrado e comandado por um conjunto temporal, pela ronda das estações. Esta solidariedade das sociedades agrárias com ciclos temporais fechados explica bom número de cerimônias ligadas à expulsão do "ano velho" e à chegada do "novo ano", à expulsão dos "maus" e à regeneração dos "poderes", cerimônias que se encontram sempre em simbiose com os ritos agrários. Os ritmos cósmicos tornam, agora, mais precisa a sua coerência e aumentam a sua eficiência. Uma certa concepção otimista da existência começa a surgir depois deste longo comércio com a gleba e as estações; a morte revela-se, como uma simples mudança provisória na maneira de ser; o inverno nunca é definitivo, porque a ele se segue uma regeneração total da natureza, uma manifestação de formas novas e infinitas da vida; nada morre realmente, tudo se reintegra na matéria primordial, tudo repousa na expectativa de uma nova primavera. No entanto esta concepção serena, consoladora, não exclui o drama. Seja qual for a valorização do mundo baseada no ritmo, no eterno retorno, não poderá evitar os momentos dramáticos. Viver ritualmente os ritmos cósmicos significa em primeiro lugar viver em tensões múltiplas e contraditórias.

O trabalho agrícola é um rito, não só porque se processa sobre o corpo da Terra-Mãe e desencadeia as forças sagradas da vegetação, mas também porque implica a integração do agricultor em certos períodos de tempo benignos ou nocivos; porque é uma atividade acompanhada de perigos (como, por exemplo, a cólera do espírito que era senhor do campo antes de este ter sido arroteado); porque pressupõe uma série de cerimônias de estrutura e origem diversas destinadas a promover o crescimento dos cereais e a justificar o gesto do cultivador; porque o introduz num domínio que está, de certo modo, sob jurisdição dos mortos, etc. Seria impossível passar em revista até mesmo os mais importantes grupos de crenças e de ritos que se acham em ligação com a agricultura. Este problema foi freqüentemente abordado desde Mannhardt e Frazer até Rantasalo, J. J. Meyer e Waldemar Liungman. Contentar-nos-emos em apresentar os ritos e as crenças mais significativos, referindo-nos, de preferência, às zonas mais metodicamente estudadas, como, por exemplo, as regiões finesa e estoniana, objeto dos cinco volumes da obra de Rantasalo[1].

126. Mulher, sexualidade, agricultura — Já nos referimos à solidariedade que sempre existiu entre a mulher e a agricultura. Na Prússia Oriental ainda se respeitava, há pouco tempo, o costume de uma mulher nua ir ao campo semear ervilhas[2]. Entre os fineses, as mulheres levam as sementes para o campo na camisa menstrual, no sapato de uma prostituta ou nas meias de um filho bastardo[3], aumentando assim a fecundidade das sementes pelo contato com objetos usados por pessoas marcadas por uma forte nota erótica. A beterraba semeada por uma mulher é doce, a que é semeada por um homem é amarga[4]. A semente do linho na Estônia é levada para os campos por moças e os suecos só permitem que o linho seja semeado por mulheres. Entre os alemães são ainda as mulheres, em particular as casadas e grávidas, que lançam as sementes à terra[5]. A solidariedade mística entre a fecundidade da terra e a força criadora da mulher é uma das intuições fundamentais do que poderíamos chamar a "consciência agrícola".

Evidentemente, se a mulher exerce tal influência na vegetação, a hierogamia e mesmo a orgia coletiva terão, com muito mais razão, as mais felizes conseqüências para a fecundidade vegetal. Teremos ocasião de examinar inúmeros ritos que atestam a influência decisiva da magia erótica na agricultura (§ 138). Lembremos, por ora, que as camponesas finesas espalham na terra, antes das sementeiras, algumas gotas do seu próprio leite[6]. Poder-se-ia interpretar esse costume de diferentes modos: oferenda aos mortos, transformação mágica do campo ainda estéril em gleba fértil, ou, mais simplesmente, a influência simpática da mulher fecunda, da mãe nas sementeiras. Também devemos mencionar o papel desempenhado pela nudez ritual nos trabalhos agrícolas, sem reduzi-lo exclusivamente a um rito de magia erótica. Na Finlândia e na Estônia, semeia-se, por vezes, de corpo nu, durante a noite, murmurando: "Senhor, estou nu! Abençoa o meu linho!"[7] O que se pretende é, evidentemente, o aumento da colheita, mas também que ela seja protegida contra o mau-olhado ou contra as lebres. (Também o feiticeiro está nu quando expulsa os sortilégios ou outros flagelos do campo.) Na Estônia, os lavradores estão convencidos de obter uma boa colheita se lavrarem nus[8]. Durante a seca, as mulheres hindus puxam, completamente nuas, uma charrua pelos campos[9]. E, ainda em ligação com a magia erótico-agrária, há que registrar o uso, muito difundido, de regar a charrua com água na primeira lavra do ano. Neste caso, a água não tem unicamente um valor simbólico pluvial, tem também uma significação seminal. A aspersão dos lavradores com água é muito freqüente na Alemanha, na Finlândia e na Estônia[10]. Um texto indiano diz que a chuva desempenha o mesmo papel que o fluxo seminal nas relações entre o homem e a mulher[11]. De resto, o desenvolvimento da agricultura tende a dar também ao homem um papel cada vez mais importante. Se a mulher se identifica com a gleba, o homem é visto como solidário das sementes que a fecundam. No ritual indiano, os grãos de arroz personificam o esperma que fecunda a mulher[12].

127. Oferendas agrárias — Esses exemplos, tirados de um processo particularmente rico, tornam manifesto o caráter ritual dos trabalhos agrícolas. A mulher, a fertilidade, a sexualidade, a nudez são outros tantos centros de energia sagrada e de pontos de partida para as representações cerimoniais. Mas, mesmo fora desses "centros", que revelam em primeiro lugar a solidariedade entre as diversas modalidades da fertilidade biocósmica, o trabalho agrícola revela-se, em si mesmo, um ritual. Tal como num sacrifício ou em outra cerimônia religiosa, só se pode começar um trabalho agrícola em estado de pureza ritual. No começo das sementeiras ou das colheitas, o lavrador deve lavar-se e vestir uma camisa nova. Toda uma série de gestos rituais se processa no começo das sementeiras das ceifas. Esta coincidência não é fortuita: semear e colher são momentos culminantes do drama agrário. Os gestos preliminares constituem, no fundo, sacrifícios destinados a garantir bons resultados. Assim, os primeiros grãos não são semeados, mas lançados para fora do sulco arado, oferecidos aos diferentes gênios (os mortos, os ventos, a "deusa do trigo", etc.); da mesma forma, na ceifa, as primeiras espigas ficam no campo para os pássaros, ou para os anjos, para as "três virgens", para a "mãe do trigo", etc. E os sacrifícios que têm lugar no começo das sementeiras repetem-se no começo da ceifa e da debulha[13]. Entre os fineses e os alemães sacrificam-se ovelhas, cordeiros, gatos, cães[14].

Com que fim e a quem são oferecidos esses sacrifícios? A resposta tem posto à prova os talentos e suscitado pacientes pesquisas. Não é possível duvidar do caráter ritual dos costumes agrários: a sua finalidade é assegurar uma boa colheita. Mas as forças de que depende uma boa colheita são inúmeras, e é natural que encontremos uma certa confusão na maneira como elas são personificadas e distribuídas. Também é natural que a representação dessas forças sagradas, presentes ou implícitas no drama agrícola, varie de tipo cultural para tipo cultural e de um povo para outro, mesmo se a origem é a mesma; tais representações são, por sua vez, enquadradas em conjuntos culturais e religiosos diferentes, e interpretadas de maneiras diferentes, até mesmo contraditórias, no seio de uma mesma população (por exemplo, no norte da Europa as modificações verificadas nas concepções religiosas das tribos germânicas durante a época de migração; ou a influência do cristianismo na Europa, do islamismo na África e na Ásia).

128. "Poder" da colheita — O que se pode distinguir com muita precisão é a estrutura do cenário agrícola. Assim, observa-se que toda a infinita variedade dos ritos e das crenças agrárias supõe o reconhecimento de uma *força manifestada na colheita*. Este "poder" ora é concebido como impessoal, como o são os "poderes" de tantos objetos e atos, ora é representado em estruturas míticas, ou ainda concentrado em certos animais, ou em certas pessoas humanas. Os rituais, simples ou processados em representações dramáticas densas, têm por finalidade estabelecer relações favoráveis entre o homem e estes "poderes" e assegurar a sua regeneração periódica. Às vezes, o "poder" encarnado e ativo na colheita é manipulado de tal forma que é difícil determinar se o rito pretende prestar homenagem a uma figura mítica que a representa ou se tem em vista, muito simplesmente, a conservação do "poder" em si mesmo. Assim, o costume de não ceifar as últimas espigas está muito difundido; são deixadas para "o espírito da casa do vizinho", ou para "aqueles que habitam debaixo da terra", ou para os "cavalos de Othin", como dizem os fineses, os estônios e os suecos, para a Gute Frau, Arme Frau ou Wald Fraulein, na Alemanha, ou para a "esposa do trigo" ou a Holz Frau[15].

Como observa Jan de Vries[16], o sentido desse costume deve estar na preocupação de não esgotar a essência, a "força" vivificante da colheita. É da mesma maneira que se não colhem nunca os últimos frutos de uma árvore, que se deixam sempre alguns fios de lã no dorso das ovelhas, que — na Estônia e na Finlândia — nunca se esvazia completamente a arca onde se guarda o trigo e que os camponeses despejam um pouco de água no poço quando a tiram, para que o poço não seque. As espigas não ceifadas tornam possível que a vegetação e a gleba conservem a sua força. Este costume — derivado da concepção fundamental do "poder" que se consuma, mas nunca completamente, refazendo-se em seguida pela sua própria magia — foi interpretado mais tarde como uma oferenda às personificações míticas das forças da vegetação e aos diferentes espíritos concebidos em relação direta ou indireta com ela.

Mas muito mais freqüente e mais dramático é o ritual da ceifa da primeira ou da última gavela de um campo. A "força" de toda a vegetação reside nesta gavela, da mesma forma que está concentrada em algumas espigas que se evita ceifar. Mas esta primeira ou última gavela, saturada de força sagrada, é valorizada de maneira contraditória. Em certas regiões, os homens apressam-se a ceifá-la em primeiro lugar, em outras todos os lavradores evitam ceifá-la; num caso, é levada em cortejo até a propriedade, noutro, é lançada para o campo do vizinho. Não há dúvida de que o último feixe concentra em si mesmo uma força sagrada, propícia ou nociva: os homens disputam entre si quer a sua apropriação quer a sua expulsão. Esta ambivalência não contradiz a estrutura do sagrado, mas é mais provável que as valorizações contraditórias da última gavela sejam devidas a cenários paralelos em relação com a manipulação e a distribuição do "poder" encarnado na vegetação. Os alemães fazem um feixe com as primeiras e as últimas espigas e põem-no sobre a mesa, porque isso traz felicidade[17]. Para os fineses e os estonianos, o primeiro feixe — que é levado com grande pompa à propriedade — traz a bênção para toda a casa, protege-a das doenças, do raio, etc., como também protege a colheita contra os ratos. Também está muito disseminado o costume de guardar o primeiro feixe de trigo na principal casa da propriedade durante as refeições de uma noite inteira, como sucede na Alemanha, na Estônia e na Suécia[18]. Em outros lugares, dá-se a primeira gavela ao gado para protegê-lo e abençoá-lo.

Na Estônia, o primeiro feixe de trigo tem poderes proféticos: lançando as espigas segundo um certo cerimonial, as jovens ficam sabendo qual será a primeira a casar. Pelo contrário, na Escócia, é aquele que ceifa a última gavela — chamada "a jovem" — que se casa no decurso do ano, e é por isso que os ceifeiros recorrem a vários estratagemas para se apoderarem dela[19]. Em muitas regiões, a última fiada de trigo ceifado é chamada "a casada"[20]. O preço do trigo no decurso do ano pode ser previsto em certas regiões da Alemanha por meio do primeiro feixe[21]. Na Finlândia e na Estônia, os ceifeiros apressam-se em chegar à última fiada de trigo. Os fineses chamam-lhe "berço de criança" e acreditam que a mulher que a amarrar ficará grávida. Nas mesmas regiões, assim como nos países germânicos, é freqüente o costume de fazer um feixe enorme com as últimas espigas para garantir boa colheita no ano seguinte e é por isso que no tempo das sementeiras se misturam com as sementes grãos dessas espigas[22].

129. Personificações míticas — Em todas essas crenças e costumes nos encontramos perante o "poder" da colheita representada como tal, como "força sagrada", e não transfigurada numa personificação mítica. Mas existem inúmeras cerimônias que supõem, de maneira mais ou menos manifesta, um "poder" personificado. As figuras, os nomes e a intensidade dessas personificações variam: "Mãe do trigo" nos países anglo-germânicos, ou "Grande mãe"; "Mãe da espiga", "Velha dissoluta", "Mulher velha", "Ancião", entre os eslavos; "Mãe da colheita", "O Velho", entre os árabes; "O Ancião" ou "A Barba" (a barba do Salvador, de Santo Elias, ou de São Nicolau, entre os búlgaros, sérvios e russos), e tantos outros nomes ainda que se dão ao ser mítico que se supõe estar no último feixe de trigo[23].

Observa-se uma terminologia e concepções similares nos povos não europeus. Assim, os peruanos pensam que as plantas úteis estão animadas de uma força divina que lhes assegura o crescimento e a fertilidade; a figura da "Mãe do milho" (*zara-mama*), por exemplo, é feita de pés de milho de maneira a parecer uma mulher, e os indígenas crêem que, "como mãe, ela tem o poder de produzir muito milho"[24]. Esta figura é conservada até a colheita seguinte, mas, por volta do meio do ano, os "feiticeiros" perguntam-lhe se ela se sente com forças para chegar até o fim; no caso em que a *zara-mama* responde que se sente fraca, queimam-na e fazem uma nova "Mãe do milho", para que a semente do milho não morra[25]. Os indonésios conhecem um "espírito do arroz", poder que faz crescer e frutificar o arroz: é por isso que eles se comportam para com o arroz em flor como para com uma mulher grávida, tomando muitas precauções para que o "espírito" seja captado e metido num cesto e cuidadosamente guardado no celeiro[26]. Crêem os karens da Birmânia, sempre que a colheita está em risco de se perder, que é a alma (*Kelah*) do arroz que se afastou dela e que, se não se conseguir a sua reintegração, a colheita se perderá. É por isso que se pronunciam certas fórmulas dirigidas à "alma", à força que parece já não estar ativa na planta: "Oh, vem, *Kelah* do arroz, vem!, vem para o campo. Vem para o arroz. Com sementes dos dois sexos, vem! Vem do rio Kho, vem do rio Kaw; do lugar onde elas se encontram, vem; vem do Ocidente, vem do Oriente. Da garganta do pássaro, das mandíbulas do macaco, da garganta do elefante. Vem da nascente dos rios e da sua embocadura. Vem do país do Chan e do Birman. Dos reinos longínquos, de todos os celeiros, oh, vem! Oh, *Kelah* do arroz, vem para o arroz."[27]

Os minangkabauers de Sumatra pensam que o arroz é protegido por um espírito feminino chamado Saning Sari, também designado por *indoea padi* (literalmente, "Mãe do arroz"). Certos pés de arroz, cultivados com especial cuidado e transplantados para o meio do campo, representam esta *indoea padi* cuja força exemplar se exerce de maneira coativa e benfazeja na colheita[28]. Os tomoris das Celebes também conhecem uma "mãe do arroz" (*ineno pae*)[29]. Na península malaia, W. W. Skeat assistiu a cerimônias relacionadas com a "Mãe do arroz criança", que provam que se assimila, durante três dias, a mulher do fazendeiro a uma mulher parida, a partir do momento em que a "alma do arroz criança" entrou em casa. Nas ilhas de Java, Bali e Sombok, realizam-se os noivados e as núpcias de dois molhos de arroz, escolhidos entre as plantas maduras antes de se começar a colheita. O par nupcial é levado para casa e posto na granja "para que o arroz possa multiplicar-se"[30]. Trata-se, nestes últimos casos, de uma mistura de duas representações: a força que faz multiplicar a planta e a magia fertilizante do casamento.

Dir-se-ia que esta personificação da "força" ativa na vegetação se realiza completamente quando os ceifeiros fazem, com as últimas espigas, uma figura que se assemelhe o mais possível à figura humana, habitualmente uma figura de mulher, ou decoram mesmo uma pessoa com palha, dando-lhe o nome do ser mítico que se admite que ela represente; esta pessoa desempenha sempre um certo papel cerimonial. Assim, na Dinamarca, a figura chamada "o Velho" (*gammelmanden*) é enfeitada com flores e conduzida à casa com grande deferência. Mas, segundo outras fontes, dava-se uma forma humana ao último feixe de trigo, recortando nele uma cabeça, dois braços e duas pernas, lançando-o em seguida no campo ainda não ceifado do vizinho[31]. Entre os alemães, a "Mulher velha" ou o "Ancião" eram lançados ao campo do vizinho ou então levados para casa e conservados até a colheita seguinte. Com este ser mítico eram, no entanto, identificados o ceifeiro que cortava a última gavela ou o estrangeiro que passava por acaso ao longo do campo, ou o próprio fazendeiro. Na Suécia, por exemplo, a jovem que ceifava as últimas espigas devia amarrá-las ao pescoço, levá-las para casa e, na festa que se fazia no fim da ceifa, dançar com esta efígie[32]. Na Dinamarca, a ceifeira dança com o manequim formado com as últimas espigas, e chora porque se considera "viúva", estando com efeito casada com um ser mítico destinado à morte[33].

Às vezes, testemunha-se grande respeito para com os representantes humanos do "poder" personificado na colheita. Outras vezes, pelo contrário, zomba-se deles. Esta ambivalência parece ser devida à dupla função que o que ceifa as últimas espigas pode desempenhar: identificado ao "espírito" ou ao "poder" agrícola, ele é festejado; considerado, pelo contrário, como o que destrói ou mata esse poder, ele é olhado com hostilidade e ameaçado de morte. Assim, nos diferentes países germânicos, daquele que deu o último corte com a foice diz-se que "feriu o velho" ou "apanhou o velho"; ele tem de levar o manequim de palha até a aldeia, no meio de risos e gracejos de todos, ou então deverá lançá-lo, sem ser visto, no campo de um vizinho que ainda não tenha acabado de debulhar[34]. Na Alemanha, o último ceifeiro ou a jovem que ata o último feixe são atados ao molho e conduzidos à aldeia com grande pompa, sendo-lhes servidos os melhores pratos do festim[35].

Na Escócia, o último feixe é chamado a "Mulher velha" (*cailleach*) e todos se esforçam por evitar ceifá-lo, com medo da fome, pois que se crê que quem o ceifar terá de sustentar uma velha imaginária até a próxima colheita[36]. Os noruegueses crêem que *skurekail* (o ceifeiro) vive durante todo o ano nos campos sem ser visto e se nutre do trigo do fazendeiro. É capturado no último feixe, de que se faz uma boneca chamada *skurekail*[37]. Segundo outras fontes, a boneca é lançada no campo de um vizinho que ainda não tenha acabado de ceifar e este é obrigado a sustentá-la durante todo o ano. Entre os eslavos, pelo contrário, aquele que ata a "Baba" (a mulher velha) é considerado uma pessoa feliz, pois terá um filho no decurso do ano[38]. Na região da Cracóvia, a pessoa que ata o último feixe é chamada "Baba" ou "Avô"; é enfeixada com palha de maneira a lhe ficar livre apenas a cabeça, e conduzida no último carro até a propriedade, onde toda a família a asperge com água. Durante um ano esta pessoa conserva o nome de "Baba"[39]. Na Coríntia, o que amarra os últimos feixes é envolvido com palha e lançado à água. Os búlgaros chamam à última gavela a "Rainha do trigo": vestem-na com uma camisa de mulher, desfilam com ela pela aldeia e depois lançam-na ao rio para garantirem a chuva para a colheita seguinte; ou então queimam-na e espalham as cinzas no campo para aumentar sua fertilidade[40].

130. Sacrifícios humanos — O costume de aspergir e lançar à água o representante da vegetação está muito disseminado, como o de queimar o boneco de palha e espalhar as cinzas pelos campos. Todos esses atos têm um sentido ritual preciso e fazem parte de um cenário dramático que foi conservado intato em certas regiões e que, por si só, nos fará compreender o cerimonial agrário. Na Suécia, por exemplo, se uma mulher estranha penetra na eira, ela é envolvida em palha e chamada a "Mulher do trigo". Na Vendeia, é a fazendeira que desempenha este papel; envolta em palha é levada para a debulhadora e empurrada para debaixo dela; depois é retirada do meio das espigas e estas são debulhadas, mas a mulher é lançada ao ar numa cobertura, como se ela própria fosse de trigo que houvesse de se moer[41]. A identidade entre o "poder" dos cereais e o seu representante humano é, neste caso, completa; a lavradeira sofre, simbolicamente, o drama do trigo, cujo "poder" está concentrado no último feixe e que passa por uma série de ritos destinados a regenerá-lo e a aplacá-lo.

Em muitas outras regiões da Europa ameaça-se de morte, gracejando, o estranho que se aproxima do campo que se ceifa ou da eira onde se debulha o trigo[42]. Em algumas regiões, mordem-lhe as pontas dos dedos, chegam-lhe a foice ao pescoço, etc. Em certas regiões da Alemanha, o desconhecido é amarrado pelos ceifeiros e terá de pagar uma multa se quiser alcançar a liberdade. O jogo é acompanhado de canções que falam uma linguagem clara. Na Pomerânia, por exemplo, o chefe dos ceifeiros diz assim:

> Os homens estão prontos,
> As foices são curvas,
> O trigo é grande e pequeno.
> Trata-se de ceifar o estrangeiro!

E no distrito de Stettin: "Bateremos no visitante — com as nossas espadas nuas — com que tosquiamos campos e prados."[43] O mesmo costume se verifica contra o estranho que se aproxima da eira da debulha: é agarrado, amarrado e ameaçado. É provável que tenhamos aqui reminiscências de um cenário ritual que implicava um sacrifício humano real. Essas reminiscências não supõem, no entanto, que todas as sociedades agrárias que pratiquem hoje a amarração e a ameaça de morte para com o estranho apanhado nas imediações do campo ceifado tenham praticado outrora o sacrifício humano por ocasião da colheita. É provável que todas essas cerimônias agrícolas se tenham difundido, a partir de alguns centros — Egito, Síria, Mesopotâmia —, por grande parte do mundo e que muitos povos só tenham incorporado fragmentos dos cenários originais. Já na Antiguidade clássica o "sacrifício humano" por ocasião da ceifa não era mais do que uma vaga recordação de tempos antigos, superados havia muito. Assim, uma lenda grega menciona um bastardo do rei frígio Midas, Lityersés, conhecido pelo seu fabuloso apetite e pelo gosto apaixonado em ceifar o trigo. Todo estrangeiro que passasse por acaso perto dos seus campos era por ele obsequiado e depois conduzido ao campo e obrigado a ceifar com ele. Se fosse vencido neste concurso, Lityersés amarrava-o a um feixe, cortava-lhe a cabeça com a foice e lançava o corpo para o campo. Finalmente, Héracles desafiou Lityersés, venceu-o, cortou-lhe a cabeça com a sua foice e lançou o corpo no rio Meandro, o que nos leva a supor que Lityersés fazia o mesmo com as suas vítimas[44]. É provável que, muitos séculos antes, os frígios praticassem com efeito um sacrifício humano por ocasião da colheita; segundo alguns indícios, este sacrifício era igualmente freqüente em outras regiões do Oriente mediterrânico.

131. Sacrifícios humanos entre os astecas e os khonds — Temos provas de sacrifícios humanos para propiciar colheitas entre certas populações da América Central e do Norte, em algumas regiões da África, em certas ilhas do Pacífico e entre numerosas populações drávidas da Índia[45]. Limitar-nos-emos, para uma mais clara compreensão da estrutura destes sacrifícios humanos, a lembrar alguns exemplos, mas com detalhes suficientes.

Sahagun deixou-nos uma descrição rigorosa dos ritos do milho entre os astecas do México. Logo que a planta germinava, ia-se ao campo "procurar o deus do milho", quer dizer, um rebento que se levava para casa e ao qual se apresentavam oferendas em alimentos, como se se tratasse de uma divindade. À noite, a planta era levada ao templo da deusa das substâncias, Chicomé-coatl, onde se reuniam moças que levavam, cada uma, um feixe de sete espigas de milho de uma colheita anterior, num invólucro vermelho e borrifadas com cauchu. O nome que se dava a este feixe, *chicomolotl* (a sétupla espiga), designava também a deusa do milho. As jovens eram de três idades diferentes: pequenas, adolescentes e grandes, e personificavam, sem dúvida, de uma maneira simbólica, as etapas do crescimento do milho; tinham os braços e as pernas cobertos de plumas vermelhas, cor das divindades do milho. Esta cerimônia, que se limitava à homenagem à deusa e à bênção mágica da colheita ainda mal germinada, não comportava sacrifício. Era somente três meses mais tarde, quando a colheita já estava madura, que uma jovem que representava a deusa do milho novo, Xilonen, era decapitada; este sacrifício abria o uso alimentar, profano, do milho novo, o que faz supôr que a sua função era mais propriamente a de um sacrifício das primícias. Quando, sessenta dias mais tarde, acabava a ceifa, tinha lugar um novo sacrifício. Uma mulher, que representava a deusa Toci, "Nossa Mãe" (a deusa do milho colhido e utilizado), era decapitada e esfolada imediatamente. Um sacerdote envolvia-se com a pele, um pedaço da coxa era levado ao Templo de Cinteotl, deus do milho, onde outro figurante fazia com ele uma máscara. Durante algumas semanas, este era tratado como uma mulher parida, porque, provavelmente, o sentido deste rito era que Toci, uma vez morta, renascia no seu filho, o milho seco, nos grãos que iam servir de alimento durante todo o inverno. Seguia-se uma série de cerimônias: os guerreiros desfilavam (Toci era, ao mesmo tempo, como diversas divindades orientais da fecundidade, divindade da guerra e da morte), executavam-se danças e, por fim, o rei, seguido de todo o povo, lançava à cabeça do que representava Toci tudo o que tinha à mão, retirando-se imediatamente. Parece que Toci se transformava, por fim, em bode expiatório e que tomava sobre si, quando era expulsa, todos os pecados da comunidade, porque o figurante levava a pele até um castelo da fronteira onde ele a pendurava, de braços abertos. Era também para lá que levavam a máscara de Cinteotl[46]. Em outros povos americanos, como, por exemplo, os Pawnees, o corpo da jovem sacrificada era esquartejado e os pedaços enterrados nos campos[47]. Encontra-se o mesmo costume de esquartejar e espalhar o corpo na terra arada em certas tribos da África[48].

Mas o caso de sacrifício humano agrícola mais conhecido é o que era praticado, até meados do século XIX, por uma tribo drávida de Bengala, os khonds. Os sacrifícios eram oferecidos à deusa da Terra, Tari Pennu ou Bera Penu, e a vítima, chamada Meriah, ora era comprada, ora era filha de indivíduos que também tinham servido de vítimas. Os sacrifícios tinham lugar em festas periódicas ou em circunstâncias excepcionais, mas as vítimas eram sempre voluntárias. Os Meriahs viviam aliás bastante felizes durante longos anos e eram considerados como seres consagrados; desposavam outras "vítimas" e recebiam uma porção de terreno em dote. Dez ou doze dias antes do sacrifício, cortava-se o cabelo da vítima, cerimônia a que o povo assistia, pois que o sacrifício era oferecido, segundo criam os khonds, no interesse de todos. Seguia-se uma orgia indescritível — sintoma que vamos encontrar em muitas festas que se prendem à agricultura e à fecundidade da natureza — e conduzia-se o Meriah, em procissão, desde a aldeia até o lugar do sacrifício, em geral uma floresta onde nunca entrara o machado. Aqui, era consagrado: ungido com manteiga derretida e açafrão-das-índias, ornado de flores, o Meriah parecia identificar-se à divindade, porque o povo se comprimia em volta dele para lhe tocar e as homenagens que lhe eram dirigidas dificilmente se distinguiam da adoração. A multidão dançava em volta da vítima ao som de música e, dirigindo-se à terra, exclamava: "Oh, Deus, nós te oferecemos este sacrifício; dá-nos boas colheitas, boas estações, boa saúde!" Depois, dizia, dirigindo-se à vítima: "Nós compramos-te, não te tomamos à força; agora, sacrificamos-te de acordo com o costume e nenhum pecado cairá sobre nós!" As orgias, suspensas durante a noite, recomeçavam de manhã e duravam até o meio-dia, quando todos se reuniam em volta do Meriah para assistir ao sacrifício. A morte podia ser consumada de diferentes modos: drogava-se a vítima com ópio e em seguida trituravam-se-lhe os ossos, ou era estrangulada, ou cortada em pedaços, ou ainda queimada lentamente na fogueira. Todos os que assistiam à festa, assim como todas as aldeias que tinham enviado representantes, recebiam um pedaço do corpo sacrificado. O sacerdote partilhava cuidadosamente os pedaços, que rapidamente eram enviados a todas as aldeias e enterrados nos campos com um certo ritual. Os restos, em particular a cabeça e os ossos, era incinerados e as cinzas espalhadas pela gleba, a fim de garantir uma boa colheita. Quando as autoridades britânicas proibiram os sacrifícios humanos, os khonds substituíram os Meriahs por certos animais (bode, búfalo)[49].

132. Sacrifício e regeneração — O sentido desses sacrifícios humanos deve ser procurado na teoria arcaica da regeneração periódica das forças sagradas. Evidentemente, todo rito ou cenário dramático que pretende obter a regeneração de uma "força" é, ele próprio, a repetição de um ato primordial, do tipo cosmogônico, que teve lugar *ab initio*. O sacrifício de regeneração é uma repetição ritual da Criação. O mito cosmogônico implica a morte ritual (quer dizer, violenta) de um gigante primordial, de cujo corpo se constituíram os mundos, cresceram as plantas, etc. É sobretudo a origem das plantas e dos cereais que se acha em ligação com tal sacrifício: vimos que as plantas, o trigo, a vinha, germinaram do sangue e da carne de uma criatura mítica sacrificada ritualmente "no princípio", *in illo tempore*. De fato, o sacrifício de uma vítima humana para a regeneração da força manifestada na colheita tem por objeto a repetição do ato de criação que deu vida às sementes. O *ritual refaz a criação*; a força ativa nas plantas regenera-se por uma suspensão do tempo e pelo retorno ao momento inicial da plenitude cosmogônica. O corpo esquartejado da vítima coincide com o corpo do ser mítico primordial que deu vida às sementes pelo seu esquartejamento ritual.

Tal é, poder-se-ia dizer, o cenário ideal que se pode colocar na origem de qualquer sacrifício humano ou animal praticado com a intenção de aumentar e dar vigor à colheita. O sentido mais imediato e mais evidente é simplesmente o da regeneração da força sagrada que se encontra nas colheitas. A fecundidade é, em si mesma, uma realização, e portanto um esgotamento de todas as possibilidades até então virtuais. O homem "primitivo" vive em perpétua ansiedade de ver esgotaram-se as forças úteis que o rodeiam. O medo de que o Sol se extinga definitivamente no solstício de inverno, de que a Lua não se levante mais, de que a vegetação desapareça atormentou-o durante milhares de anos. Perante qualquer manifestação do "poder" a mesma inquietação se apodera dele; este poder é precário, corre o risco de se esgotar. A ansiedade é particularmente patética perante manifestações periódicas do "poder", como a vegetação, cujo ritmo conhece momentos de extinção aparente. E a ansiedade é ainda mais aguda quando a desagregação da "força" parece ser devida à intervenção do homem: a colheita das primícias, a ceifa, etc. Neste caso, oferecem-se sacrifícios designados "primícias"; o ritual reconcilia o homem com as forças que atuam nos frutos e outorga-lhe permissão para os consumir sem perigo. Tais ritos marcam, ao mesmo tempo, o começo do novo ano, quer dizer, de um novo período de tempo, "regenerado". Entre os cafres do Natal e os zulus, após as festas do novo ano, tem lugar no Kraal do rei a grande dança, durante a qual são cozidas diversas espécies de frutos, num fogo novo aceso por mágicos, em potes novos que só servem para esta cerimônia. É só depois de o rei ter feito comungar cada um dos participantes nesta papa das primícias que pode começar o consumo alimentar dos frutos[50]. Entre os índios Creek, o ritual da oferenda das primícias coincide com o da purificação e da expulsão de todos os males e pecados. Extinguem-se todos os fogos e os sacerdotes acendem, por fricção, um fogo novo; todos se purificam com um jejum de oito dias, com vomitórios, etc. Só é permitido consumir os grãos colhidos depois de o ano ser, deste modo, "renovado"[51].

Nestes rituais de primícias distinguem-se vários elementos constitutivos: 1º, o perigo que acompanha o consumo de uma nova colheita, quer porque a espécie vegetal possa esgotar-se, quer porque aquele que a consome corra o risco de atrair as represálias da "força" que está presente nos frutos; 2º, a necessidade de afastar esse perigo pela consagração ritual das primícias ou pela purificação prévia ("expulsão dos pecados", tipo bode expiatório) e a regeneração da comunidade; 3º, regeneração que tem lugar pela "renovação do tempo", quer dizer, pelo recomeço de um tempo puro, primordial (cada novo ano é uma nova criação do tempo — cf. § 153). Vimos que entre os astecas a expulsão do ano velho e ao mesmo tempo de todos os males e de todos os pecados tinha lugar simultaneamente com o sacrifício à deusa do milho. O cenário dramático compreende paradas militares, lutas mimadas, etc., que também encontramos em outras cerimônias agrárias (por exemplo, nos mais antigos rituais osíricos).

133. Rituais finais — Para concluir esta exposição sumária das cerimônias agrárias, devemos mencionar alguns costumes com os quais o ciclo se fecha, os sacrifícios que têm lugar quando se leva a colheita para as granjas e outros. Os finlandeses, ao começarem a ceifa, sacrificam o primeiro cordeiro nascido nesse ano. Deixa-se escorrer o sangue para a terra e as vísceras são dadas em "paga ao urso", "ao guarda campestre". A carne é assada e comida em comum, nos campos, ficando no solo arado três pedaços para o "espírito da terra". Têm também o costume de preparar, no começo da ceifa, certos pratos, vaga reminiscência, provavelmente, de um festim cerimonial[52]. Uma informação estoniana menciona um lugar do campo denominado "cova dos sacrifícios", onde outrora se punham, todos os anos, as primícias da nova colheita[53]. Já vimos que a ceifa conservou, até os nossos dias, um caráter ritual; os três primeiros feixes são ceifados em silêncio; os estonianos, os alemães e os suecos não colhem as primeiras espigas[54]. Este último costume está muito espalhado e as espigas que ficam como oferenda destinam-se, segundo diversas crenças, "aos cavalos de Othin", "à vaca da mulher da floresta", "aos ratos", "às sete jovens das granjas" (Baviera) ou "à menina do bosque"[55].

Quando se leva o trigo para as granjas realizam-se várias cerimônias; por exemplo, lança-se, por cima do ombro esquerdo, um punhado de grãos, dizendo: "Estes são para os ratos." O ombro esquerdo indica o sentido funerário da oferenda. Por outro lado, entre os alemães existe o costume de moer os primeiros pés de feno levados para a granja, dizendo: "É a comida dos mortos!" Na Suécia, leva-se para as granjas pão e vinho, para se obter a benevolência do espírito da casa[56]. Por ocasião da debulha, deixam-se de lado algumas espigas para o espírito da eira. Os fineses dizem que a oferenda é feita para "que o trigo cresça ainda no próximo ano"[57]. Uma outra tradição finlandesa diz que a gavela que fica por debulhar pertence ao espírito da terra (*maanhaltia*). Em outras regiões crê-se que o espírito da terra (*talonhaltia*) vem, na noite de Páscoa, debulhar os três feixes que ficaram desde o outono. Chamam-se esses feixes, em alguns casos, "os feixes dos espíritos". Entre os suecos, o último feixe não é debulhado mas deixado no campo até a colheita seguinte, "para que o ano seja abundante"[58].

Não há dúvida de que muitas destas oferendas têm caráter funerário. As relações entre os mortos e a fertilidade agrícola são bastante importantes e teremos ocasião de voltar a elas. Notemos, entretanto, a perfeita simetria entre as oferendas feitas no *começo* das sementeiras, da ceifa, da debulha ou do enceleiramento. O ciclo fecha com a festa coletiva da colheita que se realiza no outono (nas regiões do Norte, pelo S. Miguel) e que comporta um festim, danças e sacrifícios oferecidos aos diferentes espíritos[59]. Com esta cerimônia termina o ano agrícola. Os elementos agrários presentes nas festas do inverno explicam-se pela fusão dos cultos da fertilidade com os cultos funerários. Os mortos que vão proteger os grãos semeados na terra têm também debaixo da sua jurisdição a colheita enceleirada, alimento dos vivos durante todo o inverno.

A similitude entre os rituais agrários do *começo* e do *fim* é digna de registro. Com ela, acentua-se o caráter de ciclo fechado do cerimonial agrícola. O "ano" torna-se uma unidade fechada. O tempo perde a homogeneidade relativa que tinha nas sociedades pré-agrárias. Já não é só dividido em estações, mas delimitado em unidades perfeitamente fechadas: "o ano velho" difere nitidamente do "ano novo". *A regeneração da força ativa da vegetação estende a sua eficácia sobre a regeneração da sociedade humana pela renovação do tempo.* A expulsão do "ano velho" faz-se ao mesmo tempo que a expulsão dos males e dos pecados de toda a comunidade (§ 152). Esta idéia da regeneração periódica penetra ainda em outros domínios, por exemplo, no da soberania. A mesma teoria central gera e aumenta a esperança numa regeneração espiritual por iniciação. Finalmente, em relação direta com essas crenças da regeneração cíclica — realizada pelo cerimonial agrário —, encontram-se também inúmeros rituais da "orgia", da reatualização fulgurante do caos primordial, da reintegração na unidade não diferenciada anterior à Criação.

134. Os mortos e as sementes — A agricultura, como técnica profana e como forma de culto, encontra o mundo dos mortos em dois planos distintos. O primeiro é a solidariedade com a terra: os mortos, como as sementes, são enterrados, penetram na dimensão ctônica só a eles acessível. Por outro lado, a agricultura é, por excelência, uma técnica da fertilidade, da vida que se reproduz multiplicando-se; e os mortos são particularmente atraídos por esse mistério do renascimento, da palingenesia e da fecundidade sem tréguas. Semelhantes às sementes enterradas na matriz telúrica, os mortos esperam o seu regresso à vida sob uma nova forma. Por isso se aproximam dos vivos, sobretudo nos momentos em que a tensão vital das comunidades atinge o seu máximo, quer dizer, nas chamadas festas da fertilidade, quando as forças genésicas da natureza e do grupo humano são evocadas, desencadeadas, exacerbadas por ritos, pela opulência e pela orgia. As almas dos mortos estão sedentas de plenitude biológica, de excesso orgânico, porque este transbordamento vital compensa a pobreza da sua substância e projeta-os numa corrente impetuosa de virtualidades e de germes.

O festim coletivo representa justamente essa concepção de energia vital; um festim, com todos os excessos que implica, é, pois, indispensável, tanto para as festas agrícolas como para a comemoração dos mortos. Outrora, os banquetes tinham lugar perto dos próprios túmulos, para que o defunto pudesse participar do excedente vital desencadeado perto dele. Na Índia, o feijão era oferenda levada aos mortos, mas era considerado, ao mesmo tempo, um afrodisíaco[60]. Na China, o leito conjugal encontrava-se no canto mais sombrio da casa, local onde se conservavam as sementes e por cima de onde se enterravam os mortos[61]. A ligação entre os antepassados, as colheitas e a sexualidade é tão estreita que os cultos funerários, agrários e genésicos se interpenetram às vezes até a fusão completa. Nos povos nórdicos, o Natal era a festa dos mortos e, ao mesmo tempo, uma exaltação da fertilidade e da vida. É no Natal que se realizam banquetes copiosos e que, muitas vezes, se celebram os casamentos e se cuida dos túmulos[62].

Os mortos regressam nesses dias para tomar parte nos ritos de fertilidade dos vivos. Na Suécia, a mulher guarda no baú do dote um pedaço do bolo de casamento, para levá-lo consigo para a cova. Da mesma forma, tanto nos países nórdicos como na China, as mulheres são amortalhadas nos seus vestidos de noiva[63]. "O arco de honra" que se ergue no caminho do par conjugal é idêntico ao que se ergue no cemitério para acolher o morto. A árvore de Natal (originariamente, no Norte, uma árvore a que só se deixavam as folhas da copa, *maj*) é usada tanto nas núpcias como nos enterros[64]. É inútil mencionar ainda os casamentos *post mortem*, reais ou simbólicos — e aos quais nos referiremos mais adiante —, e cujo sentido deve ser procurado no desejo de assegurar ao defunto uma condição vital ótima e uma plenitude genésica.

Se os mortos procuram as modalidades espermáticas e germinativas, não é menos verdade que os vivos também precisam delas para defender as suas sementeiras e proteger as colheitas. Enquanto os grãos se acham enterrados, acham-se, por isso, sob jurisdição dos mortos. A "Terra-Mãe" ou a Grande Deusa da fertilidade fiscaliza da mesma maneira o destino das sementes e o dos mortos. Mas estes estão, às vezes, mais perto do homem e o lavrador dirige-se-lhes para que eles abençoem e amparem o seu trabalho (o negro é a cor da terra e dos mortos). Hipócrates diz-nos que os espíritos dos defuntos fazem crescer e germinar as sementes, e o autor dos *Geoponica* sabe que os ventos (isto é, as almas dos mortos) dão vida às plantas e a todas as coisas[65]. Na Arábia, o último feixe, chamado "o Velho", é ceifado pelo próprio dono do campo, colocado numa cova e sepultado com preces pelas quais se pede a ele que "o trigo renasça para a vida"[66]. Entre os bambaras, quando se verte a água sobre a cabeça do cadáver deitado na cova prestes a ser coberta, implora-se: "Que os ventos nos sejam benfazejos, que soprem do Norte ou do Sul, do Oeste ou do Leste! Dá-nos chuva! Dá-nos uma colheita abundante!"[67] Durante as sementeiras, os finlandeses enterram ossos de mortos (do cemitério, só os restituindo depois da colheita) ou objetos que tenham pertencido a algum morto. Se uns ou outros lhes faltam, contentam-se com terra do cemitério ou de um caminho por onde tenham passado os mortos[68]. Os alemães têm o costume de espalhar no campo, com as sementes, terra de um túmulo recente ou palha que tenha servido de leito a um defunto[69]. A serpente, animal funerário por excelência, protege as colheitas. Na primavera, no começo das sementeiras, ofereciam-se sacrifícios aos mortos, para defenderem a colheita e tomarem-na sob seus cuidados[70].

135. Divindades agrárias e funerárias — Podemos observar mais claramente a solidariedade dos mortos com a fertilidade e a agricultura quando estudamos as festas ou as divindades que se relacionam com um desses dois cenários cultuais. Geralmente, uma divindade da fertilidade ctônico-vegetal torna-se também uma divindade funerária. Holika, originariamente representada com a aparência de uma árvore, torna-se mais tarde divindade dos mortos e gênio da fecundidade vegetal[71]. Uma multidão de gênios da vegetação e do crescimento, de estrutura e de origem ctônicas, são assimilados, até se tornarem irreconhecíveis, ao grupo amorfo dos mortos[72]. Na Grécia arcaica os mortos, como os cereais, eram postos em vasos de terra cozida. Às divindades do mundo subterrâneo ofereciam-se círios, tal como às divindades da fertilidade[73]. Feronia é chamada *dea agrorum sive inferorum*[74]. Durgâ, grande deusa da fecundidade que agrupa um número considerável de cultos locais, e sobretudo de cultos da vegetação, torna-se também a divindade senhora dos espíritos dos mortos.

No que diz respeito às festas, registremos somente que a antiga comemoração indiana dos mortos caía justamente em plena ceifa e era, ao mesmo tempo, a festa principal da colheita[75]. Vimos que o mesmo acontecia nos países nórdicos. Na Antiguidade, o culto dos mâmes era celebrado como o cerimonial da vegetação. As mais importantes festas agrárias ou da fertilidade chegaram a coincidir com as festas que comemoravam os mortos. Outrora, o São Miguel (29 de setembro) era, ao mesmo tempo, a festa dos mortos e da ceifa em todo o norte e centro da Europa. E o culto funerário influencia ainda mais os cultos da fertilidade, apropriando-se dos ritos, que converte em oferendas ou sacrifícios oferecidos às almas dos antepassados. Os defuntos são "os que moram debaixo da terra" e a sua benevolência deve ser captada. As sementes lançadas por cima do ombro esquerdo, oferecidas em homenagem "ao rato", são destinadas a eles. Reconciliados, nutridos e solicitados, eles protegem e multiplicam as colheitas. O "velho" ou a "velha", que os camponeses vêem como personificação dos "poderes" e da fertilidade do campo, com o tempo têm acentuado o seu perfil mítico sob a influência das crenças funerárias: eles apropriam-se da estrutura e dos atributos dos "antepassados", dos espíritos dos defuntos.

Este fenômeno é de fácil identificação nas crenças dos povos germânicos. Odin, divindade funerária, chefe da "caça furiosa" das almas que não têm repouso, apropria-se de uma quantidade de ritos do conjunto dos cultos agrários. Na festa propriamente funerária dos germanos, o Jul, que cai no solstício de inverno, do último feixe da colheita do ano faz-se uma figura de homem ou de mulher, de um galo ou de um bode ou outro animal[76]. É significativo o fato de as formas animais sob as quais se manifesta o "poder" da vegetação serem as mesmas que representam as almas dos defuntos. Em certo momento da história dos dois cultos não é possível determinar se um "espírito", ao manifestar-se de maneira teriomorfa, representa as almas dos que já não existem ou se é uma personificação animal da força telúrico-vegetal. Esta simbiose deu origem a muitas confusões e as controvérsias dos especialistas não terminaram ainda no que diz respeito, por exemplo, ao caráter agrário ou funerário de Odin, à origem das cerimônias do Jul. Trata-se, na realidade, de conjuntos rituais e míticos nos quais a morte e o renascimento se interpenetram, se convertem em momentos distintos da mesma realidade trans-humana. As zonas de interferência entre os cultos da fertilidade e os cultos funerários são tantas e tão importantes que não é de admirar que se chegue, após a simbiose e a fusão, a uma nova síntese religiosa baseada numa mais ampla valorização da existência do homem no cosmos.

Encontra-se essa síntese sob a sua forma definitiva no segundo milênio a.C, no mundo egeu-asiático, e foi ela que tornou possível a eflorescência dos Mistérios. A fusão dos dois cultos começou no norte da Europa e na China nos tempos pré-históricos[77], mas é provável que uma síntese definitiva e formulada de maneira coerente só tenha tido lugar mais tarde. O fato é que o solstício de inverno tem muito maior importância no norte da Europa do que no sul mediterrânico. Jul é a festa patética desse momento cósmico decisivo, e os defuntos reúnem-se então em volta dos vivos, porque é então que se prediz a "ressurreição do ano", portanto da primavera. As almas dos mortos são atraídas pelo que "começa", pelo que "se cria": um novo ano (e, como todo o começo, uma repetição simbólica da criação), uma nova explosão vital no torpor do inverno (banquetes sem fim, libações e orgias, festas matrimoniais), uma nova primavera. Os vivos reúnem-se para estimular com os seus excessos biológicos a energia do Sol em pleno declínio; as suas inquietações e as suas esperanças concentram-se na vegetação, no destino da próxima colheita. Os dois destinos, agrário e funerário, cruzam-se e fundem-se, formando por fim uma única modalidade da existência, a existência larvar, pré-germinativa.

136. Sexualidade e fecundidade agrária — Os germes têm necessidade de ser ajudados, ou pelo menos "acompanhados" no seu processo de crescimento. Esta solidariedade das formas e dos atos da vida foi uma das descobertas essenciais do homem arcaico, e ele a fez frutificar de maneira mágica pelo seguinte método: *o que é feito em comum dá melhores resultados.* A fecundidade da mulher influencia a fecundidade dos campos, mas a opulência da vegetação, por sua vez, ajuda a mulher a conceber. Os mortos colaboram nos dois casos, esperando dessas duas fontes de fertilidade a energia e a substância que os reintegrarão no fluxo vital. Por isso, logo que se aproxima o momento crítico da colheita e a cevada começa a germinar, os negros ewe da África Ocidental (Costa dos Escravos) tomam medidas de precaução contra os desastres, por meio de orgias rituais. Um número considerável de moças é oferecido, à guisa de noivas, ao deus píton. A hierogamia consuma-se no templo com os representantes do deus, com os sacerdotes, e as jovens ou esposas consagradas desse modo continuam a prostituição sagrada durante algum tempo no recinto do santuário. Reconhece-se que a hierogamia é feita para assegurar a fertilidade da terra e dos animais[78].

O papel dos sacerdotes traduz uma forma evoluída do ritual que, originariamente, supunha somente a união do maior número possível de casais no campo verdejante. É o que acontecia, aliás, na China, onde os rapazes e as moças se uniam, na primavera, sobre a terra, convencidos de que o seu gesto contribuía para a regeneração cósmica, favorecendo a germinação universal, atraindo a chuva e abrindo os campos às obras férteis[79]. Nas tradições helênicas é também possível identificar vestígios de semelhantes casamentos juvenis sobre o solo de germinações recentes, sendo a união de Deméter e de Jasão o protótipo. Os Pipilos da América Central dormem, nas quatro noites que precedem as sementeiras, longe das esposas, a fim de se exceder na noite que as antecede. Em certos casos a união sexual de marido e mulher deve mesmo ser ativa no momento das sementeiras. Em certas regiões, em Java, quando o arroz floresce, os cônjuges têm suas relações no próprio campo[80]. As núpcias consumadas ritualmente nos campos, a ligação estreita da vegetação e do erotismo marcada pela presença da árvore sagrada (Maj) na celebração dos casamentos, são ainda freqüentes nos nossos dias, no norte e no centro da Europa[81]. Na Ucrânia, existia o seguinte costume: pelo São Jorge, depois de o padre ter benzido a colheita, os jovens pares rolavam-se pelo campo. Na Rússia, era o próprio padre que era rolado na terra pelas mulheres, sem dúvida não só para consagrar a colheita, mas também em reminiscência confusa da hierogamia primordial[82]. Em outras zonas, a hierogamia ficou reduzida à dança cerimonial de um casal ornado com espigas de trigo, ou ao casamento alegórico da "noiva do trigo" com o "noivo". Tais casamentos são celebrados com muito aparato; na Silésia, os jovens noivos eram conduzidos por toda a população, num carro nupcial ornamentado, do campo para a aldeia[83].

Lembremos que os costumes observados na Europa por ocasião da colheita são análogos aos que têm lugar na primavera, quando se anuncia o aparecimento da vegetação. Nos dois conjuntos rituais, o "poder" ou o "espírito" é representado, diretamente, por uma árvore ou por um molho de espigas e por um par humano, e as duas cerimônias têm uma influência fertilizante na vegetação, nos rebanhos e nas mulheres[84]: é sempre a mesma necessidade sentida pelo homem arcaico de fazer as coisas "em comum", "de estar em comum". O próprio par que personifica o poder ou o gênio da vegetação é um centro de energia, capaz de aumentar as forças do agente que representa. A força mágica da vegetação é aumentada pelo simples fato de ela ser "representada", personificada, diríamos nós, por um par jovem, rico ao máximo de possibilidades — até mesmo de realizações — eróticas. Este par, o "noivo" e a "noiva", não é mais do que um simulacro alegórico do que, outrora, se passava na realidade: a repetição do gesto primordial, a hierogamia.

137. Função ritual da orgia — De modo geral, a orgia corresponde à hierogamia. À união do par divino deve corresponder, na terra, o delírio genésico ilimitado. A par dos jovens que repetiam a hierogamia nos sulcos arados devia produzir-se o aumento máximo de todas as forças da coletividade. Quando o povo oraon celebra, no mês de maio, o casamento do deus Sol com a deusa Terra, o sacerdote pratica o coito com a esposa, em público, ato a que se segue uma orgia indescritível[85]. Em algumas ilhas situadas a oeste da Nova Guiné e ao norte da Austrália (Leti, Sarmata, etc.) as mesmas orgias têm lugar no começo da estação das chuvas[86]. Os homens não podem fazer melhor do que imitar o exemplo divino, sobretudo se desta imitação depende a prosperidade do mundo inteiro e, em particular, o destino da vida vegetal e animal. Os excessos desempenham um papel preciso e salutar na economia do sagrado. Eles quebram as barreiras entre o homem, a sociedade, a natureza e os deuses; eles ajudam a fazer circular a força, a vida, os germes de um nível para outro, de uma zona da realidade para todas as outras. O que estava vazio de substância ressarcia-se; o que estava fragmentado reintegra-se na unidade; o que estava isolado funde-se na grande matriz universal. A orgia faz circular a energia vital e sagrada. Os momentos de crise cósmica ou de opulência servem, em particular, de pretexto para o desencadeamento de uma orgia. Em muitos lugares as mulheres correm nuas pelos campos durante a seca, a fim de despertarem a virilidade do Céu e provocarem a chuva. Em outras regiões festejam-se os casamentos e o nascimento de gêmeos com orgias: assim, por exemplo, entre os baganda da África ou entre os habitantes do arquipélago Fiji[87]. As orgias praticadas em ligação com o drama da vegetação, e especialmente com as cerimônias agrárias, explicam-se ainda melhor. É preciso reanimar a Terra, excitar o Céu, para que a hierogamia cósmica — a chuva — se faça nas melhores condições, para que os cereais cresçam e frutifiquem, para que as mulheres gerem filhos, para que os animais se multipliquem e para que os mortos possam saciar a sua vacuidade com a força vital.

Os kana do Brasil estimulam as forças de reprodução da terra, dos animais e dos homens por uma dança fálica que imita o ato gerador; a dança é seguida de uma orgia coletiva[88]. Podemos entrever vestígios de simbolismo fálico nas cerimônias agrárias européias; assim, representa-se, às vezes, o "velho" de maneira falomorfa e chama-se à última gavela "a prostituta"; ou, então, faz-se-lhe uma cabeça negra com lábios vermelhos, originalmente as cores mágico-simbólicas do órgão genital feminino[89]. Há que mencionar ainda os excessos que tinham lugar em certas festas arcaicas da vegetação, por exemplo, nas Florálias dos romanos — a 27 de abril — quando cortejos de rapazes e moças desfilavam nus nas ruas, ou nas Lupercálias, em que rapazes tocavam nas mulheres para torná-las fecundas, ou na Holi, a principal festa indiana da vegetação, em que tudo é permitido.

A Holi conservou, até época recente, todos os atributos de uma orgia coletiva, desencadeada para exacerbar e levar ao máximo as forças de reprodução e de criação de toda a natureza. Toda decência é esquecida, porque se trata de algo bem mais sério do que o respeito das normas e dos costumes: trata-se de assegurar à vida a sua continuidade. Grupos compactos de homens e de crianças circulam pelas ruas cantando, gritando e aspergindo-se com o pó de *holi* e com água avermelhada, pois o vermelho é cor vital e genésica por excelência. Sempre que se encontram mulheres ou que se as vislumbram por trás das cortinas, a tradição impõe que se dirijam a elas as mais violentas obscenidades e injúrias. O valor mágico das injúrias obscenas é bem conhecido e era apreciado mesmo nos cultos evoluídos (casos das Tesmoforias atenienses). Os hindus permitem-se também uma grande liberdade sexual durante as festas de Bali, em que, com exceção do incesto, toda a união é lícita[90]. Os hoses do noroeste da Índia praticam formidáveis orgias durante a ceifa, justificando estes desregramentos pelas tendências viciosas exacerbadas dos homens e das mulheres, tendências que devem ser saciadas para se estabelecer o equilíbrio da comunidade. O deboche habitual nas festas das colheitas, na Europa central e setentrional, foi estigmatizado por muitos concílios — como o de Auxerre em 590 — e por muitos autores da Idade Média, mas sobreviveu, apesar disso, em certas regiões até os nossos dias[91].

138. Orgia e reintegração — As orgias não se inserem exclusivamente nas cerimônias agrárias, se bem que elas tenham sempre coincidências precisas com os ritos da regeneração (o "novo ano") e da fecundidade. O sentido metafísico e a função psicológica da orgia ficarão mais claros em outros capítulos desta obra. Podemos, no entanto, surpreender, desde já, uma perfeita analogia entre o fenômeno agrícola e a mística agrária, de um lado, e, de outro, a orgia como modalidade da vida coletiva. Como as sementes que perdem o seu contorno na grande fusão subterrânea, desagregando-se e tornando-se *outra coisa* (germinação), os homens perdem a sua individualidade na orgia, fundindo-se numa única unidade viva. É assim que se realiza uma confusão patética e definitiva em que já não é possível distinguir nem "forma" nem "lei". Experimenta-se outra vez o estado primordial, pré-formal, "caótico" — estado que corresponde, na ordem cosmológica, à "indiferenciação" caótica anterior à criação —, para promover, pela virtude da magia imitativa, a fusão dos germes na mesma matriz telúrica. O homem reintegra-se numa unidade biocósmica, mesmo se essa unidade significa uma regressão da modalidade de *pessoa* à de *semente*. Em certo sentido, a orgia transmuta o homem numa condição agrícola. A abolição das normas, dos limites e das individualidades, a experiência de todas as possibilidades telúricas e noturnas equivalem à aquisição da condição das sementes que se decompõem na terra, abandonando a sua forma para darem origem a uma nova planta.

A orgia, entre outras funções que desempenha na economia espiritual e psicológica de uma coletividade, tem também a de tornar possível e de preparar a renovação, a regeneração da vida. O despertar de uma orgia pode ser assimilado ao aparecimento do rebento verde na terra arada: é uma vida nova que começa e, para esta vida, a orgia saciou o homem de substância e de entusiasmo. Mais ainda: a orgia, reatualizando o caos mítico anterior à criação, torna possível a repetição dessa criação. O homem regressa provisoriamente ao estado amorfo, noturno, do caos, para poder renascer com mais vigor na sua forma diurna. A orgia, da mesma forma que a imersão na água (§ 64), anula a criação mas regenera-a ao mesmo tempo; identificando-se com a totalidade não diferenciada, pré-cósmica, o homem espera voltar a si restaurado e regenerado, numa palavra, "um homem novo". Na estrutura e na função da orgia, encontramos o mesmo desejo de repetir um gesto primordial: a criação organizando o caos. Na alternância vida cotidiana-orgia (Saturnais, o Carnaval, etc.) encontramos a mesma visão rítmica da vida, formada da ação do sono, do nascimento e da morte, e a mesma intuição cíclica do cosmos, que nasce do caos e a ele regressa por uma catástrofe ou uma *mahâpralaya*, uma "grande dissolução". Não há dúvida de que as formas monstruosas são degradações desta intuição fundamental do ritmo cósmico e da sede de regeneração e de renovação. Mas não é dessas formas aberrantes que nós devemos partir para compreender a origem e a função da orgia. Toda "festa" comporta a vocação orgiástica na sua estrutura.

139. Mística agrária e soteriologia — Temos de sublinhar a estrutura soteriológica da mística agrária mesmo nas formas que não são orgiásticas. A vida vegetal que se regenera pelo desaparecimento aparente (o enterrar das sementes) é, ao mesmo tempo, um exemplo e uma esperança; o mesmo pode acontecer com os mortos e com as almas. É verdade que o espetáculo dessa regeneração rítmica não é um "dado", que ele não se oferece diretamente à contemplação do homem; não deixa, no entanto, de ser nas crenças arcaicas um fato que se produz graças aos ritos e às ações humanas. *Obtém-se* a regeneração por gestos mágicos, pela Grande Deusa, pela presença da mulher, pela força do Eros e pela colaboração do cosmos inteiro (a chuva, o calor, etc.). Mais ainda, tudo isso só é possível como repetição de um gesto primordial, obtido quer pela hierogamia, quer pela regeneração do tempo (o "novo ano"), quer pela orgia que reatualiza o caos arquetípico. Nada se obtém sem esforço, só trabalhando se pode ganhar a vida, isto é, agindo em conformidade com as normas: repetindo os gestos primordiais. Portanto, as esperanças que o homem da civilização agrícola põe no exemplo da vegetação estão, desde o começo, orientadas para o *gesto*, para o *ato*. Procedendo de certa maneira, agindo segundo certos modelos, o homem pode ter esperança na regeneração. O ato, o rito, é indispensável. Teremos de ter presente este pormenor quando estudarmos os Mistérios antigos, que não conservaram só vestígios de cerimônias agrárias, mas que não teria sido possível organizar em religiões iniciáticas se não tivessem por trás um longo período pré-histórico de mística agrária: quer dizer, se o espetáculo da regeneração periódica da vegetação não tivesse revelado, muitos milênios antes, a solidariedade do homem e da semente, e a esperança de uma regeneração obtida após a morte e pela morte.

É habitual dizer-se que a descoberta da agricultura mudou radicalmente o destino da humanidade, assegurando-lhe uma alimentação abundante e permitindo, desse modo, um crescimento prodigioso da população. Mas a descoberta da agricultura teve conseqüências decisivas por uma razão muito diferente. Não foi o crescimento da população nem a sua superalimentação que decidiram o destino da humanidade, mas a *teoria* que o homem elaborou ao descobrir a agricultura. O que ele *viu*, nos cereais, o que ele *aprendeu* nesse contato, o que ele *compreendeu* do exemplo das sementes que perdem a sua forma debaixo da terra, tudo isso constituiu a lição decisiva. A agricultura revelou ao homem a unidade fundamental da vida orgânica. A analogia mulher-campo, ato gerador-semeadura, assim como as mais importantes sínteses mentais, saíram dessa revelação: a vida rítmica, a morte compreendida como regressão. Essas sínteses mentais foram essenciais para a evolução da humanidade e só foram possíveis depois da descoberta da agricultura. É na mítica agrária pré-histórica que se encontra uma das principais raízes do otimismo soteriológico: tal como a semente oculta na terra, o morto pode ter esperança de um regresso à vida sob uma forma nova. Mas a visão melancólica, por vezes céptica, da vida tem, também, a sua origem na contemplação do mundo vegetal: o homem é semelhante à flor dos campos...

X

O espaço sagrado: templo, palácio, "centro do mundo"

140. Hierofanias e repetição — Toda a cratofania e toda a hierofania, sem distinção alguma, transfiguram o lugar que lhes serviu de teatro: de espaço profano que era até então, tal lugar ascende à categoria de espaço sagrado. Assim, para os canaques da Nova Caledônia, "no mato, grande quantidade de rochedos, de pedras furadas têm um sentido particular: tal concavidade é propícia à chuva, outra é hábitat de um totem; certo lugar é freqüentado pelo espírito vingador de um homem assassinado. Toda a paisagem está, desse modo, animada, os seus mais pequenos detalhes têm uma significação, a natureza está carregada de história humana"[1]. Dir-se-ia mais exatamente que, devido às cratofanias e às hierofanias, a natureza sofre uma transfiguração de que sai carregada de mito. Partindo das observações de A. R. Radcliffe-Brown e de A. P. Elkin, Lévy-Bruhl esclareceu, de modo feliz, a estrutura hierofânica dos espaços sagrados: "Entre os indígenas, nunca o lugar sagrado se apresenta isoladamente ao espírito. Ele sempre faz parte de um complexo em que entram também as espécies vegetais ou animais que aí abundam em certas estações, os heróis míticos que aí viveram, vaguearam, criaram e freqüentemente foram incorporados ao solo, as cerimônias que aí se celebraram periodicamente e, enfim, as emoções suscitadas por este conjunto."[2]

O principal elemento desse complexo é, segundo Radcliffe-Brown, "o centro local totêmico" e verifica-se, na maior parte dos casos, uma ligação direta — uma "participação", para empregar o vocabulário de Lévy-Bruhl — entre os centros totêmicos e certas figuras míticas que viveram na origem dos tempos e que criaram, nesse momento, centros totêmicos. Foi aí, nesses espaços hierofânicos, que se operaram as revelações primordiais, foi aí que o homem foi iniciado na maneira de se nutrir, de assegurar a continuidade das suas reservas alimentares. Por isso todos os rituais alimentares celebrados nos limites da área sagrada, do centro totêmico, não são mais do que a imitação e a reprodução dos gestos realizados *in illo tempore* pelos seres míticos. "É dessa forma que os heróis do tempo tiravam, outrora (no período mítico, *bugari*), dos seus buracos, os 'bandicoots', os opossums, os peixes e as abelhas."[3]

De fato, a noção de espaço sagrado implica a idéia da repetição da hierofania primordial que consagrou este espaço transfigurando-o, singularizando-o, em resumo, isolando-o do espaço profano a sua volta. O capítulo seguinte mostrará como uma idéia análoga de repetição serve de suporte à noção de tempo sagrado e fundamenta tanto os inúmeros sistemas rituais como, de maneira geral, as esperanças do homem religioso quanto à sua salvação pessoal. Um espaço sagrado assenta a sua validade na permanência da hierofania que, em dada altura, o consagrou. É por isso que certa tribo da Bolívia volta ao lugar que julga ter sido o berço dos seus antepassados sempre que sente necessidade de renovar sua energia e sua vitalidade[4]. A hierofania não teve, pois, por único efeito santificar uma determinada fração do espaço profano homogêneo; além disso, assegura para o futuro a perseverança dessa sacralidade. *Aí, nesta* área, a hierofania repete-se. O lugar transforma-se, assim, numa fonte inesgotável de força e de sacralidade que permite ao homem, na condição de que ali penetre, tomar parte nessa força e comungar nessa sacralidade. Tornando-se essa intuição elementar do lugar, pela hierofania, um "centro" permanente de sacralidade, ela orienta e explica todo um conjunto de sistemas muitas vezes complexos e densos. Mas, por muito variados e diferentemente elaborados que sejam os espaços sagrados, todos eles oferecem um traço comum: há sempre uma área definida que torna possível (sob formas aliás muito variadas) a comunhão na sacralidade.

A continuidade das hierofanias, tal é a explicação da perenidade desses espaços consagrados. Persistindo na conservação dos seus lugares secretos tradicionais, os australianos não pensam na pressão de um interesse de ordem econômica, visto que, como nota Elkin, uma vez ao serviço dos brancos, os indígenas passam a depender destes no que diz respeito à alimentação e a toda a sua economia[5]. O que eles vão pedir a estes lugares é que os mantenham em solidariedade mística com o território e com os antepassados que fundaram a civilização do clã. A necessidade que os australianos sentem de manter o contato com os espaços hierofânicos é de essência religiosa; e não é outra senão a de permanecer em comunicação direta com um "centro" produtor de sacralidade. Por isso esses centros se deixam muito dificilmente despojar dos seus sortilégios e passam, à guisa de herança, de um povo para outro, de uma religião para outra. Os rochedos, as nascentes, as grutas, os bosques venerados no decurso da proto-história continuam, sob formas variadas, a ser tidos como sagrados pelas populações cristãs de hoje. Um observador superficial corre o risco de tomar por uma "superstição" este aspecto da religiosidade popular e de ver nele a prova de que toda a vida religiosa coletiva é constituída, em boa parte, por uma herança da pré-história. Na realidade, a continuidade dos lugares sagrados demonstra a autonomia das hierofanias; o sagrado manifesta-se segundo as leis da sua dialética própria e esta manifestação impõe-se ao homem *de fora*. Supor que a "escolha" dos lugares sagrados é deixada ao próprio homem é, ao mesmo tempo, tornar inexplicável a continuidade dos espaços sagrados.

141. Consagração do espaço — De fato, o lugar nunca é "escolhido" pelo homem; ele é, simplesmente, "descoberto" por ele[6], ou, por outras palavras, o espaço sagrado *revela-se-lhe* sob uma ou outra forma. A "revelação" não se produz necessariamente por intermédio de formas hierofânicas diretas (*este* espaço, *esta* nascente, *esta* árvore, etc.); ela é obtida, por vezes, através de uma técnica tradicional saída de um sistema cosmológico e baseado nele. A *orientatio* é um dos processos usados para "descobrir" os lugares.

Evidentemente, como se verá, os santuários não são os únicos que exigem a consagração de um espaço. A construção de uma casa implica, também, uma transfiguração análoga do espaço profano. Mas, em todos os casos, o lugar é regularmente indicado por alguma coisa diferente, seja uma hierofania fulgurante, seja pelos princípios cosmológicos que fundamentam a orientação e a geomancia, ou ainda, em forma mais simples, por um "sinal" carregado de uma hierofania, geralmente um animal. Sartori reuniu abundante documentação sobre a validação pelos sinais animais da área destinada a uma instituição humana[7]. A presença ou a ausência de formigas, de ratos... é tida como sinal hierofânico decisivo. Por vezes, deixa-se em liberdade um animal doméstico, um touro, por exemplo; ao fim de alguns dias, procura-se o animal e, no local onde é encontrado, aí é sacrificado: é aí que deverá erguer-se a cidade.

"Todos os santuários são consagrados por uma teofania", escrevia Robertson Smith[8]. Mas a sua observação não deve ser considerada limitativa. Há que estendê-la às moradas dos eremitas ou dos santos e, em geral, a toda habitação humana. "Segundo a lenda, o marabu que fundou El-Hemel no fim do século XVI parou para passar a noite perto da nascente e espetou um pau na terra. No dia seguinte, ao pretender arrancá-lo para continuar a sua rota, viu que o pau tinha ganho raízes e que nele tinham aparecido rebentos. Vendo nisso um sinal da vontade de Deus, ali fixou a sua morada."[9] Por seu lado os lugares nos quais viveram, pregaram e foram enterrados os santos são santificados e, a este título, isolados do espaço profano limítrofe por meio de muros ou barreiras de pedras[10] . Já havíamos encontrado estes amontoados de pedras nos lugares onde alguém perecera de morte violenta (raio, mordedura de serpente, etc.), tendo então a "morte violenta" valor de cratofania ou de hierofania.

O muro ou o círculo de pedras que encerram o espaço sagrado contam-se entre as mais antigas estruturas arquitetônicas conhecidas no domínio dos santuários. Aparecem já nas civilizações proto-indianas (por exemplo, em Mohenjo-Daro) e egéias[11]. O muro ou vedação não implica e não significa apenas a presença contínua de uma cratofania ou de uma hierofania no interior do recinto; ele tem, além disso, por objetivo preservar o profano do perigo a que se exporia se ali penetrasse sem os devidos cuidados. O sagrado é sempre perigoso para quem entra em contato com ele sem estar preparado, sem ter passado pelos "movimentos de aproximação" que qualquer ato de religião requer. "Não te aproximes daqui — diz o Senhor a Moisés —, tira os teus sapatos, porque o lugar onde estás é terra santa."[12] Daí os inúmeros ritos e prescrições (como é o caso dos pés nus) relativos à entrada no templo, atestados freqüentemente tanto entre os semitas como entre os outros povos mediterrânicos[13]. Quaisquer que tenham sido as valorizações e interpretações dadas, no decurso dos tempos, à importância do ritual do limiar do templo ou da casa, ela explica-se igualmente pela função separadora dos limites tal como a definimos[14].

O mesmo se passa com as muralhas da cidade: antes de serem defesa militar, são defesa mágica, visto que reservam, no meio de um espaço "caótico", povoado de demônios e de larvas, um espaço organizado, "cosmicizado", quer dizer, provido de um "centro". Assim se explica que, em período crítico — cerco, epidemia —, toda a população se reúna em procissão em volta dos muros da cidade, reforçando deste modo a sua qualidade de limite e proteção mágico-religiosa. Este envolvimento processional da cidade com todo o seu aparelho de relíquias, de círios, etc., reveste-se, às vezes, de uma forma mágico-simbólica: oferece-se ao santo patrono da cidade um círio cujo comprimento é igual ao perímetro do recinto. Essas práticas de defesa estavam muito difundidas na Idade Média[15]. Mas encontram-se também em outras épocas e em outros meios. No norte da Índia, por exemplo, em tempo de epidemia, faz-se em volta da aldeia um círculo destinado a impedir aos demônios da doença a entrada no recinto[16]. O "círculo mágico", que goza de tanto favor em muitos rituais mágico-religiosos, tem por principal finalidade estabelecer uma compartimentação entre dois espaços heterogêneos.

142. "Construção" do espaço sagrado — É certo que os espaços sagrados por excelência — altares, santuários — são "construídos" segundo as prescrições de cânones tradicionais. Mas esta "construção" baseia-se, em última análise, numa revelação primordial que desvendou *in illo tempore* o arquétipo do espaço sagrado, arquétipo copiado e repetido depois indefinidamente na construção de todos os novos altares, de todos os novos templos ou santuários. Dessa "construção" de um espaço sagrado a partir de um modelo ou arquétipo encontram-se exemplos por toda a parte. Limitar-nos-emos a alguns casos tirados do mundo oriental. Citemos, por exemplo, o *maga* iraniano. Desligando-se das antigas interpretações deste termo* Nyberg liga-o ao *maya* do *Vidêvdât*[17], que designa o ato de purificação realizado num espaço consagrado de nove covas e vê nele o lugar sagrado onde a impureza é abolida e onde se torna possível a união do Céu e da Terra[18]. É nesta zona bem delimitada que se realiza a experiência do grupo que Nyberg designa "a comunidade Gatha"[19].

* Geldner traduzia-o por "Bund, Geheimbund" — "União"; "União secreta ou sagrada". (N.T.F.)

A construção do altar sacrifical védico é ainda mais instrutiva a esse respeito. A consagração do espaço desenrola-se segundo um duplo simbolismo. Por um lado, a construção do altar é concebida como uma criação do mundo[20]. A água na qual se amassa a argila é assimilada à água primordial, a argila das fundações do altar à terra, as paredes laterais à atmosfera e assim sucessivamente[21]. Por outro lado, essa construção equivale a uma integração simbólica do tempo, a sua "materialização no próprio corpo do altar". "O altar do fogo é o ano... As noites são as pedras de vedação e destas há 360 porque há 360 noites no ano; os dias são os tijolos *yajusmatî*, pois que estes são 360; ora, há 360 dias no ano."[22] O altar torna-se assim um microcosmos que existe num espaço e num tempo místicos qualitativamente diferentes do espaço e do tempo profanos. Quem diz construção de altar diz, ao mesmo tempo, repetição da cosmogonia. O sentido profundo de tal repetição em breve nos aparecerá (§§ 151 ss.).

O mesmo significado cosmogônico se verifica na construção do mandala tal como a praticam as escolas tântricas. A palavra significa "círculo" e as traduções tibetanas traduzem-na quer por "centro", quer por "aquilo que rodeia". Consiste numa série de círculos, concêntricos ou não, inscritos num quadrado. No interior deste diagrama, desenhado no solo por meio de um fio colorido ou de farinha de arroz colorida, constroem-se imagens de diversas divindades tântricas. O mandala é, simultaneamente, uma *imago mundi* e um panteão simbólico. A iniciação consiste, essencialmente, para o neófito, em penetrar nas diferentes zonas ou níveis do mandala. O rito pode ser encarado como uma equivalência do *pradakshina*, o cerimonial bem conhecido da volta ao templo ou ao monumento sagrado (*stûpa*), ou da iniciação pela entrada ritual no labirinto. A assimilação do templo ao mandala é evidente no caso de Barabudur[23] e dos templos indotibetanos construídos sob influência das doutrinas tântricas[24]. Todas essas construções sagradas representam simbolicamente o universo na sua totalidade: os andares ou terraços são identificados com os "céus" ou os níveis cósmicos. Em certo sentido, cada uma dessas construções reproduz o monte cósmico, quer dizer, é considerada como sendo construída no "centro do mundo". Este simbolismo do centro está implícito tanto na construção das cidades como na das casas, como mostraremos em breve: é "centro", com efeito, todo espaço consagrado, quer dizer, todo espaço no qual podem ter lugar as hierofanias e as teofanias e no qual se verifica uma possibilidade de ruptura de nível entre o Céu e a Terra.

Qualquer nova instalação humana é, em certo sentido, uma reconstrução do mundo (§ 151). Para poder *durar*, para ser *real*, a nova habitação ou a nova cidade devem ser projetadas, por meio do ritual da construção, no "centro do universo". Segundo inúmeras tradições, a criação do mundo começou num centro e, por essa razão, a construção da cidade deve também desenrolar-se em volta de um centro. Depois de ter aberto um fosso profundo (*fossa*), Rômulo encheu-o de frutos, cobriu-o de terra, erigiu por cima dele um altar (*ara*) e traçou com o arado o sulco dos limites de proteção (*designat moenia sulco*)[25]. O fosso era um *mundus* e, como observa Plutarco[26], "deu-se a este fosso, como ao próprio universo, o nome de mundo" (*mundus*). Este *mundus* era o lugar de interseção dos três níveis cósmicos[27]. É provável que o modelo primitivo de Roma tenha sido um quadrado inscrito num círculo: a difusão extremamente extensa da tradição gêmea do círculo e do quadrado leva a essa suposição[28].

Por outro lado, não devemos nos deixar iludir com a significação ctônica dos monumentos circulares gregos (*bothros, tholos, thymélê*)* tão vigorosamente manifestada pelas investigações recentes de F. Robert[29]. Resta saber se essa significação exclusiva não é, de fato, o resultado de uma "especialização" egéia, dado que os monumentos sagrados de qualquer espécie, mesmo os monumentos funerários (cf. o *stûpa* indiano), apresentam em geral um sentido cosmológico mais vasto: o de uma interseção de todos os níveis cósmicos que faz de cada construção um "centro". A África oferece-nos, a este respeito, um exemplo instrutivo em que o fator ctônico não oculta a inspiração cosmogônica. Trata-se do cerimonial de fundação das cidades no povo mande, que Frobenius descreve e que Jeanmaire e Kereni comparam, com justeza, ao cerimonial da fundação de Roma[30]. Este ritual africano, mesmo comportando elementos ctônico-agrários (sacrifício de touro e ereção de um altar falomorfo por cima do seu órgão gerador), repousa numa concepção cosmogônica. A fundação da nova cidade repete a criação do mundo; com efeito, uma vez o lugar validado ritualmente, ergue-se uma defesa em forma de círculo ou de quadrado, nela se abrindo quatro portas correspondentes aos quatro pontos cardeais. Ora, como já Usener[31] tinha mostrado, as cidades estão à semelhança do cosmos, repartidas em quatro; em outras palavras, elas são uma cópia do universo.

---

* *Bothros* = fossa; *tholos* = abóbada, cúpula; *thumélê* = altar. (N.T.)

143. O "centro do mundo" — Dado que o simbolismo do "centro" e suas implicações cosmológicas já foram objeto de vários estudos anteriores[32], mencionaremos aqui apenas alguns exemplos. Abarcando os fatos numa visão geral, pode-se dizer que o simbolismo em questão se articula em três conjuntos solidários e complementares: 1º., no centro do mundo encontra-se a "montanha sagrada", e é aí que o Céu e a Terra se encontram; 2º., qualquer templo ou palácio e, por extensão, qualquer cidade sagrada e qualquer residência real são assimilados a uma "montanha sagrada", sendo assim elevados a "centros"; 3º., por sua vez, sendo o templo ou a cidade sagrada o lugar por onde passa o *Axis mundi*, são por isso olhados como o ponto de junção do Céu, da Terra e do Inferno.

É assim que nas crenças indianas o monte Meru se ergue no meio do mundo e por cima dele brilha a estrela polar. Esta concepção é partilhada pelos povos uralo-altaicos, iranianos, germânicos[33]; ela aparece até entre os "primitivos", como os pigmeus de Malaca[34], e parece estar também presente no simbolismo dos monumentos pré-históricos[35]. Na Mesopotâmia, um monte central — a "montanha das terras" — une o Céu e a Terra[36]. Tabor, o nome da montanha palestina, poderia muito bem ser *tabbûr* e significar "umbigo", *omphalos*[37]; o monte Gerizim era designado "o umbigo da terra" (*tabbûr eres*)[38]. A Palestina, graças à sua condição de lugar mais elevado — encontra-se, efetivamente, perto do topo da montanha cósmica —, não foi inundada pelo dilúvio[39]. Para os cristãos, o Gólgota achava-se no centro do mundo: era, ao mesmo tempo, o cimo da montanha cósmica e o lugar onde Adão tinha sido criado e enterrado. De forma que o sangue do Salvador havia banhado o crânio de Adão, enterrado precisamente ao pé da Cruz, e o resgatado[40].

Sobre a semelhança dos templos e das cidades com a montanha cósmica, a terminologia mesopotâmica é clara: os templos chamam-se o "monte casa", a "casa do monte de todas as terras", o "monte das tempestades", a "ligação entre Céu e Terra" e outras designações[41]. Um cilindro do tempo do rei Gudea diz que "a câmara (do deus) que ele (rei) construiu era igual ao monte cósmico"[42]. Cada cidade oriental se encontrava no centro do mundo. Babilônia era uma Bâb-ilâni, uma "porta dos deuses", pois que era por ali que os deuses desciam à Terra. O zigurate mesopotâmico era — para dizê-lo com rigor — uma montanha cósmica (§ 31). O templo de Barabudur, que é também uma imagem do cosmos, é construído em forma de montanha[43]. Subindo-o, o peregrino aproxima-se do "centro do mundo" e, no terraço superior, realiza uma ruptura de nível, transcendendo o espaço profano, heterogêneo, e penetrando numa "terra pura".

As cidades e os lugares santos são assimilados aos cumes das montanhas cósmicas. Por isso Jerusalém e Sião não foram submersas pelo dilúvio. Por outro lado, segundo a tradição islâmica, o lugar mais elevado da terra é a Kaaba, porque a estrela polar indica que ela se acha em frente do centro do Céu[44]. Na capital do soberano chinês perfeito, o gnômon não deve projetar sombra no dia do solstício de verão, ao meio-dia. Esta capital acha-se, efetivamente, no centro do universo, perto da árvore miraculosa "pau erguido" (*Kien-mou*), no local onde se entrecruzam as três zonas cósmicas: Céu, Terra e Inferno[45].

Efetivamente, por se situarem no centro do cosmos, o templo ou a cidade sagrada são sempre o ponto de encontro de três regiões cósmicas. *Dur-an-ki*, "ligação entre o Céu e a Terra", era o nome dos santuários de Nippur, de Larsa e certamente também de Sippar[46]. Babilônia possuía uma infinidade de nomes, entre os quais "Casa da base do Céu e da Terra", "Ligação entre o Céu e a Terra"[47]. Mas era sempre em Babilônia que se fazia a ligação entre a Terra e as regiões inferiores, porque a cidade tinha sido construída sobre *bâb-apsî*, "porta de Apsu"[48], e *apsu* designava as águas do caos anterior à criação. Encontramos essa mesma tradição entre os hebreus. O rochedo de Jerusalém penetrava profundamente nas águas subterrâneas (*tehôm*). Está dito na Mishna que o Templo se encontra justamente por cima de *tehôm* (equivalente hebraico de *apsu*). E, tal como em Babilônia havia a "porta de *apsu*", também o rochedo de Jerusalém encerrava a "boca do *tehôm*"[49]. Encontram-se concepções idênticas no mundo romano. "Quando o *mundus* está aberto, é, por assim dizer, a porta das tristes divindades infernais que está aberta", diz Varrão[50]. Também o templo itálico era a zona de interseção dos mundos superior (divino), terrestre e subterrâneo.

Já observamos (§ 81) que o *omphalos* era encarado como o "umbigo da terra", quer dizer, como o "centro do universo". As valências ctônico-funerárias do *omphalos* não lhe impedem *a priori* toda a incidência cosmológica. O simbolismo do "centro" abarca noções múltiplas: a de ponto de interseção dos níveis cósmicos (de canal de junção entre o Inferno e a Terra)[51], a de espaço hierofânico e simultaneamente real, a de espaço "criacional'' por excelência, o único onde a criação *pode* começar. Por isso, vemos nas diversas tradições a criação partir de um ''centro'', pois que aqui se encontra a fonte de toda a realidade e, portanto, da *energia da vida.* Acontece mesmo de as tradições cosmológicas exprimirem o simbolismo do centro em termos que se diriam colhidos na embriologia: ''O Santíssimo criou o mundo como um embrião. Tal como o embrião cresce a partir do umbigo, também Deus começou a criar o mundo pelo umbigo e dali ele expandiu-se em todas as direções.''[52] Yoma afirma: ''O mundo foi criado a começar por Sião.''[53] Também no *Rig Veda* o universo é concebido como dilatando a sua extensão a partir de um ponto central[54].

A tradição budista apresenta-nos uma concepção idêntica: a criação parte de um cume, quer dizer, de um ponto que é, ao mesmo tempo, central e transcendente. ''Logo que nasce, o Bodhisattva assenta os pés completamente no chão e voltado para o Norte dá sete passadas, atinge o pólo e exclama: 'Sou eu que estou no topo do mundo... (*aggo'hjam asmi lokassa*), sou eu que sou o mais velho do mundo (*jettho' ham asmi lokassa*).' ''[55] Com efeito, ao atingir o cume cósmico, Buda torna-se *contemporâneo do começo do mundo.* De maneira mágica — pelo próprio fato de se inserir no ''centro'' donde saiu o universo —, Buda aboliu o tempo e a criação e encontra-se assim no instante atemporal que precede a cosmogonia[56]. Em breve nos daremos conta de que a abolição do tempo profano e a inserção em *illo tempore* mítico da cosmogonia estão implícitas em qualquer ''construção'' e em qualquer contato com um ''centro''.

Visto que a criação do mundo começa num certo centro, a do homem só poderia ter lugar neste mesmo ponto, *real e vivo* no mais alto grau. Segundo a tradição mesopotâmica o homem foi feito no ''umbigo da Terra'' em *Uzu* (carne) *Sar* (ligação) *Ki* (lugar, terra), no local onde se encontra também *Dur-an-ki*, a ''ligação entre o Céu e a Terra''[57]. Ormuzd criou o boi primordial, Evagdâth, assim como o homem primordial, Gayomard, no centro do mundo[58]. O paraíso onde Adão foi criado a partir do barro encontra-se, bem entendido, no centro do cosmos. O paraíso era o ''umbigo da terra'' e, segundo uma tradição síria, achava-se ''sobre uma montanha mais alta do que todas as outras''[59]. Segundo o livro sírio *A Caverna dos Tesouros*, Adão foi criado no centro da Terra, no próprio local onde mais tarde haveria de se erguer a Cruz de Jesus[60]. As mesmas tradições foram conservadas pelo judaísmo[61]. O Apocalipse judaico e os *misdrashim* dizem, de modo preciso, que Adão foi criado em Jerusalém[62]. Tendo sido Adão enterrado no próprio local onde foi criado, quer dizer, no centro do mundo, no Gólgota, o sangue do Salvador — como já mencionamos — resgatou-o diretamente.

144. Modelos cósmicos e ritos de construção — A cosmogonia é o modelo de todas as construções. Construir uma cidade, uma nova casa, é imitar mais uma vez e, em certo sentido, repetir a criação do mundo. Com efeito, cada cidade, cada casa, encontra-se no "centro do universo" e, nessas circunstâncias, a sua construção só é possível graças à abolição do espaço e do tempo profanos e à instauração do espaço e do tempo sagrados[63]. A casa é um microcosmos, do mesmo modo que a cidade é sempre uma *imago mundi*. O umbral separa os dois espaços, o lar é assimilado ao centro do mundo. O poste central da habitação dos povos primitivos (*Urkultur* da escola Graebner-Schmidt) árticos e norte-americanos (samoiedos, ainos, californianos do norte e do centro, algonquinos) é assimilado ao eixo cósmico. Quando a forma da habitação varia (por exemplo, entre os pastores-criadores de gado da Ásia Central) e a casa é substituída pela iurta, a função mítico-religiosa do pilar central é assegurada pela abertura superior destinada à saída da fumaça. Por ocasião dos sacrifícios, introduz-se na iurta uma árvore cuja copa sai por aquela abertura[64]. A árvore do sacrifício, com os seus sete ramos, simboliza as sete esferas celestes. Assim, por um lado, a casa é homóloga do universo e, por outro, é encarada como estando situada no "centro" do mundo, achando-se a abertura para a saída de fumaça em frente da estrela polar. Cada habitação, pelo paradoxo da consagração do espaço e pelo rito de construção, se vê transformada num "centro". De forma que todas as casas, como todos os templos, palácios e cidades, se acham situadas num único e mesmo ponto comum, o centro do universo. Trata-se, como se deixa perceber, de um espaço transcendente, de uma estrutura diferente do espaço profano, compatível com uma multiplicidade e mesmo com uma infinidade de "centros".

Na Índia, no momento de se proceder à construção da casa, o astrólogo determina qual pedra da fundação se deve colocar sobre a cabeça da serpente que suporta o mundo. O mestre pedreiro coloca uma estaca no local designado, de modo a "fixar" bem a cabeça da serpente ctônica e a evitar os tremores de terra[65]. Não só a construção da casa se situa no centro do mundo como ela repete ainda, em certo sentido, a cosmogonia. Sabe-se, efetivamente, que em muitas mitologias os mundos saíram do desmembramento de um monstro primordial, geralmente em forma de serpente. Tal como todas as habitações se encontram magicamente no "centro do mundo", também a sua construção se insere no *mesmo momento* auroral da criação dos mundos (§§ 152 s.). O tempo mítico, como o espaço sagrado, *repete-se* até o infinito, por ocasião de cada nova obra do homem.

145. Simbolismo do "centro" — Grande número de mitos e de lendas fazem intervir uma árvore cósmica que simboliza o universo (os sete ramos correspondem aos sete céus), uma árvore ou uma coluna central que sustenta o mundo, uma árvore da vida ou uma árvore miraculosa que dá a imortalidade aos que provam os seus frutos (§§ 97 s.). Cada um desses mitos e lendas verifica a teoria do "centro", no sentido de que a árvore incorpora a realidade absoluta, a fonte da vida e da sacralidade, e, nesta qualidade, se acha no centro do mundo. Quer se trate de uma árvore cósmica ou de uma árvore da vida imortal ou do conhecimento do bem e do mal, o caminho que conduz até ela é "um caminho difícil", semeado de obstáculos: a árvore acha-se em regiões inacessíveis e é guardada por monstros (§ 108). Não é dado a qualquer pessoa chegar até ela nem, se acaso o conseguir, sair vitorioso do duelo que terá de travar com o monstro que a guarda. Cabe aos "heróis" vencer esses obstáculos e matar o monstro que defende as imediações da árvore ou da planta da imortalidade, dos pomos de ouro, do velo de ouro, etc. Como pudemos verificar pelos capítulos anteriores, o símbolo que incorpora a realidade absoluta, a sacralidade e a imortalidade é de difícil acesso. Os símbolos dessa espécie situam-se num "centro", quer dizer, estão sempre bem defendidos e o chegar até eles equivale a uma iniciação, a uma conquista ("heróica" ou "mística") da imortalidade.

Sem pretender fazer juízos prematuros sobre a significação e a função originais do labirinto, não há dúvida de que elas incluíam a idéia de defesa de um "centro". *Ninguém* podia ter a pretensão de penetrar num labirinto ou sair dele incólume: a entrada tinha o valor de uma iniciação. Quanto ao "centro", ele comportava, evidentemente, figurações muito diferentes. O labirinto podia defender uma cidade, um túmulo ou um santuário, mas em qualquer dos casos defendia um espaço mágico-religioso que se pretendia tornar inviolável aos não-iniciados[66]. A função militar do labirinto era apenas uma variante da sua função essencial de defesa contra o "mal", os espíritos hostis e a morte. Em linguagem militar, um labirinto impedia ou, pelo menos, dificultava a penetração do inimigo, mesmo permitindo a entrada àqueles que conheciam o plano das obras defensivas. Em linguagem religiosa, impedia o acesso da cidade aos espíritos de fora, aos demônios do deserto, à morte. O "centro" abarcava, então, todo o conjunto da cidade, cuja configuração reproduzia, como vimos, o próprio universo.

Mas, muitas vezes, o labirinto tinha por finalidade defender um "centro" na acepção inicial e rigorosa do termo, quer dizer, representava o acesso iniciático à sacralidade, à imortalidade, *à realidade absoluta*. Os rituais labirínticos em que se baseia o cerimonial de iniciação (por exemplo, em Malekula) têm justamente como objetivo ensinar ao neófito, no decurso da sua vida neste mundo, a maneira de penetrar, sem se perder, nos territórios da morte. O labirinto, tal como as outras provas iniciáticas, é uma prova difícil que nem todos podem vencer. De certa maneira, a experiência iniciática de Teseu no labirinto de Creta equivalia à expedição ao Jardim das Hespérides em busca dos pomos de ouro, ou à do velo de ouro da Cólquida. Cada uma dessas provas se resumia, para falar em termos de morfologia, em penetrar vitoriosamente num espaço dificilmente acessível e bem defendido, no qual se encontrava um símbolo mais ou menos transparente do *poder*, da *sacralidade* e da *imortalidade*.

Mas este "itinerário difícil" não se verifica só nas provas de iniciação ou heróicas já mencionadas. Vamos encontrá-lo em muitas outras circunstâncias. Mencionemos, a título de exemplo, as circunvoluções complicadas de certos templos como o de Barabudur, a peregrinação aos lugares santos (Meca, Hardwar, Jerusalém), as tribulações do asceta sempre em busca do caminho para ele próprio, para o "centro" do seu ser... A estrada é penosa, semeada de perigos, pois se trata, de fato, de um rito de passagem do profano para o sagrado, do efêmero e do ilusório para a realidade e para a eternidade, da morte para a vida, do homem para a divindade. O acesso ao "centro" equivale a uma consagração, a uma iniciação. À existência de ontem, profana e ilusória, sucede uma nova existência, real, durável e eficaz.

Examinada mais de perto, a dialética dos espaços sagrados e, em primeiro lugar, do "centro", parece contraditória. Todo um conjunto de mitos, de símbolos e de rituais sublinham a dificuldade de penetrar, sem perigo, num "centro", mas, por outro lado, uma série de mitos, de símbolos e de rituais estabelece que este "centro" é facilmente acessível. A peregrinação aos lugares santos é difícil, mas qualquer visita a uma igreja é uma peregrinação. A árvore cósmica é, pode-se dizer, inacessível, mas é perfeitamente legítimo introduzir-se em qualquer iurta uma árvore equivalente a ela. O itinerário que conduz ao "centro" está cheio de obstáculos, e, no entanto, cada cidade, cada templo, cada habitação *se acha* no centro do universo. Penetrar num labirinto e regressar dele, tal é o rito iniciático por excelência, e no entanto toda existência, mesmo a menos movimentada, é suscetível de ser assimilada ao caminhar num labirinto. Os sofrimentos e as provações por que passou Ulisses são fabulosos e, no entanto, qualquer *regresso ao lar* "vale" o regresso de Ulisses a Ítaca.

146. A "nostalgia do Paraíso" — Em resumo, todos os simbolismos e assimilações que analisamos provam que o homem, por diferentes que sejam qualitativamente o espaço sagrado e o profano, só *pode viver num espaço sagrado desse gênero*. E sempre que este não se lhe revele através de uma hierofania, ele o constrói aplicando os cânones cosmológicos e geomânticos. Desse modo, se bem que o "centro" seja concebido como situado "algures", onde só alguns iniciados podem ter esperanças de penetrar, não deixa, por isso, de se julgar construída cada casa neste *mesmo centro do mundo*. Poderíamos dizer que um grupo de tradições atesta o desejo do homem de se encontrar *sem esforço* no "centro do mundo", enquanto outro grupo insiste na *dificuldade* e, por conseguinte, no *mérito* que há em penetrar nele. Não nos interessa, por ora, fazer a história de cada uma dessas tradições. O fato de a primeira delas — a que facilita a construção do "centro" na própria casa do homem — se encontrar quase por toda a parte leva-nos a encará-la, se não imediatamente como a mais primitiva, pelo menos como significativa, característica do conjunto da humanidade. Ela faz ressaltar e trai uma condição determinada do homem no cosmos a que poderíamos designar "*nostalgia do Paraíso*". Entendemos com isso o desejo experimentado pelo homem de se achar *sempre e sem esforço* no coração do mundo, da realidade e da sacralidade e, em suma, de superar de maneira natural a condição humana e recobrar a condição divina ou, como diria um cristão, a condição anterior à queda.

Além disso, a assimilação do pilar da casa ao eixo do mundo nas populações que pertencem às culturas primitivas, da mesma forma que a crença estudada algures[67] relativa à junção mais ou menos fácil do Céu e da Terra, autorizam-nos a afirmar que o desejo que o homem tem de se colocar, de maneira natural e permanente, num espaço sagrado, no "centro do mundo", era mais fácil de satisfazer no quadro das sociedades arcaicas do que nas civilizações que lhes sucederam. Este resultado torna-se, com efeito, cada vez mais difícil de conseguir. Os mitos de "heróis", que são os únicos que penetram num "centro", tornam-se tanto mais freqüentes quanto as civilizações que os produzem ou propagam são mais evoluídas. As noções de mérito, de coragem, de personalidade enérgica, de provas iniciáticas, desempenham um papel de crescente importância e são sustentadas e servidas pela crença cada vez maior na magia e na idéia de personalidade.

Mas nos dois casos a *nostalgia do Paraíso* revela-se-nos com igual intensidade. Mesmo onde se verifica o domínio da tradição de um "centro" muito defendido, se encontram, em grande número, "equivalentes" deste centro situados em níveis cada vez mais acessíveis. Poder-se-ia mesmo falar de "duplos fáceis" do "centro", tal como vimos (§ III) que a árvore da vida e a planta da imortalidade têm "duplos fáceis" na magia, na farmacologia e na medicina popular, no sentido de que *qualquer* planta mágica ou medicinal pode fazer as vezes delas. Em resumo, qualquer que seja o ângulo por que se encare, a dialética das espécies sagradas denuncia sempre a "nostalgia do Paraíso".

São fatos ricos de interesse: anunciam e dão mesmo uma contribuição preciosa para o estabelecimento de uma autêntica antropologia filosófica. Eles têm, acima de tudo, o mérito de revelar, numa humanidade que está ainda, para usar uma expressão alheia, "ao nível etnográfico", uma posição espiritual que só pela pobreza dos meios de expressão — reduzidos a símbolos, ritos e "superstições" — se distingue dos sistemas elaborados e logicamente coerentes da teologia e da metafísica. Mas precisamente esta indigência e esta vulgaridade dos meios de expressão dão um peso particular à atitude espiritual que exprimem. A sua autenticidade, a função importante que eles desempenham na vida dos povos primitivos e semicivilizados provam, em todo caso, que os problemas da metafísica e da teologia estão longe de serem uma invenção recente do espírito humano ou de representarem uma fase aberrante ou transitória na história espiritual da humanidade.

Mas a dialética paradoxal do espaço sagrado — acessível e inacessível, único e transcendente por um lado, "repetível" sem restrições por outro lado — deve ainda ser estudada de outro ponto de vista. Ela cabe sem dificuldade no que chamamos a ambivalência do sagrado (§§ 6 s.). Vimos que o sagrado atrai e repele, é útil e perigoso, tanto dá a morte como a imortalidade. Essa ambivalência desempenha também o seu papel na criação da morfologia densa e contraditória dos espaços sagrados. As qualidades negativas dos espaços sagrados (inacessíveis, perigosos, guardados por monstros) podem ser explicadas, sem dúvida alguma, pela morfologia "terrível" do sagrado (tabu, perigoso...) e vice-versa.

Convém, por fim, dizer uma palavra acerca dos "duplos fáceis do espaço sagrado" e, em particular, do "centro". A sua fabricação em série, e em planos cada vez mais "baixos", "acessíveis" (graças a múltiplas assimilações *tudo* é suscetível de se tornar um "centro", um labirinto, um símbolo de imortalidade), atesta uma reprodução, diríamos mecânica, de um único e mesmo arquétipo em variantes cada vez mais "localizadas" e mais "grosseiras". Não podemos ocupar-nos mais aqui da estrutura e da função destes arquétipos, que já encontramos várias vezes em outros capítulos deste livro: qualquer árvore é suscetível de se tornar árvore cósmica, qualquer água é identificável com as águas primordiais. Consagramos a este problema um estudo especial e teremos ocasião de voltar a ele[68]. Basta sublinhar que a "dinâmica" e a "fisiologia" dos espaços sagrados permite constatar a existência de um espaço sagrado como arquétipo que as hierofanias e a consagração de qualquer espaço procuram "realizar". A multiplicidade dos "centros" explica-se, como vimos, pela estrutura do espaço sagrado que admite a coexistência de uma "infinidade" de "lugares" num mesmo centro. Quanto à "dinâmica", à "realização" dessa multiplicidade, ela é possível graças à repetição de um arquétipo. Que o arquétipo possa repetir-se ao nível que se queira, e mesmo em formas grosseiras, já o vimos (a árvore sagrada, as águas sagradas), e não é aliás o fato de o arquétipo ser suscetível de imitações (repetições) grosseiras que parece significativo, mas o fato de o homem *tender*, mesmo nos mais baixos níveis da sua experiência religiosa "imediata", a *aproximar-se* desse arquétipo e a *realizá-lo*. Se há um sinal revelador do lugar do homem no cosmos, não é, por exemplo, a possibilidade de a árvore de vida ser rebaixada a uma superstição mágico-medicinal qualquer, nem a possibilidade, para o símbolo do centro, de se degradar num "duplo fácil", como é o do lar. Não: é mais propriamente *a necessidade que o homem experimenta constantemente de realizar os arquétipos* até os níveis mais vis e mais "impuros" da sua existência imediata; é mais propriamente esta nostalgia das formas transcendentes — neste caso, do espaço sagrado.

XI

O tempo sagrado e o mito do eterno recomeço

147. Heterogeneidade do tempo — O problema que abordamos no presente capítulo é dos mais difíceis da fenomenologia religiosa. A dificuldade não está apenas numa diferença de estrutura entre o tempo mágico-religioso e o tempo profano; ela reside ainda no fato de *a própria experiência do tempo* como tal nos povos primitivos não equivaler sempre à experiência do tempo de um ocidental moderno. Por um lado, pois, o tempo sagrado opõe-se à *duração profana* e, por outro lado, esta mesma *duração* apresenta tipos diferentes de estrutura, segundo se trate de sociedades arcaicas ou de sociedades modernas. É difícil decidir, de momento, se esta diferença provém do fato de a experiência do tempo profano, nos primitivos, não se ter ainda desligado das categorias do tempo mítico-religioso. Mas é um fato que esta experiência do tempo deixa, por assim dizer, ao primitivo uma "abertura" permanente sobre o tempo religioso. Simplificando a exposição e antecipando um tanto os resultados do nosso estudo, poderíamos dizer que a própria estrutura da experiência temporal do primitivo lhe facilita a transformação da duração em tempo sagrado. No entanto, como esse problema tem interesse em especial para a antropologia filosófica e para a sociologia, só nos ocuparemos dele aqui na medida em que ele nos imponha a discussão do tempo hierofânico.

O problema que aqui nos ocupa é, com efeito, o seguinte: em que se distingue um tempo sagrado da duração "profana" que o precede e que lhe sucede? O termo "tempo hierofânico", como veremos, abrange realidades muito variadas. Pode designar o tempo no qual se coloca a celebração de um ritual e que é, por isso, um *tempo sagrado*, quer dizer, um tempo essencialmente diferente da duração profana que o antecede. Pode também designar o tempo mítico, ora reavido graças ao intermédio de um ritual, ora realizado pela *repetição* pura e simples de uma ação provida de um arquétipo mítico. Enfim, pode ainda designar os ritmos cósmicos — por exemplo, as hierofanias lunares — na medida em que esses ritmos são considerados revelações — quer dizer, manifestação, *ações* — de uma sacralidade fundamental subjacente ao cosmos. Assim, um momento ou uma porção de tempo pode tornar-se, *a qualquer momento*, hierofânica: basta que se produza uma cratofania, uma hierofania ou uma teofania para que ele seja transfigurado, consagrado, comemorado por efeito da sua repetição e, por conseguinte, "repetível" até o infinito. Todo o tempo, qualquer que ele seja, se *abre* para um tempo sagrado ou, por outras palavras, pode revelar aquilo a que chamaríamos, em expressão cômoda, o *absoluto*, quer dizer, o sobrenatural, o sobre-humano, o supra-histórico.

Para a mentalidade primitiva, o tempo não é homogêneo. Sem falar das suas eventuais hierofanizações, o tempo como tal apresenta-se em várias formas, de intensidade variada e finalidade múltipla. Lévy-Bruhl, após Hardeland, distinguiu entre os dayak cinco tempos diferentes cuja finalidade diversifica a duração de um mesmo dia, neste caso o domingo: "1º O nascer do Sol, favorável ao começo de qualquer operação. As crianças que nascem a esta hora são felizes. Convém, no entanto, não ir à caça, à pesca nem partir em viagem em tal momento, pois que não se seria bem-sucedido. 2º Por volta das nove horas da manhã é um momento de infelicidade, pois que tudo o que se comece então está voltado ao fracasso; no entanto, quem se meta aos caminhos não terá que temer os salteadores. 3º Meio-dia: 'tempo' muito favorável. 4º Três horas da tarde: momento da luta, propício aos inimigos, aos salteadores, aos caçadores, aos pescadores, funesto para os viajantes. 5º O pôr-do-Sol: momento feliz."[1]

Os exemplos são abundantes. Todas as religiões conhecem dias fastos e dias nefastos, momentos ótimos no decurso de um mesmo dia fasto, períodos de tempo "concentrado" e de tempo "diluído", de tempo "forte" e de tempo "fraco"... Uma característica chama desde já a nossa atenção, a saber, que o tempo aparece como não homogêneo antes mesmo de todas as valorizações que ele possa receber no quadro de um determinado sistema ritual: alguns períodos são fastos, outros nefastos. Por outras palavras, o tempo desvenda uma nova dimensão que podemos designar de hierofânica e graças à qual a duração em si adquire não só uma cadência particular mas também "vocações" diversas, "destinos" contraditórios. Evidentemente, esta dimensão hierofânica do tempo pode ser revelada, "causada", pelos ritmos cósmicos, como no caso dos cinco tempos dos dayak, ou das crises solsticiais, das fases da Lua, como pode também ser "causada" pela própria vida religiosa das sociedades humanas, sob a forma, por exemplo, das festas de inverno concentradas na estação morta da vida agrícola.

Alguns autores destacaram recentemente a origem social dos ritmos sacrotemporais — por exemplo, Marcel Mauss e Marcel Granet. Não se pode, por isso, contestar que os ritmos cósmicos tenham também desempenhado um papel preponderante na "revelação" e na organização destes sistemas. Basta lembrar a importância das valorizações religiosas do drama lunar (§§ 47 s.) ou vegetal (§ 139) no destino espiritual do homem arcaico. As idéias de ritmo e repetição, a que voltaremos no decurso deste capítulo, podem ser consideradas uma "revelação" das hierofanias lunares, independente de eventuais exemplificações do ritmo e da repetição no quadro da vida social como tal. Já se disse que a "origem" social do cômputo do tempo sagrado é confirmada pelo desacordo que se verifica entre os calendários sagrados e os ritmos cósmicos[2]. De fato, essa divergência não anula, de forma alguma, a solidariedade dos sistemas de cômputo e dos ritmos cósmicos; ela prova simplesmente, por um lado, a inconsistência dos cômputos e das cronometrias primitivas e, por outro lado, o caráter não "naturalista" da religiosidade arcaica, cujas festas não visam o fenômeno natural em si mesmo mas seu alcance religioso.

As hierofanias vegetais deram-nos ocasião para sublinhar quanto o lugar da festa da primavera no calendário é variável. Também mostramos que o que caracteriza esta festa da primavera é a significação metafísico-religiosa do *renascimento* da natureza e da *renovação* da vida, e não o fenômeno "natural" da primavera como tal. Não é porque um calendário não tem como modelo o tempo astronômico que o tempo sagrado deve organizar-se sempre independentemente dos ritmos cósmicos. O que se passa é que esses ritmos são valorizados apenas na medida em que são hierofanias e que essa hierofanização os liberta do tempo astronômico que lhes serviu, por assim dizer, de matriz. Um "sinal" da primavera pode "revelar" a *primavera* antes de a "primavera natural" se fazer sentir (§ 123), o que não impede o sinal de marcar o *começo* de uma nova "era" que a "primavera natural" logo verificará, não tanto como fenômeno da natureza mas como *renovação, recomeço* total da vida cósmica. Bem entendido, a idéia de renovação comporta uma renovação individual e social concomitantes à restauração do cosmos. Não é a primeira vez que nos é dado neste livro sublinhar que, aos olhos da espiritualidade arcaica, todos os objetos se encontram e todos os planos se correspondem.

148. Solidariedade e contigüidade dos tempos hierofânicos — A heterogeneidade do tempo, a sua divisão em "sagrado" e "profano" não implicam apenas "cortes" periódicos praticados na duração profana a fim de nela se inserir o tempo sagrado, implicam também que essas inserções do tempo sagrado sejam solidárias, diríamos mesmo contínuas. A liturgia cristã de um determinado domingo é solidária da liturgia do domingo anterior e da do domingo seguinte. Não só o tempo sagrado que vê o mistério da transubstanciação do pão e do vinho no corpo e no sangue do Salvador é qualitativamente diferente, como um enclave entre o presente e o futuro, da duração profana de que se destaca; não só este tempo sagrado é solidário do das liturgias precedentes e seguintes, como pode, além disso, ser tido como continuação de todas as liturgias que se realizaram desde o momento em que foi criado o mistério da transubstanciação até o minuto presente. Pelo contrário, a duração profana que se escoa entre dois serviços divinos não poderia apresentar contigüidade alguma com o tempo hierofânico do rito, dado que não foi transfigurada em tempo sagrado: essa duração corre, por assim dizer, paralelamente ao tempo sagrado que se nos revela como um *continuum* que só aparentemente é interrompido pelos intervalos profanos.

O que é verdadeiro para o tempo do culto cristão vale igualmente para todos os tempos que a religião, a magia, o mito e a lenda conhecem. Um ritual não se limita a repetir o ritual precedente — que é, ele próprio, a repetição de um arquétipo: ele lhe é contíguo e continua-o, periodicamente ou não. A colheita das plantas mágicas faz-se nos momentos críticos que marcam uma ruptura de nível entre o tempo profano e o tempo mágico-religioso, por exemplo, à meia-noite do dia de S. João. Durante alguns segundos — é o caso da "erva dos ferros", dos fetos — as crenças populares pretendem que "os céus se abrem": as plantas mágicas adquirem então virtudes excepcionais, e aquele que as colhe nesse momento pode tornar-se invulnerável, invisível, etc...

Esses segundos hierofânicos repetem-se todos os anos. Na medida em que eles constituem uma "duração" de estrutura sagrada — mas uma duração apesar de tudo —, pode-se dizer que eles *se continuam*, que, ao longo de anos e séculos, eles formam um único "tempo". Isto não impede que, aparentemente, eles se repitam periodicamente. Poderíamos imaginá-los como uma abertura "fulgurante" sobre o Grande Tempo, abertura que permite a este paradoxal segundo do tempo mágico-religioso penetrar na duração profana. As idéias de periodicidade e de repetição ocupam um lugar considerável não só na mitologia mas também no folclore. "Nas lendas de castelos, cidades, mosteiros, igrejas desaparecidos, a maldição nunca é definitiva: ela renova-se periodicamente — todos os anos, de sete em sete anos, de nove em nove anos, à data da catástrofe, a cidade ressuscita, os sinos tangem, a castelã sai da sua reclusão, os tesouros abrem-se, os guardiães adormecem: mas, na hora marcada, o sortilégio cessa e tudo se extingue. Estas repetições periódicas bastam para mostrar que as mesmas datas reproduzem os mesmos fatos."[3]

149. Periodicidade — eterno presente — Na religião como na magia a periodicidade significa sobretudo a utilização indefinida de um tempo mítico *tornado presente*. Todos os rituais têm a propriedade de se passarem *agora, neste instante*. O tempo que viu o acontecimento comemorado ou repetido pelo ritual em questão é *tornado presente*, "re-presentado", se assim se pode dizer, tão recuado no tempo quanto se possa imaginar. A paixão de Cristo, a sua morte e a sua ressurreição não são simplesmente comemoradas no decurso dos ofícios da Semana Santa: elas sucedem verdadeiramente *então* sob os olhos dos fiéis. E um verdadeiro cristão deve sentir-se *contemporâneo* desses acontecimentos *trans-históricos*, visto que, ao repetir-se, o tempo teofânico se lhe torna presente.

O mesmo se dirá da magia. Vimos a feiticeira partir à procura dos simples, dizendo: "Vamos colher plantas para pô-las nas chagas do Senhor.'' Pela virtude do rito mágico, a feiticeira torna-se contemporânea da Paixão do Senhor; as plantas que ela colhe devem a sua eficácia ao fato de que *são* colocadas — ou em todo o caso *podem ser* colocadas — sobre as chagas do Salvador ou ao pé da Cruz. O quadro temporal de encantação é da ordem do presente. Conta-se que a curandeira encontra a Virgem Santa ou outros santos, que a Virgem é informada da doença de X... e que ela indica o remédio... Limitemo-nos a citar um exemplo, recolhido no tesouro particularmente abundante do folclore romeno. ''Reuniram-se nove irmãos, de nove pais diferentes, todos com a mesma roupa, com nove enxadas amoladas, com nove machados afiados; foram até o meio da ponte de bronze; aí encontraram Santa Maria, que descia por uma escada de cera e se pôs a perguntar-lhes: — Onde vão vocês, os nove irmãos, de nove pais diferentes, todos com a mesma roupa? — Vamos ao Monte da Galiléia cortar a Árvore do Paraíso. — Deixem a Árvore do Paraíso. Vão à casa de Ion por causa das feridas dele; retalhem-nas, cortem-nas e deitem-nas ao fundo do mar.''[4] A cena passa-se num tempo mítico em que a árvore do Paraíso não estava ainda cortada e, não obstante, ela tem lugar *agora*, neste momento preciso em que alguém sofre das suas pústulas. A encantação não se limita a invocar o poder da Virgem Santa, porque todos os poderes, mesmo divinos, se diluem e se perdem desde que se exerçam na duração profana; ela instaura um outro tempo, o tempo mágico-religioso, um tempo em que os homens *podem* ir cortar a árvore do Paraíso e em que a Virgem Santa *desce* em pessoa por uma escada celeste. E esta instauração não é alegórica mas real: Ion e a sua doença são contemporâneos do encontro da Virgem com os nove irmãos. Esta contemporaneidade com os grandes momentos míticos é uma condição indispensável da eficácia mágico-religiosa, qualquer que seja a sua natureza. Encarado a esta luz, o esforço de Sören Kirkegaard para traduzir a condição cristã na fórmula ''ser contemporâneo de Jesus'' mostra-se menos revolucionário do que parece à primeira vista. Kirkegaard não fez mais do que formular em termos novos uma atitude geral e normal do homem arcaico.

Periodicidade, repetição, eterno presente: estas três características do tempo mágico-religioso concorrem para esclarecer o sentido da não-homogeneidade deste tempo cratofânico e hierofânico em relação à duração profana. Da mesma forma que todas as outras atividades essenciais da vida humana — pesca, caça, colheita de frutos, agricultura — se tornaram, depois, se bem que sempre incompletamente, atividades "profanas", os ritos foram revelados por deuses ou por "antepassados". Sempre que se repete o rito ou um ato significativo — caça, por exemplo —, imita-se o gesto arquetípico do deus ou do antepassado, o gesto que teve lugar na *origem* dos tempos, quer dizer, num tempo mítico.

Mas essa repetição tem, ao mesmo tempo, como efeito instaurar o tempo mítico dos deuses e dos antepassados. É assim que, na Nova Guiné, ao fazer-se ao mar, o chefe de um barco personifica o herói mítico Aori: "Ele veste o traje que Aori vestia segundo o mito e tem, como este, a cara escurecida e nos cabelos um *love* semelhante ao que Aori arrancou da cabeça de Iviri. Ele dança e abre os braços como Aori estendia as asas... Um pescador disse-me que quando ia pescar (com arco) se julgava o próprio Kivavia. Não implorava a graça e a ajuda deste herói mítico: identificava-se com ele."[5] Em outras palavras, o pescador vive no tempo mítico de Kivavia, da mesma forma que o marinheiro que se identifica com Aori vive no tempo trans-histórico desse herói. Quer ele *se torne* o próprio herói, quer ele se torne apenas seu *contemporâneo*, o melanésio vive um *presente mítico* que é impossível confundir com qualquer duração profana. Ao repetir um gesto-arquétipo, ele insere-se num tempo sagrado a-histórico, e esta inserção só pode acontecer se o tempo profano for abolido. Veremos adiante a importância que tem essa abolição para o homem arcaico.

150. Restauração do tempo mítico — Por meio de qualquer rito e, por conseguinte, por meio de qualquer gesto significativo — caça, pesca... — o primitivo insere-se no "tempo mítico". Porque "a época mítica", *dzugur*, não deve ser pensada simplesmente como um tempo passado, mas também como presente e futuro: como um estado tanto como um período[6]. Este período é "criador", no sentido de que é, então, *in illo tempore*, que tiveram lugar a criação e a organização do cosmos, da mesma forma que a revelação, pelos deuses, ou pelos antepassados, ou pelos heróis civilizadores, de todas as atividades arquetípicas. *In illo tempore*, na época mítica, tudo era possível. As "espécies" não estavam ainda fixadas e as formas eram "fluidas". (A lembrança dessa fluidez denuncia uma sobrevivência até mesmo nas tradições mitológicas elaboradas: na mitologia grega, por exemplo, a época de Urano, a de Cronos, etc., § 23.) Por outro lado, a própria fluidez das "formas" constitui, na outra extremidade do tempo, uma das síndromes do "eschaton", do momento em que "a história" chegará ao fim e em que o mundo começará a viver num tempo sagrado, na eternidade. "Então, o lobo viverá com o cordeiro, e o leopardo com o cabrito..."[7] Então, *nec magnos metuent armenta leones*, "as manadas de bois não temerão os leões"[8].

Não é demais sublinhar a tendência — observável em qualquer sociedade, seja qual for o seu grau de evolução — para *restaurar "aquele tempo"*, o tempo mítico, o Grande Tempo. Porque essa restauração é o resultado de todo rito e de todo gesto significativo, sem distinção. "Um rito é a repetição de um fragmento do tempo original"; "o tempo original serve de modelo para todos os tempos; o que sucedeu um dia repete-se sem interrupção; basta conhecer o mito para compreender a vida."[9] A propósito da articulação e da significação do mito, avaliaremos o grau exato de verdade que há na expressão de Van der Leeuw: "basta conhecer o mito para compreender a vida". Registremos, por ora, essas duas características do tempo mítico ou, segundo os contextos, sagrado, mágico-religioso, hierofânico: 1º, a sua "repetibilidade", no sentido de que toda ação significativa o reproduz; 2º, o fato de que, se bem que considerado trans-histórico, situado além de toda contingência, de certo modo, mesmo na eternidade, este tempo sagrado tem, *na história*, um "começo", a saber: o momento em que a divindade criou o mundo ou o organizou, o momento em que o herói civilizador ou o antepassado revelaram uma atividade qualquer...

Do ponto de vista da espiritualidade arcaica, todo começo é um *illud tempus* e, portanto, uma abertura para o Grande Tempo, para a eternidade. Marcel Mauss viu bem que "as coisas religiosas que se passam no tempo são legítima e logicamente consideradas como se se passassem na eternidade"[10]. Efetivamente, cada uma dessas "coisas religiosas" repete sem fim o arquétipo, quer dizer, repete o que teve lugar no "começo", no momento em que, ao se revelarem, um rito ou um gesto religioso se manifestaram, ao mesmo tempo, na história.

Como mostraremos mais pormenorizadamente na seqüência desta obra, a história, na perspectiva da mentalidade primitiva, coincide com o mito: todo *acontecimento* (toda conjuntura dotada de sentido), pelo próprio fato de *se ter produzido no tempo*, representa uma ruptura da duração profana e uma invasão do Grande Tempo. Como tal, todo acontecimento, simplesmente porque se verificou, porque teve lugar no tempo, é uma hierofania, uma "revelação". O paradoxo desse "acontecimento-hierofania" e desse "tempo histórico = tempo mítico" é apenas aparente: para dissipar o que há nele de aparência basta que nos coloquemos nas condições particulares da mentalidade que os concebeu. Porque, no fundo, o primitivo só encontra significação e interesse nas ações humanas (por exemplo, nos trabalhos agrícolas, nos costumes sociais, na vida sexual, na cultura) na medida em que elas repetem gestos revelados pelas divindades, pelos heróis civilizadores ou pelos antepassados. O que não cabe no quadro dessas ações significativas, dado que não tem modelo trans-humano, não tem nome nem importância. Mas todas essas ações arquetípicas foram reveladas então, *in illo tempore*, num tempo que não é possível situar cronologicamente, num tempo mítico. Ao se revelarem, rasgaram a duração profana e introduziram nela o tempo mítico. Mas, ao mesmo tempo, criaram um "começo", um "acontecimento" que vem inserir-se na perspectiva triste e uniforme da duração profana — da duração na qual aparecem e desaparecem os atos insignificantes — e constrói, desse modo, a "história", a série dos "acontecimentos dotados de um sentido", bem diferente da seqüência dos gestos automáticos e sem significação. De forma que, por paradoxal que pareça, aquilo a que poderíamos chamar a "história" das sociedades primitivas reduz-se exclusivamente aos acontecimentos míticos que tiveram lugar *in illo tempore* e que não deixaram de se repetir desde então até os nossos dias. Tudo quanto aos olhos do homem moderno é verdadeiramente "histórico", quer dizer, único e irreversível, é considerado pelo primitivo como destituído de importância, porque não tem precedente mítico-histórico.

151. Repetição não periódica — Essas observações contribuem, em igual medida, para a inteligência do mito (§§ 156 ss.) e para a explicação do tempo mítico, hierofânico, mágico-religioso, que é o principal objeto deste capítulo. Estamos daqui em diante em condições de compreender por que razão o tempo sagrado, religioso, não se reproduz sempre periodicamente. Se determinada festa (situada, bem entendido, num tempo hierofânico) se repete periodicamente, há outras ações aparentemente profanas — mas só aparentemente — que, mesmo fazendo-se passar por "inauguradas" em um *illud tempus*, podem ter lugar *não importa quando*. É "*não importa quando*" que se pode partir para a pesca, para a caça... e imitar também um herói mítico, encarná-lo, restaurar assim o tempo mítico, sair da duração profana, repetir o mito-história. Para voltarmos ao que há pouco dizíamos, todo tempo é suscetível de se tornar um tempo sagrado; em qualquer momento, a duração pode ser transmutada em eternidade. Naturalmente, como veremos, a periodicidade do tempo sagrado tem um lugar considerável nas concepções religiosas da humanidade. Mas é um fato pleno de sentido que o próprio mecanismo da imitação de um arquétipo e da repetição de um gesto arquetípico possa abolir a duração profana e transfigurá-la em tempo sagrado e que o faça exteriormente aos ritos periódicos. Esse fato prova, por um lado, que a tendência para hierofanizar o tempo é essencial, mesmo independentemente dos sistemas organizados no quadro da vida social, e dos mecanismos destinados a abolir o tempo profano — por exemplo, o "ano velho" — e a instaurar o tempo sagrado — o ano novo — aos quais voltaremos em breve; e, por outro lado, lembra-nos os "duplos fáceis" que já mencionamos para a instauração do espaço sagrado (§146). Assim como um "centro do mundo" que se acha, por definição, num lugar inacessível pode, não obstante, ser construído em qualquer parte sem se deparar com as dificuldades de que falam os mitos e as lendas heróicas, também o tempo sagrado, geralmente instaurado nas festas coletivas por via do calendário, pode ser realizado *seja quando for* e por *quem quer que seja*, graças à simples repetição de um gesto arquetípico mítico. Consideremos desde já essa tendência para superar os quadros coletivos da instauração do tempo sagrado, pois ela tem uma importância que não tardará a aparecer.

152. Regeneração do tempo — As festas passam-se num tempo sagrado, quer dizer, como observa Marcel Mauss, na eternidade. Mas há certas festas periódicas — certamente as mais importantes — que nos fazem entrever algo mais: o desejo de abolir o tempo profano já passado e de instaurar um "tempo novo". Por outras palavras, as festas periódicas que encerram um ciclo temporal e abrem outro empreendem uma *regeneração to-*

tal do tempo. Como já estudamos com alguma minúcia os cenários rituais que marcam o fim do ano velho e o começo do ano novo, limitar-nos-emos, aqui, a uma abordagem sumária desse importante problema.

A morfologia dos cenários rituais periódicos é de uma extraordinária riqueza. As pesquisas de Frazer, de Wensinck, de Dumézil e de outros autores mencionados na bibliografia permitem-nos resumir o essencial no esquema seguinte.

O fim do ano e o começo do novo ano dão lugar a um conjunto de ritos:

1º Purgações, purificações, confissão dos pecados, afastamento dos demônios, expulsão do mal da aldeia, etc.;
2º Extinção e reativação do fogo;
3º Procissões mascaradas (as máscaras representam as almas dos mortos), recepção cerimonial dos mortos, que são festejados (banquetes...) e que no fim das festas são reconduzidos aos limites da localidade, ao mar, ao rio, etc.;
4º Combates entre dois grupos inimigos;
5º "Entremez" carnavalesco, saturnais, inversão da ordem normal, "orgia".

O cenário do fim do ano e do começo do ano novo em parte alguma reúne todos esses ritos, cuja lista, de resto, não tivemos a pretensão de esgotar, pois que passamos em silêncio as iniciações e, em certas regiões, os casamentos por rapto. Todos esses ritos não deixam, por isso, de fazer parte de um único e mesmo quadro cerimonial. Cada um deles pretende realizar — na sua perspectiva e no seu próprio plano — a abolição do tempo passado durante o ciclo que termina. Deste modo, a purgação, as purificações, a queima das imagens do "ano velho", a expulsão dos demônios, das feiticeiras e, de maneira geral, de tudo o que representa o ano acabado tem por objeto destruir a totalidade do tempo passado, *suprimi-lo*. A extinção dos fogos equivale à instauração das "trevas", da "noite cósmica", na qual todas as "formas" perdem os seus contornos e se confundem. No plano cosmológico, as "trevas" são idênticas ao caos, como o reavivar do fogo simboliza a criação, a restauração das formas e dos limites. As máscaras que encarnam os antepassados, as almas dos mortos que visitam cerimonialmente os vivos (Japão, Germânia) são também o sinal de que as fronteiras foram anuladas e substituídas pela confusão de todas as modalidades. Neste intervalo paradoxal entre dois "tempos", isto é, entre dois cosmos, a comunicação torna-se possível entre os vivos e os mortos, quer dizer, entre as "formas" realizadas e o pré-formal, o larvar. Em certo sentido pode-se dizer que, nas "trevas" e no "caos" instaurados pela liquidação do ano velho, todas as modalidades coincidem e a coalescência universal ("noite" = "dilúvio" = dissolução) possibilita sem esforço, automaticamente, uma *coincidentia oppositorum* em todos os planos.

Esse desejo de abolir o tempo manifesta-se mais claramente ainda na "orgia" que se realiza, segundo uma escala muito variada de violência, por ocasião do Ano Novo. Também a orgia é uma regressão ao "obscuro", uma restauração do caos primordial e, nessa qualidade, precede toda criação, toda manifestação de formas organizadas. A fusão de todas as "formas" numa só, vasta unidade indiferenciada, repete precisamente a modalidade indistinta do real. Já assinalamos (§ 138) a função e a significação simultaneamente sexual e agrícola da orgia. No aspecto cosmológico, a "orgia" é o correlato do caos ou da plenitude final e, na perspectiva temporal, do Grande Tempo, do "instante eterno", da não-duração. A presença da orgia nas cerimônias que marcam cortes periódicos do tempo denuncia um *desejo de abolição integral do passado pela abolição da criação*. A "confusão das formas" é ilustrada pela perturbação das condições sociais — nas Saturnais o escravo torna-se senhor e o senhor, escravo; na Mesopotâmia destrona-se e humilha-se o rei — pela coincidência dos contrários —, a matrona é tratada como cortesã — pela suspensão de todas as normas. O desregramento moral, a violação de todas as interdições, a coincidência de todos os contrários não tem outra intenção que não seja a dissolução do mundo — cuja imagem é a comunidade — e a restauração de *illud tempus* primordial, que é, evidentemente, o momento mítico do *começo* (caos) e do *fim* (dilúvio ou *ekpyrôsis*, apocalipse).

153. Repetição anual da cosmogonia — Essa significação cosmológica da orgia carnavalesca de fim de ano é confirmada pelo fato de o caos ser sempre seguido de uma nova criação do cosmos. Em formas mais ou menos claras, os cerimoniais periódicos procedem todos a uma repetição simbólica da criação. Limitemo-nos a alguns exemplos.

Entre os babilônios, no decurso do cerimonial do Ano Novo, *akîtu* (que durava 12 dias), recitava-se várias vezes no templo de Marduk o chamado "Poema da Criação", *Enûma elish*: era um meio de reatualizar, pela magia oral e pelos ritos que a acompanhavam, a luta entre Marduk e o monstro marinho Tiamat, luta que se travara *in illo tempore* e que, pela vitória final do deus, pusera termo ao caos. Os hititas praticavam um uso análogo: no quadro da festa do Novo Ano, recitavam e reatualizavam o duelo exemplar travado entre o deus atmosférico Teshup e a serpente Iluyankash[11]. O combate singular entre Marduk e Tiamat era representado pelo choque de dois grupos de homens[12]. Esse ritual é encontrado também entre os hititas e os egípcios[13]. A passagem do caos ao cosmos era reproduzida nestes termos: "Possa ele continuar a vencer Tiamat e a abreviar os seus dias!" A luta, a vitória de Marduk e a criação do mundo tornavam-se, assim, coisas presentes.

Por ocasião do *akîtu*, celebrava-se também o *zakmuk*, a "festa das sortes", assim chamada porque nela se tiravam as sortes para cada mês do ano ou, por outras palavras, *criavam-se* nela os doze meses futuros segundo uma concepção comum a muitas outras tradições. A estes ritos juntavam-se outros: descida de Marduk aos Infernos, humilhação do rei, expulsão dos males na figura de um bode expiatório, hierogamia do deus com Sarpanîtûm — hierogamia que o rei reproduzia com uma hieródula na câmara da deusa e que certamente dava o sinal de um momento de licenciosidade coletiva[14]. Assistimos, assim, a um regresso ao caos (supremacia de Tiamat, "confusão das formas"), seguida de uma nova criação (vitória de Marduk, fixação dos destinos, hierogamia = "novo nascimento"). Ao mesmo tempo que o mundo antigo se dissolvia no caos primordial, obtinha-se também implicitamente a abolição do tempo antigo. Diríamos, hoje, que a "história" do ciclo terminara.

Para a mentalidade primitiva, o tempo antigo é constituído pela duração profana, na qual se inscreveram todos os acontecimentos sem importância, quer dizer, sem modelos ou arquétipos; a "história" é a memória desses acontecimentos, daquilo que, afinal de contas, podemos chamar não-valores ou mesmo "pecados" — na medida em que eles constituem desvios em relação às normas arquetípicas. Vimos que, para os primitivos, a verdadeira história é, pelo contrário, uma mito-história, que ela registra tão-só a repetição dos gestos arquetípicos revelados pelos deuses, pelos antepassados ou pelos heróis civilizadores durante o tempo mítico, *in illo tempore*. Para o primitivo, todas as repetições dos arquétipos têm lugar fora da duração profana: segue-se daqui que, por um lado, ações deste tipo não poderiam constituir "pecados", desvios em relação à norma e que, por outro lado, tais ações nada têm a ver com a duração, com o "tempo antigo" periodicamente abolido. A expulsão dos demônios e dos espíritos, a confissão dos pecados, as purificações e, em especial, o regresso simbólico ao caos primordial, tudo isso significa a abolição do tempo profano, do tempo antigo no qual se verificaram, por um lado, os acontecimentos destituídos de sentido e, por outro, todos os desvios.

Uma vez por ano, o tempo antigo, o passado, a memória dos acontecimentos não exemplares, em resumo, a "história" no sentido atual do termo, são abolidos. A repetição simbólica da cosmogonia que se segue ao aniquilamento simbólico do mundo velho regenera *o tempo na sua totalidade*. Não se trata unicamente de uma festa que vem inserir na duração profana o "instante eterno" do tempo sagrado: o que se tem em vista é, além disso, e como já dissemos, a anulação de todo o tempo profano escoado nos limites do ciclo que se fecha. Na aspiração de *recomeçar uma vida nova no seio de uma nova criação* — aspiração manifestamente presente em todas as cerimônias de fim e de começo de ano — transparece também o desejo paradoxal de se conseguir inaugurar uma existência a-histórica, quer dizer, de se poder viver exclusivamente no tempo sagrado, o que equivale a projetar uma regeneração de todo tempo, uma transfiguração da duração em "eternidade".

Encontramos essa necessidade de regeneração total do tempo — realizável pela repetição anual da cosmologia — mesmo em tradições que não se podem qualificar de "primitivas". Já mencionamos as articulações da festa do Ano Novo entre os babilônios. Os elementos cosmogônicos são igualmente transparentes no cerimonial judaico correspondente. Na "volta do ano", na "saída do ano"[15] tinha lugar a luta de Jeová com Rahab, a derrota deste monstro marinho (que corresponde a Tiamat) por Jeová e a vitória sobre as águas, que equivalia à repetição da criação dos mundos e, ao mesmo tempo, à salvação do homem (vitória sobre a morte, garantia da subsistência alimentar para o ano que chega)[16].

Wensinck assinala ainda outros vestígios da concepção arcaica da re-criação anual do cosmos que se conservam nas tradições judaica e cristã[17]: o mundo teria sido criado durante os meses de Tishri ou Nisan, quer dizer, durante o período das chuvas, período cosmogônico ideal. Para os cristãos, o mistério da bênção das águas na Epifania tem, igualmente, um sentido cosmogônico: "Deus criou de novo os céus porque os pecadores adoraram os corpos celestes; criou de novo o mundo que tinha sido manchado por Adão; realizou uma nova criação com sua própria saliva."[18] "Alá é aquele que faz a criação e portanto a repete", diz o Corão[19]. Esta eterna repetição do ato cosmogônico, que faz de cada Ano Novo a inauguração de uma era, permite o regresso dos mortos à vida e alimenta a esperança que os crentes têm na ressurreição da carne. Essa tradição subsiste tanto nos povos semíticos como nos cristãos[20]. "O onipotente desperta os corpos e as almas no dia da Epifania."[21]

Um texto pehlevi, traduzido por Darmesteter, diz que "é no mês Fravardîn, dia Xurdhâth, que Ormazd fará a ressurreição e o 'segundo corpo' e que o mundo será subtraído à impotência com os demônios, os drugs... E haverá em tudo abundância; não haverá mais desejo de alimentos; o mundo será puro, e o homem ver-se-á livre da oposição (do espírito mau) e será imortal para sempre". Qazwînî diz que, no dia de Naurôz, Deus ressuscitou os mortos, "lhes deu as suas almas, e deu ordens ao Céu, que fez cair uma chuva sobre eles, e é por isso que as pessoas adquiriram o costume de despejar água nesse dia"[22]. As estreitas ligações entre as idéias de "criação pela água" (cosmogonia aquática, dilúvio que regenera periodicamente a vida "histórica", chuva), de nascimento e de ressurreição confirmam-se nesta frase do Talmud: "Deus tem três chaves: a da chuva, a do nascimento, a da ressurreição dos mortos."[23]

O Naurôz, o Ano Novo persa, é ao mesmo tempo a festa de Ahura Mazda — celebrado no "dia Ohrmazd" do primeiro mês — e o dia em que teve lugar a criação do mundo e do homem[24]. É no dia de Naurôz que tem lugar a "renovação da criação"[25]. Segundo a tradição transmitida por Dimasqi, o rei proclamava: "Eis aqui um novo dia de um novo mês de um novo ano; é preciso renovar o que o tempo consumiu!" É também neste dia que o destino dos homens é marcado para um ano inteiro. Na noite de Naurôz vêem-se fogos e luzes em grande quantidade e fazem-se purificações pela água e libações para se obterem chuvas abundantes no ano vindouro[26].

Além disso, por ocasião do "Grande Naurôz", punham-se

num jarro sete espécies de sementes e "do seu crescimento tiravam-se conclusões sobre a colheita do ano". Trata-se aqui de um costume análogo à "marcação das sortes" do Ano Novo babilônico, que chegou até os nossos dias nos cerimoniais do dia do Ano Novo entre os mandeanos e os yézidis. É ainda porque o Ano Novo repete o ato cosmogônico que os "doze dias" que separam o Natal da Epifania são considerados uma prefiguração dos doze meses do ano: os camponeses da Europa não têm outro meio de determinar a temperatura e a quantidade de chuva que caracterizarão cada um dos meses seguintes senão o dos "sinais meteorológicos" desses doze dias[27]. Por ocasião da festa dos Tabernáculos determinava-se, igualmente, a quantidade de água que caberia a cada mês[28]. Entre os indianos védicos, os doze dias do meio do inverno eram uma imagem e uma réplica do ano inteiro[29], e o mesmo tempo concentrado nesses doze dias reaparece na tradição chinesa[30].

154. Repetição contingente da cosmogonia — Todos os fatos que acabamos de analisar têm uma característica comum: supõem a idéia da regeneração periódica do tempo pela repetição simbólica da cosmogonia. Mas a repetição da cosmogonia não está rigorosamente ligada às cerimônias coletivas do Ano Novo. Por outras palavras, o tempo "antigo", profano, "histórico", pode ser abolido e o tempo mítico, "novo", regenerado, pode ser instaurado, pela *repetição da cosmogonia*, no próprio decurso do ano e independentemente dos ritos coletivos mencionados. Assim, para os antigos islandeses, tomar posse de um terreno (*landnâma*) equivalia à transformação do caos em cosmos[31], e na Índia védica a ocupação de um território tornava-se válida erigindo-se um altar do fogo, isto é, no final das contas, por meio da repetição da cosmogonia. Com efeito, o altar do fogo reproduzia a universo e erigi-lo correspondia à criação do mundo; a construção de um altar desse tipo repetia sempre o ato arquetípico da criação e "construía" o tempo[32].

Os fijianos chamam "criação do mundo" à cerimônia da instalação de um novo chefe[33]. A mesma idéia se encontra, não necessariamente expressa com tanta clareza, em civilizações mais evoluídas, em que toda a entronização tem o valor de uma recriação ou de uma regeneração do mundo.

O primeiro decreto que o imperador chinês promulgava ao subir ao trono fixava um novo calendário e, antes de estabelecer uma nova ordem do tempo, ele abolia a antiga[34]. Assurbanipal via a si mesmo como um regenerador do cosmos, porque, dizia, "desde que os deuses, na sua bondade, me instalaram no trono dos meus pais, Adah enviou a chuva... o trigo cresceu... a colheita foi abundante... os rebanhos multiplicaram-se..."[35].

A profecia da IV écloga, *magnus ab integro saeclorum nascitur ordo*... aplica-se, em certo sentido, a qualquer soberano. Com efeito, com qualquer novo soberano, por insignificante que fosse, começava uma "nova era". Um novo reinado era considerado uma regeneração da história da nação e até mesmo da história universal. Enganar-se-ia quem pretendesse reduzir essas expressões pretensiosas àquilo em que elas se transformaram nas monarquias decadentes: presunção dos soberanos, adulação dos cortesãos. A esperança de uma "nova era" inaugurada pelo novo soberano não era apenas autêntica e sincera: se nos colocarmos na perspectiva da espiritualidade da humanidade arcaica, essa esperança parecer-nos-á também natural. Aliás, não há necessidade de um novo reinado para abrir uma nova era: basta um casamento, o nascimento de uma criança, a construção de uma casa... Sem interrupção e quaisquer que sejam os meios usados, o cosmos e o homem regeneram-se, o passado consuma-se, as faltas e os pecados são eliminados... Todos esses meios de regeneração têm a mesma finalidade, por diferente que seja sua formulação: trata-se de anular o tempo passado, de abolir a história por um regresso contínuo *in illo tempore*[36].

Assim, os fijianos repetem a criação do mundo não só por ocasião do coroamento do novo chefe, mas ainda cada vez que as colheitas estão comprometidas[37]. Quando os ritmos cósmicos se tornam aberrantes e a vida na sua totalidade se acha ameaçada, eles procuram a salvação num retorno *in principium*, isto é, esperam a recuperação do Cosmos não por uma *reparação*, mas por uma *regeneração*. Concepções análogas explicam o papel do "começo", do "novo", do "virginal" na magia e na medicina popular ("a água não consumida", a "bilha nova", o simbolismo da "criança", da "virgem", da "imaculada"...). Já vimos que a magia torna atual o acontecimento mítico que garante a validade do remédio e a cura do doente. O simbolismo do "novo", do "não-começado", também garante a contemporaneidade de um gesto atual com o acontecimento mítico arquetípico. Como no caso de uma colheita que se acha em perigo, obtém-se uma cura, não por meio de uma reparação, mas por meio de um *recomeço*, que implica o retorno *in illo tempore*. (Não é absolutamente necessário que a feiticeira que pratica os ritos tenha consciência dos seus fundamentos teóricos — basta que os ritos em questão impliquem estas teorias e delas resultem; cf. § 3.)

Idéias análogas, certamente desfiguradas por excrescências aberrantes e por inevitáveis degradações, se manifestam nas técnicas mineiras e metalúrgicas[38]. Por outro lado, as cerimônias de iniciação (isto é, a "morte" do homem velho e o "nascimento" do homem novo) assentam na esperança de que o tempo passado — a "história" — possa ser abolido e de que um tempo novo possa ser instaurado. Se o simbolismo aquático (§§ 63 s.) e lunar desempenhou um papel tão importante na vida espiritual do homem arcaico, foi justamente porque tornava evidentes e transparentes a abolição e o restabelecimento ininterruptos das "formas", o desaparecimento e o reaparecimento cíclico, o eterno retorno — de fato, o eterno retorno às *origens*. Em todos os planos — desde a cosmologia à soteriologia — a idéia da regeneração se acha ligada à concepção de um tempo novo, quer dizer, à crença num *começo absoluto* ao qual o homem pode, por vezes, ter acesso.

155. A regeneração total — Essa obsessão pela regeneração exprime-se ainda nos mitos e nas doutrinas do tempo cíclico que estudamos em *Le mythe de l'éternel retour*. As crenças num tempo cíclico, no eterno retorno, na destruição periódica do universo e da humanidade, prefácio de um novo universo e de uma nova humanidade "regenerada", todas atestam sobretudo o desejo e a esperança de uma regeneração periódica do tempo passado, da *história*. No fundo o ciclo em questão é um "Grande Ano", para usarmos uma expressão, aliás, bem conhecida da terminologia greco-oriental: o "Grande Ano" começava numa criação e terminava num caos, quer dizer, numa fusão completa de todos os elementos. Um ciclo cósmico contém uma "criação", uma "existência", isto é, uma "história", uma consumação, uma degenerescência — e um "retorno ao caos" (*ekpyrôsis, ragna-rök, pralaya*, "Atlântida", apocalipse). Em termos de estrutura, um "Grande Ano" é para o "ano" o que este é para o "mês" e para o "dia". Mas o que nos interessa nesse contexto é, sobretudo, a esperança numa *regeneração total do tempo*, evidente em todos os mitos e doutrinas que implicam ciclos cósmicos. Todo ciclo *começa de maneira absoluta*, visto que todo o passado e toda a "história" foram definitivamente abolidos graças a uma fulgurante reintegração no "caos".

Encontramos pois, no homem, a todos os níveis, o mesmo desejo de abolir o tempo profano e de viver no tempo sagrado. Ou melhor, encontramo-nos perante um desejo e uma esperança de regenerar o tempo na sua totalidade, quer dizer, de poder viver — "viver humanamente", "historicamente" — na eternidade, pela transfiguração da duração em um instante eterno. Esta nostalgia da eternidade é, de certo modo, simétrica da nostalgia do Paraíso que patenteamos no capítulo anterior (§ 146). Ao desejo de se encontrar perpétua e espontaneamente num espaço sagrado corresponde o desejo de viver perpetuamente, graças à repetição dos gestos arquetípicos, na eternidade. A repetição dos arquétipos denuncia o desejo paradoxal de realizar uma forma ideal, o arquétipo, na própria condição da existência humana, de se achar na duração sem lhe suportar o peso, quer dizer, sem sofrer a sua irreversibilidade. Tal desejo, notemo-lo, não pode ser interpretado como uma atitude "espiritualista", para a qual a existência terrestre, com tudo o que implica, se desvalorizaria em proveito de uma "espiritualidade" de desapego ao mundo. Pelo contrário, aquilo a que poderíamos chamar a "nostalgia da eternidade" prova que o homem aspira a um paraíso concreto e crê que a conquista desse paraíso pode se realizar *neste mundo*, na Terra, e *agora*, no instante atual. Nesse sentido, os mitos e os ritos arcaicos ligados ao espaço e ao tempo sagrados podem-se reduzir, ao que parece, a outras tantas recordações nostálgicas de um "paraíso terrestre" e de uma espécie de eternidade "experimental", a qual o homem julga poder ter ainda pretensões de alcançar.

XII

Morfologia e função dos mitos

156. Os mitos cosmogônicos — mitos exemplares — No princípio, dizem os polinésios, só existiam as águas primordiais, mergulhadas nas trevas cósmicas. Da imensidão do espaço onde se encontrava, Io, o deus supremo, exprimiu o desejo de sair do seu repouso. No mesmo instante, apareceu a luz. Depois ele disse: "Que as águas se separem, que os Céus se formem, que a Terra surja!" Foi assim, pelas palavras cosmogônicas de Io, que o mundo passou a existir. Relembrando estes "ancient and original sayings... the ancient and original cosmological wisdom (*wananga*), which caused growth from the void, etc...", um polinésio dos nossos dias, Hare Hongi, acrescenta com uma eloqüente falta de jeito: "Ora, meus amigos, há três aplicações muito importantes dessas fórmulas antigas, tais como se encontram nos ritos sagrados. A primeira tem lugar por ocasião do rito da fecundação de uma matriz estéril. A segunda, por ocasião do rito da iluminação do corpo e do espírito. A terceira e última diz respeito ao tema solene da morte, da guerra, do batismo, de narrativas genealógicas e de outros temas também importantes que são, em especial, objeto da atividade dos sacerdotes. As palavras pelas quais Io moldou o universo, quer dizer, graças às quais o universo foi criado e levado a gerar um mundo de luz, essas mesmas palavras são empregadas no rito da fecundação de uma matéria estéril. As palavras pelas quais Io fez brilhar a luz nas trevas são empregadas nos ritos destinados a alegrar um coração triste e abatido, a impotência e a senilidade, a espalhar luz sobre coisas e lugares escondidos, a inspirar os que compõem cantos, sendo também usadas nas desgraças da guerra e em tantas outras circunstâncias que levam o homem ao desespero. Para todos os casos semelhantes, este rito, que tem por objeto espalhar a luz e a alegria, reproduz as palavras de que Io se serviu para vencer e dissipar as trevas. Em terceiro lugar, vem o rito preparatório que se relaciona com as formações sucessivas que tiveram lugar no interior do universo e da história genealógica do próprio homem.''[1]

O mito cosmogônico serve, assim, aos polinésios, de modelo arquetípico para todas as ''criações'', qualquer que seja o plano em que se desenrolem: biológico, psicológico, espiritual. A função mestra do mito é a de fixar os modelos exemplares de todos os ritos e de todas as ações humanas significativas, como aliás já foi constatado por inúmeros etnólogos. ''Entre os marind-anim (Nova Guiné holandesa)'', escreve P. Wirz, ''o mito é, na verdade, o fundamento quer de todas as grandes festas, em que aparecem atores mascarados que representam os *Dema*, quer o dos cultos secretos.''[2] Já vimos que, fora dos atos estritamente religiosos, o mito serve igualmente de modelo a outras ações humanas significativas: à navegação e à pesca, por exemplo.

O lado interessante do mito cosmogônico polinésio é precisamente a sua aplicação múltipla em circunstâncias que, pelo menos na aparência, não questionam imediatamente a ''vida religiosa'' como tal: o ato de procriação, o reconforto dos desesperados, dos velhos e dos doentes, a inspiração dos bardos e dos guerreiros... Assim, a cosmogonia fornece o *modelo*, sempre que se trata de *fazer alguma coisa*, muitas vezes alguma coisa de ''vivo'', de ''animado'' — na ordem biológica, psicológica ou espiritual —, como se viu nos casos citados acima, mas também alguma coisa de ''inanimado'' em aparência, uma casa, um barco, um Estado — lembremos, neste caso, o modelo cosmogônico da construção das casas, dos palácios, das cidades (§ 143).

Esses modelos míticos não se encontram somente nas tradições ''primitivas'': um tratado metafísico indiano, o *Brhadarânyaka-Upanishad*, fez chegar até nós o ritual da procriação de um rapaz. Assistimos aqui a uma transfiguração hierogâmica do ato da geração. O par humano é identificado com o par cósmico: ''Eu sou o Céu'', diz o marido, ''tu és a Terra.''[3] A concepção torna-se uma construção de proporções cósmicas que mobiliza um grupo de deuses: ''Que Vishnu prepare a matriz. Que Tvashtar modele as formas. Que Prajâpati faça correr o líquido. Que Dhâtar deposite em ti o germe.''[4] A hierogamia Céu-Terra, ou Sol-Lua, é muitas vezes concebida em termos tão estritos como estes: ''ut maritus supra feminam in coitione iacet, sic coelum supra terram''[5].

Seria um erro ver nessa concepção da hierogamia uma condição exclusiva da "mentalidade primitiva": o mesmo antropomorfismo se encontra até no simbolismo alquímico mais elaborado, relativo à união do Sol e da Lua e em outros casos de "*coniunctio*" entre princípios cosmológicos ou espirituais[6]. Em suma, a hierogamia conserva a sua estrutura cosmológica independentemente dos contextos variados em que se situa e qualquer que seja o grau de antropomorfização das fórmulas que a exprimem.

Quer ponha ou não em jogo uma hierogamia, o mito cosmogônico, além da sua importante função de *modelo* e de *justificação* de todas as ações humanas, forma também o *arquétipo de um conjunto de mitos e de sistemas rituais*. Toda idéia de "renovação", de "recomeço", de "restauração", por muito diferentes que se suponham os planos em que se manifesta, é redutível à noção de "nascimento" e esta, por sua vez, à de "criação cósmica". Encontramos já assimilações idênticas ao estudarmos os rituais e o simbolismo do reaparecimento da vegetação (§ 118); cada vez que volta, a primavera reatualiza a cosmogonia, qualquer *sinal* da ressurreição da vegetação equivale a uma manifestação plena do universo, e é por esta razão que, como vimos (§ 123), o *sinal* — um ramo, uma flor, um animal — é levado em procissão de casa em casa e *mostrado* a todos: como uma prova de que "a primavera chegou": não necessariamente a primavera "natural", o fenômeno cósmico, mas a ressurreição da vida. As representações rituais que se realizam, quer por ocasião do Ano Novo, quer à chegada da primavera (duelo da primavera e do inverno, expulsão da morte, execução do inverno ou da morte...), revelam outras tantas versões fragmentárias e "especializadas" de um só e mesmo mito procedente do mito cosmogônico.

Todos os anos o mundo se faz de novo. Chega a acontecer, como é o caso da Mesopotâmia, que a cosmogonia seja repetida de uma maneira explícita (recitação do "Poema da Criação"). Mas mesmo quando não nos é dito que se trata de uma imitação da criação, os vestígios da cosmogonia são bastante transparentes (extinção e reavivar dos fogos, visitas dos mortos, combates entre dois campos adversos, iniciações, casamentos, orgias, etc. — § 152). É certo que nem todos esses rituais do Ano Novo ou da primavera estão expressamente ligados a um mito, como é certo também que podem estar integrados em mitos laterais em que a tônica não é posta na função cosmogônica. No entanto, tomados no seu conjunto, todos os atos sagrados e todos os "sinais" atualizados por ocasião do Ano Novo ou da abertura da primavera — quer sejam de essência simbólica ou ritual, mítica ou lendária — se mostram dotados de uma estrutura comum: eles manifestam, com desigual relevo, o drama da criação. Nesse sentido, participam todos do mito cosmogônico, se bem que, em mais de um caso, não se trate de mitos propriamente ditos, mas de rituais ou de "sinais". Assim, o "sinal" que anuncia a primavera pode ser encarado como um mito críptico ou concentrado, visto que mostrar este "sinal" equivale a proclamar a criação. Tal como o mito propriamente dito narra verbalmente um acontecimento exemplar (neste caso, a cosmogonia), também o "sinal" (neste caso, o ramo verde ou o animal) evoca este acontecimento pelo simples fato de mostrá-lo. Em breve mencionaremos exemplos que esclarecerão as relações entre o mito propriamente dito e essas outras categorias de fatos mágico-religiosos a que podemos chamar mitos "crípticos" ou "concentrados".

157. O ovo cosmogônico — Um mito cosmogônico do arquipélago da Sociedade mostra-nos Ta'roa, "o antepassado de todos os deuses" e criador do universo, "na sua concha, no meio das trevas, desde a eternidade. A sua concha assemelha-se a um ovo que rola no espaço ilimitado"[7]. O motivo do ovo cosmogônico, que se encontra na Polinésia, é comum à Índia antiga, à Indonésia, ao Irã, à Grécia, à Fenícia, à Letônia, à Estônia, à Finlândia, aos pangwe da África Ocidental, à América Central e à costa oeste da América do Sul[8]. O centro de difusão deste mito está provavelmente na Índia ou na Indonésia. Muito importante para nós são os paralelos míticos ou rituais do ovo cosmogônico: na Oceânia, por exemplo, crê-se que o homem nasceu de um ovo[9] — ou seja, a cosmogonia serve, aqui, de modelo à antropogonia, a criação do homem imita e repete a do cosmos.

Por outro lado, em muitos lugares, o ovo aparece junto aos símbolos e aos emblemas da renovação da natureza e da vegetação. As chamadas árvores do Ano Novo, o "Maio", a árvore do São João, são decoradas com ovos ou cascas de ovos[10]. Ora, é sabido que todos esses emblemas da vegetação e do Ano Novo resumem, de certa maneira, o mito da criação periódica. Ligado à "árvore", ela própria símbolo da natureza e da infatigável renovação, o ovo confirma todos esses prestígios cosmogônicos. Daí o importante papel que ele desempenha, no Oriente, nas representações do Ano Novo. Na Pérsia, por exemplo, os ovos coloridos constituem o presente específico do Ano Novo que conservou até hoje o nome de "Festa dos ovos vermelhos"[11] E os ovos vermelhos que se distribuem pela Páscoa nas regiões balcânicas fazem parte, provavelmente, de um sistema ritual análogo, cuja finalidade é comemorar o princípio da primavera.

Em todos os casos citados, como naqueles a que vamos ainda fazer referência, não se explica a virtude ritual do ovo por uma valorização empírico-racionalista do ovo considerado germe: a sua justificação está no símbolo que o ovo encarna e não se refere tanto ao nascimento quanto a um *re-nascimento* repetido de acordo com o modelo cosmogônico. De outra forma não se compreenderia a importância dos ovos na celebração do Ano Novo e nas festas dos mortos. São conhecidas as ligações do culto dos mortos com o começo do ano: no Ano Novo, quando o mundo é re-criado, os mortos sentem-se atraídos para os vivos e podem, até certo ponto, ter a esperança de voltar à vida. Em qualquer desses conjuntos mítico-rituais, a idéia fundamental não está no "nascimento" mas na *repetição do nascimento exemplar* do cosmos, na imitação da cosmogonia. No decurso da festa hindu da vegetação, Holi, que é também uma festa dos mortos, há o costume, em certas regiões, de acender fogos e lançar neles duas figurinhas humanas, uma macho, outra fêmea, e que representam Kâmadeva e Rati. Ao mesmo tempo que a primeira figurinha, lançam-se também no fogo um ovo e uma galinha viva[12]. Sob esta forma, a festa simboliza a morte e a ressurreição de Kâmadeva e de Rati. O ovo confirma e promove a ressurreição, que, repetimo-lo, não é um nascimento, mas um "retorno", uma "repetição".

Um simbolismo desse tipo aparece já em certas sociedades pré-históricas e proto-históricas. Em muitas sepulturas da Rússia e da Suécia foram encontrados ovos de argila (Arne vê neles, com razão, um emblema da imortalidade)[13]. No ritual osírico, a modelação de um ovo por meio de diversos ingredientes (poeira de diamante, farinha de figos, perfumes...) desempenha um papel acerca do qual não possuímos ainda informações suficientes[14]. Todas as estatuetas de Dioniso encontradas nos túmulos beócios têm um ovo na mão, sinal de regresso à vida[15]. Isso explica a interdição órfica de comer ovos, visto que o orfismo pretendia alcançar, em primeiro lugar, a ruptura do ciclo das reencarnações infinitas, ou, por outras palavras, a abolição do retorno periódico à existência[16].

Mencionaremos, para terminar, alguns outros empregos rituais do ovo. Em primeiro lugar, o seu papel nos rituais agrícolas que se tem mantido até a nossa época. Para assegurar o crescimento das sementes, o camponês finlandês deve guardar um ovo na algibeira enquanto duram as sementeiras, ou então colocar um ovo na terra arada[17]. Os estônios comem ovos durante o tempo da lavoura "para terem força", os suecos lançam ovos nos campos lavrados. Ao semearem o linho, os alemães juntam-lhe, às vezes, ovos, ou depositam um ovo no campo, ou então consomem ovos durante o tempo das sementeiras[18]. Também entre os alemães há o costume de enterrar nos alqueives ovos de Páscoa benzidos na igreja[19]. Os tcheremisses e os votyaks lançam ovos para o ar antes de começarem a semear e, outras vezes, enterram um ovo na terra lavrada como oferenda à Terra-Mãe[20]. O ovo é, ao mesmo tempo, uma oferenda às divindades ctônicas e uma oferenda corrente no culto dos mortos[21]. Mas, qualquer que seja o conjunto ritual em que se insira, o ovo nunca perde o seu sentido principal: assegura a *repetição* do ato de criação que deu origem *in illo tempore* às formas vivas. Quando se colhe um simples, põe-se, no seu lugar, um ovo, de maneira a garantir o crescimento compensatório de uma planta semelhante[22].

Em cada um desses exemplos, o ovo garante a possibilidade de *repetir o ato primordial*, quer dizer, a criação. Pode-se portanto falar, em certo sentido, de variantes rituais do mito cosmogônico. É preciso que nos habituemos a dissociar a noção de "mito" das de "palavra" de "fábula" (veja-se a acepção homérica de *mythos*: "palavra", "discurso"), para a aproximarmos das noções de "ação sagrada", de "gesto significativo", de "acontecimento primordial". É mítico não só o que se *conta* de certos acontecimentos que se desenrolam e de personagens que viveram *in illo tempore*, mas ainda *tudo o que se acha em relação direta ou indireta com tais acontecimentos e com personagens primordiais*[23]. Na medida em que é solidário dos rituais do Ano Novo e do renascimento da primavera, o ovo representa uma epifania da criação e — no quadro não da experiência empírico-racionalista, mas da experiência hierofânica — um resumo da cosmogonia.

De certo ponto de vista, todo mito é "cosmogônico", visto que enuncia o aparecimento de uma nova "situação" cósmica ou de um acontecimento primordial, que se tornam desse modo, pelo simples fato da sua manifestação, paradigmas para todo o tempo futuro. Mas não é sensato deixarmo-nos prender a fórmulas e reduzir mos todos os tipos de mitos a um protótipo único, como aconteceu há alguns anos, quando certos especialistas notáveis reduziram toda mitologia a epifanias do Sol ou da Lua. Mais instrutivo ainda do que a classificação dos mitos e a procura das suas possíveis "origens" é, em nosso entender, o estudo da sua estrutura e da sua função na experiência espiritual da humanidade arcaica.

158. O que os mitos revelam — Qualquer que seja a sua natureza, o mito é sempre um *precedente* e um *exemplo*, não só em relação às ações — "sagradas" ou "profanas" — do homem, mas também em relação à sua própria condição. Ou melhor: um precedente para os modos do real em geral. "Nós devemos fazer o que os deuses fizeram no princípio."[24] "Assim fizeram os deuses, assim fazem os homens."[25] Afirmações deste tipo traduzem perfeitamente a conduta do homem arcaico, mas não se pode dizer que elas esgotem o conteúdo e a função dos mitos: com efeito, uma boa parte dos mitos, ao mesmo tempo que narra o que fizeram *in illo tempore* os deuses ou os seres míticos, revela uma estrutura do real inacessível à apreensão empírico-racionalista. Citemos, entre outros, os mitos que poderíamos designar, em poucas palavras, mitos da polaridade — da biunidade — e da reintegração e a que dedicamos um estudo especial[26]. Um grupo importante de tradições míticas fala de "fraternidade" entre deuses e demônios — por exemplo, *devas* e *asuras* —, de "amizade" ou de consangüinidade entre heróis e seus antagonistas — tipo Indra e Namuci —, entre santos e mulheres diabólicas — tipo São Sisinio e sua irmã Uerzelia, um demônio-fêmea. O mito que dá um "pai" comum a dois personagens que encarnam os princípios polares sobrevive até nas tradições religiosas que acentuam o dualismo, como sucede com a teologia iraniana. O zervanismo tem Ormuzd e Ahriman por irmãos, ambos descendendo de Zervan, e no próprio Avesta é possível encontrar vestígios de concepção semelhante[27]. O mesmo mito transitou para as tradições populares: muitas crenças e provérbios romenos afirmam que Deus e Satã eram irmãos[28].

Uma outra categoria de mitos e lendas esclarece não só a filiação comum de personagens antagonistas mas também a sua convertibilidade paradoxal. O Sol, protótipo dos deuses, recebe às vezes o nome de "Serpente" (§ 45) e Agni, o deus do fogo é, também, um "sacerdote asura", quer dizer, essencialmente um "demônio", descrito, por vezes, como "sem pés e sem cabeça, e escondendo as suas duas cabeças", exatamente como uma serpente enrolada[29]. O *Aitareya Brâhmana* afirma que Ahi Budhnyia é, de uma maneira invisível (*parokshena*), o que Agni é de uma maneira visível (*pratyaksha*), ou, por outras palavras, a "serpente" nada mais é que uma virtualidade do fogo, enquanto as trevas são a luz em estado latente. Na *Vâjasaneye Samhitâ*, V, 33, Ahi Budhnyia é identificado com o Sol. O soma, a bebida que confere a imortalidade, é, por excelência, "divina", "solar", o que não impede que se leia no *Rig Veda* que "Soma", "da mesma forma que Agni, sai da sua velha pele", expressão que confere à ambrosia uma modalidade ofídica[30]. Varu*n*a, deus celeste e arquétipo do "Soberano Universal" (§ 21), é, ao mesmo tempo, o deus do oceano, morada das serpentes, como menciona o *Mahâbhârata*: ele é o "rei das serpentes" (*nâgarâja*), e o *Atharva Veda* chama-lhe mesmo "víbora".

Na perspectiva da experiência lógica, todos esses atributos ofídicos *não deveriam convir* a uma divindade uraniana como Varu*n*a. Mas o mito desvenda uma região ontológica inacessível à experiência lógica superficial. O mito de Varu*n*a revela a biunidade divina, a coincidência dos contrários, a totalização dos atributos no seio da divindade. O mito exprime plástica e dramaticamente o que a metafísica e a teologia definem dialeticamente. Heráclito sabe que "Deus é o dia e a noite, o inverno e o verão, a guerra e a paz, a saciedade e a fome: todas as oposições estão nele"[31]. Formulação análoga aparece no texto indiano que nos diz que a Deusa "é Shri (esplendor) na casa daqueles que praticam o bem, mas que ela é Alakshmî (o contrário da Lakshmî, deusa da sorte e da prosperidade) na casa dos maus"[32]. Mas, por seu lado, este texto explicita somente, à sua maneira, o fato de as grandes deusas indianas (como Kâlî), como as grandes deusas em geral, acumularem tanto os atributos da doçura como os do terror. Elas são, ao mesmo tempo, divindades da fecundidade e da destruição, do nascimento e da morte (freqüentemente, são também deusas da guerra). Kâlî, por exemplo, é chamada "a doce e a benevolente", o que não impede a sua mitologia e a sua iconografia de serem terrificantes (Kâlî está coberta de sangue, traz um colar de crânios humanos, segura um cálice feito de um crânio) e o seu culto de ser o mais sangrento da Ásia. Na Índia, a par de uma "forma suave", cada divindade apresenta uma "forma terrível" (*krodha-mûrti*). A esse respeito, Shiva pode ser tido por arquétipo de uma rica série de deuses e de deusas, visto que cria e destrói ritmicamente todo o universo.

159. ***Coincidentia oppositorum*** **— modelo mítico** — Todos esses mitos nos apresentam uma dupla revelação:

1º Manifestam, por um lado, a polaridade de duas personalidades divinas, provenientes de um único e mesmo princípio e destinadas, em diversas versões, a reconciliarem-se num *illud tempus* escatológico;

2º Manifestam, por outro lado, a *coincidentia oppositorum* na estrutura profunda da divindade, a qual se revela alternada ou concorrentemente benévola e terrível, criadora e destruidora, solar e ofidiana, isto é, manifesta e virtual. Nesse sentido, é justo dizer-se que o mito revela, mais profundamente do que revelaria a própria experiência racionalista, a estrutura da divindade, que se situa além dos atributos e reúne todos os contrários. A prova de que tal experiência mítica não é aberrante está no fato de ela se integrar quase universalmente na experiência religiosa da humanidade, até mesmo numa tradição tão rigorosa como é a tradição judaico-cristã. Jeová é bom e colérico ao mesmo tempo. O deus dos místicos e dos teólogos cristãos é *terrificante* e *doce* e é desta *coincidentia oppositorum* que partiram as mais ousadas especulações de um pseudo-Dinis, de um Mestre Eckhart, ou de um Nicolau de Cusa.

A *coincidentia oppositorum* é uma das maneiras mais arcaicas de exprimir o paradoxo da realidade divina. Voltaremos a essa fórmula, a propósito das "formas" divinas, quer dizer, da estrutura *sui generis* que revela qualquer "personalidade" divina, havendo que se entender que a personalidade divina não pode ser tida, em caso algum, por simples projeção da personalidade humana. No entanto, se bem que tal concepção, na qual todos os contrários coincidem — ou melhor, são transcendidos —, constitua precisamente uma definição *mínima* da divindade e mostre até que ponto esta é "absolutamente diferente" do homem, a *coincidentia oppositorum* não deixa por isso de se tornar um modelo exemplar para certas categorias de homens religiosos ou para certas modalidades da experiência religiosa. A *coincidentia oppositorum* ou a transcendência de todos os atributos podem ser realizadas pelo homem de todas as maneiras. É assim que a "orgia" a apresenta ao nível mais elementar da vida religiosa: pois não simboliza ela o retorno ao amorfo e ao indistinto, a recuperação de um estado no qual todos os atributos se anulam e os contrários coincidem?

Mas, por outro lado, desvendamos os mesmos ensinamentos no próprio ideal do *sage* e do asceta oriental, cujas técnicas e métodos contemplativos têm em vista transcender radicalmente todas as qualidades, qualquer que seja a sua natureza. O asceta, o *sage*, o místico indiano ou chinês esforça-se por suprimir da sua experiência e da sua consciência toda a espécie de "extremos", quer dizer, por adquirir um estado de neutralidade e de indiferença perfeitas, por se tornar impermeável ao prazer e à dor... por se tornar autônomo. Essa superação dos extremos por meio da ascese e da contemplação conduz, também, à "coincidência dos contrários": a consciência de tal homem deixa de conhecer conflitos e os pares de contrários — prazer e dor, desejo e repulsa, frio e quente, agradável e desagradável — desaparecem da sua experiência, ao mesmo tempo que uma "totalização" se opera nele e emparelha com a "totalização" dos extremos no seio da divindade. Aliás, como já vimos, na perspectiva oriental a perfeição é inconcebível sem uma totalização efetiva dos contrários[33]. O neófito começa por tentar "cosmicizar" toda a sua experiência, assimilando-a aos ritmos que dominam o universo (o Sol e a Lua), mas, uma vez obtida essa "cosmicização", ele orienta todo o seu esforço no sentido de *unificar* o "Sol" e a "Lua", quer dizer, de assumir *todo o cosmos*; ele refaz em si e por sua conta a unidade primordial anterior à criação, uma unidade que não significa o caos da pré-criação, mas o *ser* indiferenciado no qual todas as formas são reabsorvidas.

160. O mito da androginia divina — Um novo exemplo ilustrará mais claramente ainda o esforço feito pelo homem religioso para imitar o arquétipo divino revelado pelos mitos. Dado que todos os atributos coexistem na divindade, é de esperar que nela coincidam, igualmente, sob uma forma mais ou menos manifesta, os dois sexos. A androginia divina não passa de uma fórmula arcaica da biunidade divina. O pensamento mítico e religioso, antes mesmo de exprimir este conceito da biunidade divina em termos metafísicos (*esse — non esse*) ou teológicos (manifestado — não-manifestado), começou por exprimi-lo em termos biológicos (bissexualidade). Já tivemos ocasião, mais de uma vez, de verificar que a ontologia arcaica se exprime em termos biológicos. Mas não devemos deixar-nos iludir pelo aspecto exterior dessa linguagem, tomando a terminologia mítica no sentido concreto, profano, "moderno" das palavras. "A mulher" num texto mítico ou ritual nunca é a "mulher": ela remete para o princípio cosmológico que ela incorpora. Por isso, a androginia divina, que se encontra em tantos mitos e crenças, tem um valor teórico, metafísico. A verdadeira intenção da fórmula é exprimir — em termos biológicos — a coexistência dos contrários, dos princípios cosmológicos — quer dizer, *macho* e *fêmea* — no seio da divindade.

Não é este o lugar indicado para retomar um problema já tratado no nosso *Mythe de la réintégration*. Lembremos, simplesmente, que as divindades da fertilidade cósmica são, na maior parte, andróginas, ou fêmeas num ano e machos no ano seguinte (caso, por exemplo, do "Espírito da Floresta" dos estônios). A maior parte das divindades da vegetação — tipo Attis, Adônis, Dioniso — e da Grande Mãe — tipo Cibele — são bissexuadas. Numa religião tão arcaica como é a religião australiana, o deus primordial é andrógino, como o é, também, nas religiões mais evoluídas, na Índia, por exemplo — por vezes, mesmo Dyaus, Purusha, o Macrantropo cósmico[34]. O par divino mais importante do panteão indiano, Shiva-Kâlî, é, por vezes, representado sob a forma de um ser único (*ardhanârîshvara*). E a iconografia tântrica é rica em imagens que nos mostram o deus Shiva enlaçando estreitamente Shakti, a sua própria "potência", figurada como divindade feminina (Kâlî). Aliás, toda a mística erótica indiana tem por objeto específico a perfeição do homem pela sua identificação com um "par divino", quer dizer, por via da androginia.

A bissexualidade divina é um fenômeno muito disseminado nas religiões e — característica que deve ser sublinhada — são andróginas até mesmo *divindades masculinas ou femininas por excelência*[35]. Qualquer que seja a forma em que a divindade se manifeste, ela é a realidade última, o poder absoluto, e essa realidade, este poder, negam-se a deixarem-se limitar por qualquer espécie de atributos e de qualidades (bom, mau, macho, fêmea). Alguns dos deuses egípcios mais antigos eram bissexuados[36]. Entre os gregos, a androginia não deixou de ser admitida, mesmo nos últimos séculos da Antiguidade[37]. Quase todos os deuses importantes da mitologia escandinava conservam ainda vestígios de androginia: Odin, Loki, Tuisto, Nerthus[38]. O deus iraniano do tempo ilimitado, Zervan, que os historiadores gregos traduziam, com razão, Cronos, é também andrógino, e Zervan deu origem, como já dissemos, aos gêmeos Ormuzd e Ahriman, o deus do bem e o deus do mal, o deus da luz e o deus das trevas[39]. Os próprios chineses reconhecem uma divindade suprema andrógina, que era precisamente o deus da obscuridade e da luz[40]: o símbolo é corrente, visto que a luz e as trevas são apenas aspectos sucessivos de uma única e mesma realidade. Considerados isoladamente, esses aspectos pareceriam separados, opostos, mas aos olhos do sage eles revelam-se mais do que "gêmeos" (como Ormuzd e Ahriman): eles formam uma única essência, ora manifestada, ora não manifestada.

Os "pares divinos" — do tipo Bêl-Bêlit — são, na maior parte dos casos, invenções tardias ou formulações imperfeitas da androginia primordial que caracteriza toda divindade. Assim, entre os semitas, a deusa Tanit era cognominada "a filha de Baal" e Astarté, "o nome de Baal"[41]. São muitos os casos em que a divindade tinha o nome de "pai e mãe", e da sua substância, sem qualquer intervenção, nasciam os mundos, os seres, os homens. A androginia divina implica, como conseqüência lógica, a monogenia ou a autogenia: inúmeros mitos contam como a divindade tirou a sua existência de si mesma, maneira simples e dramática de acentuar que a divindade se basta plenamente. O mesmo mito reaparecerá, baseado então numa metafísica refinada, nas especulações neoplatônicas e gnósticas do fim da Antiguidade.

161. O mito da androginia humana — Ao mito da androginia divina — que revela o melhor possível, entre outras expressões da *coincidentia oppositorum*, o paradoxo da existência divina — corresponde toda uma série de mitos e de rituais relativos à androginia humana. Aqui, o mito divino constituiu o paradigma da experiência religiosa do homem. Muitas tradições encaram o "homem primordial", o antepassado, como um andrógino, tipo Tuisto, e versões míticas mais tardias falam dos "pares primordiais" — tipo Yama, isto é, "gêmeo", e sua irmã, Yamî, ou o par iraniano Yima-Yimagh, Mashyagh-Mashyânagh. Alguns comentários rabínicos dão a entender que Adão também foi, por vezes, concebido como andrógino. O "nascimento" de Eva não teria sido, pois, mais do que a cisão do andrógino primordial em dois seres: macho e fêmea. "Adão e Eva foram feitos dorso com dorso, ligados pelos ombros. Então Deus separou-os dando um golpe de machado ou cortando-os em dois. Outros são de opinião diferente: o primeiro homem (Adão) era homem do lado direito e mulher do lado esquerdo, mas Deus rasgou-o em duas metades."[42] A bissexualidade do homem primitivo forma uma tradição ainda muito viva nas chamadas sociedades primitivas — por exemplo, na Austrália, na Oceânia[43] — e ficou mesmo no seu estado originário ou em estado reformado numa antropologia tão avançada como a de Platão e a dos gnósticos[44].

Mais uma prova de que devemos ver na androginia do homem primordial uma das expressões da perfeição e da totalização está no fato de o andrógino original ser freqüentemente concebido como esférico (Austrália, Platão): ora — é uma característica bem conhecida —, desde as mais arcaicas culturas a esfera simbolizou a perfeição e a totalidade. O mito do andrógino esférico encontra-se assim como o do ovo cosmogônico. Por exemplo, segundo a tradição taoísta, originariamente, os "sopros" — que encarnavam, entre outros, os dois sexos — confundiam-se e formavam um ovo, o Grande-Uno, do qual se destacaram, mais tarde, o Céu e a Terra. Este esquema cosmológico serviu, evidentemente, de modelo às técnicas de fisiologia mística dos taoístas[45].

O mito do deus andrógino e do "antepassado" — o "homem primordial" — bissexuado é paradigmático em relação a todo um conjunto de cerimônias coletivas que tendem a *reatualizar periodicamente* esta condição inicial, considerada o modo perfeito da humanidade. Além das operações de circuncisão e de subincisão, que têm por finalidade a transformação ritual do jovem australiano ou da jovem australiana num andrógino, há que considerar todas as cerimônias de "troca de trajes", que são apenas versões atenuadas da androginia[46]. Na Índia, na Pérsia, e em outras partes da Ásia, o ritual de "troca de trajes" desempenha um papel importante nas festas agrícolas. Em certas regiões da Índia, os homens usam mesmo seios artificiais no decurso de uma festa da deusa da vegetação que é, naturalmente, também andrógina[47].

Em resumo, o homem experimenta periodicamente a necessidade de recuperar — nem que seja pelo tempo de um relâmpago — a condição da humanidade perfeita, na qual os sexos coexistiam como coexistem, a par de todas as outras qualidades e de todos os outros atributos, na divindade. O homem que usava roupas de mulher não se tornava, por isso, mulher, como pareceria a uma observação superficial, mas realizava por um momento a unidade dos sexos, um estado que lhe facilitava a compreensão total do cosmos. A necessidade que o homem experimenta de anular periodicamente uma condição diferenciada e bem fixada, para reencontrar a "totalização" primordial, explica-se pela mesma necessidade da "orgia" periódica em que todas as formas se desintegram para terminarem na recuperação do "Mesmo", do "Todo-Uno" anterior à Criação. Acabamos de descobrir aqui, mais uma vez, a necessidade de abolir o passado, de suprimir a "história" e de recomeçar uma nova vida por uma nova criação. Morfologicamente, o ritual da "troca dos trajes" é análogo à "orgia" cerimonial. Acontecia, de resto, freqüentemente, que os disfarces fossem pretextos para orgias propriamente ditas. No entanto, mesmo as variações mais aberrantes desses rituais não conseguiram anular-lhes a significação essencial, quer dizer, a reintegração na condição paradisíaca do "homem primordial". E todos eles têm por modelos exemplares os mitos da androginia divina.

Se quiséssemos ilustrar com mais exemplos a função paradigmática dos mitos, não teríamos mais do que retomar boa parte do processo reunido nos capítulos anteriores. Como se viu, nem sempre se trata de um paradigma destinado aos rituais, mas também a outras experiências religiosas e metafísicas, tais como a "sageza", as técnicas de fisiologia mística, etc. Poder-se-ia mesmo dizer que os mitos fundamentais revelam arquétipos que o homem se aplica a realizar muitas vezes além da vida religiosa propriamente dita. Um exemplo: a androginia é obtida não só por meio das operações cirúrgicas que acompanham as cerimônias australianas de iniciação, por uma "orgia" ritual, pela "troca de trajes", mas também por via da alquimia — *Rebis*, fórmula da "pedra filosofal" também chamada a "andrógina hermética" —, por casamento — por exemplo na Cabala — e até pelo ato sexual (na ideologia romântica alemã)[48]. No fundo, pode-se mesmo falar de uma "androginização" do homem pelo amor, visto que, no amor, cada sexo adquire, conquista as "qualidades" do sexo oposto (a graça, a submissão, o devotamento adquirido pelo homem amoroso...).

162. Mitos de renovação, de construção, de iniciação, etc. — Em caso algum pode o mito ser tido por simples projeção fantástica de um acontecimento "natural". No plano da experiência mágico-religiosa — já insistimos neste ponto — a natureza nunca é "natural". O que parece à mentalidade empírico-racionalista uma *situação* ou um *processo* natural revela-se, na experiência mágico-religiosa, como uma cratofania ou uma hierofania. E é unicamente por meio delas que a "natureza" se torna objeto mágico-religioso e, nesta qualidade, tem interesse para a fenomenologia religiosa e para a história das religiões. Os mitos dos "deuses da vegetação" constituem, a esse respeito, um excelente exemplo de transmutação e de valorização de um acontecimento cósmico "natural". Não é o desaparecimento nem o reaparecimento da vegetação que criam as figuras e os mitos desses deuses — do tipo Tammuz, Attis, Osíris...; não é, em qualquer caso, a simples observação empírico-racionalista deste fenômeno "natural". O aparecimento e o desaparecimento da vegetação sempre foram sentidos, na perspectiva da experiência mágico-religiosa, como um *sinal* da criação periódica do cosmos. A paixão, a morte e a ressurreição de Tammuz, tal como se revelam no mito e no que elas próprias revelam, estão tão longe do "*fenômeno natural*" do inverno e da primavera como Madame Bovary ou Ana Karenina estão do adultério. É que, como a obra de arte, o mito é um ato de criação autônomo do espírito: é *por este ato de criação* que a revelação se opera e não pela matéria ou pelos acontecimentos que ela explora. Em resumo, é o mito de Tammuz que *revela* o drama da morte e da ressurreição da vegetação, e não o contrário.

Efetivamente, o mito de Tammuz, como o dos deuses análogos, desvenda uma modalidade cósmica que supera consideravelmente a zona da vida vegetal. Ele desvela, por um lado, a *unidade* fundamental vida-morte e, por outro lado, as esperanças que o homem põe nesta unidade fundamental e que dizem respeito à sua própria vida depois da morte. Deste ponto de vista, pode-se encarar o mito da paixão, da morte e da ressurreição dos "deuses da vegetação" como paradigmático em relação à condição humana, pois revela a natureza melhor e mais intimamente do que o fariam a observação e a experiência empírico-racionalistas, e é para manter e renovar essa revelação que o mito deve ser celebrado e repetido. O aparecimento e o desaparecimento da vegetação em si mesmos, como "fenômenos cósmicos", nada mais significam do que aquilo que são: um aparecimento e um desaparecimento periódicos da vida vegetal. Só o mito transfigura este *acontecimento* em *categoria*: por um lado, certamente, porque a morte e a ressurreição dos deuses da vegetação se tornam os arquétipos de todos os mortos e de todas as ressurreições, quaisquer que sejam, e qualquer que seja o plano em que se manifestem, mas, por outro lado, também porque elas revelam o destino da condição humana melhor do que o poderia fazer qualquer outro meio empírico-racionalista.

Do mesmo modo, certos mitos cosmogônicos que narram a criação do universo a partir do corpo de um gigante primordial, ou até mesmo a partir do corpo e do sangue do próprio deus criador, tornaram-se o modelo não só dos "ritos de construção" — que implica, como se sabe, o sacrifício de um ser vivo quando se erige uma casa, uma ponte, um santuário — mas também de toda espécie de "criação", na extensão mais ampla do termo. O mito revelou a condição de todas as "criações" cujo processamento requer uma "animação", quer dizer, a comunicação direta da vida por uma criatura que já possua essa vida; ele revelou, ao mesmo tempo, *a impotência do homem em criar* para além da sua própria reprodução, que, de resto, em muitas sociedades é atribuída a forças religiosas estranhas ao homem (as crianças nascem das árvores, das pedras, das águas, dos "antepassados", etc.).

Muitos mitos e lendas descrevem as "dificuldades" encontradas por um semideus ou por um herói para penetrar num "domínio interdito" que simboliza sempre um território transcendente — o Céu ou o Inferno. Uma ponte cortante como uma faca a atravessar, um cipó instável a ser percorrido, dois rochedos quase contíguos entre os quais é preciso passar, uma porta entreaberta uma fração de segundo pela qual entrar, uma região rodeada de montanhas, de água, de um círculo de fogo e guardada por monstros, ou ainda uma porta situada no lugar "onde o Céu e a Terra se abraçam", ou no local onde se juntam "os fins do Ano"[49]. Algumas versões desses mitos das "provas", como os trabalhos e as aventuras de Héracles, a expedição dos Argonautas e outros tiveram mesmo uma brilhante carreira literária na Antiguidade, não deixando de ser exploradas e refundidas pelos mitógrafos e pelos poetas, e tendo sido, por sua vez, imitadas nos ciclos de lendas semi-históricas, como o ciclo de Alexandre Magno, que erra pela região das trevas, busca a planta da vida, luta com monstros, etc. Muitos destes mitos constituem, incontestavelmente, o arquétipo dos ritos de iniciação[50]. Mas esses mitos da "procura da região transcendente" denunciam ainda uma coisa diferente dos rituais iniciáticos, e que é a modalidade "paradoxal" da superação dessa polaridade que é inseparável de qualquer mundo, de qualquer "condição". A passagem pela "porta estreita", pelo "buraco da agulha", entre os "rochedos que se tocam", mobiliza sempre um par de contrários — tipo bem-mal, noite-dia, alto-baixo...[51]. Neste sentido é legítimo dizer que os mitos da "procura" e das "provas iniciáticas" revelam, sob uma forma plástica e dramática, o próprio ato pelo qual o espírito transcende um cosmos condicionado, polar e fragmentário, para reencontrar a unidade fundamental anterior à criação.

163. A estrutura de um mito: Varu*n*a e Vrtra — O mito, como o símbolo, tem a sua "lógica" própria, uma coerência intrínseca que lhe permite ser "verdadeiro" em muitos planos, por afastados que estes estejam do plano em que o mito originariamente se manifestou. Dissemos já de que maneiras e em que perspectivas é "verdadeiro" — e portanto aplicável, utilizável — o mito cosmogônico. Lembremos, para dar ainda um exemplo, o mito e a estrutura de Varu*n*a, deus celeste e soberano, todo-poderoso e, se for o caso, "ligador" pelo seu "poder espiritual", pela "magia". Mas o seu aspecto cósmico é mais complexo ainda: ele não é só, como vimos, um deus celeste, mas também um deus lunar e aquático. Houve em Varu*n*a, e talvez desde muito cedo, uma certa dominante "noturna" que Bergaigne e, recentemente, A. K. Coomaraswamy não deixaram de sublinhar. Bergaigne fazia referência ao comentador de *Taittirîya Sambitâ*, segundo o qual Varu*n*a designa "aquele que envolve como a escuridão"[52]. Este aspecto "noturno" de Varu*n*a não pode ser interpretado exclusivamente no sentido uraniano de "Céu noturno", mas no sentido mais amplo, verdadeiramente cosmológico e mesmo metafísico: a noite *é* também virtualidade, germe, não-manifestação, e é justamente essa modalidade "noturna" de Varu*n*a que lhe permitiu tornar-se um deus das águas e que abriu o caminho à sua assimilação com o "demônio" Vrtra.

Não podemos abordar aqui o problema "Vrtra-Varu*n*a", mas lembremos que há entre as duas entidades mais de um traço comum. Mesmo que não se faça caso do parentesco etimológico provável dos seus nomes, é importante salientar que ambos se relacionam com as águas e, em primeiro lugar, com "as águas retidas" ("O grande Varu*n*a escondeu o mar...")[53], e que Vrtra, como Varu*n*a, é, às vezes, chamado *mâyin*, "mago"[54]. Em certa perspectiva, estas diferentes assimilações de Vrtra e Varu*n*a, como aliás todas as outras modalidades e funções de Varu*n*a, correspondem-se e justificam-se umas às outras. A noite (o não-manifestado), as águas (o virtual, os germes), a "transcendência" e o "não-agir" (caracteres dos deuses celestes e soberanos) têm uma solidariedade ao mesmo tempo mítica e metafísica com os "ligadores" de qualquer tipo, de um lado, e com o Vrtra, que "reteve", "estancou" ou "acorrentou" as águas, de outro lado. No plano cósmico, Vrtra é também um "ligador". Como todos os grandes mitos, o mito de Vrtra é, pois, multivalente e a sua interpretação não se esgota em um só sentido. Pode-se mesmo dizer que uma das principais funções do mito é fixar, legalizar os níveis do real que se mostram, tanto à consciência imediata como à reflexão, múltiplos e heterogêneos. Assim, no mito de Vrtra, ao lado de outros valores, nota-se o de um regresso ao não-manifestado, de uma "parada", de uma "ligação" que impede a expansão das "formas", quer dizer, da vida cósmica. Não é, evidentemente, legítimo levar mais longe a aproximação de Vrtra e de Varu*n*a. Mas não se pode negar o parentesco estrutural entre o "noturno", o "não-atuante", o "mago" Varu*n*a que prende à distância os culpados — e o Vrtra que "acorrenta" as águas. A ação de um como a do outro tem por efeito parar a vida, trazer a morte — no plano individual num caso, no plano cósmico no outro.

164. Mito — "história exemplar" — Todo mito, independentemente da sua natureza, enuncia um acontecimento que teve lugar *in illo tempore* e constitui, por isso, um precedente exemplar para todas as ações e "situações" que, depois, repetirão este acontecimento. Executados pelo homem, todo ritual ou ação dotada de sentido repetem um arquétipo mítico. Ora, como vimos, a repetição implica a abolição do tempo profano e a projeção do homem num tempo mágico-religioso que nada tem a ver com a duração propriamente dita, mas constitui este "eterno presente" do tempo mítico. O que equivale a dizer que, paralelamente às outras experiências mágico-religiosas, o mito reintegra o homem numa época atemporal que é, de fato, um *illud tempus*, quer dizer, um tempo auroral, paradisíaco, além da história. Aquele que realiza um rito qualquer transcende o tempo e o espaço profanos: do mesmo modo, aquele que "imita" um modelo mítico ou simplesmente escuta ritualmente (participando nela) a recitação de um mito é arrancado ao devir profano e reencontra o Grande Tempo.

Na perspectiva do espírito moderno, o mito — e com ele todas as outras experiências religiosas — anula a "história". Mas há que notar que a maioria dos mitos, pelo simples fato de enunciarem *o que se passou "in illo tempore"*, constituem, eles próprios, uma *história exemplar* do grupo humano que os conservou e do cosmos deste grupo humano. Não há mito cosmogônico que não seja também uma *história*, visto que conta tudo o que se passou *ab origine*. Com uma reserva, no entanto, a saber — que não se trata de "história" na moderna acepção do termo — a de acontecimentos irreversíveis e não repetíveis — mas de uma *história exemplar* que pode repetir-se — periodicamente ou não — e que tem o seu sentido e o seu valor na própria repetição. A *história que foi na origem* deve repetir-se porque toda a epifania primordial é *rica*, ou, por outras palavras, não se esgota numa única manifestação. Por outro lado, os mitos são ricos pelo seu conteúdo, que é exemplar e, como tal, *oferece* um sentido, cria alguma coisa, anuncia alguma coisa.

A função da história exemplar dos mitos torna-se inteligível, além disso, pela necessidade que o homem arcaico sente de mostrar as "provas" do acontecimento inscrito no mito. Seja o tema mítico bem conhecido: tendo sucedido tal ou tal coisa, os homens tornaram-se mortais, ou então as focas deixaram de ter dedos, ou ainda a Lua apareceu manchada... Este tema é perfeitamente "demonstrável" para a mentalidade arcaica, pelo fato de que o homem *é* efetivamente mortal, de que as focas *não têm* dedos e de que a Lua *apresenta* manchas. O mito que revela como a ilha Tonga foi pescada do fundo do oceano tem a prova da sua veracidade no fato de se poder mostrar ainda a linha que serviu para pescá-la e o rochedo onde se prendeu o anzol[55]. Essa necessidade de provar a veracidade do mito ajuda-nos a desvendar o sentido que a "história" e os "documentos históricos" tinham na mentalidade arcaica. Ela denuncia a importância que o homem primitivo dá às coisas que *verdadeiramente sucederam*, aos acontecimentos que tiveram lugar, concretamente, em volta dele, e o apetite que o seu espírito manifesta pelo "real", pelo que "é" de modo pleno. Mas, ao mesmo tempo, a função exemplar que se prende a estes acontecimentos de *illud tempus* deixa adivinhar o interesse que o homem arcaico sente pelas realidades significativas, criadoras, paradigmáticas. Interesse que sobrevivia ainda entre os primeiros historiadores do mundo antigo, para os quais o "passado" só tinha sentido na medida em que era um exemplo a seguir e constituía, por isso, a *súmula* pedagógica de toda a humanidade. Esta missão de "história exemplar" reservada ao mito tem de se aproximar — se a quisermos compreender — da tendência do homem arcaico para realizar concretamente um arquétipo ideal, para viver "experimentalmente" a eternidade a partir deste mundo, aspiração que desvendamos por meio da análise do tempo sagrado (§ 155).

165. Degradação dos mitos — O mito pode degradar-se em lenda épica, em balada ou em romance, ou então sobreviver, em forma diminuída, nas "superstições", hábitos, nostalgias, etc., não perdendo, por isso, a sua estrutura nem o seu valor. Temos presente que o mito da árvore cósmica se mantém nas lendas e nos ritos da colheita dos simples (§ 111). As "provas", os sofrimentos, as peregrinações do candidato à iniciação sobrevivem na narrativa dos sofrimentos e dos obstáculos que o herói épico ou dramático tem de suportar antes de alcançar o seu objetivo (Ulisses, Enéias, Parsifal, certos personagens de Shakespeare, Fausto...). Todas essas "provas" e "sofrimentos" que têm dado matéria à epopéia, ao drama e ao romance, podem facilmente se reduzir aos sofrimentos e aos obstáculos rituais do "caminho para o centro" (§ 146). Sem dúvida o "caminho" já não se desenrola no mesmo plano iniciático mas — falando em termos de tipologia — as deambulações de Ulisses ou a busca do Santo Graal encontram-se até nos grandes romances do século XIX, para não falarmos da literatura de pacotilha cujas origens arcaicas são bem conhecidas. Enquanto hoje o romance policial conta a luta de um criminoso e de um detetive (o "gênio bom" e o "gênio mau", o dragão e o Príncipe Encantado dos contos...), há algumas gerações havia um certo deleite em mostrar um príncipe órfão ou uma criança inocente vítimas de um "celerado", e há uns cento e cinqüenta anos estavam em voga os romances "negros" e "frenéticos", com os seus "monges negros", os seus "italianos", os seus "celerados", as suas "meninas raptadas", os seus "protetores disfarçados"... Mas, se as tonalidades da efabulação se explicam pela coloração e pela orientação variável da sensibilidade popular, o tema não mudou.

Evidentemente, cada nova modalidade implica um "adensamento do conflito e dos personagens dramáticos, um obscurecimento da transparência original, assim como a multiplicação das notas específicas de "cor local". Mas os modelos transmitidos do mais longínquo passado não desaparecem nem perdem o seu poder de reatualização, permanecendo válidos para a consciência "moderna". Um exemplo entre muitos: Aquiles e Sören Kirkegaard. Aquiles, como tantos outros heróis, não se casa, se bem que lhe tenha sido vaticinada uma vida feliz e fecunda caso se casasse; mas então teria de renunciar a ser um herói, não realizaria o "único", não conquistaria a imortalidade. Kirkegaard passa exatamente pelo mesmo drama existencial a propósito de Regina Olsen: ele recusa o casamento para permanecer, ele próprio, "o único", para poder esperar o Eterno, repelindo a modalidade de uma existência feliz para o "geral". Confessa-o claramente num fragmento do seu *Journal* íntimo: "Eu seria mais feliz, num sentido finito, se pudesse afastar de mim este espinho que sinto na minha carne; mas, num sentido infinito, estaria perdido." Eis aqui como uma estrutura mítica continua a ser realizável, e se realiza de fato, no plano da experiência existencialista e, neste caso particular, sem qualquer consciência nem influência do modelo mítico.

O arquétipo continua a ser criador mesmo quando se degrada para níveis cada vez mais baixos. Tomemos, por exemplo, o mito das Ilhas Afortunadas ou do Paraíso Terrestre, que não só perturbou a imaginação dos profanos mas também a ciência náutica até a gloriosa época dos grandes descobrimentos marítimos. Quase todos os navegadores, até mesmo aqueles que perseguiam uma finalidade econômica precisa (caso do caminho marítimo da Índia), tinham *também* em vista o descobrimento das Ilhas dos Bem-aventurados ou do Paraíso Terrestre. E toda a gente sabe que não faltou quem imaginasse que eles tinham, com efeito, descoberto a ilha do Paraíso. Dos fenícios aos portugueses, todos os grandes descobrimentos geográficos foram provocados por este mito da região edênica. E foram só essas viagens, indagações e descobertas as quais adquiriram um sentido espiritual e foram criadoras de cultura. Se a memória da viagem de Alexandre às

Índias permaneceu imorredoura é que, assimilada à categoria mítica, ela satisfazia a necessidade de "geografia mítica", a única que o homem não pode dispensar. As bases comerciais dos genoveses na Criméia e no mar Cáspio, as dos venezianos na Síria e no Egito, supunham uma ciência náutica muito avançada e, no entanto, os itinerários comerciais em questão "não deixaram qualquer lembrança na história dos descobrimentos geográficos"[56]. Em compensação, as expedições para o descobrimento das regiões míticas não foram apenas criadoras de lendas: elas contribuíram mesmo para o progresso da ciência geográfica.

Essas ilhas e terras novas conservaram o seu caráter mítico muito tempo depois de a geografia se ter tornado científica. "A ilha dos Bem-aventurados" sobreviveu a Camões, atravessou o século das luzes, a época do romantismo e não perdeu o seu lugar no nosso tempo. Mas a ilha mítica já não significa, para o futuro, o Paraíso Terrestre: ela é a ilha dos Amores (Camões), a ilha do "bom selvagem" (Daniel de Foe), a ilha de Eutanasius (Eminescu) ou a ilha "exótica", uma região de sonho com belezas secretas, a ilha da liberdade, do jazz, do repouso perfeito, das férias ideais, dos cruzeiros em navios de luxo, e a que o homem moderno aspira por influência da literatura, do cinema ou, muito simplesmente, da sua imaginação. A *função* da região edênica, privilegiada, permaneceu imutável, só a sua valorização sofreu numerosos desvios, desde o Paraíso Terrestre (no sentido que a Bíblia dá a este nome) até o paraíso exótico com que sonham os nossos contemporâneos. "Queda", sem dúvida, mas queda fecunda. Em todos os níveis da experiência humana, por modestos que se suponham, o arquétipo continua a valorizar a existência e a criar "valores culturais": a ilha dos romances modernos ou a ilha de Camões não é menor valor cultural do que tantas e tantas ilhas da literatura medieval.

Queremos com isso dizer que o homem, ainda que escape a tudo o mais, fica irremediavelmente preso às suas intuições arquetípicas, criadas no momento em que tomou consciência da sua situação no cosmos. A nostalgia do Paraíso denuncia-se nos atos mais banais do homem moderno. O *absoluto* não pode ser extirpado: ele é tão-só suscetível de degradação. E a espiritualidade arcaica sobrevive, à sua maneira, não como *ato*, não como possibilidade de realização real para o homem, mas como uma nostalgia criadora de valores autônomos: arte, ciências, mística social...

XIII

A estrutura dos símbolos

166. Pedras simbólicas — Raros são os fenômenos mágico-religiosos que não impliquem, de uma forma ou de outra, um certo simbolismo. Prova-o largamente o material documental que passamos em revista nos capítulos anteriores. Não há dúvida de que todo fato mágico-religioso é uma cratofania, uma hierofania ou uma teofania: não é preciso rever este assunto. Mas freqüentemente encontramo-nos em presença de cratofanias, de hierofanias ou de teofanias *mediatas*, obtidas por meio de uma participação ou de uma integração num sistema mágico-religioso que é sempre um sistema simbólico, quer dizer, um simbolismo. Assim, para mencionar apenas um exemplo, vimos que certas pedras se tornam sagradas porque as almas dos mortos — dos "antepassados" — encarnam nelas ou então porque manifestam ou representam uma força sagrada, uma divindade, ou ainda porque um pacto solene ou um acontecimento religioso tiveram lugar na sua vizinhança. Mas muitas outras pedras adquirem a sua qualidade mágico-religiosa graças a uma hierofania ou a uma cratofania mediatas, quer dizer, por um simbolismo que lhes confere um valor mágico ou religioso.

A pedra em que Jacó adormeceu e de onde ele viu, em sonho, a escada dos anjos só se tornou sagrada porque fora o lugar de uma hierofania. Mas outros *bethel* ou *omphaloi* são sagrados porque se acham no "centro do mundo" e, por conseguinte, no ponto de junção das três zonas cósmicas. Evidentemente, o próprio "centro" é uma zona sagrada e, nesta qualidade, o objeto que o encarna ou o representa torna-se também sagrado e pode, por isso, ser encarado como uma hierofania. Mas, ao mesmo tempo, é certo que um *bethel* ou um *omphalos* é um "símbolo" do "centro" na medida em que seja portador de uma realidade transespacial (o "centro") e o introduz num espaço profano. Do mesmo modo, certas pedras furadas tornam-se sagradas graças ao simbolismo (solar ou sexual) revelado pela sua própria forma. Neste caso, a hierofanização faz-se por um simbolismo evidente, diretamente revelado pela própria "forma" da pedra (a "forma" entendida naturalmente, tal como é apreendida pela experiência mágico-religiosa e não pela experiência empírico-racionalista). Mas há ainda outras pedras mágicas, medicinais ou "preciosas", cujo valor reside na sua participação num simbolismo nem sempre transparente. Alguns exemplos tornarão mais claras as articulações de um simbolismo cada vez mais denso e que em vão teríamos procurado nas hierofanias e nas cratofanias líticas acima mencionadas.

O jade é uma "pedra preciosa" que desempenhou um papel considerável na simbólica arcaica chinesa[1]. Na ordem social é encarnação da soberania e do poder, na medicina é uma panacéia e toma-se para se alcançar a regeneração do corpo. Mas é também encarado como alimento dos espíritos e os taoístas acreditavam que ele podia assegurar a imortalidade, e daqui vem o papel importante do jade na alquimia e o lugar que sempre teve nas teorias e nas práticas funerárias[2]. Lê-se num texto do alquimista Ko-Hung: "Se se colocar ouro e jade nas nove aberturas do cadáver, este será preservado da putrefação."[3] Por outro lado, o tratado *T'ao Hung-Ching*, do século V, dá as seguintes indicações: "Se, ao abrir-se um túmulo antigo, o cadáver parecer vivo, sabei que há, no interior e fora do corpo, uma grande quantidade de ouro e de jade. De acordo com as disposições da dinastia Han, os príncipes e os senhores eram enterrados com as roupas ornadas de pérolas e com estojos de jade para preservar o corpo da decomposição."[4] Escavações arqueológicas recentes confirmam os textos relativos ao jade funerário[5].

Mas o próprio jade só encerra todas essas virtudes porque é encarnação do princípio cosmológico *yang* e porque, nesta qualidade, possui um conjunto de qualidades solares, imperiais, indestrutíveis. O jade, como de resto o ouro, contém o *yang* e, por isso, torna-se um centro carregado de energia cósmica. A sua multivalência instrumental é a conseqüência lógica da multivalência do princípio cosmológico *yang*. E, mesmo supondo que procuraríamos penetrar na pré-história que antecedeu a fórmula cosmológica *yang-yin*, esbarraríamos com uma outra fórmula cosmológica e com um outro simbolismo que justificaria a aplicação do jade[6].

Ir até a pré-história na busca de um simbolismo arcaico é possível no que diz respeito à pérola. Já o tentamos num estudo anterior[7]. Encontraram-se pérolas e conchas em sepulturas pré-históricas; são utilizadas pela magia e pela medicina e oferecidas ritualmente às divindades dos rios; ocupam lugar de destaque em certos cultos asiáticos e são usadas pelas mulheres para dar sorte e fecundidade. Houve tempo em que a concha e a pérola tinham uma significação mágico-religiosa, mas, pouco a pouco, o seu papel restringiu-se à feitiçaria e à medicina. Na época moderna e para algumas classes sociais, a pérola não tem mais do que um valor econômico e estético. Esta degradação da significação metafísica do "cosmológico" para o "estético" é, por si só, um fenômeno interessante e ao qual voltaremos, mas é preciso, em primeiro lugar, responder a outra questão: por que apresentava esta pérola uma significação mágica, medicinal ou funerária? Porque ela tinha "nascido das águas", porque ela tinha "nascido da Lua", porque ela representava o princípio *yin*, porque ela tinha sido encontrada numa concha, símbolo da feminilidade criadora. Todas essas circunstâncias transfiguravam a pérola num "centro cosmológico" no qual coincidiam os prestígios da Lua, da mulher, da fecundidade, do parto. A pérola estava carregada da força germinadora da água em que se formara. "Nascida da Lua", partilhava com ela as virtudes mágicas e é por isso que se impunha como adorno da mulher. O simbolismo sexual da concha comunicava-lhe todas as forças que ele implica. Enfim, a semelhança entre a pérola e o feto conferia-lhe propriedades genésicas e obstetriciais (o mexilhão *pang* quando está prenhe de pérolas é semelhante à mulher que tem o feto no ventre, diz um texto chinês citado por Karlgren). Deste triplo simbolismo — Lua, água, mulher — derivam todas as propriedades mágicas da pérola: medicinais, ginecológicas, funerárias.

Na Índia, a pérola é uma panacéia: boa contra as hemorragias, a icterícia, a loucura, o envenenamento, as doenças de olhos, a tísica[8]. A medicina européia serviu-se dela sobretudo para tratar a melancolia, a epilepsia e a loucura. Como se vê, a maior parte das afecções em causa são doenças "lunares" (melancolia, epilepsia, hemorragia...). As suas propriedades antitóxicas não têm outra explicação: a Lua era o remédio para todas as espécies de envenenamento[9]. Mas o valor da pérola no Oriente está sobretudo na sua qualidade afrodisíaca, fecundante e talismânica. E quando é posta no túmulo, no próprio cadáver, ela solidariza o morto com seu princípio cosmológico: a Lua, a água, a mulher. Por outras palavras, ela regenera o morto, inserindo-o num ritmo cósmico que é por excelência cíclico, e pressupõe — à imagem das fases da Lua — nascimento, vida, morte, renascimento. O morto coberto de pérolas adquire um destino "lunar", pode ter esperança de entrar no circuito cósmico, visto que o penetram todas as virtudes, criadoras de formas vivas, da Lua[10].

167. Degradação dos símbolos — É fácil compreender que o que constitui o valor múltiplo da pérola é, em primeiro lugar, o simbolismo no qual se enquadra. Quer se interprete esse simbolismo valorizando seus elementos sexuais ou reduzindo-o a um conjunto cultural pré-histórico, um ponto permanece incontestável, a saber, a sua estrutura cosmológica. Os emblemas e as funções da mulher conservam em todas as sociedades arcaicas um valor cosmológico. Somos incapazes de determinar com precisão o momento da pré-história em que a pérola adquiriu todos os valores citados atrás. Pelo menos é certo que ela só encontrou o seu caráter de "pedra mágica" no momento em que o homem tomou consciência do conjunto cosmológico água-Lua-devir e em que teve a revelação do ritmo cósmico dominado pela Lua. As "origens" do simbolismo da pérola não são, pois, empíricas, mas teóricas, metafísicas. Esse simbolismo foi, depois, interpretado, diferentemente "vivido", para se degradar até nas superstições e no valor econômico-estético que representa para nós a pérola.

Completemos o nosso processo com a ajuda de algumas pedras mágico-religiosas, a começar pelo *lápis-lazúli*, a pedra azul que gozava de certo prestígio na Mesopotâmia e cujo valor sagrado se devia à sua significação cosmológica: ela representa, efetivamente, a noite estrelada e o deus da Lua, Sin. Os babilônios conheciam e estimavam certas pedras ginecológicas que passaram depois para a medicina grega. Uma delas, a "pedra da prenhez" (*^{aban}e-rie-e*), foi identificada por Boson com o *lithos samios* de Dioscorides; uma outra, *^{aban}râmi*, a "pedra do amor", da "fecundidade", parece confundir-se com o *lithos selenites* de Dioscorides. As pedras deste gênero assentavam a sua eficácia ginecológica na homologia com a Lua. O valor obstetricial do jaspe, *^{aban}shup*, tinha a sua explicação no fato de que, ao quebrar-se, dava origem no seu "ventre" a várias outras pedras. O símbolo é, neste caso, evidente. Dos babilônios, a função ginecológica do jaspe passou para o mundo greco-romano, onde se conservou até a Idade Média. Um simbolismo análogo explica, igualmente, o favor de que gozou na Antiguidade a "pedra das águias", *aetites: utilis est*, nota Plínio, *mulieribus praegnantibus*[11]; sacudindo-a, ouve-se um ruído bizarro, como se ela escondesse no "ventre" uma outra pedra. A virtude dessas pedras ginecológicas e obstétricas deriva diretamente quer da sua participação no princípio lunar, quer de uma conformação que as singulariza e que, por conseguinte, só pode indicar uma proveniência excepcional. A sua essência mágica é a conseqüência da sua "vida", porque elas "vivem", têm um sexo, ficam prenhes. Aliás não são uma exceção. Todas as outras pedras e todos os outros metais "vivem" igualmente e são sexuados[12]. Mas a vida destes últimos é mais tranqüila, a sua sexualidade é mais vaga: "crescem" no seio da Terra, segundo um ritmo sonolento, poucos "chegando à maturidade" (assim, para os indianos, o diamante é *pakka*, "maduro", enquanto o cristal é *kaccha*, "não maduro")[13].

Um exemplo excelente de deslocação e de variabilidade do símbolo nos é dado pela "pedra da serpente". Em muitas regiões acreditava-se que as pedras preciosas tinham caído da cabeça das serpentes ou dos dragões. Daqui a observação de que o diamante é venenoso e a recomendação de não o levar aos lábios, porque esteve na boca de serpentes (crença de origem indiana e que passou para o mundo helenístico e árabe)[14]. As crenças que fazem vir as pedras preciosas da baba das serpentes estendem-se por uma área muito vasta, desde a China até a Inglaterra[15]. Na Índia, crê-se que os *nâgas* trazem na goela e na cabeça certas pedras mágicas, resplandecentes. Plínio racionaliza estas crenças de origem oriental quando refere que a *dracontia* ou *dracontites* é uma pedra que se forma no cérebro (*cerebra*) dos dragões[16]. O processo de racionalização é ainda mais acentuado em Filostrato[17], para quem o olho de certos dragões é uma pedra de um "brilho deslumbrante", dotado de virtudes mágicas; os feiticeiros, acrescenta Filostrato, depois de adorarem os répteis cortam-lhes a cabeça e dela retiram pedras preciosas.

A origem e o fundamento teórico dessas lendas e de tantas outras não são obscuros: é o mito arcaico dos "monstros" (serpentes, dragões), guardiães da "árvore de vida", de uma zona por excelência consagrada, de uma substância sagrada, de valores absolutos (imortalidade, juventude eterna, ciência do bem e do mal, etc.). Como estamos lembrados, os símbolos dessa realidade absoluta estão sempre guardados por monstros que impossibilitam o acesso aos não-eleitos: a "árvore de vida", a árvore dos pomos de ouro ou o velo de ouro, os "tesouros" de toda a espécie (as perólas do fundo do oceano, o ouro da Terra, etc.) são defendidos por um dragão e aquele que quer apropriar-se de um dos símbolos da imortalidade deve antes pôr a prova o seu "heroísmo" ou a sua "sabedoria" frente a todos os perigos e acabando por matar o monstro reptiliano. Deste tema mítico arcaico derivaram, por múltiplos processos de racionalização e de degradação, todas as crenças em tesouros, pedras mágicas e jóias. A árvore da vida ou árvore dos pomos de ouro, ou ainda o velo de ouro — que simboliza um estado absoluto (o ouro igual à "glória", à imortalidade) —, tornavam-se um "tesouro" escondido na terra e guardado por dragões ou serpentes.

Os *emblemas* metafísicos guardados e defendidos por serpentes transformam-se em *objetos* concretos que se encontram na sua cabeça, olho ou goela. O que era originariamente estimado como *sinal* do absoluto toma, depois — para outras camadas sociais ou por uma degradação de sentido —, valores mágicos, medicinais, estéticos. Na Índia, por exemplo, o diamante passava por ser um emblema da realidade absoluta: o seu nome, *vajra*, era também o do raio, símbolo de Indra, emblema da essência incorruptível. Neste conjunto teórico — força, incorruptibilidade, raio, manifestação cósmica da virilidade —, o diamante era consagrado na medida em que, na ordem mineralógica, ele encarnava essas essências. No quadro do outro conjunto teórico, o da valorização "popular" da realidade absoluta guardada por um monstro, o diamante era apreciado pela sua descendência ofídica. Era a mesma descendência — degradada, agora, para níveis cada vez mais baixos — que dava ao diamante as suas propriedades mágicas e medicinais: defendia do envenenamento e das serpentes, tal como tantas outras "pedras de serpentes" (*carbunculus, borax,* o bezoar...). Algumas dessas "pedras de serpentes" foram efetivamente extraídas da cabeça de serpentes, onde se encontram, às vezes, concreções duras e pétreas. *Mas se elas foram descobertas ali é porque ali tinham sido procuradas.* A crença na "pedra de serpente" encontra-se numa área extensa e, no entanto, só recentemente se observaram, em serpentes, concreções resistentes e pétreas. Em suma, só muito raramente uma "pedra de serpente" é mesmo uma pedra extraída da cabeça de uma serpente. A grande maioria das outras pedras mágicas e medicinais, quer tenham ou não uma nomenclatura ofídica, estão diversamente relacionadas com a serpente em virtude do mito original, redutível, como dissemos, a um tema metafísico: "o monstro guardião dos símbolos da imortalidade". Não há dúvida de que muitas lendas e superstições não derivaram diretamente da fórmula mítica primordial mas das inúmeras variantes laterais ou "degradadas" a que aquela deu origem.

168. Infantilismo — Limitamo-nos, de propósito, a exemplos recolhidos num único setor a fim de esclarecer, por um lado, as múltiplas ramificações do símbolo, e, por outro, os processos de racionalização, de degradação e de infantilismo que um símbolo sofre na sua interpretação nos planos mais baixos. Como se reconhece, achamo-nos muitas vezes em presença de variantes "populares" na aparência, mas cuja origem erudita — metafísica (cosmológica) em última instância — é fácil de descobrir (por exemplo, a "pedra de serpente") e apresenta todos os sinais de um processo de infantilismo. Este processo pode ter lugar, aliás, de muitas outras maneiras. Citemos dois dos mais freqüentes:

1º Um simbolismo "erudito" acaba, com o tempo, por servir para as camadas sociais inferiores, degradando assim o seu sentido primitivo;

2º O símbolo é compreendido de modo pueril, quer dizer, excessivamente concreto e isolado do sistema de que faz parte.

Já mencionamos alguns exemplos da primeira categoria ("pedra de serpente", pérola, etc.). Citemos ainda um caso bastante sugestivo. Uma velha receita popular romena prescreve: "Quando um homem ou um animal sofrerem de prisão de ventre, escrevei estas palavras num prato novo: Fison, Gheon, Tigre, Eufrates, e lavai-o com água limpa: se o doente a beber ficará bom; e se for o animal vertei-lha pelo nariz."[18] O nome dos quatro rios bíblicos que banham o Paraíso podem purificar, numa perspectiva mágico-religiosa, qualquer "cosmos" e, portanto, o microcosmos que é o corpo do homem ou do animal. Neste caso, o infantilismo denuncia-se de imediato pela maneira simplista, concreta, como é compreendido o simbolismo da purificação pelas águas paradisíacas: bebe-se a água que lavou as quatro palavras escritas.

No que diz respeito ao segundo tipo de infantilização do símbolo (que não implica necessariamente uma "história", uma "queda" de um meio erudito num popular), encontram-se muitos exemplos no belo livro de Lévy-Bruhl, *L'experience mystique et les symboles chez les primitifs*[19]. A maioria dos documentos citados pelo sábio francês apontam o símbolo como substituto do objeto sagrado ou como "símbolo-pertença" e, quando se trata de substituto e de participações, o processo de infantilização é inevitável, e não só entre os "primitivos" mas nas sociedades mais evoluídas. Para darmos um exemplo, seja este caso retirado daquela obra: "Na África equatorial, no alto Ogooué, o antílope *ocibi* só pasta — segundo um chefe bamba — durante a noite; durante o dia, dorme ou rumina, sem mudar de lugar. Este hábito levou os indígenas a fazerem dele o símbolo da fixidez. Estão convencidos de que todos os que comerem, em comum, carne daquele antílope, por ocasião da inauguração de uma nova aldeia, não trocarão esta por outra."[20] No pensamento dos indígenas, o símbolo comunica-se por participação, de maneira concreta, do mesmo modo que as quatro palavras escritas no fundo de um prato podem "purificar", na magia infantilizada já citada, um indivíduo obstipado. Mas essa diversidade de interpretação não esgota nem o símbolo original nem as possibilidades que têm os "primitivos" de alcançarem um simbolismo coerente. Trata-se, repetimo-lo, apenas de uma amostra de um infantilismo cujos exemplos são abundantes na experiência religiosa de qualquer população civilizada. Que os "primitivos" sejam capazes, também, de um simbolismo coerente, quer dizer, articulado em princípios cosmoteológicos, provam-no os muitos fatos já vistos nos capítulos anteriores — o simbolismo do "centro", por exemplo, nos povos árticos, camíticos, fino-úgricos; a comunicação entre as três zonas cósmicas nos pigmeus de Malaca, o simbolismo do arco-íris, da montanha, dos cipós cósmicos e outros, entre os australianos, os povos da Oceânia, etc.

Mas teremos ainda ocasião de voltar a essa capacidade teorética dos primitivos ou das populações primitivas. Por ora registremos a coexistência, tanto nas sociedades primitivas como nas evoluídas, de um simbolismo coerente a par de um infantilizado. Deixemos de lado o problema da causa dessa infantilização, assim como a questão de saber se ela é ou não efeito da própria condição humana. Basta-nos aqui marcar com clareza que, coerente ou degradado, o símbolo continua a desempenhar um papel importante em todas as sociedades. A sua função permanece invariável: transformar um objeto ou ato em *algo diferente* daquilo por que este objeto ou ato são tidos na experiência profana. Para nos referirmos, mais uma vez, a exemplos já citados — quer se trate de um *omphalos*, símbolo do "centro", quer se trate de uma pedra preciosa como o jade e a pérola, ou de uma pedra mágica como a "pedra de serpente" —, cada uma delas recebe um valor na experiência mágico-religiosa do homem na medida em que manifesta um simbolismo qualquer.

169. Símbolos e hierofanias — Encarado deste ângulo o símbolo prolonga a dialética da hierofania: *tudo o que não é diretamente consagrado por uma hierofania torna-se sagrado graças à sua participação num símbolo.* A maior parte dos símbolos primitivos discutidos por Lévy-Bruhl são as participações ou os substitutos de objetos sagrados, qualquer que seja a espécie destes últimos. Verifica-se mecanismo idêntico nas religiões "evoluídas". Basta que folheemos um repertório exaustivo como é, por exemplo, *Symbols of the Gods in Mesopotamian Art*, de E. Douglas Van Buren, para nos convencermos de que toda uma série de objetos ou sinais simbólicos devem o seu valor e a sua função sagrada ao fato de se integrarem na "forma" ou na epifania de uma divindade (ornamentos, atavios, sinal dos deuses, objetos usados por eles...). Mas não estão aí todos os símbolos: há outros que precedem a "forma" histórica da divindade: referimo-nos a muitos símbolos vegetais, à Lua, ao Sol, ao raio, a certos desenhos geométricos, como a cruz, os pentágonos, os rombos, a suástica, etc. Muitos deles vincularam-se às divindades que dominaram a história religiosa da Mesopotâmia: o sinal do crescente a Sin, deus lunar, o disco solar a Shamash, e outros. Se alguns conservaram certa autonomia em relação aos deuses (por exemplo, certas armas, certos símbolos arquiteturais, certos sinais como o das "três pontas"), muitos outros, e são a maior parte, foram solicitados, alternativamente, por numerosas divindades, o que nos leva a crer que antecederam os diferentes panteões mesopotâmicos. De resto, a transmissão dos símbolos de um deus para outro é um fenômeno corrente na história das religiões. É assim que na Índia, por exemplo, *vajra*, simultaneamente "raio" e "diamante" — símbolo da soberania universal, da incorruptibilidade, da realidade absoluta, etc. —, passou de Agni para Indra e depois para Buda. Seria fácil multiplicar os exemplos.

Dessas considerações resulta que a maior parte das hierofanias são suscetíveis de se tornarem símbolos. Mas não é nesta convertibilidade das hierofanias em símbolos que há de se procurar o papel importante desempenhado pelo simbolismo na experiência mágico-religiosa da humanidade. O símbolo não é importante apenas porque *prolonga* uma hierofania ou porque *a substitui*, mas, sobretudo, porque pode continuar o processo de hierofanização e porque, no momento próprio, *é ele próprio uma hierofania*, quer dizer, porque *ele revela uma realidade sagrada ou cosmológica que nenhuma outra "manifestação" revela.* Assim, para dar um exemplo de uma hierofania que se prolonga num símbolo, todos os amuletos e todos os "sinais" nos quais a Lua está presente — o crescente, meia lua, lua cheia — tiram desta presença a sua eficácia: de uma maneira ou de outra, participam da sacralidade da Lua. Poder-se-ia dizer que são epifanias reduzidas da Lua. Mas não é, com certeza, esta epifania reduzida e, por vezes, indistinta (como quando o quarto crescente da Lua é grosseiramente reproduzido em pequenos pães votivos)[21] que explica a importância dos amuletos e dos talismãs: é no *próprio símbolo* que está a explicação. O processo é evidente para uma multidão de desenhos e de ornamentos cerâmicos da proto-história chinesa e euro-asiática, que simbolizam as fases da Lua pela diversidade de oposições de branco e de negro, isto é, luz e obscuridade[22]. Estes desenhos e ornamentos têm uma função e um valor mágico-religiosos[23]. Mas a *epifania* lunar é neles quase irreconhecível, e o que lhes confere o seu valor é o *simbolismo* lunar.

Mais ainda: enquanto uma hierofania pressupõe uma descontinuidade na experiência religiosa — visto que existe sempre, sob uma ou outra forma, uma *ruptura* entre o sagrado e o profano e uma *passagem* de um para outro, ruptura e passagem que constituem a própria essência da vida religiosa —, um simbolismo realiza a *solidariedade permanente do homem com a sacralidade* (solidarização confusa, como é evidente, pois o homem só esporadicamente toma consciência dela). O que traz consigo um talismã, o jade ou as pérolas é projetado por eles, de forma permanente, na zona sagrada representada, quer dizer, simbolizada, por um ou por outro, respectivamente. Ora, essa permanência não pode ser adquirida por meio de uma experiência mágico-religiosa, que supõe previamente uma ruptura entre o profano e o sagrado. Vimos que os "duplos fáceis" da árvore cósmica, do eixo do universo, do templo, são sempre representados por um símbolo do centro (pilar central, lareira). Cada habitação é um "centro do mundo" porque, de uma maneira ou de outra, o seu simbolismo reproduz o do centro. Mas, como já tivemos ocasião de notar, um "centro" é difícil de conquistar, e colocá-lo à disposição de qualquer um denuncia aquilo a que chamamos "a nostalgia do Paraíso", o desejo de se achar, permanentemente, sem esforço e até, de certo modo, sem se dar conta disso, numa zona sagrada por excelência. Do mesmo modo se pode dizer que o simbolismo denuncia a necessidade que o homem tem de prolongar até o infinito a hierofanização do mundo, de encontrar constantemente duplos, substitutos e participações numa dada hierofania, ou melhor, uma tendência para identificar esta hierofania ao conjunto do universo. Voltaremos, no fim deste capítulo, a esta importante função do símbolo.

170. Coerência dos símbolos — A rigor deveríamos reservar o termo *símbolo* para o caso dos símbolos que prolongam uma hierofania ou que constituem, eles próprios, uma "revelação" inexprimível de outra forma mágico-religiosa (rito, mito, forma divina). Em sentido amplo, no entanto, *tudo* pode ser um símbolo ou desempenhar o papel de um símbolo, desde a cratofania mais rudimentar (que "simboliza", de uma maneira ou de outra, o poder mágico-religioso incorporado num objeto qualquer) até Jesus Cristo, que, de certo ponto de vista, pode ser considerado um "símbolo" do milagre da encarnação da divindade no homem.

O vocabulário corrente da etnologia, da história das religiões e da filosofia admite os dois sentidos da palavra "símbolo" e, como já tivemos ocasião de verificar, os dois sentidos apóiam-se na experiência mágico-religiosa de toda a humanidade. No entanto, a estrutura e a função autênticas do símbolo podem ser penetradas sobretudo pelo estudo particular do símbolo como prolongamento da hierofania e como forma autônoma da revelação. Já mencionamos antes o simbolismo lunar dos desenhos pré-históricos e proto-históricos. Os desenhos deste tipo prolongam, seguramente, a hierofania lunar mas, considerados no seu conjunto, dizem mais do que qualquer outra epifania lunar. Ajudam-nos a destacar, de todas essas epifanias, o simbolismo lunar, que tem a vantagem de poder "revelar", melhor do que todas as outras epifanias reunidas, e, ao mesmo tempo, revelar simultânea e panoramicamente o que as outras epifanias desvelam de modo sucessivo e fragmentário. O simbolismo da Lua torna transparente a própria estrutura das hierofanias lunares. O emblema de um animal lunar (*t'ao'-t'ie*, o urso, etc.) ou um desenho em preto-e-branco, no qual se integra a figura do "antepassado", revela no mesmo grau a totalidade dos sortilégios lunares e o destino do cosmos e do homem no seu devir rítmico e perpétuo (cf. os estudos de Hentze).

Também a sacralidade das águas e a estrutura das cosmologias e dos apocalipses aquáticos só podem ser reveladas, integralmente, através do simbolismo aquático, que é o único "sistema" capaz de integrar todas as revelações particulares das inúmeras hierofanias. Naturalmente este simbolismo aquático não se manifesta em parte alguma de modo concreto, não tem "suporte", é constituído por um conjunto de símbolos interdependentes e suscetíveis de se integrarem num sistema, mas nem por isso é menos real. Basta que nos lembremos da coerência do simbolismo da imersão nas águas (batismo, dilúvio, "Atlântida"), da purificação pela água (batismo, libações funerárias), da pré-cosmogonia (as águas, o "lótos" ou a "ilha", etc.), para nos darmos conta de que estamos em presença de um "sistema" bem articulado, sistema que, evidentemente, está implícito em qualquer hierofania aquática, por modesta que seja, mas que se revela mais claramente através de um símbolo (por exemplo, o "dilúvio", ou o "batismo") e só se revela totalmente no simbolismo aquático, tal como se destaca de *todas* as hierofanias.

Um exame rápido dos capítulos anteriores mostra com suficiente evidência que nos encontramos, conforme os casos, perante um simbolismo celeste, ou perante um simbolismo telúrico, vegetal, solar, espacial, temporal, etc. Esses diferentes simbolismos podem ser encarados como "sistemas" autônomos na medida em que manifestam mais claramente, mais totalmente e com uma coerência superior o que as hierofanias manifestam de maneira particular, local, sucessiva. Por isso nos dedicamos, sempre que o documento em questão a tal nos convidava, a interpretar uma dada hierofania à luz do seu próprio simbolismo, a fim de podermos atingir a sua significação profunda. É desnecessário dizer que não se trata de "deduzir" arbitrariamente um simbolismo qualquer a partir de uma hierofania elementar; tampouco não se trata de racionalizar um simbolismo para torná-lo mais consistente e mais transparente, como se fez para o simbolismo solar no fim da Antiguidade (§ 46). A integração de uma hierofania no simbolismo que ela implica é uma experiência autêntica da mentalidade arcaica e todos os que participam desta mentalidade *vêem*, verdadeiramente, este sistema simbólico em qualquer suporte material. E, se alguns já não o vêem ou já não têm acesso senão a um simbolismo infantil, a validade da estrutura do simbolismo não fica, por isso, comprometida, pois que um simbolismo é independente do fato de ser ou não compreendido: ele conserva a sua consistência, a despeito de toda a degradação, e conserva-a mesmo uma vez esquecida, como o testemunham os símbolos pré-históricos cujo sentido se perdeu durante milênios para ser "redescoberto" mais tarde.

De resto, é perfeitamente indiferente que os primitivos contemporâneos compreendam ou não que uma imersão na água equivale tanto a um dilúvio como à submersão de um continente no oceano e que um e outro simbolizam o desaparecimento de uma "forma envelhecida" a fim de reaparecer uma "forma nova". Uma única coisa conta para a história das religiões: o fato de que a imersão de um homem ou de um continente, tanto como o sentido cósmico-escatológico dessas imersões, existe em mitos e rituais; e o fato de que todos esses mitos e rituais são coerentes ou, por outras palavras, que formam um sistema simbólico que, em certo sentido, é anterior a cada um tomado separadamente. Temos, pois, razões para falar, como se verá mais claramente dentro em pouco, de uma "lógica do símbolo", de uma lógica que não tem a sua confirmação só no simbolismo mágico-religioso, mas também no simbolismo manifestado pela atividade subconsciente e transconsciente do homem.

Um dos traços característicos do símbolo é a simultaneidade dos sentidos que ele revela. Um símbolo lunar ou aquático é válido em todos os níveis do real e esta multivalência revela-se simultaneamente. O díptico "luz-obscuridade", por exemplo, simboliza ao mesmo tempo o "dia e a noite" cósmicos, o aparecimento e o desaparecimento de uma forma qualquer, a morte e a ressurreição, a criação e a dissolução do cosmos, o virtual e o manifesto... Esta simultaneidade dos sentidos que um símbolo encerra verifica-se igualmente à margem da vida religiosa propriamente dita. Como se mostrou (§ 166), o jade desempenha ou anuncia, na China, uma função mágico-religiosa, mas esta função não esgota o simbolismo do jade: o jade tem, ao mesmo tempo, valor de uma linguagem simbólica, no sentido de que o número, a cor e a disposição das pedras de jade usadas por uma pessoa não se limitam a solidarizar esta pessoa com o cosmos ou com as estações, mas também proclamam tal "identidade" e determinam, por exemplo, que se trata de uma jovem, de uma mulher casada ou de uma viúva, pertencentes a tal classe social e a tal família, a tal região, e cujo noivo ou esposo se acha em viagem, etc. Do mesmo modo, na ilha de Java, o simbolismo dos desenhos e das cores do *batik* proclama o sexo e a situação social do indivíduo que o usa, a estação e a "ocasião" em que é usado[24]. Sistemas idênticos são freqüentes em toda a Polinésia[25].

A este respeito, o simbolismo apresenta-se como uma "linguagem" ao alcance de todos os membros da comunidade e inacessível aos estrangeiros, mas, em todo caso, uma "linguagem" que exprime simultaneamente no mesmo grau a condição social, "histórica" e psíquica da pessoa que usa o símbolo e as suas relações com a sociedade e o cosmos (certos jades ou *batiks* são usados na primavera, nas vésperas dos trabalhos agrícolas, por ocasião do equinócio ou do solstício). Em suma, o simbolismo vestimentar solidariza a pessoa humana, por um lado, com o cosmos e, por outro, com a comunidade de que ela faz parte, proclamando diretamente aos olhos de cada membro da comunidade a sua identidade profunda. Expressão simultânea de uma multiplicidade de significações, solidarização com o cosmos, transparência pelo que respeita à sociedade: tais são as funções que denunciam o mesmo impulso e a mesma orientação. Todas elas convergem para um fim comum: a abolição dos limites do "fragmento" que é o homem no seio da sociedade e no meio do cosmos e a sua integração — por meio da transparência da sua identidade profunda e do seu estado social e graças à sua solidarização com os ritmos cósmicos — numa unidade mais vasta: a sociedade, o universo.

171. Função dos símbolos — Esta função unificadora é, certamente, de considerável importância, não só na experiência mágico-religiosa do homem, mas mesmo para a sua experiência total. Um símbolo revela sempre, qualquer que seja o seu contexto, a unidade fundamental de várias zonas do real. Será preciso lembrar as imensas "unificações" realizadas pelos símbolos das águas ou da Lua, graças às quais um número considerável de planos e de zonas bio-antropocósmicas se identificam a alguns princípios? Assim, por um lado, o símbolo continua a dialética da hierofania ao transformar os objetos em algo diferente do que eles parecem ser à experiência profana: uma pedra torna-se o símbolo do "centro do mundo", etc., e, por outro lado, ao tornarem-se símbolos, quer dizer, sinais de uma realidade transcendente, esses objetos *anulam os seus limites concretos*, deixam de ser fragmentos isolados para se integrar num sistema, ou melhor, eles encarnam em si próprios, a despeito da sua precariedade e do seu caráter fragmentário, todo o sistema em questão.

Em último caso, um objeto que se torna um símbolo tende a coincidir com o *todo*, da mesma forma que a hierofania tende a incorporar o sagrado na sua totalidade, a esgotar, *por si só*, todas as manifestações da sacralidade. Qualquer pedra do altar védico, ao tornar-se Prajâpati, tende a identificar a si todo o universo, da mesma forma que cada deusa local tende a tornar-se a Grande Deusa e, em última instância, a anexar a si toda a sacralidade disponível. Este "imperialismo" das "formas" religiosas aparecerá mais claramente ainda no volume complementar que dedicaremos a elas. Contentemo-nos em assinalar que essa tendência anexionista reaparece na dialética do símbolo. Não só porque todo simbolismo aspira a integrar e a unificar o maior número possível de zonas e de setores da experiência antropocósmica, mas também porque todo o símbolo tende a identificar a si próprio o maior número possível de objetos, de situações e de modalidades. O simbolismo aquático ou lunar tende a integrar tudo o que é vida e morte, quer dizer, "devir" e "formas". Quanto a um símbolo como a pérola, ele tende a representar ao mesmo tempo estes dois sistemas simbólicos (da Lua e das águas), encarnando por si só quase todas as epifanias da vida, da feminilidade, da fertilidade, etc. Esta "unificação" não equivale a uma confusão: o simbolismo permite a passagem, a circulação de um nível para outro, de um modo para outro, integrando todos estes níveis e todos estes planos, *mas sem os fusionar*. A tendência para coincidir com o todo deve ser entendida como uma tendência para integrar o todo num sistema, para reduzir a multiplicidade a uma "situação" única, de maneira a torná-la, ao mesmo tempo, o mais transparente possível.

Tratamos em outra obra do simbolismo das ligações, dos nós e das redes[26]. Pudemos, então, dar-nos conta de que, desde a significação cosmológica da "ligação" das águas por Vrtra e desde a significação cosmocrática dos "nós" de Varu*n*a até as "ligações'' do inimigo com cordas verdadeiras ou com nós mágicos, até o acorrentamento dos cadáveres e os mitos em que divindades funerárias prendem os homens ou as almas dos mortos numa rede — passando pelo simbolismo do homem ''ligado'' ou ''acorrentado'' (Índia, Platão) e do ''desatar'' do fio labiríntico ou da ''solução'' de um problema fundamental... — encontramo-nos sempre em presença de um único complexo simbólico, realizado de maneira mais ou menos imperfeita nos múltiplos planos da vida mágico-religiosa (cosmologia, mito do Soberano Terrível, magia agressiva ou defensiva, mitologia funerária, rituais iniciátivos, etc.): trata-se de um arquétipo que procura realizar-se em todos os planos da experiência mágico-religiosa. Mas há algo mais significativo: este simbolismo do ''ligar'' e do ''desligar'' revela uma situação limite do homem no universo, uma situação que nenhuma outra hierofania isolada revelaria. Poder-se-ia mesmo dizer que é apenas por este simbolismo do liame que o homem toma plena consciência da sua situação no cosmos e exprime a si próprio de maneira coerente. Por outro lado, as articulações desse complexo simbólico desvendam ao mesmo tempo a unidade de situação de todo o ''condicionado'', qualquer que ele seja (''cativo'', ''embruxado'' ou, simplesmente, o homem frente ao seu destino), e a necessidade ''lógica'' de todas essas homologias.

172. Lógica dos símbolos — Por conseguinte, é legítimo falar de uma ''lógica do símbolo'', no sentido de que os símbolos, qualquer que seja a sua natureza e o plano em que se manifestem, são sempre coerentes e sistemáticos. Esta lógica do símbolo sai do domínio próprio da história das religiões para enfileirar nos problemas da filosofia. Com efeito — e já tivemos ocasião de verificá-lo ao estudarmos o simbolismo da ''ascensão'' —, as criações daquilo a que se chama o subconsciente (sonhos, ''sonhos acordados'', efabulações, psicopatogenias, etc.) apresentam uma estrutura e uma significação perfeitamente suscetíveis de homologia, por um lado, com os mitos e os ritos ascensionais e, por outro, com a metafísica da ascensão[27]. Não existe, a rigor, solução de continuidade entre as criações espontâneas do subconsciente (os sonhos ascensionais, por exemplo) e os sistemas teóricos elaborados no estado de vigília (por exemplo, a metafísica da elevação e da ascensão espirituais). Esta verificação desemboca em dois problemas:

1º Teremos ainda o direito de continuar a falar exclusivamente de um *subconsciente*? Não seria preferível pressupor também a existência de um *transconsciente*?

2º Terá fundamento a afirmação de que as criações do subconsciente oferecem uma estrutura diferente das criações do consciente? Mas esses dois problemas devem ser discutidos na sua perspectiva própria, que é a da filosofia.

Sublinhemos, no entanto — e limitar-nos-emos a esta observação —, que muitas criações do subconsciente apresentam um caráter simiesco, de imitação, de cópia aproximada de arquétipos que, em todo caso, não parecem ser a projeção exclusiva da zona subconsciente. Acontece muitas vezes que um sonho, uma efabulação ou uma psicose imitem a estrutura de um ato espiritual que é, em si, perfeitamente inteligível, quer dizer, isento de qualquer contradição interna, que é "lógico" e, por conseqüência, deriva da atividade consciente (ou transconsciente). Esta observação procura lançar alguma luz sobre o problema do símbolo em particular, e da hierofania em geral. Podemos verificar a existência, quase por toda a parte, na história das religiões, de um fenômeno de *imitação "fácil"* do arquétipo, que designamos por infantilismo. Também verificamos que o infantilismo tende a prolongar até o infinito as hierofanias, isto é, tende a colocar o sagrado em qualquer fragmento, quer dizer, em último caso, a colocar o *todo* num simples fragmento. Esta tendência não é, em si, aberrante, visto que o sagrado tende, com efeito, a identificar-se à realidade profana, quer dizer, a transfigurar e a sacralizar toda criação. Mas o infantilismo apresenta quase sempre uma nota de facilidade, de automatismo, freqüentemente mesmo de artifício. Poder-se-ia, pois, estabelecer um paralelo entre a tendência do subconsciente para imitar nas suas criações as estruturas do consciente ou do transconsciente e a tendência do infantilismo para prolongar até o infinito as hierofanias, para repetilas em todos os níveis e de maneira um tanto mecânica e grosseira: tanto uma como outra tendência têm em comum os traços característicos da facilidade e do automatismo. É possível descobrir outra coisa ainda neste contexto: o desejo de *unificar a criação e de abolir a multiplicidade*, desejo que é, também, à sua maneira, uma imitação da atividade da razão, visto que a razão tende também para a unificação do real e portanto, em última análise, para a abolição da criação. No entanto, no caso das criações do subconsciente ou da infantilização das hierofanias, deparamos mais propriamente com um movimento da *vida* que tende para o repouso, que aspira a recuperar o estado original da matéria: a inércia. Em outro plano e no quadro de uma outra necessidade dialética, a *vida — ao tender para o repouso, para o equilíbrio e para a unidade — imita o espírito no seu movimento para a unificação e para a estabilidade.*

Para terem um fundamento eficaz, essas observações exigiram uma série de comentários que não podemos sequer esboçar aqui. Se lhes dedicamos algumas linhas é porque nos ajudam a compreender, ao mesmo tempo, a tendência para a *repetição fácil* das hierofanias e o papel extremamente importante que o simbolismo desempenha na vida mágico-religiosa. Aquilo a que se poderia chamar o *pensamento simbólico* torna possível ao homem a livre circulação através de todos os níveis do real. Livre circulação é, aliás, dizer pouco: o símbolo, como se viu, identifica, assimila, unifica planos heterogêneos e realidades aparentemente irredutíveis. Mais ainda: a experiência mágico-religiosa permite a transformação do próprio homem em símbolo.

Todos os sistemas e todas as experiências antropocósmicas são possíveis *enquanto o homem se torna, ele próprio, um símbolo*. É preciso acrescentar, todavia, que, neste caso, a sua própria vida é consideravelmente enriquecida e adquire maior amplitude. O homem já não se sente um fragmento impermeável, mas um cosmos vivo aberto a todos os outros cosmos vivos que o rodeiam. As experiências macrocósmicas deixam de ser para ele *exteriores* e, enfim, "estranhas" e "objetivas"; elas *não o alienam de si mesmo* mas, pelo contrário, conduzem-no a ele próprio, revelam-lhe a sua própria existência e o seu próprio destino. *Os mitos cósmicos e toda a vida ritual apresentam-se assim como experiências existenciais do homem arcaico*: este último não se perde, não se esquece de si como "existente" quando se conforma com um mito ou intervém num ritual. Pelo contrário, ele reencontra-se e compreende-se, porque esses mitos e rituais proclamam acontecimentos macrocósmicos, quer dizer, antropológicos e, em última instância, "existenciais". Para o homem arcaico todos os níveis do real oferecem uma *porosidade* tão perfeita que a emoção sentida em presença de uma noite estrelada, por exemplo, equivale à experiência pessoal mais "intimista" de um homem moderno. E isso porque, graças sobretudo ao símbolo, a *existência autêntica* do homem arcaico não se reduz à existência fragmentada e alienada do homem civilizado do nosso tempo.

Conclusões

Se é certo, como adiantamos no começo deste nosso trabalho, que a maneira mais simples de definir o *sagrado* é ainda a de opô-lo ao *profano*, a seqüência dos capítulos não deixou de acusar a tendência da dialética hierofânica para reduzir constantemente as zonas profanas e, no fim de contas, para aboli-las. Algumas experiências religiosas superiores identificam o sagrado ao universo inteiro. Para muitos místicos, a integralidade do cosmos constitui uma hierofania. "O universo inteiro, desde Brama até um raminho de planta, é as formas d'Ele", exclama o *Mahânirvâna Tantra* (II, 46), retomando uma fórmula indiana muitíssimo antiga e bastante difundida. Este "Ele", *âtman-Brahman*, manifesta-se por toda a parte: "Hâmsa, ele reside no (Céu) puro, (deus) brilhante ele reside no éter, oficiante ele reside no altar, hóspede ele reside na sua morada. Ele reside entre o homem, reside no voto, reside na lei, reside no firmamento."[1] Que estamos perante algo diferente de uma simples concepção qualificada, com ou sem razão, de "panteísta", é o que se prova com o texto em que Léon Bloy fala do "... mistério da vida que é Jesus: *Ego sum Vita*. Que a vida esteja nos homens, nos animais ou nas plantas, é sempre a vida, e quando chega o minuto, o inapreensível ponto que se chama a morte, é ainda Jesus que se retira, tanto de uma árvore como de um ser humano"[2].

É evidente que estamos aqui em presença não do "panteísmo" no sentido corrente da palavra, mas daquilo a que se poderia chamar "pan-ontismo". O Jesus de Léon Bloy, como o *âtman-Brahman* da tradição indiana, encontra-se em tudo o que *é*, quer dizer, em tudo o que *existe de maneira absoluta*. E, como tivemos ocasião de verificar por várias vezes, para a ontologia arcaica o *real* é identificado sobretudo a uma "força", a uma "vida", a uma fecundidade, a uma opulência, mas também ao que é estranho, singular — em outras palavras, a tudo o que existe de maneira plena ou manifesta um modo de existência excepcional. A sacralidade é, em primeiro lugar, *real.* Quanto mais religioso é o homem, mais real ele é, e mais ele se desvia da irrealidade de um devir privado de significação. Daí a tendência do homem para "consagrar" toda a sua vida. As hierofanias sacralizam o cosmos, os ritos sacralizam a vida. Esta sacralização pode também ser obtida de maneira indireta, isto é, pela transformação da vida num ritual. A "fome, a sede, a continência são no homem (o que) a consagração é (no sacrifício), *dïkshâ.* A comida, a bebida, o prazer correspondem para ele às (cerimônias chamadas) *upasada*; o riso, a boa mesa, o amor correspondem aos cânticos e recitações (*stuta-çâstra*). A mortificação (*tapas*), a esmola, a honestidade, o respeito da vida (*ahimsâ*) e da verdade são nele as doações (feitas aos sacerdotes oficiantes)"[3]. Quando abordarmos, no volume complementar, as articulações e a função dos ritos, teremos ocasião de expor o mecanismo mediante o qual as atividades fisiológicas podem transformar-se em atividades rituais. O ideal do homem religioso é, evidentemente, que tudo o que ele faz se desenrole de maneira ritual ou, por outras palavras, seja um *sacrifício.* Em qualquer sociedade arcaica ou tradicional a obra da sua vocação consiste, para cada homem, num sacrifício desse tipo. A esse respeito, todo *ato* se mostra apto a tornar-se um ato *religioso*, da mesma maneira que todo objeto cósmico se mostra apto a tornar-se uma hierofania. O que é o mesmo que dizer que qualquer instante se pode inserir no Grande Tempo e projetar o homem em plena eternidade. A existência humana realiza-se, pois, simultaneamente, em dois planos paralelos: o do temporal, do devir, da ilusão, e o da eternidade, da substância, da realidade.

Por outro lado, há que considerar uma tendência contrária, a da resistência ao sagrado, resistência que se manifesta no próprio âmago da experiência religiosa. A atitude ambivalente do homem perante um sagrado que simultaneamente atrai e repele é benéfica e perigosa, tem a sua explicação não só na estrutura ambivalente do próprio sagrado, mas ainda nas reações naturais que o homem manifesta perante esta realidade transcendente que o atrai e aterroriza com idêntica violência. A resistência firma-se mais nitidamente quando o homem se vê colocado perante uma *solicitação total* do sagrado, quando ele é chamado a tomar a decisão suprema: adotar, *completamente e sem recuar*, os valores sagrados ou manter-se em relação a eles numa atitude equívoca.

Esta resistência ao sagrado tem como correlato, na perspectiva da metafísica existencial, *a fuga à autenticidade*. Ao profano, à ilusão ao não-significante, responde, sempre na mesma perspectiva, o plano do "geral". O símbolo da "marcha para o centro" traduzir-se-ia no vocabulário da metafísica contemporânea pela marcha para o centro da sua essência própria e pela saída da inautenticidade. Acontece que essa resistência a uma confiscação radical de toda a vida pelo sagrado se manifesta até no seio das igrejas: não é raro que estas tenham de defender o homem dos excessos das experiências religiosas, em especial das experiências místicas e do perigo de uma abolição da vida laica. Estes casos de resistência, cuja análise se fará no volume complementar, denunciam, em certa medida, a atração exercida pela "história", a importância crescente que tendem a adquirir, sobretudo nas religiões "evoluídas", os valores da vida humana, entre os quais há que colocar, em primeiro plano, a aptidão desta vida para *estar na história* e para *fazer* a história. Mencionamos a importância que os valores vitais têm tomado até nas fases mais antigas da religião: lembremos a passagem a primeiro plano das divindades dinâmicas, organizadoras e fecundantes (§ 26). No decurso dos tempos, a atração exercida pelos valores vitais não deixou de aumentar, em especial sob a forma de um interesse cada vez mais vivo pelos valores humanos como tais e, em última instância, pela história. A existência do homem como existência histórica adquire um valor, se não imediatamente religioso, pelo menos "trans-humano". Examinaremos no volume complementar até que ponto a "história" é suscetível de ser sacralizada e em que medida os valores religiosos foram historicizados. Mas podemos sublinhar desde já que a "nostalgia do Paraíso" e os "duplos fáceis" das experiências e símbolos religiosos principais nos assinalam já em que direção poderia ser encontrada a solução do problema. Porque essa "nostalgia" e esses "duplos fáceis" demonstram tanto a repugnância natural do homem histórico a abandonar-se totalmente à experiência sagrada como a sua impotência a renunciar definitivamente a uma tal experiência.

No presente volume evitamos estudar os fenômenos religiosos na sua perspectiva histórica, limitando-nos a tratá-los em si mesmos, isto é, como hierofanias. Por isso, a fim de elucidarmos a estrutura das hierofanias aquáticas, permitimo-nos apresentar paralelamente o batismo cristão, por um lado, e, por outro, os mitos e os ritos da Oceânia, da América ou da Antiguidade greco-oriental, fazendo abstração de tudo o que os separa, quer dizer, numa palavra, da história. Na medida em que a nossa atenção se dirigia diretamente ao problema religioso, ignorar a perspectiva histórica justificava-se por si mesmo. Não há dúvida de que — desde as primeiras páginas desta obra o reconhecemos — não existe hierofania que não seja "histórica" a partir do momento em que se manifesta como tal. Pelo simples fato de o homem tomar conhecimento de uma revelação do sagrado esta revelação, qualquer que seja o plano em que se realize, torna-se histórica. A história intervém desde que o homem experimenta, segundo a inspiração das suas necessidades, o sagrado. A manipulação e a transmissão das hierofanias acentua ainda a sua "historicização". No entanto, a sua estrutura não deixa por isso de ser idêntica a si mesma e é justamente a permanência dessa estrutura que permite conhecê-las. Os deuses do Céu podem ter sofrido inúmeras transformações: a sua estrutura celeste não deixa de ser o seu elemento permanente, a constante da sua personalidade. As fusões e as interpolações que sobrevêm numa figura divina da fecundidade são, talvez, numerosas: a sua estrutura telúrica e vegetal nunca é por isso destruída. Mais ainda: não existe uma forma religiosa que não tenda a aproximar-se o mais possível do seu arquétipo próprio, quer dizer, a purificar-se dos seus aluviões e dos seus sedimentos "históricos". Qualquer deusa tende a tornar-se uma Grande Deusa ao incorporar todos os atributos e funções que o arquétipo da Grande Deusa comporta. De modo que podemos registrar já um duplo processo na história dos fatos religiosos: por um lado, um aparecimento contínuo e fulgurante de hierofanias e, por conseguinte, uma fragmentação excessiva da manifestação do sagrado no cosmos; por outro lado, uma unificação dessas hierofanias por efeito da sua tendência inata para encarnar o mais perfeitamente possível os arquétipos e para realizar assim plenamente a sua estrutura própria.

Seria um erro ver no sincretismo apenas um fenômeno religioso tardio que só poderia ter resultado do contato entre diversas religiões evoluídas. O que se chama sincretismo observa-se ininterruptamente em todo o curso da vida religiosa. Não há gênio agrário rural nem deus tribal que não seja o resultado de um longo processo de assimilação e de identificação às formas divinas vizinhas. Há que sublinhá-lo desde já: essas assimilações e fusões não podem ser imputadas exclusivamente às circunstâncias históricas (interpenetração de duas tribos vizinhas, submissão de um território, etc.); o processo opera-se em virtude da própria dialética das hierofanias: quer ela se ache ou não em contato com uma forma religiosa análoga ou diferente, uma hierofania tende, na consciência religiosa daqueles a quem ela se revela como tal, a manifestar-se o mais totalmente, o mais plenamente possível. Assim se explica um fenômeno que se verifica de uma ponta a outra da história das religiões: a possibilidade que toda a forma religiosa tem de se desenvolver, de se purificar, de se enobrecer, a possibilidade para um deus tribal, por exemplo, de se tornar, graças a uma nova epifania, o deus de um monoteísmo, ou para uma humilde deusa rural de se transformar em "mãe do universo".

Todos esses movimentos aparentemente contraditórios, de unificação e de fragmentação, de identificação e de separação, de atração e de resistência ou de repulsão, poderão ser mais claramente apreendidos quando, examinadas as diferentes técnicas de aproximação e de manipulação do sagrado (preces, oferendas, ritos), pudermos atacar o problema da *história* dos fenômenos religiosos. Reservamos este estudo para um volume complementar. De momento, ao terminarmos este, limitar-nos-emos a afirmar que quase todas as posições religiosas do homem lhe foram dadas desde os tempos primitivos. De certo ponto de vista, não existe solução de continuidade entre os primitivos e o cristianismo. A dialética da hierofania mostra-se idêntica, quer se trate de um *churinga* australiano, quer se trate da encarnação do Logos. Em ambos os casos, achamo-nos diante de uma manifestação do sagrado num fragmento do cosmos: aqui como ali se acha implicitamente posto o problema da "personalidade" e da "impersonalidade" da epifania. Vimos que no caso das hierofanias elementares (*mana*, etc., § 8) nem sempre dispúnhamos de um meio de determinar se nos encontrávamos perante uma revelação do sagrado em estrutura pessoal ou impessoal: quase sempre as duas estruturas coexistem, visto que o primitivo se preocupa muito menos com a oposição "pessoal-impessoal" do que com a oposição "real (poderoso, etc.)-irreal". Teremos ocasião de voltar a encontrar essa mesma polaridade, a propósito de inúmeras fórmulas, nas religiões e nas místicas mais "evoluídas".

Se as principais posições religiosas foram assim dadas de uma vez para sempre a partir do momento em que o homem tomou consciência da sua situação existencial no seio do universo, isso não quer dizer que a "história" não tenha nenhuma importância para a experiência religiosa em si. Pelo contrário, tudo o que se produz na vida do homem, mesmo na sua vida material, tem também ressonância na sua experiência religiosa. A descoberta das técnicas da caça, da agricultura, do metal não se limitou a modificar a vida material do homem: ela fecundou, além disso — e talvez de maneira ainda mais considerável —, a espiritualidade humana. Foi assim que a agricultura permitiu toda uma série de revelações que não poderiam produzir-se nas sociedades pré-agrícolas. Bem entendido que as modificações econômicas e sociais e, em última análise, os acontecimentos históricos não podem, por si sós, explicar os fenômenos religiosos como tais, mas as transformações operadas no mundo material (agricultura, metalurgia) abrem ao espírito novos meios de abarcar a realidade. E pode-se dizer que, se a história fez pesar a sua influência sobre a experiência religiosa, é no sentido de que os acontecimentos ofereceram ao homem modos inéditos e diferentes de ser, de descobrir a si próprio e de dar um valor mágico-religioso ao universo. Citaremos apenas um exemplo: um dos elementos fundamentais da revolução religiosa empreendida por Zarathustra foi a sua oposição aos sacrifícios sangrentos de animais[4]. É evidente que através dessa atitude transparece, entre outros, o interesse econômico de uma sociedade que evolui da vida pastoril para a vida agrícola. Mas esse acontecimento histórico foi valorizado por Zarathustra num sentido religioso: a abolição dos sacrifícios sangrentos tornou-se, graças a ele, um meio de disciplina e de elevação espiritual; a renúncia a este tipo de rito abriu uma nova perspectiva à contemplação; em suma, o acontecimento histórico permitiu uma experiência religiosa inédita e a descoberta de novos valores espirituais. É desnecessário dizer que a evolução pode seguir uma marcha inversa e que elevadas experiências religiosas das sociedades primitivas foram-se tornando de cumprimento cada vez mais difícil após modificações que a "história" introduziu nestas sociedades. Em alguns casos — a expressão não é exagerada — pode-se falar de verdadeiras catástrofes espirituais (por exemplo, a integração das sociedades arcaicas no circuito econômico das sociedades colonialistas semi-industriais).

Mas, se a história é capaz de promover ou de neutralizar novas experiências religiosas, não consegue nunca abolir definitivamente a necessidade de uma experiência religiosa. Mais ainda:

a dialética das hierofanias permite a *redescoberta* espontânea e integral de todos os valores religiosos, quaisquer que eles sejam e qualquer que seja o nível histórico em que possam encontrar-se a sociedade ou o indivíduo que realiza essa descoberta. A história das religiões vê-se, assim, reduzida, em última análise, ao drama provocado pela perda e pela redescoberta desses valores, perda e redescoberta que não são nunca, que *não podem mesmo nunca ser, definitivas.*

Bibliografia

I. Aproximações: estrutura e morfologia do sagrado

Indicações bibliográficas

H. C. PUECH, *Bibliographie générale* ("Mana", *Introduction à l'histoire des religions*, 72ª ed., I Paris, 1949, pp. XVII-LXIII); J. HASTINGS, *Encyclopaedia of Religion and Ethics* (13 vol., Edimburgo, 1908-1923); F. M. SCHIELE, H. GUNKEL, L. ZSCHARNACK, A. BERTHOLET, etc., *Die Religion in Geschichte und Gegenwart. Handwörterbuch für Theologie und Religions Wissenschaft* (3ª ed., Tübingen, 6 vols., 1956 s.).

Generalidades, manuais e histórias gerais das religiões

R. CAILLOIS, *L'homme et le sacré* (Paris, 1939); RENÉ DUSSAUD, *Introduction à l'histoire des religions* (Paris, 1914); H. TOT CRAWFORD, *Introduction to the History of Religions* (Cambridge, Mass., Harvard University, 1924); T. H. ROBINSON, *An Outline Introduction to the History of Religions* (Oxford, 1926; trad. fr., Paris, 1929); G. MENSCHING, *Vergleichende Religionswissenschaft* (Leipzig, 1938); *id., Allgemeine Religionsgeschichte* (Leipzig, 1940); E. O. JAMES, *Comparative Religion* (Londres, 1938); A. C. BOUQUET, *Comparative Religion* (Londres, 1941).

P. D. CHANTEPIE DE LA SAUSSAYE, *Lehrbuch der Religionsgeschichte* (2 vols., Freiburg-am-Brisgau; 4ª ed., completamente modificada por A. Bertholet e Ed. Lehmann, 2 vols., Tübingen, 1924-25); GEORGE FOOT MOORE, *History of Religions*, 2 vols. (New York, 1920); C. CLEMEN (colaboração), *Die Religionen der Erde* (Munique, 1927; trad. fr., Paris, 1930); A. MICHELITSCH, *Allgemeine Religionsgeschichte* (Graz, Stiria, 1930); P. TACCHI VENTURI (colaboração), *Storia delle religioni*, 2 vols. (3ª ed., Torino, 1949); *Histoire des religions* (13 vols. publicados, edições Quillet, Paris, 1939-1947); M. GORCE e R. MORTIER, *Histoire générale des religions* (Paris, 1944-49, vol. I-V); FRANZ KÖNIG (colaboração), *Christus und die Religionen der Erde* (Wien, 1951, 3 vols.).

Método comparativo e método histórico

L. H. JORDAN, *Comparative Religion. Its Genesis and Growth* (Edimburgo, 1905); H. PINARD DE LA BOULLAYE, *L'étude comparée des religions*, 2 vols. (Paris, 1922; 3ª ed. revista e corrigida, 1929); RAFFAELE PETTAZZONI, *Solgimento e carattere della storia delle religioni* (Bari, 1924); W. SCHMIDT, *Handbuch der vergleichende Religionsgeschichte. Ursfrung und Wesen der Religion* (Münster-in-Westphalien, 1930; trad. fr., Paris, 1931); W. KOPPERS, *Le principe historique et la science comparée des religions* ("Mélanges F. Comont", Bruxelas, 1936, pp. 765-84); ERNESTO DE MARTINO, *Naturalismo e storicismo nell'etnologia* (Bari, 1941); GEO WINDENGREN, *Evolutionism and the Problem of the Origin of Religion* ("Ethnos", Stockholm, 1945, vol. 10, pp. 57-96); C. KLUCKHOHN, *Some Reflections on the Method and Theory of the Kulturkreislehre* ("American Anthropologist", 38, 1936, pp. 157-96); W. KOPPERS, *Der historische Gedanke in Ethnologie und Religionswissenschaft* (em *Christus und die Religionen der Erde*, vol. I, pp. 75-109).

Paleontologia, etnologia e história das religiões

TH. MAINAGE, *Les religions de la préhistoire* (Paris, 1921); G. H. LUQUET, *L'art et la religion des hommes fossiles* (Paris, 1926); C. CLEMEN, *Urgeschichtliche Religion. Die Religion der Stein-Bronze-und Eisenzeit*, I-II (Bonn, 1932-33); KARL MEUIL, *Griechische Opferbrauche* ("Phyllobolia für Peter von der Mühll", Basiléia, 1946, pp. 185-288, espec. 237 ss.); PIA LAVIOSA ZAMBOTTI, *Origini e diffusione della civiltá* (Milão, 1947); ALBERTO CARLO BLANC, *Il sacro presso i primitivi* (Roma, 1945); W. KOPERS, *Urmensch und Urreligion* (extrato de F. Dessauer, "Wissen und Bekenntnis", 2ª ed., Olten, 1946, pp. 25-149); *id.*, *Der historische Gedanke in Ethnologie un Prähistorie* ("Wiener Beiträge zur Kulturgeschichte und Liguistik", IX, 1952, pp. 11-65).

R. H. LOWIE, *Primitive Religion* (Nova York, 1924); P. RADIN, *La religion primitive* (trad. fr., Paris, 1940); A. GOLDENWEISER, *Early Civilization* (Nova York, 1922); *id.*, *Anthropology* (Londres, 1935); W. SCHMIDT, *Handbuch der Kulturhistorischen Methode der Eth-*

nologie (Münster-in-Westph., 1937); *id., Untersuchungen zur Methode der Ethnologie* I ("Anthropos", vol. 35-36, 1940-41, pp. 898-965); E. DE MARTINO, *Percezione extrasensoriale e magismo etnologico* ("Studi e materiali di storia delle religioni", XVIII, 1942, pp. 1-19; XIX-XX, 1943-46, pp. 31-84); *id., Il mondo magico* (Torino, 1948); MARCEL MAUSS, *Manuel d'ethnographie* (Paris, 1947, espec. pp. 164 ss.).

Fenomenologia e sociologia religiosas

R. OTTO, *Das Heilige* (Breslau, 1917; trad. fr., Paris, 1929); *id., Aufsätze das Numinose betreffend* (Gotha, 1923); Y. VAN DER LEEUW, *Phänomenologie de Religion* (Tübingen, 1933; trad. fr., Paris, 1948); EVA HIRSCHMANN, *Phänomenologie der Religion* (Würzbug — Anmühle, 1940); VAN DER LEEUW, *L'homme primitif et la religion* (Paris, 1940); E. DE MARTINO, *Fenomenologia religiosa e storicismo assoluto* ("Studi e materiali di storia delle religioni", XXIV-XXV, 1955, pp. 1-25).

L. LÉVY-BRUHL, *Les fonctions mentales dans les sociétés inférieurs* (Paris, 1910); *id., La mentalité primitive* (1922); *id., L'âme primitive* (1927); *id., Le surnaturel et la nature dans la mentalité primitive* (1931); *id., La mythologie primitive* (1935); *id., L'experience mystique et les symboles chez les primitifs* (1938); sobre a obra de Lévy-Bruhl, ver Van der Leeuw, *La structure de la mentalité primitive* (Paris, 1932); E. CAILLET, *Mysticisme et "mentalité mystique"* (Paris, 1938); OLIVIER LEVORY, *La raison primitive. Essai de réfutation de la théorie du prélogisme* (Paris, 1926); E. DE MARTINO, *Naturalismo e storicismo nell'etnologia*, pp. 17-75.

ÉMILE DURKHEIM, *Les formes élémentaires de la vie religieuse* (Paris, 1912); H. HUBERT e M. MAUSS, *Mélanges d'histoire des religions* (Paris, 1909); MAX WEBER, *Gesammelte Aufsatzezur Religionssoziologie* (3 vols., 2ª ed., Tübingen, 1922-24); J. HASENFUSS, *Die moderne Religionssoziologie und ihre Bedentung fur die religiose Problematik* (Paderborn, 1937); G. GURVITCH, *Essais de sociologie* (Paris, s. d.), espec. pp. 176 ss.; JOACHIM WACH, *Sociology of Religion* (Chicago, 1944); GUSTAV MENSCHING, *Soziologie der Religion* (Bonn, 1947); E. O. JAMES, *The Social Function of Religion* (Londres, 1940).

Sobre o valor da individualidade nas sociedades inferiores, ver A. VIERKANDT, *Führende Individuen bei den Naturvölkern* ("Zeitschrift für Sozialwissenschaft", XI, 1908, pp. 1-28); W. BECK, *Das Individuum bei den Australiern* (Leipzig, 1925); W. KOPPERS, *Individualforschung unter d. Primitiven, im besonderen unter d. Yamana auf Feurland* ("Festschrift w. Schmidt", Mödling, 1928, pp. 349-65); ROBERT

H. LOWIE, *Individuals Differences and Primitive Culture* (*ibid.*, pp. 495-500); Wach, *op. cit.*, pp. 31 ss.

MAURICE LEENHARDT, *Do Kamo. La personne et le mythe dans le monde mélanésien* (Paris, 1947).

Tabu, o mana, magia e religião

VAN GENNEP, *Tabou et totémisme a Madagascar* (Paris, 1904); J. G. FRAZER, *Tabou et les périls de l'âme* (trad. fr., 1927); R. LEHMANN, *Die polynesichen Tabusitten* (Leipzig, 1930; e os tabus na economia e no comércio, pp. 169 ss.; símbolos jurídicos, 192 ss.; a difusão da palavra *tapu* na Oceânia e na Indonésia, 301 ss.; estudo comparativo, 312 ss.); E. S. HANDY, *Polynesian Religion* (Bernice P. Bishop Museum Bulletin 34, Honolulu, Havaí, 1927, pp. 43 ss., 155 ss. e *passim*); HUTTON WEBSTER, *Taboo. A sociological study* (Stanford University, Califórnia, 1942; a natureza do tabu, pp. 1-48; tabus dos mortos, 166-229; pessoas sagradas, 261-79; coisas sagradas, 280-310); A. R. RADCLIFFE-BROWN, *Tabu* (Cambridge Univ., 1940); FRANZ STEINER, *Taboo* (Nova York, 1956).

A. M. HOCART, *Mana* ("Man", 14, 1914, pp. 99 ss.); F. R. LEHMANN, *Mana. Eine Begriffsgeschichtliche Unter=suchung auf ethnologischer Grundlage* (Leipzig, 1915, 2ª ed., 1922); J. RÖHR, *Das Wesen des mana* ("Anthropos", vol. XIV-XV, 1919-24, pp. 97-124); R. THURNWALD, *Neue Forschungen zum Mana-Begriff* ("Archiv für Religionswissenschaft", 1929, pp. 93-112); F. R. LEHMANN, *Die Gegenwärtige Lage der Mana-Forschung* (Kultur und Rasse. Otto Reche zum 60. Geburtstag, Munique, 1939, pp. 379 ss.).

H. IAN HOGBIN, *Mana* ("Oceania", VI, 1936, pp. 241-74); A. CAPELL, *The word "Mana": a linguistic study* ("Oceania", IX, 1938, pp. 89-96); RAYMOND FIRTH, *The Analysis of Mana: am Empirical Approach* ("The Journal of the Polynesian Society", vol. 49, 1940, pp. 483-510). Cf. R. W. WILLIAMSON, *Essays in Polynesian Ethnology* (Cambridge, 1939), pp. 264 ss.: "As crenças, os costumes e os usos ligados aos termos polinésios *mana* e *tapu* são tão diferentes que, se fosse necessário tentar formular definições que os abrangessem a todos, essas definições seriam de tal generalidade que poderiam ser atribuídas a qualquer civilização humana."

J. N. B. HEWITT, *Orenda and a Definition of Religion* ("American Anthropologist", N. S., 1892, pp. 33-46); P. RADIN, *Religion of the North American Indians* ("Journal of American Folklore", 27, 1914, pp. 335-73); R. R. MARETT, *Preanimistic Religion* ("Folklore", 9, 1900, pp. 162-82); *id., Threshold of Religion* (Londres, 1909, 2ª ed., 1914); J. ABBOT, *The Keys of Power. A Study of Indian Ritual and Belief* (Londres, 1932).

Sobre *brâmane, hamingja, hosia, imperium*, etc.: E. ARBMAN, *Seele und Mana* ("Archiv f. Religionswiss.", vol. 29, 1931); V. GRÖNBECH, *The Cultura of the Teutons* (Copenhague e Londres, 1931), I, pp. 127 ss., 248 ss.; G. WIDENGREN, *Evolutionism*, etc., pp. 80 ss.; W. BALTKE, *Das Heilige im Germanischen* (Tübingen, 1942); H. WAGENVOORT, *Imperium: Studien over het "Mana" — Begrip in Zede en Taal der Romeinen* (Amsterdã, 1941, trad. inglesa, *Roman Dynamism*, Oxford, 1947); H. VAN DER VALK, *Zum Worte ὅσιος* ("Mnemosyne", 1942, pp. 133-40); H. JEANMAIRE, *Le substantif hosia et sa signification comme terme technique dans le vocabulaire religieux* ("Revue des Études Grecques", vol. 58, 1945, pp. 66-89).

SIR JAMES GEORGE FRAZER, *The Golden Bough. A Study in Comparative Religion* (3ª ed., 12 vols., Londres, 1911 s.; trad. fr., Paris, 1923-35, 12 vols., edição resumida, *Le rameau d'or*, Paris, 1924); H. HUBERT e MARCEL MAUSS, *Esquisse d'une théorie générale de la magie* ("Année sociologique", 1902-1903, vol. VII, pp. 1-146); *id., Origine des pouvoires magiques* (*Mélanges d'histoire des religions*, Paris, 1909, pp. 131-87); A. VIERKANDT, *Die Anfänge der Religion und Zauberei* ("Globus", vol. 22, 1907, pp. 21-5, 40-5, 61-5); E. S. HARTLAND, *The Relations of Religion and Magic* (republicado em *Ritual and Belief. Studies in the History of Religion*, Londres, 1914); CARL CLEMEN, *Wesen und Ursprung der Magie* ("Archiv für Religions-psichologie", II-III, 1921, pp. 108-35); A. BERTHOLET, *Das Wesen der Magie* ("Nachrichten d. Gesell d. Wissench- zu Göttingen", 1926-27, Berlim, 1927); B. MALINOWSKI, *Argonauts of the Western Pacific* (Londres, 1922, pp. 392-463: magia e *kula*, o verbo mágico, etc.); *id., Coral Gardens* (Londres, 1935; II, 214-50: "An Ethnographic Theory of the Magic Word"); R. ALLIER, *Le non-civilisé et nous* (Paris, 1927); *id., Magie et religion* (Paris, 1935); E. DE MARTINO, *Percezione extrasensoriale e magismo etnologico*; C. H. RATSCHOW, *Magie und Religion* (1946); E. E. EVANS-PRITCHARD, *The Morphology und Function of Magic: A Comparative Study of Trobriand and Zande Rituals and Spells* ("American Anthropologist", vol. 31, 1929, pp. 619-41); E. O. JAMES, *The Beginnings of Religion* (Londres, 1948).

II. O Céu: deuses uranianos, ritos e símbolos celestes

Estado dos problemas e bibliografia

O problema do deus celeste das populações menos civilizadas foi apresentado sobretudo em relação aos seres supremos e ao "monoteísmo primitivo". Por conseqüência, a maioria dos trabalhos acima citados estudam os seres na sua totalidade, como "formas" divinas, e só subsidiariamente se ocupam dos seus caracteres celestes (com exceção, entenda-se, dos livros de Pettazzoni e de Frazer, que têm precisamente como objeto a sua ilustração exaustiva).

Estudos de conjunto sobre os seres supremos primitivos: R. PETTAZZONI, *Allwissende böchste Wesen bei primitivsten Völkern* ("Archiv f. Religionswissenschaft", vol. 29, 1930, pp. 108-29; 209-43); C. CLEMEN, *Der sogenannte Monotheismus der Primitiven* (*ibid.*, vol. 28, 1929, pp. 290-333); PETTAZZONI, *Saggi di storia delle religioni e di mitologia* (Roma, 1946), pp. XII ss., 1 ss.; *id., L'onniscienza di Dio* (Torino, 1955; trad. inglesa, Londres, 1956); *id., L'Essere supremo nelle religioni primitive* (Torino, 1957).

Sobre Baiame: A. W. WOWITT, *The Native Tribes of South-East Australia* (Londres, 1904), pp. 362 ss., 466 ss.; PETTAZZONI, *Dio*, I (*L'Essere Celeste nelle credenze dei popoli primitivi*, Roma, 1922), pp. 2 ss.; X. SCHMIDT, *Der Ursprung der Gottesidee*, vol. I, 2ª ed. (Münster, 1926), pp. 416-478; *ib.*, vol. III (Münster, 1931), pp. 828-990, com documentação complementar.

Sobre Duramulun: HOWITT, *Native Tribes*, 494 ss.; 528 ss.; PETTAZZONI, *Dio*, 6 ss.; SCHMIDT, I, 410 ss.; III, 718-827.

Sobre Bundjil: R. H. MATHEWS, *Ethnological Notes on the Aboriginal Tribes of New South Wales and Victoria* (Sidney, 1905), pp. 84-134, 162-71; A. VAN GENNEP, *Mythes et légendes d'Autralie* (Paris, 1906), pp. 178 ss.; PETTAZZONI, *Dio*, 16 ss.; SCHMIDT, I, 337-380; III, 650-717 (que tenta distinguir entre a história de Bundjil e as suas transformações no mito).

Sobre Mungan-ngaua: HOWITT, *Native Tribes*, 616 ss.; PETTAZZONI, 14 ss.; SCHMIDT, *Ursprung*, I, 380-97; III, 591-649. (Schmidt considera Mungan-ngaua como o ser supremo australiano que menos sofreu as influências da mitologia naturista.)

Para as controvérsias a respeito das tribos aranda e loritja: W. SCHMIDT, *Die Stellung der Aranda unter den attralischen Stammen*, "Zeitschr. f. Ethnologie", 1908, pp. 866-901; *Ursprung*, I, 434-49; cf. A. W. Nieuwenhuis, *Der Geschlechtstotemismus ansich und als Basis der Heiratsklassen und des Gruppentotemismus in Australien* ("Internationales Archiv. f. Ethnographie", vol. 29, 1928, pp. 1-52); contra: SCHMIDT, *Ursprung*, III, 574-86, e E. VATTER, *Der australische Totemismus* ("Mitteilungen aus dem Museum f. Völkerkunde in Hamburg", X, 1925), espec. pp. 28 ss., 150. A polêmica A. Lang-Hartland, em torno do livro de A. Lang, *The Making of Religion* (Londres, 1898); HARTLAND, *The "High Gods" of Australia* ("Folk-Lore", vol. 9, 1908, pp. 290-329); A. LANG, *Australian Gods* (*ibid.*, vol. 10, pp. 1-46); HARTLAND, *High Gods: a Rejoinder*, *ibid.*, pp. 46-57; a resposta de A. Lang, *ibid.*, 489-95. Longa análise crítica de W. Schmidt, "Anthropos", III, 1908, pp. 1081-107.

Puluga: E. H. MAN, *On the Aboriginal Inhabitants of the Andaman Islands* (Londres, 1883); A. R. BROWN, *The Andaman Islanders* (Cambridge 1922); uma longa polêmica sobre a existência do ser supremo entre os andamaneses se travou entre o padre W. Schmidt e A. R. Brown na revista *Man* (XX, 1910, pp. 2 ss.; 66 ss.; 84 ss.); cf. W. SCHMIDT, *Stellung der Pygmäenvölker* (Stuttgart, 1910, pp. 193-219; 241-67); *id., Die Religiösen Verhältnisse der Andamanesen-Pygmäen* ("Anthropos", vol. 16-17, 1921-22, pp. 978-1005); *id., Ursprung der Gottesidee*, vol. I, 2ª ed., pp. 160-3; exposição de conjunto, PETTAZZONI, *Dio*, I, pp. 92-101; SCHMIDT, *Ursprung*, III, pp. 50-145, que se esforça por distinguir as características de Puluga das influências exteriores (naturismo, animismo, magismo; o matriarcado, a mitologia lunar; de fato, Brown não encontrou entre os andamaneses do norte e do centro nenhum indício de um ser supremo, mas somente uma religião de estrutura matriarcal, o culto de Bilika; ao passo que estão confirmadas notícias de Man sobre Puluga, no sul da Ilha). Mas convirá ler a crítica de Pettazzoni, *L'onniscienza di Dio*, pp. 437 ss.

Sobre os pigmeus semang: P. SCHEBESTA, *Religiöse Anschauungen der Semang Uber die Orang hidop, die "Unsterblichen"* ("Arch. f. Religionswiss.", vol. 24, 1926, pp. 209-33); *id., Bei den Urwaldzwergen von Malaya* (Leipzig, 1927); *id., Orang-Utan. Bei den Urwaldmenschen Malayas und Sumatras* (Leipzig, 1928); *id., Les Pygmeés* (trad. fr., Paris, 1940), pp. 93 ss.; exposição de conjunto, PETTAZZONI, *Dio*, 101-18; *id., L'onniscienza di Dio*, pp. 453 ss., SCHMIDT, *Utsprung*, III, 152-279.

Sobre negritos das Filipinas: MORICE VANOVERBERGH, *Negritos of Northern Luzon* ("Anthropos", vol. 20, 1925, pp. 148-99; 399-443; sobre a vida religiosa, pp. 434 ss.); SCHEBESTA, *Les pygmeés*, 145 ss.; cf. também X. W. SKEAT e O. BLAGDEN, *Pagan races of the Malay Peninsula* (Londres, 1906); R. PETTAZZONI, *L'onniscienza di Dio*, pp. 471 ss.

Sobre os deuses celestes da África: exposição de conjunto, PETTAZZONI, *Dio*, 186-259; SIR JAMES FRAZER, *The Worship of Nature* (Londres, 1926), 89-315 (houve uma trad. franc., sem notas, em 1927: *Les Dieux du Ciel*); W. SCHMIDT, *Ursprung*, vol. IV: *Die religionen der Urvölker Afrikas* (Münster, 1933; cf. também vol. I, pp. 167 ss.) vol. VII, 1940, pp. 3-605, 791-826; vol. VIII, 1949, pp. 569-717; vol. XII, 1955, pp. 761-899; MGR A. LE ROY, *La religion des primitifs* (7ª ed., Paris, 1925); EDWIN W. SMITH, *African Ideas of God* (Londres, 1950); cf. também R. PETTAZZONI, *Miti e Leggende*, vol. I (Torino, 1948) pp. 3-401.

J. SPIETH, *Die Religion der Eweer* ("Göttingen et Leipzig, 1911); A. C. HOLLIS, *The Masai* (Oxford, 1905), pp. 264 ss.; E. W. SMITH e A. M. DALE, *The Ila — Speaking Peaking Peoples of Northern Rhodesia* (Londres, 1920), vol. II, pp. 198 ss.; L. TAUXIER, *La religion bambara* (Paris, 1927), pp. 173 ss.

Sobre Nzambi (e contra a afirmação de Pettazzoni, p. 210, de que ele é indiferente aos assuntos humanos), ver também: J. VAN WING, *L'Être Suprême des Bakongo* ("Rev. Sciences Relig.", t. X, pp. 170-81).

Sobre os pigmeus da África: H. TRILLES, *Les pygmées de la forêt équatoriale* (Paris, 1932); *id.*, *L'âme du pygmée d'Afrique* (Paris, 1945); W. IMMENROTH, *Kultur u. Umwelt der Kleinwüchsigen in Afrika* (Leipzig, 1933), espec. pp. 153 ss.; SCHEBESTA, *Les pygmées*, pp. 13 ss.

W. WANGER, *The Zulu notion of God* ("Anthropos", 1925, pp. 574 ss.), julga poder ligar o nome de Unkulunkulu a um protótipo sumério. AN-ggal-gal (o Zulu *un* é idêntico ao sumério *an*, *anu*, "heaven", "God in Heaven"). GEO WIDENGREN, *Hochgottglaube im Alten Iran* (Uuppsala-Leipzig, 1938), pp. 5-93, fornece materiais copiosos (extratos da rica bibliografia etnográfica) sobre os deuses celestes africanos, que compara aos deuses supremos iranianos.

Sobre as religiões da Indonésia e da Melanésia:

PETTAZZONI, *Dio*, 109-85; CODRINGTON, *The Melanesians* (Oxford, 1891), *passim*; A. LANG, *The Making of Religion* (3ª ed., 1909), pp. 200 ss.; ROLAND B. DIXON, *Oceanic Mythology* (Boston, 1916), *passim*; H. SCHÄRER, *Die Gottesidee der Ngadju Dajak in Süd-Berneo* (Leiden, 1946), pp. 15 ss., 175 ss.

Sobre Tangaroa, cf. E. S. C. HANDY, *Polynesian Religion* (Honolulu, 1927), pp. 144 ss., e *passim*; R. W. WILLIAMSON, *Religions and Cosmic beliefs of Central Polynesia* (Cambridge, 1933).

Sobre *Yelafaz*: SIXTUS WALLESER, *Religiöse Anschauungen und Geleraüche der Bewohner von Jap, Deutsche Südsee* ("Anthropos", vol. 8, 1913, pp. 607-629, etc.), espec. pp. 613 ss.

Sobre o culto e os mitos de Io, ver E. S. CRAIGHILL HANDY, *Polynesian Religion*, pp. 36 ss., *id. The Hawaiian Cult of Io* ("The Journal of the Polynesian Society", vol. 50, 1941, pp. 134-59); P. KENNETH EMORY, *The Hawaiian God Io* (*ibid.*, vol. 51, 1942, nº 3).

Sobre o par mítico Céu-Terra, ver F. KIICHI NUMAZAWA, *Die Weltanfange in der japanischen Mythologie* (Luzern, 1946) e a bibliografia do cap. VII.

Sobre os deuses do Céu na América do Norte:

PETTAZZONI, *Dio*, I, 260-323; R. DANGEL, *Tirawa, der Höchste Gott der Pawnee* ("Archiv f. Religionswissenschaft", 1929, pp. 113-44); W. SCHMIDT, *Ursprung*, II (Münster, 1929), 21-326 (as tribos da Califórnia Central), 328-390 (os índios do noroeste), 391-872 (os algonkinos); vol. V, 1937, pp. 1-773, vol. VI, pp. 167-207. Exposição de conjunto do mesmo autor: W. SCHMIDT, *High Gods in North America* (Oxford, 1933); R. PETTAZZONI, *Miti et Leggende*, vol. III (Torino, 1953), pp. 38 ss.

Sobre as divindades supremas na América do Sul: PETTAZONI, *Dio*, 324-48 (contra: W. KOPPERS, *Unter Feuerland-Indianern*, Stuttgart, 1924, pp. 139-157); SCHMIDT, II, 873-1033 (os índios da Terra do Fogo, especialmente segundo as pesquisas de Gusinde e Koppers);

M. GUSINDE, *Die Feuerland Indianern*, Bd. I, *Die Selk'nam* (*Mödling bei Wien*, 1931), Bd. II, *Die Yamana* (*ibid.*, 1937); W. KOPPERS, *Sur l'origine de l'idée de Dieu. A propos de la croyance en Dieu chez les indiens de la Terre de Feu* ("Nova et Vetera", Friburgo, 1943, pp. 260-91); *id., Die Erstbesiedlung Amerikas im Lichte der Feuerland-Forschungen* ("Bull. d. Schweizerischen Gessellschaft f. Anthropologie u. Ethnologie", vol. 21, 1944-45, pp. 1-15).

Os volumes II, V e VI do *Ursprung der Gottesidee* de WILHELM SCHMIDT contêm uma boa bibliografia e um vasto repertório dos fatos religiosos relacionados com as culturas arcaidas das duas Américas. Cf. *Ursprung*, vol. V, pp. 522 ss., 716 ss.; vol. VI, pp. 520 ss. Mas ver também J. M. COOPER, *The Northern Algonquin Supreme Being* ("Primitive Man", 1933, pp. 41 e 112), e R. PETTAZZONI, *Miti et Leggende*, III, espec. pp. 337 ss.

Sobre as religiões das culturas árticas: vistas de conjunto, SCHMIDT, *Ursprung der Gottesidee*, vol. III, pp. 541-64; vol. VI, pp. 70-5, 274-81, 444-54; A. GAHS, *Kopf-, Schädel-und Langknochenopfer gei Rentier-völkern* (*W. Schmidt-Festschrift*, Wien, 1928, pp. 231-67).

Samoiedos: A. CASTREN, *Reisen im Norden in den Jahren*, 1838-1844 (Leipzig, 1853), pp. 229-233; T. LEHTISALO, *Entwurf einer Mythologie der Jurak-Samoyeden* ("Mémoires de la Soc. Finno-Ougrienne", vol. 53, 1924); K. DONNER, *Bei den Samojeden in Sibirien* (Stuttgard, 1926); exposição, vista de conjunto e documentação complementar em W. SCHMIDT, *Ursprung der Gottesidee*, vol. III, pp. 340-84.

Koryaks: W. JOCHELSON, *The Toryak*, 2 vols. (Leiden-New York, 1905-1908; vol. VI da Jesup North Pacific Expedition); A. CZAPLICKA, *Aboriginal Siberia. A Study in Social Anthropology* (Oxford, 1914), espec. pp. 261-69, 294-96; SCHMIDT, III, 387-426.

Ainus: J. BATCHELOR, *The Ainu and their Folk-Lore* (Londres, 1901); J. LÖWENTHAL, *Zum Ainu-Problem* ("Mitteil. d. Anthropolog. Ges. in Wien", vol. 60, 1930, pp. 13-9); DR. L. STERNBERG, *The Ainu Problem* ("Anthropos", vol. 24, 1929, pp. 755-801); SCHMIDT, *Ursprung*, III, 427-92; cf. também: THOMAS OHM, *Die Himmelsverebrung der Koreaner* ("Anthropos", 1940-41, vol. 35-36, pp. 830-40).

Esquimós: FR. BOAS, *The Central Esquimo* (Gth Annual Report of the Bureau of American Ethnology, 1884-85, Washington, 1888, pp. 409-670); KNUD RASMUSSEN, *Intellectual Culture of the Iglulik Eskimos* (Copenhagen, 1930); *id., Intellectual Culture of the Caribou Eskimos* (*ibid.*, 1931); FR. BIRKET-SMITH, *Ueber die Herkunft der Eskimo und ihre Stellung in der Zirkumpolaren Kulturentwicklung* ("Anthropos", 25, 1930, pp. 1-23); W. THALBITZER, *Die Kultischen Gottheiten der Eskimos* ("Archiv. f. Religionswissenschaft", 26, 1928, pp. 364-430); SCHMIDT, *Ursprung*, III, 493-526.

Ugrianos e turco-mongóis: K. F. KARJALAINEN, *Die Religion der Jugra-Völker*, vol. I-III (Porvoo-Helsinki, 1921, 1922, 1927; FF Communications Nr. 41, 44, 63); Uno Holmberg-Harva, *Die Religion der Tcheremissen* (Porvoo, 1926, FFC Nr. 61); *id., Siberian Mythology* ("The Mythology of all races", vol. IV, Boston, 1927); *id., Die Religiösen Vorstellungen der altaischen Völker* (Helsinki, 1939, FFC Nr. 125); W. SCHMIDT, *Das Himmelsopfer bei den innerasiatischen Pferdezüchter Völkern* ("Ethnos", vol. 7, 1942, pp. 127-48); *id., Ursprung der Gottesidee*, vol. IX (1949), pp. 3-67 (prototurcos), 71-454 (tártaros altaicos), 457-794 (tártaros abakan); vol. X (1952), pp. 1-138 (mongóis), 139-470 (buriatas), 503-674 (tonguses), 675-758 (yukaghins); vol. XI (1954), pp. 1-398, 565-707 (yakutes), 399-467 (karagasses e soyotes), 469-564, 683-712 (yenisseianos). W. Schmidt resumiu os seus pontos de vista sobre as religiões dos povos pastores da Ásia Central nos volumes XI, pp. 565-704, e XII, pp. 1-613; JOSEF HAECKEL, *Idolkult und Dualsystem bei den Uiguren. Zum Problem des eurasiatischen Totemismus* ("Archiv f. Völkerkunde", I, Wien, 1947, pp. 95-163).

Sobre Ulgen: W. RADLOFF, *Proben der Völksliteratur der türkischen Stämme*, I (São Petersburgo, 1866), pp. 147 ss.; M. ELIADE, *Le chamanisme et les techniques archaiques de l'extase* (1951), pp. 175 ss.; W. SCHMIDT, *Ursprung*, vol. IX, pp. 172-215.

Sobre os elementos lunares em Ulgen (e o seu duplo, Erlik), cf. W. KOPPERS, *Pferdeopfer und Pferdekult der Indogermanen* ("Wiener Beiträge zur Kulturgeschichte und Linguistik", vol. IV; Salzburg-Leipzig, 1936, pp. 279-412), pp. 396 ss.; J. HAECKEL, *op. cit.*, pp. 142 ss.

Sobre o culto de Tenre entre os nômades de Kan-su, cf. P. MATTHIAS, *Uiguren und ihre neuentdeckten Nachkommen* ("Anthropos", 1940-41, vol. 35-6, pp. 78-99), espec. pp. 89 ss. (Tenre é designado por Xan Tenre, o "Imperador do Céu", ou simplesmente Tenre, "Céu". É criador do universo, da vida, do homem, p. 89. Oferecem-lhe sacrifícios, p. 90.)

N. PALLISEN, *Die alte Religion des mongolischen Volkes Während der Herschaft der Tschingisiden* ("Micro-Bibliotheca Anthropos", vol. VII, Freiburg, 1953).

KAI DONNER, *Ueber soghdisch nom "Gesetz", und samojedisch nom "Himmel, Hott"* ("Studia Orientalia", I, Helsinki, 1925, pp. 1-6). Mas ver também SCHMIDT, *Ursprung*, III, pp. 505 ss.; M. ELIADE, *Le chamanisme*, pp. 206 ss.

O deus celeste chinês: J. J. M. DE GROOT, *The Religion of the Chinese* (Nova York, 1910), pp. 102 ss.; MARCEL GRANET, *La religion des chinois* (Paris, 1922), pp. 49 ss. Segundo E. Chavannes, Chang-ti, o "Senhor supremo", o T'ien, o "Céu", teriam originariamente designado dois seres divinos diferentes (um pouco como Uranos e Zeus); cf. *Le dieu du sol dans l'ancienne religion chinoise* ("Rev. Hist. Relig.", 101, vol. 43, pp. 125-46). Sobre Chant-ti, cf. também N. SÖRDER-

BLOM, *Das Werden des Gottes glaubens* (Leipzig, 1916), pp. 224 ss., que põe admiravelmente em evidência os caracteres não naturistas do antigo deus chinês. Ver: W. EBERHARD, "Anthropos", vol. 37-40, 1942-1945, p. 977, sobre os trabalhos recentes. Cf. R. PETTAZZONI, *L'onniscienza di Dio*, pp. 400 ss.

Sobre as relações pré-históricas entre os prototurcos e o Oriente Próximo: MAX EBERT, *Reallexikon der Vorgeschichte*, vol. XIII, pp. 60 ss.; G. HERMES, *Das gezähmte Pferd im alten Orient* ("Anthropos", vol. 31, 1936, pp. 364-94); W. AMSCHLER, *Die Ältesten Funde des Hauspferdes* ("Wiener Beiträge", IV, pp. 498-516); E. HERZFELD, *Völker und Kulturzusammenhange im Alten Orient* ("Deutsche Forschung", H. 5, Berlim, 1928, pp. 33-67), espec. pp. 39 ss.; W. KOPPERS, *Urtürkentum und Urindogermanentum in Lichte der völkerkundlichen Universal-geschichte* ("Belleten", nº 2 den ayri basim, Istambul, 1941, pp. 481-525), pp. 488 ss. Mas cf. também A. M. TALLGREN, *The copper idols from Galich and their relatives* ("Studia Orientalia, I, 1925, pp. 312-41).

Sobre as relações entre os prototurcos e os indo-europeus, v. o estado da questão nas duas ricas memórias de KOPPERS, *Die Indogermanenfrage im Lichte der historischen Völkerkunde* ("Anthropos", vol. 30, 1935, pp. 1-31), espec. pp. 10 ss.; e *Urtürkentum, passim*. Ainda no mesmo sentido, o SCHRADER, *Reallexikon der indogermanischen Altertumskunde*, II (2ª ed.), 1929, p. 24. Cf. também ALFONS NEHRING, *Studien Zur Indogermanischen Kultur und Urheimat* ("Wiener Beiträge", vol. IV, pp. 9-229), espec. pp. 13 ss., pp. 93 ss., etc. Contra, J. W. HAUER, *Zum gegenwärtigen Stand der Indogermanenfrage* ("Archiv für Religionswissenschaft", vol. 3, 1939, pp. 1-63), espec. pp. 14 ss. Ver também M. SCHMIDT, *Rassen und Völker in Vorgeschichte des Abendlandes*, vol. II (Luzern, 1946), pp. 171 ss., 192 ss., 208 ss.

Os indo-europeus (proto-história, lingüística, cultura); H. HIRT, *Die Indogermanen*, I-II (Estrasburgo, 1905-1907); O. SCHRADER, *Reallexikon der indogermanischen Altertumskunde* (2ª ed., Berlim-Leipzig, 1917, 1929); G. GORDON CHILDE, *The Aryans* (Londres, 1926); *Germanen u. Indogermanen, Festschrift für Hermann Hirt*, I-II (Heidelberg, 1932-1934); W. KOPPERS, *Die Indogermanenfrage im Lichte der historischen Völkerkunde* ("Anthropos", vol. 30, 1935, pp. 1-31); A. NEHRING, *Studien zur indogermanischen Kultur und Urheimat* ("Wiener Beiträge", vol. IV, pp. 9-229); J. W. HAUER, *Zum gegenwärtigen Stand der Indogermanenfrage*; G. Dumézil, *Le nom des "Arya"* ("Rev. Hist. Rel.", 1941, nº 363, pp. 36-59). Ver agora P. BOSCH-GIMPERA, *Les indo-europeéns. Problémes archéologiques* (trad. fr. de R. Lantier, Payot, Paris, 1961).

Sobre a divindade do céu entre os indo-arianos (*Diéus, etc.): L. VON SCHRÖDER, *Arische Religion*, I; *Einleitung Der Altarische Himmelsgott* (Leipzig, 1914); P. KRETSCHMER, *Einleitung in die Geschich-*

te der Griechischen Sprache (Göttingen, 1896), pp. 77 ss.; S. FEIST, *Kultur, Ausbreitung und Herkunft der Indogermanem* (Berlim, 1913), pp. 319 ss.; GEORG WILKE, *Die Religion der Indogermanen in archäelogischer Betrachtung* (Mannus — Bibliothek, nº 31, Leipzig, 1923), pp. 107 ss.; W. KOPPERS, *Die Religion der Indogermanen in ihren Kulturhistorischen Beziebungen* ("Anthropos", vol. 24, 1929, pp. 1073-1089); *id., Die Indogermanenfrage*, pp. 11 ss., 16 ss.; S. STURTEVANT HOPKINS, *Indo-european deiwos and related works* (Filadélfia, 1932); A. NEHRING, *Studien*, pp. 195 ss.; P. KRETSCHMER, *Dyaus, Zeus, Diespiter und die Abstrakta im indogermanischen* ("Glotta", vol. 13, 1924, pp. 101-14).

Sobre a Índia védica: sobre os textos, as traduções e a imensa bibliografia crítica, v. L. RENOU, *Bibliographie védique* (Paris, 1931), espec. pp. 170 ss. Sempre se lerão com proveito os três volumes que A. BERGAIGNE consagrou a *La religion védique d'aprés les hymnes du Rig-Veda* (Paris, 1878-1883). Exposições exaustivas dos mitos e das crenças em HILLEBRANDT, *Vedische Mythologie*, 2ª ed. vol. I-II (Breslau, 1927-1929) e A. B. KEITH, *The Religion and Philosophy of the Veda and Upanishads*, 2 vols. (Harvard Oriental Series, nº 21-22, Cambridge, Mass., 1925).

Sobre os deuses arianos de Mitani: cf. o estado do problema e um ensaio de interpretação no sentido da tripartição funcional, em G. DUMÉZIL, *Naissance d'archanges* (Paris, 1945), pp. 15 ss.

Sobre Varu*n*a: H. GÜNTERT, *Der arische Weltkönig und Heiland* (Halle, 1923), pp. 97 ss.; G. DUMÉZIL, *Ouranos-Varuna* (Paris, 1934); *id., Mitra-Varuna* (Paris, 1940); cf. B. GEIGER, *Die Amesa Spentas* (Wien, 1916); SYLVAIN LÉVI, *La doctrine du sacrifice dans les Brâhamanas* (Paris, 1898); E. W. HOPKINS, *Epic Mythology* (Strasbourg, 1920). P. Kretschmer crê, erradamente, que Varu*n*a se originou do hitita Arúnash e está imbuído de noções asiânicas e babilônicas, cf. *Varuna und die Urgeschichte der Inder* ("Wiener Zeitschrift f. die Künde des Morgenlandes", vol. 33, pp. 1 ss.). Sobre Varu*n*a "enleador", cf. ELIADE, *Les "dieux lieurs" et le symbolisme des moeuds*, "Rev. Hist. des Religions", t. 134, 1947-1948, pp. 5-36, e republicado em *Images et symboles* (Paris, 1952), cap. III.

O mito indo-europeu de um céu de pedra que se une à terra, mito reconstituído por H. REICHELT, *Der steinerne Himmel* ("Indogerm. Forsch.", vol. 32, 1913, p. 23-57), não está confirmado nos textos (cf. Benveniste-Renou, *Vrta et Vrthragna*, Paris, 1935, p. 191, nº 3).

Sobre o Irã: textos, exposições de conjunto, críticas e bibliografia em R. PETTAZZONI, *La religione de Zarathustra* (Bolonha, 1920); LOUIS H. GRAY, *The Foundations of the Iranian Religions* (Bombary, 1929; Cama Oriental Institute); E. BENVENISTE, *The Persian Religions According to the Chief Greek Texts* (Paris, 1929); E. BENVENISTE e L. RENOU, *Vrta et Vrthragna* (Paris, 1935); H. S. NYBERG, *Question de cosmogonie et de cosmologie mazdéennes* ("Journal Asiatique", abril-junho de 1929, pp. 193-310; julho-setembro de 1931, pp. 1-124; outubro-dez. de 1931, pp. 193-244): *id., Die Religionen des Alten Iran* (trad. Sahaeder, Leipzig, 1938); GEO WIDENGREN, *Hochgottglaube im Alten Iran* (Uppsala, 1938); GEORGES DUMÉZIL, *Naissances d'archanges* (Paris, 1945).

Sobre Varu*n*a-Ahura Mazda: OLDENBERG, *Varuna und die Adityas* ("Zeitschrift d. deutsch. Morgen-Gesell", v. 50, 1896, pp. 43 ss.); A. MEILLET, *La religion indo-européenne* (republicado em *Linguistique historique et linguistique générale*, Paris, 1921, pp. 323 ss.); *Ahura-Mithra:* G. DUMÉZIL, *Mithra-Varuna* (Paris, 1940), pp. 59 ss.; *Naissance d'archanges*, pp. 30 ss.; J. HERTEL, *Die Sonne und Mithra im Awesta* (Leipzig, 1927). Cf. OTTO PAUL, *Zur Geschichte der iranischen Religionen* ("Archiv f. Religionswissenschaft", vol. 35, 1940, pp. 215-34; contra as opiniões de Nyberg, no mesmo sentido, W. WUST, *ibid.*, pp. 234-49). Ver também BETTY HEIMANN, *Varuna-Rta-Karma* (Festgabe H. Jacobi, pp. 201-14).

Sobre os fatos gregos há um livro que vale uma biblioteca: A. B. COOK, *Zeus. A study in ancient religion*, 3 vols. em 5 tomos (Cambridge, 1914, 1925, 1940). Cf. para uma visão de conjunto, MARTIN P. NILSSON, *Geschichte der griechischen Religion I* (Munique, 1941). Sobre Zeus, Deus Pai, cf. G. CALNOUN, *Zeus the father in Homer* ("Transactions of the American Association of Philology", vol. 66, 1935); M. P. NILSSON, *Vatsr Zeus* ("Archiv f. Religionswissenschaft", vol. 35, 1938, pp. 156 e ss.). Sobre o mito de Urano: Dumézil, *Ouranos-Varuna* (Paris, 1934); W. STAUDACHER, *Die Trennung von Himmel u. Erde. Ein vorgriechischer Schöpfungsmythus bei Hesiod und den Orphikern* (Tübingen, 1942).

Sobre os fatos romanos, cf. G. DUMÉZIL, *Jupiter, Mars, Quirinus* (Paris, 1941) e *Naissance de Rome*, ch. I (Paris, 1947); CARL KOCH, *Der römische Jupiter* (Frankfurt am Main, 1937).

Uma exposição de conjunto sobre as antigas religiões germânicas, com uma vasta bibliografia crítica, foi apresentada por JANDE VRIES, *Altgermanische Religionsgeschichte*, I-II (Berlim e Leipzig, 1935, 1937, 2ª ed., 1956-57). Admiráveis análises dos mitos da soberania e dos mitos dos guerreiros no pequeno livro de G. DUMÉZIL, *Mythes et dieux des Germains* (Paris, 1939) (2ª ed., 1959). Ver também ERNEST TONNELAT, em: *Les Religions des celtes, des germains et des anciens slaves* ("Mana", Paris, 1948, vol. III, pp. 323 ss.). Encontra-se uma penetrante crítica das diversas orientações modernas na interpretação das religiões germânicas e um ensaio construtivo para integrar o estudo dessas religiões no método crítico-cultural da escola de Viena nos dois estudos de ALOIS CLOSS, *Neue Problemstellungen in der germanischen Religionsgechichte* ("Anthropos", vol. 29, 1934, pp. 477-96) e *Die Religion des Semnonenstammes* ("Wiener Beiträge", IV, pp. 448-673). Ver também, pelo mesmo autor: *Die Religion der Germanen in ethnologischen Sicht* (in: *Christus unde die Religionen der Erde*, 1951, vol. II, pp. 267-363). Cf. também HILDEBRECHT HOMMEL, *Die Hauptgottheiten der Germanen bei Tacitus* ("Archiv f. Religionswissenschaft", vol. 37, pp. 144 ss.); R. MUCH, *Die Germania des Tacitus* (Heidelberg, 1937); R. PETTAZZONI, *"Regnator omnium deus"* ("Studi e Materiali di Storia delle Religioni", vol. 19-20, 1943-46, pp. 142-56); OTTO HÖFLER, *Germanische Sakralkönigtum*, vol. I, 1952.

Sobre Taranis, cf. CARL CLEMEN, *Die Religion der Kelten* ("Archiv f. Relig.", vol. 37, 1941, p. 122); P. LAMBRECHTS, *Contributions à l'étude des divinités celtiques* (Brugge, 1842), pp. 54 ss.

Sobre Perun: v. J. MANSIKKA, *Die Religion der Ostslaven*, I (Helsinki, 1922, F.F.C., n.º 43), pp. 30-4, 54-7, 60-5, 379 ss.; A. BRÜCKNER, *Mitologia slava* (Bolonha, 1923), pp. 58 ss. (que deriva, p. 69, Perkun-Perun do nome do carvalho); L. NIEDERLE, *Manuel de l'antiquité slave*, II (Paris, 1926), 138 ss.; B. O. UNBEGAUN, in: *Les Religions des celtes, des germains et des anciens slaves* ("Mana", vol. III, 1948, pp. 405-7).

Cf. também A. H. KRAPPE, *Les péléiades* ("Revue Archéologique", t. 36, 1932, pp. 77 ss.); JANE HARRISSON, *Themis* (2.ª ed., Cambridge, 1927), pp. 94 ss.

Sobre Indra ver também E. WASHBURN HOPPINS, *Indra as God of Fertility* ("Journal of American Oriental Society", vol. 36, pp. 242-68), JARL CHARPENTIER, *Indra Ein Versuch der Aufkläuruug*, (Le Monde Oriental, Uppsala, 1931, vol. 25, pp. 1-28); BENVENISTE e RENOU, *op. cit.*, pp. 184 ss. Kretschmer ("Kleinasiatische Forschungen", I, 1929, pp. 297 ss.) julgou encontrar no hitita *innara* o modelo do indo-iraniano *indra*, mas Sommer provou que na realidade se trata de uma deusa hitita, Inara (com um *-n*; uma cf. Benveniste-Renou, 186). J. PRZYLUSKI, *Inara et Indra* ("Revue de l'Histoire ancienne", vol. 36, pp. 142-6), pensa que "a Indra védica e a Inara hitita poderiam fazer parte de série de divindades bissexuadas que são os equivalentes da grande Deusa: Vênus hermafrodita, Fortuna barbata, Zervan, Kâla" (*op. cit.*, p. 146). Mas essa maneira de ver é demasiado sumária; não há a certeza de que a Grande Deusa tenha "sido substituída por um Grande Deus no panteão dos povos semíticos e indo-europeus" (p. 142); a androginia divina nem sempre é um fenômeno secundário (cf. § 160); o hermafroditismo ritual não se explica por cultos híbridos, intermediários entre o de uma Grande Deusa e o de um Grande Deus, etc.

Cf. também V. MACHEK, *Name und Herkunft des Gottes Indra* ("Archiv Orientální", vol. 12, 1941, n.ºs 3-4); G. DUMÉZIL, *Tarpeia* (1947), pp. 117 ss. Referências abundantes sobre Indra, como deus da fecundidade, em J. J. MEYER, *Trilogie altindischer Mächte und Feste der Vegetation*, vol. I-III (Zurich-Leipzig, 1937), espec. o vol. III, 164 ss.

Sobre os deuses celestes nas religiões mesopotâmicas, cf. os trabalhos de conjunto de B. MEISSNER, *Babylonien und Assyien*, I-II (Heidelberg, 1920-1925); E. DHORME, *Choix de textes religieux assyrobabyloniens* (Paris, 1907); *id., La religion assyro-babylonienne* (Paris, 1910); *id. Les religions de Babylonie et d'Assyrie* (col. "Mana", II, Paris, 1945, a melhor exposição que possuímos até agora); GIUSEPPE FURLANI, *La religione babilonese-assira*, I, II (Bolonha, 1928-1929) com uma bibliografia exaustiva; CHARLES JEAN, *La religion sumérienne d'aprés les documents sumériens antérieurs à la dynastie d'Isin* (Paris, 1931); S. N. KRAMER, *Sumerian Mythology* (Filadélfia, 1944, 2.ª ed., Nova York, 1961); G. FURLANI, *La religione degli hittiti* (Bolonha, 1936); RENÉ DUSSAUD, *Les religions des hittites e des hourrites, des phéniciens et des syriens* (col. "Mana", II, pp. 333-414).

V. também W. H. WARD, *The Seal Cylinders of Western Asia* (Washington, 1910); A. GÖTZE, *Kleinasiens. Kulturgeschichte des Alten Orients*, III, 1 (Munique, 1933).

Sobre os elementos de unidade entre os pré-semitas e os pré-indoeuropeus da Ásia Menor e da Egéia e as populações pré-arianas dos indus, cf. as obras sugestivas, mas nem sempre convincentes, de B. HROZNY, *Die alteste Völkerwanderung u. die protoindische Zivilisation* (Praga, 1939); *Die älteste Geschichte Vorderasiens* (Praga, 1940), e os estudos publicados em: "Archiv Orientálni", 1941. Cf. também *Histoire de L'Asie antérieure, de l'Inde e de la Crête* (Payot, Paris, 1946).

Sobre os deuses da tempestade no Oriente Próximo e as suas relações com o touro, a Grande Mãe, etc., cf. L. MALTEN, *Der Stier in Kult und mythischen Bild* ("Jahrbuch des deutschen archäologischen Instituts", vol. 43, 1928, pp. 90-139); E. OTTO, *Beiträge zur Geschichte der Stierkultus in Aegypten* (Leipzig, 1938); CH. AURAN, *La préhistoire du christianisme*, I (Paris, 1941), pp. 39 ss.; A. NAMITOK, *Zeus Osogoa* ("Rev. Hist. Rel.", 1941, n.º 364, pp. 97-109), espec., pp. 102, n.º 4, e 103, n.º 6 (sobre as recentes descobertas de figuras tauromórficas na Índia, etc.); E. DHORNE, *Les religions de Babylonie*, pp. 96 ss.; H. SCHLOBIES, *Das akkadische Wettergott in Mesopotamien* (Leipzig, 1925); G. FURLANI, *La frusta di Adad* ("Rendiconti d. Accad. dei Lincei", Classa di scienze morali, 1932, pp. 574-586); K. TALLQUIST, *Akkadische Götterepitheta* (Helsinki, 1938), pp. 246 ss.; RENÉ DUSSAUD, *La mythologie phénicienne d'aprés les tablettes de Ras Shamra* ("Rev. Hist. Rel.", 1931, t. 104, pp. 353-408); *id., Le sanctuaire et les dieux phéniciens de Ras Shamra* (*ibid.*, 1932, t. 105, pp. 245-302); *id., Le vrai nom de Báal* (*ibid.*, 1936, t. 113, pp. 5-20); *id., Les découverts de Ras Shamra et l'Ancien Testament* (2.ª ed., Paris, 1941); *id., Peut-on identifier l'Apollon de Hiérapolis?* ("Rev. Hist. Rel.", 1942-43, n.º 368, pp. 128-49), espec. pp. 138 ss.; DITLEF NIELSEN, *Ras Shamra Mythologie und biblische Theologie* (Leipzig, 1936); A. NAMITOK, *Le nom du dieu de l'orage chez les Hittites et les Kassites* ("Rev. Hist. Rel.", Jul.-Ag. 1939, pp. 21 ss.); IVAN ENGNELL, *Studies in Divine Kingship in the Ancient Near East* (Uppsala, 1943), p. 213. Iconografia de Adad e Teshup: H. GRESSMANN, *Altorientalische Bilder zum Alten Testament* (2ª ed., Berlim-Leipzig, 1926-1927), nº 317, 326, 330, 335, 339, 340, 345; G. CONTENAU, *Manuel d'archéologie orientale* (Paris, 1927 ss.), vol. I, p. 206, fig. 129, vol. II, p. 942: H. DEMIRCIOGLU, *Der Gott auf dem Stier. Geschichte eines religiösen Bildtypus* (Berlim, 1936).

Sobre Júpiter Dolichenus, A. B. COOK, *Zeus*, vol. I (1914), pp. 605-633; FR. CUMONT, *Etudes syriennes*, pp. 173-202; A. H. KAN, *Juppiter Dolichenus* (Leyde, 1943).

Sobre os dados egípcios, cf. A. RUSCH, *Die Entwicklung der Himmelgöttin Nut zu einer Todesgottheit* (Leipzig, 1922); G. A. WAINWRIGHT, *The Sky-religion in Egypt* (Cambridge, 1938); C. AUSTRAN, *La flotte à l'enseigne du Poisson* (Paris, 1938); H. JUNKER, *Die Götterlehere vom Memphis* (Berlim, 1940); pp. 25 ss. sobre o deus celeste Ur (*wr*).

Sobre o trovão como ser supremo entre as tribos norte-americanas, W. SCHMIDT, *Ursprung*, vol. II, pp. 55, 62, 71, 228 ss., 299 ss.; o pássaro-trovão na mitologia norte-americana, *ibid.*, 635 ss.; na mitologia africana, FRAZER, *The Worship of Nature*, p. 155; cf. RENDEL HARRIS, *Boanerges* (Cambridge, 1913), pp. 13 ss.; STITH THOMPSON, *Motif-Index of folk-literature*, vol. I (Helsinki, 1932), pp. 80 ss.; KNUT TALLQVIST, *Himmelsgegenden und Winde. Eine semasiologische Studie* ("Studia Orientalia", Helsinki, 1933, vol. II).

Fr. Kern tentou precisar o processo mítico que transforma o deus celeste dos povos pastoris num deus da tempestade, cf. *Die Welt, worein die Griechen traten* ("Anthropos", vol. 24, 1929, pp. 167-219), espec. pp. 179 ss. W. Schmidt seguiu o mesmo processo (a que chamou a hipóstase do deus do Universo no deus da atmosfera) entre os diversos grupos de esquimós (*Ursprung*, III, p. 505).

Sobre a soberania de Jeová, rica bibliografia em GRABAR, *Le thème religieux des fresques de la synagogue de Doura* ("Rev. Hist. Rel.", 1941, nº 363, p. 27, nº 1). Sobre as epifanias atmosféricas de Jeová, cf. A. DUPONT-SOMMER, *Nubes tenebrosa et illuminans noctem* (*ibid.*, 1942-1943, nº 365, pp. 5-31); a "glória" de Jeová, *ibid.*, pp. 18 ss. e nota 1.

Materiais e bibliografia sobre o mito da criação entre os iranianos e os germanos: A. CHRISTENSEN, *Le premier homme et le premier roi dans l'histoire légendaire des Iraniens*, 2 vols. (Uppsala, 1918, 1931); H. GUNTERT, *Der arische Weltkönig und Heiland* (Halle, 1923); FR. R. SCHRÖDER, *Germenische Schöpfungsmythen* ("Germ.-Roman Monastsschrift", vol. 19, 1931, pp. 1-26, 81-99); FR. BORTZLER, *Ymir. Ein Beitrag Zu den Eddischen Weltschopfungsvorstellungen* ("Archiv f. Religionswiss.", vol. 33, 1936, Heft 3-4); W. KOPPERS, *Das magische Weltschöpfungsmysterium bei den Indogermanen* (Van Ginneken Festschrift, pp. 149-55, Paris, 1937).

Da rica bibliografia sobre o Açvamedha, os sacrifícios de cavalos e as divindades eqüinas ou cavaleiras dos indo-europeus, citemos: P. DUMONT, *L'Açvamedha* (Paris, 1927); J. V. NEGELEIN, *Das Pferd im Arischen Altertum* (Königsberg, i. Pr., 1903); L. MALTEN, *Das Pferd im Totenglauben* (Jahrbuch des kaiserlich deutschen archäologischen Instituts, XXIX, Berlim, 1914, pp. 179-256); R. HINDRINGER, *Weiiheross und Rossweihe* (Munique, 1932); WILHELM KOPPERS, *Pferdeopfer und Pferdekult der Indogermanen* ("Die Indogermanen und Germanenfrage, Wiener Beiträge zur Kulturgeschichte und Linguistik", Jahrgang, IV, Salzburg-Leipzig, 1936, 279-411); R. BLEICHSTEINER, *Rossweihe u. Pferderennen im Totenkult der Kaukasischen Völker* (*ib.*, 413-95); contra a tese de Koppers, cf. Hauer, "Archiv. Religions.", vol. 36, 1939, pp. 23 ss.; J. WIESNER, *Fahren, und Reiten in Alteuropa und im Alten Orient* ("Der Alte Orient", 38, 1939, Heft 3/4); *id., Fahrende und Reisende Gñtter* ("Arch. f. Relig.", 37, 1941, pp. 36-46). Cf. W. SCHMIDT, *Rassen und Völker*, vol. II, pp. 102 ss.

Cf. também os trabalhos já citados de G. HERMES, *Das gezähmte Pferd im neolitischen u. Frühbronzezeitlichen Europa?* ("Anthropos", 30, 1935, 805-823; 31, 1936, 115-129); *id., Das gezähmte Pferd im alten Orient* ("Anthropos", 31, 1936, 364-394); FR. FLOR, *Das Pferd un seine Kulturgeschichtliche Bedeutung* ("Wiener Kulturhistorische Studien", vol. I, 1930). Para o cavalo no culto na Ásia Menor, ver Rostovtzeff, "Syria", vol. XII, pp. 48 ss. Para os dados chineses e japoneses, Ed. ERKES, *Das Pferd im alten China* ("T'oung Pao", vol. 36, 1940-41); R. H. VAN GULIK, *Hayagríva. The mantrayánic aspects of horse cult in China and Japan* (Leiden, 1935), espec. pp. 41 ss. Ver agora FRANZ HANCAR, *Das Pferd in Prähistorischer und früber historischer Zeit* (Wien, 1956), espec. pp. 536 ss.

Sobre os Açvins, os dioscuros, os gêmeos, etc.: H. GÜNTER, *Der arische Weltköning*, 253 ss.; RENDEL HARRIS, *The Cult of Heavenly Twins* (Cambridge, 1906); S. EITREM, *Die Göttlichen Zwillinge bei den Griechen* (Christiania, 1902); A. B. COOK, *Zeus*, II, pp. 1003 ss.; F. CHAPOUTHIER, *Les dioscures au service d'une déesse* (Paris, 1935); A. B. KEITH, *Indian Mythology* (Boston, 1917), pp. 30 ss.; A. H. KRAPPE, *Mythologie universelle*, pp. 53-100, *id., La légende des Harlungen* (em *Études de mythologie et de folklore germaniques*, Paris, 1928, pp. 137-74); L. STERNBERG, *Der antike Zwillingskult im Lichte der Ethnologie* ("Zeitschrift f. Ethnologie", vol. 61, 1929, pp. 152-200); *id., Der Zwillingskult in China u. die indischen Einflüsse* ("Baessler Archiv", vol. 13, 1929, pp. 31-46); J. VON NEGELEIN, *Die abergläubische Bedeutung der Zwillingsgeburt* ("Archiv f. Religion", vol. 5, 1906, pp. 271-73). A. VAN GENNEP, *Tabou et totémisme à Madagascar* (Paris, 1911), p. 176.

Sobre a sacralidade e o simbolismo da montanha, o simbolismo do "centro", etc.: CH. AUTRAN, *La flotte à l'enseigne du Poisson* (Paris,

1939), pp. 31 ss.; R. DUSSAUD, *Découvertes*, 100; A. JEREMIAS, *Handbuch der altorientalischen Geitskultur* (2.ª ed., Berlim, 1929), pp. 130 ss.; MIRCEA ELIADE, *Cosmologie si alchimie babiloniana* (Bucareste, 1937), pp. 26 ss.; *id., Le chamanisme*, pp. 235 ss.; *id., Images et Symboles* (Paris, 1952), cap. I; KIRFEL, *Die Kosmographie der Inder* (Bonn-Leipzig, 1920); HOLMBERG, *Der Baum des Lebens* (Helsinki, 1923), pp. 33 ss.; E. BURROWS, *Some Cosmological Patterns in Babylonian Religion* (em S. M. HOOKE, *The Labyrinth*, Londres, 1935), pp. 43 ss.; TH. DOMBART, *Der Sakralturm, I Teil: Ziqqurat* (Munique, 1920); *id., Der babylonische Turm* (Leipzig, 1930); M. JASTROW, *Sumerian and Akkadian Views of Beginnings* ("Journal of the Americae Orient a Society", 1917, vol. 36, pp. 274-99); E. DOUGLAS VAN BUREN, *Mountain Gods* ("Orientalia", Roma, vol. 12, 1943, n.os 1-2).

Sobre o simbolismo da ascensão (degraus, escadas, etc.):

Egito: WALLIS BUGGE, *From Fetish to God in Ancient Egipt* (Oxford, 1934), p. 346; *id., The Mummy* (2.ª ed., Cambridge, 1925), p. 324; R. WEILL, *Le champ des Roseaux et le champ des Offrandes dans la religion funéraire et la religion générale* (Paris, 1936); W. MAX MÜLLER, *Egyptian Mythology* (Boston, 1918), 176; ELIADE, *Le chamanisme*, pp. 415 ss.

Índia: A. COOMARASWAMY, *Svayamátrnná — Janua Coeli* ("Zalmoxis", II, 1939, pp. 1-51); M. ELIADE, *Dürohama and the "waking dream"* (em *Art and Thought*, a volume in honnour of the late Dr. Ananda K. Coomaraswamy, Londres, 1947, pp. 209 ss.).

Polinésia: SIR GEORGE GREY, *Polynesian Mythology and Ancient Traditional History of the New Zealanders* (A reissue, Auckland, 1919), 42 ss.; CHADWICK, *The Growth of Literature* (Cambridge, 1940), III, 273 ss.

R. PETTAZZONI, *The Chain of Arrows, the diffusion of mythical motiv* ("Folk-Lore", col. 35, pp. 151 ss.); *id., Saggi*, pp. 63 ss.

Oceânia: ROLAND DIXON, *Oceanic Mythology* (Boston, 1916), pp. 139, 293 ss.; Chadwick, III, p. 481.

África: ALICE WERNER, *African Mythology* (Boston, 1925), pp. 135 ss.

América: H. B. ALEXANDER, *Latin American Mythology* (Boston, 1924), 271, 308; STITH THOMPSON, *Tales of the North American Indian* (Cambridge, Mass., 1929), pp. 283, 332 ss.

Sobre o motivo da ascensão, cf. S. THOMSON, *Motif-Index of Folk-Literature*, vol. III (Helsinki, 1934), pp. 7-10; MIRCEA ELIADE, *Le chamanisme et les techniques archaïques de l'extase* (Payot, 1951), pp. 423 ss.

Sobre o sacrifício do cavalo entre os turco-mongóis e o simbolismo da ascensão entre os altaicos, etc.: V. V. RADLOV, *Aus Sibirien. Lose Blätter aus dem Tagebuche eines reisenden Linguisten* I-II (Leipzig, 1844), pp. 19 ss.; M. A. CZAPLICKA, *Aboriginal Siberia* (Oxford, 1914); UNO

HOLMBERG-HARVA, *Der Baum des Lebens* ("Annales Academiae Scientiarum Fennicae", Helsinki, 1923); *id., Die Religion der Tscheremissen* (Porvoo, 1926), pp. 108 ss.; *id., Die religiösen Vorstellungen der altaischen Völker* (Helsinki, 1938); MEHMED KÖPRUEÜZADE, *Influence du chamanisme turco-mongol sur les ordres mystiques musulmans* (Istambul, 1929); NORA K. CHADWICK, *Shamanism among the Tatars of Central Asia* ("Journal of the Royal Anthropological Institute", vol. 66, 1936, pp. 75 ss.); ELIADE, *Le chamanisme*, pp. 175 ss.

III. O Sol e os cultos solares

Generalidades sobre os cultos solares:

F. BOLL, *Die Sonne im Glauben und in der Weltanschauung der alten Völker* (Stuttgart, 1922); A. H. KRAPPE, *La genése des mythes* (Paris, 1938), pp. 81 ss.

FRAZER, *The Worship of Nature*, I (Londres, 1926), pp. 441 ss.; J. DÉCHELETTE, *Le culte du soleil aux temps préhistoriques* (*Revue Archéologique*, 1909), pp. 305 ss.; *id.*, *Manuel d'archéologie préhistorique, celtique e gallo romaine* (Paris, 1908), II, pp. 413 ss.

Sobre os mitos solares:

P. EHRENREICH, *Die Sonne im Mythos* (Mythologische Bibliothek, VIII, I, Leipzig, 1915-1916); AGE OHLMARKS, *Heimdalls Horn und Odins Auge*, I (Lund, 1937), pp. 32 ss., 257 ss. e *passim*.

Sobre a "solarização" do ser supremo:

R. PETTAZZONI, *Dio*, I (Roma, 1922), p. 367.

Sobre a coexistência dos elementos solares e vegetais nos cultos e deuses mesopotâmicos:

H. FRANKFORT, *Gods and Myths on Sargonid Seals* ("Irak", vol. I, 1934, pp. 2-29); IVAN ENGNELL, *Studies in divine Kingship in the Ancient Near East* (Uppsala, 1943); A. GÖTZE, *Kleinasien* (Leipzig, 1933).

Sobre Shamash — materiais e bibliografia em G. FURLANI, *La religione babilonese-assira* (Bolonha, 1928-1929), vol. I, pp. 162-9, vol. II, pp. 179-83; E. DHORME, *Les religions de Babylonie et d'Assyrie* (Mana, II, Paris, 1945), pp. 60-7, 86-9.

Sobre Shamash — arte divinatória, A. HALDAR, *Associations of Cult Prophets Among the Ancient Semites* (Uppsala, 1945), pp. 1 ss.

Sobre os elementos solares nas religiões árticas e norte-asiáticas:

T. LEHTISALO, *Entwurf einer Mythologie der Yurak-Samoyeden* (Helsinki, 1927); AL. GAHS, *Kopf-, Schädel — und Langknochenopfer bei Rentiervölkern* (Festschrift W. Schmidt, Mödling, 1928, pp. 213-68).

Sobre os cultos solares nas populações munda:

Cf. E. T. DALTON, *Descriptive Ethnology of Bengal* (Calcutá, 1872); FRAZER, *op. cit.*, pp. 614 ss.; P. O. BODDING, *Santal Folk Tales*, I-II (Oslo, 1925, 1927); R. RAHMANN, *Gottheiten der Primitivstämme im nordörstlichen Vorderindien* ("Anthropos", XXXI, 1936, pp. 37-96); W. KOPPERS, *Bhagwan, The Supreme Deity of the Bhils* ("Anthropos", XXXV-VI, 1940-41, pp. 265-325).

Sobre os cultos solares na Oceânia:

W. H. R. RIVERS, *Sun-cult and Megaliths in Oceania* ("American Anthropologist", NS XVII, 1915, pp. 431 ss.; *id.*, *The History of Melanesian Society* I-II (Cambridge, 1914); FRAZER, *The Belief in Immortality*, I-III (Londres, 1913-1924); R. W. WILLIAMSON, *Religious and Cosmic Beliefs of Central Polynesia* I-II (Cambridge, 1933).

Sobre os "Filhos do Sol":

W. J. PERRY, *The Children of the Sun* (2ª edição, Londres, 1927); A. M. HOCART, *Kingship* (Londres, 1927).

Sobre o culto solar no Egito:

J. VANDIER, *La religion égyptienne* (Mana, I, Paris, 1944), pp. 36 ss.; G. A. WAINWRIGHT, *The Sky-religion in Egypt* (Cambridge, 1938); H. JUNKER, *Die Götterlebre von Memphis* (Berlim, 1940); *id.*, *Der sehende und blinde Gott* (Sitz. d. b. Akad. d. Wissensch., Munique, 1942); J. SAINTE-FARE GARNOT, *Rev. Hist. Rel.*, t. 128, julho-dezembro de 1944, pp. 166-8; *id.*, *ibid.*, t. 129, janeiro-junho de 1945, pp. 128 ss.; sobre o conflito Ra-Osíris, E. WEILL, *Le champ des roseaux et le champ des offrandes dans la religion funéraire et la religion générale* (Paris, 1936).

Sobre o deus do Sol entre os indo-arianos:

L. VON SCHRÖDER, *Arische Religion*, II (Leipzig, 1916), pp. 3-461.

Idem entre os mediterrânicos e os gregos:

Zeus. A Study in Ancient Religion, I (Cambridge, 1914), pp. 197 ss.; UBERTO PESTA LOZZA, *Pagine di religione mediterranea*, II (Milão-Messina, 1945), pp. 9 ss.; KARL KERÉNYI, *Vater Hêlios* (Eranos Jahrbuch, X, 1943, Zurique, 1944, pp. 81-124); A. H. KRAPPE,

Apollon ("Studi e materiali si storia delle religione", XIX-XX, 1943-46, pp. 115-32); vestígios de culto solar no Irã, G. WIDENGREN, *Hochgottglaube im alten, Iran* (Uppsala, 1938), pp. 138 ss.; sobre os cultos solares italianos arcaicos, cf. C. KOCH, *Gestirnverehrung im alten Italien* (1933), pp. 50 ss.; F. ALTHEIM e E. TRAUTMANN, *Neue Felsbilder der Val Camonica. Die Sonne in Kult und Mythos* ("Wörter und Sachen", XIX, 1938, pp. 12-45).

Sobre os deuses solares da Índia védica:

A. BERGAIGNE, *La religion védique d'après les hymnes du Rig-Veda*, I-III (Paris, 1878-1883); II, pp. 160 ss., 379 ss.; III, pp. 38 ss.

Sobre os elementos solares na lenda de Buda:

B. ROWLAND, *Buddha and the Sun God* ("Zalmoxis", I, 1938, pp. 69-84); sobre as implicações metafísicas dos mitos solares, cf. COOMARASWAMY, *The Darker Side of the Dawn* (Smithsonian Miscellaneous Collection, vol. 94, nr. 1, Washington, 1935); *id.*, *The Sun-Kiss* ("Journal of the American Oriental Society"), vol. 60, pp. 46 ss.

Sobre o culto solar no Império romano:

PAUL SCHMIDT, *Sol Invictus. Betrachtungen zu spätrömischer Religion und Politik* (Eranos Jahrbuch, X, Zurique, 1944), pp. 169-252.

Sobre a roda como símbolo entre os celtas:

GAIDOZ, *Le dieu gaulois do soleil* ("Revue Archeologique", 1884-1885); PIERRE LAMBRECHTS, *Contributions à l'étude des divinités celtiques* (Bruges, 1942), pp. 71 ss.

Sobre os cultos e símbolos solares na pré-história norte-européia e nos folclores europeus:

O. ALMGREN, *Nordische Felszeichnung als religiöse Urkenden* (Frankfurt, 1934), *passim* e especialmente pp. 343 ss.; O. HÖFLER, *Klutische Geheimbünde der Germanen* (Frankfurt, 1934), pp. 112 ss.; R. FORRER, *Les chars cultuels préhistoriques et leurs survivances aux époques historiques* ("Prehistoire", I, 1932, pp. 19-32); MANNHARDT, *Wald-und Feld-Kulte* (2ª ed., Berlim, 1904-5), I, pp. 591 ss.; FRAZER, *Balder le Magnifique* (trad. fr., Paris, 1931), I, pp. 142 ss.; G. DUMÉZIL, *Loki* (Paris, 1948), pp. 225 ss.

Sobre o sinecismo ctônico-solar entre os japoneses:

AL SLAWIK, *Kultische Geheimbünde der Japaner und Germanen* ("Wiener Beiträge zur Kulturgeschichte und Linguistik", IV, Salzburgo-Leipzig, 1936), pp. 675-764.

Sobre as valorizações teológicas cristãs do simbolismo solar: HUGO RAHNER, *Das cristliche Mysterium von Sonne und Mond* (Eranos Jahrbuch, X, Zurique, 1944, pp. 305-404); W. DEONNA, *Les crucifix de la vallée de Saas* (*Valais*); *Sol et Luna, Histoire d'un thème iconographique* ("Revue de l'Histoire des Religions", t. CXXXII, 1946, pp. 5-47, CXXXIII, 1947-1948, pp. 49-102).

IV. A Lua e a mística lunar

Generalidades sobe os mitos e os cultos lunares: W. SCHMIDT, *Semaine d'éthnologie religieuse*, II, 1914, pp. 294 ss., 341 ss.; A. H. KRAPPE, *La genèse des mythes* (Paris, 1938), pp. 100 ss.; *id.*, *Études de mythologie et de folklore germaniques* (Paris, 1928), pp. 74 ss.; O. DÄHNHARDT, *Natursagen*, I (Leipzig, 1907); K. TH. PREUSS, *Das Problem der Mondmythologie im Lichte der lokalen Spezialforschung* ("Archiv fuer Religionswissenschaft", vol. 23, 1925), pp. 1-14; W. ROSCHER, *Uerber Selene und Verwandtes* (Leipzig, 1890); RUDOLF MUCH, *Mondmythologie und Wissenschaft* ("Archiv f. Religionswiss.", vol. 37, 1942), pp. 231-62 (contra as teorias de H. Lessmann, G. Hussing e W. Schultz); KNUT TALLQVIST, *Manen i myt och dikt, Zolktro och Kult* ("Studia Orientalia", XII, Helsingfors, 1947).

Ver também: D. NIELSEN, *Die altarabische Mondreligion*, 1904; G. DUMÉZIL, *Tityós* ("Rev. Hist. Relig.", t. III, 1935), pp. 66-89; J. W. JACKSON, *The Aztec Mooncult and its Relation to the Chankcult of India* ("Manchester Memoirs", vol. 60, nº 5, Manchester, 1916); C. HENTZE, *Mythes et symboles lunaires* (Anvers, 1932); *id., Objects rituels, croyances et dieux de la Chine antique et de l'Amérique* (Anvers, 1936); *id., Früchchinesische Bronzen* (Anvers, 1938; ver B. KARLGREN, *Legends and Cults in Ancient China*. "Bulletin of the Museum of Far Eastern Antiquities", Nr. 18, Estocolmo, 1946, pp. 346 ss.).

Sobre as relações Lua-serpente-sexualidade-morte-iniciação: R. BRIFFAULT, *The Mothers*, I-II (Londres, 1927); FRAZER, *The Belief in Immortality*, I, pp. 60 ss.; *id., Folklore in the Ancient Testament*, I, pp. 52 ss.; HENTZE, *Mythes et symboles lunaires, passim*; P. CAPPELLE, *De luna, stellis, lacteo orbe animarum sedibus* (diss. Halle, 1917); F. CUMONT, *Recherches sur le symbolisme funéraire des Romains* (Paris, 1942), pp. 182 ss., *passim*.

Sobre o antepassado mítico de origem lunar: W. KOPPERS, *Der Hund in der Mythologie der zirkumpazifischen Völker* ("Wiener Beiträge zur Kulturgeschichte und Linguistik", I, 1930, pp. 359 ss.); cf. também P. SCHEBESTA, *Les pygmées*, p. 79.

Sobre as relações Lua-Águas-Vegetação: P. SAINTYVES, *L'astrologie populaire, etudiée spécialement dans les doctrines et les traditions relatives à l'influence de la Lune* (Paris, 1937), pp. 230 ss., *passim*; MIRCEA ELIADE, *Notes sur le symbolisme aquatique* ("Zalmoxis", II, 1939, pp. 139-52, republicado em *Images et symboles*, 1952, cap. IV); J. BIDEZ e F. CUMONT, *Les mages hellénisés* (Bruxelas, 1938), II, p.

189-227, 302 ss.; W. LIUNGMAN, *Traditionswanderungen: Euphrat-Rhein*, vol. I-II (Helsinki, 1937-1938, II), pp. 656 ss.

Sobre o papel das fases lunares na medida do tempo: WOLFGANG SCHULTZ, *Zeitrechnung und Weltordnung in ihren übereinstimmenden Grundzügen bei den Indern, Iraniern, Hellenen, Italikern, Keltern, Germanen, Litauern, Slawen* (Mannus-Bibliothek, nº 35, Leipzig, 1924), pp. 12 ss., *passim* (mas ver as críticas de Much, *Mondmythologie*); FRANZ DORNSEIFF, *Das Alphabet in Mystik und Magie* (2ª ed., Leipzig, 1925), pp. 82 ss.; DR. WALTER HIRSCHBERG, *Der "Mondkalender" in der Mutterrechtskultur* ("Anthropos", vol. 26, 1931, pp. 461 ss.).

Sobre os vestígios dos cultos lunares em Ras-Shamra, cf. THEODOR GASTER, *A Canaanite Ritual Drama* ("Journal of American Oriental Society", vol. 66, pp. 49-76), p. 60; sobre os cultos lunares entre os caldeus e os arameus, v. E. DHORME, *La religion de hébreux nomades* (1937), pp. 87 ss.; *id., Les religions de Babylonie et d'Assyrie* ("Mana", II, 1945), pp. 59 ss. e 85 ss.

Sobre os vestígios dos cultos lunares nas civilizações proto-indianas, cf. E. J. H. MACKAY, *Chanhu-Daro Excavations* 1935-1936 ("American Oriental Series", 20, 1943; sobre o número "16").

Sobre os elementos lunares de Varu*n*a: OLDENBERG, *Die Religion des Veda*, pp. 178 ss.; H. LOMMEL, *Les anciens aryens*, pp. 83 ss.; mas ver também L. WALK, "Anthropos", 1933, p. 235, e M. ELIADE, *Le "dieu lieur" et le symbolisme des noeuds* ("Rev. Hist. Rel.", 1948), republicado em *Imagens et symboles*, cap. III.

Sobre os elementos lunares no tantrismo: G. TUCCI, *Trace di culto lunare in India* ("Rivista di Studio Orientali", XII, 1929-1930, pp. 419-27); M. ELIADE, *Cosmical Homology and Yoga* ("Journal of the Indian Society of Oriental Art", junho-dezembro de 1937, pp. 188-203); cf. também S. DASGUPTA, *Obscure Religious Cults as Background of Bengali Literature* (Calcutá, 1946, pp. 269 ss.).

Sobre os elementos lunares nas religiões iranianas: G. WIDENGREN, *Hochgottglaube im Alten Iran* (Uppsala-Leipzig, 1938), pp. 164 ss.

Sobre a estrutura lunar dos ciclos cósmico-históricos, v. M. ELIADE, *Le mythe de l'eternel retour* (Paris, 1949), pp. 139 ss.

Sobre o simbolismo lunar na iconografia cristã, ver HUGO RAHNER, *Das christliche Mysterium von Sonne un Mond* ("Eranos Jahrbuch", X, Zurich, 1944, pp. 305-404); W. DEAONNA, *Les crucifix de la vallée de Saas (Valais): Sol et Luna* ("Rev. Hist. Rel.", t. CXXXII, 1946, pp. 5-47; t. CXXXIII, 1947-1948, pp. 49-102).

V. As águas e o simbolismo aquático

Cosmogonias aquáticas:

A. J. WENSINCK, *The Ocean in the Literature of the Western Semites* (Amsterdã, 1919), especialmente pp. 1-15 e 40-56.

OSKAR DANHARDT, *Natursagen*, vol. I (Leipzig, 1909), pp. 1-89.
STITH THOMPSON, *Motif-Index of Folk Literature*, vol. I (Helsonki, 1932), pp. 121 ss.
ANANDA K. COOMARASWAMY, *Yaksas*, I-II (Washington, 1928, 1931).
CARL HENTZE, *Mythes et symboles lunaires* (Anvers, 1932).
A. H. KRAPPE, *La genèse des mythes* (Paris, 1938), pp. 197 ss.

Sobre o valor mágico e religioso das águas:

M. NINCK, *Die Bedeutung des Wassers im Kult und Leben der Alten* (Philologus, Supl. Bd. 14), 1921.
J. SCHEFTELOWITZ, *Die Sündentilgung durch Wasser* ("Archiv f. Religionswissenschaft", vol. 17, 1914, pp. 353-412).

Purificações rituais pela água:

R. PETTAZZONI, *La confessione dei peccati*, I (Bolonha, 1929), pp. 2-3. (Ewe, Bashilange), p. 18 (Sulka).
K. HARTTE, *Zumsemitichen Wasserkultus* (Halle, 1912).
ROBERTSON SMITH, *Lectures on the Religion of the Semites* (3ª ed., Londres, 1927, pp. 166 ss., 557 ss.: águas sagradas).
Pe. LAGRANDE, *Études sur les religions sémitiques* (Paris, 1905), pp. 158, 169.
E. W. HOPKINS, *The Fountain of Youth* ("Journal of the American Oriental Society", vol. 26, 1905, pp. 1-67).
L. D. BARNETT, *Yama, Gandharva and Glaucus* ("Bulletin of the School of Oriental Studies", vol. 4, 1926-1928, pp. 703-16).
K. RÖNNOW, *Trita Aptya, eine vedische Gottheit* (Uppsala, 1927), pp. 6 ss. (demônios aquáticos), pp. 14 ss. (Varu*n*a, deus das águas), pp. 36 ss. (expulsão mágica das doenças nas águas), pp. 64 ss. ("água da vida"), etc.
A. BOUCHÉ-LECLERQ, *Histoire de la divinisation dans l'antiquité* (Paris, 1879-1882), vol. II, pp. 261-5 (oráculos controlados por divindades aquáticas), pp. 363-9 (oráculo de Posídon).
G. GLOTZ, *L'ordalie dans la Grèce primitive* (Paris, 1904), pp. 11-69 (ordálios pelo mar), pp. 69-79 (pelas nascentes, riachos e poços).
FRAZER, *The Folklore in the Old Testament* (Londres, 1918), vol. III, 304-6 (ordálios entre os israelitas).
P. SAINTYVES, *Les vierges-mères et les naissances miraculeuses* (Paris, 1908), pp. 39-53 (teogonias aquáticas e culto das águas), pp. 87-109 (nascimentos miraculosos pelas águas sagradas).
B. NYBERG, *Kind und Erde* (Helsinki, 1931), pp. 55 ss. (o nascimento das crianças e dos antepassados míticos da água).
U. PESTALOZZA, *Pagine di religione mediterranea*, II (Milão, 1945), pp. 253 s. (união ritual junto aos rios).

E. LAOUST, *Mots et choses berbères. Notes de linguistique et d'ethnographie* (Paris, 1920), pp. 202-53 (ritos de chuva).

F. BENOÎT, *Le rite de l'eau dans la fête du solstice d'été en Provence et en Afrique* ("Revue Anthropologique", vol. 65, nº 1-3).

LOUIS BRUNOT, *La mer dans les traditions et les industries indigènes à Rabat et Salé* (Paris, 1920), pp. 3-25 (demonologia marítima; o mar na medicina e na magia).

L. JOLEAUD, *Gravures rupestres et rites de l'eau en Afrique du Nord* ("Journal de la Société des Africanistes", vol. III, 1933, pp. 197-222).

J. GOLDZIEHER, *Wasser als Dämonen abwehrendes Mittel* ("Archiv. f. Relig.", XIII, 1910, Hft I).

WESENDONCK, *Das Weltbild der Iranier* (1933), pp. 102 ss. (sobre o culto iraniano das águas).

MIRCEA ELIADE, *Notes sur le symbolisme aquatique* ("Zalmoxis", II, 1939, pp. 131-52, republicado em *Images et symboles*, cap. IV).

GASTON BACHELARD, *L'eau les rêves* (Paris, 1942).

Sobre o simbolismo do batismo:

P. LUNDBERG, *La typologie baptismale dans l'ancienne Église* (Uppsala-Leipzig, 1942).

Pe. DANIELOU, *Bible et liturgie* (Paris, 1951), pp. 29-173.

LOUIS BEIRNAERT, S. J., *La dimension mystique du sacrementalism chrétien* ("Eranos-Jahrbuch", 1950, XVIII, pp. 255-86).

MIRCEA ELIADE, *Images et symboles*, pp. 199 ss.

Sobre o simbolismo aquático da espiral:

L. SIRET, *Origine et signification du décor spiralé* (XV Congresso Internacional de Antropologia, Portugal, 1930, publicado em Paris, 1931), pp. 465-82.

Sobre o culto das nascentes, riachos e rios; sobre as atividades netunianas:

R. PETTAZZONI, *La religione primitiva in Sadegna* (Piacenza, 1912), *passim.*

J. DÉCHELETTE, *Manuel d'archéologie pré-historique, celtique et gallo-romaine* (Paris, 1908-1914), vol. II, a, pp. 166 ss. (machados ex-votos encontrados perto das nascentes e das fontes), II, a, pp. 444-53 (o culto das águas termais).

C. JULLIAN, *Histoire de la Gaule*, 5ª ed. (Paris, 1924-1926), vol. II, pp. 129-37 (divindades locais), vol. VIII, pp. 313-31 (continuidade dos cultos aquáticos).

J. TOUTAIN, *Les cultes paiens dans l'Empire romain* (Paris, 1907-1920),

vol. I, pp. 372-84 (divindades aquáticas e cultos oficiais), III, pp. 193-467 (cultos indígenas na Gália romana).
CLAUDIUS VAILLAT, *Le culte des sources dans la Gaule antique* (Paris, 1934).
P. SAINTYVES, *Corpus du folklore des eaux en France e dans les colonies françaises. Introduction* (Paris, 1934) — boa bibliografia sobre os cultos gauleses e galo-romanos, pp. 24-35.
LEITE DE VASCONCELOS, *Religiões da Lusitânia*, vol. II (Lisboa, 1905), pp. 198 ss. (deuses fluviais na proto-história celto-lusitana), vol. III (Lisboa, 1913), pp. 248 ss. (na época romana).
ALFRED JEREMIAS, *Handbuch der altorientalischen Geisteskultur* (2ª ed., Berlim, 1929), pp. 39-40.
S. REINACH, *Cultes, mythes et religions*, vol. V (Paris, 1923), pp. 250-4 (o cavalo, as ninfas, as nascentes).
J. TOUTAIN, *Le culte des eaux (sources, fleuves, lacs) dans la Grèce antique* (no volume *Nouvelles études de mythologie et d'histoire des religions antiques*, Paris, 1935, pp. 268-94).
J. GRIMM, *Teutonic Mythology* (edição inglesa, Londres, 1888), pp. 583-601.
UNO HOLMBERG, *Die Wassergottheiten der finnisch-ugrischen Völker* (Helsinki, 1913).
J. NIPPGEN, *Les divinités des eaux chez les peuples finno-ougriens: ostiaques et vogoules* ("Revue d'Ethnographie et des Traditions Populaires", VI, 1925, pp. 207-16).

Sobre o uso funerário da água:

A. PARROT, *Le "refrigerium" dans l'au-delá* (Paris, 1937).
MIRCEA ELIADE, *Locum refrigerii...* ("Zalmoxis", I, 1938, pp. 203-6).

Sobre o culto das águas no cristianismo:

SAINTYVES, *Corpus du folklore des eaux*, pp. 20-1 (boa bibliografia), pp. 139-96 (textos); *De l'immersion des idoles antiques aux baignades des statues dans le christianisme* ("Revue Hist. Rel.", 1933, t. 108, pp. 135-83, republicado em *Corpus*, pp. 197 ss.).

O folclore das águas:

R. C. HOPE, *The Legendary Lore of the Holy Wells of England, including Rivers, Lakes, Fountains and Springs* (Londres, 1893).
W. GREGOR, *Guardian Spirits of Wells and Lochs* ("Folk-Lore", III, 1892, pp. 67-73).
L. J. B. BÉRENGER-FÉRAUD, *Superstitions et survivances étudiées au point de vue de leur origine et de leur transformations* (Paris, 1895, 5 vols.), I, pp. 207-304 (dragões e serpentes míticos das nascentes,

dos lagos, etc.), II, pp. 1-58 (os "poderes" e os gênios das águas), III, pp. 167-214 (gestos rituais para a chuva), IV, pp. 291-360 (virtudes miraculosas das fontes).
PAUL SÉBILLOT, *Le folklore de France*, vol. II (Paris, 1905), pp. 175-303.
J. C. LAWSON, *Modern Greek Folklore and Ancient Greek Religion* (Cambridge, 1910), pp. 130-73 (sobrevivência das ninfas no folclore grego contemporâneo).
J. RHYS, *Celtic Folklore* (Oxford, 1901), pp. 354-400 (folclore dos poços).
K. WEINHOLD, *Die Verehrung der Quellen in Deutschland* (Berlim, 1898).
ILMARI MANNINEN, *Die dämonischen Krankheiten im finnischen Völksaberglauben* (Helsinki, 1922), pp. 81-106.
DAN MCKENZIE, *Infancy of Medicine* (Londres, 1927), pp. 238 ss.
R. P. MASANI, *Le folklore des puits dans l'Inde et spécialement à Bombay* ("Revue Hist. Religions", 1931, t. 104, pp. 221-71); cf. também as bibliografias do capítulo "Vegetation" ("La fontaine de Jouvance", l'"Arbre de Vie").

Sobre os dragões na China e na Ásia Oriental; descendência dos nâgî:

MARCEL GRANET, *Danses et legendes de la Chine ancienne* (Paris, 1926), 2 vols.
______, *La civilisation chinoise* (Paris, 1929).
______, *La pensée chinoise* (Paris, 1934).
B. KARLGREN, *Some Fecundity Symbols in Ancient China* ("The Bulletin of the Museum of Far Eastern Antiquities", nº 2, Estocolmo, 1930, pp. 1-54).
ED. CHAVANNES, *Les mémoires historiques de Sse-Ma-Tsien*, vol. I, Paris, 1897, vol. II, Paris, 1897, vol. III, 2ª parte, Paris, 1899.
J. PRZYLUSKI, *La Princesse à l'odeur de poisson et la Nâgi dans les traditions de l'Asie Orientale* ("Études Asiatiques", vol. II, Paris, 1925, pp. 265-84).
Ibid., *Le Prolongue-cadre des Mille et une nuits et le thème de svayamvara* ("Journal Asiatique", 1924, pp. 101-37).
G. OPPERT, *On the original inhabitants of Bhâratavarsa or India* (Westminster, 1893).
NOBUSHIRO MATSUMOTO, *Essai sur la mythologie japonaise* (Paris, 1928), pp. 46, 53 ss.
______, *Le japonais et les langues austro-asiatiques* (Paris, 1928), p. 35.
MIRCEA ELIADE, *Le yoga* (Paris, 1957, pp. 346 ss.); príncipes nascidos de princesas nâga, no Sião, na Índia e na África, cf. Dangel, "Studi e Materiali di Storia delle Religioni", XIV, 1938, p. 180.

WALTER KNOCHE, *Kindfisch-Mächen in Ozeanien* ("Mitteilungen d. Anthrop. Gesell., Wien", vol. 69, 1939, pp. 24-33).
K. ROENNOW, *Kirâta* ("Le Monde Oriental", vol. 30, 1936, publicado em 1944, pp. 90-169), p. 137, nota I; a observação sobre a freqüência do motivo da origem das famílias reais da Índia do norte a partir das serpentes torna inútil a hipótese de uma influência austro-asiática. Ver também:
CH. AUTRAN, *L'epopée indone* (Paris, 1946), pp. 66-169.
J. PH. VOGEL, *Serpent-worship in Ancient and Modern India* ("Acta Orientalia", II, 1924, pp. 279-312): materiais e bibliografia sobre o culto das serpentes na Índia.
______, *Indian Serpent-Lore or the Nâgas in Hindu Legend and Art* (Londres, 1926), pp. 35 ss.

Sobre o vaso da água com repuxo, símbolo de fertilidade muito conhecido no Oriente clássico:

E. D. VAN BUREN, *The Flowing Vase and the God with Streams* (Berlim, 1933).
G. GOMBAZ, *l'Inde et l'Orient classique* (Paris, 1937), pp. 174 ss.
______, *L'évolution du stûpa en Asie* ("Mélanges chinois et bouddhiques", IV, Bruxelas, 1936), pp. 93 ss.

VI. As pedras sagradas: epifanias, sinais e formas

Sobre as pedras funerárias e os megálitos:

R. HEINE-GELDERN, *Die Megalithen Südostasiens und ihre Bedeutung für die Klärung d. Megalithenfrage in Europa und Polynesien* ("Anthropos", XXIII, 1928), pp. 276-315. O autor tenta explicar a origem e a função dos megálitos segundo crenças ainda vivas entre as populações da Ásia sul-oriental: a "fixação das almas dos defundos na pedra".
W. J. PERRY, *Megalithic Culture of Indonesia* (Manchester, 1918).
A. RIESENFELD, *The Megalithic Culture of Melanesia* (Leiden, 1950).
CARL CLEMEN, *Urgeschichtliche Religion*, vol. I (Bona, 1932), pp. 95 ss. (estado da questão, bibliografia, crítica).
R. PETTAZZONI, *La religione primitive in Sardegna* (Piacenza, 1912), pp. 185 ss. (megálitos e dolmens na África mediterrânica e atlântica).
W. KOPPERS, *Monuments to the Dead of the Bhils and other Primitive Tribes in Central India. A Contribution to the Study of the Megalith-problem* ("Annali Lateranensi", vol. VI, 1942, pp. 117-206).
ÉMILE METZGER, *Les sépultures chez les prégermains et les germains des âges de la pierre et de bronze* (Paris, 1933; boa bibliografia e indicações sumárias sobre a distribuição dos megálitos).

G. WILKE, KOSINNA e BOSCH GIMPERA são de opinião que se poderia localizar a origem da arquitetura megalítica na Península Ibérica: daqui ter-se-ia espalhado por toda a Europa — cf. Hugo Obermaier e António Garcia y Bellido, *El hombre prehistórico y los orígenes de la humanidad* (ed. II, Madrid, 1941), pp. 171 ss. Bom repertório fotográfico em Paulino Montez, *História da arquitectura primitiva em Portugal. Monumentos dolménicos* (Lisboa, 1942); repertório, descrição e bibliografia em Octobon, *Statues-menhirs, stèles gravées, dalles sculptées* (extrato da "Revue Anthropologique", 1931, pp. 291-597).

PIA LAVIOSA ZAMBOTTI sustenta a origem egípcia da arquitetura megalítica; ver *Origini e diffusione della civiltà* (Milão, 1947), pp. 238 ss.

DR. J. IMBELLONI, *La première chaîne isogllossémantique oceano-americaine. Les noms des haches lithiques* ("Festschriff W. Schmidt", Wien, 1928, pp. 324-35).

Sobre o papel desempenhado pelas pedras pré-históricas (megálitos, dólmens, menires, "pedras de raio", etc.) nas crenças populares:

SAINTYVES, *Corpus du folklore préhistorique en France et dans les colonies françaises*, Paris, I, 1934, tomo II, 1934, tomo III, 1936 (vasto inquérito, engloba quase toda a documentação acessível até a data da publicação, ricas bibliografias regionais).

SALOMON REINACH, *Les monuments de pierre brute dans le langage et les croyances populaires* (in *Cultes, Mythes, Religions*, vol. III, 1908, pp. 366 ss.).

Sobre as pedras cultuais entre os "primitivos":

Cf. obras de FRAZER, LÉVY-BRUHL, NYBERG, HARTLAND, KOPPERS, citadas no texto, e também F. DAHMEN, *The Paliyans, a Hill-Tribe of the Palmi Hills (South India)*, em "Anthropos", III, 1908, pp. 19-31 (especialmente página 28: "Mayândi, the god of the Palyans and Puliyans, is usually represented by a stone, preferably one to wich nature has given some curious shape...").

LEENHARDT, *Notes d'éthnologie néo-calédonienne*, Paris, 1930, pp. 243-5.

Sobre a pedra como protetora, fetiche e amuleto:

RAFAEL KARSTEN, *The Civilization of South American Indians*, Londres, 1926, pp. 362 ss.

B. NYBERG, *Kind und Erde* (Helsinki, 1931), pp. 65 ss., 141 ss.

Sobre o mito dos gigantes de pedra:

ROBERT LEHMANN-NITSCHE, *Ein Mythenthema aus Feuerland und Nord-Amerika*. Der Steinriese ("Anthropos", 1938, vol. 33, pp. 267-73).

Sobre o mito da "pedra genitrix" (tema que se encontra da Ásia Menor ao Extremo Oriente):

A.V. LÖWIS e MENAR, *Nordkankasische Steingeburtssagen* ("Archiv f. Religionswissenschaft", XIII, 1910, pp. 509-24).
MAX SEMPER, *Rassen und Religionen im alten Vorderasien*, Heidelberg, 1930, pp. 179-86.
G. DUMÉZIL, *Légends sur les nartes* (Paris, 1930), pp. 75-7.
W. SCHMIDT, *Grundlinen einer Vergleichung der Religionen und Mythologien der austronesischen Völker*, Viena, 1910, §§ 408 ss.
W. J. PERRY, *The Children of the Sun* (2ª ed., Londres, 1926), pp. 255 ss.
R. W. WILLIAMSON, *The Social and Political System of Central Polynesia*, Cambridge, 1924, I, pp. 48, 57, 382; II, p. 304.
W. F. JACKSON KNIGHT, *Cumaenean Gates*, Oxford, 1936, pp. 9 ss.
JOHN LAYARD, *Stone Men of Malekula*, Londres, 1942, *passim*.

Sobre as relações entre as pedras e a fecundidade: a (chuva) entre certas tribos da América do Sul:

C. HENTZE, *Mythes et symboles lunaires*, Anvers, 1932, pp. 32 ss.

Sobre a fecundação pelas pedras furadas, além dos trabalhos já indicados no texto:

S. SELIGMANN, *Der böse Blick* (Berlim, 1910), vol. II, p. 27.
J. DÉCHELETTE, *Manuel d'archéologie préhistorique, céltique et gallo-romaine*, vol. I, Paris, 1906, pp. 520 ss.
WAGENVOORT, *Studi e materiali di storia delle religioni*, XIV, pp. 53, nota, e 55.

Sobre as "pietre di concezione odi gravidanza" nas crenças populares italianas:

G. BELLUCCI, *Il feticismo primitivo* (Perugia, 1907), pp. 36, 92 ss. *Gli amuleti* (Perugia, 1908), p. 19.

Sobre as "pedras de chuva":

FRAZER, *The Magic King*, I, pp. 304-7; *The Folklore in the Old Testament*, II, pp. 58 ss.
R. EISLER, *Kuba-Kubele* (''Philologus'', vol. 68, 1909), p. 42, n. 222.
G. A. WAINWRIGHT, *The Sky-Religion in Egypt* (Cambridge, 1938), p. 76.
G. F. KUNZ, *The Magic of Jewels and Charms* (Filadélfia-Londres, 1915), pp. 5 ss., 34.
J. W. PERRY, *Children of the Sun*, p. 392.

Sobre o mito da água que jorra do rochedo:

P. SAINTYVES, *Essais de folklore bibliques*, Paris, 1923, pp. 139 ss.

Sobre as ''pedras-testemunhas'' na Nova Caledônia:

LEENHARDT, *op. cit.*, pp. 30-1.
VAN GENNEP, *Tabou et totémisme à Madagascar* (antigos Antimerina).

Sobre a origem da lapidação:

R. PETTAZZONI, *La grave mora* (*Studi e materiali di Storia delle Religioni*), I, 1925, pp. 1 ss.

Sobre os meteoritos:

MIRCEA ELIADE, *Metallurgy, Magic and Alchemy*, Paris, 1938, ''Cahiers de Zalmoxis'', I, p. 3.
______, *Forgerons et alchimistes*, Paris, 1956, pp. 17 ss.

Sobre a multivalência simbólica e cultural da pedra:

ALFRED BERTHOLET, *Ueber Kultische Motivverschiebungen* (''Sitz. Preuss. Akademie Wiss. Phil. Hist. Klasse''), 1938, vol. 18, pp. 164-84 e 164-9.

Sobre as pedras cultuais na Índia:

G. OPPERT, *Der Sâlagrâma Stein* (''Zeitschrift f. Ethnologie''), vol. 34, 1902, pp. 131-7.
W. KIRFEL, *Vom Steinkult in Indien* (''Studien zur Geschichete u. Kultur des nahen u. fernen Osten, Paul Kahle zum 60 Geburtsatg'', Leiden, 1935, pp. 163-72).

No Japão:

Y. DEGUCHI, *On the Traces of Stones Worship in Japan* ("Journal of the Anthropological Society of Tokyo", vol. 24, nº 271, outubro de 1908).

No Peru:

P. MINNAERT, *Le culte des pierres au Pérou* ("Bulletin de la Société des Americanistes de Belgique", agosto de 1930).

Sobre os bétilos, *masseba* e pedras cultuais entre os semitas:

G. BEER, *Steinverehrung bei den Israeliten* (1921).
ROBERTSON SMITH, *The Religion of the Semites*, 3ª edição, Londres, 1927, pp. 200 ss., 568 ss.
P. LAGRANGE, *Études sur les religions sémitiques*, 2ª edição, Paris, 1905, pp. 194 ss.
P. LAMMENS, *Le culte des bétyles et les processions religieuses dans l'Arabie préislamique* ("Bulletin de l'Institut d'Archéologie Orientale", Cairo, tomo XVII).
E. DHORME, *La religion des hébreux nomades*, Bruxelas, 1937, pp. 159-68.
R. DUSSAUD, *Les origines cananéennes du sacrifice israélite*, 2ª ed., 1941, pp. 222 ss.

Sobre o deus Bethel e a divindade do Bethel:

O. EISSFELDT, *Der Gott Bethel* ("Archiv f. Religionswiss", tomo 28, 1930).
A. VICENT, *La religion des judéo-araméens d'Éléphantine*, Paris, 1937, pp. 562 ss.

Sobre as pedras cultuais na Grécia:

F. H. HASBLUCK, *Stone Cults and Venerated Stones in the Graeco-Turkisch Area* ("Annual of the British School as Athens", vol. XXI).
DE VISSER, *Die nichtmendchengestaltigen Götter der Griechen*, Leiden, 1903, pp. 55 ss.
E. MAAS, *Heilige Steine* ("Rhein. Museum", vol. 78, 1929, pp. 1 ss.).
P. RAINGEARD, *Hermes psychagogue*, Paris, 1935, pp. 344 ss.
MARTIN P. NILLSON, *Geschichte der griechichen Religion*, I, Munique, 1941, p. 187, com ricas referências bibliográficas.

Sobre os cultos frígios:

CH. PICARD, *Ephèse et Claros*, p. 474.

Sobre as pedras cultuais entre os celtas e os germanos:

D'ARBOIS DE JUBAINVILLE, *Le culte des menhirs dans le monde celtique* ("Revue Celtique", XXVII, pp. 313 ss.).

JAN DE VRIES, *Alt Germanische Religionsgeschichte*, vol. II, Berlim, 1937, p. 100.

Sobre o *omphalós*:

E. RHODE, *Psyche* (trad. francesa), pp. 109 ss.

JANE HARRISON, *Thémis*, 2ª ed., Cambridge, 1927, pp. 396 ss.

A. B. COOK, *Zeus*, II, Cambridge, 1925, pp. 169 ss.

ROSCHER, *Omphalos* ("Abh. Kon. Sachs Gesell. Wiss. Phil-Hist. Klasse", vol. XXIX, 9, 1913).

______, *Neue Omphalosstudien* (*ibid.*, vol. XXXI, 1, 1915).

______, *Der Omphalosgedanke bei verschiedenen Völkern* ("Stiz-Berichte Koenig. Saech. Gesell. Wiss.", Leipzig, LXXX, 2, 1918).

R. MERINGER, *Omphalos, Nabel, Nebel* ("Wörter und Sachen", V, 1913, pp. 43-91).

______, *Zu Roschers Omphalos* (*ibid.*, VI, 1914).

W. DÉONNA, "Revue des Études Grecques", 1915, pp. 444-5, 1917, p. 358, nota 10.

CH. PICARD, *Éphese et Claros*, Paris, 1922, pp. 110, nota 5, 551, nota 7.

F. ROBERT, *Thyméle*, Paris, 1939, pp. 278-83.

Sobre as hipóteses de Perdrizet (o *omphalós* délfico seria uma aportação cretense) e de Homolle (influências egípcias):

PICARD, *op. cit.*, p. 464, nota 4.

G. STEINDORFF, *The so-called Omphalos of Napate* ("Journal of Egyptian Archeology", 24, 1938, pp. 147-56).

Indicações e bibliografia sobre o *omphalós* entre os celtas:

G. DUMÉZIL, *Jupiter, Mars, Quirinus*, Paris, 1941, p. 229, notas 2 e 3. Ver também a bibliografia do capítulo "O espaço sagrado: templo, palácio, 'centro do mundo'".

VII. A Terra, a mulher e a fecundidade

Sobre o par divino Céu-Terra:

R. PETTAZZONI, *Dio*, I, pp. 130, 210, 241, etc.

A. H. KRAPPE, *La genèse des mythes*, pp. 68 ss.
H. TH. FISCHER, *Het Heilig Huwelik van Hemel en Aarde* (Utrecht, 1929).
STITH THOMPSON, *Motif-Index of Folk-Literature*, vol. I (Helsinki, 1932), para indicações bibliográficas suplementares.
F. KIICHI, NUMAZAWA, *Die Weltfänge in der japanische Mythologie* (Lucerna, 1946) — vasto levantamento etnológico.
MIRCEA ELIADE, *La Terre-Mère et les hierogamies cósmiques* ("Eranos Jahrbuch", XXII, 1954, republicado em *Mythes, revês e mystères*, Paris, 1957, pp. 206-53).

Sobre a Terra-Mãe:

A. LANG, *Myth, Ritual and Religion* (Londres, 1887), pp. 299 ss.
A. DIETERICH, *Mutter Erde* (3ª ed., Berlim, 1925), *passim*.
MAX LINDENAU, *Ein vedischer Lobgesang auf die Mutter Erde als die grosse Allgotheit* (Ath. Veda, XII, I, "Festgabe Hermann Jacobi", Bonn, 1926), pp. 248-58.
MAMOLINA MARCONI, *Riflessi mediterranei nella piu antica religione laziale* (Milão, 1939), *passim*.
U. PESTALOZZA, *Pagine di religione mediterranea*, I (Milão, 1942), *passim*.
ST. WEINSTOCK, *Tellus* ("Glotta", vol. 22, 1933-1934), pp. 140-62.
TH. NÖLDECKE, *Mutter-Erde bei den Semiten* ("Archiv. f. Relig.", vol. VIII, 1905), pp. 161 ss.
E. P. DHORME, *La Terre-Mere chez les assyriens* (*ibid.*), pp. 550 ss.
J. P. JACOBSEN, *Les mânes*, tomo I (Paris, 1924), pp. 28 ss.
EFR. BRIEM, *Mutter Erde bei den Semiten?* ("Archiv. f. Relig.", vol. 124, 1926), pp. 179-95.
DIETLEF NIELSEN, *Die altsemitische Mutter-göttin* ("Zeitschrift der deutschen morgen-ländischen Gesellschaft", 1938), pp. 504-31.
U. HOLMBERG, *Finno-Ugric Mythology* (Boston, 1927), pp. 239, 459.
ALICE WERNER, *African Mythology* (Boston, 1925), p. 125.
B. STRUCK, NOCHMALS, *"Mutter Erde" in Afrika* ("Archiv. f. Relig.", 1908, XI), pp. 402 ss.
H. B. ALEXANDER, *North American Mythology* (Boston, 1916), pp. 91 ss.
STEFAN FUCHS, *The Cult of the Earth-Mother among the Nimar-Balahis* ("Intern. Archiv. f. Ethnographie", vol. 40), pp. 1-8.
W. KOPPERS, *Bhagwân, the Suprem Deity of the Bhlis* ("Anthropos", vol. 35-36, 1940-41), pp. 265-325 — preces dos Bhils à Terra-Mãe.

Sobre os cultos e divindades telúricas:

S. THOMPSON, *Motif-Index*, I, p. 83.

BERTHEL NYBERG, *Kind un Erde* (Helsinki, 1931), pp. 230-1, nota 69.
FRAZER, *The Worship of Nature* (Londres, 1926), pp. 316-440.
E. WALTER, *Die Erdgöttin der Tschuwaschen und Litauer* ("Archiv. f. Relig.", 1899), vol. III, pp. 358 ss.
GEORG WILKE, *Die Religion der Indogermanen in archälogischer Betrachtung* (Leipzig, 1923), pp. 97-107.
VON WESENDONCK, *Aremati als arische Erd-Gottheit* ("Archiv. f. Relig.", 1929), vol. 32, pp. 61-76.
ED. NESTLE, *Die "Jungfräuliche" Erde* ("Archiv. f. Relig.", 1908), vol. XI, pp. 415 ss.

Sobre o mito de Adão nascido da Terra Virgem:

H. WOLLMER, *Die Erde als jungfräuliche Mutter Adams* ("Zeitschrift f. Neutestament. Wissenschaft"), vol. 10, 1911, pp. 324 ss.
W. STARCK, *Eva-Maria* (*ibid.*, vol. 33, 1934), pp. 97-109.
R. BRIFFAULT, *The Mothers* (Londres, 1927), vol. III, p. 57 — sobre a criação do homem da terra (boa bibliografia).

Sobre a deposição das crianças em terra:

DIETERICH, *op. cit.*, pp. 7 ss.
E. SAMTER, *Geburt, Hochzeit un Tod* (Berlim, 1911), pp. 2 ss.
E. GOLDMANN, *Cartam levare* ("Mitteilungen d. Instituts f. Osterr. Geschichtsforschung", vol. 35, 1914), pp. 1 ss.
B. STRUCK, *Niederlegen und Aufheben des Kindes von der Erde* ("Archiv. f. Relig.", X, 1907), p. 158.
NYBERG, *op. cit.*, para informações suplementares e bibliografia.
H. J. ROSE, *Primitive Culture in Italy* (Londres, 1926), p. 133.
PLOSS-BARTELS, *Das Weib in der Natur-und Völkerkunde* (8ª ed., Leipzig, 1905), vol. II, pp. 35 ss.
MARIE DELCOURT, *Stérilités mystérieuses et naissanes maléfiques dans l'antiquité classique* (Paris, 1938), pp. 31 ss.

Sobre a identificação mulher-campo:

DIETERICH, *op. cit.*, pp. 46 ss.
E. FEHRLE, *Die Kultische Keuschheit im Albertum* (Giessen, 1910), pp. 170 ss.
FARNELL, *The cults of the greek States* (Oxford, 1896), vol. III, pp. 106 ss.
LÉVY-BRUHL, *La mentalité primitive*, pp. 361 ss.
ROBERTSON SMITH, *The Religion of the Semites* (3ª ed., Londres, 1927), pp. 613 ss.

LAGRANGE, *Études sur les religions sémitiques*, 2ª ed., p. 97, a propósito das observações de Robertson Smith sobre Baal, "senhor da terra".

R. DUSSAUD, *Origines cananéennes du sacrifice israélite*, p. 206. *Les découvertes de Ras Shamra*, 2ª ed., p. 102.

J. J. MEYER, *Trilogie altindischer Mächte Feste der Vegetation* (Zurique-Leipzig, 1937), vol. I, p. 202.

U. PESTALOZZA, *L'aratro e la donna nel mondo religioso mediterraneo* (Rendiconti, Reale Instituto Lombardo di Scienze e Lettere, Cl. di Lettere), vol. 76, fasc. 2, 1942-1943, pp. 321-30.

VITTORE PISANI, *La donna e la terra* ("Anthropos", vol. 37-40, 1942-45, pp. 241-53; rica documentação indiana e greco-latina).

Sobre os enterros rituais:

DIETERICH, *op. cit.*, pp. 28 ss.

NYBERG, *op. cit.*, p. 150.

FRAZER, *Folklore in the Old Testament* (Londres, 1918), II, p. 33.

A. BRELICH, *Aspetti della morte nelle inscrizioni sepolcrali dell'Impero romano* (Budapeste, 1937), pp. 9 ss.

Sobre o "renascimento" dos antepassados nas crianças recém-nascidas:

K. A. ECKHARDT, *Irdische Unsterblichkeit* (Weimar, 1937).

M. F. ASHLEY-MONTAGU, *Ignorance of Physiological Paternity in Secular Knowledge and Orthodox Belief among the Australian Aborigines* ("Oceania", Sydney, 1940-1942), vol. XII, p. 75.

Sobre o enterro "em forma de embrião":

VAN DER LEEUW, *Das sogennante Hockerbegräbnis un der ägyptische Tjknw* ("Studi e Materiali di Storia delle Religioni", 14, 1938) pp. 150-67.

Sobre as "mitologias literárias" da Terra:

GASTON BACHELARD, *La terre et les rêveries de la volonté*; *La terre et les rêveries du repos*, Paris, 1948.

Cf. também as bibliografias citadas do capítulo "Agricultura", e, em primeiro lugar, os trabalhos de Mannhardt, Frazer e J. J. Meyer.

Sobre a árvore sagrada:

NELL PARROT, *Les représentations de l'arbre sacré sur les monuments de Mésopotamie et d'Élam,* Paris, 1937.
HÉLÈNE DANTHINE, *Le palmier-dattier et les arbres sacrés dans l'iconographie de l'Asie Occidentale ancienne*, Paris, 1937.
A. J. WENSINCK, *Tree and Bird as Cosmological Symbols in Western Asia* (Verhandlingen der Koninklijke Akademie van Wettenschappen), Amsterdã, 1921, vol. 22, pp. 1-56.
A. COOMARASWAMY, *Yaksas*, I-II, Washington, 1928, 1931.
M. P. NILSSON, *Geschichte der griechischen Religion I*, Munique, 1941, pp. 194 ss. e 260 ss.
J. PRZYLUSKI, *La participation*, Paris, 1940, pp. 41 ss.
C. HENTZE, *Mythes et symboles lunaires*, Antuérpia, 1932, pp. 41 ss.
H. BERGEMA, *De Boom des Levens in Schrift en Histoire*, Hilversum, 1938, pp. 337 ss.

Sobre a "árvore invertida":

A. COOMARASWAMY, *The Inverted Tree* ("The Quarterly Journal of the Mythic Society"), Bangalore, vol. 29, nº 2, 1938, pp. 1-38.
E. KAGAROW, *Der umgekehrte, Schamanenbaum* ("Archiv. f. Religionwiss", 1929, pp. 183 ss.; árvores invertidas rituais).
UNO HOLMBERG, *Der Baum des Lebens* (Annales Scientiarum Fennicae, série B, vol. XVI), Helsinki, 1922-1923, pp. 17, 59, *passim*.
______, *Finno-Ugric and Siberian Mythology*, Boston, 1927, pp. 349 ss.
BERGEMA, *op. cit.*, p. 275, nota 116.
MIRCEA ELIADE, *Le chamanisme*, pp. 244 ss.

Sobre Yggdrasil e sobre a árvore cósmica entre os antigos germanos:

Referências bibliográficas em Jan de Vries, *Altgermanische Religionsgeschichte*, vol. II, Berlim-Leipzig, 1937, pp. 40 ss.
O. S. REUTER, *Germanische Himmelskunde*, Munique, 1934, pp. 229 ss.
BERGEMA, *op. cit.*, p. 551.

Sobre o conjunto Grande Deusa-Vegetação-Animal emblemático-Águas:

SIR JOHN MARSHALL, *Mohenjo-Daro and the Indus Civilisation*, Londres, 1931, vol. I, fig. 63 e 67, pp. 52 ss.
G. CONTENAU, *La déese nue babylonienne*, Paris, 1914, *passim*. *Le déluge babylonien*, Paris, 1941, pp. 159 ss.
CH. AUTRAN, *La préhistoire du christianisme*, I, Paris, 1941, pp. 124 ss.
W. F. ALBRIGHT, *The Babylonian Sage Ut-napistim nüqu* ("Journal American Oriental Society"), vol. 38, 1918, pp. 60-5.

______, *The Goddess of Life and Wisdom* ("Journal of the American Society for Semitic Languages"), 1920, vol. 36, pp. 258-94.
______, *Some Cruces in the Langdom Epic* ("Journal American Oriental Society"), vol. 39, 1919, pp. 65-90.
______, *The Mouth of the Rivers* ("Journal of the American Society Semitic Languages"), vol. 35, 1919, pp. 161-95.
______, *Gilgamesh and Engidu, Mesopotamian genii of Fecundity* ("Journal American Oriental Society"), 1920, vol. 40, pp. 307-35.
M. P. NILSSON, *Geschichte der griechischen Religion I*, Munique, 1941, p. 260.
HOLMBERG, *Baum des Lebens*, Helsinki, 1922-1923, pp. 83 ss.
CARL HENTZE, *Früchinesische Bronzen und Kultdartellungen*, Antuérpia, 1937, pp. 129 ss.
MOMOLINA MARCONI, *Riflessi mediterranei nella più antica religione laziale*, Milão, 1939.
AXEL W. PERSSON, *The Religion of Greece in prehistoric Times*, Berkeley e Los Angeles, 1942.
S. A. BERNARDINI, *De mannelijke en de vrouwelijke godheid van de boomcultus in Minoische godsdienst*, Amsterdã, 1942.
U. PESTALOZZA, *Pagine di religione mediterranea*, II, Milão, 1945.

Sobre a árvore da vida e a árvore do conhecimento do bem e do mal: Ver discussão das últimas exegeses em:

HANS SCHMIDT, *Die Erzählung von Paradies und Sündefall*, Tubingen, 1931.
PAUL HUMBERT, *Études sur le récit du Paradis et de la chute dans la Genèse*, Neuchatel, 1940.
BERGEMA, *op. cit.*, pp. 120 ss.

Sobre a viagem de Gilgamesh e a "planta de vida":

G. CONTENAU, *L'epopée de Gilgamesh* (tradução e comentários), Paris, 1939.
G. FURLANI, *La religione habilonese-assira*, vol. II, Bolonha, 1929, pp. 50 ss. (bibliografia à p. 83).
E. DHORME, *Les religiones de Babylonie et d'Assyrie*, Paris, 1945, p. 328.
CH. VIROLLEAUD, *Le voyage de Gilgamesh au Paradis* ("Rev. Hist. Relig."), tomo 101, 1930, pp. 202-15.

Os textos iranianos foram agrupados e traduzidos por:

L. D. BARNETT, *Yama, Gandharva and Glaucus*, "Bulletin of the School of Oriental Studies", IV, 1926-1928, pp. 703-16, especialmente pp. 709 ss.

A. CHRISTENSEN, *Le premier homme et le premier roi dans l'histoire légendaire des iraniens*, vol. II, Uppsala-Leide, pp. 11 ss.

As lendas orientais da árvore de vida foram estudadas por:

AUGUST WÜNSCHE, *Die Sagen vom Lebensbaum und Lebenswasser. Altorientalische Mythen*, Leipzig, 1905; "Ex Oriente Lux", Bd. I, Hft, 2-3.
E. W. HOPKINS, *The Fountain of Youth* ("Journal American Oriental Society"), vol, 26, 1905, pp. 1-67.
ISRAEL FRIEDLAENDER, *Die Chadirlegende und der Alexanderroman*, Leipzig, 1913.
UNO HOLMBERG, *Der Baum des Lebens*, Helsinki, 1923.
H. BERGEMA, *De Boom des Levens*, pp. 238 ss.

Sobre a origem divina dos simples e das plantas mágicas:

MIRCEA ELIADE, *Ierburile de sub Cruce*, separata da "Revista Fundatülor Regale", novembro de 1939, pp. 4 ss.
______, *La mandragore et les mythes dela "naissance miraculeuse"*, Zalmoxis, III, 1942, pp. 1-48, 22 ss.
F. ORTH, HERBA, *Gratia plena. Die Legenden der älteren Segensprüche über den görttlichen Ursprung der Heil-und Zauber-kräuter*, Helsinki, 1929, F. F. C. nº 82.
A. DELATTE, *Herbarius. Recherches sur le cérémonial usité chez les anciens pour la cueillette des simples et des plantes magiques*, 2ª ed., Liège, Paris, 1938.

Sobre a lenda e a iconografia da madeira da Cruz:

A. WÜNSCHE, *Lebensbaum*, pp. 23 ss.
ARTURO GRAF, *Miti leggende e superstizioni del Médio Evo*, Turim, 1925, pp. 61 ss. (bibliografia, p. 126, nota 6).
N. CARTOJAN, *Cartile populare in literatura românesca*, vol. I, Bucareste, 1929, p. 123.
BERGEMA, *op. cit.*, pp. 503 ss.
L. WALK, *Lebensbaum-Kreuzesbaum*, II, Kirchenkunst, "Osterr. Zeitschrift f. Plege religioser Kunst", vol. IX, pp. 53-7.
J. BALTRUSAITIS, *Quelques survivances des symboles solaires dans l'art du Moyen Age*, "Gasette des Beaux-Arts", VI período, t. XVII, pp. 75-82.
A. NAVA, *"Albero di Jesse" nella cattedrale d'Orvietto e la pittura bizantina*, "Rivista del R. Instituto d'Archeologie e Storia dell'Arte", vol. V, pp. 363-76.
W. L. HILDBURGH, *A medieval brass pectoral Cross*, "Art Bulletin", vol. XIV, 1932, pp. 79-102.
A. DIETERING, *Die Bedeutung der Eiche seit der Vorzeit*, Leipzig, 1939, p. 126, fig. 51.

Sobre a árvore de vida como eixo universal:

HOLMBERG, *Baum des Lebens*, pp. 26 ss.
______, *Finno-ugric Mythology*, p. 338.
A. COOMARASWAMY, *Elements of Buddahist Iconography*, Harvard University Press, 1935, p. 82.
P. MUSS, *Barabudur*, I, Hanói, Paris, 1935, pp. 117 ss., 440 ss.
M. GRANET, *La pensée chinoise*, Paris, 1935, p. 324.
G. LECHER, *The Tree of Life in Indo-European and Islamic Cultures*, "Ars Islamica", IV, 1937, pp. 369-416.
R. BAUERREISS, *Arbor Vitae. Der "Lebensbaum" und seine Verwendung in Liturgie, Kunst und Brauchtum des Abendlandes*, Munique, 1938.
MIRCEA ELIADE, *Le chamanisme*, pp. 244 ss.

Ver bibliografia sobre as árvores xamânicas no capítulo "Céu".

Sobre a árvore cósmica:

A. H. KRAPPE, *The Science of Folklore*, Londres, 1930, p. 233.
C. HENTZE, *Mythes et symboles lunaires*, Antuérpia, 1932, pp. 155 ss.
G. WILKE, *Der Weltenbaum und die beiden Kosmichen Vögel in der vorgeschichtlechen Kunst*, "Manuus", 14, 1922, pp. 73-99.

Sobre a árvore celeste:

I Enoch, 24-25.
L. SAINEAU, *Basmele Românilor*, Bucareste, 1898, pp. 449-57.
M. ELIADE, *Le chamanisme*, pp. 51 ss., 160 ss.
E. EMSHEIMER, *Schamanentrommel und Tromelbaum*, "Ethnos", 1946, 4, pp. 166-81.

Sobre a descendência mítica a partir de uma espécie vegetal:

E. VOLHARDT, *Kannibalismus*, Stuttgart, 1939, pp. 466 ss.
G. J. ENGELMANN, *Die Geburt bei den Urvölken. Eine Darstellung der Entwicklung der beuting Geburtskunde aus den natürlichen Gebrauchen aller Rassen*, Viena, 1884, pp. 77 ss.
E. S. HARTLAND, *Primitive Paternity. The Myth of Supernatural Birth in Relation to the History of the Family*, vol. I, Londres, 1909, pp. 44 ss.
BERTEL NYBERG, *Kind und Erde*, Helsinki, 1931, pp. 207 ss.
C. HENTZE, *Mythes et symboles lunaires*, pp. 155 ss.
A. H. KRAPPE, *Le genèse des mythes*, Paris, 1938, pp. 278 ss.
A. VAN GENNER, *Mythes et légendes d'Australie*, Paris, 1906, pp. 14 ss.
N. MATSUMOTO, *Essai sur la mythologie japonaise*, Paris, 1929, pp. 120 ss.
J. PRZYLUSKI, *Un ancien peuple du Penjab: les udumbara*, "Journal Asiatique", 1926, pp. 25-36.

P. C. BAGGHI, *Pre-aryan and pre-dravidian in Indian*, Calcutá, 1929, p. 154.
J. PRZYLUSKI, *Les empalés*, "Mélanges Chinois et Bouddhiques", IV, Bruxelas, 1936, pp. 1-51.
MIRCEA ELIADE, *Ierburile de sub Cruce.*
_____, *La madragore et les mythes de la naissance miraculeuse*, "Zalmoxis", III, 1940-1942, pp. 3-48.

Os textos iranianos relativos ao nascimento de Mashyagh e Mashyânagh da planta *rîvâs* foram recolhidos e traduzidos por:

A. CHRISTENSEN, *Le premier homme e le premier roi dans l'histoire légendaire des iraniens*, I, Uppsala, 1918, pp. 21 ss., 73 ss.

Sobre a árvore como protetora das crianças e "curadora":

B. NYBERG, *Kind und Erde*, pp. 195 ss.

Sobre a transformação em planta da heroína assassinada ardilosamente:

L. SAINEAU, *Bosmele Românilor*, pp. 307 ss.
E. COSQUIN, *Les contes indiens et l'Occidente*, Paris, 1922, pp. 84 ss.
MIRCEA ELIADE, *Ierburille de sub Cruce*, pp. 151 ss.
_____, *La mandragore...*, pp. 34 ss.

Sobre a concepção por frutos e flores:

Bibliografia em Bolte e Polivka, *Ammerkungen zu den Kinder und Hausmarchen der Bruder Grimm*, I-IV, Leipzig, 1913-1930, II, 125; IV, 257.
PENSER, *Pentamerone*, Londres, 1932, pp. 158 ss.
STITH THOMPSON, *Motif-Index of Folk-Literature*, vol. V, Helsinki, 1935, pp. 302 ss.

Sobre o casamento das árvores:

FRAZER, *The Golden Bough* (edição abreviada), pp. 114 ss.
RICHARD SCHMIDT, *Liebe und Ebe in alten modernen Indien*, Berlim, 1904, pp. 106 ss.
B. NYBERG, *op. cit.*, pp. 195 ss.
J. BOULNOIS, *Le caducée et la symbolique dravidienne indo-méditerranéenne de l'arbre de la pierre, du serpent et de la déese-mère*, Paris, 1939, pp. 8 ss.
J. ABOT, *The keys of power. A study of indian ritual and belief*, Londres, 1942, pp. 335 ss.

Sobre cerimônias do "Maio", cf. os trabalhos de Mannhardt, Frazer, J. J. Meyer e Waldemar Liungman, citados no texto, e também:

ARNE RUNEBERG, *Witches, Demons and Fertility Magic*, Helsingfors, 1947.

Sobre a festa do Holi

W. CROOKE, *The Holi: a Vernal Festival of the Hindus*, "Folk-Lore", vol. 25, pp. 55-83.

______, *Popular Religion and Folklore of Northern India*, Londres, 1894, pp. 342 ss. (2ª edição, vol. II, pp. 197 e 318).

J. J. MEYER, *Trilogie*, vol. I (*Kâma*), pp. 16 ss., com boa bibliografia.

Sobre o enterro do Carnaval, a expulsão da "Morte", a luta entre o Verão e o Inverno:

FRAZER, *The Dying God* (trad. francesa "Le dieu qui meurt", Paris, 1931).

LIUNGMAN, *Traditionswanderungen: Euphart-Rhein*, vol. I-II, Helsinki, 1934-1938, F. F. C. 118-119.

______, *Traditionswanderungen: Rhein-Jenissei. Eine Untersuchung uber das Winter-und Todaustragen und einige hierhergehörige Bräuche*, vol. I, F. F. C. nº 129, Helsinki, 1941.

______, *Der Kampf zwinschen Sommer und Winter*, F. F. C. nº 130, Helsinki, 1941.

J. J. MEYER, *Trilogie*, I, pp. 199 ss.

IX. A agricultura e os cultos de fertilidade

Estado dos problemas e bibliografia

Uma data importante na história dos cultos da vegetação e da agricultura é assinalada pelo aparecimento da obra de W. Mannhardt, *Wald-und Feldkulte*, I, II (Berlim, 1875-1877; 2ª edição, 1904-1905). É uma verdadeira mina de documentos folclóricos e etnográficos recolhidos, classificados e interpretados pelo sábio alemão em apoio da sua hipótese sobre os "demônios da vegetação". Um volume de estudos complementares, *Mythologische Forschungen* (Strasburgo, 1884), apareceu pouco depois da sua morte. Os contemporâneos não apreciaram devidamente a importância das hipóteses de Mannhardt. Como diz J. J. Meyer no posfácio da sua *Trilogie*, III, p. 284, o germanista Franz Pfeiffer escrevera que o autor da *Wald-und Feldkulte* não passava de "um simples colecionador de fichas", e a maior parte dos especialistas nem se deu ao trabalho de lê-la. É provável que a teoria de Mannhardt nunca se tivesse tornado popular sem o reforço que lhe deu a obra de Sir James Frazer. Foi graças, em primeiro lugar, à imensa erudição de Frazer e ao seu real talento literário que a moda dos "demônios de vegetação" conseguiu dominar os estudos de etnografia e de história das religiões até as vésperas da Primeira Guerra Mundial. Foi através de *Le Rameau d'Or* que as pesquisas de Mannhardt deslancharam. A primeira edição de *The Golden Bough* foi publicada em dois volumes, em 1891; a segunda edição, em três volumes, em 1900, e a terceira, em 12 volumes, entre 1911 e 1918 (esta última reeditada inúmeras vezes e traduzida para o francês por Pierre Sayn e H. Peyre, Paris, P. Geuthner, 1927 a 1935). Uma versão abreviada e sem notas apareceu em 1924 (tradução francesa por Lady Frazer, Geuthner, 1924). Em 1937 foi publicado um tomo complementar, *Aftermath*. Os volumes da série *Le Rameau d'Or* que se ocupam mais especialmente dos ritos e dos mitos da vegetação e da agricultura são *Adonis, Attis, Osiris* (2 volumes, trad. francesa, 1926, 1934), e *Spirits of the Corn and of the Wild* (tradução francesa *Esprits des blés et des bois*, 2 volumes, 1935). Lembremos o veredicto de Goldenweiser (*Anthropology*, Londres, 1937, p. 531) sobre *Le Rameau d'Or:* "Sem interesse como teoria, mas indispensável como coleção de materiais sobre a religião primitiva." Cf. também C. W. Sydow, *The Mannhardtian Theories about the Last Sheaf and the Fertility Demons from a Modern Critical Point of View* ("Folk-Lore", XLV, 1934, pp. 295-309).

O problema do sagrado na vegetação e nos rituais agrários continuou a ser discutido muito depois do aparecimento do *corpus* de Frazer. Limitar-nos-emos a mencionar algumas das publicações mais importantes:

A. V. RANTASALO, *Der Ackerbau im Volksaberglauben der Finnen und Esten mit entsprechenden Gebräuchen der Germanen verglichen*, 5 vols. (F. F. Communications, n.os 30, 31, 32, 55, 62; Sortavala-Helsinki, 1919-1925), rico material em parte inédito.

JAN DE VRIES, *Contributions to the Study of Othin Especially in his Relation to Agricultural Practices in Modern Popular Lore* (Helsinki, 1931, F. F. C. n.º 94).

J. J. MEYER, *Trilogie altindischer Mächete und Feste der Vegetation*, 3 vols., Zurique, Leipzig, 1937, que utiliza em primeiro lugar documentos purânicos e inúmeros paralelos etnográficos (cf. também o relatório de W. Ruben, "Anthropos", 1939, pp. 463 ss.).

WALDEMAR LIUNGMAN, *Traditionswanderungen: Euphraten-Rhein*, I-II, Helsinki, 1937-1938, e especialmente pp. 103 ss. e pp 1.027 ss. O interesse da obra de Liungman reside menos nos materiais que utiliza (no que depende quase exclusivamente da documentação de Frazer) do que na crítica que faz à hipótese de Mannhardt-Frazer (continuando, a este respeito, as críticas de A. Lang, Anitschkoff, A. Haberlandt, Von Sydow e outros) e no seu esforço para isolar a "história" da difusão dos ritos e dos mitos agrários desde o Oriente arcaico até o Norte germânico. Há que acrescentar, no entanto, que esta "história" nem sempre nos parece convincente.

MANNHARDT (*Wald-und Feldkulte*, 2.ª edição, vol. I, pp. 1-155) baseia a sua hipótese da existência de um "espírito da árvore" (Baumseele) nos seguintes fatos: 1.º, a tendência geral para comparar o cosmos e o homem a uma árvore; 2º, o costume de ligar o destino de um homem à vida de uma árvore; 3º, a crença primitiva de que a árvore não é só a morada do "espírito da floresta" (Waldgeist) mas também a habitação dos outros gênios, benignos ou hostis, de que alguns (por exemplo, os hamadriades) têm a vida ligada de uma maneira orgânica à vida da árvore; 4º, o costume de punir os criminosos nas árvores. Os "espíritos" individuais das árvores fundem-se, segundo Mannhardt (*ibid.*, I, p. 604), num espírito coletivo da floresta.

Mas, como nota Liungman (I, 336), esta "coletivização" ou "totalização" dos "espíritos" individuais não resulta, de modo algum, dos fatos. Mannhardt procedia segundo a orientação racionalista, associacionista, da sua época. Ele recriava, à sua maneira, por uma série de combinações artificiais, o fenômeno que se propunha explicar; o "espírito da árvore" teria dado origem a um "espírito da floresta", que, por seu turno, se teria fundido com o "espírito do vento" e teria produzido um "espírito geral da vegetação". Mannhardt (*ibid.*, I, pp. 148 ss.) julga poder provar esta nova síntese pela presença, nos campos de trigo, de certos gênios florestais — como as "damas verdes", a Holzfraulein, etc. Mas essas associações de gênios silvestres com "espíritos" agrários são fortuitas e, no fim de contas, nada provam. A reconstrução arbitrária do grande espírito da vegetação não termina, aliás, com a coalescência dos "espíritos" agrário-florestais. Mannhardt afirma que o gênio vegetal, quer dizer, a Baumseele, que, como demônio da vegetação, encarna numa árvore, se transforma numa personificação da primavera ou do verão e é também designado por estes nomes (*ibid.*, I, p. 155). Na realidade, todas essas estruturas míticas correspondem a intuições originais e não se deduzem, analiticamente, umas das outras. Cada uma delas está dependente de um ritual específico e este último é justificado por uma teoria religiosa geral. Liungman (*op. cit.*, 1, 341) tem razão em propor, em vez do "demônio da vegetação" de Mannhardt, uma *força* sagrada "especializada" na vegetação ou, diríamos nós, uma hierofania vegetal. O sacrifício das divindades da vegetação derivaria, segundo Liungman, de sacrifícios feitos em vista da regeneração de uma força sagrada e, em primeiro lugar, do "sacrifício do filho" (*ibid.*, I, p. 342). É preciso também considerar a crítica que o sábio sueco faz às hipóteses de Mannhardt e Frazer respeitantes à existência de um "demônio da vegetação", de origem especificamente germânica; porque, pergunta ele, como explicar então o fato de os ritos e as crenças que se relacionam com este "demônio" serem mais freqüentes no sul do que no norte dos territórios germânicos? Liungman pensa poder tirar as crenças germânicas de um modelo oriental, ele próprio derivado de influências meridionais que se teriam exercido na época das grandes migrações, tese que ele não consegue no entanto provar.

O sábio sueco crê que a origem dos sacrifícios humanos feitos em benefício da colheita deve ser procurada no Egito, e sobretudo nos rituais pré-osíricos, de que ele reconstitui as formas mais antigas: nos tempos pré-históricos, um homem era amarrado a um molho de papiro (protótipo da coluna *ded*) e era-lhe cortada a cabeça; o corpo era então jogado à água ou esmagado, ou então lançava-se a um lago o órgão gerador e enterrava-se o corpo nos campos. Realizava-se um combate ritual entre dois grupos por ocasião do sacrifício. Uma forma mais recente do ritual identificava Osíris, "o Velho", com o homem amarrado ao feixe, decapitado ou lacerado, e Seth, a personificação da seca, com aquele que o matava ou o lançava à água. Cumpria-se a vingança de Osíris sacrificando um animal que representava Seth (bode, pato, porco, talvez lebre). Essas cerimônias tinham lugar no fim da colheita (meados de maio). A subida das águas do Nilo começava a 17 de junho — no plano mítico, Ísis procurava então Osíris. Os homens reuniam-se então nas margens e choravam o deus morto. Era talvez nessa circunstância que se realizava o passeio ritual das barcas iluminadas no Nilo. No começo de agosto, Ísis ("a noiva do Nilo"), respresentada por uma coluna cônica com o topo guarnecido de espigas, era fecundada simbolicamente pela destruição das barragens do Nilo. A deusa concebia Hórus. Depois, Toth reunia os fragmentos do corpo de Osíris: o deus era, assim, reencontrado. Comemorava-se o acontecimento cultivando periodicamente (no texto francês: par "les jardins d'Osiris", "os jardins de Osíris"). O trabalho e as sementeiras rituais realizavam-se no começo de novembro e a germinação das sementes revelava o renascimento de Osíris.

É desses ritos, mais ou menos integralmente reproduzidos na costa da Síria, na Mesopotâmia, Anatólia e Grécia, que todos os cenários e cerimônias agrícolas do mundo inteiro se difundiram, não só na Antiguidade como também, mais tarde, pela via do cristianismo e do islamismo (Liungman, *Euphrat-Rhein*, I, 103 ss.). As populações germânicas e eslavas teriam recolhido o ritual agrícola no contato com a Europa oriental e balcânica (ver, na mesma orientação, O. Gruppe, *Grichische Culte*, § 26, pp. 181 ss., e *Geschichte der Klass.* Mythologie, § 77, pp. 190 ss.).

A hipótese de Liungman abre novas perspectivas ao estudo das cerimônias e das crenças agrárias, mas, se ela pode ser verificada no domínio europeu e afro-asiático, dificilmente pode explicar os cenários americanos. O que nós podemos aceitar das pesquisas do especialista sueco é a origem oriental (Egito, Síria, Mesopotâmia) do cerimonial agrícola concebido como sacrifício de regeneração integrado num cenário dramático (ver também A. Moret, *Rituels agraires de l'ancien Orient*, "Mélanges Capart", Bruxelas, 1935, pp. 311-42; A. M. Blackman, *Osiris as the Maker of Corn*, "Studia Aegyptiaca" I, 1938; sobre os fatos indianos e sobre o simbolismo da "morte do trigo", ver Ananda Coomaraswamy, *Atmayajnâ: Self-sacrifice*, "Harvard Journal of Asiatic Studies", VI, 1942, especialmente pp. 362-3).

Resta verificar se o costume quase universal de identificar um animal (cabra, porco, cavalo, bode, gato, raposa, galo, lobo, etc. — Frazer, *Spirits of the Corn*, I, pp. 207-305; Rantasalo, V, pp. 46 ss.) ao último feixe, de fazer com as últimas espigas um boneco que se assemelha a um animal do qual passa a ter o nome e que é uma personificação do poder da colheita e do "espírito dos cereais" — se estes costumes e ritos (a morte simbólica do animal) podem ser derivados do arquétipo egípcio ou oriental. Sabe-se que Frazer explica a identificação do "espírito do trigo" a um animal pela associação que os primeiros lavradores teriam feito entre os animais escondidos na plantação e que se poriam em fuga quando terminasse a ceifa das últimas espigas e o poder mágico da vegetação (*The Golden Bought*, pp. 447 ss.; *Spirits of the Corn*, I, pp. 270 ss.). Mas o erudito inglês não consegue fazer-nos compreender como cavalos, bois, lobos e outros animais teriam podido esconder-se nos campos.

Também a sua hipótese de que as divindades da vegetação do mundo antigo foram concebidas originariamente como animais (Dioniso como bode ou touro, Átis e Adônis como porco e outros) é apenas uma criação arbitrária de um espírito racionalista. Por seu lado, Liungman crê que estes animais, que chegaram com o tempo a personificar o "poder" ou "espírito" da colheita, são apenas formas tardias, em geral esvaziadas do seu sentido original, dos animais sethianos sacrificados em benefício da colheita para vingar a morte de Osíris por Seth. O especialista sueco explica assim o sacrifício dos animais vermelhos, particularmente dos touros no Egito: os pêlos vermelhos eram um atributo de Seth e, por conseguinte, os que os possuíam eram com ele identificados, sendo imolados para vingar a morte de Osíris. O touro sacrificado na Grécia — por exemplo, nas Bufónias —, os vestígios de forma taurina que se dá, na Europa, ao último feixe, ou às suas designações taurinas, o boi sacrificado e consumido na França na ocasião da colheita, a laceração ou o sacrifício dos bodes nas ceifas, o sacrifício do porco no Egito (na Áustria e na Suíça o último feixe é chamado "porca"), a morte ritual dos cães de pêlo vermelho, das raposas — tudo isso seria devido, segundo Liungman, à transmissão direta ou indireta do sacrifício dos animais sethianos.

Não nos parece que os fatos confirmem sempre a hipótese. O sacrifício do touro e do boi, por exemplo, tem raízes na pré-história mediterrânica, em que não é possível pensar-se numa influência do cenário osírico. Não se pode duvidar do sentido cosmogônico desses sacrifícios, e a sua realização no quadro do cerimonial agrário explica-se pela simetria mística que se verifica sempre entre qualquer ato de criação e a criação como arquétipo, a cosmogonia. A força genésica do touro, do bode, do porco explica de maneira satisfatória o sentido do sacrifício no conjunto das cerimônias agrárias; a energia fertilizante, concentrada nestes animais, liberta-se e espalha-se pelos campos. O mesmo complexo explica a freqüência das orgias ou dos rituais eróticos por ocasião das festas agrícolas. No que diz respeito à tentativa de Liungman de reconstituir o ritual pré-osírico, ela não explica nem a divindade de Osíris nem a origem do mito osírico. A diferença entre o cenário dramático egípcio que tinha lugar no momento da colheita e o drama de Osíris é tão grande como a que existe entre um adultério e *Madame Bovary* ou *Anna Karenina*. O mito, como o romance, significa, em primeiro lugar, um ato de criação autônomo do espírito (cf. § 158).

Para uma interpretação diferente das cerimônias agrárias ver:

A. LOISY, *Essai historique sur le sacrifice*, Paris, 1920, pp. 235 ss.
WESTMARCK — *L'origine et le développment des idées morales*, tr. fr., vol. I, 1928, pp. 451 ss. — explica o sacrifício dos khonds pelo "princípio de substituição", fórmula cômoda mas sumária, que não considera a complexidade do fenômeno.

Sobre o Meriah:

L. DE LA VALLÉE-POUSSIN, *Indo-européens et indo-iraniens* (Paris, 1936), pp. 375-99.

Sobre a influência dos mortos na agricultura:

FRAZER, *The Belief in Immortality*, vol. I, Londres, 1913.
FRAZER, *La crainte des morts* (trad. fr.), I, pp. 75 ss., 101 ss., 110 ss.

Sobre as relações entre as festas agrárias e o casamento, a sexualidade:

H. K. HAEBEERLIN, *The Ideia of Fertilisation in the Culture of the Pueblo Indians*, American Anthropological Association, Memórias, vol. III, 1916, p. 1.
M. GRANET, *Fêtes et chansons anciennes de la Chine*, Paris, 1920, pp. 177 ss.
B. MALINOWSKI, *Coral Gardens and their Magic*, Londres, 1935, I, pp. 110 ss., 119 (pureza sexual e trabalhos agrícolas), 219 ss. (magia da prosperidade).

Sobre a analogia campo-mulher:

GASTER, "Archiv Orientalni", V, 1933, p. 119.
GASTER, *A Canaanite Ritual Drama*, "Journal of American Oriental Society", vol. 66, pp. 49-76.

Sobre a mística telúrica e a "mecânica espiritual" que obrigam aqueles que aderem totalmente ao regime noturno do espírito a se decomporem nos subterrâneos (como é o caso, por exemplo, da seita moderna dos "inochentistas" na Rússia e na Romênia).

MIRCEA ELIADE, *Mitul Reintegrarii*, Bucareste, 1942, pp. 24 ss.

Sobre os ritos obscenos em relação com a agricultura:

MANNHARDT, *Myth. Forsch.*, pp. 142-3.
— *Wald-und Feldkulte*, I, pp. 424-34.

— "Revue Hispanique", vol. 56, p. 265.
— "Revue des Études Slaves", vol. 3, p. 86.

Sobre a fertilização dos campos pelos carros sagrados.

Ed. HAHN, *Demeter und Baubo*, Lubeque, 1896, pp. 30 ss.
U. HAHN, *Die deutschen Opfergebrauche bei Ackerbau und Viebzuchte* ("Germanistische Abhandlungen", de K. Weinholdt, Heft, p. 3).
E. A. ARMSTRONG, *The Ritual of the Plough* ("Folklore", vol. 54, 1943, nº 1).
F. ALTHEIM, *Terra Mater*, Giessen, 1931.
H. RYDH, *Seasonal Fertility Rites and the Death Cult in Scandinavia and China* ("Bulletin of the Museu em of Far Eastern Antiquities", nº 3, Estocolmo, 1931, pp. 69-98).

Sobre a origem e a difusão das culturas agrícolas européias:

P. LAVIOSA ZAMBOTTI, *Le più antiche culture-agricole europee*, Milão, 1943.
_______, *Orogini e diffusione della civiltà*, Milão, 1947, pp. 175 ss.
Ver também as bibliografias dos capítulos "A Terra", "A Vegetação".

X. O espaço sagrado: templo, palácio, "centro do mundo"

Generalidades sobre o espaço sagrado:

G. VAN DER LEEUW, *Phänomenologie der Religion*, Tübingen, 1933, pp. 369 ss.
R. GUARDINI, *Von heiligen Zeichen*, pp. 71 ss.
W. BOGORAS, *Ideas of Space and Time in the Conception of Primitive Religion*. "American Anthropologist", N. S. vol. 27, 2 de abril de 1917, pp. 205-66.
N. NISSEN, *Orientation*, 1906-1910, *passim*.
M. GRANET, *La pensée chinoise*, pp. 91 ss.
J. CUILLANDRE, *La droite et la gauche dans les poemes homériques*, Paris, 1941.
J. SOSTELLE, *La pensée cosmologique des anciens méxicains*, Paris, 1940, p. 56.
P. DEFFONTAINES, *Géographie et religion*, Paris, 1948.

Sobre os rituais da construção:

PAUL SARTORI, *Ueber das Bauopfer*, "Zeitschrift fur Ethonologie", XXX, 1898.
P. SÉBILLOT, *Les travaux publics et les mines dans les traditions et les superstitions de tous les pays*, Paris, 1894, pp. 85-120.
_______, *Le folklore de France*, vol. IV, Paris, 1907, pp. 89-99.
M. ELIADE, *Comentarii la legends Mesterului Manole*, Bucareste, 1943, bibliografia, esp. pp. 37 ss.

G. COCCHIARA, *Il Ponte di Arta e i sacrifici di costruzione*, "Annali des Museo Pittré", Palermo, 1950, pp. 38-81.

Sobre a *circumambulatio*:

P. SAINTYVES, *Le tour de la ville et la chute de Jéricho, "Essais de Folklore biblique"*, Paris, 1923, pp. 177-204.
W. PAX, in *Wörter und Sachen*, vol. 18, 1937, pp. 1-88.
P. MUS, *Barabudur*, Hanói, 1935, I, pp. 68 ss., 94 e *passim*.

Sobre o mandala:

M. W. DE VISSER, *Ancient Buddhism in Japan*, Paris, 1929, I, pp. 159-75.
H. ZIMMERN, *Kunstform und Yoga*, Berlim, 1926, pp. 94 ss.
G. TUCCI, *Il simbolismo archittectonico dei tempi di Tibet Occidentale*, "Indo-Tibetica", III-IV, Roma, 1938.
_____, *Teoria e pratica del mandala*, Roma, 1949, trad. inglesa Londres, 1961.
E. SUZUKI, *Mandara*, "Eastern Buddhism", vol. VII, maio de 1936.
MIRCEA ELIADE, *Techniques du yoga*, Paris, 1948, pp. 185 ss.
_____, *Le yoga*, Paris, 1954, pp. 223 ss.

Sobre o *mundus*:

L. DEUBNER, *Mundus*, "Hermes", vol. 58, 1933, pp. 276-87.
HEDBUND, *Mundus*, "Eranos", vol. 31, 1933, pp. 53-70.
A. H. ALLCROFT, *The Circle and the Cross*, Londres, 1927, *passim*.
F. ROBERT, *Thymélé. Recherches sur la signification et la destination des monuments circulaires dans l'architecture religieuse de la Grece*, Paris, 1939, pp. 181, 255 e *passim*.

Sobre o simbolismo do "centro":

M. ELIADE, *Cosmologie si alchimie babiloniana*, Bucareste, 1937, pp. 31 ss.
_____, *Comentarii*, Bucareste, 1943, pp. 72 ss.
_____, *Le mythe de l'éternel retour*, cap. I.
W. GAERTE, *Kosmische Vorstellungen im Bilde prähistorischer Zeit: Erdberg, Mimmelsberg, Erdnabel und wetströme*, "Anthropos", vol. IX, 1914, pp. 956-79.
ERIC BURROWS, *Some cosmological patterns in Babylonian Religion*, no volume *The Labyrinth*, editado por S. H. Hooke, Londres, 1935, pp. 45-70.

A. J. WENSINCK, *The Ideas of the Western Semites Concerning the Navel of the Earth*, Amsterdã, 1916.
TH. DOMBART, *Der Sakralturm, I: Ziqqurat*, Munique, 1920.
W. F. ALBRIGHT, *The Mouth of the Rivers,* "The American Journal of the Semit Languages and Literatures", vol. 35, 1919, pp. 161-95.

Sobre o *omphalos*, ver a bibliografia do capítulo "Pedras sagradas".
Sobre a Árvore Cósmica, ver a bibliografia do capítulo "Vegetação".

Sobre o labirinto:

W. F. JACKSON KNIGHT, *Cumaenan Gates. A Reference of the Sixth Aeneid to Initiation Pattern*, Oxford, 1936.
KARL KERÉNYI, *Labyrinth-Studien*, "Albae Vigilae", XV, Amsterdã-Leipzig, 1941.

Sobre os rituais labirínticos em Malekula:

A. BERNARD DEACON, *Malekula. A vanisching people of the New-Hebrides*, Londres, 1936, pp. 552 ss.
JOHN LAYARD, *Stone Men of Malekula*, Londres, 1942, pp. 340, 649 ss.

XI. O tempo sagrado e o mito do eterno recomeço

G. VAN DER LEEUW, *Phänomenologie der Religion*, pp. 172 ss., 360 ss., 554 ss.
______, *L'homme primitif et la religion, passim.*
G. DUMÉZIL, *Temps et mythes,* "Recherches Philosophiques", V, 1935-36, pp. 235-51.
H. REUTER, *Die Zeit: eine religionswissenschaftliche Untersunchung* (Diss. Bonn, 1941).
ANNANDA K. COOMARASWAMY, *Time and Eternity*, Ascona, 1947.
H. HUBERT e M. MAUSS, *La representation du temps dans la religion et la magie,* "Mélanges d'histoire des religions", 1909, pp. 190-229.
P. SAINTYVES, *Les notions de temps et d'éternité dans la magie et la religion*, "Rev. d'Hist. des Religions", vol. 79, 1919, pp. 75-104.
M. P. NILSSON, *Primitive Time Reckoning*, Reg. Societas Humaniorum Letterarum Lundensis, Acta I Lund, 1920.
E. CAVAIGNAC, *Calendriers et fites religieuses*, "Rev. Hist. Rel.", 1925, II, p. 8.
M. GRANET, *Danses et légendes de la Chine ancienne*, Paris, 1928, pp. 114 ss.
LÉVY-BRUHL, *Le surnaturel et la nature dans la mentalité primitive*, Paris, 1931, *passim.*

R. DANGEL, *Tesesanbruch und Weltenstehung*, "Studi e Materiali di Storia delle Religioni", XIV, 1938, pp. 65-81.

F. R. LEHMANN, *Weltuntergang und Welterneuerung im Glauben schriftloser Völker*, "Zeitschrift für Ethnologie", LXXI, 1939, pp. 103-15.

J. SOUSTELLE, *La pensée cosmologique des anciens méxicains*, Paris, 1940.

MAURICE LEENHARDT, *Do Kamo, la personne et le mythe dans le monde mélanésien*, Paris, 1947, pp. 96 ss.

G. VAN DER LEEUW, *Urzeit und Endzeit*, "Eranos Jahrbuch", 1950, XVII, pp. 11-51.

H. CH. PUECH, *La gnose et le temps*, "Eranos Jahrbuch", 1951, XVIII, pp. 57-113.

ALFRED JEREMIAS, *Handbuch der altorientalischen Geiteskultur*, 2ª ed., Berlim, 1929, pp. 239 ss., 295 ss., 313 ss.

A. J. JOHNSON, *The Role of the King in the Jerusalem Cultus*, no volume coletivo *The Labyrinth*, editado por S. H. Hooke, Londres, 1938, pp. 73-111.

J. CARCOPINO, *Virgile et le mystere de la IV églogue*, edição revista e aumentada, Paris, 1943.

A. CHRISTENSEN, *Le premier homme et le premier roi dans l'histoire légendaire des iraniens*, I-II, Uppsala, 1918-1934.

G. DUMÉZIL, *Le problème des centaures*, Paris, 1929.

LEHMANN e PEDERSEN, *Der Beweis für die Auferstehung im Horan* ("Der Islam"), V, pp. 54-61.

A. J. WEINSINCK, *The Semitic New Year and the Origin of Eschatology*, "Acta Orientalia", I, 1923, pp. 158-99.

J. MARQUART, *The Nawróz, its History and Significance* (trad. inglesa do original alemão publicado em "Dr. Modi Memorial Volume", pp. 709-65).

"Journal of the Cama Oriental Institute", nº 31, Bombaim, 1937.

J. SCHEFFTELOWITZ, *Die Zeit als Schicksalsgottheit in der indischen und iranischen Religion*, Stuttgart, 1929.

J. HERTEL, *Das Indogermeniche Neujahrsopfer im Veda*, Leipzig, 1938.

MIRCEA ELIADE, *Le mythe de l'éternel retour*, cap. II-III.

______, *Images et symboles*, cap. II.

S. A. PALLIS, *The Babylonian Akitu Festival*, Copenhague, 1926.

H. ZIMMERN, *Zum babylonischen Neujahrsfest*, 1-2, Leipzig, 1906, 1918.

______, "Berichte über d. Verhandl. d. Kgl. Sächs Gessel. d. Wiss." 58, 3, 70, 5.

J. G. FRAZER, *The Scapegoat*, pp. 355 ss.

R. LABAT, *Le caractère religieux de la royaté assyo-babylonienne*, Paris, 1939, p. 95.

XII. Morfologia e função dos mitos

Repertórios:

A. H. KRAPPE, *Mythologie universelle*, Paris, 1930.
______, *La genése des mythes*, Paris, 1938.
The Mythology of all Races — sob a direção de L. H. Gray e G. F. *Moore*, 13 volumes, Boston, 1916-1932.
F. GUIRAND (colaboração), *Mythologie générale*, Paris, 1935.
J. CINTI, *Dizionario mitologico*, Milão, 1935.
R. PETTAZZONI, *Miti e Leggende*, I (África e Austrália), Turim, 1947, III (América).
Escola mitológica "naturista" — Fr. Max Muller, *Essay of Comparative Mythology*, Oxford, 1856.
Contributions to the Study of Mythology, Londres, 1896, tradução francesa; *Nouvelles études de Mythologie*, Paris, 1898.
W. COX, *An Introduction to the Science of Comparative Mythology*, Londres, 1881-1883.
ADALBERT KUHN, *Mythologische Studien*, I, Gutersloh, 1886.
ANGELO DE GUBERNATIS, *Zooligical Mythology*, Londres, 1872.
La mythologie des plantes ou les légendes du règne végétal, 2 vols., Paris, 1878-1882.

Escola mitológica astral:

ED. STUCKEN, *Astralmythen*, Leipzig, 1896-1907.
E. SIECKE, *Liebesgeschichte des Himmels*, Estrasburgo, 1892.
Mythologische Briefe, Berlim, 1901.
H. LESMANN, *Aufgaben und Ziele der vergleichenden Mythenforschung* (Mythologische Bibliothek, I), Leipzig, 1908.
E. BOKLEN, *Adam und Kain im Lichte der vergleichenden Mythenforschunh,* Leipzig, 1907.
Die Enstehung der Sprache im Lichte des Mithos, Berlim, 1922.
K. VON SPIESS, *Prähistorie und Mythos* (W. Neustadt, 1910).
FR. LANGER, *Intellektual Mythologie, Betrachtungen über das Wesen des Mithos unde der mythologischen Methode*, Leipzig, Berlim, 1917.

Escola mitológica, antropológica e etnográfica:

ANDREW LANG, *Modern Mythology*, Londres, 1897.
______, *Myth, Ritual and Religion*, 1-2, Londres, 1901.
______, *Custom and Myth*, nova edição, Londres, 1904.
______, *Making of Religion*, 3ª edição, Londres, 1909.

PAUL EHRENREICH, *Die Myth und Legenden der Südamerikanischen Urvölker und ibre Beziehungen zu denen Nordamerikas und der aleten Welt* ("Zeit. f. Ethonologie", Jahrg. 1905, Supl.).

_____, *Die algemeine Mythologie und ihre ethnologischen Grundlagen* (Mythologische Bibliothek, IV, 1), Leipzig, 1910.

AD. E. JENSEN, *Das religiöse Weltbild einer frühen Kultur*, Stuttgart, 1948.

_____, *Mythos und Kult bei Naturvölkern*, Wiesbande, 1951.

Sobre os mitos cosmogônicos:

FRANZ LUKAS, *Die Grundbergriffe in den Kosmogonien der alten Völker,* Leipzig, 1893. *Das Ei als kosmogonische Vorstellung* (Zeit. f. Vereins für Volkskunde), vol. IV, 1894, pp. 227-43.

HERMANN GUNKEL, *Schöpfung und Chaos in Urzeit und Endzeit. Eine religionsgeschichtlische Untersuchungen über Gen.*, I und Ap. Joh. 12, Göttingen, 1895.

H. BAUMANN, *Schöpfung und Urzeit des Menschen im Mythus der afrikanischen Völker*, Berlim, 1936.

F. KUCHI, NUMAZAWA, *Die Weltfänge in der japanischen Mythologie*, Lucerna, Paris, 1946.

Monografias sobre diversos sistemas mitológicos:

F. H. CUSHING, *Outlines of Zuni Creation Myths*, "Bulletin of the Bureau of Ethnology", vol. 13, Washington, 1896.

FR. BOAS, *Tsimshian Mythology*, "Bulletin of the Bureau of Ethnology", vol. 31, Washington, 1916.

AD. E. JENSEN, *Hainuwele,* Frankfurt, 1939.

A. A. MACDONNELL, *Vedic Mythology*, Estrasburgo, 1897.

E. W. HOPKINS, *Epic Mythology*, Estrasburgo, 1915.

J. G. FRAZER, *Mythes of the Origin of Fire*, Londres, 1930, trad. francesa. Ver também *The Mythology of all Races.*

Sobre a mitologia grega e a estrutura dos mitos gregos:

O. GRUPPE, *Griechische Mythologie und Religionsgeschichte* I-II, Munique, 1906. *Ibid., Geschichte der Klassischen Mythologie und Religionsgeschichte*, Leipzig, 1921.

H. J. ROSE, *A Handbook of Greek Mythology including its extension to Rome*, Londres, 1928.

MARTIN P. NILSSONT, *The Mycenian origin of Greek Mythology*, Cambridge, 1932.

FRANZ DORNSEFF, *Die arcaische Mythenerzahlung*, Berlim, 1933.
PIERRE-MAXIME SCHUHL, *Essai sur la formation de la pensée grecque*, Paris, 1934.
WILHELM NESTLE, *Vom Mythos zum Logos*, Stuttgart, 1940.
KARL FEHR, *Die Mythen bei Pindar*, Zurique, 1936.
P. FRUTIGER, *Les mythes de Platon*, Paris, 1930.
MARIO, UNTERSTEINER, *La fisiologia del mito*, Milão, 1946.
H. J. ROSE, *Modern Methods in Classical Mythology*, St. Andrews, 1930.
C. G. JUNG e K. KERÉNYI, *Einführung in das Wesen der Mythologie*, Amsterdã, Leipzig, 1941.
K. KERÉNYI, *Mithologie und Gnosis*, Eranos Jahrbuch, 1940-41, Zurique, 1942.
Die Geburt der Helena, Zurique, 1945.
Prometheus. Das griechische Mythologem von der menschlichen Eexistenz, Zurique, 1946.

Sobre os mitos e os rituais:

S. H. HOOKE (em colaboração), *Myth and Ritual*, Londres, 1934.
The Labyrinth, Londres, 1935, especialmente S. H. Hooke, *The Myth and the ritual pattern*, pp. 213-33.
A. M. HOCART, *The Life-giving Myth*, pp. 263-81.
C. KLUCKHOHN, *Myths and Rituals, a General Theory*, "Harvard Theological Review", vol. 35, 1942, pp. 45-79.

Sobre o pensamento mítico:

BRONISLAW MALINOWSKI, *Myth in Primitive Psychology*, Londres, 1926.
K. TH. PREUSS, *Der religiöse Gehalt der Mythen*, Tubingen, 1933.
G. VAN DER LEEUW, *Phänomenologie der Religion*, Tubingen, 1933. *L'homme primitif et la religion*, Paris, 1930, *passim*.
LUCIEN LÉVY BRUHL, *La Mythologie primitive. Le monde mythique des Australiens et des Papous*, Paris, 1936.
ROGER CAILLOIS, *Le mythe et l'homme*, Paris, 1938.
ERLAND EHNMARK, *Anthropomorphism and Miracle*, Uppsala-Leipzig, 1939.
AD. E. JENSEN, *Das Weltbild einer frühen Kultur,* "Paideuma", Bd. III, abril 1944, pp. 1-83.
MAURICE LEENHARDT, *Do Kamo, la personne et le mythe dans le monde mélansien,* Paris, 1947, pp. 220 ss.
ERNEST CASSIRER, *Die Begriffsform im mythischen Denken*, Leipzig, 1922, em Studien der Bibliothek Wartburg, I.

Sprache und Mithos. Ein Beitrag zum Problem der Gotternamen, Leipzig, 1925, in Studien d. Bibl. Wartuburg, 6.
ANANDA K. COOMARASWAMY, *Angel and Titan. An Essay in Vedic Ontology*, "Journal of the American Oriental Society", 1935, vol. 55. pp. 373-419.
The Darker Side of the Dawn, "Smithsonian Miscellaneous Collections", vol. 94, nº 1, Washington, 1935.
Sir Gawain and The Green Knight: Idra and Namuci ("Speculum"), vol. 19, 1, 1944, pp. 2-23.
On the loathly Bride, "Speculum", vol. 20, 4, 1945, pp. 391-404.
Symplegades ("Homage to George Sarton"), New York, 1947, pp. 463-88.
MIRCEA ELIADE, *Les livres populaires dans la littérature roumaine*, "Zalmoxis", II, 1939, publicado em 1941, pp. 63-75.
Mitul Reintegrarii, Bucareste, 1942.
MIRCEA ELIADE, *Le dieu "lieur" et le symbolisme des noeuds,* "Revue d'Histoire des Religions", t. 134, julho-dezembro, 1947, republicado em *Images et Symboles*, 1952, cap. III.
Le Mythe de l'Eternel Retour: Archétypes et Répétions, 1949.

Questões de metodologia:

H. STEINTHAL, *Allgemeine Einleitung in die Mythologie.* "Archiv f. Religionswissenschaft", vol. 3, 1900, pp. 249-73.
L. R. FARNELL, *The Valué and the Methods of Mythologic Study.* "Proceedings of the British Academy", vol. 9, 1919, pp. 37-51.
M. P. NILSSON, *Moderne mythologische Froschung*, "Scientia", vol. 51, 1932.
J. H. ROSE, *Mythology and Pseudo-Mythology*, "Folklore", vol. 46, 1935.

XIII. A estrutura dos símbolos

Sobre o simbolismo das pedras mágicas, pedras de "raio", pedras preciosas:

R. ANDREE, *Ethnographische Parallelen, Neue Folge*, Leipzig, 1889, pp. 30-41.
G. F. KUNZ, *The Magic of jewels and charms*, Filadélfia, Londres, 1915, p. 108.
WALTER W. SKEAT, "*Snakestones*" *and stone thunderbolts as subject for systematic investigation*, "Folklore", 1912, vol. 23, pp. 45-80, 60 ss.

CHR. BLINKENBERG, *The thunderweapon in Religion and Folklore*, Cambridge, 1911.
W. J. PERRY, *Children of the Sun* (2.ª ed.), Londres, 1927, pp. 384 ss.
P. SAINTYVES, *Pierres mágiques; Bétyles, haches-amullettes et pierres de foudre*, in *Corpus de Folklore prehistorique*, tomo II, 1934, pp. 7-296.

Sobre o simbolismo do jade:

B. LAUFER, *Jade, A study of chinese archaelogy and religion*, Chicago, 1912.
B. KARLGREN, *Some fecundity symbols in Ancient China*, "Bulletin of the Museum of Far Eastern Antiquities", n.º 2, Estocolmo, 1930, pp. 1-54, 23 ss.
G. GIESLER, *Les symboles de jade dans le taoisme*, "Rev. Hist. Rel.", tomo 105, 1932, pp. 158-81.

Sobre o simbolismo da pérola:

G. F. KUNS e CH. STEVENSON, *The Booke of the Pearl,* Londres, 1908.
J. W. JACKSON, *Shelles as evidence of the migration of early culture,* Manchester, 1917.
J. ZYCAN, *Drache und Perle "Artibus Asiae",* VI, 1-2, 1936.
MIRCEA ELIADE, *Notes sur le symbolisme aquatique*, "Zalmoxis", II, 1939, p. 131 — *Images et Symboles*, capítulo IV.

Sobre o simbolismo do lápis-lazúli:

E. DARMSTAEDTER, *Der Babylonisch-assyrisch Lasurstein*, in *Studien zur Geschichte der Chemie. Festgabe Ed. von Lippmann*, Berlim, 1937, pp. 1-8.
MIRCEA ELIADE, *Cosmologie et alchimie babyloniennes* (em romeno), Bucareste, 1936, pp. 51-8.

Sobre o simbolismo do diamante:

B. LAUFER, *The Diamond. A study in Chinese and hellenistic Folk-Lore*, Field Museum, Chicago, 1915.
PENZER, *Ocean of Story*, II, p. 299.
L. THORNDIKE, *A history of magic and experimental Science*, I, p. 496; II, pp. 262-3.

Sobre as "pedras ginecológicas", etites, etc.:

G. BOSON, *I metalli e le pietre nelle iscrizioni sumero-assiro-babylonesi*, "Rivista degli Study Orientali", VII, 1916, pp. 379-420.
KUNZ, *The Magic of Jewels*, pp. 173-8.
LAUFER, *The Diamond*, p. 9, nota 1.
J. BIDEZ e F. CUMONT, *Les Mages hellénisés*, Paris, 1938, tomo II, p. 201.

Sobre o simbolismo das "pedras de serpente":

W. W. SKEAT, *"Snkestones" and stone thunderbolts.*
KUNZ, *The Magic of Jewels,* p. 201-40.
W. R. HALLIDAY, *Of snake-stones* in *Folklore studies, ancient and modern*, Londres, 1924, pp. 132-55.
S. SELIGMANN, *Die magische Heil-und Schutzmitell*, Sttutgard, 1927, pp. 282 ss.
J. PH. VOGEL, *Indian Serpent-Lore*, Londres, 1926, pp. 25 ss., 218 ss.
O. SHEPHARD, *Lore of Unicorn*, Londres, 1931, pp. 128, 131, 290-1.
MIRCEA ELIADE, *Les pierres de serpents* (em romeno), in "Mesterul Manole", 1939, pp. 1-12.

Sobre o simbolismo arquitetônico, ver a bibliografia do capítulo "Espaço sagrado" e ainda:

GISBERT COMBAZ, *L'evolution du stüpa en Asie: les symbolismes du stüpa*, "Mélanges chinois et bouddhiques", IV, 1935-1936, Bruxelas, 1936, pp. 1-125.
P. MUS, *Barabudur, passim.*
WALTER ANDRAE, *Die ionische Säule, Bauform oder Symbol?* (1933).

Sobre o simbolismo pré-histórico e euro-asiático:

W. GÄRTE, *Die symbolische Verwendung des Schachbrettimusters im Altertum*, "Mannus", VI, 1914, pp. 349 ss.
G. WILKE, *Mystiche Vorstellungen und symbolische Zeichen aus indoeuropeischer Urzeit*, "Mannus", VI, 1914.
HANNA RYDH, *Symbolism in mortuary ceramics,* "Bulletin of the Museum of Far Eastern Antiquities", nº 1, Estocolmo, 1929, pp. 71-120.
B. KARLGREN, *Some fecundity symbols in ancient China*, "Bulletin of the Museum of Far Eastern Antiquities", nº 2, Estocolmo, 1930, pp. 1-54.

CARL HENTZE, *Mythes et Symboles lunaires,* Anvers, 1932.
C. A. S. WILLIAMS, *Outlines of Chinese Symbolism and Art motives*, Changai, fl. 32.
ALFRED SALMONY, *The Magic Boell and the golden fruit in Ancient Chinese Art.,* "Art and Thought", Londres, 1947, pp. 105-9.
SCHUYLER CAMMAN, *Cosmic symbolism of the Dragon Robes of the Ch'ing Dynasty*, "Art and Thought", pp. 125-9.
WILLIAM SIMPSON, *The Buddhist Praying wheel. A collection of material bearing upon the Symbolism of the wheel and circular Movements in Custom and Religious Ritual*, Londres, 1896.

Sobre o simbolismo polinésio:

A. H. SAYCE e H. C. MARCH, *Polynesian Ornament a Mythograph, or a symbolism of Origin and Descent*, "Journal of the Anthropological Institute", 1893, vol. XXII, pp. 314 ss.
R. H. GREINER, *Polynesian decorative designs*, Bernice P. Bishop Museum, Bulletin, nº 7, Honolulu, 1922.

Sobre o simbolismo oriental e romano:

TH. W. DANZEL, *Symbole, Dämonen und Heiligen Türme*, Hamburgo, 1930.
E. DOUGLAS VAN BUREN, *Symbols of the Gods in Mesopotamian Art*, "Analecta Orientalia", 13, Roma, 1945.
FRANZ CUMONT, *Recherches sur le symbolisme funéraire des Romains*, Paris, 1942.
Ver também a bibliografia do capítulo "Vegetação".

Generalidades sobre o simbolismo:

R. THURNWALD, *Das Symbol im Lichte der Völkerkunde*, "Zeitschrift f. Aesthetik und Allgem. Kunstwiss.", vol 21, pp. 322-37.
W. DEONNA, *Quelques reflexions sur le symbolisme*, "Revue d'Hist. Rel.", t. 89, 1924, pp. 1-66.
RENÉ GUÉNON, *Le symbolisme de la Croix*, Paris, 1932.
E. CAILLET, *Symbolisme et âmes primitives*, Paris, 1936.
LUCIEN LÉVY-BRUHL, *L'Experience mystique et les symboles chez les primitifs*, Paris, 1938.
ANANDA COOMARASWAMY, *Elements of Budhist Iconography*, Cambridge, Harvard Univ. Press, 1935.

The inverted tree, "The Quartely Journal of the Mythic Society", Bangalore, vol. XXIX, nº 2, 1938, pp. 1-39.
Symbolism of the Dome, "The Indian Historical Quartely", vol. XIV, nº 1, 1935, pp. 1-56.
The iconography of Dürer's "Knots" and Leonardo's concatenation, "The Art Quartely", vol. VII, 1944, pp. 109-28.
Figures of speech and figures of thought, Londres, 1946.
MIRCEA ELIADE, *Les langages secrets* (em romeno), "Revista Fundatiilor Regale", Bucareste, janeiro-março, 1938.
Dürohana and the "waking dream", "Art and Thought", Coomaraswamy, Volume, Londres, 1947, pp. 209-13.
Les "dieu lieur" et le symbolisme des noeuds, "Revue Hist. Relig.", 1947-1948.
Images et Symboles, capítulo III.

Notas

Prefácio do autor

1. Sublinhados da trad. francesa.
2. Sublinhados da trad. francesa.

I. Aproximações: estrutura e morfologia do sagrado

1. *Rig Veda*, X, 18, 10.
2. Trad. e cit. por LÉVY-BRUHL, em *Le surnaturel et la nature dans la mentalité primitive*, pp. 13-4.
3. KRUYT, citado por LÉVY-BRUHL em *Surnaturel*, p. 219.
4. *Op. cit.*, por LÉVY-BRUHL, p. 221.
5. *Ibid.*, p. 182.
6. Cf. por exemplo LÉVY-BRUHL, *La mentalité primitive*, pp. 25-37, 295-331, 405-43; H. WEBSTER, *Taboo*, pp. 230 ss.
7. *Ad Aen*, III, 75.
8. *Ad Iliadem*, III, 429.
9. Cf. HARRISON, *Prolegomena to the Study of Greek Religion*, ed. III, Cambridge, 1922, p. 59.
10. Cf. ROBERTSON SMITH, *The Religion of the Semites*, ed. III, Londres, 1927, pp. 446-54.
11. Cf. W. F. ALBRIGHT, *From the Stone Age to Christianity*, ed. II, Baltimore, 1946, p. 321, nº 45.
12. Trad. fr. 1927.
13. *Taboo, A Sociological Study*.
14. *Tabou et totémisme à Madagascar*, Paris, 1904.
15. VAN GENNEP, p. 12.
16. *Ibid.*, p. 23.
17. VAN GENNEP, p. 37.
18. *Ibid.*, p. 36.
19. VAN GENNEP, pp. 20 ss.; cf. também R. LEHMANN, *Die polynesischen Tabu-sitten*, pp. 101 ss.; WEBSTER, *Taboo*, pp. 261 ss.
20. VAN GENNEP, p. 194.

21. *Ibid.*, pp. 195 ss.

22. E. WESTERMARCK, *Survivances païennes dans la civilisation mahométane*, tr. fr., Paris, 1935, p. 144.

23. *Ibid.*, p. 126.

24. *Ibid.*, p. 156.

25. N. SÖDERBLOM, *Dieu vivant dans l'histoire*, Paris, 1937, p. 22.

26. *Id., ibid.*, pp. 20 ss.

27. CODRINGTON, *The Melanesians*, Oxford, 1891, p. 118.

28. Cf. G. VAN DER LEEUW, *Phänomenologie der Religion*, Tübingen, 1933, pp. 5-6.

29. CODRINGTON, pp. 119 ss.

30. *Ibid.*, p. 120.

31. Aliás, o *mana* não é um conceito pan-melanésio, visto ser desconhecido em Ontong Java (N E. de Salomão), em Wogeo (Nova Guiné) (Hogbin, *Mana*, pp. 268 ss.), em Wagawaga, Tubetube, etc. (Capell, *The Word "mana"*, p. 29).

32. *Les pygmées*, trad. fr., p. 64.

33. HOGBIN, *Mana*, p. 274.

34. *Religion of the North American Indians*, pp. 349-50.

35. *The Melanesians*, pp. 119-21.

36. HOGBIN, *Mana*, p. 259.

37. *Ibid.*, p. 264.

38. *Ibid.*, p. 352.

39. HOGBIN, *Mana*, §§ 12 ss.

40. Cf. *Mana*, § 74.

41. FRAZER, *The Worship of Nature*, p. 189; tr. fr. *Les dieux du ciel*, p. 213.

42. *Ibid.*, 312; cf. RADIN, citando SELIGMAN, *La religion primitive*, p. 205.

43. Poderíamos tentar salvar, na perspectiva do cristianismo, as hierofanias que precederam o milagre da encarnação valorizando-as como uma série de prefigurações desta encarnação. Por conseqüência — em vez de considerarmos as modalidades "pagãs" do sagrado (os feitiços, os ídolos, etc.) como fases aberrantes e degeneradas do sentimento religioso da humanidade decaída pelo pecado, poderíamos interpretá-las como tentativas desesperadas de prefigurar o mistério da encarnação. Deste ponto de vista, toda a vida religiosa da humanidade — vida religiosa expressa pela dialética das hierofanias — seria somente uma expectativa de Cristo.

II. O Céu: deuses uranianos, ritos e símbolos celestes

1. PETTAZZONI, *Dio*, I, 310; SCHMIDT, *Der Ursprung der Gottesidee*, p. 399.

2. PETTAZZONI, pp. 290 ss.; SCHMIDT, II, pp. 402-5, 648-52.

3. PETTAZZONI, p. 175.

4. *Ibid.*, p. 244.

5. *Ibid.*, p. 358, nº 2.

6. Cf. SCHMIDT, III, 1087; VI, 40, 2.

7. A. W. HOWITT, *The Natives Tribus of South-east Australia*, pp. 362 ss., 446 ss. PETTAZZONI, pp. 2 ss.; W. SCHMIDT, I, 416; III, 846 ss.

8. HOWITT, *The Natives Tribus*, pp. 494 ss.; pp. 528 ss.

9. *Ibid.*, p. 490.

10. SCHMIDT, III, pp. 845, 868, 871.
11. *Ibid.*, III, pp. 656-717.
12. Ver a bibliografia.
13. Mas não poderíamos reduzi-los, como faz o padre Pettazzoni, a uma simples personificação mítica da abóbada celeste. O elemento original é a estrutura antropocósmica da sua personalidade. Os wotjobaluk, por exemplo, falam de Bundjil como de um "Grande Homem" que outrora andou pela Terra e se encontra agora no Céu (Howitt, 489). Os caracteres naturistas-uranianos faltam quase totalmente na figura de Mungangaua ("Pai Nosso"), que no entanto é um dos mais antigos seres supremos dos australianos (cf. Howitt, pp. 616 ss.; Schmidt, III, 591 ss.)
14. Cf. por exemplo os wiradjuri-kamilaroi e os yuin-kuri.
15. GEDEN, *Encyclopaedia of Religious and Ethies*, VI, p. 289.
16. RISLEY, *The People of India*, Calcutá, 1908, pp. 216 ss.
17. SCHEBESTA, *Les pygmées*, p. 161.
18. Característica naturalista; onisciente-onividente; cf. PETTAZZONI, p. 96.
19. O aparecimento da vegetação; SCHMIDT, *Ursprung*, I, pp. 161 ss.; III, pp. 122 ss.
20. *Les pygmées*, p. 163.
21. Cf. MARTIN GUSINDE, *Das Hochste Wesen bei der Selk'nam auf Feuerland*, Festschriff Schmidt, pp. 269-74.
22. FRAZER, *The Worship of Nature*, p. 99.
23. M. KINGSLEY, *Travels in West Africa*, Londres, 1897, p. 508.
24. A. B. ELLIS, em citação de Frazer, p. 99.
25. SCHMIDT e DALE, *The Ilaspeaking Peoples*, II, pp. 198 ss.
26. FRAZER, p. 288.
27. J. SPIETH, *Die Religions der Eweer*, pp. 5 ss.
28. A. C. HOLLIS, *The Masai*, pp. 264 ss.
29. PETTAZZONI, p. 287.
30. PETTAZZONI, *Dio*, 365, dá uma lista das divindades celestes primitivas sem culto ou com somente alguns elementos cultuais, lista que no entanto é necessário corrigir após os materiais agrupados e comentados por Schmidt nos seis primeiros volumes do seu *Ursprung der Gottesidee* (pesquisas de Schebesta entre os pigmeus, de Gusinde e Koppers entre os selknam, de Vanoverbergh entre os negritos das Filipinas, etc.). Ver algumas indicações na bibliografia crítica referente ao capítulo.
31. SKEAT e BLAGDEN, *Pagan Races of the Malay Peninsula*, II, pp. 239, 297, 737 ss.
32. SCHEBESTA, *Les pygmées*, p. 148.
33. Schebesta foi o primeiro europeu testemunha desta cerimônia. Durante uma tempestade, os semang fazem um corte numa perna com uma faca de bambu, derramam algumas gotas de sangue sobre a terra — oferenda à deusa Manoid — e lançam o resto na direção dos quatro pontos cardeais, gritando: "Va! Va! Va!", e invocam o deus do Trovão: "Ta Pedn. Eu não tenho o coração duro e resgato as minhas culpas! Aceita a minha dívida, eu a pago!" Ou: "Oh!, Oh! Dá atenção, escuta bem, espevita as tuas orelhas, Ta Pedn, que eu não te engano, pago o meu erro e tenho medo do trovão!" (Schebesta, 149; Schmidt, III, pp. 178 ss., 190 ss.). Esta oferenda expiatória de sangue — por meio da qual os semangs "pagam" as suas culpas para com o deus (celeste) do Trovão — é o seu único ato cultual, pois não possuem qualquer outra prece.

34. FRAZER, pp. 119 ss.
35. *Idem*, p. 135.
36. FRAZER, pp. 142 ss.
37. *Idem*, p. 149.
38. *Idem*, p. 150.
39. *Idem*, p. 168.
40. *Idem*, p. 185.
41. FRAZER, pp. 205 ss.; cf. a bibliografia.
42. PETTAZZONI, p. 239.
43. SPIETH, *Die Religion der Eweer*, pp. 46 ss.
44. LE ROY, *La religion des primitifs*, p. 184.
45. TRILLES, *Les pygmées*, p. 74.
46. *Ibid.*, p. 77.
47. PETTAZZONI, p. 198.
48. TRILLES, *Les pygmées*, pp. 78-9; *L'âme des pygmées*, p. 109.
49. PETTAZZONI, pp. 130 ss.
50. *Ibid.*, pp. 155 ss.
51. CODRINGTON, *The Melanesians*, pp. 155 ss.
52. PETTAZZONI, p. 161.
53. A. P. BROWN, *The Andaman Islands*, Cambridge, 1916, cad. 3.
54. PETTAZZONI, p. 134.
55. *Ibid.*, pp. 210 ss.; FRAZER, pp. 130 ss.
56. Cf. NUMA-ZAWA, *Die Weltanfänge in der Japanischen Mythologie*, pp. 301 ss.
57. SCHMIDT, II, p. 390.
58. RENDEL HARRIS, *Boanerges*, pp. 13 ss.; SCHMIDT, II, pp. 44 ss.; 266 ss.; 299 ss.
59. PETTAZZONI, p. 290.
60. *Énélysion* dos gregos, *fulguritum* dos romanos; cf. USENER, *Kleine Schriften*, IV, p. 478.
61. ELIADE, *Metallurgy*, pp. 3 ss. Entre as várias tribos da África Ocidental, certas pedras são veneradas precisamente em relação com o culto dos deuses do Céu. Assim, por exemplo, os kassunas-buras chamam Ué a estas pedras (do nome do seu deus do Céu); os kassumas-fras adoram-nas e fazem-lhes sacrifícios; os habés oferecem sacrifícios aos menires, que consideram como tendo em si incorporada a divindade celeste Amma; aliás, na África, adoram-se as "pedras de raio" (cf. FRAZER, pp. 91 ss.).
62. FRAZER, p. 190.
63. *Ibid.*, pp. 212 ss.
64. *Ibid.*, pp. 248 ss.
65. SCHMIDT, III, p. 106.
66. PETTAZZONI, p. 174.
67. Não devemos nos esquecer, todavia, de que a androginia é um caráter primitivo da divindade; representa uma fórmula (aproximativa, como a maior parte das fórmulas míticas) da "totalidade", da "integração dos contrários", da *coincidentia oppositorum* (§ 159).
68. A. CASTREN, *Reisen im Worden*, pp. 231 ss.
69. *Ursprung*, III, p. 357.
70. BATCHELOR, *The Ainu*, pp. 248 ss.; 258 ss.
71. SCHMIDT, III, p. 345.

72. H. GAHS, Kopf-, *Schädel-und Langknochenopfer bei Rentiervölkern*, pp. 231 ss. É assim, por exemplo, que os jurak-samoiedos sacrificam uma rena branca, nas montanhas mais elevadas, em honra do Deus celeste Num (*op. cit.*, p. 238), os tunguses fazem a sua oferenda, do mesmo modo, ao Espírito do Céu, Buga (p. 243), etc. Entre os koryacs, os tchuktches e os esquimós, o antigo culto do Deus celeste encontra-se mesclado de elementos totêmicos-animistas e matriarcais, que Gahs considera como secundários (p. 261).

73. Cf. também Tenger, dos buriatas; Tängere, dos tártaros do Volga; Tingir, dos beltires; Tangara, dos lacutas, e, provavelmente, Tura, dos tchuvaches; HARVA-HOLMBERG, *Die religiösen Vorstellugen der altaischen Völkern*, pp. 141 ss.

74. HOLMBERG, *Relig.* do *Tscheremissen*, p. 63.

75. KARJALAINEN, *Die Religion der Jugra-Völker*, II, p. 250.

76. *Ibid.*, II, p. 260.

77. Kai Donner tentou explicar *Num* pelo soguediano *nom*, "lei" (cf. o grego *nomos*), termo que teria sido levado pelas populações da Ásia Central — nos tempos da supremacia uígure — até o extremo Norte. Admitindo que venha a ser confirmada (o que não é o caso; v. a bibliografia), esta etimologia somente poderia provar um contributo lexical, pois a concepção de um Deus celeste supremo é autóctone em todas as religiões árticas e norte-asiáticas.

78. HARVA, *Rel. Vorst*, p. 144.

79. *Ibid.*, p. 149.

80. *Ibid.*, p. 154.

81. KARJALAINEN, III, pp. 250 ss.

82. HARVA, p. 284.

83. KARJALAINEN, II, p. 257.

84. Bai ülgen; cf. 33.

85. HARVA, *Relig. Vorst*, p. 154.

86. *Ibid.*, pp. 156 ss.

87. *Ibid.*, pp. 155 ss.

88. *Ibid.*, p. 152.

89. *Ibid.*, p. 144; KARJALAINEN, p. 262.

90. KARJALHAINEN, p. 254.

91. HARVA, p. 144.

92. *Idem*, p. 150.

93. GRANET, *La religion des chinois*, p. 57.

94. HARVA, *Relig. Vorst*, p. 151.

95. *Ibid.*, pp. 205 ss.

96. Cf. *Nûmi târem*, KARJALAINEN, II, p. 255.

97. *Nûmi târem*, KARJALEINEN, II, p. 280.

98. *Ibid.*, p. 273.

99. Fr. Hommels estabeleceu relação entre o sumério *dingir*, "Deus", "brilhante", e o turco-mongol *tengri*, "Céu", "Deus". Por seu lado, P. A. Barton pensa que o deus celeste Anu foi importado — já perto do fim dos tempos pré-históricos — da Ásia Central para a Mesopotâmia (*Semitic and Hamitic Origins*, Philadelphia, 1934, pp. 245, 369). De fato, desde o quarto milênio se podem descobrir certos contatos entre os cultos paleorientais (Elam) e as culturas "cáspia" e "altaica" (isto é, os prototurcos; ver na bibliografia os estudos de M. Ebert, G. Hermes, W. Amschler, W. Koppers, E. Erzfeld). Mas o contributo próprio de cada uma dessas culturas pré-históricas permanece ainda muito impreciso. Por

outro lado, já no terceiro milênio se podem seguir as influências orientais até o norte da Rússia (cf. os trabalhos de Tallgren). Seja como for, é certo que: 1º, o deus do Céu pertence às camadas prototurcas mais arcaicas; 2º, as semelhanças com o deus celeste indo-europeu são notórias; 3º, em geral, a estrutura da religiosidade dos indo-europeus aproxima-se mais da dos prototurcos do que da de qualquer outro povo paleoriental ou mediterrânico.

100. JASTROW, *Die Religion Babyloniens u. Assyriens*, I, p. 84.

101. FÜRLANI, *La religion babilonese-assira*, I, p. 110.

102. *Ibid.*, p. 115.

103. *Epopée de Gilgamesh*, XII, p. 155.

104. DHORME, *Religion*, p. 67.

105. LABAT, *Le caractère religieux de la royauté assyro-babylonienne*, Paris, 1939, espec. pp. 30 ss.

106. Código de Hammurabi, pp. 42 e 46.

107. DHORME, *Les religions de Babylonie et d'Assyrie*, pp. 46-7.

108. DHORME, *Religion*, p. 68.

109. Cf. por exemplo NEHRING, *Studien sur indogermanischen Kultur- und. Urheimat*, pp. 195 ss.

110. HILLEBRANDT, *Vedische Mythologie*, III, p. 392.

111. *Rig Veda*, I, p. 60.

112. *Atharva Veda*, VI, 4, 3.

113. *Idem*, I, 32, 4.

114. *Rig Veda*, 8, 41, 3.

115. *Idem*, 7, 86, 1.

116. *Idem*, 7, 87, 2.

117. *Idem*, 5, 63, 2-5.

118. HILLEBRANDT, *Ved. Myth.*, III, pp. 1 ss.

119. Cf. abundantes referências em MEYER, *Trilogie*, III, pp. 206 ss., 269 ss.

120. *Atharva Veda*, 4, 16, 2-7.

121. *Rig Veda*, 25, 7 ss.

122. *Idem*, 7, 61, 3.

123. *Idem*, 7, 34. 10.

124. PETTAZZONI, *Le corps parsemé d'yeux*, "Zalmoxis", I, pp. 1 ss.

125. *Rig Veda*, I, 23, 3.

126. *Idem*, I, 79, 12.

127. *Idem*, 10, 90, 1.

128. *Çatapatha Brâhmana*, II, 52, 34; cf. *Maitr.*, I, 6, 11.

129. *Der arische Weltkönig*, pp. 97 ss.

130. *Ouranos-Varuna*, pp. 39 ss.

131. *Rig Veda*, I, 25, 1.

132. Cf. GEIGER, *Die Amesa Spenta*, pp. 154, 157.

133. Por exemplo *Rig Veda*, 7, 86; *Atharva Veda*, 4, 16; etc.

134. *Rig Veda*, I, 24, 15.

135. p. 144 e DUMÉZIL, p. 49.

136. Cf. BERGAIGNE, *Rel. véd.*, III, 114; S. LEVI, *Doctrine*, pp. 153 ss.; HOPKINS, *Epic Mythology*, pp. 116 ss.

137. V. DUMÉZIL, 51, nº 1; cf. ELIADE, *Le "dieu lieur" et le symbolisme des moeuds*, republicado em *Images et symboles*, cap. IV.

138. Cf. A. CLOSS, *Die Religion des Semnomenstammes*, pp. 120 ss.

139. *Op. cit.*, pp. 120 ss.

140. *Op. cit.*, p. 53.
141. *Ibid.*, p. 42.
142. *Rig Veda*, VI, 68, 3.
143. *Ibid.*, p. 7, 82, 2; BERGAIGNE, III, p. 140; DUMÉZIL, p. 40.
144. NYBERG, *Die Religionen des Alten Irans*, p. 99.
145. Por exemplo H. LOMMEL, *Les anciens aryens*, pp. 99 ss.
146. No seu estudo *Varuna und die Adityas*.
147. DUMÉZIL..., *Naissance d'archanges*, p. 82.
148. Cf. BENVENISTE-RENOU, *Vrtra et Vrthragna*, p. 46.
149. *Die Sonne u. Mithra im Awesta*, pp. 174 ss.
150. *Op. cit.*, p. 99.
151. *Hochgott-glaube im alten Iran*, pp. 94 ss.
152. *Yasna*, 30, 5; cf. *Yasht*, 13, 2-3.
153. *Vidêvdât*, 5, 20.
154. *Yasht*, I, 12-13.
155. *Ibid.*, 14.
156. *Ibid.*, 12, 1.
157. *Yasna*, 45, 4.
158. *Vidêvdât*, 19, 20, *Yasna*, 31, 13-14.
159. *Yasht*, 10, 1-2.
160. *Ibid.*, 17, 16.
161. PETTAZZONI, *Le corps parsemé d'yeux*, p. 9.
162. *Yasht*, 10, 7.
163. WIDENGREN, *op. cit.*, pp. 260 ss.
164. *Ibid.*, p. 253.
165. *Ibid.*, p. 386.
166. *Ibid.*, p. 251.
167. NYBERG, p. 105: WIDENGREN, p. 394.
168. *Yasht*, 44, 7.
169. *Theog.*, pp. 126 ss.
170. No mito de Hesíodo, a Terra — Gaia — engendra Uranos, o que é um vestígio da religião telúrica do substrato pré-helênico.
171. *Rig Veda*, 4, 17, 4.
172. *Ibid.*, I, 106, 3; 159, I; 185, 4; 4, 56, 2, etc.
173. *Ouranos-Varuna*.
174. APOLODORO, *Biblioth.*, I, 1.
175. DIODORO, p. 3, 57.
176. *Jaiminiya Br.*, I, p. 44; S. LEVI, *Doctrine*, pp. 100 ss.; DUMÉZIL, p. 55.
177. APOLODORO, *Biblioth.*, I, 1, 2.
178. Nauck frg. 44.
179. Cf. I, 160, 3; 5, 36, 5; 5, 58, 6, etc.
180. Col. Budé, 1928, pp. 28 ss.
181. Sâncr. *div*, "brilhar", "dia"; os cretenses chamavam *dia* ao dia; Macrobius, I, 15, 14; cf. COOK, *Zeus*, I, pp. 1 ss.
182. Cf. HESÍODO, *Os trabalhos e os dias*, v. 465.
183. Cf. NILSSON, *Geschichte*, pp. 371 ss.
184. NILSSON, *Geschichte*, p. 369.
185. Naevius fr., p. 15.
186. PLAUTUS, *Amphitr.*, pp. 44 ss.

187. Accius fr., p. 33.
188. *Mitra-Varuna*, p. 33; *Jupiter, Mars, Quirnius*, p. 81.
189. PLUTARCO, *Romulus*, 18; TITO LÍVIO, I, 12.
190. *Germania*, p. 39.
191. Cf. CLOS, *Die Religion des Semnonenstammens, passim.*
192. HOMMEL, *Die Hauptgottheiten der Germanen bei Tacitus.*
193. *Dieux des Germains*, pp. 19 ss.
194. Encontramos também o mesmo díptico na mitologia babilônica: Ea, a divindade das águas e da sabedoria, não luta "heroicamente" com os monstros primordiais, Apsu e Mummu, mas "enreda-os" por meio de encantações mágicas, a fim de os matar em seguida (*Enuma Elish*, I, 60-74). Marduk, após ter sido investido das prerrogativas da soberania absoluta (até então pertencente ao deus celeste Anu, IV, 4 e 7), pela assembléia dos deuses, e de ter recebido dela o cetro, o trono e o *palû* (IV, 29), começa a combater o monstro marinho Tiamat. Assistimos aqui verdadeiramente a uma luta "heróica". No entanto, a arma principal de Marduk continua a ser "a rede", um "dom de seu pai Anu" (IV, 49); no cap. 1, 83, Marduk é filho de Ea, mas, qualquer que seja a sua paternidade, esta é a da essência da soberania mágica. Marduk "enreda" Tiamat (IV, 95), "aprisiona-o" e mata-o (IV, 104). Do mesmo modo aprisiona todos os deuses e demônios que tinham auxiliado Tiamat, e lança-os em prisões e em cavernas (IV, 111-4, 117, 120). Marduk adquire a soberania pela sua luta heróica, mas conserva também as prerrogativas da soberania mágica.
195. CLOSS, p. 665 e nota 62.
196. *Hâvamâl*, pp. 139-41.
197. Cf. HARRISON, *Themis*, pp. 94 ss.
198. *Rig Veda*, VII, 102, 1.
199. *Atharva Veda*, XII, 1, 12, 42.
200. *Rig Veda*, VII, 101, 2.
201. *Ibid.*, V, 83; VII, 101, 102.
202. *Ibid.*, 83, 1; VI, 52, 16; VII, 101, 1, 2.
203. *Rig Veda*, I, 61, 8, 9.
204. *Ibid.*, I, 102, 8; 3, 32, 11.
205. *Ibid.*, I, 173, 6.
206. *Ibid.*, VI, 17, 11.
207. *Rig Veda*, I, 23, 12.
208. *Ibid.*, V, 55, 9; VII, 56, 17, etc.
209. HOPKINS, *Indra as God of Fertility.*
210. No *Rig Veda*, VI, 46, 3, é chamado *sahasramushka*, "o dos mil testículos".
211. *Atharva Veda*, XII, 1, 6.
212. MEYER, *Trilogia*, III, pp. 154 ss.
213. *Maitr. S.*, II, 5, 3.
214. *Hiranyakecin-Grihyasûtra*, I, 6, 20, 2.
215. MEYER, III, pp. 164 ss.
216. Esta apresentação sumária da hierofania de Indra, tal como nos é revelada, sobretudo no mito, não esgota a função que ele desempenha na religião indiana. Todas as figuras divinas estão implicadas em inumeráveis ritos, dos quais não podemos falar demoradamente nos parágrafos presentes. (Assim, por exemplo, seria necessário relembrar que Indra e o seu séquito de Maruts são os arquétipos das "sociedades de homens" indo-arianas, compostas de jovens que se sub-

metem a certas "provas" durante a sua iniciação; cf. Stig Wikander, *Der arische Männerbund*, Lund, 1938, pp. 75 ss.). Este esclarecimento será válido para todas as divindades que venhamos a mencionar.

217. Cf. os textos agrupados por OLDENBERG, *Religion des Veda*, 2ª ed., p. 74: HILLEBRANDT, *Vedische Mythologie*, 2ª ed., 1929, V, II, p. 148.

218. Por exemplo *Yasht*, XIV, 7-25.

219. BENVENISTE-RENOU, *Vrtra et Vrthragna*, p. 33.

220. *Rig Veda*, I, 51, 1.

221. *Rig Veda*, II, 34, 2.

222. *Ibid.*, III, 38, 8.

223. *Atharva Veda*, X, 10.

224. *Ibid.*, X, 10, 34.

225. OLDENBERG, *Rel. des Veda*, ed. II, p. 205.

226. Cf. KOPPERS, *Pferde-opfer und Pferde-Kult der Indogermanen*, pp. 338 ss.

227. Cf. MALTEN, *Der Stier in Kult u. mythisehem Bild.*, pp. 110 ss.

228. AUTRAN, *Préhistoire du christianisme*, I, pp. 100 ss.

229. *Ibid.*, p. 99.

230. *Ibid.*, p. 96.

231. Sobre o termo g^u cf. NEHRING, pp. 73 ss.

232. *Yasna*, 32, 12, 14; 44, 20, etc.

233. MALTEN, *Der Stier*, p. 103.

234. *Ibid.*, p. 120.

235. FURLANI, *La religione degli hittiti*, p. 35; contra, DUSSAUD, *Mana*, vol. II, p. 343.

236. CH. JEAN, *La religion sumérienne*, p. 101.

237. FURLANI, p. 36.

238. AUTRAN, p. 74.

239. GÖTZE, *Kleinasien*, p. 133.

240. MALTEN, *Der Stier*, p. 107.

241. FURLANI, pp. 86 ss.; DUSSAUD, *op. cit.*, pp. 345-6.

242. FURLANI, p. 37.

243. FURLANI, *Religione babilonese-assira*, I, p. 118.

244. *Ibid.*, pp. 118 ss.

245. *Ibid.*, p. 120.

246. *Ibid.*, p. 121.

247. AUTRAN, *Pré-histoire du christianisme*, I, p. 67.

248. DUSSAUD, *Les découvertes de Ras Shamra*, 2ª ed., p. 95.

249. *Mythologie phénicienne*, pp. 363 ss.; *Le vrai nom de Baál, passim*; *Les découverts*, pp. 98 ss.

250. *Mythologie phénicienne*, p. 362.

251. DUSSAUD, *Sanctuaire*, p. 258.

252. DUSSAUD, *Le vrai nom*, p. 19.

253. *Idem, Mythologie*, pp. 307 ss.; *Découvertes*, pp. 115 ss.

254. DARA-GAL e AULTRAN, *Préhistoire*, I, pp. 69 ss.

255. WARD, *Seal Cilinders*, p. 399.

256. AUTRAN, *op. cit.*, I, p. 89.

257. Cf. AUTRAN, *La flotte à l'enseigne du poisson*, pp. 40 ss.

258. Assistimos também a um fenômeno inverso: um deus local, transformado em deus supremo graças à "história", apropria-se dos prestígios da divin-

dade celeste. Assur, divindade protetora da cidade do mesmo nome, adquire os atributos do criador, do Soberano supremo, e passa assim à categoria de deus do céu (cf. Knut Tallquist, *Der Assyrische Gott*, Helsinki, 1932, pp. 40 ss.). *Enuma Elish*, que se lia na Babilônia no quarto dia do novo ano, em presença de Marduk, lia-se na Assíria na presença da estátua de Assur (Labat, *Le poéme de la Création*, Paris, 1935, p. 59).

259. KOPPERS, *Pferdeopfer*, p. 376.
260. *Weltgeschichte der Steinzeit*, p. 148.
261. *Ibid.*, p. 448.
262. *Mythes et symboles lunaires*, pp. 95 ss.
263. KOPPERS, *op. cit.*, p. 387.
264. Cf. *Salmos*, 18, 15, etc.
265. *Êxodo*, 19, 16.
266. *Ibid.*, 19, 19.
267. *Juízes*, 5, 4.
268. I, *Reis*, 19, 11 ss.
269. *Ibid.*, 18, 38.
270. *Gênesis*, 9, 13.
271. *Jó*, 36, 22.
272. *Idem*, 36, 32-3; 37, 1-4.
273. Zeus não consegue fazer com que Sarpédone escape da morte; *Ilíada*, XVI, 477 ss.
274. GÜNTERT, *Arische Weltkönig*, pp. 315 ss.; CHRISTENSEN, *Le premier homme*, I, pp. 11 ss.; KOPPERS, *op. cit.*, pp. 320 ss.
275. Cf. KOPPERS, pp. 314 ss.
276. *Çat. Br.*, 4, 4, 1, 14; cf. 6, 5, 2, 5, 17, etc.
277. Cf. OTTO *Gottheit d. Arier*, pp. 76 ss.
278. JEREMIAS, *Handbuch*, p. 130.
279. KIRFEL, *Kosmographie*, *15.
280. HOLMBERG, *Der Daum des Lebens*, p. 41.
281. Textos em Christensen, *Le premier homme*, II, p. 42.
282. Citado por WENSINKI, *The Navel of the Earth*, p. 15; outros textos: BURROWS, em *Labyrinth*, p. 54.
283. Texto tirado de Kisâ'i, cit. WENSINCK, *op. cit.*, p. 15.
284. TH. DOMBART, *Der Sakralturm*, p. 34.
285. *Sumerian and Akkadian Views of Beginnings*, p. 289.
286. GRANET, *La pensée chinoise*, p. 324.
287. Para este último motivo, cf. VAN GENNEP, *Mythes et légendes d'Australie*, n.os 17 e 66 e respectivas notas.
288. H. ZIMMERN, *Zum Babylonischen Neujahrsfest*, II, 5, nota 2.
289. *Rig Veda*, X, 14, 1.
290. MIRCEA ELIADE, *Le chamanisme*, pp. 184 ss.
291. W. BUDGE, *From Fetish to God*, p. 346.
292. WEILL, *O campo dos Juncais*, p. 52.
293. *Ibid.*, p. 28.
294. BUDGE, *The Mummy*, pp. 324, 326.
295. Cf. ELIADE, *Le chamanisme*, pp. 404, 423 ss.
296. VAN GENNEP, *op. cit.*, n.º 32.
297. *Ibid.*, n.º 44.
298. VAN GENNEP, *op. cit.*, n.º 49.

299. GREY, *Polynesian Mythology*, pp. 42 ss.
300. CHADWICK, *Growth of Literature*, III, p. 273.
301. PETTAZZONI, *The Chain of Arrows*, "Folklore", v. 35, 151 ss.
302. DIXON, pp. 156 ss.
303. WERNER, p. 135.
304. ALEXANDER, p. 271.
305. THOMPSON, *Motif Index*, III, p. 7.
306. MÜLLER, p. 176.
307. WERNER, p. 136.
308. CHADWICK, p. 481.
309. LA DYAKS, CHADWICK, p. 486; Egito, MÜLLER, p. 176; África, WERNER, pp. 136 ss.
310. Cf. THOMPSON, III, pp. 8-9.
311. Cf. COOMARASWANY, *Svayamâtrnnâ*, *passim*.
312. POLYAENUS, *Stratagematon*, VII, p. 22.
313. Cf. COOK, *Zeus*, II, p. 2, 124 ss.
314. ORÍGENES, *Contro Celsum*, VI, 22.
315. RADLOF, *Aus Sibirien*, II, 19, 51; HARVA, *Rel. Vorst*, pp. 553 ss.; ELIADE, *Le chamanisme*, pp. 176 ss.
316. HOLMBERG, *Baum des Lebens*, p. 136.
317. HERÓDOTO, I, 98.
318. HOLMBERG, *op. cit.*, pp. 25 ss.
319. *Ibid.*, p. 137 e fig. 46.
320. *Ibid.*, pp. 30 ss.
321. ELIADE, *Le chamanisme*, pp. 116 ss.
322. HARVA, *Relig. Vorst.*, pp. 546 ss.
323. CHADWICK, *Shamanism*, pp. 291 ss.
324. CZAPLIKA, *Aboriginal Siberia*, p. 238.
325. KÖPRÜLÜZADE, p. 17.
326. CHADWICK, *Growth*, III, p. 204.
327. *Ibid.*, p. 206.
328. *Gênesis*, 28, 12.
329. ASIN PALACIO, *Escatologia musulmana*, p. 70.
330. *Paradiso*, XXI-XXII.
331. *Vita Plot.*, p. 23.
332. II, *Cor.*, 12, 2.
333. Cf. BOUSSET, *Die Himmelsreise der Seele*, "Arch. f. Relig.", IV, pp. 155 ss.
334. *Rig Veda*, X, p. 156, 2-3.
335. ELIADE, *Le yoga*, p. 397.

III. O Sol e os cultos solares

1. *The Worship of Nature*, p. 441.
2. Ver H. FRANKFORT em *Irak*, p. 6.
3. Cf. ENGNELL, *Divine Kingship*, pp. 21 ss., 54 ss.
4. Cf. GOETZE, *Kleinasien*, p. 136.
5. Cf. ENGNELL, p. 61.
6. SCHMIDT, *Ursprung*, II, p. 938.

7. *Ibid.*, III, p. 1087.
8. *Ibid.*, p. 841.
9. SCHMIDT, p. 844.
10. LEHTISALO, *Entwurf*, pp. 16 ss.
11. GAHS, *Kopf-Schaedel-und-Langknochenopfer*, p. 240.
12. Acontece muitas vezes de a "solarização" se exercer diretamente sobre a estrutura do ser supremo como tal, e não como divindade do Céu. Mas, como não abordamos ainda as "formas" divinas, insistimos de preferência no processo de solarização das figuras uranianas. Isto não implica, evidentemente, de forma alguma que estas figuras sejam as únicas a representar as *primeiras* formas divinas pessoais que a história conheceu, nem que não se tenha podido, em outros casos, passar diretamente do ser supremo à divindade solar sem ser por intermédio do ser supremo uraniano.
13. FRAZER, *Worship*, p. 315, n.ºs 1 e 2.
14. *Ibid.*, p. 124.
15. FRAZER, *Worship*, p. 170.
16. *Ibid.*, p. 173.
17. *Ibid.*, p. 279.
18. *Kafka*, II, Münster, 1923, pp. 387 ss.
19. PETTAZZONI, *Dio*, pp. 223 ss.
20. *Ibid.*, pp. 130 ss.
21. *Ibid.*, p. 266.
22. DALTON, *Descriptive Etnology of Bengal*, p. 198.
23. *Ibid.*, p. 185.
24. *Ibid.*, p. 296.
25. S. CHANDRA ROY, *The Birhors*, Ranchi, 1925, pp. 225 ss.
26. ROY, *op. cit.*, pp. 373 ss.
27. DALTON, *op. cit.*, p. 256.
28. FRAZER, p. 631.
29. *Bhagwan, The Supreme Deity of the Bhils.*
30. Esta influência, por paradoxal que pareça, não pode ser excluída *a priori*. Já se tentou explicar certos aspectos da vida religiosa indiana, cultos ctônicos-funerários, culto da serpente, dos símbolos dos órgãos da geração, etc., pela influência de populações aborígenes, não arianas. É que se considerava possível uma influência análoga dos primitivos sobre os civilizados. No entanto, há não muito tempo um certo número de etnólogos nega que os povos autóctones mais primitivos da Índia, em particular os munda, tenham alguma vez conhecido os cultos orgiásticos e, portanto, que os indo-europeus pudessem de alguma maneira tê-los recebido deles.
31. FRAZER, *op. cit.*, pp. 656 ss.
32. FRAZER, *op. cit.*, p. 660.
33. *Ibid.*, pp. 661-2.
34. FRAZER, p. 662.
35. *Ibid.*, p. 658.
36. SPENCER GILLEN, *The Arunta*, II, p. 496.
37. STREHLOW, I, p. 16.
38. HOWITT, *Native Tribes of S. Australia*, p. 427.
39. Cf. SCHMIDT, *Ursprung*, II, pp. 662, 729 ss.
40. FRAZER, *Worship*, p. 616.
41. SCHMIDT, *Ursprung*, III, pp. 1056-7.

42. *Ibid.*
43. WILLIAMSON, *Religious and Cosmic Beliefs*, I, pp. 118, 218 ss.
44. FRAZER, *Belief in Immortality*, I, p. 175.
45. FRAZER, *Belief in Immortality*, II, p. 239.
46. *Ibid.*, II, p. 241.
47. FROBENIUS, *Die Weltanschauung der Naturvölker*, Weimar, 1898, pp. 135 ss.
48. FRAZER, *Belief in Immortality*, II, p. 242.
49. RIVERS, *History of Melanesian Society*, II, p. 549.
50. *Ibid.*, I, p. 289; II, pp. 429-30, 456-7.
51. PEERY, *Children of the Sun*, pp. 138 ss.
52. HOCART, *Kingship*, pp. 12 ss.
53. MANU, VII, 3º, V, 96.
54. A. HABERLANDT em *Buschan's Völkerkunde*, I, p. 567.
55. WILLIAMSON, II, pp. 302 ss., 322 ss.
56. VANDIER, *La religion égyptienne*, pp. 21 e 55.
57. *Ibid.*, p. 149.
58. Por ex. PYR, 293, 913, 914, 1432 ss.; WEILL, *Le Champ des Roseaux et le Champ des Ofrandes*, pp. 16 ss.
59. Cf. por ex. o *Livro dos mortos*.
60. PYR, 2 gl.; WEILL, p. 116.
61. PYR, pp. 145-6; WEILL, p. 116.
62. PYR, 1531; WEILL, p. 121.
63. PYR, 2175; WEILL, p. 121.
64. MEISSNER, *Babylonien und Assyrien*, II, p. 21.
65. E. DHORME, *Les religions de Babylonie et d'Assyrie*, p. 87.
66. *Ibid.*, p. 64.
67. HALDAR, *Cult prophets*, pp. 1 ss.
68. *Pagine di religione mediterranea*, II, pp. 22 ss.
69. EURÍPEDES, *Medéia*, 1321; APOLODORO, *Biblioth.*, I, 9, 25.
70. *Pausanias*, III, 20, 4.
71. FESTUS, s. v. *October equus*.
72. KERÉNYI, *Vater Helios*, p. 91.
73. *Rig Veda*, X, 37, 2.
74. *Ibid.*, I, 115, 1; VII, 61, 1; X, 37, 1.
75. *Ibid.*, X, 90.
76. *Rig Veda*, VII, 63, 2.
77. *Ibid.*, III, 45, 6; I, 50, 9.
78. *Ibid.*, VII, 77, 3.
79. *Ibid.*, I, 191, 9.
80. *Ibid.*, V, 47, 3.
81. *Ibid.*, IV, 64, 2, etc.
82. *Ibid.*, I, 110, 3.
83. Bem entendido, não falamos de relações "históricas" mas de simetrias tipológicas. Antes da história, da evolução, da difusão, das alterações da hierofania, há uma estrutura da hierofania. Dada a raridade dos documentos, é difícil — e, para o nosso objetivo, supérfluo — determinar em que medida a estrutura de uma hierofania foi primeiro apreendida no seu conjunto e por todos os membros de uma dada sociedade. Basta-nos distinguir o que uma hierofania *podia querer dizer* ou não podia querer dizer.

84. *Rig Veda*, I, 115, 5.
85. *Ibid.*, II, 38, 4; V, 82, 8.
86. *Ibid.*, II, 38, 1-6.
87. *Rig Veda*, IV, 53, 6.
88. *Ibid.*, VII, 45, 1.
89. *La religion védique*, III, pp. 56 ss.
90. *Ibid.*, I, 35, 1.
91. *Brhad. Up.*, I, 3, 1.
92. *Ibid.*, I, 24, 8.
93. *Ibid.*, VIII, 101, 12.
94. *Ibid.*, III, 10, 4.
95. *Física*, II, 2.
96. *Paradiso*, 22, 116.
97. *Pamçavinça Br.*, XXI, 2, 1.
98. Cf. recentemente, a este respeito, B. ROWLAND, *Buddha and the Sun God*.
99. Ver o nosso estudo *Cosmical Homology and Yoga*.
100. Por exemplo, por ocasião da Caça Fantástica, HOEFLER, *Kultische Geheimbünd*, pp. 112 ss.
101. Cf. o carro solar de Trundholm.
102. Tal como a barca ritual do morto foi o protótipo da barca profana. O detalhe tem certa importância, pois que permite compreender melhor a origem das técnicas humanas. Aquilo a que se tem chamado a conquista da natureza pelo homem é menos a conseqüência imediata de descobertas empíricas do que o fruto de diversas "situações" do homem no cosmos, situações determinadas pela dialética das hierofanias. Metalurgia, agricultura, calendário, etc., tudo isso começou por ser a conseqüência da percepção pelo homem de uma das suas situações determinadas no cosmos. Voltaremos a este assunto.
103. SLAWIK, *Kultische Geheimbünde*, p. 370.
104. GRAEBNER, *Das Weltbild der Primitiven*, Munique, 1924, p. 65.
105. *Rep*, 508, b. c.
106. *Saturnais*, I, XVII-XXIII.

IV. A Lua e a mística lunar

1. FURLANI, *La religione babilonese-assira*, vol. I, Bolonha, 1929, p. 155.
2. Irkutsk, cf. HENTZE, *Mythes et symboles lunaires*, pp. 84 ss., figs. 59 e 60.
3. Cf. O. SCHRADER, *Sprachvergl. und Urgeschichte*, 2ª ed., pp. 443 ss.; W. SCHULTZ, *Zeitrechnung*, pp. 12 ss.
4. TÁCITO, *Germania*, II.
5. Kuhn, em Hentze, *op. cit.*, p. 248.
6. Cf. WILKE, *Die religion der Indogermanen*, p. 149, fig. 163.
7. *Rig Veda*, I, 105, 1.
8. *Aitareya Brâhmana*, VIII, 28, 15.
9. *Cuneiform Texts*, 15-17; 16 d.
10. Cit. ALBRIGHT, *Some Cruces, of the Langdom Epic*, p. 68.
11. BRIFFAULT, *The Mothers*, II, pp. 632 ss.
12. SELER, *Gesammelte Abhandlungen*, IV, p. 129.

13. KRAPPE, *Genese des mythes*, p. 110.
14. W. SCHMIDT, *Ursprung*, III, p. 496.
15. HENTZE, *Mythes et symboles*, pp. 152 ss.
16. HENTZE, *Mythes et symboles*, p. 24.
17. VAN GENNEP, *Mythes et légendes d'Australie*, pp. 84-5.
18. BRIFFAULT, *The Mothers*, II, pp. 634-5.
19. *Ibid.*, KRAPP, *Genèse*, p. 321, nº 2.
20. *Ursprung*, II, pp. 394-5.
21. *Das Zweigeschlechterwesen*, Leipzig, 1928, pp. 179-81.
22. VAN GENNEP, *op. cit.*, p. 46.
23. BRIFFAULT, II, p. 573.
24. YASHT, VII, p. 4.
25. BRIFFAULT, II, p. 629.
26. *Ibid.*, pp. 628-30.
27. KRAPPE, p. 100.
28. TRILLES, *Les pygmées de la forét équatoriale*, Paris, 1933, p. 112.
29. *Ibid.*, p. 113.
30. *Ibid.*, pp. 115 ss.
31. O. MENGHIN, *Weltgeschichte der Steinzeit*, pp. 148, 448.
32. HENTZE, *Mythes et symboles*, p. 96.
33. HENTZE, figs. 74-82.
34. ARISTÓTELES, *Hist. Animal*, II, p. 12; *Hist. Nat.*, XI, 82.
35. FRAZER, *The Folklore in the Old Testament*, vol. I, pp. 66 ss.
36. BRIFFAULT, II, p. 585.
37. VAN GENNEP, *Mythes*, pp. 101-2.
38. KRAPPE, *Genèse*, p. 106.
39. FINAMORE, *Tradizioni popolari abruzzesi*, p. 237.
40. PLUTARCO, *Vita Alex*, II.
41. Segundo o testemunho de Pausânias, II, 10, 3.
42. *Divus Augustos*, p. 94.
43. *Ibid.*, p. 55, 1.
44. BRIFFAULT, II, p. 664.
45. *Ibid.*, p. 665.
46. FRAZER, *Adonis*, pp. 81-2.
47. *Nat. Animal*, VI, p. 17.
48. BRIFFAULT, p. 665.
49. DANHARDT, *Natursagen*, I, 211, 261.
50. J. A. EISENMENGER, *Entdecktes Judentum*, I, pp. 832 ss.; BRIFFAULT, II, p. 666.
51. BRIFFAULT, *ibid.*
52. PLOSS e BARTELS, *Das Weib*, I, pp. 442 ss.
53. BRIFFAULT, II, p. 668.
54. *The mystic rose*, ed. Besterman, I, pp. 23 ss.; II, 17, 133.
55. HENTZE, *Objets rituels*, figs. 4-7.
56. *Ibid.*, fig. 8, etc.
57. HENTZE, *Mythes*, fig. 136.
58. *Ibid.*, pp. 140 ss.; *Objets rituels*, pp. 27 ss.
59. *Ibid.*, *Objects*, pp. 29 ss.
60. NATHAN MILLER, *The Child in Primitive Society*, Londres, 1928, p. 16.

61. PLOSS, I, 586.
62. J. H. RIVETT-CARNAC, *Rough Notes on the Snake-symbol in India*.
63. ABBE DUBOIS, *Hindu Manners*, 2ª ed., 1899, p. 648; W. CROOKE, *Religion and Folklore*, II, p. 133; VOGEL, *Indian Serpent-Lore*, p. 19.
64. *Mythische Reste in der Paradieserzählung*, "Archiv. f. Relig.", X, pp. 345-67.
65. Esp. pp. 359 ss.
66. PLOSS, I, 447 ss.
67. BRIFFAULT, II, p. 662.
68. NÖLDEKE, *Die Schlange nach arabischem Volksglauben*, "Zeit. f. Völkerpsychologie und Sprachwissenschaft", I, p. 413; BRIFFAULT, II, p. 663.
69. *Ibid.*, 663-4.
70. Cf. PENZER, *Ocean of Story*, Londres, 1923, vol. II, p. 108, nota; FRAZER, *Spirits of the Corn*, I, p. 146; STITH THOMPSON, *Motifindex of Folk-Literature*, I, p. 315.
71. FILOSTRATOS, *Vita Apod. Tyana*, I, 20; cf. L. THORNDIKE, *A History of Magie*, I, p. 261.
72. BRIFFAULT, III, pp. 60 ss.; KRAPPE, *Genèse*, pp. 101 ss.
73. Cf. por exemplo SÉBILLOT, *Le folklore de France*, II, pp. 206, 339 ss.
74. SELER, *Codex Borgia*, I, p. 109, fig. 299.
75. L. WIENER, *Mayan and Mexican origins*, Cambridge, 1926, pl. XIV, fig. 35.
76. *Idem*, *ibidem*, fig. 112 c.
77. *Idem*, fig. 112.
78. *Objets*, pp. 32 ss.
79. VOGEL, *Indian Serpent Lore*, p. 11.
80. KRAPPE, *Genèse*, p. 116.
81. TYLLOR, *Primitive Culture*, II, 70; KRAPPE, p. 117.
82. Cf. *Brhad-Aranyaka Up.*, VI, p. 2, 16; *Chândogya Up.*, V, p. 10, 1.
83. *Dadistan-i-Dinik*, p. 34; WEST, *Pahlavi Texts*, II, p. 76.
84. Cf. textos em F. CUMONT, *Le symbolisme funérarie*, p. 179, nº 3.
85. Ref. em CUMONT, p. 184, nº 4.
86. FIRMICUS MATERNUS, *De Errore*, IV, I, 1.
87. CÍCERO, *De Repúbl.*, VI, 17, 17.
88. *De facie in orbe lunae*, 942 f., edição e comentário de P. RAINGEARD, Paris, 1935, pp. 43 ss., 143 ss.
89. *Ibid.*, 944 f.
90. *Ibid.*, 945 c, d.
91. *Le symbolisme funéraire*, pp. 200 ss.
92. "Oráculos caldeus", *op. cit.*, p. 201.
93. FÉDON.
94. *Repúbl.*, IV, 434e-441-c; X, 661-b-612-a; *Timeu*, 69c-72-d.
95. Ver também GUY SOURY, *La démonologie de Plutarque*, Paris, 1942, p. 185.
96. Cf. CUMONT, pp. 203 ss.
97. *Id.*, pp. 213 ss.
98. *Id.*, p. 217.
99. FRAZER, *The Belief in Immortality*, vol. I, p. 69.
100. Cf. FRAZER, *Belief*, I, 65 ss.; *Folklore in the Old Testament*, I, 52-65.
101. *Belief*, pp. 66 ss.

102. *Sermo*, 361, *De resurr*. P. L. 39, col. 1605; cf. CUMONT, p. 211, nº 6.
103. W. SCHMIDT, *Ursprung der Gottesidee*, vol. III, pp. 757 ss.
104. Cf. discussão em HENTZE, *Mythes*, pp. 16 ss.
105. SCHMIDT, *Ursprung*, II, p. 235.
106. Resumida em KOPPERS, *Pferdeopferund Pferdekult*, pp. 314-7.
107. Cf. KRAPPE, III ss.
108. *De Iside.*
109. *Ibid.*, 18.
110. *De facie*, p. 943 b, d.
111. *Lalitâsahasranâma*, verso 255.
112. *Trace di culto lunare in India*, p. 424.
113. Cf. ELIADE, *Le yoga*, pp. 356 ss.
114. *Upanishad*, I, 5, 14.
115. *Ibid.*, VI, 7, I ss.
116. *Rig Veda*, I, 164, 45.
117. *Der Ursprung des Alphabets und die Mondstationem*, Leipzig, 1913.
118. *Grundiss der Geographie und Geschichte des altes Orients*, vol. I, Munique, 1904, pp. 99 ss.
119. H. WINCKLER, *Die babylonische Geisteskultur*, 2ª ed., 1919, p. 117.
120. WOLFGANG SCHULTZ, *Zeitrechnung und Weltordnung*, p. 89.
121. SCHULTZ, *ibid.*; cf. HELMUT ARNT, *Handbuch der Runenhunde*, Halle, 1935, pp. 232 ss.
122. Pp. 491, 20 ss.
123. F. DORNSEIFF, *Das Alphabet in Mystik und Magie*, p. 34.
124. *Kimcit-Vistara-Târâ-sâdhana*, nº 98 de Sâdhanamâlâ; cf. ELIADE, *Cosmical Homology and Yoga*, p. 199.
125. Caryâ II, *Krishnapâda.*
126. ELIADE, *op. cit.*, p. 200.
127. Cf. *Le yoga*, pp. 254 ss.; *Cosmical Homology*, p. 201.
128. Cf. *Cosmical Homology*, p. 194, nº 2.
129. A Lua influencia o olho esquerdo, e o Sol, o olho direito; F. CUMONT, *L'Égypte des astrologues*, Bruxelas, p. 173; a Lua e o Sol nos monumentos funerários, símbolo da eternidade, CUMONT, *Le symbolisme funéraire*, pp. 94, 208, etc.
130. OVÍDIO, *Metamorfoses*, VI, 1 ss.
131. Cf. NONNOS, *Dionisíacas*, XLI, pp. 294 ss.; CLAUDIANO, *De raptu Proserpina*, I, pp. 246 ss.; A. H. KRAPPE, *Études de mythologie germanique*, p. 74.
132. Cf. KRAPPE, *La déesse Holda*, em *Études*, pp. 101 ss.; LIUNGMAN, *Euphrat-Rhein*, II, pp. 656 ss.
133. *Brhadâranyaka Up.*, III, p. 7, 2.
134. "Quem teceu nele o sopro?", *Atharva Veda*, X, p. 2, 13.
135. *Atharva Veda*, XI, p. 4, 15.
136. BRIFFAULT, II, pp. 624 ss.
137. *Odisséia*, VI, p. 197.
138. KRAPPE, *Genèse*, p. 122.
139. *Ibid.*, p. 103.
140. ELIADE, *Mitul reintegrarii*, p. 33.
141. PICARD, *Ephèse et Claros*, p. 497.

142. Já se fizeram mesmo aproximações entre os dois termos: J. PRZYLUSKI, *From the Great Goddess to Kâlâ*, "Indian Historical Quarterly", 1938, pp. 67 ss.

143. ELIADE, *La concezione della libertá nel penserio indiano*, "Asiática", 1938, pp. 345-54.

144. HENTZE, *Objets rituels*, p. 55.

145. HENTZE, *Frühchinesische Bronzen*, p. 59.

146. *Ibid.*, pp. 66-7.

V. As águas e o simbolismo aquático

1. *Bhaviçyottarapurāna*, p. 31, 14.
2. *Çatapatha Brâhmana*, VI, 8, 2, 2; XII, 5, 2, 14.
3. *Ibid.*, III, 6, 1, 7.
4. *Ibid.*, IV, 4, 3,15, etc.
5. *Ibid.*, I, 9, 3, 7; XI, 5, 4, 5.
6. *Rig Veda*, I, 23, 19 ss.; X, 19, 1 ss.
7. *Atharva Veda*, II, 3, 6.
8. *Ibid.*, VI, 91, 3.
9. KUHN, *Nashwort*, em HENTZE, p. 244.
10. *Id.*, *ibid.*, p. 248.
11. Cf. reproduções de Sahagun, de Codex Nuttal, etc., no volume de LEO WIENER, *Mayan and Mexican Origins*, Cambridge, 1926, pp. 49 ss., 84 ss.
12. B. MALLINOWSKI, *The Sexual Life of Savages in Nort Western Melanesia*, Londres, 1935, p. 155.
13. RUSSEL, *The Pima Indians*, em *Annual Report of the Bureau of Ethnology*, vol. 26, Washington, 1908, pp. 239 ss.
14. Referências em Coomaraswany, *Yaksas*, II, p. 24.
15. Coomaraswany, p. 13.
16. *Traittiriya*, I, 1, 3, 5; *Çatapatha Br.*, XIV, I, 2, 11; cf. *Râmâyana*, Ayodhya-Kanda, CX, 4; *Mahabhârat*, Vâna-Prana, CXLII, 28-62, CCLXXII, 49-55; *Bhâgavata Purâna*, III, 13, etc.
17. *Ibid.*; cf. bibliografia.
18. Enuma Elish, 1, 1-5, segundo a versão de Labat, *Le poème babylonien de la creation*, Paris, 1935, p. 77.
19. Remetemos o leitor para *Natursagen* de DÄHNHARDT (vol. I, pp. 1-89) e, para indicações bibliográficas suplementares, para *Motif-Index of Folk-Literature* de STITH THOMPSON (vol. I, pp. 121 ss.).
20. NYBERG, *Kind und Erde*, pp. 113 ss.
21. HOLMBERG, *Die Wassergottheiten der finnish-ugrichen Völker*, pp. 120, 126, 138, etc.
22. NYBERG, p. 59.
23. *Germania*, p. 12.
24. DIETERICH, *Mutter Erde*, ed. III, pp. 19, 126.
25. MCKENZIE, *Infancy of Medicine*, p. 240.
26. 1, 3.
27. 22, 1-2.
28. Cf. EZEQUIEL, p. 47.
29. MCKENZIE, *Infancy of Medicine*, pp. 238 ss.

30. SEBILLOT, *Folklore*, II, pp. 256-91.
31. *Ibid.*, II, pp. 230 ss.
32. SÉBILLOT, *Folklore*, II, pp. 460-6.
33. RONNOW, *Trita Aptya*, pp. 36-7.
34. MANNINEN, *Die dämonistischen Krankheiten*, pp. 81 ss.
35. 36, 25.
36. 13, 1.
37. *Yasna*, p. 65.
38. *Eneida*, II, pp. 717-20.
39. EURÍPEDES, *Alceste*, pp. 96-104.
40. Fonte de Clitor, da Arcádia; Vitruvius, *De Architectura*, 8; Saintyves, *Corpus*, p. 115.
41. JUSTINO, I, *Apolog.*, p. 57, 1.
42. *Eneida*, IV, pp. 634-40; MACROBIUS, *Sat.*, III, 1, etc.
43. GRAILLOT, *Le culte de Cybèle*, p. 288, 251, nº 4.
44. *Odisséia*, VIII, pp. 363-6.
45. II, 10, 4.
46. *Hinos*, V, 1-17, 43-54.
47. PICARD, *Ephèse et Claros*, p. 318.
48. Hertha; cf. TÁCITO, *Germânia*, p. 40.
49. SAINTYVES, *Corpus*, pp. 212 ss., 215 ss.
50. Lucas, 3, 3.
51. *Idem*, 3, 16.
52. *Epist. Rom.*, VI, 3.
53. *Rom.*, VI, 4 ss.
54. *De Bap.*, III-V.
55. *Homil. in John*, XXV, 2; SAINTYVES, *Corpus*, p. 149.
56. Esta concepção manteve-se também na especulação filosófica. "É a morte para as almas tornarem-se água", diz Heráclito (fr. 68). É por isso que "a alma seca é a mais sábia e a melhor" (fr. 74). O temor de que a umidade "dissolvesse" as almas desencarnadas, fazendo-as germinar e projetando-as de novo no circuito das formas de vida inferiores, era freqüente na soteriologia grega. Um fragmento órfico (Clemente, *Strom.*, VI, 2, 17, 1; Kern, 226) diz que "para a alma a água é a morte", e Porfírio (*De antro nymph.*, 10-11) explica a tendência das almas defuntas para a umidade pelo seu desejo de reencarnação. A especulação posterior depreciou a função germinativa das águas, porque situava a felicidade *post mortem* não na reintegração no circuito cósmico mas, pelo contrário, na evasão ao mundo das formas orgânicas, evasão para o empíreo, para as regiões celestes. Daí a importância capital dada aos itinerários solares e às coisas secas.
57. Lucas, 16, 24.
58. GERNET, *Génie Grec*, p. 62; SCHULL, *La formation de la pensée grecque*, pp. 119, nº 2, e 210, nº 2.
59. PARROT, *Le refrigerium, passim*; ELIADE, *Zalmoxis*, I, 1938, 203 ss.
60. ELIADE, *Insula lui Euthanasius*, p. 95; *Zalmoxis*, I, p. 205.
61. PARROT, 103, nº 3; *Zalmoxis*, I, 206, com referências complementares.
62. A reação começou no século IV com S. Cirilo de Jerusalém, *Catech.*, XIX, 8. As proibições eclesiásticas repetem-se desde o 2º Concílio de Arles — 443 ou 452 — até o Concílio de Trèves em 1227. Além disso, grande número de apologias, de cartas episcopais e outros textos balizam a luta da Igreja contra o culto das águas; cf. SAINTYVES, *Corpus*, pp. 163 ss.

63. VAILLAT, *Le culte des sources dans la Gaule antique*, pp. 97-8.
64. *Ibid.*, p. 99.
65. PETTAZZONI, *Le religione primitive in Sardegna*, p. 102.
66. *Ibid.*, pp. 102-3.
67. SAINTYVES, *Corpus*, pp. 189-95.
68. (1) SAINTYVES, *Corpus*, pp. 29 ss., 58.
69. SAINTYVES, *Corpus*, pp. 101 ss.
70. *Ibid.*, p. 101.
71. *Pausanias*, I, 34, 4.
72. JAMBLICO, *De Myst*, III, ii.
73. TÁCITO, *Anais*, II, p. 54; sobre o oráculo de Claros cf. PICARD, *Ephèse et Claros*, Paris, 1922, pp. 112 ss.
74. Textos em A. JEREMIAS, *Handbuch*, pp. 39-40.
75. VIII, 38, 3-4.
76. Ver referências e bibliografias, NILSON, *Geschichte*, I, p. 220, nº 3.
77. SAINTYVES, *Corpus*, p. 160.
78. *Op.*, 737 ss.
79. FRAZER, *Folklore in the Old Testment*, II, pp. 417 ss.
80. *Ilíada*, XXI, pp. 124 s.
81. Referências em NILSSON, I, p. 221, nº 10.
82. *Ibid.*, I, p. 222.
83. NILSSON, pp. 227 ss.
84. *Teogonia*, v. 364.
85. Ver, por exemplo, EURÍPEDES, *Helen*, pp. 3, 624 ss.
86. CIG 6201, citado por JEANMAIRE, *Couroi et courètes*, p. 295.
87. Festus citado por R. CAILLOIS, *Les démons du midi*, "Rev. Hist. Rel.", t. 116, nº 1, 1937, p. 77.
88. NILSSON, I, p. 416.
89. Cf. *Lokasenna*.
90. Cf. DUMÉZIL, *Le festin d'immortalité*.
91. A. C. BROWN, citado por KRAPPE, *La gènese des mythes*, p. 209.
92. Os chineses nunca distinguiram muito bem a serpente do animal mítico (cf. GRANET, *Danses et Legendes*, II, 554).
93. GRANET, *La pensée chinoise*, p. 135.
94. *Ibid.*, *Danses*, I, 353-6, nota.
95. *Ibid.*, 361; cf. FRAZER, *The Magic Art and the Evolution of Kings*, I, p. 297, sobre os rituais chineses de chuva com a efígie do dragão.
96. Cf. GRANET, *Danses*, I, pp. 344-50; II, p. 555; KARLGREN, *Some Fecundity Symbols*, p. 37, etc.
97. GRANET, II, p. 510.
98. KARLGREN, p. 37.
99. CHAVANNES, *Memoires de Sse-Ma-Tsien*, I, pp. 3 ss.
100. SSE-MA-TSIEN, *Mémoires*, II, p. 325.
101. GRANET, *Civilisation chinoise*, p. 216.
102. *Ibid.*
103. SSE-MA-TSIEN, *Mémoires*, III, 2ª parte, pp. 488-9.
104. PRYZLUSKI, *La princesa à l'odeur de poisson*, p. 276.
105. É de notar a polaridade serpente (peixe, monstro marinho, símbolo das águas, da obscuridade, do não-manifestado) — Sol ("filho do Sol" ou um brâmane, etc., símbolo do manifestado), polaridade abolida pelos casamentos

míticos que fundam uma dinastia, quer dizer, que abrem uma nova época histórica. A fusão dos princípios contrários encontra-se sempre que se tenta "formular" a divindade (cf. Eliade, *Mitul Reintegrarii*, 52). Nos mitos indonésios e sudeste-asiáticos aos quais nos referimos, esta *coincidentia oppositorum* significa o fim do ciclo pela regressão à unidade primordial, seguida pela inauguração de uma "dinastia", quer dizer, de um novo ciclo histórico.

106. OPPERT, *Original inhabitants*, pp. 24, 67-68.

107. Texto em OPPERT, pp. 425-6; cf. *Le yoga*, p. 346.

108. Poder-se-ia explicar pela mesma fórmula o nascimento dos heróis gregos a partir de ninfas e náiades, divindades das águas? Aquiles é filho de Tétis, ninfa marinha. É de notar que os heróis locais descendem freqüentemente de náiades, tal como Ifitione, Sotnios, etc. Um herói local é muitas vezes uma sobrevivência de um culto arcaico, pré-indo-europeu: ele era o "senhor do lugar".

109. Cf. p. ex. VOGEL, *Serpent worship*, *passim*.

110. HENTZE, 14, 24, etc.

VI. As pedras sagradas: epifanias, sinais e formas

1. *Les noms des haches lithiques*, p. 333.

2. OCTOBON, *Statues-menhirs*, p. 562.

3. *Ibid.*

4. W. H. SCHOOBERT, *The Aboriginal Tribes of the Central Provinces*, em *Census of India*, 1931, I (III, b), p. 85; W. V. GRIGSON, *The Maria Gonds of Bastar*, Londres, 1938, pp. 274 ss.

5. Estes resultados são bastante importantes, porque o costume de erigir monumentos funerários não parece ser uma tradição autóctone dos bhils, a população mais arcaica da Índia Central (p. 156), mas uma influência devida aos povos megalíticos, tais como os drávidas e os munda (cf. Koppers, *Monuments to the Dead of the Bhils*, p. 196). Visto que nem os Arjas nem os autores da civilização pré-histórica do Indo (III milênio a.C.) foram povos megalíticos, o problema da origem da tradição megalítica do Indo permanece em aberto. Seria tal tradição devida às influências sul-asiáticas, austro-asiáticas, ou haverá que explicá-la por relações históricas, genéticas (talvez indiretas), com a cultura megalítica da pré-história européia?

6. KOPPERS, *Monuments to the Dead of the Bhils*, pp. 134, 151, 188, 189, 197.

7. KOPPERS, *Monuments...*, p. 188.

8. SELIGMAN, *Pagan Tribes of the Nilotic Sudan*, Londres, p. 24.

9. WILLIAMSON, *The Social and Political Systems of Central Polynesia*, II, pp. 242 ss.

10. LAYARD, *The Journey of the Dead*, em *Essays Presented to Seligman*, Londres, 1934, pp. 116 ss.

11. *Notes d'ethnologie néocalédonienne*, Paris, 1930, pp. 183 e 241.

12. PETTAZZONI, *Dio*, p. 10.

13. HUTTON, *Census*, I, 1931, p. 88.

14. J. BOULNOIS, *Le caducée et la symbolique dravidienne indo-mediterranéenne*, p. 12.

15. *The Natives Tribes of Central Australia*, p. 337.

16. HARTLAND, *Primitive Paternity*, I, pp. 124 ss.

17. FRAZER, *Folklore in the Old Testament*, II, p. 75.
18. GEORG WILKE, *Die Religion der Indogermanen in archälogischer Betrachtung*, Leipzig, 1921, pp. 99 ss.
19. FRAZER, *The Folklore in the Old Testament*, vol. II, pp. 403-6; B. NYBERG, *Kind und Erde*, Helsinki, 1931, pp. 66 ss. e p. 239.
20. NYBERG, *op. cit.*, p. 66.
21. VAN GENNEP, em P. SAINTYVES, *Corpus*, II, p. 376.
22. A. HUGUES, *ibid.*, p. 390.
23. VAN GENNEP, *ibid.*, p. 317.
24. *Ibid.*, p. 332.
25. PETTAZZONI, *Dio*, pp. 198-200.
26. Exemplos em *Corpus*, II, 347, etc.; SÉBILLOT, *Le folklore de France*, I, 1904, pp. 335 ss.; A. LANG, *Myth, Ritual and Religion*, I, pp. 96 ss.; SARTORI em *Handwörterbuch des deustch. Aberglaubens*, verb. "gleiten"; LEITE DE VASCONCELOS, *Opúsculos*, vol. VII, Lisboa, 1938, pp. 653 ss.
27. SÉBILLOT, *op. cit.*, pp. 339-40.
28. SAINTYVES, *Corpus*, vol. III, p. 346.
29. Cf. índice dos três volumes do *Corpus de folklore préhistorique*, verb. "friction".
30. *Corpus*, III, p. 375.
31. MCKENZIE, *Infancy of medicine*, Londres, 1927, p. 210, segundo informações dos jornais.
32. *Le folklore de France*, IV, 1907, pp. 61-2; *Traditions et superstitions de la Haute-Bretagne*, vol. I, p. 150.
33. BÉNARD LE PONTOIS, *Le Finisterre préhistorique*, Paris, 1929, p. 268.
34. V. EISLER, *Kuba-Kybele*, "Philologus" 1909, pp. 118-51, 161-209. Cf. C. HENTZE, *Mythes et symboles lunaires*, Antuérpia, 1932, pp. 34 ss.
35. SAINTYVES, *Corpus*, III, p. 431.
36. Cf. o índice do 1º tomo do *Corpus*, verb. "Pedra de amor, pedra de casamento".
37. HARTLAND, *Primitive Paternity*, I, p. 130.
38. LEITE DE VASCONCELOS, *De terra em terra*, II, Lisboa, p. 205; *Opúsculos*, VII, p. 652.
39. SAINTYVES, *Corpus*, III, pp. 36, 213, etc.
40. *Ibid.*, II, p. 401.
41. PERRAULT DABOT, reproduzido em *Corpus*, II, p. 403.
42. FRAZER, *Adonis, Attis, Osiris*, I, p. 36.
43. *Ibid.*, *Balder the beautiful*, II, p. 187.
44. SAINTYVES, *Corpus*, II, p. 403.
45. *Ibid.*, II, p. 403.
46. *Ibid.*, verb. "condenações".
47. HANNA RYDH, *Symbolism in Mortuary Ceramics*, p. 110.
48. SIR JOHN MARSHALL, *Mohenjo-Daro and the Indus civilization*, I, p. 62.
49. *Nordische Felszeichnungen als religiöse Urkunden*, Frankfurt, 1934, p. 246.
50. COOMARASWAMY, *The Darker Side of the Dawn*, Washington, 1935, p. 17, nº 22.
51. UNO HARVA, *Die religiösen Vorstellungen der altaischen Völker*, p. 153.
52. FRAZER, *The Magic King*, I, p. 308.

53. Bibliografia na nossa obra *Metallurgy, Magic and Alchemy*, p. 3.
54. *Protrépico*, IV, 46.
55. VINCENT, *La religion des judeo-araméens d'Elephantine*, p. 591.
56. LAMMENS, *Le culte des bétyles et les processions religieuses dans l'Arabie pré-islamique*.
57. A. BEL, *La religion musulmane en Berbérie*, I, Paris, 1938, p. 80.
58. *Gênesis*, 28, 11-13, 16-19.
59. DUSSAUD, *Les origines cananéennes du sacrifice israélite*, 2ª ed., 1941, p. 232.
60. *Op. cit.*, pp. 234 ss. Cf. Jeremias, 48, 13: Moab terá vergonha de Kémos como a Casa de Israel teve vergonha de Béthel?
61. DUSSAUD, *Les découvertes de Ras-Shamra*, 2ª ed., pp. 97 e 111.
62. VINCENT, *op. cit.*, p. 591.
63. MIRCEA ELIADE, *Insula lui Euthanasius*, p. 117.
64. JOSUÉ, 24, 26, 27.
65. GÊNESIS, 31, 44 ss.
66. *Levítico*, 26, 1.
67. 33, 52.
68. A. BERTHOLET, *Über kultische Motivverschiebungen*, pp. 7 ss.
69. X, 16, 2.
70. VARRÃO, *De lingua latina*, VII, 17, menciona uma tradição segundo a qual o *omphalós* seria o túmulo da serpente sagrada de Delfos, Píton: *quem Pythonis aiunt tumulum*.
71. *Geschichte*, I, p. 189.
72. Citado por Macróbio, *Saturnais*, I, pp. 16, 18.
73. DUMÉZIL, *Júpiter, Mars, Quirinus*, pp. 228-9.
74. Cf. CÉSAR, VI, 13, *media regio*.
75. SAINTYVES, *Corpus*, II, p. 328, com bibliografia.
76. *Ibid.*, II, p. 327.
77. *Ibid.*, II, p. 367.
78. VII, 22, 4.
79. Cf. RAINGEARD, *Hermes psychagogue*, pp. 348 ss.
80. Cf. DENISE DE LASSEUR, *Les déesses armées*, Paris, 1919, pp. 139 ss.
81. DE VISSER, pp. 65 ss.
82. SOLDERS, em "Archiv f. Religionswissenschaft", 1935, pp. 142 ss.
83. *Geschichte*, I, p. 189.

VII. A Terra, a mulher e a fecundidade

1. HESÍODO, *Teogonia*, v. 126 ss., segundo a tradução francesa de Paul Mazon.
2. *À la terre*, I ss., trad. francesa Jean Humbert.
3. ÉSQUILO, *Coéforas*, v. 127-8.
4. X, 12,10.
5. §§ 12 ss.
6. Lembremos que, no mito de Hesíodo, Cronos castra seu pai, mas por razões muito diferentes: porque Urano dava origem, sem ele saber, a criaturas monstruosas, que depois escondia no corpo de Gaia. A. Lang julga poder explicar o mito grego pelo mito maori. Mas, enquanto este último é simplesmente

um mito cosmogônico que explica a distância que há entre o Céu e a Terra, o mito uraniano só é explicável se se considerar o conjunto ritual indo-europeu da soberania, como mostrou G. Dumézil, em *Ouranos-Varuna* (Paris, 1934).

7. NUMAZAWA, *Die Weltanfänge*, pp. 138 ss., 305 ss.
8. PETTAZZONI, *Dio*, I, pp. 130 ss.
9. KRAPPE, *Genèse des mythes*, p. 79.
10. *Ibid.*, pp. 78-9; Numazawa, pp. 317 ss.
11. PETTAZZONI, *op. cit.*, pp. 210-2.
12. *Id.*, *Ibid.*, p. 246.
13. *Id.*, *Ibid.*, p. 241.
14. KRAPPE, *op. cit.*, p. 78.
15. PETTAZZONI, *op. cit.*, p. 279.
16. *Ibid. id.*
17. FURLANI, *La religione degli Hittiti*, Bolonha, 1936, pp. 18 e 35.
18. NUMAZAWA, *op. cit.*, pp. 93 ss.
19. DIETERICH, *Muter Erde*, p. 14.
20. NYBERG, *Kind un Erde*, p. 62.
21. DIETERICH, *op. cit.*, pp. 19 ss.
22. K. A. ECKHARDT, *Irdische Unsterblichkeit, passim.*
23. JAMES MOONEY, *The Ghost-Dance Religion and the Sioux Outbreak of 1890* (Washington, 1896), p. 72.
24. FRAZER, *Adónis*, trad. fr., p. 67.
25. NYBERG, *Kind und Erde*, pp. 63 ss.
26. *Mutter Erde, ein Versuch über Völksreligion*, Leipzig, Berlim, 3ª ed., 1925, aumentada e completada por E. Fehrle.
27. *Cartam levare*, 1914.
28. *Geschichte*, I, pp. 427 ss.
29. *Prometeu*, p. 88.
30. *A Cidade de Deus*, IV, cap. XI.
31. *Op. cit.*, p. 7.
32. NYBERG, *Kind und Erde*, p. 31.
33. É o caso de Rose, *Primitive Culture in Italy*, p. 133.
34. SAMTER, *Geburt*, pp. 5 ss.
35. FONTES em Niberg, *op. cit.*, p. 131.
36. PLOSS-BARTELS, *Das Weib*, II, pp. 36 ss.
37. *Op. cit.*, p. 6.
38. Ver também MOMOLINA MARCONI, *Riflessi mediterranei nella più antica religione laziale*, pp. 254 ss.
39. NIBERG, *op. cit.*, pp. 133 ss., e *Nirej*, II, p. 266.
40. DIETERICH, *op. cit.*, pp. 14 ss.: o mito do homem feito de terra, entre os australianos; e NYBERG, *op. cit.*, p. 61.
41. *Id., ibid.*, p. 137.
42. *Id., ibid.*, p. 160.
43. DELCOURT, *Stérilités mystérieuses*, p. 64.
44. MIRCEA ELIADE, Commentaires à la legende du Maitre Manole, em romeno, p. 54.
45. JUVENAL, XV, 140.
46. DIETERICH, *op. cit.*, p. 22.
47. SCHEBESTA, *Les pygmées*, p. 142.
48. VANDER LEEUW, *Das sogenannte Hockerbegräbgnis.*

49. NYBERG, *op. cit.*, pp. 181 ss.
50. FRAZER, *Folklore in the Old Testament*, II, p. 33.
51. DIETERICH, *op. cit.*, pp. 28 s.; NYBERG, *op. cit.*, p. 150.
52. NYBERG, *op. cit.*, pp. 144 ss.
53. DIETERICH, *op. cit.*, p. 13, n. 13.
54. X, 18, 10.
55. XVIII, 4, 48.
56. *Atharva Veda*, XII, I, 11 e 14.
57. *Çatapatha Brah.*, XIII, p. 8, 2.
58. Por exemplo: "o teu hálito vai para o vento, o teu ouvido para os pontos cardeais, os teus ossos voltam para a Terra" — *Aitareya Brahmâna*, II, p. 6, 13.
59. PREUSS, in "Arch. Relig. Wiss.", VII, p. 234.
60. VII, 25, 13.
61. DEUBNER, *De incubatione, passim.*
62. Cf. exemplos em Brelich, *Aspetti della morte*, pp. 36-7.
63. HARRISON, *Prolegomena*, p. 599.
64. *Édipo Rei*, 25 ss.
65. *Odisséia*, XIX, 109 ss.
66. *Os Trabalhos e os Dias*, pp. 225-37.
67. *Sete contra Tebas*, pp. 750 ss.
68. *Édipo Rei*, 1210.
69. *Traquinienses*, pp. 30 ss.
70. *Op. cit.*, p. 47, notas 1 e 2; cf. V. PISANI, *La donna e la terra*, p. 248.
71. KRAPPE, *Études de mythologie e de folklore germaniques*, Paris, 1928, p. 62.
72. XIV, p. 2, 71.
73. U. PESTALOZZA, *L'aratro e la donna*, pp. 324 ss.
74. BRIFFAULT, *The Mothers*, III, p. 55.
75. LÉVY-BRUHL, *L'expérience mystique*, p. 254.
76. TEMPLE, *Encyclopaedia of Religion and Ethics*, IX, p. 362.
77. FINAMORE, *Tradizioni populari abruzzesi*, p. 59.
78. HOSE e MAC DOUGALL, *Pagan tribes of Borneo*, I, 111 (v. Lévy-Bruhl, *L'expérience mystique*, p. 254).
79. FRAZER, *Spirits of the Corn*, I, p. 105.
80. LÉVY-BRUHL, *op. cit.*, p. 254.
81. KARSTEN cit. por Lévy-Bruhl, p. 255.
82. VAN DER LEEUW, *Phänomenologie*, pp. 78-9.
83. R. SMITH, *Religion of the Semites*, ed. 1923, pp. 536 s.
84. *Id., ibid.*, p. 537; Cf. DHORME, *La religion des hebreux nomadee*, 1937.
85. *Corão*, II, p. 223.
86. *Çatapatha Brâhmana*, VII, 2, 2, 5.
87. *Atharva Veda*, XIV, p. 2, 14.
88. Cf. PISANI, *La donna e la terra, passim.*
89. NYBERG, *op. cit.*, p. 232, nota 83.
90. Cf. *Pre-Aryan*, p. 11; MIRCEA ELIADE, *Le yoga*, p. 410.
91. Cf. reproduções em Dieterich, pp. 107-8.
92. A. JEREMIAS, *Handbuch der Altorientalischen Geisteskultur*, fig. 214, p. 387.
93. *Gargantua*, livro II, cap. 1.
94. RÂMÂYANA, ch. 66; cf. outras referências em A. Coomaraswamy, *The Rig-Veda as landnáma book*, pp. 15-33.

95. S. LANGDON, *Semitic Mythology*, p. 99.
96. DIETERICH, *op. cit.*, p. 94.
97. *Idem*; sobre o sentido erótico do pau, cf. J. J. MEYER, *Trilogie*, III, pp. 194 ss.
98. Rico material documental em Mannhardt, *Wald-und Feldkukte*, I, pp. 533 ss.; FRAZER, *The Magic King*, I, pp. 469 ss., 480 ss.
99. *Odisseia*, V, p. 125.
100. *Bacantes*, 274.
101. NYBERG, *op. cit.*, p. 231, notas 69 e 72.

VIII. A vegetação: símbolos e ritos de renovação

1. *Völupsâ*, est. 2 e 19, segundo a tradução francesa de WAGNER, *Les poèmes mythologiques de l'Edda*, pp. 82-4.
2. *L'arbre sacré*, p. 19
3. HÉLÈNE DANTHINE, *Le palmier-dattier et les arbres sacrés*, pp. 162-4.
4. Cf. *supra*, a citação de Hélène Danthine.
5. *La participation*, p. 41.
6. "Bulletin de la Société Française de Philosophie", maio-junho de 1937, p. 107.
7. Cf. exemplos em Coomaraswamy, *Yaksas*, I, pp. 12 ss.
8. R. SMITH, *Lectures*, éd. III, p. 187.
9. NILSSON, *Geschichte*, I, p. 260.
10. JEREMIAS, 2, 20.
11. JEREMIAS, 17, 1-3.
12. NELL PARROT, *op. cit.*, p. 43.
13. Segundo a versão de E. Dhorme, *Choix de textes*, p. 98.
14. Cf. MIRCEA ELIADE, *Cosmologia babiloniana*, pp. 51 ss.
15. PARROT, *op. cit.*, p. 22. O sentido místico do losango pode ser identificado a partir da arte madalenense — cf. HENTZE, *Mythes et symboles lunaires*, p. 124.
16. Cf., por ex., figs. 8 e 9 em Parrot, que reproduzem documentos de Elam, do segundo milênio, e toda a série dos cilindros babilônicos, figs. 21 ss.
17. Por exemplo, Parrot, figs. 35-6.
18. *Idem*, figs. 110-1.
19. Figs. 100, 104.
20. Cf. material inventariado por A. J. Wensinck na sua interessante memória, *The and Bird as Cosmological Symbols in Western Asia*, e que Nell Parrot não utiliza.
21. *Atharva Veda*, II, 7, 3; X, 7, 38.
22. *Rig Veda*, I, 24, 7.
23. *Maitri Up.*, VI, p. 7.
24. *Idem.*
25. Segundo a tradução de Senart.
26. COOMARASWAMY, *Inverted tree*, 20, identifica *avyakta* a *asat*, o não-ser a que se refere *Atharva Veda*, X, 7, 21. A citação é feita a partir de *Açvamedha Parva*, citado por Coomaraswamy segundo a versão utilizada por Sankara no seu comentário à *Bhagavad Gîtâ*, XV, 1.
27. *Morug-el-Dscheb*, 64, 6, citado por Uno Holmberg, *Der Baum des Lebens*, 54.

28. *Zohar*, Beha' Alotheka, citado por Coomaraswamy, p. 21.
29. Cf. WENSINCK, *Tree and Bird as Cosmological Symbols*, p. 33; ASIN PALACIO, *La escatologia musulmana en la Divina Comedia*, 2ª ed., Madri, 1942, p. 235.
30. *Paradiso*, XVIII, pp. 28 ss.
31. *Il Quadriregio*, liv. 4º, 2º cap., citado por A. GRAF, *Mit, leggende e superstizione del medio Evo*, 1925, p. 157.
32. *Op. cit.*, p. 55.
33. *Idem*; cf. KAGAROW, *Der Umgekehrte Schamanenbaum*, p. 183.
34. W. SCHMIDT, *Ursprung*, III, pp. 1030 ss.
35. Cf. também HENTZE, *Mythes et symboles*, pp. 182 ss.
36. HENTZE, VI, VII, VIII, e fig. 148.
37. Esta cena figura no *Codez Brodonicus*, fig. 149, Hentze.
38. MIRCEA ELIADE, *Le chamanisme*, pp. 244 ss.
39. *Völuspa*, p. 19; *Grimmismâl*, p. 31.
40. *Ibid.*, pp. 28-9.
41. MIRCEA ELIADE, *Mitul Reintegrarii*, pp. 41 ss. e 52.
42. *Völuspa*, 45ª estrofe.
43. *Die Bedeutung der Eiche seit der Vorzeit* (Leipzig, 1939).
44. PESTALOZZA, *Pagine di religione mediterranea*, II, p. 260.
45. MARSHALL, pr. XII, fig. 18.
46. VII, 34, 23; X, 64, 8.
47. Cf. por exemplo, *Taittiryia Samhîtâ*, II, 5, 3.
48. No Museu de Berlim, Parrot, fig. 69.
49. BERGEMA, *De boom des levens*, figs. 91-3; MARCONI, *Riflessi mediterranei*, figs. 41-2.
50. PAUSÂNIAS, III, 22, 12.
51. HARRISSON, *Prolegomena*, pp. 425 ss.
52. PAUSÂNIAS, II, p. 27.
53. Cap. 92, v. 43-4.
54. Cf. M. ELIADE, *Le yoga*, p. 376.
55. Cf. MEYER, *Trilogie*, III, *passim*.
56. MARSHALL, I, figs. 63-7.
57. *Ibid.*, I, p. 52.
58. Por exemplo, pr. XII, figs. 16, 20, 21, 25, 26.
59. *Ibid.*, pr. I, pp. 48, 50.
60. FRAZER, *The Magic Art,* II, pp. 316 ss., e J. J. MEYER, III, p. 195.
61. Cf. HILLEBRANDT, *Vedische Mythologie*, I, pp. 319 ss.
62. XXXIII, 10.
63. *Kausiataki Up.*, 1, 3.
64. EZEQUIEL, cap. 47. Cf. nessa obra o § 142.
65. XXII, 1-2.
66. *Gênesis*, II, 9-10.
67. COOMARASWAMY, *Yaksas*, II, pp. 2-3.
68. PARROT, p. 59.
69. Cf. VAN BUREN, *The Flowing Vase and the God with Streams*, Berlim, 1933, figs. 6, 13, etc.
70. *Agni Purânas*, cap. 49.
71. *Op. cit.*, II, p. 25.
72. Referências em Meyer, III, 207. *Rig Veda*, I, 24, 7; cf. Coomaraswamy, II, p. 29.

73. WALLIS BUDGE, *From Fetish to God in Ancient Egypt*, p. 58, *op. cit.*, II, p. 29.
74. MAX MUELLER, *Egyptian Mythology*, p. 53.
75. HOLMBERG, *op. cit.*, p. 97.
76. AUTRAN, *Préhistoire du christianisme*, I, pp. 142 ss.
77. *Idem.*
78. S. LANGDOM, *Tammuz and Ishtar*, Oxford, 1914, p. 43.
79. ALBRIGHT, *The Babylonian Sage Ut-Napistim nuqu.*
80. *Odisséia*, I, 50; V, 68, 70, 135 ss.
81. Cf. "eau de vie"; o gaélico "whiskey", literalmente "water of life" (água de vida); o persa *mâie-i-shebâd*, "bebida da juventude"; o sumério *geshtin*, "árvore de vida" — Albright, *The Goddess of Life and Wisdom* , p. 276.
82. *Gênesis*, II, 9.
83. Sinédrio, 70-a.
84. ALBRIGHT, *op. cit.*, p. 283.
85. *Provérbios de Salomão*, 8, 19.
86. ALBRIGHT, *op. cit.*, p. 266.
87. *Intrebari si Raspensuri*, CXXVII.
88. A lenda sofreu a contaminação do motivo da criação das plantas depois do sacrifício de uma divindade ou da morte violenta de um herói — cf. MIRCEA ELIADE, *La mandragore et les mythes de la "naissance miraculeuse"*, p. 25.
89. Cf. NIELSSON, I, pr. 17, 1.
90. COOK, *Zeus*, II, 1, p. 681, fig. 620.
91. NILSSON, pr. 13, 6.
92. *Ibid.*, pr. 13, 5; cf. PARSSON, *The Religion of Greece in Prehistoric Times*, pp. 36 ss. e fig. 3.
93. *Gênesis*, 2, 9 e 17.
94. PAUL HUMBERT, *Études sur le récit du Paradis*, pp. 22 ss.
95. *Idem*, p. 22.
96. *Gênesis*, 3, 4-5.
97. *Gênesis*, 3, 22.
98. Tabuinha VIII, passagem citada por Virolleaud, *Le voyage de Gilgamesh au Paradis*, p. 204.
99. *Yasma*, X, pp. 3-4.
100. *Ibid.*, X, p. 10.
101. *Vidêvdât*, XX, p. 4; *Bundahishn*, XXVII, p. 4.
102. *Bundahishn*, I, p. 1, 5.
103. *Ibid.*, XXVII, p. 5.
104. *Ibid.*, XVIII, 2; cf. a serpente Niddoggr danificando a raiz de Yggdrasil.
105. *Yasna*, IX, 3-5: *Yasht*, XIX, pp. 33-4.
106. A. CHRISTENSEN, *Le premier homme*, II, pp. 13 ss.
107. HOLMBER, *Finno-Ugric Mythology*, pp. 356 ss.
108. CARCOPINO, *La basilique pythagoricienne*, p. 299.
109. HERÓDOTO, III, p. 116.
110. HARTLAUB, *Arcana Artis*, p. 294.
111. RÂMÂYANA, *Yuddha Kânda*, p. 26, 6.
112. MAHÂBHÂRATA, I, 76, 33; J. C. COYAJEE, *Shahnaleh Legends*, in *Cults and Legends of Ancient India and Iran,* Bombaim, 1936, pp. 40 ss.
113. PLINIO, *Hist. Natural*, 25, 5; Cf. para os romenos da Macedônia, Candrea, *Iarba Fiarelor*, Bucareste, 1928, p. 20.

114. Cf., quanto aos romenos da Macedônia, Candrea, *Iarba Fiarelor*, Bucareste, 1928, p. 20.
115. WUENSCHE, *Lebensbaum*, pp. 15 ss.
116. ALBIRUNI, *Chronology*, p. 292; WUENSCHE, *op. cit.*, p. 39.
117. Vide bibliografia.
118. A. GRAF, *Miti, leggende e superstizioni*, pp. 59 ss.; MIRCEA ELIADE, *Cosmologie si Alchimie babiloniana*, p. 53.
119. HOLMBERG, *Baum des Lebens*, p. 133; CARTOJAN, *Cartile populare*, I, p. 123.
120. *Çatapatha Br.*, IV, p. 1, 5.
121. HOPKINS, *The Fountain of Youth*, pp. 19, 20; WALLIS BUDGE, *Alexander the Great*, p. 93.
122. HOPKINS, *Fountain*, p. 19.
123. *Ibid.*, p. 24.
124. HOPKINS, *Fountain*, p. 19.
125. OHRT, *Herba, Gratia Plena*, p. 17; M. ELIADE, *La Mandragore*, p. 24.
126. OHRT, *op. cit.*, p. 18.
127. DELATTE, *Herbarius*, p. 97, nota 3.
128. *Ibid.*, pp. 93 ss.
129. *Atharva Veda*, IV, 4, 1.
130. *Padma purâna*, cit. J. J. MEYER, *Trillogie*, I, p. 48.
131. DELATT, p. 100.
132. *Ibid.*, p. 102.
133. Textos antigos citados por Delatte, p. 103.
134. *Ibid.*, p. 103.
135. *Ibid.*, p. 103.
136. HOLMBERG, *Baum des Lebens*, p. 52.
137. M. ELIADE, *Le chamanisme*, pp. 245 ss.
138. HOLMBERG, *Finno-Ugric Mythology*, p. 338; *Baum des Lebens*, pp. 26 ss.; M. ELIADE, *Le chamanisme*, pp. 120 ss.
139. RUDOLF, v. Fulda.
140. A. COOMARASWAMY, *Elements of Buddhist Iconography*, p. 82; P. MUS, *Barabudur*, I, pp. 117 ss.
141. M. GRANET, *Lá pensée Chinoise*, p. 324.
142. HENTZE, *Mythes et Symboles*, pp. 158 ss.
143. VAN GENNEP, *Mythes et Légendes d'Australie*, p. 14.
144. MATSUMOTO, *Essai sur la mythologie japonaise*, pp. 120 ss.
145. RÂMÂYANA, I, 38; Mahâbhârata, III, 106, etc.
146. *Mahâbhrârata*, I, 63 v. 2456 ss; cf. PRZYLUSKI, *Les Ampalés*, p. 18.
147. PRZYLUSKI, *Les Ubumbara*, 36; "Zalmoxis", III, p. 30.
148. VAN GENNEP, *Tabou et totémisme à Madagáscar*, p. 300.
149. Cf. bibliografia em "Zalmoxis", III, 21.
150. *Ierburilc de sub Cruce e La Mandragore et les mythes de la "naissance miraculeuse"*, Zalmoxis, III.
151. *Ierburile de sub Cruce*, p. 16
152. SPENCER e GILLEN, *The northern Tribes*, p. 331.
153. FRAZER, *The Magic Art and the Evolution of King*, II, tr. fr. pp. 26 ss.
154. HARTLAND, *Primitive Parternity*, I, p. 148.
155. *Santali folk Tales*, vol. III, Oslo, 1929, pp. 297 ss.

156. Cf. *Ierburile*, p. 15.
157. Cf. *Ierburile*, p. 15; *La Mandragore*, p. 34.
158. E. COSQUIN, *Les Contes Indiens et l'Occident*, Paris, 1922, pp. 84-5.
159. SAINEANU, *Basmele române*, pp. 307 ss.
160. Um velho que tinha comido uma maçã, que lhe fora dada por Santa Sexta-Feira, viu uma rapariga nascer-lhe da coxa — SAINEANU, *Basmele*, pp. 308, 309.
161. *Fastos*, V, p. 255.
162. Cf. bibliografia.
163. VAN DER LEEUW, *Phänomenologie der Religion*, p. 38.
164. NYBERG, *King und Erde*, p. 77.
165. HARVA, *Die religiösen Vorstellungen der altaischen Völker*, pp. 480-1; EMSHEIMER, *Schamanentrommelrr. Schamanenbaum*, pp. 168 ss.
166. VAN DER LEEUW, *op. cit.*, p. 38.
167. HARTLAND, *Primitive paternity*, p. 44, vol. I.
168. *Idem*, p. 44, vol. I.
169. ENGELMANN, *Die Geburt bei den Urvölkern*, Viena, 1884, pp. 77 ss.; NYBERG, *Kind und Erde*, pp. 207 ss.
170. NYBERG, *op. cit.*, pp. 210 ss.
171. Cf. MANNHARDT, *Myth. Forschungen*, p. 369; DIETERICH, *Mutter, Erde*, pp. 101-4.
172. HASTING, *Encycl. Rel. Ethics.*, II, p. 682; FRAZER, *Spirits of the corn.*
173. A. JEREMIAS, *Handbuch*, p. 345; *Allgemeine Religionsgeschichte*, p. 219.
174. MANNHARDT, *Wald-u. Feldkulte*, I, pp. 32 ss.
175. NYBERG, *op. cit.*, p. 216.
176. *Gênesis*, p. 30, 14 ss.
177. FRAZER, *The Magic Art*, II, pp. 24-5.
178. BOULNOIS, *Le Caducée*, pp. 8 ss.
179. NYBERG, *op. cit.*, p. 201.
180. Cf. MEYER, *Trilogie*, III, pp. 192 ss.
181. MANNHARDT, *Wald und Feld Kulte*, I, pp. 312 s.; FRAZER, *The Magic Art*, II, pp. 59 ss.; *The Golden Bougth*, ed. resumida, pp. 120 ss.
182. *Anatomie of Abuses*, Londres, 1583.
183. Não defloradas. Citado por Frazer, *The Magic Art*, II, p. 66; *The Golden Bought*, p. 123.
184. A. MATHIEZ, *Les origines des cultes révolutionnaires*, 1904, p. 32.
185. MANNHARDT, *op. cit.*, pp. 177 ss. e 186 ss.
186. MEYER, I, p. 101; *Liungman, Euphrat-Rhein*, II, p. 1027.
187. CROOKE, *The Holi*, p. 59; outros exemplos em *Meyer*, I, p. 101, nota 2.
188. *Idem*; *Idem*, p. 63; *Idem*, *Idem*, p. 107.
189. Cf. a rica documentação e as referências de Meyer, *op. cit.*, I, pp. 157 ss.
190. FRAZER, *The Magic Art*, II, pp. 75 ss; *The Golden Bought*, pp. 126 ss.
191. FRAZER, *The Magic Art*, II, pp. 66 ss.
192. DRECHSLER, *Sitte u. Brauch*, I, pp. 125-8; FRAZER, *The Magic Art*, II, 84.
193. FRAZER, *The Magic Art*, II, 101 ss.; *The Golden Bought*, p. 135.
194. Cf. os mistérios greco-orientais.

195. FRAZER, *The Golden Bough*, pp. 296 ss.; *The Dying God*, pp. 215 ss.

196. É com razão que Frazer vê neste costume um paralelo com o ritual do sacerdote de Nemi; é da mesma maneira que, na antiga Itália, o sacerdote luta pela vida e, se escapa, pode continuar na sua função. O costume da Boêmia lembra também o *regifugium* — cf. FRAZER, *The Golden Bough*, 299, e *The Dying God*, p. 213.

197. FRAZER, *The Golden Bough*, pp. 302 ss.; *The Dying God*, pp. 220 ss.

198. FRAZER, *The Golden Bought*, p. 314; *The Dying God*, pp. 320 ss.

199. *Idem, ibid.*, p. 314, e *ibid.*, pp. 320 ss.

200. *Idem, ibidem*, p. 311; ver § 153; *Traditionswanderungen; Rhein-Jenissei*, *passim*.

201. Ver § 53.

202. LIUNGMANN, *Rhein-Jemissei*, p. 19.

203. Cf. as mesmas tradições na Índia, *Meyer*, I, pp. 83 ss.

204. Também no Oriente — cf. LIUNGMAN, *Euphrat-Rhein*, I, pp. 352 ss. — e na Antiguidade, de onde foi transmitido, pelos Bálcãs, à Europa central e setentrional — *Ibid.*, pp. 1100 ss.; cf. *eiresione* na Grécia, Nilson, *Geschichte*, I, pp. 113 ss.

205. LIUNGMAN, *Rhein-Jenissei*, pp. 44 ss.

206. *Idem.*, *Der Kampf Zwischen Sommer und Winter*, pp. 118 ss.

207. FRAZER, *The Golden Bough*, pp. 316-7; *The Dying God*, pp. 246 ss.

208. DER KAMPF, p. 159.

209. *Ibid.*, p. 151.

210. Segundo ALMGREN, *Nordische Felszeichnungen als religiöse Ur-Kunden*.

211. FRAZER, *The Golden Bough*, p. 318; *The Dying God*, pp. 261 ss.

212. *La mitologia slava*, Bolonha, 1923, p. 128.

213. FRAZER, *The Golden Bough*, p. 318; *The Dying God*, pp. 261-2.

214. LIUNGMAN, *Euphrat-Rhein*, II, p. 1027.

215. LIUNGMAN, *Euphrat-Rhein*, II, p. 1051.

IX. A agricultura e os cultos de fertilidade

1. *Der Ackerbau im Volksaberglauben der Finnen und Esten mit entsprechenden Äebrguchen der Germanen verglichen*, I-V, 1919-1925.

2. RANTASALO, *op. cit.*, II, p. 7.

3. *Ibid.*, pp. 120 ss.

4. *Ibid.*, p. 124.

5. *Ibid.*, p. 125.

6. *Ibid.*, III, p. 6.

7. RANTASALO, *op. cit.*, III, pp. 125 ss.

8. *Ibid.*, pp. 76-7.

9. Bibliografia em J. J. MEYER, *Trilogie altindischer Mächot und Feste der Vegetation*, I, p. 115, nota 1.

10. RANTASALO, *op. cit.*, III, pp. 134 ss.

11. *Çatapatha Brâhmana*, VII, 4, 2, 22 ss.

12. *Aitaraya Brâhmana*, I, 1.

13. RANTASALO, *op. cit.*, III, 39-61.

14. *Ibid.*, IV, pp. 120 ss.

15. RANTASALO, *op. cit.*, V, pp. 73 ss.; MANNHARDT, *Wald-und Feld-Kulte*, I, p. 78; FRAZER, *Spirits of the Corn*, I, pp. 131 ss.
16. *Othin*, pp. 10 ss.
17. RANTASALO, *op. cit.*, V, p. 189.
18. *Ibid.*, p. 171.
19. FRAZER, *The Golden Bought*, p. 107; *Spirits of the Corn*, I, pp. 163 ss.
20. FRAZER, *The Golden Bough*, p. 408.
21. RANTASALO, *op. cit.*, V, pp. 180 ss.
22. *Ibid.*, pp. 63 ss.
23. MANNHARDT, *Myth. Forsch*; pp. 319-22. FRAZER, *Golden Bough*, p. 401. *Ibidem, Spirits of the Corn*, I, pp. 142 ss. LIUNGMAN, *Tradizionnos-conderuger*, Euphrat-Rhein, I, p. 249.
24. MANNHARDT, *Myth. Forsh.,* pp. 342 ss.; FRAZER, *Spirits of the Corn*, I, p. 172.
25. J. DE ACOSTA, reproduzido por Frazer, *Spirits*, I, pp. 172 ss.
26. *Ibid.*, pp. 180 ss.
27. FRAZER, *Spirits of the Corn*, I, pp. 189 ss.
28. *Ibid.*, pp. 191-2.
29. *Ibid.*, pp. 192 ss.
30. FRAZER, *Spirits of the Corn*, pp. 199 ss.
31. RANTASALO, *op. cit.*, V, p. 52.
32. *Ibid.*, p. 57.
33. JAN DE VRIES, *Contributions to the Study of Odhin*, pp. 17 ss.
34. FRAZER, *Spirits of the Corn*, I, pp. 133 ss. *The Golden Bought*, p. 402.
35. MANNHARDT, *Myth. Forsch.*, pp. 20-5.
36. FRAZER, *Spirits of the Corn*, I, pp. 140 ss. *The Golden Bought*, p. 403.
37. RANTASALO, *op. cit.*, V, p. 51.
38. FRAZER, *Spirits of the Corn*, I, p. 145.
39. MANNHARDT, *Myth. Forsch.*, p. 330.
40. *Ibid.*, p. 332.
41. FRAZER, *Spirits of the Corn*, I, p. 149; *The Golden Bough*, p. 406.
42. MANNHARDT, *Myth. Forsch.*, pp. 38 ss. FRAZER, *Spirits of the Corn*, I, p. 251; *The Golden Bought*, pp. 429 ss.
43. MANNHARDT, *Mythol Forsch.*, pp. 39 ss. FRAZER, *Sp. of the Corn*, pp. 228-9.
44. MANNHARDT, *Myth. Forsch.*, pp. 1 ss. FRAZER, *Spirits of the Corn.*
45. FRAZER, *Spirits of the Corn*, I, pp. 265 ss. *The Golden Bought*, pp. 431 ss.
46. SAHAGUN, *Histoire générale des Choses de la Nouvelle Espagne*, Paris, 1880, pp. 94 ss.; A. LOISY, *Essai sur le sacrifice*, pp. 237-8.
47. FRAZER, *Spirits of the Corn*, I, pp. 175 ss. e 210 ss.
48. *Ibid.*, pp. 179 ss.
49. FRAZER, *Spirits of the Corn*, I, pp. 245 ss. *The Golden Bought*, pp. 434 ss.
50. FRAZER, *Spirits of the Corn*, II, pp. 66-8.
51. *Ibid.*, pp. 72-5; M. ELIADE, *Le mythe de l'éternel retour*, pp. 83 ss.
52. RANTASALO, V, pp. 160 ss.
53. *Ibid.*, p. 166.
54. *Ibid.*, pp. 168 ss.
55. *Ibid.*, pp. 186 ss.

56. *Ibid.*, pp. 191-7.
57. RANTASALO, p. 201.
58. *Ibid.*, pp. 203-6.
59. *Ibid.*, p. 221.
60. MEYER, *Trilogie*, I, p. 123.
61. GRANET, *Religion des chinois*, pp. 27 ss.
62. H. RYDH, *Seasonal Fertility Rites*, pp. 81 ss.
63. *Ibid.*, p. 92.
64. *Ibid.*, p. 82.
65. HARRISON, *Prolegomena*, p. 180.
66. LIUNGMAN, *op. cit.*, I, p. 249.
67. T. R. HENRY, *Le culte des esprits chez les bambara*, "Anthropos", III, 1908, pp. 702-17.
68. RANTASALO, III, pp. 8 ss.
69. *Ibid.*, p. 14.
70. *Ibid.*, p. 114.
71. MEYER, *Trilogie*, I, pp. 140 e 152.
72. *Ibid.*, II, p. 104.
73. F. ALTHEIM, *Terra Mater*, p. 137.
74. *Ibid.*, p. 107.
75. MEYER, *op. cit.*, II, p. 104.
76. Referências em De Vries, *Odhin*, p. 21.
77. H. RYDH, *Symbolism in Mortuary Ceramics.*
78. FRAZER, *Adonis*, pp. 65 ss.
79. GRANET, *La religion des chinois*, p. 14; 2ª ed., p. 12.
80. FRAZER, *The Magic Art*, II, pp. 98 ss; *The Holden Bought*, p. 136.
81. MANNHARDT, *Wald-und Feld-Kult*, I, pp. 480 ss.
82. FRAZER, *ibid.*, pp. 103 ss.; *ibid.*, p. 136.
83. FRAZER, *Spirits...*, I, p. 163.
84. FRAZER, *Adonis*, pp. 46-8.
85. FRAZER, *Adonis*, pp. 46-8.
86. FRAZER, *The Golden Bought*, p. 136.
87. MEYER, *op. cit.*, I, p. 69, nota 1.
88. *Ibid.*, pp. 71 ss.
89. MANNHARDT, *Myth Forsch.*, 19, 339; *Handwörterbuch d. deutchen Aberglaubens*, V, col. 281, 284, 302.
90. Textos purânicos em MEYER, II, pp. 108 ss.
91. Referências em MEYER, II, p. 113.

X. O espaço sagrado: templo, palácio, "centro do mundo"

1. LEENHARDT, *Notes d'archeologie neocalédonienne*, pp. 23-4.
2. *L'expérience mystique et les symboles chez les primitifs*, p. 183.
3. A. P. ELKIN, citado por Lévy-Bruhl, *op. cit.*, p. 186.
4. LÉVY-BRUHL, *op. cit.*, pp. 188-9.
5. LÉVY-BRUHL, pp. 186-7.
6. VAN DER LEEUW, *Phanomenologie der Religion*, p. 375.
7. *Uber d. Bauopfer*, p. 4, nota.
8. *Lectures*, p. 436.

9. RENÉ BASSET, citado por Saintyves, *Essais de folklore biblique*, Paris, 1923, p. 105.

10. Exemplos marroquinos em Westmarck, *Survivances paiennes dans la civilization mahometane*, p. 112.

11. Cf. § 97 e as reproduções de anéis minóico-micênicos em Axel W. Persson, The Religion of Greece in Prehistoric Times, Berkeley, 1942, nº 6, 7, 15, 16.

12. *Exodo*, III, 5.

13. PICARD, *Ephèse et Claros*, p. 271, nota 3.

14. FRAZER, *Folklore in the Old Testament*, vol. III, pp. 1-18.

15. SAINTYVES, *Essais de folklore biblique*, pp. 189 ss.

16. W. CROOKE, *Popular Religion in N. India*, I, pp. 103-42.

17. 9, 1-33.

18. *Yasna*, 53.

19. NYBERG, *Die Religionen des Alten Iran*, pp. 147 ss.

20. Ver, p. ex., *Çatapatha Brâhmana*, VI, 5, 1 ss.

21. *Ibid.*, I, 9, 2, 29 ss.

22. *Ibid.*, X, 5, 4, 10.

23. P. MUS, *Barabudur*, I, p. 320.

24. G. TUCCI, *Indo-Tibetica*, vol. III, IV.

25. OVIDIO, *Fastos*, IV, 821-825.

26. *Romulus*, 12.

27. MACRÓBIO, *Sat*, I, 18.

28. A. H. ALLCROFT, *The Circle and the Cross*, Londres, 1927.

29. F. ROBERT, *Thymélé*, Paris, 1939.

30. FROBENIUS, *Monumenta Africana*, vol. VI, Frankfurt, 1929, pp. 119-24; *Histoire de la civilisation africaine*, p. 155; JEANMAIRE, *Couroi et Courètes,* 1939, pp. 166 ss; C. G. JUNG-KERENI, *Einführung in das Wesen der Mythologie*, 1941, pp. 30 ss.

31. *Götternamen*, pp. 190 ss.

32. *Cosmologie si alchimie babiloniana*, 1936; *Comentarii la legenda Mesterului Manole*, 1934; *Le mythe de l'éternel retour*.

33. M. ELIADE, *Le mythe de l'éternel retour*.

34. SCHEBESTA, *Les pygmées*, p. 156.

35. W. GAERTE, *Kosmische Vorstellungen im bilde prähistorichen Zeit*.

36. A. JEREMIAS, *Handbuch d. altorientalischen Geisteskultur*, p. 130.

37. E. BURROWS, *Some Cosmological Patterns*, p. 51.

38. *Juízes*, 9, 37.

39. WENSINK, *Navel of the Earth*, p. 15.

40. M. ELIADE, *Cosmologie si alchimie babiloniana*, p. 35.

41. DOMBART, *Der Sakralturm*, I, p. 34.

42. ALBRIGHT, *The mouth of the Rivers*, p. 173.

43. P. MUS, *Barabudur*, I, p. 356.

44. Texto de Kisâ'i citado por Wensinck, p. 15.

45. MARCEL GRANET, *La pensée chinoise*, p. 324.

46. BURROWS, pp. 46 ss.

47. JEREMIAS, *Handbuch*, p. 113.

48. BURROWS, p. 50.

49. BURROWS, p. 55.

50. Citado por Macróbio, *Sat*, I, 16, 18.

51. Cf. o *bethel* de Jacob, §§ 79 ss.
52. Textos citados por Wensinck, p. 19.
53. *Ibid.*, p. 16.
54. Cf. o comentário de Kirfel, *Kosmographie*, p. 18.
55. *Majjhimanikáya*, III, p. 123.
56. P. MUS, *La notion du temps réversible*; M. ELIADE, *Sapta padâni kramati.*
57. Textos em Burrows, p. 49.
58. Textos em Christensen, *Le premier homme et le premier roi*, I, pp. 22 ss.
59. WENSINCK, p. 14.
60. *The Book of the Cave of Treasures* (trad. Wallis Budge, Londres, 1927), p. 53.
61. O. DANHARDT, *Natursagen* I, p. 112.
62. Textos em Burrows, p. 57.
63. Cf. *Le mythe de l'éternel retour.*
64. Rf. em Eliade, *Le chamanisme*, pp. 117 e *passim.*
65. Referências em M. Eliade, *Comentarrii*, pp. 72 ss.
66. Cf. W. F. JACKSON KNIGHT, *Cumaean Gates*, *passim.*
67. *Le chamanisme,* pp. 423 ss.
68. Cf. *Le mythe de l'éternel retour.*

XI. O tempo sagrado e o mito do eterno recomeço

1. *Le surnaturel et la nature dans la mentalité primitive*, pp. 18-9.
2. HUBERT e MAUSS, *La représentation du temps*, pp. 213 ss.
3. HUBERT e MAUSS, *op. cit.*, p. 205.
4. GH. PAVELESCU, *Cercetari asupra magiei la Ramânii din Muntii Apuseni*, Bucareste, 1945, p. 156.
5. F. E. WILLIAMS, citado por Lévy-Bruhl, *La mythologie primitive*, p. 163.
6. A. P. ELKIN, citado por Lévy-Bruhl, *La mythologie primitive*, p. 7.
7. ISAÍAS, 11, 6 ss.
8. VIRGÍLIO, *Éclogas*, IV, 22.
9. VAN DER LEEUW, *L'homme primitif et la religion*, p. 120, 101.
10. *Op. cit.*, p. 227.
11. A. GOTZE, *Kleinasien*, Leipzig, 1933, p. 130.
12. LABAT, *Le caractère religieux de la royauté assyro-babylonienne*, p. 99
13. GOTZE, *ibid.*; IVAN ENGNELL, *Studies on Divine Kingship in the Ancient Near East*, Uppsala, 1943, p. 11.
14. LABAT, *op. cit.*, p. 247.
15. *Êxodo*, 34, 22 e 23, 16.
16. A. R. JOHNSON, *The role of the King in the Jerusalem Cultus*, pp. 97 ss.
17. *The Semitic New Year and the Origin of Eschatology*, p. 168.
18. EFREM, o SÍRIO, *Hinos*, VIII, 16; WENSINCK, 169.
19. *Sura*, IV, 4.
20. LEHMAN e PEDERSEN, *Der Beweis für die Auferstehung im Koran;* Wensinck, p. 171.
21. EFREM, o SIRIO, *Hinos*, I, 1.
22. *Zend Avesta* (1892-93), II, p. 640, nota 138; *Cosmographie*, citado por A. Christensen, *Le premier homme et le premier roi*, II, p. 147.

23. *Ta'anit*, fol. 2 a. WENSINCK, p. 173.
24. Cf. os textos reunidos por J. Marquart, *The Nawrôz*, pp. 16 ss.
25. ALBÎBUNÎ, *The Cronology of Ancient Nations*, trad. E. Sachau, 1879, p. 199.
26. ALBÎRUNÎ, pp. 202-3.
27. FRAZER, *The Scapegoat*, pp. 315 ss. DUMÉZIL, *La légende des centaures*, p. 39.
28. WENSINCK, p. 163.
29. *Rig Veda*, IV, p. 33.
30. M. GRANET, *La pensée chinoise*, p. 107.
31. VAN DER LEEUW, *op. cit.*, p. 110.
32. *Çatapatha Brâhmana*, VI, 5, 1 ss. — "o altar do fogo é o ano" (X, 5, 410), "o altar do fogo tem cinco camadas (cada camada é uma estação), as cinco estações fazem um Ano e o Agni (= altar) é o Ano" (VI, 8, 1, 15).
33. HOCART, *Kingship*, Oxford, 1927, pp. 189-90.
34. MARCEL GRANET, *La pensée chinoise*, p. 97.
35. Citado por A. Jeremias, Hasting, *Encyclopaedia of Religion and Ethics*, vol. I, p. 187 b.
36. Ver *Le mythe de l'éternel retour*, caps. II-III.
37. HOCART, *op. cit.*, p. 190.
38. Cf. M. ELIADE, *Mettallurgy, Magic and Alchemy, passim.*

XII. Morfologia e função dos mitos

1. V. HANDY, *Polynesian Religion*, Honolulu, Havaí, 1927, pp. 10-1.
2. Citado por Lévy-Bruhl, *La mythologie primitive*, p. XVII.
3. *Dyaur aham, pritivî tvam* — VI, 4, 20.
4. *Op. cit.*, VI, 4, 21.
5. HOLLIS, *The Masai*, p. 279; KRAPPE, *Mythologie universelle*, p. 370, nº 1.
6. G. CARBONELLI, *Sulle fonti storiche della chimica e dell'alchimia in Italia*, Roma, 1925, p. 43, fig. 49. C. G. JUNG, *Psychologie un Alchemie*, Zurique, 1944, p. 448, fig. 167; *Ibid.*, p. 558, fig. 226; p. 638, fig. 268.
7. HANDY, *Polinesian Religion*, p. 12.
8. POLINÉSIA: DIXON, *Oceanic Mythology*, p. 20.

Índia: *Çatapatha Brâhmana,* XI, 1, 6, 1 ss.; *Manu*, I, 5 ss.
Indonésia: NUMAZAWA, *Die Weltanfänge*, p. 310; KRAPPE, *op. cit.*, p. 397.
Irã, Grécia: HARISSON, *Prolegomena to the Históry of Greece Religion*, p. 627.
Fenícia: NUMAZAWA, p. 309.
Letônia, Estônia, Finlândia: NUMAZAWA, p. 310; KRAPPE, p. 414.
Pangwe, da África Ocidental: KRAPPE, p. 371, nota 1.
América Central e do Sul, segundo o mapa de L. Frobenius reproduzido por W. Liungman, *Euphrat-Rhein,* I, p. 21, fig. 1.

9. Indonésia, DIXON, pp. 169 ss.

Melanésia, p. 109.
Polinésia e Micronésia, p. 109, nota 17.

10. MANNHARDT, *Baumkultus*, pp. 244 ss., 263 ss.
11. LASSY, *Muharram Mysteries*, Helsinke, 1916, pp. 219 ss. LIUNGMAN, I, p. 20.

12. W. CROOKE, *The Holi*, p. 75.
13. T. J. ARNE, *La Suede et l'Orient*, Uppsala, 1914, p. 216.
14. LIUNGMAN, I, pp. 141 ss.
15. NILSSON, *Geschichte d. griech. Rel.*, I, p. 565.
16. ROHDE, *Psyché*, tr. fr. p. 366, nota 2: HARISSON, *Prolegomena*, p. 629.
17. RANTASALO, *Ackerbau*, III, pp. 55-6.
18. *Ibid.*, *op. cit.*, p. 57.
19. *Ibid.*, p. 58.
20. UNO HOLMBERG, *Die Religion der Tcheremissen*, Porvoo, 1926, p. 179.
21. MARTIN NILSSON, *Das Ei im Totenkult der Alten*, "Archiv für Religion. Wissenchaf.", 1908, XI.
22. DELATTE, *Herbarius*, p. 120.
23. Considerando, evidentemente, as observações e correções feitas no presente capítulo.
24. *Çatapatha Br.*, VII, 1, 2, 4.
25. *Taittiriya Br.*, I, 5, 9, 4.
26. M. ELIADE, *Mitul Reintegrarii*, Bucareste, 1942.
27. Por exemplo, *Yasna*, 30, 3-6. Ver também o comentário de Nybert, *Questions de cosmogonie e de cosmologie mazdeénnes*, "Journal Asiatique", 1929, pp. 113 ss.
28. ZANE, *Proverbele Românilor*, VI, p. 556.
29. *Rig Veda*, VII, 30, 3; IV, 1, 11.
30. *Vajasaneye Sambitâ*, V, 33. *Rig Veda*, IX, 86, 44.
31. Fragmento, 64.
32. *Mârkandeya Purâna*, 74, 4.
33. § 57. Cf. M. ELIADE, *Cosmicial Homology and Yoga*.
34. *Rig Veda*, X, 90.
35. A. BERTHOLET, *Das Geschlecht der Gottheit*, Tubingen, 1934.
36. WALLIS BUDGE, *From Fetish to God in Ancient Egypt*, pp. 7, 9.
37. JUNG-KERÉNYI, *Einführung in das Wesen der Mythologie*, p. 83.
38. JAN DE VRIES, *Handbuch d. germanischen Religionsgeschichte* II, 306. *Id.*, *The Problem of Loki*, pp. 220 ss.
39. E. BENVENISTE, *The Persian Religion*, pp. 113 ss.
40. C. HENTZE, *Frühchinesische Bronzen und Kultdarstellungen*, p. 119.
41. BERTHOLET, *op. cit.*, p. 21.
42. *Bereshit rahhâ*, I, 1, fol. 6, col. 2; para outros textos ver A. KRAPPE, *The Birth of Eve*, "Gaster Anniversary Volume", 1936, pp. 312-22.
43. Cf. os trabalhos de Winthuis.
44. PLATÃO, *Banquete*, pp. 189 ss.; ELIADE, *Mitul Reintegrarii*, p. 83.
45. H. MASPERO, *Les procédés "de nourrir le principe vital" dans la religion taoiste ancienne*, "Journal Asiatique", abril-junho de 1937, p. 207, nº 1.
46. MARTIN NILSSON, *Griechische Feste*, pp. 370 ss.; para o Carnaval: DUMÉZIL, *Le probleme des centaures*, pp. 140, 180. Índia: J. J. MEYER, *Altindische Trilogie*, I, 76, 86. Festas da primavera na Europa: *ibidem*, I, pp. 88 ss. E. CRAWLEY-BASTERMAN, *The Mystic Rose*, nova edição, Londres, 1927, I, pp. 313 ss.
47. J. J. MEYER, *op. cit.*, I, pp. 182 ss.
48. Referências em *Mitul Reintegrarii*, pp. 82 ss.

49. *Jaiminîya Up. Brâhmana*, I, 5, 5; I, 35, 7-9. Ver sobre alguns desses temas míticos A. B. COOK, *Zeus*, III, 2, Cambridge, 1940, Apêndice P, "Floating Islands", 975-1016; A. COOMARASWAMY, *Symplegades*, "Hommage to George Sarton", Nova York, 1947, pp. 463-88.

50. Ver, por exemplo, o duelo com o monstro tricéfalo, a "prova" clássica nas iniciações militares, estudadas por G. Dumézil, *Horace et les curiaces*, Paris, 1942.

51. COOMARASWAMY, *op. cit.*, p. 486.

52. BERGAIGNE, *La religion védique*, III, p. 113; *Taittirîya Sam.*, I, 8, 16, 1.

53. BERGAIGNE, III, p. 115. COOMARASWAMY, *Spiritual authority and temporal power*, New Haven, 1942, pp. 29 ss.

54. *Rig Veda*, IX, 73, 3; II, 11, 10.

55. EHNMARK, *Anthropomorphism and Miracle*, pp. 181-2.

56. LEONARDO OLSCHKI, *Storia letteraria delle scoperte geografiche*, Florença, 1937, p. 195.

XIII. A estrutura dos símbolos

1. Ver B. LAUFER, *Jade, passim.*
2. DE GROOT, *Religious System of China.* I, 271-3.
3. LAUFER, *op. cit.*, p. 299, nota.
4. *Id., ibid.*
5. M. ELIADE, *Note sur le symbolisme aquatique*, p. 141.
6. B. KARLGREN, *Some Fecundity Symbols in Ancient China*, Estocolmo, 1936.
7. ELIADE, *op. cit.*
8. M. ELIADE, *Notes*, p. 149.
9. *Harshacharita*, citado em *Notes*, p. 150.
10. JACKSON, *Shells*, pp. 72 ss.; MIRCEA ELIADE, pp. 154 ss.
11. *História Natural*, XXXVI, 21, 149-51.
12. M. ELIADE, *Metallurgy, Magic and Alchemy, passim.*
13. *Idem, ibidem*, p. 37.
14. B. LAUFER, *The Diamond,* 40-4.
15. M. ELIADE, *La pierre des serpents.*
16. *História Natural*, XXXVI, 10.
17. *Vita Apol. Tyana*, III, 7.
18. MIRCEA ELIADE, *Les livres populaires*, p. 74.
19. Pp. 169 ss.
20. LÉVY-BRUHL, *op. cit.*, pp. 257-8.
21. Cf. para os mesopotâmios, VAN BÜREN, *op. cit.*, p. 3.
22. Cf. os trabalhos de C. Hentze.
23. Cf. HANNA RYDH, *Symbolisme in mortuary ceramics, passim.*
24. P. MUS, *Barabudur*, I, p. 332.
25. A. H. SAYCE e H. C. MARCH, *Polynesian ornament, passim.*
26. *Le "dieu lieur" et le symbolisme des noueds;* cf. *Images et symboles*, cap. III.
27. Cf. *Dûrobana and the "waking dream".*

Conclusões

1. *Kâtha Upanishad* V, 2; trad. L. Renau.
2. *Le mendiant ingrat*, II, p. 196.
3. *Chandogya-Up*, III, 17, 1, 4.
4. Cf. o elogio do Boi primordial, *Yasna*, 29; o respeito pelos bovinos, *Yasma*, 12, 1.

Impressão e acabamento
Cromosete
GRÁFICA E EDITORA LTDA.
Rua Uhland, 307 - Vila Ema
Cep: 03283-000 - São Paulo - SP
Tel/Fax: 011 6104-1176